KB214905

한국 장로교회 최초의 조직신학 교수

윌리엄 레이놀즈의 생애와 조직신학

세움북스 는 기독교 가치관으로 교회와 성도를 건강하게 세우는 바른 책을 만들어 갑니다.

세 움
클래식
1 2

한국 장로교회 최초의 조직신학 교수

윌리엄 레이놀즈의 생애와 조직신학

초판 1쇄 인쇄 2023년 12월 25일
초판 1쇄 발행 2023년 12월 30일

지은이 | 이상웅
펴낸이 | 강인구

펴낸곳 | 세움북스
등 록 | 제2014-000144호
주 소 | 서울시 종로구 대학로 19 한국기독교회관 1010호
전 화 | 02-3144-3500
팩 스 | 02-6008-5712
이메일 | cdgn@daum.net

디자인 | 참디자인

ISBN 979-11-985894-2-2 (93230)

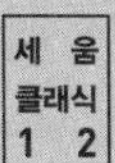

한국 장로교회 최초의 조직신학 교수

윌리엄 레이놀즈의 생애와 조직신학

이상웅 지음

세움북스

“우리 안에서 모든 선행을 만드는 것은 은혜 외에는 없다”

Omne bonum in nobis opus nonnisi gratiam facere

Augustinus

학부 시절 학문(*scientia*)의 길을 일깨워 주셨던 은사
강영안 교수님께 감사드리고,
암스테르담 유학 시절 지도 교수셨던
아트 판 에흐몬트(Aad van Egmond, 1940–2020) 교수님을
추모(追慕)하면서
본서 집필을 마무리 짓습니다.

추천사

18세기 근대 선교 운동을 주도했던 침례교선교회(BMS)나 런던선교회(LMS), 영국교회선교회(CMS)는 선교사의 연령이나 학력을 문제시하지 않았습니다. 구령의 열정과 소명을 가진 이들을 선교사로 받아들였기 때문에 많은 시행착오를 겪기도 했습니다. 그러나 1812년 미국에서 첫 해외 선교 단체가 조직되어, 1930년대 아시아 지역 선교를 시작하고, 1900년 이후 세계 선교를 주도하면서 선교사의 연령과 학력을 중시했습니다. 그 결과 양질의 선교사가 파송되었고, 한국에 온 선교사 가운데서 탁월한 선교사들이 적지 않았습니다. 그중의 한 사람이 미국 남장로교회가 파송하여 1892년부터 1937년까지 한국에서 봉사했던 윌리엄 레이놀즈입니다. 그는 캐나다의 게일(Gale), 호주의 엥겔(Engel)과 더불어 성경 언어에 대한 깊은 식견을 가진 이로서, 1906년부터 평양신학교에서 교수했던 학자이기도 합니다. 같은 해 평양신학교에서 가르치게 되는 엥겔이 성경 언어를 담당하게 되면서 신학교 교장 마펫은 레이놀즈에게 조직신학 분야를 가르치도록 요청하였고, 레이놀즈는 인학(人學)을 시작으로 신학(神學), 구학(救學) 등을 가르치기 시작했습니다. 이것이 우리나라에서 첫 조직신학 강좌였고, 레이놀즈는 한국 최초의 조직신학 교수가 되었습니다. 이렇듯 그는 교수 활동 외에도 지역 순회, 개척 전도, 교회 설립, 성경 번역, 출판 등 다방면에 관여하고 한국 교회 형성에 기여하였으나 그에 대한 체계적인 연구가 부족했습니다. 이런 상황에서 이상웅 교수가 그의 생애와 신학, 특히 그의 저술들을 분석하고 연구하여 이 책을 출판하게 된 것은 한국 교회를 위한 값진 기여라고 생각합니다.

이상웅 교수는 부지런한 학자이자 성실한 연구자이며 예리한 안목을 지닌 학자입니다. 이런 점에서 저는 그의 연구를 신뢰하고, 그의 학구(學究)의 여정이 한국 교회를 풍성하게 할 것으로 확신합니다. 이 책 또한 레이놀즈 연구의 오랜 공백을 채워 주고 있다는 점에서 한국 교회를 위한 값진 선물이라고 믿습니다.

이상규 _ 전 고신대학교 교수, 현 백석대학교 석좌 교수

이상웅 교수의 저서 『윌리엄 레이놀즈의 생애와 조직신학』이 드디어 출판되었습니다. 본서는 교회사적인 위치에서뿐만 아니라 한국 신학의 뼈대를 구성한 초기 선교사의 신학의 모습을 보여 주고 있어 큰 가치를 지니고 있습니다. 화란 자유 대학교에서 아트 판 에흐몬트 교수에게 배웠던 저자는 역사적 사명을 가지고 자신의 총신 신학의 전통 속에서 레이놀즈의 조직신학 체계에 관하여 심혈을 기울여 저술하였고, 그 역작을 한국 교회에 선물로 내어놓았습니다.

그동안 레이놀즈의 선교 사역이나 성경 번역, 몇 개의 주제와 관련된 단편적인 글들이 발표되었습니다. 그런데 금번에 저자는 희생적 탐구의 정신으로 초기에 발행된 원자료들에 직접 접근하였고, 희귀본을 구입하면서까지 원천 자료 연구에 심혈을 기울였습니다. 저자의 그 열정에 감동을 받게 됩니다. 이런 귀한 수고를 통하여 저자는 레이놀즈의 신학적 배경을 이해하기 위하여 생애의 세밀한 연구와 한국에서의 선교 사역을 재구성하였고, 그의 성경관, 신론, 인죄론을 분석한 조직신학과 가옥명의 기독교 증험론, 신론, 인죄론, 구원론, 성령론, 종말론을 분석하였습니다.

특별히 이 책은 이눌서의 조직신학을 포괄적으로 소개했습니다. 그뿐만 아니라 현재까지 가옥명의 신학 사상의 전모를 분석 개관하는 작업을 수행한 경우는 없었는데, 4부에서 저자가 가옥명의 조직신학의 전모를 연구한 것은 한국 교회의 신학의 발전을 위하여 큰 공헌을 한 것으로 평가됩니다.

이 책의 보록에서는 한국 조직신학의 시대적 계보를 쉽게 보여 주고 있는데, 이눌서(李訥瑞, William Davis Reynolds, 1867–1951)와 구례인(John C. Crane, 1888–1964), 죽산 박형룡, 그리고 21세기의 총신의 전통으로 이어지는 신학적 연속성이 상세하게 소개되고 있습니다. 한국 장로교회의 신학적 전통의 관점에서 강조되고 있으니 오늘날 그들의 후손들이 관심 있게 살펴보기를 독자들에게 추천합니다.

안명준 _ 평택대학교 명예교수, 한국성서대학교 초빙교수

정말 귀한 책의 출간을 축하하면서 이 책을 추천합니다. 무엇보다 먼저 저자이신 이상웅 교수님의 특별한 열심이 이 책을 세상에 나오도록 했다는 것을 말해야 합니다. 대개는 책 내용을 말하는 것으로 시작하지만, 이 책과 관련해서는 저자에 대해서 말

하는 것으로 시작하지 않을 수 없습니다. 사모님의 건강을 돌보시는 우리들의 워필드인 이상웅 교수님께서 본인의 몸도 잘 살펴야 하는 상황 중에서도 정말 열심히 연구해서 집필하신 책입니다. 부디 몸이 상하지 않도록 충분히 쉬어 가시면서 이와 같이 귀한 연구가 계속되기를 바랄 뿐입니다.

둘째는 평양신학교의 최초의 조직신학 교수인 이눌서 선교사님에 관한 이 연구의 독특한 성격 때문에 우리 모두는 이 책을 같이 읽고 많이 생각해야 합니다. 1892년 한국에 선교사로 와서 1937년 퇴임하여 미국으로 돌아가기까지 45년이라는 가장 오랜 기간 동안 선교하였고, 특히 31년간 한국인 목회자들을 가르친 조직신학 교수였으니, 이 교수님께서 강조하시는 대로 이눌서 선교사님은 한국 장로교 신학 전통의 토대를 마련한 분입니다. 레이놀즈와 같은 남장로교회 선교사로서, 후에 가르친 구례인 선교사님께서 좋은 토대를 마련한 것에 우리는 크게 감사해야 합니다. 그중에 오랫동안 가르친 이눌서 선교사님의 신학 체계에 대한 이 분석 노력은 크게 치하할 만합니다. 구례인 선교사님처럼 좀 더 철저하게 개혁파 신학을 가르치시고, 특히 세대주의적 종말론을 허용하지 않으셨으면 하는 안타까움은 있지만, 그것이 그 당시 피선교지인 한국의 상황이었음을 이 책은 잘 드러내고 있습니다.

마지막에 실린 보록도 귀한 논의라고 할 수 있습니다. 우리의 현실을 잘 살펴보려고 하는 것입니다. 이 귀한 작업에 같이 동참하는 것은 우선 이 책이 소개하는 이눌서 선교사님의 행적에 동참하는 것입니다. 이 일에 많은 사람들이 같이하기를 바라면서 이 책을 추천합니다.

이승구 _ 합동신학대학원대학교 조직신학 석좌 교수

먼저 이상웅 교수님의 귀한 저술이 출간됨을 진심으로 축하드립니다! 이 책의 저자는 조직신학자로서 신학적 분석과 진술에도 탁월하지만, 역사적 고찰과 해석에도 뛰어난 학자입니다. 오랜만에 한국 교회사와 선교 역사에 지대한 공헌을 한 윌리암 레이놀즈 선교사에 대한 훌륭한 학술서가 한국 신학계에 선보이게 되었습니다. 구하기 어려운 원자료들을 두루 섭렵하고, 2차 연구 문헌들을 꼼꼼하게 살피면서 레이놀즈의 생애와 선교 사역을 한 편의 드라마처럼 재구성했을 뿐만 아니라, "한국 장로교회의 첫 조직신학자"로서 신학의 주초(柱礎)를 어떻게 놓았는지 그 단면도를 잘 그려 주고 있습니다. 독자들은 이 책을 통해, 재한 선교사 중에서 가장 오래 사역했고,

가장 오랜 기간 한글 성경 번역에 몰두했으며, 가장 많은 영역에서 다양한 재능으로 한국 교회와 민족을 위해 헌신한 "전주(全州) 이(李) 씨 이눌서(李訥瑞)" 선교사를 진솔하게 만나게 될 것입니다.

박응규 _ 아신대학교 역사신학 교수

이상웅 박사의 윌리엄 레이놀즈의 생애와 조직신학 연구서가 출간된 것은 걸출한 대작의 발표가 부진한 한국 신학계의 현 상황에서 신선한 충격을 주는 연구물이라 평가할 수 있습니다. 전작인 『박형룡의 신학과 개혁신학 탐구』를 통해 이러한 창의적 연구물을 집필할 대학자로서의 면모를 증명하였던 터라 내심 차기작을 기대하고 있었는데, 연약한 몸을 가지고서 본서를 완성한 저자의 노고에 애정 어린 찬사와 경애를 보냅니다.

지난 몇 년간 교단 신학부에서 활동하면서 뼈저리게 느낀 것은 한국 교회의 역사와 신학에 대한 연구가 너무도 미진하다는 것과 이런 이유들로 인해서 한국 교회의 신학 체질이 허약하다는 사실에 안타까웠습니다. 이런 상황을 돌파하기 위해서는 엄청난 연구가 진행되어야 함에도 불구하고 우리의 손에 주어지는 연구물들은 미미하기만 합니다. 이런 작금의 상황은 한국 장로교단들의 전통적 교단 신학의 정체성들이 흔들리는 현실을 설명해 주고 있습니다. 곽안련이 북장로교회를 대표하는 신학자라면 이눌서는 남장로교회를 대표하는 신학자라 할 수 있습니다. 저는 한국 장로교회 헌법에서 항존직이 3종이 아닌 2종으로 확정되는 일에 조직신학 교수로서의 이눌서의 역할이 있지 않았나 생각하면서 곽안련과 이눌서의 관계에 대한 궁금증을 가지고 있었습니다. 그만큼 이눌서의 영향력이 컸다는 말입니다. 이눌서의 조직신학은 곧 한국 장로교회의 조직신학을 밝히는 단초가 된다는 점에서 이상웅 박사의 이 연구물은 무겁게 다가옵니다.

이 책은 가옥명과 이눌서, 박형룡을 소환하면서 한국 장로교회의 조직신학의 형성과 전개를 충분히 드러내고 있습니다. 따라서 독자들은 이 연구물을 통해서 스스로를 전주 이씨라 부르던 한국 최초의 조직신학 교수 윌리엄 레이놀즈가 유창한 한국어로 풀어낸 신학의 세계를 만날 수 있을 것입니다. 기쁨으로 추천사를 송부하는 바입니다.

임종구 _ 대구푸른초장교회 담임 목사, 대신대학교 신학대학원 교회사 교수

저자 서문

본서는 한국 장로교회 최초의 조직신학 전임 교수였던 윌리엄 레이놀즈(李訥瑞, William Davis Reynolds, 1867-1951)의 생애와 조직신학을 포괄적으로 소개하고자 하는 목표를 가지고 쓴 연구서이다. 1901년 5월 15일 평양의 마포삼열 선교사의 집에서 시작된 평양장로회신학교(평신은 애칭임)가 4개 장로교 선교부 연합 사업으로 결의되고 각 선교부로부터 교수 요원이 파송될 때, 전라도 개척 선교와 성경 번역 사역에 주력하고 있던 레이놀즈는 1906년부터 조직신학 교수로 출강하기 시작해서 1937년 정년 퇴임하기까지 31년간 한국인 목회자들을 가르쳤던 한국 장로교회 역사상 최초의 조직신학 전임 교수였다. 따라서 기존의 여러 연구 문헌들에서도 그의 이름은 약방의 감초처럼 빠지지 않을 뿐 아니라, 한국 장로교 신학의 기초를 놓은 주요 선교사로는 평가되어 왔다. 그럼에도 불구하고 그간에 나온 연구 문헌들을 살펴보면 레이놀즈의 신학 사상을 포괄적으로 논구한 자료가 전무하다시피 했고, 다만 그의 생애에 대한 각주 없는 소개서나 선교 사역, 구약 해석, 성령론 등에 집중해서 학위 논문으로 공표된 것들이 있을 뿐이다. 따라서 관심 있는 신학도들과 목회자들로서는 그렇게도 중요하다고 여겨지는 레이놀즈의 조직신학이 어떤 내용을 가지고 있었으며, 그 정체성이 무엇이었는지를 알 수 있는 자료를 찾을 수 없는 것이 현재까지의 상황이었다. 본서는 바로 이러한 현황을 직시하면서 원자료들에 근거하여 레이놀즈의 생애와 선교 사역을 재구성하고, 그의 조직신학 사상을 21세기의 한국 독자들에게 다시금 소개하려는 목적을 가지고 쓰인 것이다.

본서를 마무리 짓는 이 시점에서 뒤돌아보면 본서를 통해 완성되는 연구의 단초는 2020년 학교로부터 받은 연구년에 진행된 "평양장로회신학교의 조직신학 전통 탐구"라는 필자의 연구 프로젝트에서 비롯되었다. 물론 계획은 거창했으나 여러 가지 사정과 한계로 인해 종말론 전통 규명으로 일단락되고만 연구 여정이었다. 하지만 그때 이미 레이놀즈의 신학 사상도 어느 정도 접하게 되었기 때문에, 결국에는 다시금 연구를 재개하여 수행한 결과 이러한 단행본(monograhp)으로 출간하게 된다. 본서에 담긴 연구와 집필은 주로 2023년 초부터 시작되어 10월 초까지 9개월에 걸쳐 이루어졌는데, 회고해 보면 이 여정은 프랑스 생장피에드포르(Saint Jean Pied de Port)에서 출발하여 스페인의 산티아고까지 이르는 800킬로미터의 순례 여정에 비유해 볼 수 있는 것 같다. 사람들은 그 먼 여정을 육로로 걸어가면서 많은 풍광들을 보고, 사람들을 사귀고, 또한 생각들을 하게 된다고 하는데, 레이놀즈의 생애와 조직신학을 논구하는 이 작업을 진행하면서 구한말 한국 땅에 온 벽안의 젊은 선교사들의 무수한 이야기, 평양장로회신학교의 신학 교육과 교재들, 심지어 레이놀즈가 번역 감수하여 활용한 중국인 신학자 가옥명까지 제대로 만나 볼 수 있었다. 이 여정은 견인 불굴의 인내심을 발휘하며 홀로 걸어가야 한다는 점도 산티아고 순례길을 떠올리게 했다. 때때로 사점(dead point)이 느껴져서 한동안 언문 글씨나 국한문 혼용으로 된 일제 강점기 시기에 나온 신학 책들을 구석에 미루어 놓고 호흡을 가다듬기도 해야 했다.

한국 장로교 초기의 목회자들인 길선주 목사를 비롯한 첫 졸업생 7인, 유명한 부흥사 김익두 목사, 순교자 주기철 목사, 정암 박윤선 목사 등 수백 명의 한국인 제자들에게 유창한 한국어로 조직신학을 강의했던 레이놀즈의 신학을 논구하려는 이 작업을 진행하면서 필자가 부닥쳤던 가장 큰 어려움은 1915–1916년 어간에 출간된 레이놀즈의 세 공과들(『신학 공과』, 『인학 공과』, 『구학 공과』)을 구입은커녕 자료 접근 자체가 불가능할 정도로 힘들었다는 것이다. 뿐만 아니라 그렇게도 자주 언급된 가옥명의 『조직신학』(총 6권, 1931)은 또 어디에서 열람이라도 할 수 있단 말일까? 실로 아득하고 막막했던 심정으로 자료 접근의 길을 찾고 찾았던 초기 상황은 늘 잊히지 않는다. 지난 3월에야 비로소 완독했던 움베르토 에코의 『장미의 이름』의 서문에 실린 그 유명한 "아드소 수도사의 수고"를 둘러싼 에코의 픽션적인 이야기가 연상되곤한다.[1] 세 공과의 경우 출간된 지 이미 100년도 더 되었고, 다 소장하고 있는 도서관도 찾기 어려울 뿐 아니라 열람 자체도 쉬운 일이 아니었다. 올해 8월 중순 코베이 옥션에서는 수천 점에 달하는 일제 강점기 시대의 자료들을 전시하고, 20억에 달하는 금액을 산정해서 말했던 적이 있다. 그 희귀 자료들 가운데는 본서의 주요 자료라고 할 수 있는 레이놀즈의 공과들이나 가옥명의 신학책들과 평양장로회신학교 교재들 여러 점도 포함되어 있었다. 하지만 일괄 매각을 원한다는 소유자의 의지를 듣고는 카탈로그 구경으로 만족할 수밖에 없었다.

그러나 "구하라 그리하면 너희에게 주실 것이요 찾으라 그리하면 찾아낼 것이요 문을 두드리라 그리하면 너희에게 열릴 것이니 구하는 이마다 받을 것이요 찾는 이는 찾아낼 것이요 두드리는 이에게는 열릴 것이니라"(마 7:7, 8)라고 하신 주님의 말씀대로, 간절히 찾고 구하였더니 불가능해 보이던 자료 접근이 가능하게 되는 일을 경험하게 되었다. 따라서 본서의 논구 자료들을 구하거나 열람하도록 도와준 고마운 손길들에게 이 자리를 빌어 감사하지 않을 수 없다. 연구소 소장 자료를 열람할 수 있도록 허락해 주셨던 은사 박용규 교수님, 가옥명의 책들을 열람할 수 있도록 도와주셨던 장신의 은퇴교수이신 최윤배 교수님, 앞서 평양장로회신학교의 성령론을 연구했던 정원경 박사님, 제네바 신학대학원대학교 도서관에서 소장 중인 초기 신학 자료들(복사본)을 열람하고 대출하도록 도와주었던 김석현 형제, 박형룡 박사의 『근대 신학난제선평』(1935) 희귀본을 구입할 곳을 알려 주실 뿐 아니라 희귀 자료들을 공유해 주셨던 장영학 목사님, 전주서문교회 100년사를 구하지 못해 애타는 심정으로 찾고 있을 때 파일을 제공해 준 제자 방영민 목사님, 그리

---

1 Umberto Eco, *The Name of Rose*, 이윤기 역, 『장미의 이름』, 특별 합본판 (파주: 열린책들, 2022), 13–22.

고 소장하고 있던 역사서를 양지에 가져나누시기까지 한 이진세 [illegible] 등에게 감사를 드린다. 이 모든 분들의 도움 덕분에 레이놀즈 연구가 가능하게 되었고, 또한 이렇게 단행본으로 결실을 맺을 수 있게 되었다. 필자가 그러하였듯이 적어도 레이놀즈의 생애와 신학 사상을 연구하고자 하는 연구자들은 앞서 소개한 기본 자료들을 반드시 참고해야 하기에, 소장처를 여기에 밝혀 둔다. 레이놀즈의 『인학 공과』는 총신대학교 박형룡박사 기념도서관 1층 박물관 유리장 안에 전시되어 있고, 『신학 공과』는 연세대 도서관에서 접속 가능하며, 『구학 공과』는 숭실대학교 기독교박물관에 소장되어 있다. 레이놀즈가 번역 감수한 가옥명의 『조직신학』 원본은 장신대학교 도서관 보관실에 소장되어 있다. 이런 자료들은 자유로이 대출받거나 복사가 가능한 것은 아니고, 열람이나 부분 복사가 가능한 수준에서 이용이 가능하다는 점을 유념해야 한다. 아울러 필자가 구하게 된 가옥명의 『조직신학』 복사본 중 『신도론』에는 누락된 페이지들이 10쪽이 넘어서 안타까움을 느끼게 했으나, 우연히 발견하게 된 한 경매 사이트에서 원전을 구입할 수 있게 되었다. 이 또한 감사한 일이 아닐 수가 없다.

본서를 펼쳐서 읽을 독자들을 위해 한 가지 유의 사항을 적고자 한다. 레이놀즈의 세 공과는 1910년대 서북 지방 방언으로 되어 있고, 띄어쓰기가 제대로 되지 않은 언문으로 되어 있으며, 1931년에 출간되어 평양장로회신학교 조직신학 여섯 과목 교재로 다년간 사용되는 가옥명의 조직신학 여섯 책은 국한문 혼용으로 되어 있다는 점을 유념해 주기를 바란다. 이러한 형태 때문에 현세대가 읽기에는 어려움이 많다고 할 수밖에 없다. 따라서 본서의 연구 과정에서 필자 역시도 숨이 막히는 것을 느낄 만큼 때때로 읽어 내려 가기가 힘들 때가 있었고, 가옥명의 역본들에는 지금은 사용하지 않는 중국 한자들이 대거 등장하기 때문에, 한문을 오랫동안 배운 필자로서도 해독이 어려워 중국에서 온 유학생 제자들이나 컴퓨터의 도움을 받아야 했다. 그러한 형편을 고려하여 본서에서 레이놀즈와 가옥명의 글들을 인용할 시에는 최대한 현대 한국어로 옮겨 적었다는 점을 유념해 주기 바란다. 원래의 언어 형태가 어떠한지가 중요하거나 궁금한 독자들은 해당되는 원서들을 열람해 보기 바란다.

양지의 겨울은 언제나 눈이 많이 내리고 날이 차가운데, 2023년을 시작하던 1월 역시도 동일하게 냉골이던 양지에서 이 연구는 본격적으로 시작이 되었고, 연구와 집필이 진행되는 동안 봄과 여름을 지나 이제 가을 한 가운데에 이르러 마무리하게 된다. 때로는 이 작업을 중단하고픈 유혹도 찾아 들곤 했지만 이렇게 끝까지 완주할 수 있게 해 주신 성삼위 하나님의 은혜에 감사를 드린다. 최근에 전남 영암 소재 구림교회 장로로 임직하신 홍민석 원장님과 권사로 취임하신 김윤경 권사님 두 분께 축하와 감사의 인사를 드린다. 또한 옆에서 지지하고 관심 가져 주고 격려해 준 동료 교수님들, 지인들, 그리고 가족들에게도 감사를 드린다. 종이책 출판 문화의 사양길에 서서 어려움이 많지만 이렇게 전문 학술 서적을 마다하지 않고 출간해 주신 세움북스 강인구 장로님께 감사를 드린다. 10여 년 전부터 책 추천사 쓰기로 시작해서, 그간에 신간들을 꾸준히 보내 주셔서 감사했던 터에, 이렇게 세움북스에서 첫 저작을 출간할 수 있게 되어서 더욱 감사를 드린다. 난해한 원고를 편집하고 교정해 준 제자 김태림 전도사와 류성민 과장 두 분에게도 감사를 전한다. 아울러 추천의 글을 써 주신 이상규 교수님, 안명준 교수님, 이승구 교수님, 박응규 교수님, 임종구 교수님께도 감사를 드린다. 마지막으로 늘 기도로 도와준 아내 김영신과 박사 논문 작성을 앞두고 있는 아들 진희에게도 고마운 마음을 전한다.

Laus Deo!

2023년 10월 2일

6일에 걸친 긴 연휴를 마치는 날에

저자 이상웅 자서(自序)

차례

제3부 레이놀즈의 조직신학 –『신도요론』 3부작(1915-1916)을 중심으로 ········· 103

제4부 레이놀즈가 번역 감수한 가옥명의 『조직신학』(1931)

제1부

서론

쥬후일쳔구빅십륙년
신학공과
대정오년삼월일 죠션예수교셔회간인

1. 들어가는 말

윌리엄 데이비스 레이놀즈(William Davis Reynolds, 1867–1951)[1] 또는 한국식 이름인 이눌서(李訥瑞) 선교사는 한국 교회사나 한국 장로교회사에 있어 필수적으로 등장하는 주요 인물 중 한 사람이다.[2] 그는 제임스 게일(James Scarth Gale, 1863–1937)과 더불어 가장 한국어에 능통한 선교사였고,[3] 더불어 오랫동안 한글 성경(구역과 신역) 번역 사역에 지대한 공헌을 한 번역가로 널리 알려져 있으며, 마포삼열(Samuel A. Moffett, 1864–1939)과 곽안련(Charles Allen Clark, 1878–1961) 등과 더불어 평양장로회신학교를 위해 크게 기여했던 주요 세 인물로 꼽히기도 한다.[4] 한국 장로교 선교 역사에서 이러한 위상을 차지하는 레이놀즈이기에, 한국 초기 교회사나 신학 관련 문헌들 속에서도 약방에 감초처럼 늘 그의 이름은 빠지지 않고 언급되거나 부분적인 연구들이 진행되어 왔다. 그러나 연구 문헌들을 살펴보면 아직까지 레이놀즈의 생애와 신학 사상의 전모를 담아 낸 연구서는 출간되지 않고 있다. 예장 합동의 교단 신

---

1 그의 한국식 이름은 '레이놀즈'가 정식이지만, '이율서'라고 표기되기도 한다. 영어의 경우는 '레이놀즈'와 '레널즈' 두 가지 표기가 혼용되고 있다.

2 간하배, 『한국 장로교 신학 사상』(서울: 실로암, 1991); 민경배, 『한국기독교회사』(서울: 연세대학교 대학출판문화원, 2013); 박용규, 『한국기독교회사 1, 2』(서울: 한국기독교사연구소, 2004); 백낙준, 『백낙준 전집1–한국개신교사』(서울: 연세대학교출판부, 1995); 양낙흥, 『한국 장로교회사』(서울: 생명의말씀사, 2008); 주강식, "한국 장로교회의 개혁신학에 대한 연구: 1884년부터 2000년까지를 중심으로" (신학 박사, 고신대학교, 2014); Harry A. Rhodes, *History of the Korea Mission Presbyterian Church U.S.A.* 최재건 역, 『미국 북장로교 한국 선교회사』(서울: 연세대학교출판부, 2010) 등을 보라.

3 레이놀즈를 포함한 선교사들이 구역과 개역을 어떻게 번역하고 출간했는지에 대해서는 박용규, 『한국기독교회사 I』, 560–582; 류대영, 옥성득, 이만열, 『대한성서공회사 II』(서울: 대한성서공회, 1994), 32–204; 김인수, "레널즈(W. D. Reynolds)가 한국 장로교 선교 상황의 발전과 변화에 끼친 영향 연구" (철학 박사, 호남신학대학교, 2009), 94–151 등을 보라.

4 박용규 교수에 의하면 마포삼열이 행정을 통해, 곽안련이 학술적인 저술을 통해 평양신학교에 공헌했다면, 레이놀즈는 신학적인 면에서 기여했다고 평가된다(박용규, 『한국기독교회사 2』, 47).

학교인 총신에서 11년 넘게 조직신학 교수로 재직하고 있는 필자로서는 이러한 현황이 어느 순간부터 무척 안타깝게 느껴졌고, 마치 목마른 사람이 스스로 우물을 파는 심정으로 레이놀즈 연구에 뛰어들게 되었다. 이러한 연구는 비단 레이놀즈 연구에 그치는 것이 아니라, 넓게는 총신(이나 장신)이 역사적 연속성을 가진다고 공공연히 말하는 평양장로회신학교의 조직신학 전통을 규명하는 것과 맞물려 있는 것이다.

춘계 이종성(1922–2011)은 일찍이 레이놀즈 선교사/교수를 "한국 장로교회(예장)의 신학적 건축자"라고 명명한 적이 있는데,[5] 본서에서 필자는 윌리엄 레이놀즈의 생애와 한국에서의 선교 사역을 재구성하고, 나아가서는 그가 직접 저술했거나 그가 교재로 사용한 원자료들을 토대로 삼아 그의 조직신학의 내용이 무엇이며, 신학적 정체성이 무엇이었는지를 규명하는 작업을 진행해 보았다. 그가 1892년에 선교사로 입국하여, 1906년부터 1937년까지 31년간 장로회신학교에서 조직신학을 강의하면서 초기의 대다수의 한국인 목회자들을 가르쳤기 때문에, 당연히 그의 조직신학에 대한 포괄적인 연구서가 필요한 현실이다.[6] 물론 그가 재직하던 시기에 박형룡 박사가 교수로 부임했지만 변증학과 현대신학 과목을 맡았고, 그의 후임자로 1937년 가을에 취임한 구례인 선교사(John C. Crane)의 경우는 1년간 교수할 기회를 얻었을 뿐이기에 일정하의 한국 장로교 조직신학 교육에 레이놀즈 선교사의 영향력은 지대했다고 할 수 있다.[7]

---

5 이종성, "한국 교회 조직신학 100년의 발자취"; 최윤배, "대한예수교장로회총회 100년: 조직신학의 어제와 오늘과 내일", 「장신논단」 44/2 (2012): 50에서 재인용.

6 레이놀즈가 장로회신학교에서 1906년에서 1937년까지 재직하는 동안 그는 743명에 달하는 한국인 신학생을 가르쳤다(조용호, "미 남장로교 선교사 윌리엄 D. 레이놀즈의 생애와 신학 연구"[철학 박사, 연세대학교, 2007], 147).

7 이러한 사실은 긍정적인 의미에서든, 부정적인 의미에서든 일반적으로 인정되는 사실이다: 김광열, "총신에서의 조직신학 논의–회고와 전망(I)", 「신학지남」 317 (2013): 62–68; 황재범, "한국 장로교회의 칼빈주의 수용에 있어서의 이중적 태도", 「갱신과 부흥」 11(2012): 79–81 등을 보라. 레이놀즈의 소천 후 부고 기사들에도 보면 그가 "신학 교사로서 한국 장로교회의 신학을 크게 형성했다(largely shaped)"라거나 "장로교회의 표준(standard)을 세워 주었다"라고 기록하고 있다("Death Claims Former Korean Missionary", in *Personal Reports of the Southern Missionaries in Korea*, 19 vols. [Seoul: Archives for Korean Church History Studies, 1993], 16권). 이 자료집에는 165쪽에 달하는 레이놀즈 관련 자료들이 수집되어 있으나 페이지 매김이 없다. 이하에서 이 자료집을 인용할 시에는 *PRSMK* 16으로 약기하기로 한다.

2. 레이놀즈 연구 현황

이처럼 한국 장로교 조직신학사에 있어 최초의 조직신학 교수로서 수많은 한국인 목회자들에게 장로교 교리를 가르침으로 장로교 신학 형성에 지대한 영향을 미친 레이놀즈이지만, 그간의 연구 성과를 살펴보면 조직신학자로서 레이놀즈의 특징이나 기여를 밝힌 종합적인 글들이 없다시피 하다. 몇 편의 소논문들이 공표되어 왔고,[8] 레이놀즈에 관한 영어 저술은 현재까지 부재하다.[9] 국내에서는 그간에 세 편의 박사 논문이 공표되었다. 2007년에 조용호 박사의 "미 남장로교 선교사 윌리엄 D. 레이놀즈의 생애와 신학 연구"가 공표되었고, 2009년에 김인수 박사의 "레널즈(W. D. Reynolds)가 한국 장로교 선교 상황의 발전과 변화에 끼친 영향 연구"가 통과되었다. 2011년에는 권상덕 박사의 "레이놀즈의 구약 성서 해석에 관한 연구"가 공표되었고, 2018년에는 정원경 박사가 "평양신학교 성령론 연구(1910–1931)"에서 레이놀즈의 『구학공과』(1915) 분석과 레이놀즈가 번역 감수하여 교재로 사용한 중국인 신학자 가옥명(Jia Yuming, 1880–1964)의 『성령론』에 대한 방대한 분석이 공표되었다.[10]

---

8 레이놀즈와 관련된 소논문들은 다음과 같다: 류대영, "윌리엄 레이놀즈의 남장로교 배경과 성경 번역 사업", 「한국기독교와 역사」 33 (2010): 5–34; 송현강, "레이놀즈의 목회 사역", 「한국기독교와 역사」 33 (2010): 35–56; 천사무엘, "레이놀즈의 신학: 칼뱅주의와 성서관을 중심으로", 「한국기독교와 역사」 33 (2010): 57–80; 권상덕, "레이놀즈와 깔뱅의 성서관 비교 연구", 「기독교문화연구」 15 (2010): 197–221; 천사무엘, "윌리엄 레이놀즈(William Davis Reynolds, jr.): 목회자, 성서 번역가, 신학 교수", in 『미국 남장로교 선교사 열전』, 한남대학교 교목실 편 (서울: 동연, 2016), 19–41; 이재근, "호남 기독교의 '7인의 개척자들'(1): 미국 남장로회 윌리엄 레널즈 가문의 한국 선교", 「광신논단」 30 (2020): 113–140.

9 George Thompson Brown, "History of the Korea Mission Presbyterian Church, U. S. from 1892 to 1962" (Th. D. diss., Union Theological Seminary in Virginia, 1963)와 같은 선교 역사 연구에 부분적으로 소개될 뿐이다.

10 조용호, "미 남장로교 선교사 윌리엄 D. 레이놀즈의 생애와 신학 연구"(철학 박사, 연세대학교, 2007); 김인수, "레널즈(W. D. Reynolds)가 한국 장로교 선교 상황의 발전과 변화에 끼친 영향 연구"(철학 박사, 호남신학대학교, 2009); 권상덕, "레이놀즈의 구약 성서 해석에 관한 연구"(철

또한 2022년에 이르러서는 남장로교 선교 역사 전문가인 송현강 박사에 의해 레이놀즈의 첫 전기가 출판이 되었다.[11]

레이놀즈의 생애와 선교 사역에 대한 연구물들은 위와 같이 출간되어 왔지만, 정작 한국 장로교회의 첫 조직신학자로서 그의 신학 세계에 대한 학술적인 평가 작업은 여전히 희소하다. 이처럼 조직신학자로서 레이놀즈에 관한 연구가 홀대를 받아 온 이유들 중 하나는 그가 「신학지남」에 기고한 글들 이외에는 알려진 문헌들이 많지 않은 데다가, 그 문헌들마저도 연구자들이 접근하기에 쉽지 않기 때문일 것이다. 특히 그가 평양장로회신학교 전임 교수가 되던 무렵인 1915–1916년에 출간한 세 권의 공과들(『신학 공과』, 『인학 공과』, 『구학 공과』)은 최근까지지도 간과되어 왔다.[12] 그러나 논자는 레이놀즈의 조직신학의 정체성과 특징 등을 규명하기 위해서는 번역서에 집중하기 보다는 그의 세 공과들을 논구할 필요가 있다고 생각한다.[13]

레이놀즈의 신학적 정체성과 세계를 이해하기 위해서 한 가지 더 고려해야 할 것은 한국인들(이영태, 정재면)의 번역에 힘입어 1931년에 역간한 중국인 신학자 가옥명의 『조직신학』(전 6권)을 감수하고 신학교 조직신학 교재로 사용했다는 점인데, 그간의 연구 문헌들을 보면 가옥명의 신학이 평양장로회신학교에 미친 영향에 관한 안치범 박사의 논문을 비롯하여, 여러 편의 학위 논문과 학술 논문이 출간되어 있는 것을 보게 된다.[14] 그럼에도 불구하고

학 박사, 한남대학교, 2011); 정원경, "평양신학교 성령론 연구 (1910–1931)" (철학 박사, 백석대학교, 2018).

11 송현강, 『윌리엄 레이놀즈의 한국 선교』 (서울: 한국 교회총연합, 2022). 레이놀즈의 생애와 사역을 이해하도록 돕는 길잡이가 되는 책인데, 아쉬운 것은 시리즈 원칙상 각주와 참고 문헌을 제시하지 않은 채로 서술되어 있다는 점이다. 따라서 그 나름의 가치가 있는 전기이지만, 학술적인 전기(academic biography)는 새로이 출간되어야 한다고 생각한다.

12 정원경은 자신의 학위 논문인 "평양신학교 성령론 연구 (1910–1931)"에서 레이놀즈의 『구학 공과』 분석을 제시해 주고 있다. 정 박사의 학위 논문은 각주를 제외한 채, 정원경, 『처음 읽는 평양신학교 성령론』 (서울: 그리심, 2022)으로 출판되기도 했다.

13 필자는 레이놀즈가 "「신학지남」에 단편적이며 변증적인 글을 상당수 발표했지만, 신학을 체계적으로 저술하여 출판하지는 않았으므로, 그의 신학의 전체적 내용을 파악하는 것은 쉽지 않다"라고 말하는 황재범의 견해(황재범, "한국 장로교회의 칼빈주의 수용에 있어서의 이중적 태도", 80)에 대해 온전히 동의하기는 어려움을 느낀다. 레이놀즈는 조직신학 전 과목(loci)에 대한 교과서를 집필하지는 않았지만 적어도 세 권의 저술을 통해 성경관, 신론, 인죄론, 기독론, 구원론 등을 기술해 주고 있기 때문이다.

14 가옥명에 관한 석박사 논문들은 다음과 같다: 朴美慶, "賈玉銘牧師的生平與神學思想에 관한 硏

레이놀즈와 가옥명의 신학적 관계의 전모를 논구하는 문헌은 아직 출간되지 않고 있다. 안타까운 것은 종교개혁 시대 문헌까지 디지털화해서 무료로 제공해 주는 서구 신학계와 달리, 국내에서는 일제 강점기 시대에 출간된 자료들을 구입하기는커녕 어떤 형태로든지 접근하는 것조차도 쉽지가 않다는 것이다.[15]

그러나 한 가지 고무적인 사실은 레이놀즈(이눌서) 선교사 연구를 주제로 한 학술 발표회가 2023년 3월 24일에 열린 적이 있다는 것이다. 한국개혁주의연구소(소장 오덕교 교수) 주최로 열린 선교사 사역 탐구 시리즈 강좌 3의 주제는 "이눌서(Reynolds) 선교사와 한국 교회"였고, 한국성서공회 총무를 역임한 민영진 교수가 "이눌서 선교사의 성경 번역에 대한 기여"에 대해 발제하였고, 백석대학교 석좌 교수인 이상규 교수가 "이눌서 선교사: 한국 선교와 한국 교회에 끼친 영향 중심으로"를 발제했으며, 또한 필자가 "이눌서 선교사(1867–1951)의 생애와 신론 연구"라는 제하에 발제를 했었다.[16]

究"(석사 논문, 총신대학교, 2002– 중국어로 쓴 논문); 김영석, "한국 장로교회 개혁주의 신학의 연속성과 불연속성 연구: 가옥명의 기독교증험론을 중심으로"(석사 논문, 계명대학교 대학원, 2010); 안치범, "가옥명(賈玉銘, Chia Yu ming)의 신학 사상이 평양신학교에 미친 영향에 관한 연구" (박사 학위 논문, 안양대학교 대학원, 2011); 유광진, "가옥명의『성령론』연구"(석사 논문, 안양대학교 신학대학원, 2011); 문춘권, "중국 신학자 가옥명의 조직신학 사상 연구" (석사 논문, 장로회신학대학교대학원, 2012); 모영보, "개혁주의 관점에서 본 가옥명의 종말론"(석사 논문. 총신대학교. 2019); 주규현, "가옥명의 복음주의 신학 연구: 그의 신론 형성 과정을 중심으로", (박사 논문, 계명대학교, 2022). 또한 학술 논문으로는 최윤배, "중국인 가옥명(賈玉銘; Chia Yu Ming, 1879–1964)의 성령론 연구: 구원론을 중심으로."「한국개혁신학」39 (2013): 124–159이 있다.

15 가옥명,『조직신학』전 6책 (평양: 장로회신학교, 1931)의 경우 모두 소장하고 있는 국내 도서관은 없는 것으로 파악되며, 그래도 장신대학교 도서관 보관실에는 나채운 교수 기증본들이 소장되어 있다.

16 한국개혁주의연구소,『이눌서(Reynolds) 선교사와 한국 교회』(2023.3.24. 자료집). 필자의 발제문은 수정 보완하여 "이눌서 선교사(William D. Reynolds, 1867–1951)의 생애와 신론 연구",「개혁논총」64 (2023): 157–201으로 공표되었다.

3. 본서의 필요성, 사용 문헌들, 주의 사항

본서의 필요성

레이놀즈는 성경 번역가, 전라도 개척 선교사, 승동교회와 연동교회 담임 목회자 등으로도 사역했지만, 1906-1937년 어간에 평양장로회신학교에서 조직신학을 가르쳤던 한국 장로교회 최초의 조직신학 전임 교수였는데도 불구하고, 그간에 레이놀즈의 신학 세계를 포괄적으로 규명하는 저술이 출간되지 않고 있기에 본서에서 공표하게 되는 내용들은 학술적인 의의가 있다고 생각한다. 약방의 감초처럼 끊임없이 언급되고 평가되기도 하지만, 정작 그의 신학 저술들에 대한 포괄적인 연구서가 부재하고, 그의 신학의 정체성에 대한 논란이 제대로 해소되지 않은 상황이기에, 필자는 본서에서 레이놀즈의 성장 배경, 교육 과정 등과 선교 사역의 다국면을 재구성하는 작업과 그의 저술들을 전체적으로 살펴서 그의 신학 사상을 포괄적으로 밝히고 체계적으로 제시하는 작업을 수행하려고 한다.

사용 문헌들

이와 같은 학술적 목표를 성취하기 위해서는 레이놀즈가 저술한 문헌들에 대한 직접적인 고찰이 필요하다는 것은 불문가지(不問可知)이다. 1차 문헌으로는 1915-1916년 어간에 레이놀즈가 저술하여 간행한 세 공과들과 1931년에 자신이 직접 번역 감수한 가옥명의 『조직신학』 전 6책이 있다.[17] 또한 우리

17 레이놀즈(이눌서)의 세 공과는 다음과 같다: 『인학 공과』 (경성: 조선야소교장로회, 1915; 『구학

는 레이놀즈가 「신학지남」에 기고한 많은 논설들을 참고할 필요도 있고,[18] 개인적 선교 보고서 묶음도 참고할 필요가 있다.[19]

또한 레이놀즈의 배경이나 선교 사역을 연구하려면, 그와 관련된 2차 문헌들도 참고할 필요가 있다. 다양한 한국 교회사나 선교사 자료들도 있고, 또한 남장로교 선교사로 와서 광주 정명여학교 교장이었던 유애나(Anabel Major Nisbet, 1869–1920) 선교사가 1920년에 출간한 남장로교회 선교 이야기가 있고,[20] 남장로교회 선교 70주년을 기하여 선교 역사를 정리한 부명광(Brown, George Thompson, 1921–2014)의 책과 박사 논문이 있다.[21] 또한 레이놀즈가 개척 초기부터 수고했고 담임 목사로 사역하기도 했던 전주서문교회 역사서들도 그의 목회 사역에 대한 중요한 자료원이라고 할 수 있다.[22] 또한 그가 공부했

공과』 (경성/평양: 야소교소회/ 야소교서원, 1915); 『신학 공과』 (경성: 조선야소교장로회, 1916). 레이놀즈가 번역 감수한 중국인 신학자 가옥명의 책들은 다음과 같다: 가옥명(賈玉銘), 『기독교험증론』, 이영태 역 (평양: 장로회신학교, 1931); 『신도론』, 정재면 역 (평양: 장로회신학교, 1931); 『인죄론』, 정재면 역 (평양: 장로회신학교, 1931); 『구원론』, 이영태 역 (평양: 장로회신학교, 1931); 『성령론』, 정재면 역 (평양: 장로회신학교, 1931); 『내세론』, 정재면 역 (평양: 장로회신학교, 1931). 우리는 때때로 최근에 출간된 가옥명의 중국어 원서도 참고하게 될 것이다: 賈玉銘, 『神道學(上)』, 賈玉銘全集 8, 2판 (臺北: 橄欖基金會, 1996); 『神道學(中)』, 賈玉銘全集 9, 2판 (臺北: 橄欖基金會, 1996); 『神道學(下)』, 賈玉銘全集 10, 2판 (臺北: 橄欖基金會, 1996); 『神道學(附篇)』, 賈玉銘全集 11, 2판 (臺北: 橄欖基金會, 1998).

18 「신학지남」 1–23 (1918–1940)은 영인본으로 출간된 적이 있다(서울: 신학지남사, 1989). 대부분의 자료들은 DBpia에서도 디지털 텍스트로 제공해 주지만 인쇄본 모두가 다 포함된 것은 아니다.

19 *Personal Reports of the Southern Missionaries in Korea,* 19 vols. (Seoul: Archives for Korean Church History Studies, 1993) 중 제16권에 레이놀즈의 선교 보고들이나 관련 기사들뿐 아니라 몇 가지 종류의 약전(Brief biography)도 제공되고 있기 때문에 레이놀즈 연구자들은 꼭 참고해야 한다.

20 Anabel Major Nisbet, *Day in and Day out in Korea: Being Some Account of the Mission Work that Has Been Carried on in Korea Since* 1892 *by the Presbyterian Church in the United States* (Richmond: Presbyterian Committee of Publication, 1920).

21 국내에도 역간된 *Mission To Korea* (Richond: Board of World Missions, Presbyterian Church U.S., 1962); 천사무엘, 김균태, 오승재 공역, 『미국 남장로교 한국 선교 역사(1892–1962)–한국 선교 이야기』 (서울: 동연, 2010)는 남장로교 선교부에서 출간한 252쪽의 얇은 책자이고, 그가 버지니아 유니온 신학교에 제출하여 1963년에 통과된 박사 논문의 경우 775쪽에 달하는 방대한 분량이다(George Thompson Brown, "History of the Korea Mission Presbyterian Church, U. S. from 1892 to 1962" [Th. D. dissertation, Union Theological Seminary in Virginia, 1963]).

22 100주년기념사진첩편집위원회 편, 『사진으로 본 전주서문교회 100년 1893–1993』 (전주: 전주서문교회, 1994); 100년사 편찬위원회 편, 『전주서문교회 100년사 1893–1993』 (전주: 전주서문교회, 1999); 안대희, "1893–1945년 全州西門外 教會의 成長 過程과 民族 運動"(문학 석사 논문, 목포대학교, 2000). 또한 이런 범주의 자료들로는 레이놀즈가 임시적으로 담임했던 서울 승동교회와 연동교회 역사서들도 참고할 필요가 있다: 고찬섭 편, 『연동교회 100년사』 (서울: 연동교회, 1995).

던 햄든 시드니 칼리지와 버지니아 유니온 신학교 역사서를 비롯하여, 그가 재직했던 평양장로회신학교 역사나 요람들, 이사장을 역임했던 숭실대학교 역사, 그가 42년간이나 헌신했던 성경 번역과 관련한 성경공회 역사서 등도 참고할 필요가 있다.[23]

이러한 문서 자료들 외에도 아카이브 자료들도 참고할 필요가 있는데, 프린스턴 신학교가 제공하는 새무얼 마펫 콜렉션[24]과 필라델피아 장로교 역사협회(Presbyterian Historical Society)가 소장하고 있는 레이놀즈가와 그의 막내딸 엘라 그로브스 아카이브 자료들(Reynolds and Groves Family Papers)도 있다.[25] 마펫 콜렉션은 인터넷상에서도 여러 귀한 자료들을 제공하고 있지만, 후자의 경우는 아날로그적인 아카이브여서 직접 방문해야 하는 아쉬움이 있다.[26]

---

23 John L. Brinkley, *On This Hill: A Narrative History of Hampden-Sydney College* 1774-1994 (Hampden–Sydney: Hampden–Sydney College, 1994); Walter W. Moore and Tilden Scherer (eds.), *Centennial General Catalogue of the Trustees, Officers, Professors and Alumni of Union Theological Seminary in Virginia,* 1807-1907 (Richmond: Whittet & Shepperson, 1908); Morton Smith, *Studies in Southern Presbyterian Theology.* (Phillipsburg: P&R, 1987); William B. Sweetser Jr, *A Copious Fountain: A History of Union Presbyterian Seminary,* 1812-2012 (Louiville: Westminster John Knox Press, 2016); Ernest T. Thompson, *Presbyterians in the South,* 3 vols. (Richmond: John Knox Press, 1963–1973); *Catalogue of the Presbyterian Theological Seminary at the Pyeng Yang, Chosen* (Yokohama: Fukuin Printing Co., 1916); *Catalogue of the Presbyterian Theological Seminary at the Pyeng Yang, Korea* (Pyeng Yang: Presbyterian Theological Seminary, 1923); 김요나, 『총신 90년사』 (서울: 양문, 1991); 『대한예수교장로회총회 총회백년사』, 전 2권 (서울: 대한예수교장로회총회, 2006); 100년사 편찬위원회 편, 『총신대학교 100년사』, 전 3권 (서울: 총신대학교출판부, 2003. 개정판 1권은 2023년 간행); 조경현, 『초기 한국 장로교 신학 사상』 (서울: 그리심, 2011); 『장로교회 신학교 요람』 (평양: 장로회신학교, 1931); 양전백, 함태용, 김영훈, 『조선 예수교 장로회사기(하)』, 이교남 역 (서울: 한국기독교사연구소, 2017); 차재명. 『조선 예수교 장로회사기(상)』, 이교남 역 (서울: 한국기독교사연구소, 2014); 류대영, 옥성득, 이만열, 『대한성서공회사 II』 (서울: 대한성서공회, 1994).

24 https://commons.ptsem.edu/moffett (2023.02.27.접속)

25 https://www.history.pcusa.org/collections/research–tools/guides–archival–collections/rg-451 (2023.02.27. 접속). 일부는 디지털 자료로도 공개했지만, 다른 수많은 자료들은 협회를 방문해야 한다. 협회가 제공하는 소개에 의하면 자료들은 총 세 부분으로 분류되어 있다: Series I: W.D. Reynolds and Patsy Bolling Reynolds Papers, 1883–1962; Series II: John W. Groves and Ella Reynolds Groves Papers, 1902–1987; Series III: Photographs and Photograph Album, circa 1870s–1987.

26 Presbyterian Historical Society에 소장되어 있는 레이놀즈가와 그로브스가 가족 페이퍼들은 세 시리즈로 정리되어 있다: "The collection is arranged into three series: SERIES I: W.D. REYNOLDS and PATSY BOLLING REYNOLDS PAPERS, 1883–1962. SERIES II: JOHN W. GROVES AND ELLA REYNOLDS GROVES PAPERS, 1903–1987. SERIES III: PHOTOGRAPHS AND PHOTOGRAPH ALBUM, circa 1870s–1987. Correspondence is arranged chronologically by folder description. Other materials are arranged alphabetically by subject matter/type, and chronologically within that organization."(https://www.history.pcusa.org/collections/research–tools/guides–archival–collections/rg-451. 2023.02.20. 접속).

주의 사항

이제 두어 가지 주의할 점들을 언급하려고 한다. 일단 레이놀즈의 저술들은 구하거나 접근하기가 어렵기 때문에, 본서에서 필자는 레이놀즈의 공과의 내용들과 그가 감수하여 교재로 쓴 가옥명의 조직신학의 내용들을 최대한 자세하게 제공려고 한다. 어떤 면에서 본서는 역사 속에 묻혀 버린 듯한 평양장로회신학교의 조직신학의 내용들을 21세기 독자들에게 다시금 가독성 있게 소개하는 계기를 제공해 줄 것이다.

다만 이러한 연구 작업을 수행함에 있어서 1차 자료에 해당하는 레이놀즈의 세 공과나 가옥명의 번역된 조직신학이 가지고 있는 시대적 특징 또는 장애들이 있다는 점을 유념해 주기 바란다. 레이놀즈가 1915–16년 어간에 출간한 공과 3부작(『인학 공과』, 『구학 공과』, 『신학 공과』)은 띄어쓰기가 잘되어 있지 않으며, 단어 표기법도 언문 시대에 속하며, 심지어 서북 방언으로 쓰여 있다.[27] 따라서 그대로 인용한다면 현대 독자들이 읽기에 난해할 수밖에 없다. 혹은 원문 형태를 일일이 인용하면서, 현대어체로 옮겨 적는 작업도 지난(至難)한 작업이 될 뿐 아니라 독자들을 성가시게 하는 일이 될 것이라고 사료된다. 따라서 본서에서 공과 내용을 인용할 때는, 서양어 원서 인용 시 한글로 번역 인용하듯이, 현대의 정서법과 띄어쓰기에 따라 옮겨 적었다. 그렇게 함으로서 현대의 독자들이 본서를 읽고 레이놀즈의 핵심 사상을 파악하는 데 장애가 없도록 노력했고, 그의 글의 내용을 함부로 변경하거나 곡해하는 우(愚)는 범치 않으려고 주의했다.

반면 레이놀즈가 번역 감수한 가옥명의 『조직신학』(전 6책, 1931)은 세 공

---

27 한글 띄어쓰기를 처음 한 것은 1896년 서재필, 주시경, 그리고 미국인 선교사 호머 헐버트(Homer B. Hulbert, 1863–1949) 등이 만든 「독립신문」 창간호(1896. 4. 7일 자)로서, 논설에서 "모두 언문으로 쓰는 것은 남녀 상하귀천이 모두 보게 함이요, 또 구절을 띄어 쓰는 것은 알아보기 쉽도록 함이다"라고 밝히고 있다. 그 후 한글 띄어쓰기를 더욱더 보편화시킨 것은 1933년 조선어학회가 만든 '한글 맞춤법 통일안'이 나오고 나서이다(https://www.gtimes.co.kr/news/articleView.html? idxno=14979. 2023.02.27.접속). 또한 레이놀즈의 중요한 조직신학 저술인 공과 3부작이 평안도 방언을 반영하고 있다는 것은 정원경 박사의 주장이고, 정 박사는 레이놀즈의 공과를 "평안도 지역의 언어를 구사했던 조사들에 의하여 번역"되었을 것으로 추정하고 있다(정원경, "평양신학교 성령론 연구 [1910–1931]", 171).

과에 비해 띄어쓰기는 잘되어 있는 편이다. 그러나 문제는 국한문(國漢文) 혼용(混用)으로 되어 있다는 것이다. 당시 신학생들 가운데는 영어와 서양어보다는 사서오경과 같은 한문 원전을 읽는 것이 더 편하게 여긴 사람들이 많았다고 전해진다. 따라서 정재면과 이영태는 가옥명의 중국어 원서를 번역하면서, 현대인들이 익숙치 않은 한문 용어들도 빈번하게 사용하고 있는 것을 볼 수 있다. 필자는 중학교 1학년부터 시작해서 대학교 1학년까지 한문이 필수 교양과목이던 시절에 공부했고, 대학에서 철학을 전공하면서 동양철학 원전 강독도 두 과목이나 이수한 적이 있지만, 가옥명의 번역서를 읽다 보면 도무지 이해할 수 없는 단어들도 가끔 부닥치곤 했다. 이럴 때마다 컴퓨터 검색을 통해서 혹은 중국에서 유학 온 제자들의 도움으로 뜻을 새기고 지나갈 수 있었다.[28] 본서에서는 한문을 인용할 시에는 한글과 병기(倂記) 처리하였고, 21세기 독자들이 이해하기에 어려운 단어들은 뜻 새김을 하기도 했다.

본서의 구성

이제 마지막으로 본서의 구성에 대해서 간략하게 소개하려고 한다. 본서는 총 5부로 구성되어 있다. 1부 서론에 이어지는 2부(II)에서는 레이놀즈의 생애와 한국 선교 사역이라는 제하에 역사적 배경 연구에 할애될 것이다. 먼저 레이놀즈의 성장 배경, 교육과 선교사로의 소명에 대해 고찰하고, 이어서 레이놀즈의 한국 선교 사역(1892–1937)을 네 가지 항목으로 나누어 재구성해볼 것이다. 첫째 개척 선교와 목회, 교정가로서 활동, 둘째 성경 번역 사역, 셋째 평양장로회신학교 교수 사역, 마지막으로 레이놀즈의 문서 사역을 살펴볼 것이다. 그리고 은퇴 후의 삶과 자녀들의 헌신에 대해서도 살펴보게 될 것이다.

---

28 이런 점에서 한족 유학생인 모영보 목사와 총신대에서 박사 학위를 취득하고 현재 서울에서 중국인 사역을 하고 있는 김원철 박사(조선족 출신으로 한국에 귀화함)에게 감사를 드린다.

제3부(III)와 제4부(IV)는 레이놀즈의 신학을 포괄적으로 논구하여 소개하는 부분이다. 먼저 3부에서는 레이놀즈의 공과 3부작(1915-1916)을 면밀하게 살펴서, 『신학 공과』에 나타나는 그의 성경관과 신론을 분석 개관하고, 『인학 공과』의 분석을 통해서 레이놀즈의 인간론과 죄론을 개관하며, 『구학 공과』를 세밀하게 살펴서 레이놀즈의 삼위일체론적인 구원론을 확인하게 될 것이다(1. 성부의 일, 2. 성자의 일, 3. 성령의 일, 4. 성도의 일). 세 권을 합쳐도 약 300쪽에 불과한 세 권의 소책자들이지만, 1910-1920년대에는 평양장로회신학교 교재로 사용되었을 뿐만 아니라, 일반 신도들 가운데도 권독되었던 교리 공부 교재들이었기에 이러한 분석 개관 작업을 통해서 우리는 선교 초기 한국 장로교회의 조직신학의 내용과 정체성을 이해하는 데 큰 유익을 얻게 될 것이라고 사료된다.

그리고 제4부(IV)에서는 레이놀즈의 저술은 아니지만, 그가 흔쾌히 번역 감수하여 장로회신학교 이름으로 출판한 후에 은퇴 시까지 조직신학 주교재로 사용했던 가옥명의 『조직신학』 여섯 권의 내용을 세밀하게 살피는 작업을 수행했다. 이것은 정암 박윤선이나 손양원과 같은 1930년대의 장로회신학교 신학생들이 교재로 필독했던 책들이다. 1장에서는 배경적인 논의를 제시했는데, 가옥명(Jia Yuming)의 생애와 『신도학』(1921), 『신도학』을 통해 드러나는 가옥명의 신학적 특징들, 그리고 레이놀즈(이눌서)가 번역 감수하여 출간한 가옥명의 『조직신학』 등에 대하여 서술해 보았다. 그러고 나서 2장부터 7장에 이르기까지 가옥명의 『기독교 증험론』, 신론을 담고 있는 『신도론』, 인간론과 죄론을 담고 있는 『인죄론』, 제목과 달리 내용상 기독론 교재인 『구원론』, 성령의 구원 적용 사역을 논한 『성령론』, 그리고 『내세론』의 내용을 세밀하게 분석 개관하는 작업과 개혁주의적 관점에서 평가 작업을 수행해 보았다.

이상에서 약술한 대로 본서의 2부는 레이놀즈의 생애와 사역에 대한 재구성이고, 3부는 레이놀즈의 신학 사상 분석이고, 4부는 그의 저술은 아니지만 동질성을 느껴 교재로 사용하기까지 한 가옥명의 신학 사상에 대한 분석을 담고 있다. 마지막 5부에서는 앞선 논의의 요약과 평가를 제시하고, 부록 혹은 보록(補錄)으로 해방 이후 필자가 몸담고 있는 총신의 조직신학 전통에 대한 간략한 약술을 제시하는 것으로 구성하였다.

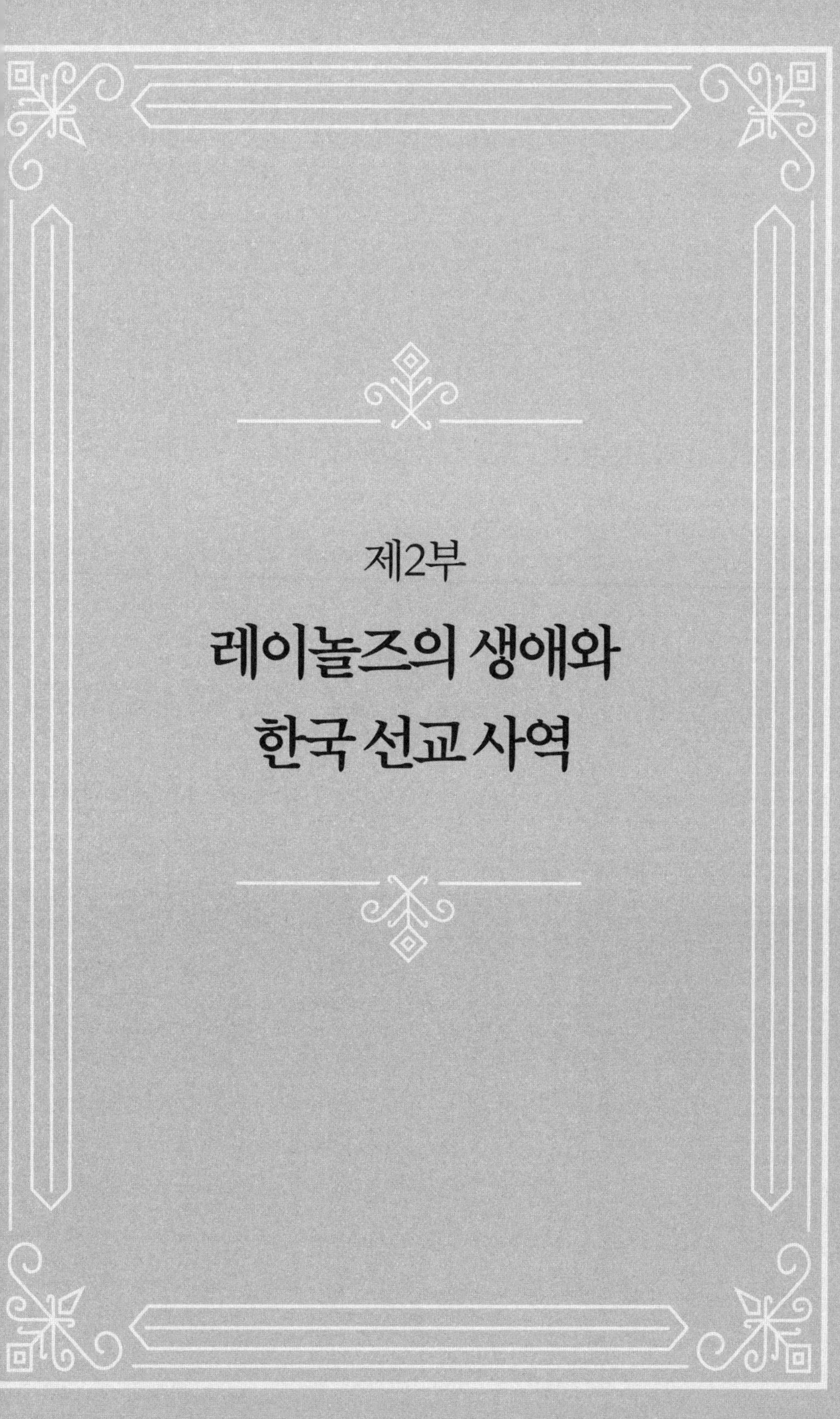

제2부

레이놀즈의 생애와 한국 선교 사역

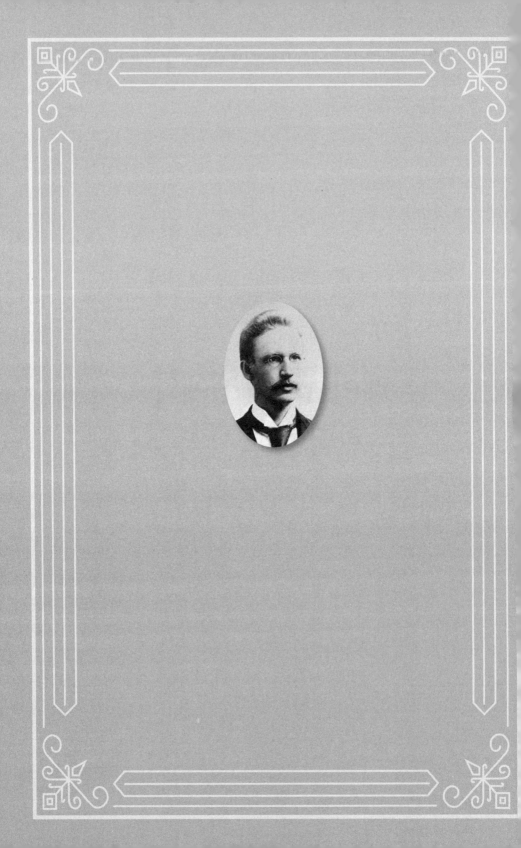

레이놀즈 주요 연표

1. 준비기

1867.12.11.	버지니아주 노폴크에서 레이놀즈 2세 출생
1868. 1.21.	버지니아주 렉싱턴에서 팻시 볼링 출생
1884.6.	노퍽 남성 아카데미 졸업
1887.6.	햄든 시드니 대학 졸업
1887–1888	존스 홉킨스 대학
1888–1890	공립 학교 교장으로 재임, YMCA 활동
1890.9.	버지니아 유니온 신학교 입학
1890.12.28.	선교사가 되기로 결심
1892.5.	버지니아 유니온 신학교 졸업
1892.5.5.	팻시 볼링과 결혼
1892	이스트 하노버 노회에서 목사 안수
1892.9.7.	선교사 파송 예배

2. 한국 선교 사역 기간

1892.11.3.	제물포 도착
1892–1893	마포삼열과 충청도 지방 순방
1893	새로 조직된 선교사 공의회에서 충청과 호남 지방이 선교지로 정해짐
1895	테이트 선교사와 전주 순방
1895.10.14.	한글 성경 공인번역위원회 위원으로 선정됨

1897.6.15.	전주로 이사
1900.6–1902.3	제1차 안식년 기간
1902.5.4.	새로 배정된 선교지인 목포에 도착
1902.9.	성경 번역에 집중하기 위해 서울로 이주
1903	승동교회 담임 목회(3년간)
1906	평양장로회신학교 출강 시작
1906.3.–1907.8	연동교회 담임 목회
1908.2.	전킨 선교사 소천으로 인해 전주로 이사
1910.4.2.	구약 성경 번역 완료
1910.5.–1911.10.	제2차 안식년 기간. 에든버러 선교대회 참석
1912.11.24.	전주교회에 한국인 김병롱 목사를 담임으로 세움 이후 전라도 지역 순회 사역과 성경 번역 사역, 그리고 신학교 사역에 주력
1918–1919	제3차 안식년 기간
1921.9.	평양장로회신학교 학기제 개편으로 평양으로 이주함
1923–1924	제4차 안식년 기간. 성경 사전 번역 완성
1935–1936	구약 개정 완성
1937.6.	선교사 은퇴 후 귀국

3. 은퇴 후 소천하기까지

1951.4.2.	레이놀즈 몬트리트에서 소천
1962.3.11.	팻시 볼링 소천[1]

1 윌리엄 레이놀즈의 자세한 연혁은 김인수, “레널즈(W. D. Reynolds)가 한국 장로교 선교 상황의 발전과 변화에 끼친 영향 연구”, 180–182와 송현강, 『윌리엄 레이놀즈의 한국 선교』, 207–229에 제시되어 있다.

1. 레이놀즈의 성장 배경, 교육과 선교사로의 소명

일반적으로 한 사람의 사상이나 신학을 바르게 이해하고 평가하려면, 그 사람의 성장 배경이나 교육 배경 등을 포함한 배경 연구가 우선적으로 필요하다는 것은 논란의 여지가 없을 것이다.[2] 레이놀즈 선교사의 한국 선교 활동과 신학 사상을 연구하기 위해서도 먼저는 그의 역사적 배경과 공적 이력을 포괄적으로 잘 이해할 필요가 있다고 생각한다.

레이놀즈의 성장 배경[3]

윌리엄 데이비스 레이놀즈 2세(William Davis Reynolds jr.)는 1867년 12월 11일 미국 남부인 버지니아 노퍽(Norfolk, VA)[4]에서 윌리엄 데이비스 레이놀즈 1세와 캐리 레이놀즈(Carey Mebane Reynolds)의 네 번째 자녀로 출생했다.[5] 당시는 남북 전쟁이 끝난 지 불과 2년밖에 되지 않던 시점이었고, 아버지는 "성공

2 개혁신학자 헤르만 바빙크도 이점에 대해 잘 이해하고 있다: "Our thinking is rooted in our being. 'What you do follows from what you are'(*Operari Sequitur esse* Schopenhauer). 'Your choice of philosophy depends on the person you are.' (Herman Bavinck, *Reformed Dogmatics,* trans. John Vriend, 4 vols. [Grand Rapids: Baker, 2003–2008], 1:367).

3 레이놀즈의 남장로교 성장 배경에 관련해서는 류대영, "윌리엄 레이놀즈의 남장로교 배경과 성경 번역 사업", 5–17에 잘 정리되어 있다.

4 군산에서 선교한 부위렴(William F. Bull, 1876–1941) 선교사 역시도 노퍽 출신이며, 레이놀즈처럼 햄든 시드니 칼리지와 유니온 신학교를 졸업하였으며, 1899년 한국에 와서 1940년까지 선교 사역을 수행했다. William F. Bull and Libby A. Bull, 『윌리엄 불 선교사 부부 편지 1: 1906~1938』, 송상훈 역 (파주: 보고사, 2023), 10–14에 자신보다 먼저 소천한 불을 위한 선배 레이놀즈의 추모사가 수록되어 있다.

5 "Biographical Sketch of William Davis Reynolds Jr.", in *PRSMK* 16.

노퍽 제2장로교회[8]

한 면화상"이었다.[6] 레이놀즈는 가족들과 더불어 노퍽 제2장로교회에 출석했다. 어린 시절 레이놀즈는 "공부보다 놀기를 좋아하는 아이"(much fonder of play than study)였다고 한다. 그의 여동생이 후일에 쓴 약전에 따르면, 어느 날은 다음 날 배우게 될 지리 예습을 위해 해당 부분을 다섯 번이나 읽고서 수업에 참여했지만 선생님의 질문에 제대로 답할 수 없었다고 전해 준다.[7]

레이놀즈가 공부하는 일에 제대로 열중하게 된 때는 초등학교 졸업 후에 진학하게 된 노퍽 남성 아카데미(Norfolk Male Academy)에서였다.[9] 여동생이 전

---

6 "Biographical Sketch of William Davis Reynolds Missionary-Statesman, Theologian, Translator", in *PRSMK* 16; 조용호, "미 남장로교 선교사 윌리엄 D. 레이놀즈의 생애와 신학 연구"(철학 박사, 연세대학교, 2007), 12.

7 "Biographical Sketch of William Davis Reynolds Jr.", in *PRSMK* 16.

8 교회당 이미지는 노퍽 제2장로교회 홈페이지(https://spcnorfolk.org)에서 가져온 것이며, 현재의 교회가 중시 여기는 가치 선언에도 선교 지향적이라는 성격을 드러내고 있다: "Since its inception 140 years ago, Second Presbyterian Church (SPC) has been frontier-focused and mission-minded, recognizing that there is a need for the church continually to re-think its calling in light of changes in society and culture."

9 노퍽 아카데미는 1728년 버지니아 최초의 사립 학교로 설립되었으며, 레이놀즈가 재학 중일 때는

노퍽 아카데미, 1890년경

하는 바에 의하면 노퍽에서도 처음에는 학업에서 탁월성을 드러내지 못했다. 라틴어 완전 시제의 변화형을 판서하지 못한 레이놀즈와 학생들에게 선생님은 "너희들은 한 뭉치의 열쇠들(a bunch of keys) 같다"라고 책망을 했고, 이에 레이놀즈는 분발하여 학업에 매진하게 되었다고 한다. 그 결과 1884년 7월에 노퍽 아카데미를 졸업할 때는 상을 받을 정도로 반에서 우등 학생이 되기에 이른다.[10] 후일 그가 한국 선교 사역 기간에 성경 번역에 참여하게 되는데, 그는 여러 언어들에 대한 탁월성을 보여 주었다. 그러한 출중한 어학 실력의 밑거름이 바로 노퍽 아카데미에서 "열쇠 꾸러미 중의 하나"라고 책망을 듣고 어학 공부에 매진하게 된 것에 있었다는 것은 다소 희극적이다. 노퍽 아카데미는 이처럼 레이놀즈로 하여금 라틴어, 헬라어, 독일어와 같은 언어에 대한 철저한 학습자가 되도록 길러 주었다.[11] 또 한 가지 중요한 특징이 이미 이 시기에 나타나는데, 그것은 후일 강철 같은 체력 유지의 비결이 되어 준 각종 스포츠에 대한 남다른 열정이었다.[12]

남자 학교였으나, 현재는 남녀 공학이고 약 1,200명이 재학하고 있다. 또한 학교 건물은 1969년에 이르러서는 국가에 등록된 역사적 장소(the National Register of Historic Places)로 지정되었다(https://en.wikipedia.org/wiki/Norfolk_Academy. 2023.02.23.접속).

10 "Biographical Sketch of William Davis Reynolds Jr.", in *PRSMK* 16.

11 조용호, "미 남장로교 선교사 윌리엄 D.레이놀즈의 생애와 신학 연구", 13.

12 100년사 편찬위원회, 『전주서문교회 100년사』, 125에 의하면 후일 레이놀즈는 서울에서 전주까지 자전거로 2일 만에 도착한 적도 있다. 서울에서 전주까지의 거리가 194km라고 하니, 레이놀즈는 하루에 거의 100km를 자전거로 달린 셈이다(https://www.korea2me.com/distance/1604566-1601264. 2023.07.11.접속).

햄든 시드니 대학과 존스 홉킨스 대학

레이놀즈는 1884년 노폴크 아카데미를 졸업하고, 동년 9월에 조지아주 햄든 시드니에 소재한 햄든 시드니 대학(Hamden-Sydney College)에 진학을 하게 되었다.[13] 1775년에 설립된 햄든 시드니 대학은 레이놀즈가 진학하던 무렵에도 규모가 작은 단과 대학이었고, 당시 학장으로 갓 취임했던 리처드 맥일웨인(Richard McIlwaine, 1835-1913)도 햄든 시드니 칼리지와 유니온 신학교 출신의 목사였다.[14] 레이놀즈는 햄든 시드니 대학에 입학할 때 월반하여 바로 2학년에서 공부하기 시작한다.[15] 대학 시절 그는 언어 공부에 집중하되 프랑스어까지 더하여 4개 언어를 구사할 수 있었고, 1887년 6월에 졸업할 때는 두 개의 학위(B. A., B. Litt.)를 취득하게 된다.[16]

레이놀즈가 공부하던 시절의 햄든 시드니 대학 학사 학위 과정은 상급 학문을 위한 교양 과정을 쌓는 공통 커리큘럼으로 구성되어 있었다. 그가 공부했던 시기의 4개 학년 커리큘럼을 일별해 보는 것도 햄든 시드니에서의 레이놀즈의 학업 과정을 이해하는 데 유익할 것이라고 사료되어 소개해 보려고 한다.[17]

---

13 햄든 시드니 대학의 역사에 대해서는 John L. Brinkley, *On This Hill : A Narrative History of Hampden-Sydney College* 1774-1994 (Hampden-Sydney: Hampden-Sydney College, 1994)를 보라.

14 맥일웨인이 학장으로 재직 중이던 1892년 기록에 의하면 햄든 시드니 대학의 재학생은 74명에서 154명으로 증가했다고 한다(https://en.wikipedia.org/wiki/Richard_McIlwaine_(educator). 2023. 02.20.접속). 프린스턴 신학교의 창설 교수가 된 아치발드 알렉산더(Archibald Alexander, 1772-1851)는 1797-1806년 어간 동교의 학장이었으며, 유명한 남장로교 신학자 로버트 댑니와 20세기 라브리 운동의 창설자 프랜시스 A. 쉐퍼도 동교 출신이다.

15 레이놀즈의 자매가 쓴 약전에 의하면, 그렇게 2학년에 바로 입학하게 된 것은 앞서 말한 노퍽 아카데미에서의 학업 성취도가 높았기 때문이라고 해설해 준다: "As a result of his hard study, and liking for languages, when he entered Hampden-Sydney College in September, 1884, he was enrolled in the sophomore class, but was allowed to take senior Greek and German"("Biographical Sketch of William Davis Reynolds Jr.", in *PRSMK* 16).

16 조용호, "미 남장로교 선교사 윌리엄 D. 레이놀즈의 생애와 신학 연구", 13, 15-17.

17 Brinkley, *On This Hill*, 322-325. 이하의 4개년 교과 과정은 앳킨슨 박사(Dr. Atkinson)가 1883년에 완성한 것이다.

1학년(Freshman)

학기	과목과 주요 교재들
1학기	• 수학(Mathematics): Venable's Arithmetic; Kemper's edition of Ray's Algebra; Wentworth's Geometry. Original Problems. • 라틴어(Latin): Allen and Greenough's Latin Grammar. Caesar's Gallic War and Vergil's Aeneid. Prosody. Prose Composition. • 그리스어(Greek): Xenophon's Anabasis. Goodwin's Greek Grammar. • 영어(English): Reed and Kellogg's Higher English Grammar. Weekly • 작문 또는 실습(Composition or Exercises): Ayres' The Orthoepist (School edition).
2학기	• 수학(Mathematics): Ray's Algebra, Wentworth's Geometry. • 라틴어(Latin): Allen and Greenough's Latin Grammar, Caesar, Civil War; Vergil; Cicero's Orations. Prose Composition. • 그리스어(Greek): Goodwin's Greek Grammar. Xenophon's Anabasis. English: Reed and Kellogg's Higher English Grammar. Weekly • 작문 또는 실습(Compositions or Exercises): Ayres' The Orthoepist (School edition). ※ 1, 2학기 공통: The Old Testament, for the facts of Old Testament history.

2학년(Sophomore Class)

1학기	• 수학(Mathematics): Ray's Algebra, completed. Problems in Mathematics. • 라틴어(Latin): Allen and Greenough's Cicero's Orations, Selections, Livy, Books xxi, xxii. Allen and Greenough's and Zumpt's Latin Grammar. Prose Composition weekly. • 그리스어(Greek): Goodwin's Greek Grammar. Selections from Plato and Xenophon. • 영어(English): Hart's Composition and Rhetoric. The Orthoëpist, completed. Weekly compositions or exercises.

2학기	• 수학(Mathematics): Wheeler's Trigonometry with Applications. Peirce's Tables of Logarithms. • 라틴어(Latin): Allen and Greenough's and Zumpt's Latin Grammar. Prose Composition, weekly. • 그리스어(Greek): Xenophon's Memorabilia and Plato's Apology and Phaedo. Goodwin's Greek Grammar. • 영어(English): English Literature, text–book to be assigned. Selections from the English classics. Compositions twice a month. ※ 1, 2학기 공통: The New Testament and Archibald Alexander's Evidences of Christianity.

3학년 (Junior Class)

1학기	• 수학(Mathematics): Puckle's Plane Analytical Geometry. Original problems. • 화학(Chemistry): Lectures. Youman's Chemistry and Roscoe's Chemistry, with references to Fownes' edition of Cooke's Chemical Philosophy. • 라틴어(Latin): Gildersleeve's and Zumpt's Latin Grammar. Tacitus, Dialogue on the Orators. Prose Composition, weekly. • 그리스어(Greek): Goodwin's Greek Grammar. Thucydides. • 도덕철학(Moral Philosophy): Alexander's Evidences of Christianity. Porter's Elements of Intellectual Science. Lectures by the Professor. • 영어(English): Morris's Historical English Grammar. Rolfe's edition of Shakspere's Hamlet. Monthly compositions.
2학기	• 수학(Mathematics): Aldis' Solid Analytical Geometry. History and Philosophy of Mathematics. • 화학(Chemistry):Lectures and text–books as in first term, and Wagner's Technology. • 라틴어(Latin): Tacitus's Agricola or Quintilian's Institutes of Oratory, Book Ten. • 그리스어(Greek): Thucydides.

2학기	• 정신 철학(Mental Philosophy): Porter's Elements of Intellectual Science. • 논리학(Logic): Bowen's Logic. Lectures by the Professor. • 농화학(Agricultural Chemistry): Lectures, with Johnston's Agricultural Chemistry as textbook. • 생리학(Physiology): Huxley and Youman's Physiology. • 영어(English): Morris's Historical English Grammar. Rolfe's Shakspere's Hamlet, etc. Monthly compositions. ※ 1, 2학기 공통: A study of the connections of Sacred and Profane history, with special reference to the light cast by the latter on the interpretation of Scripture, and the arguments if affords for the authenticity and truth of Biblical record. Text-books: the Bible and Prideaux's Connections.

4학년 (Senior Class)

1학기	• 자연 철학(Natural Philosophy): Norton's Natural Philosophy. Bartlett's Mechanics. • 그리스어(Greek): Thucydides and Demosthenes. • 논리학(Logic): Bowen's Logic. • 도덕 철학(Moral Philosophy): Joseph Butler's Analogy and Archibald Alexander's Moral Science. Lectures by the Professor. • 정신 철학(Mental Philosophy): Lectures by the Professor. • 수학(Mathematics): Byerly and Todhunter's Infinitesimal Calculus. Political Economy. [No textbook specified.] English: Rolfe's Shakspere, Julius Caesar. Essays.
2학기	• 천문학(Astronomy): Newcomb and Holden's Astronomy. • 지질학(Geology): Dana and Le Conte's Geology. • 정치 경제학(Political Economy): Say's Political Economy. • 도덕 철학(Moral Philosophy): 상기한 Butler와 Alexander의 책들. Robert L. Dabney's Sensualistic Philosophy (1840). • 라틴어(Latin): Fleckeisen's Terence. Prose Composition. Gildersleeve's and Zumpt's Latin Grammar.

2학기	• 수학(Mathematics): Applications of the Calculus. Lectures on some of the Modern Mathematical Theories and Methods. History and Philosophy of Mathematics. • 영어(English): English Literature. Shakspere and Milton. Essays. Testament ※ 1, 2학기 공통: Dissertations and Forensics. The New and Prideaux, completed; a condensed view of the facts and doctrines of the New Testament.

이상과 같은 정규적인 4개년 커리큘럼 외에도 현대어 학습 과정도 별도로 제공되었다:

- 독일어(2년 과정): Grammar, prose through Schiller's Wilhelm Tell. and poetry
- 프랑스어(2년 과정): Grammar, prose and poetry through Corneille's Cid, and private reading.[18]

앞서 말한 것처럼 레이놀즈는 2학년으로 월반 입학하여 3개 학년을 수학한 후에 졸업 시에는 B.A.와 B.Litt 이중 학위를 수여 받게 되었다. 양국주 선교사가 「월간조선」 2014년 12월호에 기고한 글에 보면 레이놀즈가 얼마나 우수한 성적으로 햄든 시드니 대학을 졸업했는지를 잘 설명해 주고 있다.

레이놀즈는 1887년 6월 햄든 시드니 대학을 수석으로 졸업하였다. 그는 문학사와 예술사 두 학위를 취득했고, 라틴어와 헬라어와 불어, 그리고 독일어의 4대 언어 과정을 수료하였다. 그가 재학한 3년 동안 모든 전공 과목에서 그의 평균점은 96.5점이었다. 졸업식에서 그는 졸업생을 대표해 라틴어로 졸업 축사를 하기도 했다.[19]

18 Brinkley, *On This Hill*, 325.

19 양국주, "일제 강점기 조선 땅에 온 벽안의 선각자들 ⑤ 윌리엄 데이비드 레이놀즈,"(http://monthly.chosun.com/client/news/viw.asp?ctcd=&nNewsNumb=201412100061. 2022.03.01. 접

햄든 시드니 대학 시절의 레이놀즈의 삶에서 주목해야 할 또 다른 중요한 특징은 바로 스포츠에 대한 열정이다. 졸업할 때도 그는 "졸업반을 대표하는 운동선수"로 소개되었는데, 그는 "최고의 스케이트 선수이자 테니스 선수였고, 제2야구팀의 투수였고, 2년간 풋볼팀이 주장"이기도 했다.[20] 양국주는 이와 같은 스포츠에 대한 그의 열정이 한국 선교 기간에도 어떻게 이어졌는지를 잘 정리해 주고 있다.

심지어는 조선에서 공식적으로 은퇴한 이후에도 84세까지 미국에서 스케이트를 즐겼을 뿐 아니라 1930년에는 자신의 집이 있는 평양 경창리 선교부지 내 선교사 사택과 신학교에 자신이 직접 설계한 작은 9홀 골프 코스를 만들었다. 또한 지리산 속에 자리 잡은 "우리의 여름 별장"(지리산 노고단)에도 인부들을 시켜서 골프장을 만들었다. 그와 사위 존은 그곳에서 한 달 내내 골프를 치기도 했다. 때로는 나무 그루터기에 앉아서 뿌연 새벽안개가 걷혀서 공을 찾을 때까지 기다려야 하기도 했다.[21]

햄든 시드니 대학을 졸업한 이들 가운데는 이어서 유니온 신학교에 진학하여 목회자가 되는 이들이 적지 않았지만, 레이놀즈는 사역자로 훈련받는 것에 관심이 없었던 것 같다. 그의 자매가 쓴 약전에 따르면, 그는 오히려 언어를 전문적으로 연구하여 가르치는 교수직을 희망했다고 한다. 그는 대학을 졸업한 후에, 곧바로 볼티모어 소재 홉킨스 대학교(John's Hopkins University) 박사 과정에 진학하여 라틴어, 헬라어, 그리고 산스크리트어를 공부하기 시작했다.[22] 그러나 그의 소망과 달리 부친의 사업이 어려움에 처해서 학자금 조달이 어려운 지경에 이르게 되어 단 1년 만에 박사 과정을 중단할 수밖에 없었다. 집으로 돌아오게 된 레이놀즈는 집 근처에 소재한 부쉬 스트리트 공

속).

20 "The College magazine called him the 'athlete of the Senior Class' because he had been the best skater and tennis player, pitcher on the second baseball team, and captatin of the College football team for two years"("Biographical Sketch of William Davis Reynolds Jr.", in *PRSMK* 16).

21 양국주, "일제 강점기 조선 땅에 온 벽안의 선각자들 ⑤ 윌리엄 데이비드 레이놀즈."

22 "Because of his liking for language study, he purposed to prepare himself for a college professorship by taking a Ph. D. course in Latin, Greek, and Sanskrit at Johns Hopkins University, Baltimore"("Biographical Sketch of William Davis Reynolds Jr.", in *PRSMK* 16).

레이놀즈가 재학했던 시절의 유니온 신학교 건물

립 학교 교장으로 재직하면서 2년간 학생들을 가르쳤고, 노퍽 제2장로교회 출석뿐 아니라 YMCA 집회에 부지런히 참석하여 신앙생활을 연마했다.[23] 특히 그가 출석한 교회의 담임 목사였던 래시(Dr. W. S. Lacy) 박사의 설교에 깊은 영향을 받게 되었다.

버지니아 유니온 신학교

레이놀즈는 공립 학교 교장과 교사로 2년의 시간을 보내는 동안 레이놀즈는 하나님의 섭리적인 간섭하심을 각성하게 된다. 이미 햄든 시드니 대학을 1등으로 졸업하였을 때, 전임 학장의 딸이었던 앨프 모리슨(Alf Morrison)은 레이놀즈에게 사역자로서의 사명에 대해 고려할 것을 간절히 권한 바가 있었는데, 레이놀즈는 2년의 시간을 지내면서 결국 사역자로서의 부르심을 받아들이게 된다.[24] 그리하여 그는 1890년 9월에 장로교 신학교인 버지니아 유니

23 조용호, "미 남장로교 선교사 윌리엄 D.레이놀즈의 생애와 신학 연구", 13–14.

24 레이놀즈의 자매가 쓴 약전에는 레이놀즈의 소명에 대해 잘 설명해 주고 있다: "He gradually realized that this interruption was a Providential reply to the earnest request of a dear friend, Mrs. Alf Morrison, daughter of a former president of Hampden–Sydney College, who, when she had heard that Willie(레이놀즈의 애칭임) had won first honor, surprised im by asking the pointed

온 신학교(Union Theological Seminary in Virginia)에 입학하여 3년간 신학 수업을 받게 된다. 유니온 신학교는 1812년 버지니아 대회와 노스캐롤라이나 대회(the Synod of Virginia and the Synod of North Carolina) 등이 협력하여 설립한 남장로교회 신학교로서, 처음에는 햄든 시드니 칼리지의 신학과로 출발했다.[25] 레이놀즈가 입학하던 당시 학교 캠퍼스는 현재의 장소가 아니라, 버지니아주 팜빌(Farmville) 근처에 소재하고 있었다.[26]

유니온 신학교에 재학하는 기간 동안 그는 어학 분야에서 두각을 나타내었다. 히브리어의 경우는 100점을 맞았다.[27] 레이놀즈나 그의 후배인 구례인이 재학했던 시절의 유니온 신학교는 북부의 구 프린스턴처럼 웨스트민스터 표준문서를 강조했고, 찰스 하지에 버금가는 장로교 신학자인 로버트 댑니(Robert L. Dabney, 1820–1898)가 정리한 개혁파 정통주의 신학이 지배적인 학교였다.[28] 이러한 신학적 경향은 청년 레이놀즈에게 그대로 전수되었으며, 후일 한국 선교 사역기에도 동일한 신학을 전수하기 위해 수고 진력하

---

question: 'Don't you think that this is an indication that God is calling you to enter the ministry? Won't you promise me not to turn down this call for two years?"("Biographical Sketch of William Davis Reynolds Jr.", in *PRSMK* 16).

25 버지니아 유니온 신학교 역사에 대해서는 다음을 보라: Walter W. Moore and Tilden Scherer (eds.), *Centennial General Catalogue of the Trustees, Officers, Professors and Alumni of Union Theological Seminary in Virginia, 1807-1907* (Richmond: Whittet & Shepperson, 1908); William B. Sweetser Jr, *A Copious Fountain: A History of Union Presbyterian Seminary,* 1812-2012 (Louiville: Westminster John Knox Press, 2016). 100주년 기념 카탈로그에는 레이놀즈에 대한 정보가 담겨있으나, 최근에 나온 방대한 200년사에는 레이놀즈(나 그 후배인 구례인)에 대한 언급은 없고 다만 레이놀즈 시대의 학교에 대한 자세한 자료를 볼 수 있을 뿐이다.

26 유니온 신학교가 현재의 캠퍼스로 이전하여 재위치하게 된 것은 리치몬드의 재력가이자 박애가인 루이스 긴터(Lewis Ginter)가 11에이커의 땅을 기부하여 1898년 학교를 이전하게 됨으로 그렇게 되었다. 그리고 2009년에 이르러 뉴욕 유니온 신학교와 교명을 구분하기 위하여 Union Presbyterian Seminary로 교명을 변경하였다(https://en.wikipedia.org/wiki/Union_Presbyterian_Seminary. 2023.02.20. 접속).

27 조용호, "미 남장로교 선교사 윌리엄 D.레이놀즈의 생애와 신학 연구", 18.

28 Morton Smith, "The Southern Tradition", in David F. Wells (ed.), *Reformed Theology in America: A History of Its Modern Development* (Grand Rapids: Baker, 1998), 187–207. 박용규는 레이놀즈만 아니라 초기 한국 장로교 선교사들의 신학적 경향을 "구학파 칼빈주의 전통에 확고하게 선 개혁파 복음주의자들"이라고 평가한다(박용규, 『한국기독교회사 I』 [서울: 한국기독교사연구소, 2017], 473). 박용규가 정리한 바에 의하면 "대부분의 남북장로교회 출신 선교사들은 구학파 전통에서 신학 교육을 받았으면서도 당시 영국과 북미를 휩쓸고 있던 전천년 운동, 학생 자원 운동, 복음주의 연합 운동, 부흥 운동과 사회 개혁 운동으로 특징되는 19세기 복음주의의 영향을 강하게 받았다"라는 의미에서 복음주의자들이었다고 말할 수 있다(478–479). 또한 박용규, 『한국 장로교사상사』 (서울: 총신대학출판부, 2009), 62–104; 이상규, "한국에서의 개혁주의 신학의 수용과 발전", 「갱신과 부흥」 11 (2012): 103–108 등을 보라.

게 된다.[29]

레이놀즈가 재학하던 시절 유니온 신학교의 교수진을 살펴보기로 하자. 당시 신학교 규모는 크지 않아서 교수가 총 4명이었다가, 레이놀즈가 재학 중이던 1891년에 다섯 번째 교수직(영어 성경 연구)이 세워질 정도였다.

과목	성명	교수 재직 기간
조직신학	토머스 펙	1883–1893
교회사와 교회 행정 교수	제임스 라티머	1884–1892
동양어	월터 무어	1889–
성경 개론과 신약 문헌	헨리 알렉산더 찰스 헐스맨	–1891 1891–
영어 성경과 목회신학	토머스 존슨	1891–

1853년부터 가르치기 시작한 로버트 댑니(Robert L. Dabney, 1820–1898)는 1883년에 이르러 텍사스 대학교 교수(정신 철학과 도덕 철학)로 떠났기 때문에 레이놀즈는 그에게 직접 배울 기회는 없었다.[30] 레이놀즈에게 조직신학을 가르쳐준 교수는 댑니의 후임자가 된 토머스 펙(Thomas E. Peck, 1822–1893)이었다.[31] 펙은 볼티모어 중앙교회에서 목회 중이던 1860년에 유니온 신학교의 교회사와 교회 행정 담당 교수로 첫 임용되어 교수하다가, 1883년에 댑니의 후임으로 조직신학 교수가 되어 소천하던 1893년까지 교수직에 머물게 된

29 송현강, 『윌리엄 레이놀즈의 한국 선교』, 202: "레이놀즈가 강조한 개신교 정통주의적 신학 경향은 오늘날도 한국 교회 안에서 여전히 힘을 발휘하고 있다." 또한 주강식, "한국 장로교회의 개혁신학에 대한 연구: 1884년부터 2000년까지를 중심으로", 「갱신과 부흥」 14 (2014): 93–95를 보라.

30 댑니는 1853년에 교회사 교수로 재직하기 시작하였고, 1869년에 조직신학과 변증신학 교수로 교수직이 바뀌어 1883년까지 재직했다. 그가 재직 중에 저술한 『조직신학』(*Syllabus and Notes of the Course of Systematic andt Polemic Theology*)가 1871년에 초판이 나왔고, 1878년에 제2판이 출간되었다.

31 19세기 남장로교 신학을 논구한 모턴 스미스는 Thomas E. Peck, C. R. Vaghan, G. B. Strickler, T. C. Johnson, J. P. Smith 등을 "the successors of Dabney"로 명명한다. Morton H. Smith, *Studies in Southern Presbyterian Theology* (Phillipsburg: P&R, 1987), 268–322. 이 책은 모턴 스미스(1923–2017)가 1962년 암스테르담 자유 대학교에서 G. C. 베르까우어의 지도하에 쓴 박사 논문을 출판한 것이다.

다.[32] 신학교 100주년 카탈로그에 수록된 학교 소역사에 보면 펙에 대해 다음과 같이 소개해 주고 있다.

토머스 펙 교수

펙 박사는 신속하게 자신이 그와 관련된 위대한 사람들의 동료임을 입증했으며 30년 이상 동안 계속해서 풍부한 학식, 성스러운 영향력, 통찰력과 진술의 힘으로 연속적인 수업을 가르쳤고, 신학교 전 역사 가운데 결코 능가 된 적이 없었다.[33]

한편 펙이 소천한 후에 후임자가 된 보건(C. R. Vaughan, 1827–1911)은 펙에 대한 소전기를 출간했는데, 그 속에서 교수로서 펙에 대해서도 논평해 주고 있다.[34] 펙은 수업 시간에 "철저하고 정확함을 보여 주었고… 다루는 주제에 대한 개요와 분석에 있어 명석판명했으며… 옛 상식적 소크라테스 문답법"을 즐겨 사용했다고 보건은 말해 준다.[35] 또한 펙은 학생들에게 드러나게 "동정적이지는 않았지만, 친절한" 태도를 보였고, 학생들이 수업 내용을 철저하게 이해하고서야 강의실을 떠나가도록 수업을 진행했다고 한다.[36]

비록 레이놀즈가 댑니에게 직접적으로 배울 기회는 없었지만 그의 후임이 된 펙은 톤웰과 댑니의 장점들을 잘 소화하여 가르쳤고, 댑니의 『조직신학』

---

32 펙은 어린 시절 남장로교 신학의 거장인 제임스 톤웰(James H. Thornwell, 1812–1862)의 영향하에 기독교 신앙을 받아들이게 되었을 뿐 아니라, 그에게 신학을 사사했다. 그는 유니온 신학교 교수로 임용되기 전까지 14년간(1846–1860) 두 교회에서 연이어 목회를 했다. 1883년에 댑니를 이어 조직신학 교수가 된 후에도 그는 톤웰과 댑니의 장점들을 잘 소화해서 가르쳤다(Smith, *Studies in Southern Presbyterian Theology*, 268–269), 스미스는 또한 펙에 대해 다음과 같이 적시해 주고 있다: "We have also noted how there was a wedding of the two Southern lines of thought in Peck, who had dsudies under Thornwell and taught beside Dabney. The basic unity of the two lines is seen in the fact that there was no problem for him to combine them."

33 Moore and Scherer (eds.), *Centennial General Catalogue of the Trustees, Officers, Professors and Alumni of Union Theological Seminary in Virginia*, 1807-1907, 13: "Dr. Peck speedily proved himself the peer of the great men with whom he was associated and for more that thirty years continued to teach successive classes with a wealth of learning, a saintliness of influence, and a perspecuity and power of statement which have never been surpassed in all the history of the institution."

34 C. R. Vaughan, "Biographical Sketch of Dr. T. E. Peck", in *Miscellanies of Rev. Thomas E. Peck*, 3 vols. (Richmond: The Presbyterian Committee of Publication, 1895–1897), 3:7–28 중에 "As a teacher"(19–20) 항목을 보라.

35 Vaughan, "Biographical Sketch of Dr. T. E. Peck", 19.

36 Vaughan, "Biographical Sketch of Dr. T. E. Peck", 20.

(2판–1878)은 20세기 전반기까지 유니온 신학교의 교재였기 때문에 레이놀즈의 신학적 경향 역시도 댑니를 통해 집대성된 남장로교회 신학을 따랐을 것이라고 우리는 짐작할 수 있다.[37] 남장로교회 신학 전통을 전문적으로 연구했던 모턴 스미스는 댑니에 대해 유니온 신학교뿐 아니라 남장로교회의 신학 수립에 지대한 기여를 했다는 점을 적시해 주었고, 댑니는 "사상과 접근에 있어 독창성을 가진 사람"이면서도, "성경과 웨스트민스터 표준문서들에 대해 완전한 헌신"을 한 사람이라고 평가해 주고 있다.[38] 레이놀즈의 은사였던 펙도 댑니의 개혁파 정통주의에 확고하게 서서 성경의 영감과 무오성에 대해서나 대소사 간에 하나님의 절대적인 주권에 대해 강조를 했다.[39] 따라서 레이놀즈가 한국 선교사로서 설교와 저술들을 통해 드러내 준 신학 사상의 경향 역시도 유니온 신학교의 신학 전통과 다르지 않음을 확인하게 될 것이다. 주강식은 다음과 같이 그 전통의 성격을 잘 정리해 주고 있다.

레이놀즈가 미국 남장로교를 대표한 것처럼 신학적 성향도 동일하다. 남장로교회는 대체적으로 고교회적인 성격의 구학파 배경을 가졌다. 남장로교회의 신학은 버지니아 유니온 신학교와 콜럼비아 신학교를 통해서 이루어졌

---

37 레이놀즈는 1915년에 출간한『인학 공과』, 48에서 "신도요론 지은 다브네 박학사"를 언급하고 있다. *Systematic Theology*를 신도요론이라고 그는 역술했고, 댑니를 다브네라고 표기했다. 톰슨에 의하면 유니온 신학교는 1920년대에 이르러서도 현대신학에 대한 언급 없이 댑니의 교본에 충실한 강의가 토머스 캐리 존슨에 의해서 전해지곤 했었다고 논평해 주니(Ernest T. Thompson, *Presbyterians in the South,* 3 vols. [Richmond: John Knox Press, 1963–1973], 3:208), 댑니의 영향은 레이놀즈와 구례인(John C. Crane) 선교사 등에게 심원한 영향을 미쳤다고 판단할 수 있다. 특히 레이놀즈의 유니온 신학교 후배이자, 선교사 교수 후임이 된 구례인의 경우 조직신학 교본을 저술하면서 L. Berkhof, R. A. Webb 등과 더불어 댑니를 비중 있게 참고하기도 한다(John C. Crane, *Systematic Theology: A Compilation from the Works of R. L. Dabney, Louis Berkof, R. A. Webb and Many Modern Writers*, 3 vols. specialized printed version, 1950).

38 Smith, *Studies in Southern Presbyterian Theology,* 322: "He was a man of originality in thought and approach. He had full commitment tot the Bible and to the Westmister standards."

39 어니스트 톰슨은 이러한 펙의 중심 사상을 다음과 같이 요약 소개해 준다: "He held that 'every word of Scripture is the word of God; just as much so as if spoken in an audible voice from the throne, without the instrumentality of man or angel.' Regarding the divine sovereignty he wrote: 'God must control all things in order to control any thing; he must determine the least thing in order to determine the greatest··· For him, the sovereign grace of God included both his sovereign choice or election and also this sovereign application of the gospel to the elect by effectual calling. He sought to bring every opinion to the test of Scripture.' The chief element of his power, according to one who knew him, was his doubtlessness." (Thompson, *Presbyterians in the South,* 3:208).

으며 웨스트민스터 표준문서의 가르침을 엄격하게 준수했다. 성경을 정확무오한 하나님의 말씀으로서 확신하며 성경의 권위를 우선하는 매우 보수적인 신학이었다.[40]

본서에서는 조직신학 교수로서 레이놀즈에 초점을 맞추어 살펴볼 것이기에 펙 교수부터 살펴보았는데, 이제 다른 분과 교수들을 확인해 보도록 하겠다.[41] 당시 교회사와 교회 행정 교수로는 제임스 라티머(James F. Latimer, 재직기간 1884–1892) 박사가 가르치고 있었고, 동양어 교수로는 학장이기도 했던 월터 무어(Walter W. Moore, 1857–1926)가 1889년부터 재직하고 있었으며, 성경 개론과 신약 문헌은 헨리 알렉산더(Henry C. Alexander)가 교수로 재직하고 있다가 1891년에 사임하게 됨에 따라, 찰스 헐스맨(Charles C. Hersman, 1838–1924)이 후임 교수가 되어서 가르쳤다. 당시 유니온 신학교에는 다섯 명의 교수직이 있었는데, 마지막 다섯 번째 교수직은 레이놀즈가 재학 중이던 1891년에 제정된 영어 성경과 목회신학 교수직이었고, 레이놀즈는 첫 교수이던 토머스 존슨(Thomas C. Johnson, 1859–1936) 교수에게 배웠다.[42]

한국 선교사로의 부르심과 준비

한편 유니온 신학교에 입학하여 수학 중이던 레이놀즈는 1891년 10월 테네시주 내쉬빌에서 열린 "해외 선교를 위한 신학교 연맹" 모임에 참여하여 한국 선교사였던 호레이스 언더우드(Horace G. Underwood, 1859–1916)의 연설

40 주강식, "한국 장로교회의 개혁신학에 대한 연구: 1884년부터 2000년까지를 중심으로" (신학 박사. 고신대학교, 2014), 63. 남장로교회의 개혁주의 전통의 형성과 긴장 등에 관련해서 더 자세한 논의는 Lee Jaekeun, "American Southern Presbyterians and the Formation of Presbyterianism in Honam, Korea, 1892–1940: Traditions, Missionary Encounters, and Transformations" (Ph. D. dissertation, Edinburgh University, 2013), 46–93을 보라.

41 레이놀즈가 재학했던 시절의 유니온 신학교 교수진에 관해서는 Moore and Scherer (eds.), *Centennial General Catalogue*, 17–18, 34–35 등을 보라.

42 영어 성경과 목회신학 교수직은 기부금에 의해서 만들어진 교수직으로서 유명한 동문인 "Stuart Robinson Professorship"으로 명명되었으며, 1891년 5월 이사회에서 당시 루이빌 제3교회 목사이던 토머스 존슨이 교수로 임용되었다(Moore and Scherer [eds.], *Centennial General Catalogue*, 17).

43 Moore and Scherer (eds.), *Centennial General Catalogue*, 142.

916. REYNOLDS, WILLIAM DAVIS, JR.; b. Norfolk, Va., Dec. 11, 1867; A. B. and Lit. B., H. S. C.; stu. Johns Hopk. U.; teacher; (2.); L. E. H. Pby., spring, '92; O. F. My., same date; Ev. and studying lang. '94-'97; member of Official Board of Bible Translation; Ev. Chunju, baptizing first seven Christians there, '97-'02; furlough to U. S., '01-'02; at Mokpo, '02; at Seoul, as Bible Translator and Co-P. of Central Pres. Ch. (North), '02-'05; at Chunju '06—; assisted in translation of two eds. of N. T. and part of O. T.; D. D., H. S. C., '08.

유니온 신학교 100주년 카탈로그 졸업생 명부에 수록된 레이놀즈 기록(1907)[43]

을 듣게 된다. 레이놀즈에 의하면, "열정적이고 지치지 않는 정열로 신생 선교지(또는 은자라고 말할 수 있을까?)인 한국의 요청을 제시"받았다고 한다.[44] 뿐만 아니라 당시 밴더빌트 대학 신학과를 졸업한 후 에모리 대학교에 재학 중이면서 영어가 유창했던 좌옹 윤치호(1865–1945)의 연설도 듣게 되었다.[45] 윤치호는 10월 25일 연설을 통해 "조선에는 살아 있는 천이백만의 생명이 있습니다. 조선으로 가시오"라고 강청했다.[46] 그리고 그 선교 모임에 참석한 남장로교 소속 신학생은 레이놀즈만이 아니고, 맥코믹의 테이트(Lewis B. Tate)와 유니온에서 온 캐머런 존슨(Cameron Johnson)도 있었다.[47] 그들은 언더우드와 윤치호의 연설을 통해 한국 선교사로 소명을 느끼게 된다.[48] 그러나 은퇴 후 신문 기사에 기고한 한 글에서 레이놀즈는 선교사로 가기로 결심하게 된 날을 "1890년 12월 28일"이라고 적고 있다. 또한 이 문제를 두고 이미 1년간 기도를 하고 있었다고 밝히기도 한다.[49] 그는 자신이 선교사가 되기로 헌신할 수밖에 없었던 네 가지 이유들을 다음과 같이 적고 있다.

---

44 Brown, "History of the Korea Mission Presbyterian Church, U. S. from 1892 to 1962", 69.

45 윤치호는 갑신정변 실패 후 중국으로 도피하였다가 그곳에서 만난 감리교 선교사 알렌의 주선으로 1888년 11월 미국 밴더빌트 대학 신학과에 유학을 가게 되었고, 1891년 졸업 후에는 에모리 대학에 진학하여 1893년에 졸업하게 된다. 그는 한국인으로서는 최초의 미국 유학생이었고, 에모리 대학 총장에게 230불을 보내면서 "이 돈을 기초로 삼아서 조선에도 기독교 학교를 설립하여 내가 받은 교육과 같은 교육을 우리 동포도 받을 수 있게 해" 달라고 요청하기도 했다(「국민일보」 12.03일 자 기사).

46 윤경남 편저, 『좌옹 윤치호 평전』 (서울: 신앙과지성사, 2017), 659.

47 Brown, "History of the Korea Mission Presbyterian Church, U. S. from 1892 to 1962", 70.

48 후일 마포삼열은 언더우드의 "한국 선교에 대한 그의 가장 위대한 업적 가운데 하나"는 바로 이런 젊은 신학생들이 한국 선교사가 되도록 영향을 미친 것을 적시하였다(Samuel A. Moffett, "Missionary Life and Service", 39–40; 박용규, 『한국기독교회사 I』, 408–409).

49 W. D. Reynolds, "About Five Moments", *Montreat Weekly News,* 1937. July 27 n.p. in *PRSMK* 16.

(1) 그리스도의 복음을 향한 이방 세계의 긴급한 필요성

(2) 그리스도의 지상 명령 "너희는 가서…"에서 "너희"에 나를 빼놓을 좋은 이유가 없었다.

(3) 선교 지향적인 마음을 가진 약혼녀라는 하나님의 은혜로운 선물

(4) 내가 겸손하게, 처음으로 꺼리면서 하나님의 선물임을 인정하고, 나로 하여금 외국 선교에 적합하게 한 언어 연구의 천부적인 재능.[50]

한편 1890년 10월에 언더우드 선교사와 윤치호의 연설을 듣고 한국 선교사로 가기를 결심한 레이놀즈 일행은 한국 선교사로 파송받기를 희망하는 편지를 남장로교 선교 본부에 보내었지만 선교부의 부정적인 답을 얻게 된다. 그러나 이에 굴하지 아니하고 한국 선교의 열의를 불러일으키기 위해 레이놀즈와 동무 전킨(Junkin)은 선교 잡지에 글을 기고하기 시작한다. 1892년 2월 「선교사」(The Missionary)지에 기고한 "우리는 왜 한국에 가기를 원하는가?"에서 그들은 한국의 "이상적인 기후, 배우기 쉬운 언어, 그 나라의 강한 도덕적 요구, 조직된 어떤 강한 종교가 없는 점, 새로운 신앙에 대한 왕실의 호의적인 경향성" 등 다양한 이유들을 파송 희망 이유로 제시하였다.[51] 마침내 선교부가 젊은 지원자들의 한국 선교사 파송을 결정하게 되는 계기가 발생하는데, 선교부가 진행하고 있던 그리스 선교가 난항에 부닥친 데다가 호레이스 언더우드와 그의 형이 2천 불을 기부하였기 때문이다.[52]

---

50 Reynolds, "About Five Moments,": "(1) The crying need of the heathen world. (2) Christ's great conmission, 'Go ye'---good reason why I should not go--'ye' included me. (3) God's gracious gift of a missionary-ninded fiancèe. (4) A flair for language study, which I humbly, and at first reluctantly, recognized as a gift from God, to fit me for service on the foreign field."

51 Brown, "History of the Korea Mission Presbyterian Church, U. S. from 1892 to 1962", 71.

52 Brown, "History of the Korea Mission Presbyterian Church, U. S. from 1892 to 1962", 72 -73; Nisbet, *Day in and Day out in Korea*, 19; 한국기독교역사연구소, 『한국 기독교의 역사 I』 (서울: 기독교문사, 1994), 188.

팻시 볼링[58]

이렇게 한국 선교행이 결정된 레이놀즈는 1892년 5월 5일 교사였던 팻시 볼링(Patsy Bolling, 1868–1962)[53]과 결혼식을 올리고, 또한 신학교를 졸업하였다.[54] 레이놀즈가 선교사로 헌신하게 된 이면에는 본인이 밝힌 대로 팻시의 영향도 컸다.[55] 레이놀즈 부부는 금슬이 좋았고, 선교 사역의 동지로서 45년간 한국에서 동역하기도 했다. 정암 박윤선의 회상에 의하면 평양장로회신학교 채플 시간에 설교하면서 레이놀즈는 자신의 아내를 천사(angel)라고 부르기도 했다고 한다.[56] 한편 신학교를 졸업한 레이놀즈는 곧바로 리치몬드의 이스트 하노버 노회에서 목사 안수를 받았고, 1892년 9월 7일에는 한국 선교사로 갈 7명의 선교사 파송 예배를 드리게 되었다.[57]

---

53 팻시 볼링에 대해서는 송현강, "19세기 내한 남장로교 여성 선교사 연구", 「남도문화연구」 42(2021): 149–151을 보라. PRSMK 16에 수록된 팻시 볼링의 부고(obituary)에 보면, 그녀는 리치몬드(Richimon, VA) 출신이고 존 볼링과 줄리아 틴슬리 볼링 사이에 태어났다.

54 조용호, "미 남장로교 선교사 윌리엄 D.레이놀즈의 생애와 신학 연구", 27.

55 송현강, "19세기 내한 남장로교 여성 선교사 연구", 149: "볼링은 그가 선교사로 진로를 굳히는 데 큰 영향을 미쳤다. 어머니(Julia Tinsley Bolling)의 영향을 받아 일찍부터 해외 선교에 관심을 두고 있었기 때문에, 장차 남편이 될 레이놀즈의 선교사 지원을 섬세한 격려와 동감으로 뒷받침했다고 한다."

56 정암 박윤선의 언급은 레이놀즈를 회상하는 가운데 된 것이며, 다소 비판적인 논평을 담고 있다: "그는 교리의 근거인 성경 구절을 성경신학적으로 깊이 해석하는 작업은 하지 않았다. 예를 들면, 그가 신학교 경건회 시간에 설교하면서 '천사'에 관한 말을 한마디 하였다. 곧, "천사가 다른 이가 아니고 나를 도와준 내 아내였다"라고 한 말이다. 그의 뜻한 바는 천사가 사람을 통하여 역사한다는 것이고, 문자적 의미에서 그의 아내가 천사라는 것은 물론 아니었다. 그러나 설교에 있어서 천사에 대하여 관설하려면 조직신학자로서는 성경에 있는 천사론을 요약하여 성경신학적으로 간단하게나마 해설했어야 할 것이다. 나는 이율서 박사에게서 배운 것이 많지만 더 깊은 교훈을 요구하였다는 의미에서 이 말을 하는 것이다"(박윤선, 『성경과 나의 생애』 [서울: 영음사, 1992], 52).

57 조용호, "미 남장로교 선교사 윌리엄 D.레이놀즈의 생애와 신학 연구", 27; 송현강, 『윌리엄 레이놀즈의 한국 선교』, 45.

58 『사진으로 본 전주서문교회 100년 1893–1993』에서

2. 레이놀즈의 한국 선교 사역(1892-1937)

한국 선교를 위한 모든 준비를 마친 레이놀즈 부부는 일본을 거쳐 1892년 11월 3일 제물포에 도착하게 되었다. 앞서 도착한 데이비스를 포함하여 남장로교 선교사 "7인의 개척자들"(a band of seven pioneers)이 한국에 입국한 것이다.[59] 그렇게 시작된 레이놀즈 부부의 한국에서의 선교 사역은 1937년 은퇴하여 미국으로 영구 귀국하기까지 45년이나 지속된다.[60] 이 장구한 세월 동안 레이놀즈는 한국 장로교회 형성과 성장 과정에 지대한 기여를 했다. 그의 사역을 대별해서 보자면 적어도 네 가지 영역에서 고찰될 수 있다.[61] 전라도 개척 선교사, 한글 성경 번역자, 평양장로회신학교 교수, 그리고 문서 사역자 등이다. 이러한 순서에 따라 간략하게 그의 선교 사역의 요점들을 살펴보

59 W. D. Reynolds, "How the Mission was Begun." ; Brown, "History of the Korea Mission Presbyterian Church, U. S. from 1892 to 1962", 73–74에서 재인용. 남장로교 한국 개척 선교사 7인은 "윌리엄 레널즈(William D. Reynolds, 1867–1951)와 팻시 볼링 레널즈(Patsy Bolling Reynolds, 1868–1962) 부부, 윌리엄 전킨(William McCleery Junkin, 1865–1908)과 메리 레이번 전킨(Mary Leyburn Junkin, 1866–1952) 부부, 루이스 테이트(Lewis Boyd Tate, 1862–1929)와 매티 테이트(Mattie Samuel Tate, 1864–1940) 남매, 미혼 여성 선교사 리니 데이비스(Linnie Fulkerson Davis, 1862–1903)" 등을 가리킨다(이재근, "호남 기독교의 '7인의 개척자들'(2): 미국 남장로회 윌리엄 전킨 부부의 한국 선교", 「광신논단」 31 [2021]: 75). 레이놀즈와 팻시 볼링 부부, 윌리엄 전킨과 메리 레이번 부부, 테이트와 여동생 매티 테이트, 리니 데이비스 등인데, 레이놀즈 부부를 제외한 5명에 대해서는 송현강, 『윌리엄 레이놀즈의 한국 선교』, 47–61을 보라. 또한 Lee Jaekeun, "American Southern Presbyterians and the Formation of Presbyterianism in Honam, Korea, 1892–1940", 126–136도 보라.

60 레이놀즈 부부는 내한 선교사 가운데 가장 장기간 사역한 선교사이다. 마포삼열의 경우 1890–1934년 어간 44년을 선교사로 재직했다.

61 천사무엘 교수는 레이놀즈 약전의 부제로 "목회자, 성서 번역가, 신학 교수" 등으로 잡았고(천사무엘, "윌리엄 레이놀즈 [William Davis Reynolds, jr.]: 목회자, 성서 번역가, 신학 교수", 19–41), 영국 에든버러 대학에서 미국 남장로교 선교회의 한국 선교에 대한 박사 논문을 쓴 바 있는 광신대학교 이재근 교수는 레이놀즈의 사역을 "남장로회 한국 선교의 개척자 중 하나로서, 선교회의 초대회장을 맡았고, 전주 선교의 아버지, 한글 성경 번역의 주역, 평양장로회신학교 조직신학 전통을 거의 홀로 정립"하였다고 평가한다(이재근, "호남 기독교의 '7인의 개척자들'(1): 미국 남장로회 윌리엄 레널즈 가문의 한국 선교", 117).

기로 하겠다.

개척 선교와 목회, 교정가로서 활동

(1) 선교지 개척, 첫 전주 사역, 그리고 서울에서의 사역 (1892-1907)

레이놀즈 선교사는 서울에 도착한 다음 달(12월)에 북장로교 선교사로 2년 전에 먼저 도착해서 사역 중이던 북장로교회 선교사 마포삼열(Samuel A. Moffett, 1864-1939)과 더불어 10일간 충청 지역과 호남 지역 선교 탐색 여행을 감으로 호남 지역을 처음 접하게 되었다. 추운 겨울에 강행된 두 사람의 선교 정탐 여행이 어떠하였는지 한번 보도록 하자.

> 우리는 남쪽으로 100마일을 노새를 타고 여행해 공주와 청주를 방문했습니다. 그곳은 오늘날의 북감리교회와 북장로교회의 선교 지부가 있는 곳입니다. 우리는 서울에서 그곳으로 가지 말라는 경고를 받았습니다. 왜냐하면 시골 지역에는 강도들이 창궐했기 때문입니다. 하루는 강도들에게 완전히 불타 재로 변한 마을을 지나게 되었습니다. 장이 선 마을을 점심 무렵 지나게 되었습니다. 우리가 밥을 먹고 있는 동안, 험상궂게 생긴 한국인들이 몰려와 짐짝을 들어 보고는 "이렇게 상자가 무거운 것을 보니, 돈이 꽤나 많이 들어 있나 보다"라며 자기들끼리 수군대는 것이었습니다. 이들의 수상한 언행을 눈치챈 우리 언어 선생은 황급히 우리 방에 들어와 해가 지기 전에 가능한 한 빨리 이곳에서 떠나야 한다고 했습니다. 그 사람들이 정말 강도였는지 모르겠지만, 그 강도들은 결코 우리를 따라잡지 못했습니다. 마펫과 나는 정말 죽을 힘을 다해 그날 저녁 무렵부터 밤 10시까지 줄행랑을 쳤습니다.[62]

그리고 1893년 1월 28일 남북장로교 선교사들이 장로교 선교 공의회를 조직하고, 회장으로 레이놀즈가 피선된 후에 남장로교 선교회가 분담하게 될

62 양국주, "일제 강점기 조선 땅에 온 벽안의 선각자들 ⑤ 윌리엄 데이비드 레이놀즈."

선교 지역으로 호남과 충청 지역이 공식적으로 정해지게 되었다.[63] 하지만 그는 먼저 한국어를 배워야 했고, 선교 거점을 정하기 위한 선교 여행들을 감수해야 했다.[64] 그 결과 1894년 봄 여행을 통해 "군산, 전주, 목포, 순천" 등 네 곳을 선교 거점(Mission station)으로 확정할 수 있었다.

하지만 동학 농민 혁명(1894–1895) 등과 같은 장애 요소들 때문에 레이놀즈가 전주로 이사하게 된 것은 1897년 6월이었고, 레이놀즈는 전주교회(서문교회)의 담임 목사로 사역을 시작하여 전주 지역 복음화에 힘을 썼다.[65] 이러한 전주 지역과의 인연 때문인지 그는 자신의 한국식 이름에 대해 "나는 전주(全州) 이(李) 씨, 이눌서(李訥瑞)"라고 소개하기를 즐겨했다.[66] 윌리엄 레이놀즈는 전주 서문 밖 교회의 담임 목사로 있으면서 두 명의 조선인 조수와 함께 성경 번역에 몰두했으며, 1897년 7월 17일에는 전주에서 다섯 명에게 첫 세례를 베푸는 열매를 맺었다.[67] 그리고 그는 목회와 전도 사역뿐 아니라 교육 사역에도 투신하여, 1900년 자신의 사택에서 팻시 볼링과 더불어 신흥 학교를 시작하기도 했다.[68]

전주에서의 3년간 사역을 한 이후 1900년 여름에 레이놀즈는 첫 안식년을 떠났다가 1902년 3월에 귀국하면서는 전주가 아니라 선교 거점이 폐쇠 위기에 놓인 목포로 가서 잠시 사역에 임하게 된다.[69] 1902년 9월에 이르러 레

---

63 천사무엘, "윌리엄 레이놀즈 (William Davis Reynolds, jr.)", 26. 1893년 1월 28일 북장로교 선교사 빈턴(Charles Cadwallader Vinton, 빈돈, 1856–1936)의 집에서 열린 미국 장로교파 선교사들의 「장로교 미션 공의회」에서 예양협정(禮讓協定, Commity Agreements)을 체결하고 각 선교회별로 선교 지역을 분할하는 데 합의했다.

64 레이놀즈는 고전어들과 현대 서양어들에 대해 조예가 깊은 사람이었는데, 한국어를 익히는 데도 어떤 선교사들보다도 빨랐고 정확한 습득을 한 것으로 정평 나 있다. 1907–1911년 어간 전주에서 교육 선교사로 재직했던 넬리 랭킨(Nellie Rankin)은 "한국어는 정말로 악마(fiendish)같은 언어"라고 토로한 바가 있고, 반면에 당시 전주 서문교회 담임 목사였던 레이놀즈에 대해서는 "한국에 관해서는 미국에서 가장 뛰어난 학자이고 사랑스러운 사람"(the finest Korean scholar in the country, a lovely man)이라고 편지글에서 적고 있다(Nellie Rankin, 『기전여학교 교장 랭킨 선교사 편지』, 송상훈 역 [파주: 보고사, 2022], 110, 465).

65 구한말, 일제하 전주의 사회적 동향에 대해서는 안대희, "1893–1945년 全州西門外 敎會의 成長過程과 民族 運動"(문학 석사 논문, 목포대학교, 2000), 7–16을 보라.

66 양국주, "일제 강점기 조선 땅에 온 벽안의 선각자들 ⑤ 윌리엄 데이비드 레이놀즈."

67 100년사 편찬위원회 편, 『전주서문교회 100년사 1893–1993』, 94.

68 100년사 편찬위원회 편, 『전주서문교회 100년사 1893–1993』, 140.

69 조용호는 레이놀즈의 "전주교회의 목사 I (1897–1900)"를 지역 교회 목회자로서 첫 활동 시기로

이놀즈는 구약 번역 사역에 집중하기 위해 다시 서울로 이사를 하게 되지만, 서울에서도 담임 목회 사역의 기회를 가지게 되었다. 먼저는 프레드릭 밀러의 지방 순회로 인해 공석이 된 승동교회(1903–1906) 사역을 했고, 제임스 게일(James S. Gale, 1863–1937)의 안식년으로 인해 공석이 된 연동교회(연못골교회, 1906–1907) 담임 목회를 맡아 18개월간 신실하게 사역했다.[70] 비록 남장로교회 소속 선교사였지만, 언더우드나 게일과의 친분으로 인해 이눌서는 연동교회 담임 목회도 맡게 되었는데, "사랑의 교제를 증진시키고자 매주 금요일과 토요일 저녁에 교인들을 40명씩 편성해 자택에 초청"해서 서로 인사를 나누고, 환등기를 통해 예수의 생애를 감사하기도 했다. 그리하여 18개월간의 연동교회 목회 사역 기간을 마치고 떠날 때는 고찬익 장로를 비롯하여 교우들의 찬하의 글이 새겨진 비단천을 증정하기도 했다.[71]

레이놀즈는 또한 1906년 봄학기부터 평양장로회신학교에 남장로교회 선교부를 대표해서 출강도 해야 했다. 게다가 서울 사역 기간 중인 1902년에 장로교공의회 2대 의장을 맡게 되었고, 1905년 6월 26일 장감 선교사들이 모여 연합 사업을 논의하던 모임에서 "하나의 한국 민족 교회인 대한기독교회 창설"을 제안하기도 했으며,[72] 1907년 6월 20일 평양장로회신학교 제1회 졸업식에서 설교를 했고, 대한예수교장로교회 신경 12신조 작성에도 참여하기

설정하고 그 사역 내용을 잘 정리해 준다(조용호, "미 남장로교 선교사 윌리엄 D. 레이놀즈의 생애와 신학 연구", 50–54).

70 송현강, "레이놀즈의 목회 사역", 49; 송현강, 『윌리엄 레이놀즈의 한국 선교』, 93; 조용호, "미 남장로교 선교사 윌리엄 D. 레이놀즈의 생애와 신학 연구", 54–61.

71 고춘섭 편집, 『연동교회100년사: 1894–1994』 (서울: 연동교회, 1995), 163–164. 찬하의 글 내용을 현대어체로 바꾸어 인용해 본다: "찬하/ 리 목사/ 우리의 친애한 이 목사여/ 형제를 몸 같이 사랑하고/ 성신의 도우심 입으셨네/ 사람을 양 같이 인도하니/ 교회는 백 배나 흥왕하고/ 순순히 가르친 큰 혜택을/ 강당은 일층이 높았도다/ 마침내 잊지 못하리로다. 주강생 일천구백칠 년 팔월 일…" 레이놀즈의 영문 자료에는 영어 번역문도 있다: "Congatualtions to Pastor Reynolds/ Our dearly beloved Pastor Reynolds,/ You have received the Holy Spirit's help;/ You have loved the bretheren like your own self/ And led the people like a flock of sheep./ So the church has increased a hundred fold,/ And the pulpit has been raised one degree./ The great favor of your gentle teachings/ We shall never be able to forget"("Biographical Sketch of William Davis Reynolds Missionary–Statesman, Theologian, Translator", in *PRSMK* 16).

72 Allen D. Clark, *History of the Korean Church* (Seoul: Christian Literature Society of Korea, 1961), 139: "At this meeting the time is ripe for the establishment of one Korean National Church to be called the Church of Christ in Korea."

1910년 전주 사택 앞에서 레이놀즈 가족 Moffett Collection, PTS

도 하는 등 다방면에서 활동했다.[73]

(2) 두 번째 전주 사역 기간(1908-1921)

레이놀즈가 다시 전주로 사역지를 옮기게 된 것은 1908년 1월 2일 전킨의 소천 후이다.[74] 동년 2월에 전주로 다시 이사한 레이놀즈는 전주 지역 목회와 순회 선교 사역을 수행했다. 전주서문교회는 레이놀즈가 다시 담임 목사가 된 후인 1908년에 김필수 장로를 장립함으로 당회를 처음으로 구성하게 된다.[75] 레이놀즈는 1908년 가을 전라대리회 회장이 되었고, 1911년 가을에는 장로교 독노회 회장으로 선출되었으며, 1912년 가을 장로교 총회 창립 총회 개회 연설을 하고 1대 총회장으로 선출된 언더우드에게 고퇴를 물려주기도 했다. 레이놀즈는 목회와 교정 활동뿐 아니라 구약 번역 작업도 속개해

73 송현강, 『윌리엄 레이놀즈의 한국 선교』, 215-219. 장감 연합 사역과 관련하여 레이놀즈의 역할에 대해서는 김인수, "레널즈(W. D. Reynolds)가 한국 장로교 선교 상황의 발전과 변화에 끼친 영향 연구", 82-85를 보라.

74 William D. Reynolds, "How We Translated the Bible into Korean", *Union Seminary Magazine* 22 (1910-11), 299.

75 안대희, "1893-1945년 全州西門外 教會의 成長 過程과 民族 運動", 24; 100년사 편찬위원회 편, 『전주서문교회 100년사 1893-1993』, 199-200.

서 1910년 4월 2일에 구약 번역이 완성되기도 했다. 1912년에 들어 레이놀즈는 "서문 밖 교회의 젊은 일꾼들의 활동상을 보고 교회의 자율적인 성장을 위해 한국인 목사로 하여금 직접 교회를 담당"해야 할 때가 왔다는 것을 절감하고, 제직회에 안건을 설명하고서 첫 한국인 담임 목사로 김병롱 목사를 청빙하여 11월 24일 주일에 위임식을 거행하였다.[76]

이렇게 한국 담임 목사를 세워 준 후부터 장로회신학교 전임 교수로 가게 되는 1921년까지 레이놀즈는 전북 지방 순회 목회 사역을 하면서 평양장로회신학교 출강과 번역 사역에 전념했다.[77] 송현강 박사는 레이놀즈가 "1921년까지 전라 노회(1917년 이후 전북 노회)와 계속 긴밀한 관계를 유지했다"라고 적시한 후에, 그 구체적인 내용을 다음과 같이 소개해 준다.

> 1912년 군산구암교회에서 열린 제2회 전라 노회의 경우를 보면 레이놀즈는 개회 예배에서 설교한 데 이어 공청위원와 신학준시위원 그리고 규칙위원으로 있으면서 노회의 제반 사무 처리에 참여하였다. 특히 레이놀즈는 신학준시위원으로서 평양신학교 졸업생 최대진을 문답하여 강도사로 인허하고, 재학생들이었던 김인전, 김창국, 이경필, 이자익 등의 계속 수학을 허락하였다. 평양신학교 교수로 있었던 그는 1910년대 계속해서 노회의 신학준시위원을 맡아 호남 출신 신학생들을 문답하였다. 또 1913년에는 정사위원, 1914년에는 노회록 검사위원, 1916년에는 회계, 1917년에는 임사위원, 1920년(1918–1919 안식년)에는 전주 서북 지방 시찰위원장을 역임하는 등 노회의 다양한 분야에서 활동하였다.[78]

1907년에 입국하여 학원 선교에 매진하다가 불의의 사고로 1920년에 소

---

76 100년사 편찬위원회 편, 『전주서문교회 100년사 1893–1993』, 215–218.

77 이 시기에 관해서는 조용호, "미 남장로교 선교사 윌리엄 D. 레이놀즈의 생애와 신학 연구", 66–77; 송현강, 『윌리엄 레이놀즈의 한국 선교』, 97–106 등을 보라.

78 송현강, "레이놀즈의 목회 사역", 48. 또한 예수교 장로회 사기에 등재된 공식적인 기록들은 양전백, 함태용, 김영훈, 『조선 예수교 장로회사기(하)』, 이교남 역 (서울: 한국기독교사연구소, 2017), 299, 304, 478, 483, 486을 보라.

79 이 이미지의 출처는 『호남 기독교 선교 초기의 발자취』 (전주: 전주대학교박물관, 2005), 52에서 찍은 것이다.

전주에서 말을 탄 레이놀즈의 모습[79]

천한 유애나(Anabel Major Nisbet, 1869–1920) 선교사가 저술한 남장로교 한국 선교 역사서(*Day in and Day out in Korea*)에 보면 7인 선발대에 대한 마티 잉골드 테이트의 시가 서두에 실려 있고, 그 가운데 레이놀즈 부부에 대한 내용을 읽어 보면 그간의 레이놀즈 부부의 사역의 핵심을 잘 보여 준다.[80]

> 그리고 학식 있는 번역가인 레이놀즈 박사도,
> 생명을 주는 말씀을 출판하기 위해 수고해 왔으며,
> 입술과 인쇄물로, 고귀한 헌신으로,
> 그는 수천 명이 들었던 메시지를 전했습니다.
> 사랑과 헌신으로 준비된 레이놀즈 부인,
> 그들이 하러 나온 일을 돕기 위해,
> 자신의 역할을 잘 수행했고, 약간의 동요도 없이,

---

80 Nisbet, *Day in and Day out in Korea,* 6: "Then too, Dr. Reynolds, the learned translator/ Has labored to publish the life-giving Word,/ By lip and page, with noble devotion,/ Has he given the message which thousands have heard./ Mrs. Reynolds, so ready with love and devotion,/ To help in the work which they came out to do,/ Has well done her part, and with little commotion,/ Has made herself useful, and well beloved, too."

전주에서 성경 번역 작업 중인 레이놀즈와 한인 조사들,
레이놀즈의 전주 서재로 보인다.

자신을 유용하게 만들었고, 또한 많은 사랑을 받았습니다.

성경 번역 사역

레이놀즈가 한국 선교 역사에 기여한 바 중에서 중요한 영역은 한글 성경 번역 부분이다. 레이놀즈는 학창 시절에 성경 원어들뿐 아니라 현대 서양어들을 잘 학습했고, 한국에 와서도 짧은 기간 안에 한국어를 배우고 익혔다.[81] 그렇게 언어에 재능이 남달랐기에 1895년에 공인 성경 번역위원으로 선출되었으며,[82] 은퇴하던 1937년까지 무려 42년 동안 성경 번역 사역에도 지속적으로 종사하였다.[83] 처음에 그를 번역위원으로 추천한 사람은 마포삼열 선

81 류대영, "윌리엄 레이놀즈의 남장로교 배경과 성경 번역 사업", 17–18. 부고 기사에 의하면 "He was a fine linguist and spoke the Korean language like a native"라고 적고 있다("Death Claims Former Korean Missionary", in *PRSMK* 16.

82 류대영은 레이놀즈가 성경 번역자로 역량을 충분히 갖추고 있었다는 점을 잘 적시해 준다: "한국에 온지 3년 밖에 되지 않는 레이놀즈를 번역위원회에 참여시킨 것은 그만큼 그의 어학 능력을 높이 평가했기 때문일 것이다. 전문적인 언어학적 지식이 있었던 레이놀즈는 한국어의 언어 체계, 문법, 어휘 등에 관하여 정확하게 알고 있었다"(류대영, "윌리엄 레이놀즈의 남장로교 배경과 성경 번역 사업", 20).

83 Brown, "History of the Korea Mission Presbyterian Church, U. S. from 1892 to 1962", 256–257: "The first and perhaps the most valuable contribution made by the southern mission in these

교사였고, 40년간 이 사실을 숨기기도 했다고 한다. 그리고 레이놀즈가 처음 추천이 되었을 때 아펜젤러는 이를 강력하게 반대했었다. 양국주의 말을 인용해 본다.

> 그는 "레이놀즈 선교사는 먼저 이곳에서 좀 더 이곳저곳을 둘러보는 것이 좋을 것"이라고 충고했다. 이는 언더우드나 자신은 이미 조선에 온 지 10년이 지나 한국어 사용에 문제가 없지만, 조선에 온 지 3년밖에 안 된 레이놀즈에게 그런 중책을 맡긴다는 것은 가당치 않다고 여긴 탓이다. 그러나 레이놀즈가 번역에 조금씩 관심을 보였고, 성경 번역 위원 선출에 가장 반대했던 아펜젤러의 마태복음 원고를 대담하게 줄을 그어 가며 몇 가지 수정을 제안했다. 이에 대해 선임 번역위원들은 레이놀즈가 지적한 아펜젤러의 번역상의 오류를 솔직히 인정하고, 조선에 들어온 지 3년밖에 안 된 '하룻망아지'에게 번역 일을 주기로 결정했고, 구약의 여호수아서와 신약의 고린도전후서 번역부터 맡겼다.[84]

그의 선교 사역 40주년을 기념하여 쓴 글에도 보면 "선생은 참으로 성의인(誠意人)이다. 특히 어학에 장하여 성경 번역에 다대(多大)한 공로가 있음은 일반이 지실(知悉)하는 바이다"라고 소개하고 있고,[85] 또한 그 공으로 모교인 햄든 시드니 대학에서 명예 신학 박사(D. D.)의 학위를 받았다고 소개한다.[86] 레이놀즈는 전주를 비롯한 전라도 지역 개척 선교사로 활동할 때도, 서울에서 사역할 때도, 심지어는 평양장로회신학교 전임 교수로 사역할 때도 일정한

---

union projects was in the field of Bible translation." 레이놀즈 자신이 성경 번역과 관련하여 여러 글들을 공표하기도 했다: William D. Reynolds, "How We Translated the Bible into Korean", *Union Seminary Magazine* 22 (1910–11), 292–303; "Fifty Years of Bible Translation and Revision", *The Korea Mission Field*, 31/6 (1935.6): 116–118, 153–155.

84 양국주, "일제 강점기 조선 땅에 온 벽안의 선각자들 ⑤ 윌리엄 데이비드 레이놀즈."

85 "선교 40주년을 당한 레이놀즈 박사", 「신학지남」 15/1 (1933.1): 2. 지실(知悉)은 모두가 다 안다는 뜻이다.

86 "선교 40주년을 당한 레이놀즈 박사", 4. 레이놀즈의 모교인 햄든 시드니 대학은 "무엇보다 성경 번역과 관련된 그의 빛나는 업적을 인정"하여 1908년 6월에 그에게 명예 신학 박사(D. D.) 학위를 수여하기로 결정했다(류대영, "윌리엄 레이놀즈의 남장로교 배경과 성경 번역 사업", 27). 1924년에는 다시 한국 선교에 지대한 공헌을 한 점을 인정하여 모교에서 다시 법학 박사(LL. D.) 학위를 수여하기도 했다(천사무엘, "윌리엄 레이놀즈 [William Davis Reynolds, jr.]", 33).

기간은 늘 번역 사역에 종사했다.[87] 1921년부터 조성하기 시작한 지리산 선교사 휴양지에 머물 때도 이눌서는 "성경을 부지런히 번역"하기도 했다.[88]

레이놀즈는 어떤 원칙을 가지고 번역 작업에 임했는지에 대해 영문의 글들을 남긴 바가 있어 이를 통해 당시 상황을 짐작해 볼 수 있다.

> 당시의 성경 번역은 1) 선교사가 한국인 조사와 함께 짝을 이루어 1차 번역하고, 2) 그것을 다른 번역자들에게 보여 의견을 수렴하여 수정 번역을 하고, 3) 그것을 다시 다른 번역자들에게 보여 자기 의견을 정리하게 한 후, 4) 번역자회에서 한 절씩 읽어 가며 토론과 표결을 거쳐 확정 짓는 형식을 취했다.[89]

한국어로 된 공인 역본은 먼저 신약이 1900년에 출간되었으나 신명(神名)의 통일도 되지 않는 등 문제점들이 많았기에 곧바로 개정 작업에 들어가 1905년에 신약 성경 공인 역본을 완성하게 된다. 한편 신약 첫 번역본 출간 직전인 1899년에 이미 시작된 구약 번역 작업은 1910년에 완성되었다.[90] 그리고 1911년부터 곧바로 구약 개정 작업이 또한 시작되어 1937년에 완성하기까지 사반세기 동안 레이놀즈는 이 개역본 준비 작업에도 지속적으로 참여했다.[91] 장구한 세월 동안 한국어 구역과 개역 번역 사역에 레이놀즈가 종

87 김인수, "레널즈(W. D. Reynolds)가 한국 장로교 선교 상황의 발전과 변화에 끼친 영향 연구", 180–182에 수록된 레이놀즈 선교 활동 주요 연표를 참고하고, 레이놀즈를 포함한 선교사들이 구역과 개역을 어떻게 번역하고 출간했는지에 대해서는 박용규, 『한국기독교회사I』, 560–582; 류대영, 옥성득, 이만열, 『대한성서공회사 II』 (서울: 대한성서공회, 1994), 32–204; 김인수, "레널즈(W. D. Reynolds)가 한국 장로교 선교 상황의 발전과 변화에 끼친 영향 연구", 94–151 등을 보라.

88 김양호, 『물 근원을 고쳐라: 유진 벨 선교사』 (목포: 사람이 크는 책, 2023), 53.

89 Reynolds, "Bible Translation in Korea", *KRP*, 3 (1896): 471이하; 한국기독교역사연구소, 『한국기독교의 역사 I』, 200에서 재인용. 동일한 곳에 보면 "번역 대본으로는 선교사는 헬라어 성서 외에 개정판 영어 성경(RV)을, 한국인 조사들은 대표자 역본(Delegates Version) 한문 성경을 채택했다"고 한다.

90 레이놀즈는 1910년 4월 2일 오후 5시에 구약의 마지막 구절 번역을 마치자마자 서울에 있던 영국성서공회의 대리인인 휴 밀러(Hugh Miller)에게 "번역 다 되었소"(Punyuk ta toiesso)라는 전보를 보내었다. 한편 『전주서문교회 100년사 1893–1993』, 766에 보면 "본 교회 이눌서 목사, 이승두 장로, 김정삼 씨 등에 의해 구약 성서가 전주서문교회에서 완역되었다는 것은 우리 서문교회의 크나큰 자랑이기도 하다"라고 적고 있다.

91 송현강, 『윌리엄 레이놀즈의 한국 선교』, 220–229. 이덕주에 의하면 "1911년 구약 전체의 번역이 완료되자마자 바로 개역자회가 구성되어 개역 작업에 착수했으나 큰 진전을 보지 못하다가 1924

사하면서 많은 기여를 했기 때문에, 영국 성서공회나 성서위원회는 "한글 성경을 탄생시키는 데 다른 어떤 사람보다 더 크게 기여한 것"을 찬하하는 편지들을 그와 남장로교 선교부에 보내었다.[92] 최근 레이놀즈 평전을 출간한 송현강은 "레이놀즈 없는 한글 성경은 존재할 수 없었다고 말해도 과언이 아니다 … 구약 성서 번역은 레이놀즈의 단독 성과물이라고 해도 좋을 만큼 그의 성취가 빛난다"라고까지 평가하고 있다.[93] 사실 해방 이후에도 새로운 성경 번역본들이 여러 차례 출간되었지만, 대부분의 교단들은 1938년에 완성된 개역 성경의 전통을 지키고 있기 때문에, "『성경 개역』이 탄생하는 데 가장 크게 기여했던 레이놀즈는 지금까지 한국 교회의 신학, 언어, 예배, 사상에 총체적이고 지대한 영향을 끼치고 있는 셈"이라고 한 류대영 교수의 논평은 지나친 것이 아니라고 생각된다.[94]

평양장로회신학교 교수 사역

이제 우리는 레이놀즈의 평양장로회신학교 조직신학 교수 사역에 대해 집중해 살펴보려고 한다. 한국 장로교 선교가 시작된 이래 최초의 교역자 양성 기구가 세워진 것은 1901년 평양에 세워진 장로회신학교였다. 이는 장로교 첫 선교사인 호레이스 언더우드에 의해 시작된 것이 아니라 1890년에 입국

년 레이놀즈(W. D. Reynolds)가, 1926년에는 피터스, 남궁혁, 김관식, 김인준 등이 개역위원으로 보충되면서 개역 작업이 본격화되었다. 구약의 개역 작업은 1936년에 끝났다"라고 한다(한국기독교역사연구소, 『한국 기독교의 역사 II』 [서울: 기독교문사, 1993], 82). 오랜 기간 여러 사람들의 수고로 개정 작업된 신구약 개정본(『성경 개역』)은 1938년에 출간되었다(류대영, "윌리엄 레이놀즈의 남장로교 배경과 성경 번역 사업", 30).

92 류대영, "윌리엄 레이놀즈의 남장로교 배경과 성경 번역 사업", 30.

93 송현강, 『윌리엄 레이놀즈의 한국 선교』, 201. 류대영에 의하면 1911년 요코하마에서 출간된 『구약전서』는 "사실상 레이놀즈의 개인역이나 마찬가지"라고 하며, 스스로 사임 의사를 밝혔음에도 불구하고 위원회가 받아들이지 않아 구약 개정 작업에도 참여하게 되었을 때 레이놀즈가 관련하여 처음 한 작업은 구약 성경에 나오는 고유명사 2,500여 개를 일관성 있게 정리하는 작업이었다고 한다(류대영, "윌리엄 레이놀즈의 남장로교 배경과 성경 번역 사업", 27–28).

94 류대영, "윌리엄 레이놀즈의 남장로교 배경과 성경 번역 사업", 30–31. 영국과 외국 성경 협회의 에드윈 스미스가 1936년 9월 22일 자로 레이놀즈에게 써 보낸 편지에 보면 다음과 같은 예언성 발언이 수록되어 있다: "In retiring after 45 years of service, it must be a great gratification to you to know that this part of your work at least will live on for long years after you have gone to your rest."(Edwin W. Smith to W. D. Reynolds, dated 1936.09.22. in *PRSMK* 16).

한 마포삼열(Samuel A. Moffett, 1864–1939) 선교사와 평양 선교사 공의회가 주도하여 설립된 것이다.[95] 초기의 선교지의 상황의 그러하듯이 평양장로회신학교 역시도 4개 장로교 선교부에서 파송된 선교사들이 강의를 나누어 맡았고, 그들은 신학 분야의 고등 학위들이 없는 이들이었기에 전공에 맞게 강의 분담이 이루어진 것도 아니었다. 장로교신학교 역사를 고려할 때 조직신학 분과는 주로 남장로교회 선교사들에게 분담이 된 것을 볼 수 있다. 레이놀즈가 그랬고, 그의 후임자 구례인(具禮仁, John Curtis Crane, 1888–1964)도 남장로교 선교사였다.[96]

레이놀즈의 평양장로회신학교 교수 사역

레이놀즈의 초기 선교 사역이 다면적이다 보니 그가 평양장로회신학교에 언제부터 출강을 하고, 언제부터 교수가 되었는지에 대해 제시되는 연대 차이가 있다. 남장로교 선교부 연례 보고에 근거하여 조용호는 "1905년 초에 평양신학교에서 강의한 것으로 보인다"라고 제시했으나,[97] 「신학지남」 15/1(1933.01)에 실린 "선교 40주년을 당한 레이놀즈 박사"에 의하면 "1906년 춘기에 처음으로 평양신학교에 교수로 피임되었다"라고 소개하고 있다.[98] 두 가지 연대가 모두 초기 선교 자료에서 비롯된 것이기 때문에 당혹스러우나,

95 평양장로회신학교에 관련해서는 조경현, 『초기 한국 장로교 신학 사상』(서울: 그리심, 2011); 이금석, "평양신학교에 끼친 미국 장로교의 신학적 유산 연구"(신학 박사, 국제신학대학원대학교, 2015); 임희국, 『평양의 장로교회와 숭실대학』(서울: 숭실대학교, 2017), 30–31 등을 보라. 마포삼열은 1904년 4월 8일 자 선교 보고에서 왜 서울이 신학교의 위치로 적합하지를 않는지를 설명해 준다(옥성득 편역, 『마포삼열 자료집 4』[서울: 새물결플러스, 2017], 132–135).

96 뿐만 아니라 남장로교 선교부는 한국인 남궁혁 목사를 프린스턴 신학교와 버지니아 유니온 신학교 유학을 시켜 가면서 평양장로회신학교 교수 요원으로 길렀고, 1925년에 신약신학 교수로 임용된 후에는 선교부에서 교수 급여를 지급했다. 따라서 남궁혁 박사 역시도 남장로교 선교부 소속 의식을 가지고 활동했다고 한다. 남궁혁의 생애에 대한 학술적인 재구성을 보기 위해서는 문백란, "남궁혁의 신학 사상 연구: 1930년대 신학 갈등을 중심으로" (석사 논문, 연세대학교, 2004), 9–21를 보라.

97 Reports of the Southern Presbyterian Mission in Korea 1904; 조용호, "미 남장로교 선교사 윌리엄 D. 레이놀즈의 생애와 신학 연구", 143.

98 "선교 40주년을 당한 레이놀즈 박사", 4. 1916년 신학교 요람에도 출강 시작 시기를 1906년으로 적고 있고(*Catalogue of the Presbyterian Theological Seminary at the Pyeng Yang, Chosen* [Yokohama: Fukuin Printing Co., 1916], 5), 한국에서의 남장로교 선교사를 박사 논문으로 쓴 톰슨 브라운도 1906년에 전킨과 레이놀즈가 최초로 출강하기 시작했다고 소개하고 있다(Brown, "History of the Korea Mission Presbyterian Church, U. S. from 1892 to 1962", 263).

초기 평양신학교 강의 일정은 레이놀즈의 주사역이 아니고, 특별히 시간을 내어 1-3개월을 평양에 가서 강의하는 것에 불과했다. 우리가 레이놀즈가 쓴 기록들을 참고해 본다면, 레이놀즈가 평양장로회신학교에 출강하기 시작한 것은 1906년 봄학기였음을 알 수 있다.[99] 은퇴 후인 1938년 7월 27일 자 「몬트리트 주간 뉴스」(Montreat Weekly News)의 기고문을 보면 "1906년 봄에 배아 단계의 평양신학교에서 가르치기 시작"했으며, 당시에는 "교실들도, 기숙사들도, 그리고 교과서들도 없었다"라고 회상해 준다.[100]

레이놀즈 선교사는 초기에 신도(神道, 조직신학) 중 인간론을 가르치고, 신약 석의를 가르친 것으로 파악된다.[101] 신학교가 처음으로 영문과 한글로 출간한 1916년도 신학교 요람에 보면 그는 1909년부터 당시까지 "신학과 조직신학 석의"(Theology and New Testament Exegesis) 교수로 소개되어 있다.[102] 그러나 전주의 사역지, 성경 번역위원 활동과 더불어 신학교 교수 사역이 병행된다. 그러다가 신학교 교과 과정이 1921년에 이르러 1년 2학기제로 바뀌고, 1922년에는 1년 3학기제로 바뀜에 따라 사역의 병행은 어렵게 되었고,[103] 1922년부터 평양에 상주하며 학기 중에는 신학교 교수 사역에 전념하고, 방학 중

99 레이놀즈의 "Fifty Years of Bible Translation II", 154의 기록에 의존하더라도 그의 신학교 출강은 1906년 봄학기부터임을 알 수 있다(류대영, "윌리엄 레이놀즈의 남장로교 배경과 성경 번역 사업", 27에서 재인용).

100 W. D. Reynolds, "About Five Moments", *Montreat Weekly News*, 1937. July 27 n.p.: "The Moment that I began to teach Theology in embryonic union Theological Seminary at Pyengyang in the spring of 1906. There were no classrooms, no dormitories, no text-books; these all had to be made to order."

101 안수강, 『길선주 목사의 말세론 연구』(서울: 예영, 2008), 152.

102 *Catalogue of the Presbyterian Theological Seminary*, 5. 또한 1916년은 평양장로회신학교에 전임 교수제가 처음 시작된 해이기도 하다(홍성수, "평양장로회신학교의 기독교 교육", 「갱신과 부흥」 29 [2022]: 287). 양전백, 함태용, 김영훈, 『조선 예수교 장로회사기(하)』, 97에 보면 "1916년에 정교수 5인으로 교수회를 조직하여 상설 기관이 되게 하였다"고 밝히고 있고, 마포삼열 교장과 5인 교수의 명단 중에 왕길지, 곽안련, 어도만, 나부열, 등과 더불어 "조직신학 담임에 동 이눌서요"라고 쓰고 있다.

103 Harry A. Rhodes, *History of the Korea Mission Presbyterian Church U.S.A.*, 최재건 역, 『미국 북장로교 한국 선교회사』(서울: 연세대학교출판부, 2010), 423; 박용규, 『한국기독교회사 II』(서울: 한국기독교사연구소, 2017), 41. 레이놀즈와 더불어 실천신학 교수로 재직했던 곽안련(Charles Allen Cla가, 1878-1961) 선교사와 관련하여 쓰인 학위 논문에서는 다소 연대들이 다르게 제시된다(이호우, 『초기 내한 선교사 곽안련의 신학과 사상』[서울: 생명의말씀사, 2010], 116-134).

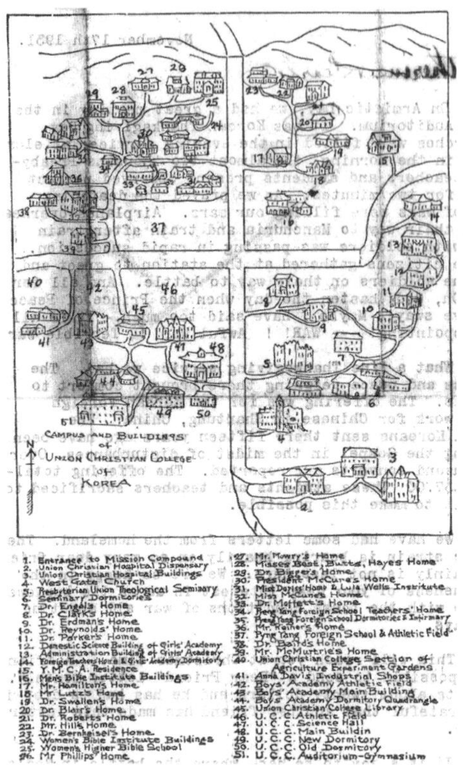

윤산온 선교사의 딸 에블린 베커 맥큔이
1930년에 그린 평양 선교부 약도

에는 번역 개역 사역에 헌신했다.[104] 평양 외국인 선교 컴파운드에서 레이놀즈 부부의 거주지는 로즈 가족의 기부금에 의해 지어진 "앨리스 B. 로즈 기념집"(Alice B. Rhoads Memorial Home)이었다.[105]

평양에 상주하면서도 레이놀즈는 학기 중에는 교수 사역뿐 아니라 선교부의 권면에 따라 주말과 주일에는 설교 사역이나 전도 사역에 매진해야 했다.[106] 주일 낮에는 신학교 채플에서 설교하고, 오후에는 영어 예배에 참석하곤 했고, 평양 인근의 와산교회와 고정교회 등을 오토바이로 순회 사역하곤 했다. 송현강 박사는 이러한 레이놀즈의 분주한 사역에 대해 잘 정리하여 소개하고 있는데, 이 두 교회 사역 외에도 "평양외국인학교 여자 상급반 수업, 평양여자고등성경학교 특별 예배 인도, 연합기독교대학(숭실) 채플 설교" 등을

---

104 조용호, "미 남장로교 선교사 윌리엄 D. 레이놀즈의 생애와 신학 연구", 76, 143. 조지 톰슨 브라운 선교사는 1922년에 "레이놀즈 박사가 조직신학의 과장으로 임명되어 1937년에 은퇴할 때까지 평양에 거주했다"고 말한다(George Thompson Brown, *Mission To Korea*, 천사무엘, 김균태, 오승재 공역, 『미국 남장로교 한국 선교 역사(1892-1962)-한국 선교 이야기』 [서울: 동연, 2010], 182).

105 Brown, "History of the Korea Mission Presbyterian Church, U. S. from 1892 to 1962", 435-436. 이재근에 의하면 리치몬드 백화점 재벌 웹스트 로즈의 기금을 받아 그의 죽은 아내의 이름으로 집이름을 삼았다고 한다(이재근, "호남 기독교의 '7인의 개척자들'(1): 미국 남장로회 윌리엄 레널즈 가문의 한국 선교", 129-130).

106 송현강, "레이놀즈의 목회 사역", 50: "남장로교 선교부는 1920년대와 1930년대에도 그가 평양 노회와의 협의하에 지역 교회 전도 사업을 계속할 것을 권고하고 있다."

1929년 졸업 앨범에 있는 교수진 사진, 윗줄 우편에서 두 번째가 레이놀즈 교수

1930년 평양에서 레이놀즈 부부
Moffettt Collection, PTS

했다.[107] 또한 1927년에는 다른 교수들과 더불어 성경 사전을 편찬하여 출간하기도 했으며,[108] 방중에는 개역 성경 번역이 완성되기까지(1935년) 늘 성경 번역 사역에 집중해야 했다. 그런 와중에 1921년 마포삼열이 도미 중일 때는 숭실전문 대리 교장으로 시무하기도 하고, 1925년부터 1931년까지 숭실전문학교 이사장을 역임하기도 했다.[109]

그렇다면 신학교 조직신학 전임 교수로서 레이놀즈의 사역은 어떠했을까? 그의 교수 사역의 내용이나 수준 등을 평가할 만한 자료가 그리 많지가 못한데, 그가 소천한 후 미국 신문에 난 추모 기사에 의하면 "신학 교사로서 역량을 가진 그는 한국 장로교회의 신학을 대체적으로 형성했다"라고 보도하고 있다.[110] 1923년도 신학교 요람에 의하면 레이놀즈가 전담하고 있던 조직신학 교과목으로는 "기독교 증험론(28시간), 신론(42시간), 인죄론(28시간), 구원론(56시간), 성령론(28시간), 내세론(28시간)" 등 총 6과목이었다.[111] 그리고 조

107 송현강, "레이놀즈의 목회 사역", 51.

108 1927년에 출간되었지만, 그 번역 작업은 1922년 여름에 필하였고, 레이놀즈가 2년의 시간을 들여 교정 작업을 완수하였다(『성경 사전』[경성: 조선예수교서회, 1927], 서언). 레이놀즈는 1927년에 김인준과 공역으로 『대요리문답』[경성: 조선예수교서회, 1927]도 역간해 내기도 했다.

109 "선교 40주년을 당한 레이놀즈 박사", 4.

110 "Death Claims Former Korean Missionary", in *PRSMK* 16: "In his capicity as teacher of theology, he largely shaped the theology of the Korean Presbyterian church." 또 다른 부고 기사인 "Missionary to Korea Succumbs" *Personal Reports of the Southern Missionaries in Korea*, 16:n. p.에서는 "His teachings set the standard for the Prebyterian Church, U. S. in Korea and largely shaped the theology of the Korea Presbyterian Church."

111 *Catalogue of the Presbyterian Theological Seminary at the Pyeng Yang, Korea* (Pyeng Yang: Presbyterian

직신학 분과 학습 안내(the course of study)에는 다음과 같이 기록되어 있다.

> 이 과정의 목적은 3년 동안 체계 신학의 전체 분야를 다루게 된다. 이 과정은 성경이 교과서라는 점에서 본질적으로 성경적이며, 교수들이 준비한 인쇄된 [강의] 노트는 서구 신학도들에게 친숙한 노선을 따라 배열되었지만, 한국의 사고 방식에 특별한 적응과 동양에서의 조건들로부터 생겨난 주제들로 빈번히 벗어나는 경우들이 있다.[112]

레이놀즈의 조직신학 수업이 어떻게 전개되었는지 혹은 학생들의 소감이 어떠하였는지에 대한 기록을 찾아보기는 어렵다. 다만 1931년에 신학교에 입학했던 정암 박윤선(1905–1988)은 레이놀즈 교수에 대해 회상을 남겨 주었다. 정암은 그의 인품과 강의를 들으면서 느낀 감상에 대해 다음과 같이 말한다.

> 조직신학 교수 이율서(李栗瑞, W. D. Reynolds) 박사는 고아(高雅)하고 성스러운 인격자였다. 그는 미국 선교사이면서도 능숙한 한국말로 강의하였는데, 그의 강의를 듣는 학생들이 때로는 어떤 수도사 앞에서 설교를 듣는 것 같은 느낌을 받기도 하였다. 그는 교수할 때 고요히 해설하면서 말에 힘을 주지 않았는데, 그 모습이 마치 깊이 뿌리박고 높이 자라난 백향목 같은 인상이었다.[113]

그리고 정암은 레이놀즈가 사용한 교재에 대해서 "중국어로 번역된 찰스

Theological Seminary, 1923), 27–29.

112 *Catalogue of the Presbyterian Theological Seminary at the Pyeng Yang, Korea,* 33: "The object of the course is to cover the whole field of system: atic theology in three years. The course is essentially scriptural in that the Bible is the text–book, and the printed notes prepared by the professors are arranged along lines familiar to students of theology in the West though with especial adaptation to Korean modes of thought and with frequent digressions into subjects that grow out of conditions in the Orient."

113 박윤선, 『성경과 나의 생애』, 52; Seu Young Il, "To Teach and to Reform: The life and times of Dr. Yune Sun Park" (Ph. D. dissertation, Westminster Theological Seminary, 1992), 117.

하지(Charles Hodge)의 조직신학을 우리말로 다시 번역한 단편적인 것"이었다고 정암은 회상해 주는데, 이는 동년에 번역된 가옥명의 『조직신학』을 가리키는 것이다.[114] 더욱 중요한 것은 정암이 레이놀즈의 강의 수준에 대해 평가하는 부분이다. "그의 교수 방법은 비판에 의해 진리를 확신케 하려는 것이 아니라, 그저 정통 교리를 보수하며 전달하는 것으로 일관하였다"고 평가하기도 하고, "나는 이율서 박사에게서 배운 것이 많지만 더 깊은 교훈을 요구하였다는 의미에서 이 말을 하는 것이다"라고 안타까움을 표현하기도 했다.[115]

우리가 레이놀즈의 『신도요론』 3부작을 보거나, 1931년에 번역 감수하여 교재로 삼기 시작한 가옥명의 『조직신학』 6부작을 일별하더라도 당시 조직신학 수업 수준은 성경학교 수준 이상이 못되었을 것으로 짐작할 수 있다.[116] 물론 우리는 당시의 신학교 입학생 수준을 고려해야 할 필요도 있다. 1929년 입학자 29명 가운데 3명만이 대학 출신이었다는 점이나, 1932년 입학 규정에 최소한 고등학교 졸업자여야 한다는 기록을 감안해도 오늘날 세미너리 수준의 강의가 불가능했을 것으로 추정된다.[117] 다른 한편 학자들 가운데는 당시 선교사들의 교육 정책에서 문제점을 제기하기도 한다. 예컨대 1896년 레이놀즈가 발표한 "원주민 사역"(Native Ministry)이라는 기고문에 담긴 교육 방침으로 "교육은 … 한국인의 평균 교육 수준보다 약간 높으리만큼 하고", "높은 경지의 영적 체험을 가지는 사람이 되게" 하라는 글이 비판의 대상이 되기도 한다.[118] 하지만 우리는 그의 신학 교육과 관련하여 시대적 배경과 선

114 박윤선, 『성경과 나의 생애』, 52.

115 박윤선, 『성경과 나의 생애』, 52; Seu Young Il, "To Teach and to Reform: The life and times of Dr. Yune Sun Park", 117.

116 1916년에 평양장로회신학교 교수직에서 자진 은퇴한 게일 선교사는 신학교 교육에 관해 마포삼열과 갈등이 있었다. 러트의 말에 의하면 "He(Gale) disapproved of its methods, thought its standards too low, its teachig bad, its materials outdated, its student enrolment too numerous."(Richard Rutt, *A Biography of James Scarth Gale and a New Edition of His of the History of Korean People* [Seoul: Taewon Pub. Co., 1972], 60).

117 Seu, Young Il, "To Teach and to Reform: The life and times of Dr. Yune Sun Park", 114.

118 백낙준, 『백낙준 전집1- 한국개신교사』 (서울: 연세대학교출판부, 1995), 228-230; 양낙흥은 평양장로회신학교 교육 수준에 대해 상당히 비판적이면서도, 레이놀즈의 글이 "선교 사역의 초기 단계에 국한된 잠정적인 것"이라는 점을 상기시킨다(양낙흥, 『한국 장로교회사』 [서울: 생명의말씀사, 2008], 91- 96). 민경배 교수 역시도 레이놀즈의 글에 대해 당시 상황을 고려해야 한다는 점을 잘 적시해 준다: "당시 한국교인의 지식 수준이라는 것은 교회원의 성분 구성이 대개

교지 신학교의 존재 이유를 염두에 두고 공정하게 평가할 필요가 있다고 생각한다.[119]

동료 교수였던 죽산 박형룡과 레이놀즈의 후임자가 된 구례인 선교사

레이놀즈의 평양장로회신학교 사역을 살펴보는 김에, 조직신학 교육과 관련하여 그의 동역자로서 변증학과 현대신학을 가르친 초기 박형룡 박사와 1937년에 레이놀즈의 후임 교수가 된 구례인 선교사에 대해 간략하게 고찰해 볼 필요가 있다고 생각된다.

(1) 레이놀즈 곁에서 변증학과 현대신학을 가르쳤던 죽산 박형룡(1897-1978)

박형룡은 압록강이 가까운 시골 마을에서 태어나 가정적으로는 대주가이던 아버지 덕에 찢어지도록 가난했고, 국가적으로는 일본에게 주권을 잃고 압제를 당하던 힘든 시기에 성장 과정을 거쳤다. 선교사들의 영향으로 서북 지역에 학교들이 우후죽순처럼 세워지던 시기에 죽산은 여러 소학교를 전전하면서 공부를 이어 갔다. 그가 교회에 나가게 된 계기는 10여 세 때 서당 선생을 따라 연설(즉, 설교)을 들어 보기 위해서였고, 그렇게 다니다가 기독교에 입문하게 되고 동생들도 전도하기에 이른다.[120] 죽산은 어린 시절부터 교회의 가르침을 따라 외견상 교인 생활에 힘을 썼지만, "예수를 참으로 믿기로 결심하게 된 것"은 1913년 10월 20일 벽동읍교회에서 열린 벽동군 도사경회에 참여하여 은혜를 받았을 때부터이다.

죽산의 형성기에 있어서 큰 영향을 미친 스승들을 만나게 되는 첫 기회는

서민과 하류층이었다는 사실을 생각하면 짐작되는데, 거기 목사의 수준을 맞추게 한다는 뜻은 어떤 간곡한 심정의 표현일 것으로 보인다"(민경배, 『한국기독교회사』 [서울: 연세대학교 대학출판문화원, 2013], 320-321).

119 송현강은 최근의 레이놀즈 평전에서 다음과 같이 평가한다: "그는 신학적인 측면에서 독창적이고 선구적인 신학자가 아니라 피선교지인 한국의 신생 교회를 위해 설립된 신학교에서 한국인 목회자들을 양성하려는 목적으로 신학을 가르쳤다"(송현강, 『윌리엄 레이놀즈의 한국 선교』, 165).

120 중국 유학 시기까지의 죽산에 대한 논의는 각주가 없는 한 제14회 죽산 기념 강좌에서 발표했던 논자의 "3.1운동 100주년에 즈음하여 다시 보는 박형룡 박사의 초기 생애 1897-1923", 「신학지남」 340 (2019): 5-37을 참고하였다.

그가 1913년에 신성중학교에 입학한 후이다. 신성중학교에서 죽산은 윤산온 교장, 강규찬 선생(후일 평양산정현교회 목사), 소열도 선교사(Stanley Soltau) 등을 통해 학업을 이수했을 뿐 아니라 양전백 목사의 신앙 지도도 받게 된다. 주목할 만한 것은 이 시기 동안 죽산은 학업에 힘쓸 뿐만 아니라 공적인 신앙 훈련이나 개인 경건 훈련에 매진했다고 하는 것이다. 그는 성경 읽기와 기도하는 일에 힘썼고, 성화를 위한 몸부림도 쳤기에 그의 별명이 올빼미 아니면 박 목사로 불리기도 했다.[121] 김익두 목사의 부흥회 설교를 통해 주님 재림 고대에 대한 신앙도 가지게 되었고, 1914년 10월 21일에는 "복음 사역에 헌신하기로 서약"하기도 했다.[122]

1916년에 신성중학교를 졸업한 죽산은 이어서 평양 숭실전문학교에 진학을 하여 4년간 서구식 대학 교육을 받게 된다. 늘 학업에 성실했던 죽산은 숭실에서도 학업에 열중하면서, 학생들 자치 활동에도 적극적으로 참여했다. 그는 특히 문학부와 전도부에 적극 참여했고, 숭실 시절에 이미 수많은 교회들에 전도 강사 내지 연사로 초빙을 받아 가기도 했다. 죽산이 4학년이 되던 1919년 3.1운동이 평양에도 발발했을 때 죽산은 참여했다가 일경에 잡혀가 고초를 치루기도 했다. 그리고 1920년 숭실전문학교를 졸업한 후에도 곧바로 경상도와 전라도를 순회하는 숭실전도대 활동에 동참했고, 목포 양동교회에서 전한 설교가 문제되어 일경에 끌려가 구속 수감되고 재판을 통해 총 10개월 목포 감옥 생활을 하기도 한다.[123] 죽산은 수감 생활 동안 불평 원망 없이 하나님의 섭리에 순종하여 신앙적 연단의 기회로 생각하고 주경야독에

---

121 스승이었던 소열도는 후일 제자에 대한 회상을 남기는데, 박형룡에 대한 장의 제목을 "박형룡박사, 성인같은 학자"라고 붙였다(Stanley T. Soltau, *Yin Yang: Korean Voices* [Wheaton: Key Publishers, 1971], 63–67). 또한 죽산에게 영향을 미친 미국 장로교 선교사들은 보수적이면서도 청교도적인 신앙과 경건에 관한 교훈과 실제를 체현한 사람들이었다(Arthur J. Brown, *The Mastery of the Far East*, 류대영, 지철미 공역, 『극동의 지배』[서울: 한국 기독교역사연구소, 2013], 587).

122 죽산은 회고록에서 다음과 같이 기록한다: "삶의 미래를 마음 가운데 고민하다가 문득 복음 사역에 헌신하기로 서약하는 글을 종이에 써 놓고 하나님 앞에 기도하므로 목회자로 일생을 바치기로 서원하고 뜻을 굳혔다"(정성구 편집, 『박형룡 박사 회고록』, 54; 이상웅, "3.1운동 100주년에 즈음하여 다시 보는 박형룡 박사의 초기 생애 1897–1923", 18에서 재인용).

123 이상웅, "3.1운동 100주년에 즈음하여 다시 보는 박형룡 박사의 초기 생애 1897–1923", 26–30.

힘을 썼다.[124]

1921년 2월 11일에 만기 출소한 죽산은 몇 개월간 준비 과정을 거쳐 중국 남경 소재 금릉대학으로 유학을 떠나게 된다. 숭실전문학교 4년을 졸업해도 학사 학위를 주지 않던 시기였기 때문에, 금릉대학에 편입학해서 2년간 공부하고 학사 학위를 취득하게 된다. 이 시기는 미국으로의 유학 준비를 위해 힘을 쓴 시기이지만, 유학생 교회에 속하여 신앙생활에 열심하기도 했다. 1923년 죽산은 마침내 미국 프린스턴 신학교에 입학하게 되고, 신학사 과정과 신학 석사 과정을 병행하여 1926년에 Th. B.와 Th. M.학위를 동시 취득하게 된다.[125] 프린스턴 신학교에서 미국 북장로교 신학의 정수를 배웠을 뿐 아니라, 메이첸을 통해서는 자유주의에 대한 정통칼빈주의적인 변증을 배우게 된다.[126] 프린스턴에서 변증학을 전공으로 택했던 죽산은 1926년 남침례교 신학교 박사 과정에 등록하여 1년간 박사 과정을 성공적으로 이수한다.[127] 어떤 이유에서인지는 알 수 없지만, 죽산은 논문을 쓰지 않고 1927년 한국으로 귀국하게 된다.

6년간의 유학 생활을 마치고 귀국한 죽산의 정착 과정은 평탄하지는 못했다. 1927년 후반부에는 신의주제일교회 전도사로 시무했고, 1928년 1월부터 평양 산정현교회 전도사로 옮겨서 사역하던 중 1929년 5월에 목사 안수를 받는다. 평양 산정현교회 위임 목사로 청빙을 받았음에도 불구하고 죽산은 평양장로회신학교에서 가르치기를 소망해서 마침내 1930년 9월에 임시교수가 되고 이듬해 4월에는 전임 교수로 취임하게 된다.[128] 같은 시기에 죽산은 평

124 죽산의 목포 감옥 생활에 대한 자세한 이야기는 2011년에 출간된 정성구 편집, 『박형룡 박사 회고록』, 78-95을 통해서 비로소 알 수 있게 되었다.

125 장동민, 『박형룡의 신학 연구』, 61-88; 장동민, 『박형룡: 한국 보수 신앙의 수호자』, 59-85; 이상웅, 『박형룡 신학과 개혁신학 탐구』, 35-37.

126 이상웅, "박형룡 박사와 J. G. Machen의 신학적인 관계: 박형룡 박사의 생애와 저술에 나타나는 메이천의 영향 분석", 「신학지남」 79/2 (2012): 142-167.

127 장동민, 『박형룡의 신학 연구』, 88-99; 장동민, 『박형룡: 한국 보수 신앙의 수호자』, 85-95.

128 이상웅, 『박형룡 신학과 개혁신학 탐구』, 38-39. 죽산은 1928년 5월 10일에 벽동군수 박기호의 딸 박순도와 결혼을 하기도 한다. 슬하에 신학자가 될 박아론 박사와 박모세 두 아들이 태어났고, 건강이 좋지 못했던 박모세는 이미 소천했다.

양에서 박사 논문을 완성하여 남침례교 신학교에 제출하였고,[129] 심사 과정은 제법 시간이 오래 걸렸던 것 같다. 남침례교 신학교 도서관에서 제출되어 보관 중인 당시 타이핑 본 뒷부분 내지에 보면 연필 글씨로 "Approved Nov. 24.1932"라고 학교 측(교수이든 직원이든)에서 쓴 글씨가 보인다.[130] 그렇게 긴 시간을 소요한 후에 죽산이 학교로부터 철학 박사 학위를 공식적으로 받게 된 것은 1933년 1월 말이 되어서이다.「신학지남」소식란에 이 소식을 전하면서 다음과 같은 인물평을 전해 주기도 한다. 청년 학자 박형룡의 인상을 선명하게 전하고 있기에 인용해 보겠다.

> 선생은 소장 학자로 일반 학생과 교수 간에 다대한 신임(信任)을 받고 있는바 소시부터 두뇌가 명석(明晰)하고 변론에 장(長)하여 일반의 촉망이 많았으며 천성이 온후하고 침착하여 일견에 학자의 풍이 있고 또 겸손 과언(寡言)하여 종교가적 인격미가 타인으로 하여금 존경을 불(拂)케 한다.[131]

죽산은 1931년에 전임 교수로 취임하여 1938년 신사 참배를 거부하며 자진 휴교에 들어갈 때까지 평양장로회신학교에서 변증학, 현대신학, 기독교윤리 등의 과목을 가르쳤고,「신학지남」에 약 60편에 달하는 글들을 기고했다. 1934–1935년 장로교회 내에 일어난 여러 가지 신학적인 문제들에 대해서는 정통 개혁주의 입장을 대변하는 역할도 하게 된다. 특히 죽산은 연구에 몰두하여 1935년에는 847쪽에 달하는『기독교 근대신학 난제 선평』이라는 대작을 출간하여 한국 목회자들뿐만 아니라 서양 선교사들도 놀라게 만들었다.[132] 총 847면에 달하는 이 저서의 출간은 장로교 선교 희년에 나온 신학적

129 Hyung Nong Park, "Anti–Christian Inferences from Natural Science"(Ph. diss., Southern Baptist Theological Seminary, 1933), 서문. 저작 전집. 한동수 역. 필자는 남침례교 신학교 도서관 보관실에 소장된 박형룡 박사가 타이핑 본으로 제출한 원본의 사본을 볼 수 있도록 PDF작업을 해 주셨던 양현표 교수님(총신대학교 신학대학원 실천신학)께 감사를 드린다.

130 Park, "Anti–Christian Inferences from Natural Science", 뒷면 내지.

131 편집부, "신학교 소식",「신학지남」15/1 (1933.03): 69.

132 박형룡,『기독교 근대신학 난제 선평』(평양: 장로회신학교, 1935). 죽산은 1975년에 수정 보완하여 간행한 현대신학비평서 서문에서 "젊은 때 평양장로회신학교에서『신학난제』과목을 맡아

쾌거(快擧)였다고 해도 결코 무리가 아닐 것이라고 사료된다. 사실 선교 50주년이 지나오는 동안 신학 분야에서 이만큼 놀라운 신학적 대작이 출간된 적이 없기 때문이다. 이는 당시 한국 장로교 상황에서는 실로 신학적인 경이(驚異)라고 할 수밖에 없었다. 그래서 마포삼열 선교사는 서문을 통하여 "금일에 허다한 이단이 교수 되며 교회 안에라도 위교리(僞教理)와 반기독 이론을 가르치는 인물들"이 있는 때, "박형룡 박사는 본서로써 교회 일반과 특별히 목사, 선생 제위에게 위대한 봉사를 하시는 것"이라고 격찬을 했다.[133] 죽산은 저자 서문에서 근대 여러 신학 난제들을 연구하고 평가하는 일은 일평생 걸리는 대작업이지만 비전문가인 자신이 그런 일을 하기에는 어림도 없다고 겸손하게 소회를 밝힌 후에, "그러나 필자는 다행히 태서(泰西)의 기독교의 제명사의 이 문제에 관한 기다(幾多)의 저서들을 손에 가지게 되었으므로 이에 그 제서를 섭렵하야, 술이부작(述而不作)의 태도로써 기독교 근대 제신학적 난제를 선발하여 이에 대한 예시와 논평을 시험"해 본 결과를 본서에서 제시한다고 밝힌다.[134] 총 18장으로 된 본서의 목차는 다음과 같았다.

가르치면서 근대 자유주의 신학과 그 연루(連累)인 신사상 여러 갈래가 일으키는 난제들의 약점들을 검토하여 본서를 1935년 가을에 간행했던 것이다"고 자술한 바가 있다(박형룡, 『기독교 현대 신학 난제선평』 [서울: 은성문화사, 1975], 5). 죽산의 제자 정성구는 최근 출간한 저서에서 1930년대의 박형룡은 변증학 뿐만 아니라 여러 성경 과목들(이사야, 예레미야, 룻기, 열왕기상하, 사무엘상하, 사사기, 디모데전후)을 가르쳤으며 등사본을 소장하고 있다고 밝힌 바가 있다(정성구, 『나의 스승 박윤선 박사』[용인: 킹덤북스, 2018], 258). 그러나 이러한 자료들이 평양신학교에서 가르쳐진 것인지 숭실대학교의 성경 과목으로 가르쳤던 것인지 확인이 필요하다고 본다.

133 마포삼열, "序文", in 박형룡, 『기독교 근대신학 난제 선평: 학파 편』, 1-2.

134 박형룡, 『기독교 근대신학 난제 선평: 학파편』, 2.

第七章 宗教心理神學 = 362,

第八章 社會的福音神學 = 401,

第九章 高等批評 = 426,

第十章 進化論 = 530,

第十一章 맑스主義宗教論 = 621,

第十二章 反有神諸論 = 651,

第十三章 有限神論 = 678,

第十四章 神秘主義 = 693,

第十五章 게노시스基督論 = 750,

第十六章 神秘的贖罪論 = 774,

十七章 無教會主義 = 792,

第十八章 朝鮮教會異思想 = 814.[135]

목차에서 확인할 수 있듯이 죽산은 정통 신학이 무엇인가를 다루고, 자유주의의 특징들을 개관했고, 슐라이어마허로부터 시작된 19세기 자유주의 신학의 다양한 면모들을 분석하고 비판했고, 나아가서는 당시 한국 교회 내에 제기된 몇몇 문제들을 비판해 주었다. 심지어는 아직 영미권에서도 겨우 알려지고 토론되기 시작했던 칼 바르트(Karl Barth, 1886–1968)의 "위기신학(危機神學)"에 대해 한 장을 할애해서 검토하고 비판해 주었다는 점이다.[136] 죽산은 몇 권의 영어 입문서들과 일본 신학자(桑田秀延)의 저술뿐 아니라 1928년에 영역 출간된 바르트의 첫 신학 문집인『하나님의 말씀과 인간의 말』(*The Word of God and the Word of Man*) 등을 참고해서 초기 바르트 신학을 분석하고 비판한다. 그리고 초기 죽산의 바르트 신학에 대한 평가의 결론은 다음과 같다.

그러나 불행히도 빨트주의는 손에 양도(좌우에 날선)의 검을 잡고 전장에 임한 자

135 박형룡,『기독교 근대신학 난제 선평: 학파편』, 목차. 1935년 죽산은 Schleiermacher를 슐나이어막허로, Ritschl을 릿츨로, 그리고 Keonosis 기독론을 게노시스 기독론으로 표기했다.

136 박형룡,『기독교 근대신학 난제 선평: 학파편』, 238–295.

이다. 일방에 현대주의를 공격하기에 맹렬하지마는 동시에 정통주의를 박해하기에도 무자비하며 칼빈주의 개혁 신앙으로 자처하지마는 위명(僞名)뿐인 것을 우에 충분히 지적하였다. 정통 신자는 모름즉이 자중하야 경솔히 그 회색기치 아래로 몰려가는 우거(愚擧)없기를 바란다.[137]

죽산 박형룡은『기독교 근대신학 난제 선평: 학파 편』출간을 통해 한국 장로교회의 지로적인 신학자로 부각되고 자리매김하게 되었다고 평가해도 무리가 없을 것이다. 책이 출간된 후 약 10여 년의 국가적, 신학적 혼란기 동안 보수적인 목회자들과 신학도들은 죽산의 근대신학 비평서를 탐독하면서, 박형룡 박사야말로 김재준 등의 신정통주의 사조에 맞서 순수 정통 개혁신학을 대변하고 변증할 수 있는 학문적 전사라고 인식하게 되었다. 이는 그 시절의 제자였던 정규오 목사나 신복윤 교수의 회고글들에서 충분히 파악할 수 있기도 하다.[138] 신복윤은 "김재준 교수의 현대주의 신학 사상과 성경의 고등비평을 거부한다고 당돌히 호소할 수 있었던 계기를 마련해 준 것"도 죽산의 저술 때문이었다고 적시해 준다.[139] 한편 죽산은 1975년에 이르러 그간에 변화된 신학 사조들을 고찰하여『기독교 현대신학 난제 선평』이라는 개정증보판을 출간하기에 이른다.[140] 1935년과 1975년간에는 시대사조가 많이 변천했기 때문에, 이러한 개정 작업은 당연히 필요하였다. 그리고 죽산의 신학

137 박형룡,『기독교 근대신학 난제 선평: 학파편』, 295. 죽산의 제자인 정암 박윤선은「신학지남」1937년 7월호에 "칼 빨트의 성경관에 대한 비평"과 9월호에 "칼 빨트의 계시관에 대한 비평"이라는 글을 기고하였는데, 정암은 아마도 한국인 최초로 칼 바르트의 *Der Römerbrief* (Müchen: Chr. Kaiser, 1922) 원서를 참고하고 비판하였다고 사료된다. Cf. 김영한, "박윤선 신학과 현대신학: 박윤선의 바르트 비판", in『박윤선 신학과 한국 신학』(서울: 기독교학술원, 1993), 100-127.

138 정규오 목사와 신복윤 교수의 회고 글들은 박용규 편,『죽산 박형룡 박사의 생애와 사상』(서울: 총신대학교출판부, 1996) 등에서 확인할 수 있다.

139 신복윤, "기독교 현대신학 난제 선평",「신학지남」43/2 (1976), 116-119. 신복윤은 다른 저술에서도 스승에 대해 다음과 같이 평가한다: "박형룡 박사는 1930년 평양신학교의 교수로 부임한 이래 1978년 10월 25일 소천할 때까지, 48년 동안 성경의 바른 진리에 대한 파수군의 사명을 충성스럽게 수행한 위대한 신앙인이요 인격자요 신학자요 또한 설교자였다."(신복윤,『개혁주의 신학의 특성들』[수원: 합신대학원출판부, 2007], 287). 남송의 죽산 평가에 대해서는 이상웅, "남송 신복윤(1926-2016)의 종말론",「성경과 신학」91 (2019.10): 173-174를 보라.

140 박형룡,『기독교 현대신학 난제 선평』(서울:은성문화사, 1975). 현대신학 비평은 최종적으로는『박형룡 박사 저작 전집』VIII, IX으로 분책 간행되었다.

에 대하여 관심 있는 학도들에게는 두 판본 사이의 공통점과 개정 증보된 것이 무엇인지를 논구해 보는 것도 의미 있는 작업이 될 것이라고 생각한다.

한국 장로교 선교 희년(1934년)을 맞이하여 한국인 신학자가 지로적인 역할을 맡게 된 것을 공인받게 되지만, 죽산의 평양신학교 재직 기간은 불과 8년에 그치게 된다. 전도유망했던 박형룡의 공적 이력에는 신사 참배 강요라는 일제의 무서운 시련의 바람이 불어닥쳤기 때문이다. 1938년 평양장로회신학교는 신사 참배 거부하기로 하고 무기 휴교에 들어가고, 일경의 강요와 감시하에 조선예수교장로회 총회는 신사 참배는 국민의례이므로 참여해야 한다고 결정을 해 버리게 된다. 이러한 대환난의 시기에 죽산이 취할 수 있는 선택이 무엇이었을까? 대다수의 한국 목회자들처럼 순응의 길을 택하여 환난이 환난이 아닌 것처럼 지나간다는 것은 죽산이 도무지 상상할 수 없는 대안이었다. 죽산은 1938년 신사 참배를 반대하면서 학교가 무기 휴교에 들어가게 됨에 따라 일본 동경으로 가게 된다. 죽산의 기고는 「신학지남」이 폐간되는 1940년 9월호까지 계속되었다.[141]

(2) 레이놀즈의 후임자 구례인 선교사

레이놀즈가 1937년 1학기 강의를 끝으로 평양장로회신학교 교수직과 한국 선교사직을 정년 퇴임하고 미국으로 떠난 후에, 그의 후임자가 되어 조직신학 교수로 취임한 사람은 남장로교 선교사였던 구례인 선교사였다. 이제 우리는 레이놀즈와 연속성 내지 발전적 계승의 차원에서 구례인에 대해 간략하게 살펴보기로 하겠다.

---

141 「신학지남」 22/5 (1940.9): 509면에는 사고(社告)라는 제하에 애독자 각위를 대상으로 다음과 같은 공지가 실려 있다: “독자 여러분께 깊이 사과하나이다! 기간의 심심한 애호를 받어오던 중 금번 용지(用紙) 관계로 부득이 본지를 본호한 폐간(廢刊)하게 되오니 심심 조(照)하심을 천만 앙망하나이다.” 죽산이 동경에 체류하는 동안 기고한 글들은 다음과 같다: “신경소론”, 「신학지남」 20(4), 1938.7, 13–20; “신경소론”, 「신학지남」 20(5), 1938.9, 10–17; “신경소론”, 「신학지남」 20(6), 1938.11, 8–13; “바울의 회심”, 「신학지남」 21(1), 1939.1, 18–23; “인성의 요구와 기독교”, 「신학지남」 21(2), 1939.3, 9–13; “신의 자비와 자연고통”, 「신학지남」 21(6), 1939.11, 9–12; “신 관념의 유래”, 「신학지남」 22(1), 1940.1, 15–18; “신의 변증적 요소”, 「신학지남」 22(2), 1940.3, 12–15; “기독교윤리에 의한 변증”, 「신학지남」 22(3), 1940.5, 9–12; “양심에 의한 유신론증”, 「신학지남」 22(4), 1940.7, 11–14; “칼빈주의와 신칼빈주의”, 「신학지남」 22(5), 1940.9, 10–12.

1) 구례인 선교사의 약전과 선교 사역[142]

구례인 선교사의 생애와 이력을 살펴보면, 여러 가지 측면에서 선임자였던 레이놀즈와 공유하는 바를 가진다. 그는 1888년 2월 25일에 미국 미시시피주의 야주(Yazzo)시에서 출생했으며, 콜로라도 대학(1909)과 버지니아 리치먼드 소재 유니온 신학교를 졸업(B.D. 1913, D.D. 1927)하고 나서 바로 목사 안수를 받은 후에 한국 선교사로 부임했다.[143] 그는 전남 순천에서 매산학교 교장으로(1914–1916, 1921)로 사역했고, 이어서 오랫동안 전라남도 지역에서 순회 전도자로 사역하고(1916–1937), 1923년부터는 평양장로회신학교 강사를 지내기도 했다.[144]

그러다가 그가 평양장로회신학교 조직신학 교수로 취임하게 된 것은 1937년 가을이다. 선임자 레이놀즈가 31년간 (1906–1937) 가르치고 정년 퇴임한 후에, 동일하게 남장로교 선교사였던 구례인에게 후임의 자리가 주어진 것이다. 죽산 박형룡은 1931년 봄부터 조직신학 분과 중 변증학과 현대신학 교수로 이미 재직하고 있었다. 구례인은 취임하여 1년간을 가르친 후인 1938

142 구례인 선교사의 생애와 선교에 대해서는 James B. Lloyd, *Lives of Mississippi Authors* 1817-1967 (Jackson, MS : Press of Mississippi, 1981), 107. 편집부, "구례인 교수를 환영함", 「신학지남」 20/1 (1937): 74– 75; 임춘복, 『크레인 가족의 한국 선교』 (서울: 한국 장로교출판사, 1999); 이재근, "남장로교 선교사 존 크레인(John C. Crane)의 유산: 전도자 · 교육자 · 신학자", 「한국기독교와 역사」 45 (2016): 121– 156 등을 보라. 이 가운데 임춘복은 구례인이 남산장로회신학교에서 가르칠 때 직접 배운 제자로서 구례인에 대한 일화집 성격의 소책자를 출간했다.

143 스위처는 구례인이 재학한 시기를 포함하는 1898–1926년 어간을 "교리에 있어 보수주의, 방법들에 있어 진보적임"(Conservatism in Doctrine, Progressiveness in Methods)이라고 성격을 규명해서 다룬다(Sweetser Jr, *A Copious Fountain: A History of Union Presbyterian Seminary,* 1812-2012, 210–268. 신학교 역사상 등록 인원이 100명을 넘어가고, 연 예산이 100만 달러를 넘어선 때가 구례인 재학 시기인 1911년이라고 밝히기도 한다. 하지만 레이놀즈와 관련해서도 지적했지만, 스위처의 방대한 역사서에는 레이놀즈나 크레인(구례인)의 이름은 찾아볼 수 없다.

144 Lloyd, *Lives of Mississippi Authors* 1817-1967, 107; 순회전도자로서 구례인의 역할에 대해서는 신호철, "교육과 의료 선교에 몸 바친 크레인(Crane) 3남매 가문"(http://yanghwajin.co.kr/zboard/view.php?id=forum&page=12&sn1=&divpage=1&sn=off&ss=on&sc=on&select_arrange=hit&desc=desc&no=252. 2016년 2월 5일 접속)을 보라. 구례인 3남매와 후일 그의 자녀들이 한국 선교사로 사역했는데, "누나 재닛 크레인(Janet Crane, 구자례, 1885~1979), 남동생 폴 새킷 크레인(Paul Sackett Crane, 1889~1919)이 같은 시기에 호남에서 선교 활동에 종사했다. 누나 재닛이 일평생 독신으로 살았던 데다, 동생 폴은 선교지에 온 지 3년 만에 사망하는 바람에 자손이 많지는 않았지만, 존이 아내 플로렌스 헤들스턴 크레인(Florence Hedleston Crane, 1888~1966)과의 사이에서 낳은 다섯 자녀 중 장년이 될 때까지 살아남은 셋은 장성하여 선교사와 목사 부인이 되었다"(이재근, "남장로교 선교사 존 크레인 [John C. Crane]의 유산", 123–125).

년 여름 안식년을 맞아 팔레스타인을 거쳐 미국으로 돌아간다. 그는 안식년 후 돌아와 평양에서 조직신학을 가르치겠다는 생각을 가지고 안식년을 떠났지만, 일제의 신사 참배 강요에 맞서 신학교는 무기한 휴교 상태로 들어가게 됨에 따라 그의 평양장로회신학교 조직신학 교수직은 1년으로 중단되고 만다. 1940년 일본 당국이 내린 선교사 본국 강제 송환 정책에 따라 구례인은 본국으로 돌아가게 되었고, 그는 미시시피주 파스카굴라에서 목회를 하게 된다. 그러나 한국 선교에 대한 열정을 잊지 않고 있었던 그는 1946년에 다시금 한국 땅으로 돌아와 남한에서 선교 사역을 속개하게 된다. 그러나 건강 이상으로 다시 귀국을 해야 했기에 남산장로회신학교 복교에는 동참하지 못했다. 그러다가 마지막으로 그에게 한국에서 조직신학을 가르칠 수 있는 기회가 주어진 것은 1954–1956년 어간이다. 당시 장로회총회신학교 교장이던 박형룡 박사가 미북장로교 선교부 후원으로 해외 신학교 순방에 나섰던 때여서,[145] 구례인은 그를 대신하여 남산에 와서 조직신학을 가르치게 된다.[146]

구례인 선교사

	레이놀즈 선교사	구례인 선교사
출생	1867. 버지니아 노퍽	1888 미시시피 야주
대학	1887 햄든 시드니 칼리지	1909 콜로라도 대학
신학교	1892 유니온 신학교	1913 유니온 신학교
선교 현장사역	1892–1922 전라도, 서울 등	1914–1937 전라도

145 박형룡 박사의 해외 신학교 순방 기간은 1954년 10월 12일부터 1955년 4월 16일까지였고, 미국과 유럽의 여러 신학교와 대학 신학부들을 방문했다. 또한 반틸, 머리, 벌코프, 베르까우어, 아놀드 판 룰러, 칼 바르트 등과 같은 저명한 신학자들과 만나 대담하기도 했다. 그의 순방에 대한 자세하고 흥미로운 기록은 단행본으로 출간되어 있다(박형룡, 『박형룡 박사 저작 전집 XVII– 세계견문록』[서울: 기독교교육연구원, 1988]).

146 Lloyd, *Lives of Mississippi Authors* 1817-1967, 107. 100년사편찬위원회, 『총신대학교백년사 2권: 학술 편, 자료 편』, 371에 의하면 구례인 선교사는 1955년 4월–1956년 3월까지 재직한 것으로 기록되어 있다.

신학교 교수	1906–1937	1923–1938, 1954–1956
소천	1951 버지니아 몬트리트	1964 미시시피

레이놀즈 선교사와 구례인 선교사 비교

2) 첫 조직신학 전집을 완성하고 출간하다

구례인 선교사가 레이놀즈를 이어 평양장로회신학교 조직신학 교수로 취임할 때 그의 나이는 이미 49세나 되었다. 그럼에도 불구하고 그는 선임자 레이놀즈의 기대와 달리 조직신학 교과서 집필에 왕성한 의욕을 가지고 있었다. 신학교 교수로 보낸 첫 해이자 마지막 해를 보낸 후인 1938년 5월에 쓴 개인 선교 보고(Personal Report)를 보면 선임자 레이놀즈와 그가 남긴 교재에 관련하여 회상해 주는 대목이 나온다.

> 그 여름은 신학교에서 신학을 가르치는 막중한 책임과 레이놀즈 박사의 사려 깊음과 노력을 준비하는 데 사용되었습니다. 잊혀졌지만 깊은 감사를 드립니다. 전체 교과서는 문자 그대로 영어와 유형으로 다시 번역되었으며 텍스트 자체의 여백 주석은 추상적이고 특이한 중국어 용어의 의미를 제공합니다. 이 이런 '참고 자료들'(ponies, 외국어로 된 원문을 직역해 놓은 참고용 도서를 의미하는 미국식 표현)[147]과 그의 잘 갖추어진 비서의 추가적인 도움 덕분에, 신입 교수, 특히 외국인은 성령과 학생들의 인내에 따라 날마다 "살아갔습니다." 참으로 시련이 되십시오! 레이놀즈 박사님의 높은 표준은 더 높은 유형의 작업에 대한 끊임없는 충동을 제공하며 주제의 천상성은 주인이 그러한 중요한 서비스를 위해 선택하는 약한 그릇에 경외심을 유지합니다. 레이놀즈 사모님은 우리가 도착했을 때 모든 꽃이 왕실의 환영을 받을 수 있도록 집과 땅을 맞추는 데 똑같이 사려 깊었습니다! 모든 방은 그들을 생각나게 합니다 – 그리고 공동체에서의 그들의 모범은 오직

147 "이런 '참고 자료들'(ponies, 외국어로 된 원문을 직역해 놓은 참고용 도서를 의미하는 미국식 표현)" 부분은 이재근 교수의 번역을 빌려 왔다(이재근, "남장로교 선교사 존 크레인 [John C. Crane]의 유산", 141).

한 사람의 결점과 다음과 같이 말씀하신 그분에 대한 의존을 강조합니다: "내가 너를 누구에게 보내든지 너는 가며 내가 네게 무엇을 명하든지 너는 말할 것이니라. 말하라."[148]

일제 정책에 따른 선교사 강제 귀환 후 목회 등의 변화가 생애 가운데 일어났음에도 불구하고 구례인 선교사는『조직신학』교과서 집필의 의욕을 버리지 않았다.[149] 십 년이 넘는 긴 시간을 투자하여 1953년에 이르러『조직신학』(Systematic Theology, 전 3권)을 완성하기에 이른다.[150] 이 저술은 평신과 총신의 역사 가운데 조직신학 교수가 저술한 최초의 조직신학 교본이라고 하는 데 의의가 깊다.[151] 구례인의 저술은 한국 장로교 선교 70주년에 이르러서야 간행된 최초의 조직신학 교본이었으나, 구례인의 신학교 교수직은 1937–

148 John C. Crane, "Personal Report of J. C. Crane and Mrs. Cran, May 2, 1938", in *Personal Reports of the Southern Missionaries in Korea,* 19 vols. (Seoul : Archives for Korean Church History Studies, 1993), 5권에 수록되어 있으나 페이지 매김은 없는 자료집임). 타이핑된 원문은 다음과 같다: "The summer was spent in preparation for the tremendous responsibility of teaching Theology in the Seminary, and the thoughtfulness and hard work on the part of Dr. Reynolds, putting his work within reach of one who can only limp behind him, linguistically, can never be forgotten, but is deeply appreciated. An entire textbook had been retranslated literally into English and types, with marginal notes in the text itself giving meanings of abstract and unusually Chinese terms. Thanks to these "ponies" and the additional aid of his well–equipped Secretary, one has "gotten by" day by day, depending upon the Holy Spirit and the patience of the students, to whom a new professor, especially a foreigner, must be a trial indeed! Dr. Reynolds' high standard gives the constant urge to a higher type of work, and the heavenliness of the subject keeps on in awe at the weak vessels the Master chooses for such vital service. Mrs. Reynolds was equally thoughtful in fitting the home and grounds, so that every flower was blooming a royal welcome when we arrived! Every room reminds of them – and their example in the community only emphasizes one's shortcomings, and dependence upon Him who said: 'Say not, I am a child, for to whomsoever I shall send thee thou shalt go, and whatsoever I shall command thee thou shalt speak.'"

149 이재근, "남장로교 선교사 존 크레인 [John C. Crane]의 유산", 141–143.

150 John C. Crane, *Systematic Theology: A Compilation from the Works of R. L. Dabney, R. A. Webb, Louis Berkhof and Many Modern Theologians,* 3 vols. (Gulfport: Specialized Printing; Limited English edition, 1953). 사적으로 출간된 이 교본은 미국에서는 여러 차례 출간이 된 것 같다. 논자가 소장하고 활용하는 것은 남장로교 신학자 Morton H. Smith가 소장하고 있던 것으로 2, 3권은 1963년 간행된 것으로 되어 있다. 한역본은 김규당 역으로『조직신학(상), (하)』(서울: 대한예수교장로회총회 종교교육부, 1954–1955)로 간행되었다. 영어 원서 내지에 보면 그의 이름 아래에는 "Former Professor of Systematic Theology, Presbyterian Theological Seminary, Pyeng Yang, Korea"라고 표기 되어 있다.

151 김은수, "한국 장로교의 "조직신학" 교육과 연구 역사(1901–1980)에 대한 고찰: 평양신학교와 장로교 주요 교단 신학대학원(고신/장신/총신/한신)을 중심으로",「성경과신학」74 (2015): 108–110. 그리고 박형룡의『교의신학』(전 7권) 전집은 1964–1973년에 완간된다.

1938 어간의 1년으로 제한되고 말았기 때문에 제대로 평가를 받지 못했다는 아쉬움을 남겼다. 간하배는 구례인의 『조직신학』이 1950년대에야 출간되었지만, "초기 평양 신학을 대표"하고 있다고 평가하고 있듯이, 우리가 평양장로회신학교의 신학 전통을 이해하는 일에 있어서 구례인의 신학에 대한 합당한 평가도 절실하게 필요하다고 사료된다.[152]

『조직신학』 서문을 보면 본서의 출간 배경, 역자들, 활용 자료에 대한 구례인의 비교적 소상한 이야기가 담겨 있다. 우선 저작 배경으로는 1937년 평양신학교 조직신학 교수가 되었을 때 당시 교장이던 라부열(Stacy L. Roberts, 1881– 1946) 선교사가 "그 신학교에서 교과서로 사용할 내용 충실한 조직신학"을 간행하자고 한 데서 비롯되었다고 말한다.[153] 하지만 앞서 말한 대로 신사 참배 반대로 평신이 문을 닫고, 구례인은 본토로 귀환할 수밖에 없었기 때문에 그 뜻한 바를 이룰 수 없었다. 그럼에도 불구하고 미래가 불투명한 상황 속에서도 구례인은 미국에서 목회하는 동안에도 조직신학 교과서 집필에 대한 집념을 포기하지 아니하고 여러 신학교에서 현대 신학을 배우고 익히는가 하면,[154] 자신이 속한 남장로교의 로버트 댑니, 웹, 윌리엄 쉐드, 구

---

152 Harvie M. Conn. "Studies in the Theology of the Korean Presbyterian Church: A Historical Outline", *Westminster Theological Journal* 29/1(1966 November.): 24–57중 구례인에 대해 평가하는 부분은 44–46에 있다. 간하배는 구례인이 현대신학에 대해 비평적인 관점을 가지고 있는데, 때로는 그 평가가 부정확하다고 아쉬움을 표현한다. 김광열, "총신에서의 '조직신학' 논의 : 회고와 전망 I", 「신학지남」 317 (2013): 68–74; 김광열, "개혁주의 종말론의 목회적 적용", 「總神大論叢」 34 (2014): 89–92. "레이놀즈의 뒤를 이어 존 크레인(John C. Crane, 구례인)은 1953년 출간된 강의 교재 '조직신학'(Systematic Theology)을 통하여 칼빈주의 신학의 진수를 선보이고 있다"라는 전준봉의 평가는 합당한 평가이다(전준봉, "한국 장로교 신학교의 신학과 교육: 평양신학교를 중심으로" 「개혁논총」 29 [2014]: 236).

153 Crane, *Systematic Theology*, 1:vii. "At that time, graduates from the colleges were making their appearance in the student body, and evidence of their interest in modern theo logical thought made it imperative that an adequate statement of the Reformed position in the light of modern trends be provided." 레이놀즈의 판단과 달리 구례인이 감지한 당시 평양장로회신학교 재학생의 수준은 현대신학에 대한 강의가 필요할 만큼 높아져 있었다. 구례인은 그 점을 감안해서 이제 제대로 된 조직신학 교과서를 집필해야 한다는 라부열 교장의 말에 깊이 공감했을 것이다.

154 구례인은 1953.2.25.일자로 미시시피 길포드에서 쓴 서문에서 다음과 같이 소상하게 자신이 기울인 노력에 대해 적고 있다: "In order to better prepare for this undertaking, the writer spent a year in Princeton, studying, primarily, under Professors Emil Brunner, Otto Piper, John E. Kuizenga, W. T. Stace (Epistemology), and others. A visit to the class rooms of Paul Tillich, James Moffatt, and others in Union Theological Seminary, New York, plus several Theologi – cal Journals, added to the above, gave a wide range of bibliography of present day thinkers which has been exploited. Moreover, a summer was spent in Palestine in the study of Archaeology

프린스턴의 두 거장 찰스 하지와 워필드, 루이스 벌코프의 저술들을 토대로 교과서를 편찬하는 일을 계속했다. 1946년에 다시 내한한 후에도 이 작업은 계속되었고, 장로회총회신학교 교장이었던 박형룡 박사도 이 책의 출간을 요청하였다고 한다.[155]

이제 구례인의 『조직신학』의 구성을 살펴보도록 하겠다. 영어로는 A4 사이즈보다 조금 작은 종이 1,100여 쪽의 분량인데, 총 3권으로 구성했지만, 한국어 번역은 상하로 나누어 번역했다.[156] 먼저 『조직신학(상)』을 보면, 총 3편으로 구성되어 있다. 제1편 총론에서는 신학 서론에 해당하는 신학, 종교, 영혼의 존재와 불멸, 인식론, 자유와 의지, 종교에 있어 이성의 책임과 범위, 계시 등의 주제를 다루고, 제2편에서는 신론을 개진하는데, 하나님의 존재, 속성, 전할 수 있는 속성, 도덕적 속성, 삼위일체, 그리스도의 신성, 성령, 예정과 유기, 창조, 섭리, 천사 등에 대해 다룬다. 그리고 제3편에서는 인간론이라는 제하에 인간, 죄, 율법 등의 주제를 다룬다.

그리고 구례인의 『조직신학(하)』에는 4-7편이 수록되어 있다. 제4편 구원론(1)에서는 기독론(교리)을 다루는데, 그리스도의 위격, 3중직, 대속 등을 다루고, 제5편 구원론(2) 기독론(경험)에서는 구원 서정을 다룬다. 그가 말하는 서정은 부르심, 중생, 전환(회심), 믿음, 연합, 칭의, 회개, 양자 삼으심, 성화, 성도의 궁극 구원 등으로 다소 논의 순서가 산만한 느낌을 준다. 이어지는 제6편은 제1부 교회론과 제2부 말세론으로 나누어지는데, 교회론에서는 교회, 교회와 국가의 관계, 은혜의 방편들(세례, 성찬, 기도)을 다루고, 말세론에서는 사후 영혼의 상태, 그리스도의 재림, 일반 부활, 일반 심판과 장래 생활

---

under the Ameri can School of Oriental Research, contacting such scholars as Sir Flinders Petrie, Nelson Gleuck, Prof. Johns of the Palestine Exploration Fund, and others. To all who assisted in this study he is under a deep obligation.including, especially Dr. John A. Mackay, President of Prince ton Theological Seminary and his co-workers."(Crane, *Systematic Theology,* 1:vii).

155 Crane, 『조직신학 (상)』, 저자 서문(페이지 매김이 없음). 박형룡은 제4계명인 안식일 계명을 해설하면서 구례인의 『조직신학 (상)』, 754-779를 명시적으로 활용한다(박형룡, 『인죄론』 [서울: 은성문화사, 1968], 322-323).

156 Crane, 『조직신학(상), (하)』의 분량은 1,755쪽이다.

등을 다룬다.[157]

이로써 한국 장로교회 역사상 처음으로 서론에서 종말론에 이르는 7로치(loci)의 내용을 모두 담은 포괄적인 조직신학 교과서가 출간되게 된다. 구례인의 교본은 포괄적일 뿐 아니라, 장별 미주를 담은 학문적 형태를 갖추었고, 부록으로 여러 색인들이 부가되기도 했다. 그의 조직신학은 평양장로회신학교 신학 사상과 연속성을 가지고 있으면서도, 개혁주의 신앙과 신학이라는 색채를 분명하게 드러낸 점에서는 구별된다. 물론 때늦은 출간으로 인해 광범위하게 교재로 사용되지 못한 점은 아쉽다고 여겨지며, 한국 신학자에 의한 좀 더 포괄적이고 심오한 조직신학 교과서 집필은 죽산 박형룡의 손에서 7권의 전집(1964–1973)으로 완간되게 된다.

레이놀즈의 문서 사역

앞서 살펴본 것과 같이 45년의 선교 사역 기간 동안 레이놀즈 선교사는 전라도 지역 개척과 목회, 성경 번역 사역, 노회와 총회 사역 등에 평양장로회신학교 사역까지 공사다망할 수밖에 없었다. 그런 와중에 그는 다양한 글들을 「신학지남」에 기고하기도 했고, 『성경사전』 번역 작업도 수행했다.[158]

(1) 「신학지남」 기고문들

레이놀즈는 1918년 「신학지남」 창간호에 "신앙과 경험"이라는 글을 기고한 후에, 1937년 7월호(19권 4호)에 고별 설교인 "나를 기념하라"는 글에 이르기까지 19년 동안 다양한 논설들, 설교문, 교재, 사설들을 기고했다.[159] 총 72

157 구례인 선교사의 종말론과 천년기론에 대해서는 이상웅, "죽산 박형룡과 구례인의 천년기론에 대한 연구", 「개혁논총」 38 (2016): 171–207; "구례인(John C. Crane, 1888–1964) 선교사의 종말론 연구", 「개혁논총」 55 (2021): 41–72 등을 보라. 두 논문은 이상웅, 『한국 장로교회의 종말론』 (서울: 솔로몬, 2022), 102–187에 수정 보완하여 재수록되어 있다.

158 J. W. Mahood, *The Art of Soulwinning*, 이눌서, 이승두 공역, 『개인 전도』 (경성: 조선예수교서회, 1918)은 한 해 동안 2천 부나 판매될 정도로 인기를 누렸다고 한다(100년사 편찬위원회, 『전주서문교회 100년사』, 180).

159 김인수, "레널즈(W. D. Reynolds)가 한국 장로교 선교 상황의 발전과 변화에 끼친 영향 연구",

편의 기고문들 가운데 약 1/3가량은 번역문들이고, 다른 글들도 오늘날의 논문 형태는 아니다. 당시 선교지에 적합한 주제들을 교육적인 차원에서 소개하는 글들을 주로 써서 기고했다고 평가할 수 있다. 레이놀즈의「신학지남」기고문들을 고찰한 조용호에 의하면, 레이놀즈는 "신학적인 측면에서 독창적이고 선구적인 신학자"가 아니었으며 "어떤 큰 굴절 없이 한국인들이 이해하기 쉬운 언어로 번역하여 미국 기독교의 신학을 소개"하는 역할을 했다고 평가한다.[160] 특히 레이놀즈가 1922년에 기고했던 "신앙의 원리"는 나이아가라 콘퍼런스의 신조를 번역한 것으로, 세대주의이냐 아니냐에 대한 논쟁의 소재가 되기도 했다.[161]

그가 관심을 보인 주제들을 확인하기 위해서 연대순으로 기고문의 제목을 제시해 보겠다.[162]

제1권 1호 (1918. 3)	"神學辨證論 信仰과 經驗" –메코믹 신학 교수 윗샷 박사의 강의문 번역
제3권 1호 (1920. 4)	"神學辨證論 세세토록 常存하는 말솜"
제3권 2호 (1920. 7)	"神學辨證論 異蹟과 信仰"
제3권 4호 (1921. 1)	"神學辨證論 三位一體論"
제4권 1호 (1921. 10)	"장로교인의 밋는 것" – 미국 마틴델 목사의 글을 역술한 것임
제4권 2호 (1922. 1)	"信仰의 原理– 나이가라 査經會에서 作定한 信仰의 條目" 제4권 3호 (1922. 5) "神學辨證論 天使教理" 신학변증론 연속 강의

164–168에 레이놀즈의 기고문 목록이 제시되어 있는데, 총 72편에 달한다.

160 조용호, "미 남장로교 선교사 윌리엄 D. 레이놀즈의 생애와 신학 연구", 108. 또한 108–139에 개진된 레이놀즈의 성경관, 종말론, 성령론, 교회론에 대한 분석과 평가를 보라.

161 레이놀즈, "신앙의 원리",「신학지남」4 (1922.1): 12–13. 레이놀즈의 종말론의 정체성에 대한 논쟁은 이상웅, "평양장로회신학교의 종말론 전통",「한국개혁신학」70 (2021): 227–229를 보라.

162 김인수, "레널즈(W. D. Reynolds)가 한국 장로교 선교 상황의 발전과 변화에 끼친 영향 연구", 164–168.

제4권 4호 (1922. 9) "神學辨證論 乾燥한 땅에 生한 싹"

제7권 2호 (1925. 4) 雜著 "애굽 녯종교"

제8권 1호 (1926. 1) 雜著 "헬라 녯종교"

제8권 2호 (1926. 4) 雜著 "미국 신학교 소식"

제8권 3호 (1926. 7) 사설

제8권 4호 (1926. 10) 사설

제8권 4호 (1926. 10) "신학변증론 동정녀에게 탄생하심"

제9권 1호 (1927. 1) "만국 통공기도에 대한 서신"

제9권 1호 (1927. 1) 雜著 "인도국 브라마 종교"

제9권 1호 (1927. 1) "講道와 牧會學 밋기 젼후 형편"

제9권 2호 (1927. 4) 사설

제9권 2호 (1927. 4) 論說 "성경을 하나님의 무오한 말씀이라고 하는 자가 누구냐?"– R. A. Torrey의 글 번역

제9권 3호 (1927. 7) 사설

제9권 4호 (1927. 10) 사설

제9권 4호 (1927. 10) "講道와 牧會學 교회의 목적"

제10권 1호 (1928. 1) "페시아 宗教 페르시아 종교 고찰"

제10권 3호 (1928. 5) "贖罪"

제10권 4호 (1928. 6) "主一과 安息日論"

제10권 6호 (1928. 10) "安息日과 主一"

제11권 1호 (1929. 1) "安息日과 主一"

제11권 2호 (1929. 3) "主一學校 工課"

제11권 3호 (1929. 5) "萬國 主一工課 略解"

제11권 4호 (1929. 7) "萬國 主一工課 略解"

제11권 5호 (1929. 9) "萬國 主一工課 略解"

제11권 6호 (1929. 11) "萬國 主一工課 略解"

제12권 3호 (1930. 5) "靈命生活"– 남경 신학 교수 賈玉銘의 글을 번역한 것임

제12권 4호 (1930. 7) "靈命生活"

제12권 5호 (1930. 9) "靈命生活"

제12권 6호 (1930. 11) "靈命生活"

제13권 1호 (1931. 1) "靈命生活"

제13권 2호 (1931. 3) "靈命生活"

제13권 3호 (1931년 5) "靈命生活"

제13권 4호 (1931. 7) "聖經의 流轉" −原著者 미상, 飜譯.

제13권 4호 (1931. 7) "著名한 古經" − 原著者 미상, 飜譯.

제13권 5호 (1931. 9) "靈命生活"

제13권 5호 (1931. 9) "新約의 外傳" 原著者 미상, 飜譯.

제13권 6호 (1931. 11) "舊約의 外傳" 原著者 미상, 飜譯.

제14권 4호 (1932. 7) "良心"

제14권 6호 (1932. 11) "近代神學主義는 背道하는 일"

제15권 1호 (1933. 1) "宣教四十週年을 當한 이눌서 博士"− 편집부의 축하 사설

제15권 1호 (1933. 1) "예수는 個人前導者의 模範"

제15권 1호 (1933. 1) "가서 제자를 삼으라(上)" −미남장로회 외국 전도국 총무 스미스의 권설문

제15권 2호 (1933. 3) "가서 제자를 삼으라(下)"

제15권 3호 (1933. 5) "復興會의 障碍는 무엇?" −미 부흥사 날센의 글

제15권 4호 (1933. 7) "바른 말을 하야 책망할 것이 없게 하라" − M. M. McFerrin의 글

제15권 5호 (1933. 9) "창조론주의자와 진화론주의자가 합의할 수 있나뇨?" − 더들레 죠셉 휫네의 글

제16권 1호 (1934. 1) "完全한 成年創造"− 역문

제16권 4호 (1934. 7) "칼빈 神學과 그 感化"

제16권 5호 (1934. 9) "進化論을 否認하는 諸事實" − Leander S. Keyser의 글

제16권 6호 (1934. 11) "信經의 組織化"

제17권 1호 (1935. 1) "그리스도의 寶血" – Robert Clark의 글

제17권 2호 (1935. 3) "英國웨일즈, 印度, 朝鮮 三處의 復興聯絡"

제17권 3호 (1935. 5) "교회의 病과 그 聖書的 治癒方法"

제17권 6호 (1935. 11) "英語聖書의 四世紀"– 미국 버지니아 리치몬드 제일장로 교회 목사인 W. L. 칼손의 글

제18권 1호 (1936. 1) "舊約에 對한 로마인서의 證言"– 토마스 허톤의 글

제18권 2호 (1936. 2) "聖書의 怨讐" –부라얀의 글

제18권 3호 (1936. 5) "聖書의 怨讐(續)"

제18권 4호 (1936. 7) "偉大한 時間"

제18권 5호 (1936. 9) "偉大한 時間(續)"

제19권 1호 (1937. 1) "偉大한 時間(繼續)"

제19권 1호 (1937. 1) "大學者이며 殉教者인 윌리엄 틴테일 씨의 略史"

제19권 2호 (1937. 3) "偉大한 時間(繼續)"

제19권 2호 (1937. 3) "故 奇一牧師의 偉大한 過去를 追憶함"

제19권 3호 (1937. 5) "예수 復活의 여러 證據"

제19권 4호(1937. 7) "나를 記念하라" – 은퇴 고별 설교[163]

(2)『신도요론』 3부작(1915-1916)

연구자들이 간과해 온 레이놀즈의 주요 저술을 1915-1916년 어간에 출간된 『신도요론』(信道要論) 3부작이다.[164] 「신학지남」 창간호(1918.03) 앞부분 서적 광고란에 보면 레이놀즈의 『인학 공과』 그리고 『구학 공과』에 대한 신학지남 사무장 명의의 전면 소개가 실려 있다.[165]

163 DBpia에 올려진 「신학지남」 디지털 자료 가운데는 레이놀즈의 은퇴 설교인 "나를 기념하라"가 누락되어 있다. 뿐만 아니라 「신학지남」 1–23 (1918–1940), 영인본 (서울: 신학지남사, 1989)에도 누락되어 있다.

164 레이놀즈, 『인학 공과』 (서울: 조선예수교서회, 1915); 『구학 공과』 (서울: 조선예수교서회, 1915); 『신학 공과』 (경성: 조선야소교장로회, 1916).

165 「신학지남」 1/1 (1918.3): 43.

> 신학가(神學家)의 요과(要課)되는 신도요론(信道要論) 중에 인학이라 하는 책을 조선어문에 한숙(嫻熟)한 신학박사 레이놀즈 씨가 우리 신자와 교역제 씨를 위하여 정밀하게 발간하였는데 비단 신학교 과목만 될 뿐 아니라 인류의 본원적 관계와 죄악의 근지(根枝)되는 이유를 알고자 하시는 신도는 구람(購覽)치 아니할 수 없는 서적으로 알고 이에 소개하오니 종로 예수교서회나 본지방 책사(冊肆)로 다수히 청구하셔서 공부하시면 큰 유익을 받을 줄 압니다.

사위루 선교사가 1908년에 중국어로 간행한 『신도요론』

> 신학교의 요과(要課)되는 신도요론(信道要論) 중에 이 구학이라 하는 책은 삼위일체 되신 하나님과 죄로 죽을 인류 간에 중보되시는 구주 예수의 구속 대의와 성부의 예정과 성신의 중생과 인생의 관한 신행(信行)을 논술한 요결(要訣)이 온즉 우리 신자가 구람(購覽)치 아니 할 수 없는 서적으로 알고 이에 소개하오니 종로 예수교서회나 지방 책사(冊肆)로 다수히 청구하셔서 공부하시면 큰 유익을 받을 줄 압니다.

그리고 1926년 4월에 간행된 「신학지남」 8/2 초두의 서적 광고에도 "장로교회 신경을 가르치는 책"이라고 하여 배위량 역의 『신도게요서』와 더불어 레이놀즈의 세 공과를 추천했다. 세 책에 대한 추천사는 다음과 같이 강력했다. "이 세 가지 책은 모든 장로와 목사들이 익히 알아야 될 것이오 이 말씀을 믿는 자라야 장로교회 교역자 자격 있느니라."[166]

166 「신학지남」 8/2 (1926.4): 424.

『신학 공과』를 시작하면서 레이놀즈는 『신도요론』은 총 6편으로 구성된다고 밝히는데, 신학, 인학, 윤리학, 救학, 말세학, 그리고 교회학 등이다.[167] 이러한 구성은 개혁주의 조직신학 분류 방식과 일치되지 않을 뿐 아니라, 레이놀즈 자신은 여섯 권이 아니라 세 권만 출간한 것이다.[168] 그러나 적어도 1931년 무렵까지는 신학교와 교회들에서 광범위하게 사용된 것으로 보인다. 우리는 이어지는 제3부(III)에서 레이놀즈의 세 공과를 차례대로 분석 개관해 볼 것인데, 각 권은 90쪽 이하의 공과 교재 수준의 소책자들이었다. 그럼에도 불구하고 한국 장로교 선교 역사 가운데 최초의 조직신학 교본들이었다고 하는 점에서 그 의의를 가진다.[169]

(3) 가옥명의 『신도학』 번역 감수와 출간(1931)

레이놀즈와 연관된 초기 신학 교재로 유명한 것은 중국 신학자 가옥명(價玉銘)의 『신도학』의 한역본이다. 레이놀즈는 1930–31년 어간에 「신학지남」에 가옥명의 "영명 생활(靈命生活)"을 번역하여 연재한 바가 있고,[170] 1931년에는

---

167 이눌서, 『신학 공과』, 1.

168 『신도요론』이라는 것은 당시 평양장로회신학교에서 많이 읽히던 중국 신학 서적명에서 온 것으로 사료된다. 사위루(謝衛樓, Devello Z. Sheffield, 1841–1913)가 쓴 『신도요론』은 1916년 요람에 의하면 방학 중 열람 과목으로 정해져 있었다(*Catalogue of the Presbyterian Theological Seminary at the Pyeng Yang, Chosen* [Yokohama: Fukuin Printing Co., 1916]. 26–27). 영문 요람에는 Sheffield, Theology, vol. 1, 2, 3으로 표기했지만, 중국어로 출간된 책은 신도요론(『神道要論』 [上海 : 美華書館, 1908])이고, 국내에는 연세대학교 학술문화처 도서관에 소장본이 있고, 디지털화된 텍스트도 제공해 주고 있는데, 한 권 책 속에 총 6권으로 구성되었고 300쪽 미만의 책자이다: 卷1. 神道之階, 卷2. 獨一真主, 卷3. 創世治人, 卷4. 耶穌救世, 卷5. 來世之報, 卷6. 耶穌聖教(https://library.yonsei.ac.kr/ search/detail/ CATTOT000000075254. 2023.9.14.접속).

169 조용호는 자신의 박사 논문에서 『신도요론』 3부작을 간략하게 분석 개관한 후에 "레이놀즈가 한국의 신학생들에게 가르쳤던 신학의 내용은 온건하고 간결한 복음주의 기독교의 기본적인 강령들이었다"라고 평가해 준다(조용호, "미 남장로교 선교사 윌리엄 D. 레이놀즈의 생애와 신학 연구", 148 –154).

170 가옥명, 레이놀즈 역, "영명 생활", 「신학지남」 12/3 (1930.5): 25–29; 12/4 (1930.7): 23–28; 12/5(1930.9): 22–26; 12/6 (1930.11): 15–16; 13/4 (1931.7): 8–12; 13/5 (1931.9): 12–17. 마지막 기고문에 편집실에서 후첨한 글에는 "이 영명 생활은 제 권 제 호부터 계속하야 금호에 종편합니다. 좀 지체한 감이 없지 아니하였으나 전권을 통편(通編)하여 보면 통독하여 보면 본서의 높은 가치를 더 잘 알 수 있습니다. 원저작자 가옥명 씨는 중국인 신학자 중에 학식은 물론 입령(入靈)의 경험이 가장 깊은 도사(道士)입니다. 그리스도 영계의 지식을 표현하는 한문자 용어는 가장 의(宜)를 득하였음을 말할 것도 없고 가 선생이 동방인인만치 영의 경험을 동방인의 정조(情調)로 표현한 점에서 우리 조선인의 심령에는 더욱 많은 동감(同感)을 줍니다. 레이놀즈 박사가 조직신학 교과서를 가선생의 저서로써 충용(充用)하는 이유도 이 점을 많이 고려한 것이라고 생각합니다. 본서를 종편함에 임하여 동방 교계의 명저로써 본서를 추천합니다(편집

『신도학』을 한국인 정재면과 이영태로 번역하게 하고 감수 작업을 한 후에 총 6권으로 출간하였다.[171] 레이놀즈는 감수자 서문에서 가옥명은 A. H. 스트롱, 하지, 프라이스 등의 저술들을 근간으로 해서 본서를 집필했고, 본서가 가지는 신학적 입장은 "복음적이고 분파적이지도 교파적이지도 않다"라고 평가한다.[172] 레이놀즈는 이 역서들을 평양장로회신학교 교재로 사용했을 뿐만 아니라,[173] 자신의 후임자인 구례인에게도 본서를 계속해서 교재로 사용할 것을 강권할 정도였다.[174] 여섯 권이 1931년에 출간된 후에 「신학지남」 13/6(1931.11) 앞부분 광고란 한쪽 전면에 걸쳐 역간 소식이 전해진다.

> 완성된 조직신학 출세
>
> 여러분이 기대하시는 조직신학 전질은 이제 출간되였나이다. 다년간 본 신학교에서 이 교리신학에 대하여 완전한 인쇄물이 없이 필히 그 대요만 등사 사용하던 것을 금번에 조직신학 교수 레이놀즈 박사의 손으로 완벽을 成한 바 6책 1질의 보물이 출세!!![175]

이상에서 우리는 레이놀즈가 한국 선교사로서 활동했고 기여를 했던 제 분야에 대해 개관을 해 보았다. 그의 다채로운 사역과 기여점들을 고려할 때

실)"는 논평이 실려 있다(「신학지남」 13/5 [1931.9]: 17).

171 가옥명, 『조직신학』, 정재면, 이영태 역, 총 6권 (평양: 장로회신학교, 1931). 전체 분량은 600쪽 미만이다.

172 레이놀즈, "Foreword", 가옥명, 『조직신학1– 기독교 험증론』.

173 "선교 40주년을 당한 레이놀즈 박사", 4에 의하면 "1931년 중국 가옥명 원저 신도학을 번역하야 조직신학(6책) 교과서로 사용하게 되다"라고 소개한다. 가옥명과 평양신학교의 관계에 관련해서는 안치범, "가옥명(賈玉銘, Chia Yu Ming)의 신학 사상이 평양신학교에 미친 영향에 관한 연구"(철학 박사, 안양대학교, 2012).

174 1936년 6월 3일 자로 볼링과 코니 레이놀즈에게 보낸 편지에서 레이놀즈는 자신의 후임자(이미 구례인을 예상하고 있었다)를 위하여 가옥명의 교재를 영어로 번역하고 있다고 언급하고 있다("W. D. Reynolds to Bolling and Connie Reynolds, dated June 3 1936", in *PRSMK* 16). 레이놀즈는 영역본까지 만들어 구례인에게 넘겼지만 구례인은 독자적인 교재 집필을 구상하며 선임자의 뜻을 따르지 않는다(이상웅, "구례인 [John C. Crane, 1888–1964] 선교사의 종말론 연구", 「개혁논총」 55 [2021]: 42. 각주4를 보라. 이재근, "호남 기독교의 '7인의 개척자들'(1): 미국 남장로회 윌리엄 레널즈 가문의 한국 선교", 130–131도 보라.

175 「신학지남」 13/6 (1931.11): 532. 통상 매호별 페이지 매김과 1년치 페이지 매김이 병기되는데, 광고의 경우는 1년치 페이지 매김만 제시된다.

레이놀즈는 박용규 교수가 잘 평가한 대로 "여러 가지 면에서 한국 선교 발전에 적지 않은 공헌을 했던 인물"이고, "한국의 신학적인 틀을 세우는 데 결정적인 영향을 미쳤던 인물"이라는 점을 기탄없이 인정할 수 있을 것이다.[176] 또한 유니온 신학교의 애플바이 교수의 다음과 같은 평가는 레이놀즈의 공적 이력을 잘 요약해 주고 있다고 사료된다.

> 지금까지 누구를, 45년간 한국에서 성경적으로 사역하고, 성경을 한국어로 번역하여 한국인의 삶에 감동을 주었던, 1892년도 졸업생 레이놀즈의 공로에 견줄 수 있겠는가? 그는 성서번역위원회의 정회원이었고, 한국의 표준성경사전의 책임편집인이었으며, 대요리문답을 포함한 수많은 작품을 번역한 번역자였고, 한국 장로교 총회장이었으며, 총회 조직 당시 설교를 하고 사회를 보았던 인물이다.[177]

---

176 박용규, 『한국기독교회사 I』, 477–478.

177 박용규, 『한국기독교회사 I』, 478에서 재인용(출처가 없음).

3. 은퇴 후 삶과 자녀들

은퇴 그리고 귀국 후 소천하기까지

(1) 레이놀즈의 은퇴

레이놀즈 부부는 한국에서의 45년간의 다채로운 사역을 마치고 나서, 1937년 6월 17일부로 미국으로 영구 귀국하게 된다. 「신학지남」 19권 4집(1937.7)에는 "조선을 떠나시는 이눌서 교수"라는 글과 레이놀즈의 마지막 기고문인 "나를 기념하라"가 게재되었다.[178]

직접적으로 그의 고별 연설을 접할 수 없어 김인수 박사의 학위 논문에 인용된 주요 부분을 아래에 소개해 본다.[179]

> 고린도전서 11:24–25 양절을 보니 예수께서 떡을 떼어 가라사대 이것은 너희를 위하여 주는 내 몸이니 이것을 행하여 나를 기념하라 하셨고 또 이 잔은 내 피로 세운 새 언약이니 이것을 행하여 마실 때마다 나를 기념하라 하시었다. 그러면 양절에 중요한 바는 나를 기념하라 하심이니, 즉 나를 잊지 말라 하심이다. 사람인 이상 누구를 무론하고 타인에게 잊음을 당하면 멸시나 받지 않았나, 무시나 당하지 않았나 하게 되는 것이 상정(相情)일 것이다. 그와 같이 하나님께서 인간들에게 잊음 당(當)하심을 원치 않으신다.
>
> …… 어찌 어머니가 유아를 잊을 수 있으며 자기 태에서 낳은 아이를 잊을 수 있

---

178 안타깝게도 이 글들은 DBpia에 수록되지 않았을 뿐 아니라, 신학지남 영인본에도 존재하지 않아 접근이 용이치 않다.

179 이눌서, "나를 기념하라", 「신학지남」 19/4(1937. 7): 51–54; 김인수, "레널즈(W. D. Reynolds)가 한국 장로교 선교 상황의 발전과 변화에 끼친 영향 연구", 174–175.

겠는가. 혹 어머니는 자식을 잊는다 한들 하나님께서는 잊지 않으신다. 어느 어머니든지 그가 어떠한 어려운 일에 처하며 어디에 있든지 잊지 않음과 같이 하나님도 그와 같으시다. 그러나 하나님이 잊어버리는 것 하나가 있으니 그것은 곧 인간들의 죄이다. 모든 허물과 죄를 예수의 보혈로 씻은 후에는 생각도 하니 하시고 심판도 아니하신다. 고로 신자에게는 걱정과 근심이 있을 수 없는 것이다. 혹이 부흥회 시마다 죄 속함을 간원(懇願)하나 아직 죄속의 공로를 알지 못함이다. 하나님께서는 죄 속하신 후 다시 생각지도 아니하시고 또한 잊어버리시는 것이다. 오직 새로 죄를 범하면 이는 큰일이니 그럴 때마다 자복하면 죄 속하고 잊으시는 것이다.

… 예수께서 우리에게 금전(金錢)을 많이 주셨느냐. 그는 본래 부(富)하더니 세상에 내려 오사 천하고 빈(貧)한 사람으로 성장하셨다. 요셉과 같이 톱질과 대패질을 하였던 것이다. 그는 모든 것을 내어놓고 자기 보혈(寶血)을 우리에게 주시고 우리를 부(富)하게 하셨으니 어찌 우리가 그를 잊을 수 있겠는가. … 하지만 이 성경책이 누구의 책인가. 이 책에서 예수 빼어 놓으면 아무것도 아니며 무가치한 종이만 될 것뿐이다. 이곳에 영생에 있는 것이다. … 그러면 예수께서 예배당을 세웠느냐. 그러나 '내 반석 위에 세운 교회는 음부의 권세가 이기지 못하리라' 하시지 않았는가. 이 건물은 불후(不朽)의 건물이다. 전 세계에 산재한 예배당을 볼 때마다 예수를 잊을 수가 없는 것이다. … 주일이 무엇인가. 예수의 부활하신 날이 아닌가. 년 일차뿐 아니고 연 52차 근수(謹守)하니 어떻게 예수를 잊을 것인가. 혹인(或人)은 비석을 세워 잊지 않겠다고 한다. … 예수님의 비석이 무엇인가. 오늘 밤 참여한 이 성찬(聖餐)이 곧 예수님의 비석이다. 너희는 이 떡을 뗄 때마다, 이 잔을 마실 때마다 나를 기념하라.

… 우리가 예수를 생각할 때 누구로 알고 기념할 것인가? 1. 세상만민 중 예수께서 제일 으뜸 되시며 제일 무죄하시고 선한 선생으로 알고 기념할 것이다. 2. 나의 제일 좋은 친구로 기념할 것이다. … 그리스도와 교제하는 중 제일 친하게 진실하게 사귀는 것이 이 성찬이다. 3. 오시는 자로 기념할 것이다. 구약 때도 일이차 오시고 묵시 중에도 오시는 자이시고 마지막으로 오시리다. 요한이 '주 예수여

레이놀즈 부부 묘비

속히 오시옵소서' 하였다. 주님은 사시고 죽으셨다. 부활하시고 하나님 우편에 앉아 계시다가 재림하실 구주로 알고 기념하자. 재판장도 되시고 만왕의 왕도 되시는 예수를 기념하자.[180]

(2) 귀국한 후 소천에 이르기까지(1937-1951)

45년 만에 미국으로 영구 귀국한 윌리엄 레이놀즈와 팻시 레이놀즈 부부는 처음에는 캘리포니아 오클랜드에서 10개월간 살다가 노스캐롤라이나 몬트리트(Montreat)로 이사 가서 살았다. 레이놀즈는 오랫동안 투병 생활 끝에 1951년 4월 2일 오후 3시에 소천하게 된다.[181] 그의 장례식은 몬트리트 교회의 담임 목사인 존 윌리엄스(John R. Williams) 목사가 집례했다.[182] 1937년 은퇴 후 귀국하여 은퇴 생활을 한 지 14년 만에 소천한 레이놀즈이지만, 여러 신문들에서 그의 소천 소식을 전하기도 하고 추모 기사를 실기도 했다. 레이놀즈가 소천한 지 4년 뒤에 워싱턴을 방문한 이승만 대통령은 팻시 볼링에게 짧은 편지를 보내어 레이놀즈에 대해 다음과 같이 감사의 말을 대신 전하기도 한다.

---

180 김인수 박사는 레이놀즈 당시의 글을 현대어체로 수정하여 인용해 주었다.
181 in *PRSMK* 16.
182 "Missionary to Korea Succumbs." in *PRSMK* 16.

내 나라를 그렇게 많이 도왔던 레이놀즈 박사의 소천 소식을 읽는 것은 슬픈 일이었습니다. 그는 많은 한국인들에게 존경을 받았으며, 기독교 가르침에 많이 기여를 했습니다.[183]

한편 팻시 볼링은 1962년까지 장수하다가 사위 존 그로브스(John Grovoes, 1902–1970)와 딸 엘라의 집에서 93세에 소천했다.[184] 한 부고 기사가 밝힌 대로 팻시 볼링은 남장로교 선교사 7인 선발대 중 마지막 생존자였었다.[185]

자녀들의 헌신

레이놀즈 부부뿐 아니라 그의 자녀들 가운데 둘째 아들 존 볼링과 딸 에라 틴슬리 역시도 각기 10여 년씩 한국에서 교육 선교사 사역을 감당하기도 했으니, 한국 선교 사역에 받친 레이놀즈가의 헌신은 2대에 걸쳐 이어졌다.[186]

레이놀즈 부부의 첫째 아들 윌리(William Davis Reynolds, 1893–1893)는 태어난 지 10일 만에 병사함으로 양화진에 안장되었고, 차남 이보린 (John Bolling Reynolds, 1894–1970)은 부친의 모교인 햄든 시드니에서 학사 학위를 받고 다시 한국에 와서 교육 선교사로 헌신하여 1918년부터 1930년까지 전라도 일대에서 사역했다. 부모들보다 일찍 미국으로 돌아간 후에는 뉴욕 시립 대학교 수학 교수로 26년간 재직하고 은퇴하였다(1930–1956). 36세에 한국을 떠나간 그였지만 평생 한국을 잊지 못하고 아침마다 피아노를 연주하면서 애국가를 불렀다고 한다. 그래서 1970년 내쉬빌에서 소천한 후에는 그의 소원에 따라

---

183 "Rhee Syngman to Mrs. Reynolds, dated August 23, 1954", in *PRSMK* 16: " It is with sadness I read of the passing of Doctor Reynolds who did so much to help my country, who was respected by the Korean people and who contributed much to the teachings of Christianity."

184 *PRSMK* 16에 수록된 기사 자료 중. 몇몇 신문에 팻시 볼링의 부고 기사들이 실린 것을 확인할 수 있다.

185 "She was the last of the pioneer missionaries to South Korea"(*PRSMK* 16에 수록된 기사 중).

186 이재근, "호남 기독교의 '7인의 개척자들'(1): 미국 남장로회 윌리엄 레널즈 가문의 한국 선교", 116, 133–137.

화장 후에 유해는 우편으로 한국에 보내져 양화진 묘역에 안장되었다.[187]

한편 레이놀즈 부부의 장녀인 캐리(Carey Mebane Reynolds, 1899–1969)는 딘 브루스 윌슨과 결혼하였고, 레이놀즈 부부에게는 유일한 손주인 볼링 레이놀즈 윌슨(1937–2012)을 낳게 된다. 차녀인 엘라 틴슬리 레이놀즈(Ella Tinsley Reynolds, 1902–1997)는 1920년부터 1930년까지 10년간 순천과 평양 등지에서 여학교 교사로서 사역한 후에, 1930년에 결혼한 남편 존 우드슨 그로브스를 따라 미국 남부로 가서 목회 사역을 하게 된다. 후일 은퇴 귀국한 레이놀즈가 소천한 후에, 팻시 볼링이 생의 마지막을 보낸 곳도 바로 이 엘라의 집에서였다.

레이놀즈의 한국 선교 40주년
기념 사진, 1932년

187 송현강, "레이놀즈의 목회 사역", 45, 각주 38.

제3부

레이놀즈의 조직신학

-『신도요론』 3부작(1915-1916)을 중심으로 -

✦

이제 우리는 레이놀즈 선교사가 1915–1916년 어간에 간행하여, 1931년 가옥명의 책을 역간하여 사용하기 전까지 평양장로회신학교 교과서로 쓰기도 했던 『신도요론』 3부작의 내용을 상세하게 개관해 보고자 한다. 앞서 소개한 대로 레이놀즈는 『인학 공과』와 『구학 공과』를 1915년에 출간한 뒤에, 1916년에 이르러 『신학 공과』를 마지막으로 출간하였다. 버지니아 유니온 신학교에서 R. L. 댑니의 조직신학 전통을 충실하게 배운 바 있는 레이놀즈이기에 조직신학이 포괄해야 할 로치들(loci)이 무엇인지를 잘 인식하고 있었다. 『신학 공과』를 시작하면서 레이놀즈는 "신도요론은 여섯 편으로 나누었으니 1) 신학, 2) 인학, 3) 윤리학, 4) 구(求)학, 5) 말세학, 6) 교회학이라"고 명시하고 있기 때문이다.[1] 하지만 레이놀즈 자신은 윤리학, 말세학, 교회학 공과는 남기지 않았다.[2]

우리는 이제 레이놀즈 선교사가 출간한 세 공과의 내용을 차례대로 살펴보되 자세하게 살펴보려고 한다. 이 공과들은 장로회신학교에서뿐 아니라 교회 직분자들에게도 널리 읽힌 책으로 권독되었으며, 또한 역문 위주의 짧은 글들인 「신학지남」 기고문이나 번역 감수본과 달리 레이놀즈 선교사가 직접 저술 출간한 책이라는 점에서 중요성을 가진다. 한국 장로교회 역사 가운

1 이눌서, 『신학 공과』 (평양: 야소교서원, 1916), 1.

2 평양에서 윤리학을 소개하고 가르친 선교사는 소안론(William L. Swallen) 선교사였다(이장형, "한국 기독교 초기 윤리학 교과서 문헌 해제 및 한국적 수용 과정 연구", 「기독교사회 윤리」 18 [2009]: 317–351).

데 최초의 조직신학 교본이라고 하는 역사적 의의도 가지는 책이지만, 그간에 학술적인 논의의 대상이 되지를 못했기 때문에 이러한 상세한 분석 개관 작업은 의미 있는 일이라고 생각된다.[3]

신학공과(神學工課)

셔론

신도요론은여ᄉᆞᆺ편으로논ᄒᆞᆺ스니 (一)신(神)학 (二)인(人)학 (三)륜리(倫理)학
(四)구(救)학 (五)말세(末世)학 (六)교회(敎會)학이라

데목

一장、신구약셩경이하ᄂᆞ님의말ᄉᆞᆷ된증거
二장、하ᄂᆞ님이계신증거
三장、하ᄂᆞ님의완젼ᄒᆞ신덕
四장、삼위일톄되심
五장、하ᄂᆞ님의영영ᄒᆞᆫ예뎡
六장、창조ᄒᆞ심
七장、권고ᄒᆞ심과쥬쟝ᄒᆞ심
八장、이젹과긔ᄉᆞ
九장、텬ᄉᆞ와마귀

一장、신구약셩경이하ᄂᆞ님의말ᄉᆞᆷ된증거

신학공과

一大、하ᄂᆞ님의말ᄉᆞᆷ이라ᄒᆞᆷ은당신의ᄯᅳᆺ을나타내샤알게ᄒᆞ신바라이러케지시ᄒᆞ시ᄂᆞᆫ
말ᄉᆞᆷ은다ᄉᆞᆺ가지니
一中、텬디만물은하ᄂᆞ님의말ᄉᆞᆷ이니그의영광(시十九〇一—四)과그의영영ᄒᆞᆫ신
능력과신셩을알게ᄒᆞᆷ이오 롬一〇二十—
二中、량심은하ᄂᆞ님의목소리라 사三十〇二十一、률법이ᄆᆞᄋᆞᆷ에샤이신바라 롬
二〇十四—十五—
三中、신구약은하ᄂᆞ님의말ᄉᆞᆷ이라 후딤三〇十五—十六—젼벳一〇二十五—
四中、예수ᄂᆞᆫ하ᄂᆞ님의말ᄉᆞᆷ이라ᄒᆞ니 요一〇一—묵十九〇十三—이ᄂᆞᆫ아바지의
ᄆᆞᄋᆞᆷ을우리의게나타내여보이심이라 히一〇二—
五中、구약에하ᄂᆞ님이조샹과션지쟈와여러사ᄅᆞᆷ의게말ᄉᆞᆷᄒᆞ시고신약에ᄂᆞᆫ네번하
ᄂᆞᆯ노셔소리를발ᄒᆞ심 마三〇十七—十七〇五—요十二〇二十八—힝九〇
四、七—
二大、셩경에셔하ᄂᆞ님이여러가지모양으로말ᄉᆞᆷᄒᆞ심 히一〇一—
一中、직졉으로아담의게 창二〇十六—三〇九—十九—모셰의게츌二十三〇十
一—민十二〇八—

『신학 공과』(1916) 1, 2쪽[4]

3 그동안 학계에서 관심을 가진 것은 그나마도 레이놀즈가 번역 · 감수하여 교과서로 사용했던 가옥명의 신학 저술들에 대한 것이었다.

4 레이놀즈, 『신학 공과』 내지에 보면 영어 서명을 *Notes on Evidences of Christianity and Theology Proper* 라고 밝힌다.

1. 레이놀즈의 성경관 -『신학 공과』

레이놀즈의 신도요론 세 공과 중에 마지막으로 출간된『신학 공과』(1916)는 총 9개 장으로 구성되어 있고, 90쪽 분량이다.[5] 그 첫 장은 "신구약 성경이 하나님의 말씀된 증거"로 성경론이라고 할 수 있고, 2장에서 9장까지 신론적인 주제를 다루고 있다. 따라서『신학 공과』는 서론과 신론 두 로치(loci)를 포함하고 있다고 볼 수 있다. 이처럼『신학 공과』는 신 지식의 근원으로서 성경관을 먼저 다루고 나서, 하나님이 계신 증거로부터 시작해서, 하나님의 완전하신 덕(속성)을 다루고 나서, 삼위일체론을 다루어 나간다. 이상은 하나님의 존재에 대한 논의라고 할 수 있다.[6] 그러한 논의 후에 이어지는 것은 하나님의 사역에 관한 논의로써 우선 내적인 사역에 해당하는 예정론을 다루고, 외적인 사역인 창조와 섭리에 관한 주제들을 다룬다. 이러한 논의 순서는 대체로 정통 개혁주의 신학자들의 신론 논의 순서와 주제들을 따르고 있다는 점을 보여 준다.

먼저 레이놀즈의 성경관을 살펴보기로 하겠다. 1장의 제목은 "신구약 성경이 하나님의 말씀된 증거"라는 제목을 가지고 있는데, 레이놀즈는 대지, 중지, 소지 등으로 구성하되 개요적인 내용들만 제시하되 전거 구절들을 나열해 주는 방식으로 논의를 전개한다. 그는 총 8개의 대지로 나누어 성경에 대한 논의를 전개하고 있는데, 우리는 대지의 순대로 살펴보기로 하겠다.

---

5 레이놀즈,『신학 공과』내지에 보면 영어 서명을 *Notes on Evidences of Christianity and Theology Proper* 라고 밝힌다.

6 Louis Berkhof, *Systematic Theology* (Grand Rapids: Eerdmans, 1941) 역시 하나님의 존재(being of God)와 하나님의 사역(work of God) 두 부분으로 나누어 다루었으며, 죽산 박형룡 역시 동일한 구성을 따른다(박형룡,『교의신학 신론』[서울: 은성문화사, 1967]).

하나님의 말씀은 하나님의 뜻을 나타내사 알게 하심이다

그의 성경관의 첫 대지는 "하나님의 말씀이라 함은 당신의 뜻을 나타내사 알게 하신 바"라는 것이다.[7] 이러한 대지를 제시하고 나서 레이놀즈는 "이렇게 지시하시는 말씀은 다섯 가지"라고 하면서 1) 천지 만물, 2) 양심, 3) 신구약, 4) 예수님 등을 소개하고 나서, 5) "구약에서 하나님이 조상과 선지자와 여러 사람에게 말씀하시고 신약에는 네 번 하늘로서 소리를 발하심"이라고 소개한다.[8] 천지 만물과 양심 역시도 일반 계시적 차원에서 계시 도구로 사용된 것을 레이놀즈는 바르게 적시하는 것을 보게 된다.

하나님은 여러 가지 모양으로 말씀하셨다

두 번째 대지는 성경을 보면 하나님께서는 "여러 가지 모양으로 말씀하셨다"는 것으로서, 직접적으로는 아담에게, 그리고 꿈으로 바로 왕이나 느부갓네살에게, "비몽사몽간에"(사 1:1; 렘 1:9; 겔 1:1–28 등), 우림과 둠밈이나 천사를 통해서, 불꽃 가운데서, 종용한 음성으로, 성신의 감동으로 등을 레이놀즈는 적시해 준다.[9]

제일 유익한 것은 성경이다

이와 같이 다양한 방편들을 통해서 계시하신 것을 소개한 후에, 세 번째 대지에서는 "이 여러 모양 중에 제일 유익한 것은 성신의 감동으로 기록하게 하신 성경(딤후 3:16–17)"이라고 강조해 준다.[10] 레이놀즈는 이러한 주장을 여섯

---

7 이눌서, 『신학 공과』, 2.

8 이눌서, 『신학 공과』, 2.

9 이눌서, 『신학 공과』, 2–3.

10 이눌서, 『신학 공과』, 2–4. 레이놀즈는 후반부의 섭리를 설명하는 중에 성경 영감의 방식에 있어 유기적(organic)임을 잘 천명해 준다: "선지자와 사도들이 성경을 기록할 때 각각 성품과 유무식대로 썼으나 성신에 감동하여 실수 없이 하나님의 말씀을 기록하였으며…"(이눌서, 『신학 공과』,

가지의 요점으로 뒷받침해 주는데, 1) 다른 방식의 계시가 한 곳에 있는 한 사람에게 유익을 끼쳤지만, "성경은 항상 만국만민에게 유익"하다는 점, 2) 귀에 들려진 말씀은 잊어버리기 쉽지만, "눈으로 가끔 보는 성경은 명심(銘心) 불망(不忘)"하다는 것(즉, 마음에 새겨지고 잊어버릴 수 없다는 것), 3) 성경 말씀은 능력이 있어서 다음과 같이 일이 가능하게 하기 때문이라고 설명해 준다.

> 거듭나게 하시며(벧전 1:33), 차차 자라 구원에 이르게 하시며(벧전 2:2), 깨끗하게 하사 거룩하게 하시며(엡 5:26; 요 17:17), 마귀의 시험을 이기게 하시며(마 4:4, 7, 11), 영생을 얻게 하시며(요 5:39; 요일 5:11–13), 교육하기에 유익하여 하나님의 사람으로 온전케 하심(딤후 3:17).[11]

하나님께서 인생에게 성경으로 지시하신 것은 쉽고, 마땅하고, 필요한 것이다

레이놀즈가 성경관의 네 번째 대지로 제시한 것은 하나님이 성경으로 지시하시는 것은 "쉽고, 마땅하고, 필요한 것"이라는 것이다.[12] 레이놀즈는 "지혜와 권능과 자비 무한하신 하나님이 자기 뜻을 인생에게 지시하실 만하다"라고 말한 후에, 그렇게 하시는 것이 마땅한 것은 "인생에게 큰 유익이 되고 또 아버지의 마땅한 노릇(마 7:11)"이라고 말한 후에, "이 묵시하신 성경은 필요한 것"이라고 말한다.[13] 레이놀즈는 특히 성경의 필요성(the ncessity of the Bible)에 대해서 자세하게 설명해 주는데, 우선 사람의 뜻은 서로 합치되지 못하고 부족하기 때문에 "하나님이 지시하실 수밖에 없다"라는 점, 인간의 지

---

71). 레이놀즈의 성경관에 관해서는 박용규, 『한국기독교회사 I』, 478; 송현강, 『윌리엄 레이놀즈의 한국 선교』, 165–167 등에서도 주목되고 있다. 그리고 비판적인 시각에서 다루고 있는 천사무엘, "레이놀즈의 신학: 칼뱅주의와 성서관을 중심으로", 「한국기독교와 역사」 33 (2010): 57–80; 권상덕, "레이놀즈와 깔뱅의 성서관 비교 연구", 「기독교문화연구」 15 (2010): 197–221 등도 보라.

11 이눌서, 『신학 공과』, 4.

12 이눌서, 『신학 공과』, 4–6.

13 이눌서, 『신학 공과』, 4. 1910년대의 묵시(默示)를 믁시라고 표기했고, 요한묵시록도 요한믁시록이라고 표기했다.

혜는 부족하고 마음이 완악하여 하나님을 배반하였음으로 "성경 말씀으로 책망하여 깨달아 회개케 하시는 데" 필요하다는 것, "만족한 윤리"를 알리시기 위해서 하나님의 율법의 계시가 필요하다는 점, 앞서 소개한 일반 계시 혹은 자연 계시(만물을 통한)로는 "하나님의 적의(덕의)"[14]를 알 수 없다는 점 등을 들고 나서, 레이놀즈는 마지막으로 성경을 알지 못하는 나라 상황을 보면 성경이 필요하다고 강조한다.[15] 레이놀즈는 서양 고대사 가운데 고린도의 비너스 신전 성창들, 남색한 소크라테스, 거짓말을 상관치 않았던 플라톤, 역시 남색을 하고 자결한 키케로, "덕의 모본이라 칭하던 가토(카토)" 등을 예로 들고, 360억의 귀신을 위하며 인신 제사를 드리고 과부를 불사르는 인도인들, 태평양 섬에 살며 서로 잡아먹는 야만인들 등의 예를 제시하면서 그러한 사람들이 "성경 말씀을 배운 후로 새 세상"이 되고, "서양에서도 하나님의 말씀을 듣기 전에 사신 우상을 위하고 괴악한 일을 하여 흑암한 백성이려니 성경 말씀을 신종함으로 세계에 제일 문명 강국"이 된 것을 제시하여 준다.[16]

계시를 대대로 전하는 방법들

레이놀즈 성경관의 다섯 번째 대지는 "옛 성인이 묵시를 대대로 전하는 방침"에 대한 것으로서, 그는 입으로 전하는 것과 글로 전하는 두 가지 방법에 대해서 제시한다.[17] 먼저 "입으로 외어 유전"하는 방식에 대해서 말하는데, 이는 아담으로부터 모세까지 구전(oral tradition)의 방식으로 받은 계시가 전달된 것이라고 소개한다. 흥미로운 설명으로는 모세 이전 사람들이 몇 대를 볼 정도로 장수하고 살았기 때문에, "아담에게 배운 사람이 노아에게 유전하고, 노아에게 배운 사람이 아브라함에게 유전하고, 아브라함에게 배운 사람이

---

14 레이놀즈는 덕의라는 단어를 썼는데, 적의(適意)의 1910년대 표기인 것으로 이해된다.

15 이눌서, 『신학 공과』, 5.

16 이눌서, 『신학 공과』, 5-6. 간략한 공과책이어서 신학적인 논의들은 대체로 멀리하면서도 일반 역사에서 사례들을 가져와서 길게 예화로 삼는 경우들이 발견된다.

17 이눌서, 『신학 공과』, 6.

모세에게 유전하기 쉬웠다"라고 한 것이다.[18]

계시를 전달하는 두 번째 방법으로 소개한 것은 "글씨로 유전"하는 방식이다. 레이놀즈는 모세 이전에도 돌비나 흙비석에 새기거나 양피지를 다듬은 두루마리에 기록했다는 것을 적시하면서, 여기서도 그의 특유의 흥미로운 설명을 제시한다.

> 1) 메소보다미아는 인종의 본향인대 거기서 유전하는 말과 족보와 옛 사기(史記)를 아브라함이 받아 가지고 나왔을 듯하니 모세가 창세기를 기록할 때 혹 그 옛 서책을 찾아 보았는지오, 2) 또 모세는 애굽 모든 학술을 다 배웠다 하니(행 7:22) 그 나라에서도 유전하는 옛 사기를 다 알았을 것이오, 3) 또 시내산에서와 성막에서 모세가 하나님께 직접으로 지시하심을 받을 때 옛적 일을 자세히 알아보고 실수 없이 기록한 것이니라.[19]

이어서 레이놀즈는 모세오경 전체를 14개 대목으로 나눈 후에 크게 세 가지 그룹으로 또한 대별했다. 첫째 그룹은 모세가 계시로 받은 것으로 "1) 창조하심, 2) 에덴 낙원, 3) 범죄함, 4) 첫 복음(창 3:15)" 등이고, 둘째 그룹은 유전으로 받은 자료에 근거한 것으로 "5) 세상의 죄악, 6) 홍수, 7) 노아의 사적, 8) 바벨탑, 9) 아브라함을 택하심, 10) 야곱의 사적, 11) 이스라엘 백성이 종됨" 등의 내용이며, 마지막 세 번째 그룹은 모세 자신이 직접 경험한 일들로 "12) 십재앙, 13) 출애굽, 14) 광야에서 40년 고생" 등이 속한다.[20]

신구약 정경은 66권이다

레이놀즈는 여섯 번째 대지를 시작하면서 신구약 성경 정경이 총 66권이

18 이눌서, 『신학 공과』, 6.
19 이눌서, 『신학 공과』, 6-7.
20 이눌서, 『신학 공과』, 7.

라는 점을 천명한다.

> 구약은 29권(39권의 오타—필자)이오 신약은 27권인데 여러 책 쓴 자는 한 36명이나 되고 쓴 동안은 첫 권부터 마지막 권까지 한 1600년이 되나 다 합동하여 한 통대지뿐이니 곧 죄인 속죄하심이라.[21]

레이놀즈는 웨스트민스터 신앙고백 1장에서 강조한 바대로 신구약 66권만이 정경임을 분명하게 선언하고, 보수적인 견해를 따라 36명의 저자가 1600년의 기간에 걸쳐 기록한 책이라는 점을 소개하고, 성경 전체의 핵심 대지는 오로지 "죄인의 구속"에 있다는 점을 잘 강조하고 있다.[22] 그리고 레이놀즈는 구약 39권을 한 책으로 편집한 사람이 서기관 에스라(주전 444년)였다고 부기한다.[23]

정경성의 증거들(내증과 외증)

이어지는 일곱 번째 대지에서는 신구약 성경이 정경이라는 증거를 자세하게 제시해 주고 있다. 먼저 구약 39권이 정경이라는 증거를 다루는데, 먼저 예수와 사도들이 구약을 성경으로 인정하였다는 점을 적시하고 여러 관련 구절들을 열거해 준다.[24] 신약 가운데는 구약을 직접 인용하는 곳이 260곳이오, 간접적으로 인용하는 곳이 350여 곳이라는 점도 제시해 준다.[25] 이와 같이 내증뿐 아니라 외증도 제시해 주는데, 레이놀즈는 특히 구약의 첫 헬라어 번역(70인경, LXX)에 "우리가 보는 39권이 다 있고, 이 번역은 사도들이 항상

21 이눌서, 『신학 공과』, 7.

22 웨스트민스터 신앙고백 1장 2항에서 성경 66권의 목록을 제시하고 있다(R. C. Sproul, *Truths We Confess I*, 이상웅, 김찬영 공역, 『웨스트민스터 신앙고백 해설 1』 [서울: 부흥과개혁사, 2011], 12, 해설 20–22).

23 이눌서, 『신학 공과』, 7.

24 이눌서, 『신학 공과』, 8.

25 이눌서, 『신학 공과』, 8.

보는 성경"이라고 말해 주고, 1세기 유대 역사가인 요세푸스(요셉우스)가 구약 39권의 이름을 기록한 것을 증거로 제시해 준다.[26]

그러고 나서 레이놀즈는 신약의 정경적 증거를 살피는 데로 나아간다. 그는 외증을 주로 제하는데, 옛 저술가들(즉, 이레나이우스, 힙폴리투스, 클레멘트, 오리게네스, 터툴리아누스, 유세비우스 등)이 나열하는 신약 목록이 거의 같다는 점, 아람어 번역본(페시타)에는 몇 책(벧후, 요이, 요삼, 유, 계)이 빠진 외에는 같다는 점, 콥틱 번역, 불가타(Vulgate) 역본, 아르메니아 역본 등에는 27권이 다 들어 있다는 점 등을 열거한다.[27] 그러고 나서 신약 사본들의 증거를 제시하는데, 우선 4, 5세기에 기록된 네 개의 중요한 사본들(바티칸 사본, 시내산 사본, 알렉산드리아 사본, 시리아 사본 등)은 신구약 성경이 다 있었다고 증거로 제시한다.[28] 후대의 많은 사본들 가운데는 27권을 다 포함하고 있는 30개의 사본이 있다는 점을 제시하고, 또한 397년에 모인 카르타고 공의회에서 신구약 정경을 공인한 사실을 증거로 제시하기도 한다.[29]

이처럼 구약과 신약의 정경성을 입증하는 여러 증거들을 제시한 후에, 레이놀즈는 "이 여러 가지 확실한 증거를 합하여 본즉 신구약 성경이 다른 옛 책보다 십 배나 확인한 글"이라고 결론짓고, 이어서 정경 66권에 포함시킬 수 없는 외경(Apocrypha)[30]에 대한 논의로 이어 간다. 레이놀즈는 외경에 대해 "구약과 신약 사이에 지은 열네 글이 있는 대로 로마교 트리엔트 공의회(1545)가 정경 속에 넣기로 작정하였으나 유대인과 개신교회들('갱정교회들')이 허락 아니하고 정경 밖에 두었다"라고 적시해 준다.[31] 레이놀즈는 외경이 왜 정경

26 이눌서, 『신학 공과』, 9. 레이놀즈는 또한 "예로부터 유대교인과 믿는 저술자가 각 권에 대하여 확인하는 말이 서로 합하니라"라는 증거도 언급한다.

27 이눌서, 『신학 공과』, 9–10.

28 이눌서, 『신학 공과』, 10.

29 이눌서, 『신학 공과』, 10–11.

30 레이놀즈는 외경(apocrypha)의 의미를 "감추인 책"이라고 적고 있다(이눌서, 『신학 공과』, 11). 위키피디아에 의하면 "In Christianity, the word apocryphal (ἀπόκρυφος) was first applied to writings which were to be read privately rather than in the public context of church services—edifying Christian works which were not considered canonical Scripture. In the wake of the Protestant Reformation, the word apocrypha came to mean 'false, spurious, bad, or heretical.'"(https://en.wikipedia.org/wiki/Apocrypha. 2023.7.14. 접속).

31 이눌서, 『신학 공과』, 11. 또한 레이놀즈는 신약 성경이 완성된 후에도 "거짓 복음과 거짓 편지가

이 아닌지에 대해서도 간략하게나마 다음과 같이 증거들을 제시해 준다.

1) 그 가운데 묵시하신 글이라 하는 말이 없을뿐더러 그 중요한 그 가운데 묵시를 못받았노라 한 말이 있음
2) 유대 서기관들이 반대한 글이라
3) 그리스도와 사도들이 말하지 아니함
4) 옛적 믿는 저술가들이 반대한 글이라
5) 그 글이 서로 합하지 않고 성경과 불합함
6) 어떤 글은 어린아이 이야기책과 같고 선악을 분변하지 아니함
7) 신약 후 아포크리파는 옛 교회에서 정경으로 받지 아니하고 거짓 글이라 인증함[32]

정경인 신구약 성경이 하나님의 말씀인 증거들

레이놀즈의 『신학 공과』 제1장에 제시된 성경관의 마지막 여덟 번째 대지는 "이 정경된 신구약 성경이 하나님의 말씀인 증거"를 제시하는 것이다. 그는 네 가지 방면에서 증거를 제시하고 있는데, 1) 성경 외에, 2) 성경 내에, 3) 신자의 경력으로, 4) 사회상 결과로 등이다.[33]

났으니 사도가 지은 증거는 없음으로 증거에 들지 못한지라"라고 언급하는데, 이는 다양한 가경들이나 묵시 문학들을 가리킨다.

32 이눌서, 『신학 공과』, 11–12. 웨스트민스터 신앙고백 1장 3항에서 외경은 정경에 속하지 않는다는 점을 분명하게 천명한다: "보통 외경이라 불리는 책들은 하나님의 영감으로 말미암지 않았으므로 성경의 정경의 일부가 아니다. 그러므로 이것들은 하나님의 교회에서 어떤 권위도 가지지 못하며, 인정되거나 사용되어서는 안 되는, 다른 인간적인 저술일 뿐이다."(Sproul, 『웨스트민스터 신앙고백 해설 1』, 13, 해설 23–24).

33 이눌서, 『신학 공과』, 12–20. 성경의 신적 권위를 증명할 때, 레이놀즈는 다양한 예증들을 제시해 준다.

(1) 성경 외에 증거. 레이놀즈는 성경 외의 증거 네 가지를 제시해 준다

1) 성경책이 기이하게 보존된 것을 볼 때 하나님의 말씀이 분명하다는 것. 레위 지파에게 맡겨 성경을 가진하게 하시고, 회당에서 낭독하는 책 외에도 성전 창고에 보관하시고(왕하 22:8), 유대 서기관들이 필사할 때 "말수와 글자수를 기록하며 가운데 글자를 표하여 실수 없게" 하였고, 이방 나라들이 성경을 불살라 없애려고 했으나 오히려 그 나라들이 망하고 성경은 남아 있는 사실 등을 레이놀즈는 적시해 준다.[34]

2) 이방 사기(史記)와 비교해 보면 성경 기록과 일치하는 내용들이 많이 있다는 것. 레이놀즈는 옛 흙비에 홍수에 관한 기록들이 있긴 하나 "와전(訛傳)하여 헛된 말이 많다"라고 지적하는가 하면, 아브라함이 이긴 아므라벨(즉, 함무라비) 왕 기록, 오므리의 아들 예후가 앗수르 왕에게 조공을 바친 기록, 고레스가 바벨론 왕을 이긴 일, 요셉과 모세 시대의 바로에 대한 기록 등을 예로 열거해 준다. 뿐만 아니라 타키투스(Tacitus)가 본디오 빌라도 치하에서 예수님이 십자가에 못박하신 사실에 대한 기록이나 플리니(Pliny, "블리니")가 초대 그리스도인들이 새벽에 모여 "그리스도를 신으로 찬송한다"라고 한 기록 등을 예로 들기도 한다.[35]

3) 예언들이 성취된 사실. 레이놀즈는 성경의 예언들이 후대에 정확하게 응하고 성취하게 된 예들을 들어 성경이 하나님의 말씀이라는 한 증거로 삼는다. 예컨대 아브라함의 자손에 대한 예언(창 12:1–3; 출 1:7–12), 이스마엘에 대한 예언(창 16:10, 12), 유대인에 대한 여러 가지 예언들, 이방 제국들에 대한 예언들뿐 아니라, 메시아에 대한 예언을 특기해 준다.

---

34 이눌서, 『신학 공과』, 12–13.

35 이눌서, 『신학 공과』, 13–14.

메시아에 대한 예언한 말씀은 오실 때와 그 지파와 족보와 동정녀에게 나실 것과 나실 곳과 사자와 갈릴리에서부터 전도하실 것과 이적 행하실 것과 왕으로 대접받으실 것과 고난 당하실 것과 돌아가실 것과 묻히실 것과 살아나실 것과 승천하실 것과 성신을 주실 것과 홀로 하나이신 구주 되심과 저를 마땅히 믿을 것을 다 주전 여러 백 년 천 년에 기록하였더니 다 예수께 응한지라(눅 24:25-27, 44-48).[36]

이뿐만 아니라 예수 그리스도께서 자신의 죽으시고 부활하실 것, 성령 강림하실 것, 예루살렘이 망할 것에 대해 예언하신 것도 다 성취되었다는 것도 언급하면서 "이 여러 가지 예언대로 과연 이룬 것을 보니 성경이 하나님의 말씀 된 증거가 확실하다"라고 선언한다.[37]

4) 이적을 행하게 하심으로 하나님이 자기의 말씀을 증거하심. 레이놀즈는 구약에 54회, 신약에 51회 이적에 대한 기록이 있다고 언명하고 나서, "제일 큰 이적은 예수의 부활하심이니 이것으로 성경이 하나님의 말씀된 것과 자기가 참으로 하나님의 아들 되신 것을 확실히 증거하셨다"라고 적시한다.[38]

(2) 성경 내의 증거로 레이놀즈는 두 가지를 제시해 준다

1) **특별한 말씀으로 증거하심.** 레이놀즈는 성경 내에서 몇 가지 특별한 말씀들을 적시해 주는데, 구약 기자들이 "하나님의 말씀을 받았다"라고 하거나 "여호와 가라사대" 등의 표현을 쓰고 있는 사례들, 신약 기자들이 구약을 인용하면서("끌어다가 재록한 말씀") "성신이 이르신 바와 같이"나 "성신이 이로써 보이신 것은"이라거나 "다윗의 입을 의탁하사 성신으로 말씀하시되"(행 4:25)라

36 이눌서, 『신학 공과』, 14-15. 후크마 역시 이점에 대해 간략하게 잘 정리해 주고 있다(Anthony A. Hoekema, *The Bible and the Future* [Exeter: Paternoster, 1979], 15-17)

37 이눌서, 『신학 공과』, 15.

38 이눌서, 『신학 공과』, 15-16.

고 표현한 사례들, 구약이 하나님의 말씀이라고 신약에서 명시적으로 말하는 본문들(눅 1:70; 히 1:1; 딤후 3:16; 벧전 1:10-12; 벧후 1:21), 사도들에게 성령의 감동하심을 허락하심으로 "사도들이 예수의 허락하신 성신을 받았노라 하며 하나님의 지시하심을 받아 말하노라"(고전 4:1; 살전 4:8; 고전 2:23)고 밝히는 본문들 등이다.[39]

2) 레이놀즈는 이어서 "보통으로 말하면 성경 내에 하나님의 말씀 된 증거"로 두 가지를 부언해 준다. 첫째는 "성경이 인생의 지각에 지나치는 지혜가 있다"라는 점을 지적한 후에 네 가지로 상술해 준다.

ㄱ) 육십육 권이라도 서로 합동하여 한 뜻을 발달하며,

ㄴ) 옛 세상 그릇된 교훈이 성경 가운데에 없으며,

ㄷ) 인종의 성질을 분명히 논난하였으며,

ㄹ) 인종의 내력과 본분과 미래를 명백히 가르침이라.[40]

그러고 나서 두 번째로 레이놀즈가 제시하는 것은 성경 내의 도덕의 탁월성에 대한 예들이다.

ㄱ) 하나님이 주장하심과 사람의 자유를 병(倂)하여 가르치시며,

ㄴ) 윤리학의 표준과 모본을 표시하시며,

ㄷ) 사람의 양심을 바로잡고 준행하게 하는 능력이 있으며,

ㄹ) 무명하고 악한 인민(人民)을 감화하여 하나님의 좋은 백성이 되게 하심.[41]

---

39 이눌서, 『신학 공과』, 16-17.

40 이눌서, 『신학 공과』, 17.

41 이눌서, 『신학 공과』, 17-18.

3) **신자의 경력.** 레이놀즈는 성경 외적 증거와 내적 증거를 차례대로 제시한 후에, 세 번째로 신자의 경력상(經歷上)의 증거를 제시해 주는데, 서두에서 "신자의 경력으로 성경이 하나님의 말씀인 줄 깨닫는 증거는 제일 재미 많고 만족한 증거"라는 평가로 시작을 한다. 이는 신자의 실제 경험과 삶 속에서 입증되는 내용들이기 때문이다. 레이놀즈는 먼저 "하나님의 뜻대로 하려고 하는 마음을 품어야 성경이 하나님의 말씀인 줄 깨달을" 수 있다는 말로 시작해서, "이런 마음이 있으면 성신이 모든 신령한 진리 가운데로 인도"하시며, "성신의 밝히심(조명, illumination–필자)을 받아야 그의 묵시하신 말씀을 깨달을" 수 있게 된다고 말한다.[42] 레이놀즈는 성령의 조명과 감화를 바르게 강조해 주는데, 의심과 반대하는 악한 마음이라도 "성신의 감화를 받아 순종하면 의심과 반대하는 마음이 없어지게" 된다고 적시해 준다.[43] 그리고 신자의 다양한 삶의 국면에서 성경이 끼치는 유익성에 대해 다음과 같이 상술해 준다.

> 기쁠 때나 슬플 때나 병들 때나 죽을 때 성경 말씀이 신자에게 적당한 제일 아름답고 귀중한 책이라. 평강과 능력과 위로와 영생을 성경 봄으로 얻었으니 성경이 하나님의 말씀인 줄을 중심에 꼭 아느니라.[44]

4) **사회상 결과.** 레이놀즈가 마지막으로 제시하는 증거는 "사회상 결과"라는 제하에 제시된다. 그는 유명 명사들이 성경에 대해 칭송한 말들을 몇 구절 차례대로 소개해 주고, 심지어는 불신자들의 증언들도 소개해 준다.[45] 그리고 이어서 멸시와 박해와 반대를 받으면서도 예수 믿는 도가 널리 전파된 것도 성경이 하나님의 말씀이라는 증거를 제시해 주고, "성경을 중히 여기는 사회"가 어떻게 개선되고 개량되었는지를 예로 든다.

---

42 이눌서, 『신학 공과』, 18.
43 이눌서, 『신학 공과』, 18.
44 이눌서, 『신학 공과』, 18.
45 이눌서, 『신학 공과』, 19.

성경을 중히 여겨 준행하는 사회상에는 고아원과 병원과 맹아 학교와 여러 가지 학교를 설치하였으며 참된 개화와 공변된 법률과 문명한 생활이 점점 진취 발달이 되었나니 이런 아름다운 열매를 보고 그 뿌리 된 성경이 과연 하나님의 복된 말씀인 줄 인증할지니라.[46]

46 이눌서, 『신학 공과』, 20. 최근에 나온 일반 서적 가운데도 - 성경의 신적 권위에 대한 믿음과 별개로- 기독교나 기독교 세계관이 어떻게 서양을 지배하게 되었는가에 주목한 것들이 있다: Tom Holland, *Dominion,* 이종인 역, 『도미니언: 기독교는 어떻게 서양의 세계관을 지배하게 되었는가』 (서울: 책과함께, 2020); Rodney William Stark, *The Triumph of Christianity: How the Jesus Movement Became the World's Largest Religion*, 허성식 역, 『기독교 승리의 발자취 - 기독교는 어떻게 세계 최대의 종교가 되었는가?』 (서울: 새물결플러스, 2020).

2. 레이놀즈의 신론 - 『신학 공과』

앞서 살펴본 대로 레이놀즈의 『신학 공과』(1916)는 총 9개 장으로 구성되어 있고, 제1장은 성경론에 해당하고 2장에서 9장까지가 신론(The Doctrine of God or Theology Proper)에 해당한다. 이제 우리는 레이놀즈가 한국에 소개한 최초의 장로교 신론을 개관해 보려고 한다. 논의를 위해 우리는 그의 신론을 크게 두 부분으로 나누어서 개관해 보려고 한다. 먼저는 하나님의 존재에 대한 그의 논술을 다루어 보려고 한다. 『신학 공과』 2-4장에 해당하는 내용들이다.

레이놀즈의 하나님의 존재론

하나님이 계신 증거 (2장)

1장에서 신 지식의 근원이 되는 성경의 신적 권위를 서술한 후에, 레이놀즈는 이어지는 제2장에서 "하나님이 계신 증거"를 다룬다. 2장을 시작하면서 "서문"이라는 제하에 그는 다음과 같이 진술해 준다.

> 지나간 1장에서 신구약 성경이 하나님의 말씀 된 증거를 배워 확인하였으니 이후로부터 그 성경 가운데 지시하시는 도리를 배워 볼지니 하나님의 말씀인고로 의심 둘 수 없고 신종할 뿐이오 무슨 교훈이든지 하나님의 말씀과 불합하면 거짓되고 그릇된 교훈이라(사 8:20). 그런고로 성경을 해석하는 법을 알아야 실수 아니하리니 그 법을 대강 좌기(左記)하노라.[47]

47 이눌서, 『신학 공과』, 21. 좌기(左記)라는 표현을 사용한 것은 1916년 당시 세로쓰기로 인쇄가 되었기 때문이다.

이처럼 레이놀즈는 성경의 신적인 권위에 대해 명시하면서도, 성경에 담긴 교리를 바르게 이해하기 위해서는 성경 해석학을 알아야 한다고 적시해 준다. 하지만 신론에 들어가기 위한 서문이기 때문에 간단명료하게 네 가지 원칙을 제시해 줄 뿐이다.

1) 성경 말씀을 기록할 때와 형편을 따라 해석할지니, 그때 받아 보는 사람이 무슨 뜻으로 보았는가 생각할지라. 쉽고 분명한 뜻을 버리고 별생각을 하여 해석하면 실수하기에 쉬우니라.
2) 비유와 이적을 해석할 때 긴요한 뜻을 잡을 것이오, 미소하고 관계없는 말을 해석하려고 힘쓸 것이 아니니라.
3) 하나님의 말씀이 서로 불합함이 없으니 한 말씀을 두어 가지 뜻으로 해석할 수 있으면 다른 데 있는 분명한 말씀과 합의하게 해석할 것이라.
4) 성신의 인도를 간구하면서 성경을 해석할지라. 왜 그런고 하니 ㉠ 진리의 성신을 허락하사 모든 진리 가운데로 인도하시리라 하였으며(요 16:13), ㉡ 또 이런 일은 사람이 성신에게 감동하여야 분변할지니라(고전 2:14).[48]

(1) 하나님의 존재하심은 이치와 신학과 성경의 기초이다

첫 대지에서 레이놀즈는 "하나님의 계심은 이치와 신학과 성경의 기초니라(창 1:1; 시 14:1-3)"라는 제하에 세 가지 명제를 제시해 준다. 첫째, 모든 사람은 하나님이 존재하신다는 것을 알고 있다는 것이고, 둘째, "참신이 없으면 신학도 없다"라는 것이며, 셋째, 성경은 하나님의 존재 증명에 관심하지 아니하고 "오직 어떠하신 하나님이신 것을 지시"하고 있을 뿐이라는 것이다.[49]

---

48 이눌서, 『신학 공과』, 21-22. 이와 같은 4대 원칙은 비록 간략하나 현재 읽어도 동의할 수 있는 내용들이다. 비록 전문적인 성경해석학(Biblical Hermeneutics)은 평양장로회신학교 교과 과정에 없었지만, 성경의 영감과 신적인 권위만 강조하고 만 것이 아니라 성경을 바르게 읽어야 한다는 것에 대한 강조를 초기 선교 상황에서도 가르친 것은 인상 깊은 일이라고 할 것이다.

49 이눌서, 『신학 공과』, 21-22.

(2) 하나님이 계신 증거 다섯 가지

레이놀즈는 두 번째 대지에서 본격적으로 하나님의 존재 증명을 다루어 준다. 그는 다섯 가지의 "하나님이 계신 증거"에 대해서 논의를 한다: 원인의 증거, 경영의 증거, 양심의 증거, 만민의 증거, 성경의 증거 등.[50]

1) **원인의 증거.** 레이놀즈는 만물이 어떻게 존재하게 되었는지 그 원인에 대한 설명으로 세 가지를 열거하는데, "시작 없이 영원 전부터 저절로 났다"라는 입장, "신령적 물체적 합한 자가 만물을 지었다"라는 입장, 그리고 "신령한 참신이 만물을 창조하셨다"라는 입장 등이다.[51] 첫 입장에 대해서는 "만물이 다 의지하고 변혁하는 것이니 스스로 의지하고 변혁 없으신 신령한 원인이 계신 결과로 만물이 그 지으심"을 받은 것이라고 비판하고, 둘째 입장에 대해서는 심신(즉, 육체적 정신적 측면)을 가진 인간의 경우 물질을 재료로 하여 "여러 가지 물건을 만들 수 있으되 없는 것으로 가음을 지을 수도 없고 또 생명과 신령을 만들 수가 도무지 없다"라고 반박한다.[52] 레이놀즈가 보기에 참된 원인은 참신이 창조하셨다고 하는 답변밖에 없다는 것이다. 천문학과 지질학 그리고 창세기의 증거상 "일월성신과 지구 만물이 벌써 있었기에", "신령한 조물주께서 영원부터 계신 증거"라고 말하고, 식물학과 동물학에서 "저절로 생기는 생명이 없고 다 부모가 있는 것이오, 다른 종류가 서로 변하여 이루거나 합하여 새 종류를 온전히 이루는 법이 없다"라고 하고 "각 종류가 시작한 때가 있을 수밖에 없기" 때문에 "그 시작하게 하신 이는 조물주 되신 참신"이시라고 확언한다.[53]

2) **경영의 증거.** 레이놀즈가 제시하는 두 번째 증거는 경영(經營)의 증거이

---

50 이눌서, 『신학 공과』, 21–25. 레이놀즈가 간략하게 소개하는 증거들은 소위 "신 존재 증명"에서 제시되는 내용들이다(Bavinck, *Reformed Dogmatics*, 77–91).

51 이눌서, 『신학 공과』, 22. 레이놀즈는 "신령뎍 물톄뎍 합한 쟈"라는 표현을 쓰고 있다.

52 이눌서, 『신학 공과』, 22. 레이놀즈가 사용하는 가음이라는 단어의 의미를 정확하게 파악하기가 어렵다.

53 이눌서, 『신학 공과』, 22–23.

다. 레이놀즈는 "무슨 경영을 보면 경영하는 자가 있는 줄 알겠는데, 만물의 경영한 표가 가득함을 보니 무한하신 경영이 있는 조물주가 계신 줄 알 수밖에 없다"라는 말로 논의를 시작한다.[54] 그렇다면 조물주 하나님의 경영의 표들이 어떤 것들이 있는지를 다음과 같이 나열해 준다.

ㄱ) 일월성신 돌아다니는 길과 때를 보니 규칙과 차서대로 돌게 하시는 경영이 기이하도다.

ㄴ) 지구상을 사람과 동물 위하여 마련하신 경영이 분명하다.

ㄷ) 모든 식물과 동물의 생기는 것과 기관을 경영하심이 기묘하다.

ㄹ) 사람의 오관내장을 자세히 보니 조물주의 경영하신 지혜가 한령없다 하리로다. 가령 눈, 손, 혀파.[55]

3) 양심의 증거. 레이놀즈가 제시하는 세 번째 신 존재 증거는 양심과 관련이 있다. 일단 그는 "영혼이 있음으로 영혼을 지어 주신 이가 계신 줄 알 것"이라는 말과 "육체의 소원대로 적당한 세상이 있는 것 같이 영혼의 소원에 적당한 신령한 세상도 있고 사모하여 사귈 하나님도 계시다"라는 말을 한다.[56] 그러고 나서 양심과 관련하여 세 가지 요지를 제시해 준다.

ㄱ) 양심이 자연히 선악을 분변하는 능인데 하나님의 목소리 같으니 하나님이 계신 증거라(사 30:21).

ㄴ) 선악 상벌은 떳떳한 이치인데 상벌 주실 심판장이 계신 증거라(롬 2:15).

ㄷ) 양심의 대지는 둘이니 불가불 뜻이요, 뉘게 달린 뜻이라. 하나님께 매여 달려서 불가불 순종할 것을 증거하는 양심이라(벧전 2:21).[57]

---

54 이눌서, 『신학 공과』, 23.
55 이눌서, 『신학 공과』, 23.
56 이눌서, 『신학 공과』, 24.
57 이눌서, 『신학 공과』, 24.

4) 만민의 증거. 레이놀즈는 "만민의 사기와 발달함을 보고 주장하는 하나님이 계신 줄 알 수 있다"라고 말할 뿐 아니라, "만민이 일구일언하는 말이 하나님이 계시다고 인정한다"라는 점을 적시한다.[58] 이상의 네 가지 증거에 대한 소개는 비교적 간략한 편이다.[59]

5) 그가 마지막으로 소개하는 것은 성경적 증거이다. 성경이 말하는 바는 첫째 "살아 계신 하나님"에 대한 것이고, 둘째 "살려 주시는 하나님"이시라는 것이다. 이어서 하나님에 대해 "만물을 지어 주신 하나님", "대주재", "심판장", "공변되신 구주", "우리 아버지", "삼위일체"시라는 것을 소개하고 나서 구약과 신약의 신명들을 간략하게 소개해 준다.[60] 레이놀즈는 마지막으로 "신구약 본문 이름의 증거를 합하여 보면 하나님이 스스로 계시고, 전능하시고, 주장하시고, 신령하신 참신이시라"라는 말로 2장을 끝맺는다.[61]

하나님의 완전하신 덕(3장)

전통적인 개혁주의 신론은 신 지식의 가능성, 불가해성을 다룬 후에, 하나님 지식의 주요 내용으로 이름(*nomina Dei*)을 다룬다.[62] 속성론은 대단히 중요한 부분이다. 1916년의 레이놀즈는 "하나님의 완전하신 덕"이라는 표현으로 속성론을 전개했다.[63] 속성론은 풍성하기 때문에 속성들을 어떻게 분류할 것인가에 대한 논의도 복잡하지만,[64] 전통적으로 많은 개혁신학자들은 비공유적 속성(*attributa incommunicabilia*)과 공유적 속성(*attributa communicabilia*) 등으로 양

58 이눌서, 『신학 공과』, 24.

59 우리는 그가 신 존재 증명이라는 표현을 쓰지 아니하고 증거(*testimonia*)라는 표현을 쓰고 있음을 주목해야 한다(Bavinck, *Reformed Dogmatics,* 2:89–91)

60 이눌서, 『신학 공과』, 24–25.

61 이눌서, 『신학 공과』, 26.

62 바빙크는 이름에 호칭들, 속성들, 그리고 위격의 이름 세 가지를 포함시키고 있기에(Bavinck, *Reformed Dogmatics*, 2:97–99, 147), 주의해서 읽어야 한다.

63 덕(virtue), 속성(attribute), 완전성(perfection) 등은 개혁파 정통주의에서 상호 교환적인 개념들이다.

64 속성들을 어떻게 분류하는지 다양한 견해들에 대해서 Bavinck, *Reformed Dogmatics*, 2:124–137; Richard A. Muller, *Post-Reformation Reformed Dogmatics,* 4 vols. (Grand Rapids: Baker. 2006), 3:216–226 등을 보라.

분하여 논의하곤 했다.[65] 그러나 레이놀즈는 논의 초두에 "하나님의 신성이 무한하시니 사람의 지혜로 알 수 없으나 성신의 가르치심으로 성경을 배우면 대강 깨달을 수 있다"라고 말한 후에,[66] "성경 요리문답 차서대로 론난할지니"라고 하면서 성경 소요리문답 4문답을 지시한다.[67]

장로교 표준문서 중 하나인 소요리문답 4문답은 "하나님은 어떤 분이십니까?"라고 질문하고 있고, 그 답으로 제시된 것은 "하나님은 영이시며, 그의 존재와 지혜와 권능과 거룩하심과 의와 선하심과 진실하심에 있어서 무한하시고 영원하시며 불변하십니다"라는 것이다.[68] 이러한 정의는 찰스 하지(Charles Hodge)에 의해 "아마도 하나님에 관해 인간에 의해 쓰인 가장 최고의 정의"이며, "참된 정의"이고, "완전한 정의"라고 찬사를 받은 바가 있다.[69] 또한 레이놀즈의 모교인 유니온 신학교의 조직신학 교수였던 로버트 댑니 역시도 소요리문답 4문답을 가장 선호할 만한 속성론으로 본다.[70]

(1) 참신이시다

레이놀즈는 소요리문답 4문답에 의거하여 하나님의 속성론을 전개하는데, 첫째 "하나님은 참신이시라"는 요점을 설명해 준다.[71] 그는 인간이 하나

---

65 개혁주의자 진영에서 비공유적 속성과 공유적 속성에 대한 논의는 Bavinck, *Reformed Dogmatics*, 2:96–97, 131–136 등을 보라.

66 이눌서, 『신학 공과』, 26. 레이놀즈는 우리의 입장을 세 살 아이에 비유해서 말한다: "가령 세 살 먹은 아이가 제 부모의 성질과 자격을 어떻게 통달하리요."

67 이눌서, 『신학 공과』, 26. 레이놀즈가 말하는 "성경 소요리문답"은 웨스트민스터 소요리문답(Westminster Shorter Catechism)을 가리킨다. 레이놀즈의 저술 전편에 나타나는 특징 중 하나는 장로교 표준문서에 대한 신실한 의존이다. 그는 김인준과 더불어 대요리문답을 번역하기도 했다(Westminster Larger Catechism, 레이놀즈, 김인준 공역, 『대요리문답』[경성: 조선예수교서회, 1927]).

68 김학모 편역, 『개혁주의 신앙고백』(서울: 부흥과개혁사, 2015), 849. 영어 원문은 다음과 같다: "God is a Spirit, infinte, eternal, and unchangeable, in his being. wisdom. power, holiness. justice goodness, and truth."

69 Charles Hodge, *Systematic Theology*, 3vols. (New York: Scribner's, 1872–1873), 1:367: "Probably the best deifinition of God ever penned by men, ist that given in the Westminster Catechism··· This is a trued definition: for it states the class of beings to which God is to be referred. It is also a complete definition, in so far as it is an exhaustive statement of the contents of our idea of God."

70 Robert L. Dabney, *Systematic Theology* (1878/ Edinburgh: Banner of Truth, 2002), 150 –151.

71 이눌서, 『신학 공과』, 26–28.

님의 형상대로 지음받았기 때문에 인간에게 있는 "총명, 칠정, 결심, 자유, 양심" 등이 신성에게도 있다고 하면서도 "신성은 완전하고 무한하시다"라고 적시한다.[72] 또한 참신이시기에 하나님은 "떼어 내거나 쇠하거나 늙어 죽거나 이런 폐가 당초에 없으시고", 영적인 존재이시기에 사지 백체가 없으시다고 밝히 말한다. 성경에서 하나님께 대해 눈, 귀, 입, 손, 팔 등이 있다고 표현된 것은 "사람처럼 알아듣기 쉽게 하시는 말씀"이라고 정해해 준다.[73] 레이놀즈는 육체적 혹은 물체적인 것은 "한정도 있고, 변혁도 하나니 참신에게는 의례히 없다"라고 말하고, "이목구비 사지백체는 영혼이 쓰는 기관인데 기관 쓸 필요 없이 직접으로 뜻을 이루는 것이 더 아름답고 기이한 것"이라고 말하기도 한다.[74] 다만 부활체를 입고 승천하신 성자께서는 "그 영화로우신 육체가 시방 천당에 계시다가 육체로 재임하실 것"에 대해서도 언급하는 것을 잊지 않는다.[75]

(2) 계신 것(being)

레이놀즈는 두 번째 대지에서는 하나님의 존재(계신 것)가 가지는 두 가지 뜻으로 "하나님의 본체와 살아 계심"이라고 해설하고 나서, 세 가지 관점에서 설명해 준다. 첫째는 무한하시다는 관점에서 해설해 주는데, 하나님은 영적 본체이시기에 "한량없으니 천지만큼 높고 크고 넓으신 분"이시고, 또한 "천지 각처에 계심으로 무소부재"하시고, "무시무종하여 영원하신 분"이시라고 설명하고 나서, 마지막으로 하나님의 불변성(*immutability*)에 대해서도 밝혀 준다. 구체적으로는 "더하고 덜함이 없고 쇠잔도 없고", "그의 살아 계심이

---

72 이눌서, 『신학 공과』, 26.

73 이눌서, 『신학 공과』, 26–27. 바빙크에 의하면 인간의 신체, 감정, 직업 등을 하나님께 적용하는 수많은 구절들은 신인동형론적인 표현이라고 한다(Bavinck, *Reformed Dogmatics,* 2:99–105).

74 이눌서, 『신학 공과』, 27. 1916년의 시점에서 레이놀즈는 오늘날의 무선(wireless) 시대를 예고하는 듯한 표현도 사용한다: "가령 무선 전기가 전보줄로 전하는 것보다 더 공교롭고 기이하다. 기도는 무언(無言)하나 하나님이 다 아시는 것이오, 성신께서 입이 없어도 우리 마음을 책망하시고 권위하시느니라."

75 이눌서, 『신학 공과』, 27–28. 레이놀즈에 의하면 부활체를 입으신 그리스도는 현재도 부활체를 입고 천당에 계시지만, 오히려 육체적 죽음을 당한 성도들은 천당에서 몸 없이도 복되게 살고 있고 하나님과 교제하고 있음을 동시에 강조해 준다.

항상 같으신 분"이시다.[76]

(3) 하나님의 지혜

레이놀즈는 하나님의 지혜에 대해서도 역시 무한하고, 무궁하며, 불변이라는 관점에서 설명을 해 준다. 첫째는 하나님의 지혜는 무한하시기에 무소부지(*omniscientia*)하시다고 설명한다.[77] 즉, 하나님께서는 "자기의 사정과 깊은 것을 다 아시고, 사람의 사언행을 다 아시고, 만물을 다 아신다"라고 열거한다.[78] 둘째로 지혜가 무궁하시기에, 하나님은 과거, 현재 그리고 미래를 다 아신다고 해설해 준다.[79] 셋째로 하나님은 온전하시기 때문에 지혜도 불변하시다고 적시한다. 하나님께서는 "사람의 자유로 생각하고 말하고 행할 모든 것"에 대해서도 미리 아시기에 "변하실 까닭이 없다"라고 말하기도 한다.[80] 레이놀즈는 이처럼 하나님의 미리 아시고 작정하심을 언급하는 기회에, 하나님의 미리 아시고 작정하신 뜻을 이루시는 두 가지 방법에 대해 다음과 같이 간략하지만 분명하게 설명해 주기도 한다.

ㄱ) 직접으로, 곧 자기의 권능으로 바로 행하시는 것이오(단 4:35).

ㄴ) 간접으로, 곧 마귀와 사람의 자유권으로 행함을 다스리심이라(시 76:1; 요 13:2-27; 행 2:23-24).[81]

(4) 하나님의 권능

레이놀즈는 하나님의 권능에 대해서도 무한, 무궁, 불변이라는 세 가지 관점에서 설명해 준다. 먼저는 하나님의 능력이 무한하시다는 것은 무소불능

---

76 이눌서, 『신학 공과』, 28-29.

77 이눌서, 『신학 공과』, 29-30.

78 이눌서, 『신학 공과』, 29.

79 이눌서, 『신학 공과』, 29.

80 이눌서, 『신학 공과』, 29-30.

81 이눌서, 『신학 공과』, 30. 레이놀즈는 이어서 양자의 조화(신적 작정과 인간의 자유)의 문제는 "사람의 지혜에 지나쳐서 깨다랄 수 없으나 하나님의 지혜에는 이것이 쉬운 문제"라고 적시한다.

하심(*omnipotentia*)이라고 적시하고, 하나님의 뜻, 말씀, 창조와 권고하시는 사역 등이 무소불능하시다고 말해 준다.[82] 둘째로 하나님의 권능이 무궁하시다는 것은 "영원 전부터 영원 후까지 전능하신 자"라는 의미라고 설명하고, 셋째로 불변성에 관련해서는 "하나님의 권능이 더하고 덜함이 없고, 성부 성자 성신의 권능이 한량없으니 동등이시오 일체되신 전능 상제시니라"라고 해설해 준다.[83] 역사 가운데는 하나님의 전능성에 대해서 절대적 능력(potentia absoluta)을 주장한 유명론자들이 있는데, 레이놀즈는 이것을 언급함 없이 하나님이 "못하실 것"이 두어 가지 있다고 밝힌다. 그는 "하나님이 온전하사 변하지 아니하시고… 그 적의가 변하지 아니하시기" 때문에, "자기를 거스리지 못하시고", "거짓말 못하시고, 악으로 시험을 받을 수 없으시다"라고 적시한다.[84]

(5) 하나님의 거룩하심

소요리문답 4문답의 정의를 따라 신 속성론을 전개하는 레이놀즈는 다섯 번째로 하나님의 거룩하심에 대해 설명하면서도 세 가지 관점에서 해설해 준다. 첫째로 하나님의 거룩하심은 무한하시다는 것인데, "신성이 온전히 성결하시고", "그의 말씀이 성결하시며", 그의 행하심도 성결하시고, 삼위일체 모두가 거룩하시다고 해설해 준다.[85] 둘째 거룩하심이 무궁하시다는 것은 "영원 전부터 영원 후까지 거룩하시다"라고 설명하고, 셋째 불변하시다 함에 대해서는 "그의 거룩하심이 더하고 덜함이 없음"이라고 적시해 준다.[86]

82 이눌서, 『신학 공과』, 30–31.

83 이눌서, 『신학 공과』, 31.

84 이눌서, 『신학 공과』, 31. 아우구스티누스는 이것을 "능력의 부족"이 아니라 "절대적인 능력"이라고 표현했다: "Augustine further asserts that this is not a lack of power but, on the contrary, true, absolute powers."(Bavinck, *Reformed Dogmatics*, 2:248).

85 이눌서, 『신학 공과』, 31–32.

86 이눌서, 『신학 공과』, 32.

(6) 하나님의 공의

여섯 번째 덕목인 공의에 대한 해설도 삼중성을 가진다. 첫째 무한하심에 대해서는 "신성이 온전히 의로우시기에" "그의 심판이 온전히 공변되다"고 해설해 준다. 그는 로마서 2:1–16에 근거하여, "하나님의 심판이 의로우시고, 각 사람의 행한 대로 보응하시고, 외모로 취하지 아니하시고, 사람의 형편과 양심을 헤아리시고, 은밀한 심사까지 드러내신다"라고 정해해 준다.[87] 둘째 하나님의 공의가 무궁하시다는 것에 대해 과거, 현재 그리고 미래에도 심판에 있어 정의가 시행됨을 말하고, 셋째 의의 불변성에 대해서는 구약과 신약의 속죄법이 피 흘리심으로 동일하다고 밝힌 후에, 하나님께서 죄인을 용서하시는 것은 하나님의 성품이 변하는 것이 아니라 "죄인이 믿고 회개하여 새사람이 됨"이라고 설명해 준다.[88] 레이놀즈는 만약 회개하는 죄인을 용서하지 아니하시면 "공의를 어기게 되는 일"이라고 말하고, 이어서 "구주의 피 믿는 자의 죄를 사하시는 것이 하나님의 의로우심을 나타내는 일"이라고 밝힌다.[89]

(7) 하나님의 자비하심

하나님의 자비하심에 대한 설명도 무한하시고, 무궁하시며, 불변하시다는 삼중적인 특징으로 설명한다. 레이놀즈는 하나님의 자비하심의 무궁하심에 대해서는 죄를 미워하시는 하나님이 죄인을 사랑하시는 것과 "세상을 사람이 쓰기에 합당하게 하사 마음을 즐겁게 하셨으며", "신자에게 위로와 평강과 모든 신령한 은혜를 베푸시는 것"으로 해설해 준다.[90] 둘째 자비하심의 무궁하심에 대해서는 세 가지로 설명해 준다.

ㄱ) 창세전부터 우리를 택하심(엡 1:4–5).

---

87 이눌서, 『신학 공과』, 32–33.
88 이눌서, 『신학 공과』, 33.
89 이눌서, 『신학 공과』, 34.
90 이눌서, 『신학 공과』, 34.

ㄴ) 지금 구원하시고(엡 2:4–6), 보혜사가 영원토록 같이 계심(요 14:16–17).

ㄷ) 오고 오는 세계에 풍성한 은혜를 베푸시리라(엡 2:7).[91]

마지막으로 자비하심의 불변성에 대해서는 "예수는 곧 자비의 근원과 표인데 변하지 아니하시니 하나님의 자비하심이 변하지 아니하실 줄 아노라(히 13:8)"라고 간략하게 말하고 그친다.[92]

(8) 하나님의 진실하심

하나님의 완전하신 덕에 대한 마지막 항목은 하나님의 진실하심에 대한 것인데, 레이놀즈는 이 속성이 "모든 덕의 기초"라고 말한다.[93] 그러고 나서 무한, 무궁, 불변의 3중성을 언급하고, 관련 성경 구절들만 제시하는 것으로 속성론을 마무리 짓고 만다.

이상에서 우리가 살펴본 대로 레이놀즈는 하나님의 완전하신 덕(속성)에 대한 논의를 소요리문답 4문답에 제시된 대로 다루었기에, 영이신 하나님은 7가지 속성들(그의 존재와 지혜와 권능과 거룩하심과 의와 선하심과 진실하심)에서 각기 무한하시고 영원하시며 불변하시다는 특징을 가진다는 점을 차례대로 설명해 주고 있을 뿐이다.

삼위일체 되심(4장)

레이놀즈는 4장에서 삼위일체론을 서술한다. 후대에 사는 우리들 입장에서 놀라운 사실은 선교 30년을 갓 넘긴 1916년에도 이미 "삼위일톄"(三位一體)라는 용어를 사용하고 있다는 것이다.[94] 레이놀즈는 삼위일체론을 시작하면서 교리의 난해함과 심오함에 대해서 주의를 불러일으킨다.

---

91 이눌서, 『신학 공과』, 34–35.
92 이눌서, 『신학 공과』, 35.
93 이눌서, 『신학 공과』, 35.
94 이눌서, 『신학 공과』, 35.

이 진리는 사람의 지각에 지나쳐 깨다를 수 없으나(욥 11:7) 성경에 그 증거가 확실하니 믿을 수밖에 없느니라. 여러 선생이 이 오묘한 진리를 여러 모양으로 비교하여 해석하여 보았으나 다 부족하여 헛수고를 한지라. 왜 그런고 하니 하나님을 비교할 것이 없고(사 40:18; 46:9) 너무 오묘하여 통달할 이가 성신밖에 없음이라(고전 2:11).[95]

이처럼 난해하고 오묘한 진리이지만, 레이놀즈는 삼위일체의 유비로소 인간 영혼을 언급하는데, 이는 하나님의 모양과 같이 지음받았기 때문이라고 한다. 물론 레이놀즈는 이러한 유비적 이해(analogical understanding)의 한계에 대해서도 분명히 지적해 준다.

한 영혼에 세 가지 능이 있으니 곧 총명(聰明)과 정의(情意)와 결의(決意)인데 각각 다르나 한 중심의 일이라. 이와 같이 성부는 경영하시고 성자는 그 경영을 나타내시고 성신은 그 나타내신 경영을 이루어 주시나니 각각 직책이 다르나 일체되신 한 하나님뿐이시니라. 그러나 이 비유도 부족하니 이치대로 논란치 말고 성경에 가르친 말씀이나 배우고 온전히 깨닫지 못하나 믿을지니라.[96]

(1) 삼위일체에 대해 직접적 증거를 주는 성경 말씀

이처럼 레이놀즈는 삼위일체에 대해 이성적인 논쟁보다는 성경이 가르치는 바를 단순히 믿을 것을 요청한 후에, 성경적 증거를 직접적인 것과 간접적인 것으로 나누어 제시해 준다. 먼저 첫 대지에 그는 직접적 증거를 다루어 주는데, 이는 "특별한 성경 말씀"이라고 밝힌다.[97] "우리"라고 밝히는 여러 구절들(창 1:26; 3:22 등), 창조 사역에 성부, 성자, 성령 세 분이 각기 동역하신 것을

95 이눌서, 『신학 공과』, 35.

96 이눌서, 『신학 공과』, 36. 인간의 영혼과 그 기능들 속에서 삼위일체의 유비를 해설하고자 궁구했던 대표적인 신학자는 아우구스티누스이다(Augustinus, *De Trinitate*, IX–XV). 그러나 이러한 유비의 한계에 대해서 레이놀즈는 간단하게 적시하지만, 바빙크는 보다 더 자세하게 반박을 제시해 주고 있다(Bavinck, *Reformed Dogmatics*, 2:322–329).

97 이눌서, 『신학 공과』, 36.

밝히는 구절들, 우리의 구원과 관련하여 삼위께서 각기 하시는 사역들에 대한 말씀들, 즉 "성부는 택정하시고, 성자는 속죄하시고, 성신은 중생과 거룩케 하심" 등,[98] 구약의 축복 기도와 신약의 기도(민 6:24-26; 고후 13:13), 거룩하다고 세 번 외치는 말씀(사 6:3) 등을 열거하고 나서 레이놀즈는 특히 세 분이 한 곳에서 언급되고 있는 성경의 여러 구절들을 다음과 같이 제시해 준다.

1) 사 63:7-10. 여호와, 구주, 성신
2) 마 3:16-17. 예수, 하나님의 신, 하늘로서 소리
3) 마 28:19. 아버지,[99] 아들, 성신
4) 요 14:16-26. 아버지, 나(예수), 보혜사
5) 롬 8:2-3. 생명의 성신, 하나님, 아들
6) 고전 12:4-6. 성신, 주, 하나님
7) 고후 13:13. 주 예수 그리스도, 하나님, 성신
8) 벧전 1:2. 하나님 아버지, 성신, 그리스도
9) 계 1:9-10. 하나님의 말씀, 예수의 증거, 성신의 감동
10) 갈 4:6. 하나님, 아들, 신.[100]

(2) 간접으로 하는 증거

레이놀즈는 두 번째로 간접적인 증거를 제시하는데, "하나님이 홀로 한 분뿐이시라고 하는 말씀과 성부도 하나님이시오, 성자도 하나님이시오, 성신도 하나님이시라 하는 말씀" 등을 함께 본다면 이는 "성부 성자 성신이 세 하

98 이눌서, 『신학 공과』, 36-37. 레이놀즈는 『구학 공과』 (1915)에서도 삼위일체 각위의 관점에서 자세한 서술을 해 준다(1. 성부의 일, 2. 성자의 일, 3. 성신의 일). 정원경, "평양신학교 성령론 연구 (1910- 1931)", 171-181도 보라.

99 이눌서, 『신학 공과』, 37. 레이놀즈는 아버지가 아니라 "아바지"라고 기록했다. 레이놀즈의 공과를 번역하거나 번역하는 데 기여한 한국인이 있었는지 없었는지 확인하기 어려우나 어쨌든 서북 방언이 가끔 등장하는 것은 사실이다.

100 이눌서, 『신학 공과』, 37-38. 레이놀즈는 영어 성경을 따라 고후 13:14라고 언급하나, 현재 개역개정으로는 고후 13:13이다.

나님이 아니라 삼위일체 되신 한 하나님"이시라는 것이다.[101] 그는 성부의 신성도 언급하지만, 특히 성자와 성령의 신성(하나님 되심)에 대해서 성경적으로 입증해 나간다.

먼저 성자도 하나님이심에 대해 성경은 선언하고 있을 뿐 아니라 여러 성경 구절들을 종합해 보면 "똑똑하고 분명하게" 성자가 태초부터 계시고, 하나님의 이름들(여호와, 전능하신 하나님, 영존하신 아버지, 평강의 왕, 찬양을 받으실 하나님, 알파와 오메가)이나 완전하심(무시무종, 불변성, 전지와 전능)을 성자에게 돌리고 있으며, 성자도 성부와 같이 "창조하시고, 권고와 주장하시고, 영생을 주시고, 성신을 보내시고, 거룩하게 하시며, 기사와 이적을 행하시며, 심판을 하시는 분"으로 기록하고 있고, 따라서 성부와 같이 경배받으실 분이시라고 소개됨을 적시해 준다.[102]

성령(성신)의 경우도 마찬가지로 증거되고 있음을 레이놀즈는 이어서 설명해 준다. 우선 성령도 태초에 계신 분이시고, 성령이 하나님이심을 알게 해 주는 구절들(사 6:8-9와 행 28:25; 행 5:3-4; 렘 21:33과 히 10:15-16 등), 신적인 속성들(무소부지, 무소부재, 무소불능, 무시무종), "창조하심, 이적, 중생, 거룩하게 하심" 등과 같은 신적인 사역들이 돌려지고, 성부 성자와 동일하게 경배의 대상으로 제시되고 있는 점 등을 레이놀즈는 열거해 준다. 특히 성령 훼방죄의 경우 영원히 용서받을 수 없는 죄가 된다(마 12:31-32)는 점을 적시해 준다.[103]

레이놀즈는 이상의 증거들을 종합하여 "홀로 하나이신 하나님이 삼위로 계시사 직책과 상관은 다르나 본체와 권능과 영광은 일반이 곧 삼위일체시니라"라고 결론짓는다.[104]

(3) 삼위의 분간(分揀)

삼위일체의 성경적 증거들을 제시한 후에, 레이놀즈는 "삼위의 분간"이라

---

101 이눌서, 『신학 공과』, 38.
102 이눌서, 『신학 공과』, 38-40.
103 이눌서, 『신학 공과』, 40-42.
104 이눌서, 『신학 공과』, 42.

는 제하에 삼위 하나님의 위격적 차이에 관해서 논의한다.[105] 그는 이러한 논의를 시작하면서도 "이는 너무 오묘한 이치니 성경에 가르친 말씀 외에 논란할 수 없노라"라고 단서를 단다.[106] 그렇게 시작해서 레이놀즈는 다섯 가지의 성경적인 논의를 제시해 준다.

1) 서로 대명사를 쓰심. 삼위 간에 나, 너, 저와 같은 대명사를 쓰시는 구절들이 있다(요 14:16–26; 15:26; 16:13–15; 17:5 등).[107]

2) 삼위 간에 서로 사랑하시고, 서로 의논하실 뿐 아니라 서로에 대하여 행하심을 언급하는 여러 구절들이 있다. 레이놀즈는 삼위 간에 서로 행하시는 바에 대해 세 가지 예들을 들어 준다.

ㄱ) 가령 성부께서 성자를 보내시며(요 3:16–17), 성부와 성자는 성령을 보내심(시 104:30; 요 15:26).

ㄴ) 성자는 성부의 명령을 받아 순종하시고(요 10:18; 히 10:7) 성신으로 세례를 베푸심(요 1:33).

ㄷ) 성신은 삼위의 작정을 이루시고 성자의 말씀을 기억하게 하시고(요 14:26) 성자를 위하여 증거하시고(요 15:26) 성자를 영화롭게 하심(요 15:14).[108]

3) 레이놀즈는 이러한 삼위의 위격적 구별됨(분간)이 "무시무종한 분간", 즉 영원한 것이라는 것을 이어서 적시해 준다. 성부께서는 태초 전(영원 전)부터 아버지이시고, 성자는 태초 전부터 아들이시며, 성령께서는 태초 전부터

---

105 바빙크는 삼위일체를 바르게 이해하기 위해서는 본질의 의미, 위격의 의미, 본질과 위격의 관계와 위격 상호 간의 관계 등에 대해 알아야 한다고 적시해 주는데, 레이놀즈는 삼위의 분간과 일체라는 두 주제로 이에 대해 해명해 주고 있다. cf. Bavinck, *Reformed Dogmatics,* 2:298–299("For a true understanding of the doctrine of the Trinity three questions must be answered: What is the meaning of the word 'essence'? What is meant by the word 'person'? And what is the relation between 'essence' and 'person' and between the persons among themselves?").

106 이눌서, 『신학 공과』, 42.

107 이눌서, 『신학 공과』, 42.

108 이눌서, 『신학 공과』, 42–43.

성령이시다.[109]

4) 레이놀즈는 삼위가 각기 맡은 직책이 있음에 대해서도 말해 주는데, 성부께서는 "대주재로 창조하시고 권고하시는 사역"을 맡으시고, 성자께서는 "위임자로 창조하시고 권고하시는 사역"을, 성령께서는 "시행자로 창조하시고 권고하시는 사역"을 맡으신다고 설명해 준다.[110]

5) 레이놀즈는 신자에게 대한 삼위가 맡으신 직책이 각각 있음에 대해서도 비교적 자세하게 설명해 주고 있는데, 그가 제시하는 바를 보도록 하겠다.

ㄱ) 성부는 창세전에 우리를 택정하사 그리스도로 말미암아 자기 자녀를 삼으셨으며 세세토록 그 은혜의 영광을 찬미하게 하심(엡 1:4–6, 12)

ㄴ) 성자는 우리 죄를 맡아서 대신 돌아가심으로 구속하셨으며(롬 5:8–10), 지금 우리 있을 곳을 예비하시며(요 14:2–3), 위하여 간구하시고(히 10:25), 후에 재림하사 우리를 영접하여 영원히 함께 계시리라(살전 4:14–17).

ㄷ) 성신은 우리 마음을 감동하사 중생시키시어(요 3:3–8), 예수를 믿고 회개하게 하시고(엡 2:8), 마음의 기도를 도와주시고(롬 8:26), 점점 거룩하게 하시고(롬 8:13), 변화하여 예수의 영화로우신 모양과 같게 하시느니라(고후 3:17–18; 요일 3:2).[111]

(4) 삼위의 본체와 권능과 영광이 일반이다

삼위의 위격적 구별(분간)에 대해 설명한 후에, 이어서 레이놀즈는 삼위의

---

109 이눌서, 『신학 공과』, 43.

110 이눌서, 『신학 공과』, 43. 이점에 대한 바빙크의 신학적인 정리는 다음과 같다: "All the works of God *ad extra* have one single Author (*principium*), namely, God. But they come into being through the cooperation of the three persons, each of whom plays a special role and fulfills a special task, both in the works of creation and in those of redemption and sanctification."(Bavinck, *Reformed Dogmatics*, 2:319).

111 이눌서, 『신학 공과』, 44.

본질적 일체 되심에 관하여 논의를 시작한다. 그가 주목하는 것은 "삼위의 본체('본톄')와 권능과 영광이 일반"이라는 것에 있다.[112] 그는 우선 성부와 성자의 동일한 본체이심에 대해 말하는 여러 구절들을 제시하고(요 10:30; 10:38; 요 14:9; 14:10–11), 성령에 대해 하나님의 신, 성부의 성신, 그리스도의 신이라고 호칭하는 여러 구절들을 제시한다(고전 3:16; 마 10:20; 롬 8:9).[113] 그러고 나서 레이놀즈는 삼위가 권능과 영광도 동일하시다는 점에 대해 여러 성경 구절들을 열거하고 논의를 끝맺는다.[114]

신학생들이나 목회자들뿐 아니라 일반 신자들을 염두에 두고 성경적 교리 공부 교재로 집필한 공과들이기에 레이놀즈는 주로 성경과 소요리문답을 재료로 하여 설명하곤 하는데, 가끔은 신학적인 논의를 부득불 끌어들이는 경우들이 눈에 뜨인다. 삼위일체론을 끝내는 부분에서도 레이놀즈는 삼위일체론에 대해 제기된 이단들을 간단하게 소개하는 부가 항목을 덧붙이는 것을 보게 된다. "이단지도(異端之道). 이 오묘한 이치에 대하여 정도리를 배웠으니 이제 교회 사기 가운데 이단지도를 두어 가지 말합세다"라고 운을 뗀 후에, 노에투스, 사벨리우스, 아리우스(아리오), 소키누스(소기노)의 입장을 간략하게 소개해 준다.[115] 레이놀즈는 삼위일체의 정도리와 이단지도에 대해 서술한 후에, 마지막으로 "각 위가 각 위에 있고 각 위가 모든 위에 있고 모든 위가 각 위에 있으니 삼위가 일체니라"라는 아우구스티누스의 말로 논의를 끝맺는다.[116]

---

112 이눌서, 『신학 공과』, 44. 웨스트민스터 신앙고백서 2장 3항에서는 "In the unity of the Godhead there be three persons, of one substance, power, and eternity; God the Father, God the Son, and God the Holy Ghost"라고 진술하고 있고, 소요리문답 6문답에서는 "Q. 6. How many persons are there in the Godhead? A. There are three persons in the Godhead: the Father, the Son, and the Holy Ghost; and these three are one God, the same in substance, equal in power and glory"라고 문답하고 있는 것을 볼 때, 레이놀즈는 소요리문답 6문답에 근거해서 이 부분을 다루고 있음을 알 수 있다.

113 이눌서, 『신학 공과』, 44–45.

114 이눌서, 『신학 공과』, 45: "성부와 성자는 동등이시라(마 28:18; 요 5:19–27). 성신의 권능이 같으심(창 1:2; 행 1:8; 롬 8:11; 고전 12:11). 성신의 영광도 같으심(벧전 4:14; 고후 3:18)."

115 이눌서, 『신학 공과』, 45–46.

116 이눌서, 『신학 공과』, 46–47. 레이놀즈는 Augustinus를 '아구스된'이라고 표기했고, "정도리를 위하여 힘써 토론한" 신학자로 소개한다.

레이놀즈의 하나님의 사역론

레이놀즈의 『신학 공과』 5장-9장은 하나님의 사역론이라고 할 수 있다. 레이놀즈는 하나님의 영원한 예정(5장), 창조(6장), 권고하심과 주장하심(7장), 이적과 기사(8장), 그리고 천사와 마귀(9장) 등의 주제를 설명해 주고 있다. 레이놀즈는 5장 하나님의 영원한 예정을 시작하는 서문에서 지금까지 살펴본 내용과 이제 살펴보게 될 내용 사이의 연관 관계를 다음과 같이 서술해 주고 있다.

> 1장부터 4장까지 하나님의 말씀과 신성을 논란하였으니 이제 하나님의 영원하신 작정과 그 기쁘신 뜻대로 시행하시는 방책을 배워봅시다. 이미 공부한 것 같이 무한하시고 무궁하시고 변치 아니하시는 하나님이 천지 만물을 창조하시고 권고하실 때 의례히 영원히 작정하신 경영이 있었으리라. 또 그 완전하신 덕 중에 지혜와 권능 둘만 생각하여도 무소부지하시고 무소불능하신 자가 모든 동물과 그 행동을 아시고 주장하실 수밖에 없느니라(엡 1:9-11).[117]

하나님의 영원한 예정(5장)

레이놀즈는 예정에 대해서 당시 한국인들의 정서 속에 짙게 스며 있던 팔자나 운수 사상과 무관하다는 점을 적시해 주고, 예정이란 "오직 온전히 인자하시고 거룩하신 자의 경영이오, 또 사람의 자유를 어기지 아니하시고 온전히 보전하시는 작정"이라고 강조해 준다.[118] 그의 예정론은 크게 세 가지 대지로 나눠 전개된다.

---

117 이눌서, 『신학 공과』, 47.

118 이눌서, 『신학 공과』, 47.

(1) 만사를 예정하심[119]

레이놀즈는 만사에 속하는 것을 "자연한 일"과 "자유한 일" 두 가지로 구분하여 다룬다. 전자에 대해서는 간략하게 말하고, 인간의 자유가 관련된 후자에 대해서는 비교적 자세하게 논의를 전개한다.

1) 자연한 일. 레이놀즈는 만사 만물은 "무론대소하고 하나님이 이미 작정하신 뜻대로 됨이라(잠 16:33; 마 10:29–30)"라고 말한다.[120]

2) 자유로 하는 것. 레이놀즈는 "자유로 하는 것까지 하나님이 이미 작정하신 뜻대로 됨이라(잠 21:1; 엡 2:10; 빌 2:13)"라고 말한 후에, 심지어는 "사람의 자유로 하는 악한 일까지 하나님의 예정 속에 든 것이라(행 2:23; 4:27–28; 시 10:5)"라고 명시적으로 말하기도 한다.[121] 이렇게 되면 하나님이 죄의 창시자인가라는 반문이 제기되곤 하기에, 레이놀즈는 다음과 같은 답변을 제시해 준다.

> 그러나 하나님이 죄인과 마귀의 악한 일을 시키시는 것도 아니오 좋아하시는 것도 아니라 오직 그 자유로 행함을 미리 아시고 버려두사 그 가운데서 당신의 지혜롭고 거룩하신 뜻을 이루게 하심이라(창 50:20).[122]

레이놀즈는 이 문제에 대해서 소키누스주의와 아르미니우스주의의 입장을 간략하게 비판적으로 소개한 후에, "칼빈과 장로회 신경의 말이 하나님이 사람의 자유로 행할 일을 미리 정녕히 아심은 다 미리 정하신 연고라 한다"라

---

119 레이놀즈는 소요리문답 7문답을 예정론의 근거로 제시하는데 그 내용은 다음과 같이 만사에 대한 작정과 관련되어 있다: "Q. 7. What are the decrees of God? A. The decrees of God are, his eternal purpose, according to the counsel of his will, whereby, for his own glory, he hath foreordained whatsoever comes to pass."

120 이눌서, 『신학 공과』, 47–48.

121 이눌서, 『신학 공과』, 48.

122 이눌서, 『신학 공과』, 48.

고 부언하기도 한다.[123] 그리고 이러한 입장이 "정도리인 줄 아는 증거"를 세 가지로 제시해 주는데, 주의 깊게 읽어 볼 필요가 있는 내용들이다.

> ㄱ) 하나님이 만유의 조물주시오 만사를 다스리시는 대주재시니 인생의 자유에게 매어달리시거나 당신의 경영이 틀리거나 할 것 같으면 대주재 노릇을 못하시리라(단 4:35; 사 40:13–14; 롬 9:15–18; 엡 1:5).
>
> ㄴ) 예정 속에 사람의 쓸 방책까지 들었으니 원인과 결과 둘 다 예정하심이라(엡 2:8; 살후 2:13; 행 27:24, 31).
>
> ㄷ) 개인의 구원은 예수를 믿음으로 얻으려니와 믿음의 원인은 하나님의 창세전에 택정하심이오(엡 1:4) 그 택정의 원인은 사람에게 있는 것이 아니오 당신의 "기쁘신 뜻대로" 하심이라(엡 1:5, 9, 11; 롬 9:11).[124]

레이놀즈에 의하면 "하나님의 예정은 반드시 이루어질" 뿐 아니라, "온전히 지혜로우시고 공의로우시고 인자하시고 거룩"한 것이다.[125] 그러한데 죄가 세상에 들어오기를 용납하신 것은 무슨 이유인지에 대해서도 외면하지 아니하고 레이놀즈는 대면하는데, 우선 하나님은 죄의 원인이 아니시라는 점을 명시하고 나서 죄는 "사람의 자유로 말미암아 들어온 것"이고 그러한 죄의 들어옴을 하나님이 용납하신 이유는 "공의와 자비를 나타내시고 당신의 지극한 영광과 신자의 복락을 더욱 이루시기" 위하심이라고 해설해 준다.[126]

레이놀즈는 하나님께서는 인간의 자유를 "어기거나 압제하지 아니하시고

---

123 이눌서, 『신학 공과』, 48. 칼빈과 장로회 신경의 입장을 소개한 후에 괄호 속에 예지 예정이라고 표기하고 있는데, 이는 아르미니우스주의적 의미에서의 예지 예정이 아니라 롬 8:29의 의미에서의 예지 예정이라는 술어 사용임을 주의해야 할 것이다.

124 이눌서, 『신학 공과』, 49.

125 이눌서, 『신학 공과』, 49–50.

126 이눌서, 『신학 공과』, 50. 하나님이 죄의 원인이 될 수 없는 이유로는 "하나님은 완전히 거룩하심으로 죄악을 내실 수 없고, 죄라 하는 것은 하나님의 뜻을 어기는 것이니 어찌 하나님께로 나리오, 사람은 자유함으로 자행자지하여 그 행동의 원인은 자기의 마음이니 재담할지라"라고 밝힌다. 하나님의 작정과 죄의 기원의 문제에 대한 개혁주의적 정해는 Bavinck, *Reformed Dogmatics*, 3:59–62를 보라.

그 자유로 행할 일을 정녕히 행하게 마련하신다"라고 말하면서, 하나님의 뜻을 "나타내시는 명령"과 "감추신 예정" 두 가지로 구분하여 설명하기도 한다. 전자는 사람에게 행하라고 주어진 하나님의 명령이요, 행할 수도 있고 자유로이 어길 수도 있는 것이지만, 후자는 하나님의 감추어진 뜻이기에 당장에는 알려지지 않으나 드러나게 될 날이 오게 된다.[127]

그리고 하나님께서 예정하신 것을 이루시는 두 가지 방책에 대해 레이놀즈는 "창조와 권고" 두 가지를 밝히고, 그 방책을 쓰시는 두 가지 방책으로 직접적인 것과 간접적인 것이 있음을 말해 준다.[128]

ㄱ) 직접으로 하시는 것은 친히 행하시는 이적이오. 가령 창세, 중생(히 11:3; 딛 3:5).

ㄴ) 간접으로 하시는 것은 세우신 법칙으로도 이루시고 자유한 자의 마음을 감화하심으로 이루시느니라. 가령 일월성신 도는 법, 동물 생육법, 인륜의 천륜.[129]

(2) 신자를 정하심

둘째 대지에서 레이놀즈는 "신자를 정하심"에 대해 다루는데, 이것을 "특별한 예정"이라고 칭한다.[130] 또한 그는 이 주제와 관련하여 세 가지 교훈이 있다고 하면서, 보편적 예정을 말하는 소키누스파와 예지 예정을 말하는 알미니안파[131]의 입장을 소개한 후에 칼빈주의 예정론을 다음과 같이 간략하게

---

127 이눌서, 『신학 공과』, 50–51. 숨겨진 뜻과 드러난 뜻(the hidden and the revealed will)에 관한 자세한 논의는 Bavinck, *Reformed Dogmatics,* 2:242–245를 보라.

128 이눌서, 『신학 공과』, 51.

129 이눌서, 『신학 공과』, 51.

130 이눌서, 『신학 공과』, 51. 죽산은 만사 만물에 대한 작정과 인간의 구원과 관련된 예정을 구별하여 설명할 뿐 아니라, 예정을 선택과 유기로 구분하여 다룬다(박형룡, 『교의신학 신론』, 241–321). 반면에 바빙크는 "하나님의 경륜"(de raad van God, the counsel of God)이라는 제하에 작정(*decretum*)과 예정(*praedestinatio*)을 함께 논의한다(Bavinck, *Reformed Dogmatics,* 2:337–405).

131 이눌서, 『신학 공과』, 51–52. 1916년 레이놀즈는 "아르미니오문"이라고 표기했고, 아르미니우스 예지 예정에 대해서는 다음과 같이 약해해 준다: "하나님이 누가 믿고 회개할 것을 영원 전부터 아시고 그 믿고 회개함을 인하여 택정하사 영생을 주신다."

소개해 준다.

> 칼빈 장로회 문(門)의 말이 하나님이 자기 기쁘신 뜻대로 개인을 영원 전부터 택정하사 영생을 주시려고 성신으로 거듭나게 하신즉 곧 이 새 마음의 자유로 믿고 회개하게 마련하셨으니 믿음과 회개는 택정의 원인이 아니오 그 결과라 하느니라 이 교훈이 신령한 이치와 성경에 합당한 교리라.[132]

레이놀즈는 예정(택정)의 대상을 사회나 족속 같은 공동체보다는 개인에 초점을 맞추어 설명하기를 "하나님께서 개인을 택정하사 영생을 얻게 하신다"고 말한다.[133] 또한 "이 신자를 택정하심이 불변하다는 점"을 강조한다. 그는 하나님의 불변하심, 무소부지하심, 무소불능하심 등의 성품에 근거하여 택정의 불변성을 주장했다.[134]

앞서 아르미니우스파와 칼빈주의 입장이 다르다는 점을 적시한 적이 있는데, 레이놀즈는 "택정하신 자의 믿음과 회개"는 예지 예정의 근거가 될 수 없으며, "오직 주장하시는 은총을 말미암아 당신의 감추신 뜻대로 택정하신 것"이라고 다시 한번 강조해 준다. 그는 믿음, 회개, 선행과 같은 것들은 "택정의 결과"나 은사이지, 택정의 원인이나 까닭이 되지 않는다고 말하고, "중생하여야 믿고 회개할 것이니 중생은 성신의 일인고로 선행이 택정의 원인이 못 된다"고 설명해 준다.[135] 성경에 의하면 택정하시는 권리는 인간에게 있는 것이 아니고 하나님께 달린 것이라는 점과 택정의 때가 "창세전이오 나

---

132 이눌서, 『신학 공과』, 52. 레이놀즈는 1937년에 "칼빈신학과 그 감화"라는 글을 「신학지남」 16/4 (1937): 49–54에 기고하였는데, 서두에 "칼빈의 교리적 선배는 어거스틴과 바울이오"라고 밝힌다(49). 그리고 동년에 죽산 박형룡은 박윤선의 도움에 힘입어 Loraine Boettner, *Reformed Doctrine of Predestination*을 『칼빈주의 예정론』이라는 이름으로 역간함으로 국내에 칼빈주의 예정론에 대한 본격적인 소개를 하게 된다(이상규, 『해방 전후 한국 장로교회의 역사와 신학』 [서울: 한국기독교역사연구소, 2015], 61).

133 이눌서, 『신학 공과』, 52. 레이놀즈는 택정받은 자가 받는 복락들, 즉 영생, 구원, 아들의 명분, 거룩하고 없게 하심, 순종케 하여 피 뿌림을 얻게 하심 등이 "사회나 족속의 복이 아니오 개인으로 누릴 복"이라고 설명한다.

134 이눌서, 『신학 공과』, 52–53.

135 이눌서, 『신학 공과』, 53.

기 전이 그 까닭이 신자에게 있는 것이 아니오 하나님께 있는 것"이라고 추가 설명도 해 준다.[136] 이처럼 하나님의 주권적인 택정에 대해 강조하는 칼빈주의자이기에, 레이놀즈는 그 택정하심의 목적에 대해서도 "우리에게 후히 주시는 은혜의 영광을 찬미하게 하려 함"이라고 적시해 준다.[137]

레이놀즈는 이어서 택정하신 자의 "구원의 방책"에 대해서 하나님 편과 인간 편으로 나누어 설명해 주기도 한다. 하나님 편에서 주권적인 은혜로 하시는 일은 "성자를 보내사 속죄하시고 성신으로 우리를 확실히 부르사 의되게 하시고 양자로 삼으사 거룩케 하시며 종신토록 은혜 가운데 점점 자라게 하시고 죽을 동시에 온전히 성결케 하시는 것"이라고 해설해 준 후에,[138] 인간에 명하시는 방편에 대해서는 "믿음과 회개와 기도와 성경 봄과 성례"라고 적시해 준다.[139] 그러나 하나님의 주권적인 택정하심과 은혜 베푸심이 선행해야 구원이 가능한 것이기에 "하나님이 택정하신 자 외에 구원 얻을 자가 없다"라는 점을 다시 강조해서 말하기도 한다.[140] 그러면서도 힘써 전도해야 할 전도자의 책무에 대해서 강조하는 것도 잊지 않는다.[141]

(3) 불신자를 버려두심(유기, repobation)

레이놀즈는 신자의 선택을 다루고 나서 이어서 불신자의 유기에 대해서도 다루는데, 서두에서 "이 오묘하고 슬픈 교리는 두 편이 있으니 1) 구원의 은

---

136 이눌서, 『신학 공과』, 53–54.

137 이눌서, 『신학 공과』, 54. 레이놀즈는 세부적으로 다음의 설명을 덧붙인다: "이 영광은 은총의 영광이니 제일 아름다워 영원토록 찬송할 바로다(계 4:10–211; 5:8–10). 하나님이 이런 영광을 빼앗기지 아니하시리니 신자들은 얼마나 튼튼한고(사 48:11; 43:7; 고후 3:18; 1:20)."

138 이눌서, 『신학 공과』, 54. 레이놀즈는 근거 구절들(살후 2:13; 롬 8:29–30)과 소요리문답 20, 29, 31, 36–38문답 등을 제시해 준다.

139 이눌서, 『신학 공과』, 55. 레이놀즈는 소요리문답 85문답과 88문답을 부기한다.

140 이눌서, 『신학 공과』, 55. 레이놀즈는 인간의 전적 타락에 대해 적시하고, 나아가서는 그리스도의 속죄가 제한 속죄(limited atonemet)임을 분명히 한다. "칼빈신학과 그 감화", 49–54에서 칼빈주의 5대 요점에 대해서 레이놀즈는 언급하고 있다.

141 이눌서, 『신학 공과』, 55. "천하 인간에 다른 구주가 없으니 예수를 믿어야만 구원을 얻으리라(행 4:12). 그런고로 마땅히 힘써 널리 전도할 말씀은 요 3:16; 계 22:17, 또 전도자의 마음속에 위로할 말씀은 행 13:48이다." 행 13:48 말씀은 다음과 같다: "이방인들이 듣고 기뻐하여 하나님의 말씀을 찬송하며 영생을 주시기로 작정된 자는 다 믿더라."

혜를 주지 아니하심 2) 그 죗값을 공의대로 주심"이라고 말한다.[142] 이어서 상세히 해설해 주는데, 첫째는 "하나님이 신자 외에 남은 사람을 죄 가운데 버려두사 구원의 은혜를 저희에게 주지 아니하시기로 창세전부터 작정하심"이고, 둘째는 "버려두신 자의 정죄당한 형벌로 보응하시기로 작정하심"이라고 말한다.[143] 비교적 난해하고 논쟁적인 논의를 피하는 레이놀즈이지만, 여기서 타락 후 선택설(infralapsarianism)의 입장을 제시해 주기도 한다.[144] 또한 유기 작정의 목적에 대해서는 "당신의 주장하시는 권능과 진노하시는 공의를 나타내고자 함"이라고 적시하기도 한다.[145]

(4) 이 교리를 어떻게 다루어야 하는가?

레이놀즈는 예정론의 마지막 대지에서 택정하심이라고 하는 "이 오묘한 도리를 특별한 슬기와 조심으로 논란할" 것에 대한 권면과 더불어 이 교리의 효력에 대해 다루고 있다. 레이놀즈는 이 교리를 "믿지 아니하는 자에게나 의혹하는 자에게나 믿음이 부족한 자에게나 신령한 마음 없는 자에게" 가르치는 것을 금한다. 오히려 가르치려면 차서대로 가르쳐야 할 것을 말해 주는데, "복음의 쉽고 긴요한 교리를 먼저 진실히 믿은 후에 신자의 마음을 위로하고 튼튼하게 하려고 하나님이 미리 택정하신 교리를 가르쳐야 한다"라고 주의를 준다.[146] 또한 레이놀즈는 이 교리를 슬기롭게 다룰 때 얻을 수 있는 효력에 대해서는 "믿음을 굳게 하고", 겸손하게 하며, "열심과 경건"을 육성하고, "사랑과 감사를 가르치는 교리"라고 열거해 준다.[147]

---

142 이눌서, 『신학 공과』, 56.

143 이눌서, 『신학 공과』, 56–57.

144 이눌서, 『신학 공과』, 56. 도르트 신경 I.1에서도 동일하게 타락 후 선택설적인 설명을 제시해 주는데, 레이놀즈의 설명은 다음과 같다: "모든 사람이 자유로 죄 가운데에 빠져 본래 진노를 받을 자식이라. 그런즉 구원을 구원을 바랄 지위가 못되고 망할 수밖에 없음. 이렇게 마땅히 망할 자 중에서 몇 사람을 택하여 구원하시는 것이 은혜뿐이니 그 은혜를 베푸시는 이가 누구 누구를 구원하고 버려둘는지 당신의 은밀한 뜻대로 작정하실 수밖에 없느니라." "칼빈신학과 그 감화", 49–54에서 레이놀즈는 infralapsarianism을 타락상 선택설로 표기한다.

145 이눌서, 『신학 공과』, 57.

146 이눌서, 『신학 공과』, 57.

147 이눌서, 『신학 공과』, 57–58.

레이놀즈는 예정론을 마무리 짓는 대목에서조차도 하나님의 주권적 예정과 인간의 자유의 관계에 대해서 다시 한번 점검해 주고 있다. 그만큼 그에게는 이 주제가 중요한 주제였던 것으로 보이는데, 그의 설명을 직접 보도록 하겠다.

> 하나님의 예정과 사람의 자유는 둘 다 성경에 분명히 가르치는 도리라도 피차 연락하는 해석은 성경 가운데도 없고 사람의 총명 지혜에 지나쳐서 통달하여 깨달을 수 없나니 함부로 논란할 것도 아니오 믿기만 할 따름이니라. 주장은 하나님께 있으니 하나님께 맡겨 버릴 것이오 자유는 내게 있으니 믿고 회개하여 구원의 방법을 부지런히 쓸지니라(성경 소요리문답 20과 85를 비교하시오).[148]

창조하심(6장)

레이놀즈는 5장에서 만물 만사에 대한 하나님의 예정을 다룬 후에 6장에서는 "그 예정하신 일을 이루시기 위하여 태초에 천지 만물을 창조하신" 사역에 대해 설명한다. 그는 이 주제를 시작하면서 소요리문답 8문과 9문을 먼저 지시하고 난 후에,[149] 다음과 같은 서문을 제시한다.

> 천지를 창조하시기 전에 삼위일체 되신 하나님이 미리 경영하여 만물 만사를 예정하신 것을 전장에서 배웠으니 그 예정하신 경영을 이루시기 위하여 태초에 천지 만물을 창조하시고 또 그때로부터 항상 주장하여 권고하시는 것을 연하여 대

---

148 이눌서, 『신학 공과』, 58. 레이놀즈가 비교하라고 지시하기만 한 소요리문답 20문답과 85문답의 내용은 다음과 같다: "Q. 20. Did God leave all mankind to perish in the estate of sin and misery? A. God, having out of his mere good pleasure, from all eternity, elected some to everlasting life, did enter into a covenant of grace to deliver them out of the estate of sin and misery, and to bring them into an estate of salvation by a Redeemer/ Q. 85. What doth God require of us, that we may escape his wrath and curse, due to us for sin? A. To escape the wrath and curse of God, due to us for sin, God requireth of us faith in Jesus Christ, repentance unto life, with the diligent use of all the outward means whereby Christ communicateth to us the benefits of redemption."

149 소요리문답 8문답과 9문답의 내용은 다음과 같다: "Q. 8. How doth God execute his decrees? A. God executeth his decrees in the works of creation and providence. / Q. 9. What is the work of creation? A. The work of creation is, God's making all things of nothing, by the word of his power, in the space of six days, and all very good."

강 말합시다.[150]

레이놀즈는 창조론을 총 6개의 대지로 나누어서 서술해 준다.

(1) 창조주

레이놀즈는 천지 만물을 창조하신 분이 "삼위일체 하나님"이시라는 점을 우선적으로 강조해 준다. 그는 창조자에 대해 성부로, 성자로 혹은 성령으로 지시하는 여러 구절들을 적시함으로써 자신의 주장을 입증한다(창 1:1; 고전 8:6; 히 1:2; 시 103:30; 요 1:3; 창 1:2; 욥 33:4).[151]

(2) 창조하신 차서(次序)

레이놀즈는 창조의 차서에 대한 논의를 이어서 제시해 주는데, 서두에 "창세기 1:1-27 말씀을 자세히 보면 지리학과 동물학과 불합함이 별로 없다"라고 선언한다.[152]

그는 창세기 1:1에서 사용된 '창조하다'에 해당하는 히브리어 단어가 바라(בָּרָא)인 것을 말하고, 1장에서 이 동사가 세 번 사용되었다는 말만 한다.[153] 짧은 지면에서 창세기 1장의 창조 기사를 정리해 주고 있지만, 레이놀즈가 제시하는 창조론은 기대 밖에 중요한 이야기들을 하고 있다. 1절에 대해서도

---

150 이눌서, 『신학 공과』, 59.

151 이눌서, 『신학 공과』, 59-60.

152 이눌서, 『신학 공과』, 60.

153 이눌서, 『신학 공과』, 60. "이 용어(바라)는 '만들다'라는 일반적인 표현인 앗사와 달리 오직 하나님을 주어로 하여 쓰인다"(유해무, 『개혁교의학: 송영으로서의 신학』 [서울: 크리스찬다이제스트, 1997], 204-205). 벌코프는 더욱더 상세한 설명을 해 준다: "In the narrative of creation, as was pointed out in the preceding, three verbs are used, namely bara', 'asah, and yatsar, and they are used interchangeably in Scripture, Gen. 1:26, 27; 2:7. The first word is the most important. Its original meaning is to split, to cut, to divide; but in addition to this it also means to fashion, to create, and in a more derivative sense, to produce, to generate, and to regenerate. The word itself does not convey the idea of bringing forth something out of nothing, for it is even used of works of providence, Isa. 45:7; Jer. 31:22; Amos 4:13. Yet it has a distinctive character: it is always used of divine and never of human production; and it never has an accusative of material, and for that very reason serves to stress the greatness of the work of God."(Berkhof, *Systematic theology*, 132).

그는 "하나님이 천지를 먼저 창조하여 가지시고 가음을 삼아 차차 만물을 만드시고 여러 모양을 드러내신 것"이라는 해석을 제시해 준다.[154] "땅이 혼돈하고 공허하며 흑암이 깊음 위에 있고 하나님의 영은 수면 위에 운행하시니라"(2절)에 대해서는 "어떤 선생이 말하기를 하나님이 무서운 형벌을 내리사 지구를 크게 상하게 하신 것 같다 하며 그 까닭은 아마 천사들이 시험에 빠져 범죄함으로 쫓겨 땅에 떨어진 일인가 보다"라고 하는 해설을 소개한 후에 "그러나 사람이 있기 전 일이오 그 말씀이 너무 오묘하니 자세히 알 수 없는 일이라"라고만 논평하고 지나간다.[155] 그리고 3, 5, 14–19절을 비교하여 설명하기를 "천지를 창조하실 때 일월성신까지 창조하셨거니와 빽빽한 구름이 덥혀서 보이지 아니하였더니 차차 밝아지고 넷째 날에 이르러 구름을 벗기사 일월성신을 밝게 드러내신 것"이라는 것도 다소 특이한 해설이라고 할 것이다.[156] 하지만 그는 동물과 인생을 포함한 생명은 "하나님이 직접적으로 창조"하셨다는 것과 "각 종류의 시조만 창조하시고 그다음에 생육법을 세워 번성케 하셨다"라고 적시해 주기도 한다.[157]

레이놀즈는 이어서 6일 창조의 내용을 차례대로 제시해 준다. 첫째 날에 낮과 밤 분변하심, 둘째 날에 궁창, 공중 위로 구름 아래로 물, 셋째 날에 바다와 땅 초목, 넷째 날에 일월성신 드러남, 다섯째 날에 물고기와 나는 새, 여섯째 날에 육축과 곤충과 들짐승과 인종 등.[158]

---

154 이눌서, 『신학 공과』, 60. 문장 속에서 이해한다면 가음은 아마도 물질 혹은 질료(matter)의 의미인 듯하다.

155 이눌서, 『신학 공과』, 60–61. 소위 회복 이론(restitution theory)이라고 불리는 입장인데, 레이놀즈는 적극적으로 비판하지 아니하고 불가지론을 제시하고 만다. 하지만 바빙크는 이 회복 이론에 대하여 합당하게 비판을 제시한다(Bavinck, *Reformed Dogmatics*, 2:492, 496–497).

156 이눌서, 『신학 공과』, 61.

157 이눌서, 『신학 공과』, 61.

158 이눌서, 『신학 공과』, 61–62. 레이놀즈는 매우 단순하게 6일 창조 내용을 제시하고 지나가지만, Hexaemeron이라고 불리는 이 주제에 관해서는 많은 논의들이 제시되어 왔다. 벌코프는 특이한 요점에 주목하게 한다: "Before passing on to the seventh day it may be well to call attention to the remarkable parallel between the work of the first, and that of the second three days of creation."(Berkhof, *Systematic theology*, 157).

(3) 창조하신 능력

레이놀즈는 세 번째 대지에서 "창조하신 능력"에 대해 다루면서, 우선은 창조주 하나님께서 "무소불능"하시고, "천지 있기 전부터 조물주 되신 하나님이 먼저 자연히 계신 여호와"시라는 점을 말하고, 그러하신 하나님께서 "권능의 말씀으로써 아무것도 없는 가운데서 천지 만물을 기묘하고 선하게 창조하셨다"고 적시해 준다.[159]

(4) 창조하신 때

"창조하신 때"를 다루는 네 번째 대지에 보면 레이놀즈의 특이한 사고들이 드러난다. 즉, 창조하신 태초에 대해서는 "몇억조 년이 되었는지 알 수 없다"라고 단언하였고, 창조의 날(yom)에 대해서는 "이는 하나님의 날인고로 하루가 몇천 년 몇만 년인지 알 수 없다"라고 선언하는 것이다.[160] 이러한 단언들에 의하면 레이놀즈는 지구 자체에 대해서는 젊은 지구론이기보다는 오래된 지구론(Old earth creationism)을 취하고 있고, 날에 대한 이해에 있어서는 문자적인 6일 창조의 입장이 아니라는 점을 보여 준다.[161] 하지만 레이놀즈 역시 인간의 창조 시점에 대해서는 "불과 만 년"이라고 말하면서, 다음과 같이 논증을 제시해 준다.

> 성경 족보와 사기를 계수하여 본즉 그중 많은 햇수도 도합은 아담부터 예수까지 6,984년이라 하니 주후 년수와 합하면 8,900년이라. 그러나 옛 사기 연수를 분명히 계수하기가 극히 어려운 것이니 분명히 알 수 없느니라.[162]

---

159 이눌서, 『신학 공과』, 62. 레이놀즈는 무에서 창조(*cratio ex nihilo*)를 제시하면서 히 11:3을 근거로 적시하지만, "무에서의 창조"라는 문구 자체는 성경에서 온 것이 아니고 마카비2서 7장 28로부터 비롯된 것이다. Bavinck, *Reformed Dogmatics,* 2:416–420에 있는 자세한 논의를 보라.

160 이눌서, 『신학 공과』, 62–63.

161 창조의 날에 대한 다양한 견해들에 대해서는 J. Daryl Charles (ed.), *Reading Genesis* 1-2*: An Evangelical Conversation,* 최정호 역, 『창조 기사 논쟁 – 복음주의자들의 대화』 (서울: 새물결플러스, 2016)를 보라.

162 이눌서, 『신학 공과』, 63. 레이놀즈는 아담에서 예수까지 약 4천 년간이라고 제임스 엇셔 대감독이 말했다고 소개하면서도, "중화의 사기와 애굽의 사기를 상고한즉 엇셔 대감독이 너무 적게 잡은 것 같으니라"라고 유보를 표현한다(63). 인류 창조의 연대에 관한 자세한 논의는 Bavinck,

(5) 창조하신 목적

레이놀즈는 이어서 창조의 목적에 대해 다루는데, 먼저 "이 문제에 대하여 두 각(기) 다른 생각이 신학사 중에 있다"라고 하면서 "ㄱ) 하나님의 목적은 그 지으신 바로 복락을 누리게 하려 하심이라 하는 이도 있고, ㄴ) 당신의 영광을 나타내고저 하심이라 하는 이도 있다"라고 소개해 준다.[163] 첫 번째 입장에 대해서 레이놀즈는 "사람의 존귀와 자유를 너무 중대히 생각하는 말"이라고 비판하고 나서, 두 번째 입장에 대해서는 "하나님의 예정과 주장하심을 중대히 생각할뿐더러 하나님의 영광 중에 사랑의 영광이 제일 아름다운 영광이니 당신의 영광을 나타내시는 동시에 사람의 으뜸된 복락까지 이루시리라"고 해설해 준다.[164] 레이놀즈는 모든 하나님의 사역의 목적이 하나님의 영광(*gloria Dei*)을 나타내심에 있음을 적시해 주고, 인간의 본분도 따라서 하나님께 영광 돌리는 것에 있다는 점을 잘 강조해 준다. 앞선 인용문을 주의해서 보면 궁극적 목적으로서 하나님의 영광이 강조되면서도, 종속적으로 "사람의 으뜸된 복락까지 이루실 것"을 언급하고 있다는 것이 레이놀즈의 장점이라고 할 것이다.[165]

(6) 인간종을 창조하심(창 1:26-27; 2:7)

레이놀즈의 창조론의 마지막 대지는 인간 창조에 대한 것이다. 우선 그는 인간은 물체적인 측면(몸)과 "신령한 기운(영혼)" 두 바탕으로 지어졌다고 하면서 소위 구조적 본성론을 제시해 준다.[166] 흥미로운 것은 그의 형상(*imago Dei*) 이해인데, "인성이 신성과 비슷함으로 시조의 영혼이 하나님의 이치를 배울 만하고 하나님을 공경할 줄 알며 교통할 만하고 자유하되 양심이 있

Reformed Dogmatics, 2:520–523을 보라.

163 이눌서, 『신학 공과』, 63.

164 이눌서, 『신학 공과』, 64.

165 August H. Strong, *Systematic Theology*, 2:397–402. 우리는 이 주제에 관해서 Jonathan Edwards, *The End of Which God Created the World*, *WJE* 8 (New Haven and London: Yale University Press, 1989), 403–536을 참고할 필요가 있다.

166 이눌서, 『신학 공과』, 64. 자세한 논의는 레이놀즈, 『인학 공과』, 8–13에 제시되어 있다.

어 선행하여야 쓸 줄 안다"라고 설명하고 "지식, 덕의, 거룩함"이라는 원의(*iustitia orginialis*)를 특별히 강조해 준다.[167] 그리고 아담과 하와를 "장성한 일남일녀로 지으사 짝 되게" 하셨으며, 이 두 사람은 "모든 인종의 시조"라고 적시한다.[168] 앞서 본 대로 천지의 창조 시기는 억조만 년이 된다고 단정적으로 이야기한 레이놀즈이지만, 아담과 하와의 원조상설에 대해서는 분명하게 인정하고 있음을 보여 주고 있다.[169]

권고하심과 주장하심(7장)

하나님의 예정을 이루시는 첫 번째 방편인 창조에 대한 논의를 한 후에, 레이놀즈는 두 번째 방편으로 "만물을 주장하시고 그 모든 행동을 권고하심"에 대해서 다룬다.[170] 레이놀즈가 이 주제의 신경적 근거로 제시하는 소요리문답 11문답에 의하면, 7장의 주제는 섭리(攝理, providence)에 대한 논의이다.[171] 우선 레이놀즈는 섭리에 관한 세 가지의 입장이 있다고 하면서 이신론('조물주당'), 범신론('만물신당'), 그리고 정도리(定道理) 세 가지를 간략하게 소개해 주는 것으로 시작한다. 레이놀즈가 "조물주당"이라고 명명한 이신론(혹은 자연신론, Deism)에 대한 설명을 먼저 보기로 하자.

> 조물주당의 말이 하나님이 제일 원인이 되어 만물을 창조만 하여 놓고 그 후에 도무지 상관하지 아니하신다 하니 마치 큰 자동 기계를 만들어 놓고 다시 손댈 것이

---

167 이눌서, 『신학 공과』, 65. 형상론에 대한 조금 더 상세한 논의는 레이놀즈, 『인학 공과』, 18–20에 서술되어 있다. 레이놀즈는 형상과 모양을 구별하는 입장에 반대하고 "두 말이 같은 뜻"이라고 밝힌다(18). 이런 입장은 현대 개혁신학에 있어서 대체로 공인된 입장이다(이상웅, "최홍석의 개혁주의 인간론 고찰 – 하나님 형상(*Imago Dei*)론을 중심으로", 「한국개혁신학」 52 [2016]: 59–60).

168 이눌서, 『신학 공과』, 65.

169 오늘날 아담의 역사성에 관한 논쟁은 복음주의권 안에서도 매우 혼란스럽고 핫이슈가 되고 있다.

170 이눌서, 『신학 공과』, 65–66.

171 소요리문답 11문답은 섭리에 대해 "하나님의 섭리 사역은 모든 피조물과 그 모든 행동을 가장 거룩하고 지혜롭고 능력 있게 보존하시며 통치하시는 일"이라고 답해 주고 있다(= Q. 11. What are God's works of providence? A. God's works of providence are, his most holy, wise, and powerful preserving and governing all his creatures, and all their actions).

없이 저절로 가게 함 같으니라.[172]

이어서 "만물신당"이라고 명명한 범신론(pantheism)적인 섭리관에 대해 레이놀즈는 다음과 같이 해설해 주고 있다.

> 만물신당의 말이 만물 바탕이 하나밖에 없나니 곧 신령이라 만물이 신의 나타나는 모양뿐이오 모든 형상과 행동이 신의 것이라 하는지라. 그러면 자유도 없고 선악 분간도 없고 내 악삼(악심의 오타인 듯–필자)과 악행이 내 것이 아니오 신의 것이니 형벌도 없고 천당 지옥도 없고 천지 만물이 곧 신이라. 이 철학이 인도국에서 난 말인데 거기서 일신을 변하여 다 신을 삼아 수백만 신을 위한다더라.[173]

이상의 두 가지 이설을 비판적으로 소개한 후에 정도리에 대해 레이놀즈는 몇 가지로 먼저 정리를 해 준다. 하나님은 물체적이고 신령한 것을 "참으로 있게 하셨으니 만물이 신의 나타나는 모양이 아니라 실상으로 지으신 것"이라고 적시한다.[174] 또한 하나님은 "각 종류에게 무슨 법식과 자격이 있게" 하시되 "자력이 있어 적당한 결과를 이루게 하셨다"라고 하면서 "소화법, 생육법, 위생법, 약효력, 자유권" 등을 언급한다.[175] 그럼에도 불구하고 만물은 이신론적으로 움직이는 것이 아니고 "하나님을 의지하고 힘입는다"라고 적시하고, "하나님이 각처에 계시사 만물을 붙들어 권고하신다"라고 밝힌다.[176] 그리고 하나님의 권고하심의 두 가지 요소로 보존하심과 다스리심을 언급하고, 상술해 준다.[177]

---

172 이눌서, 『신학 공과』, 66. 섭리에 대한 이신론적 관점에 대해 보다 자세한 소개와 비판은 Bavinck, *Reformed Dogmatics,* 2:600–604, 608, 613을 보라.

173 이눌서, 『신학 공과』, 66. 섭리에 대한 범신론적 관점에 대해 보다 자세한 소개와 비판은 Bavinck, *Reformed Dogmatics,* 2:599–600, 608, 613을 보라.

174 이눌서, 『신학 공과』, 66.

175 이눌서, 『신학 공과』, 66–67.

176 이눌서, 『신학 공과』, 67.

177 이눌서, 『신학 공과』, 67. 일반적으로 개혁주의 섭리론에서 섭리의 3요소로서 보존(*conservatio*), 협력(*concursus sive cooperatio*), 통치(*gubernatio*)에 대해 말한다(Bavinck, *Reformed Dogmatics,* 2:594–596; 박형룡, 『교의신학 신론』, 446–473).

(1) 섭리의 두 요소– 보존하심과 다스리심

섭리의 첫 요소인 보존하심에 대해 "하나님이 항상 전능하신 능력을 베푸사 만물이 있고 활동하며 자격대로 행하는 것을 붙들어 주시는 것"이라고 레이놀즈는 정의한다.[178] 하나님의 피조물은 "마땅히 지으신 자에게 달려 의지할 수밖에 없나니 자기 사는 것이 자기 권세에 있지 않고 하나님의 권능에 있다"라고 말한 후에, 레이놀즈는 신인 관계를 자동 기계에 비유하는 이신론을 거부하고 자기 나름의 다른 비유인 큰 풍금의 비유를 채용한다. 큰 풍금 "그 속에서 나오는 바람을 여기서 통하게 하고 거기서 막음으로 아름다운 곡조를 내시는 것 같다"라고 설명하는데, 우리로서는 잘 납득이 되지 않는 내용이지만, 풍금을 사용하던 1910년대에는 이해가 되었을 내용이다. 보존에 대한 레이놀즈의 논의는 신학적인 깊이보다는 단순히 몇 가지 성경적인 증거들을 제시하는 것으로 채워진다(골 1:17; 히 1:3; 행 17:28; 시 8:4; 145:14–20).[179]

레이놀즈는 섭리의 두 번째 요소인 다스리심에 대해 "하나님이 모든 동물과 및 저희 모든 행동을 다스리시는" 것을 의미한다고 해설해 준다.[180] 그와 같은 다스리심의 성경적 증거들을 제시하는 일에 레이놀즈는 치중하는데, 첫째 증거로 제시한 것은 "도덕심의 기초. 내 위에 있는 주장에게 매여 달려 마땅히 복종할 수밖에 없는 생각이 모든 사람의 마음에 깊히 박힌 것이라(시 145:10–13)"라는 것이다.[181] 둘째 증거로 제시하는 것은 "천지 만물이 합동함과 발달진취함과 동물의 생활과 공교로운 재주와 형상이 그 형편에 합당함을 보니 지혜와 자비 한량 없으신 대주재가 다스리시는 증거"가 된다는 것이다. 레이놀즈는 구체적으로 일월성신이 서로 충돌하지 아니하고 잘 운행하는 것, 사계절의 운행, "비와 볕, 생사화복, 병과 강건함" 등을 증거로 제시해

---

178 이눌서, 『신학 공과』, 67.

179 이눌서, 『신학 공과』, 67–68.

180 이눌서, 『신학 공과』, 68.

181 이눌서, 『신학 공과』, 68. 신 존재 증명 가운데 칸트조차 포기할 수 없었던 것이 바로 도덕적 논증(moral argument)이었다. 칸트는 『실천이성비판』 변증론 부분에서 "순수한 실천이성의 요청으로서 신의 현존"(Das Dasein Gottes als ein reinen praktischen Vernunft)에 대한 적극적 논의를 전개한다(Immanuel Kant, *Kritik der praktischen Vernunft* [Hamburg: Felix Meiner, 1952], 142–151). 칸트의 도덕적 논증에 관한 간략한 해설은 Bavinck, *Reformed Dogmatics*, 2:85–87를 보라.

준다.[182] 셋째로는 "각국 사기와 만국 형편을 보니 만왕의 왕이 다스리시는" 것을 알 수 있다는 것이고, 넷째로는 각종 예언들, 특히 유대 나라와 제국과 메시아 예언들이 성취되는 것을 증거로 제시한다.[183] 그리고 마지막으로 레이놀즈가 힘 있게 제시하는 증거는 "성경 말씀이 똑똑하다"라는 것이다. 그가 언급하는 분명한 성경적 증거에는 하나님께서 "만물 만사를 대소 간에 다스리시고", "자연히 (일어)난다 하는 일들", "동물", "인종의 보통 일", "개인의 사정", "사람의 자유로 행하는 것", "사람의 악한 일"이나 "선한 일"까지 다 다스리신다는 것이다.[184]

(2) 섭리에 관한 몇 가지 주제들

1대지와 2대지에서 섭리의 두 요소를 다룬 후에 레이놀즈는 세 번째 대지에서 레이놀즈는 하나님께서 이렇게 만물을 보존하고 다스리시는 것은 "하나님의 영원한 경영을 이루시는 것"이라는 점을 강조해 준다.[185] 앞서 살펴본 대로 하나님의 경영이 "온전히 지혜로우시고 공의로우시고 자비하신 것"이기 때문에 "그 경영 이루시는 권고(섭리–필자)도 그러하시다"라고 주장하고 나서, 성경적 증거들(엡 1:11; 사 28:29; 마 1:22; 2:15; 행 15:18)을 열거해 준다.[186]

레이놀즈는 이어서 섭리의 목적을 다루는데, 그에 의하면 섭리의 목적은 예정과 창조의 목적과 같이 하나님의 영광을 나타내심에 있다고 적시해 준다.[187] 그는 보통 영광과 특별한 영광을 대별하여 설명하기도 하는데, "하나님의 보통 영광은 지으신 만물로 당신의 경영대로 되게 하시고, 특별한 영광은 십자가 공로로 신자를 구원하신 사랑"이라고 해설해 준다.[188]

다섯째 대지에서 레이놀즈는 "하나님의 권고하심으로 당신의 경영을 정

---

182 이눌서, 『신학 공과』, 68–69.
183 이눌서, 『신학 공과』, 69.
184 이눌서, 『신학 공과』, 69–70.
185 이눌서, 『신학 공과』, 70.
186 이눌서, 『신학 공과』, 70.
187 이눌서, 『신학 공과』, 70–71.
188 이눌서, 『신학 공과』, 71.

녕히 이루신다"라고 이어서 강조해 주기도 한다. 그 근거도 제시해 주는데, 첫째는 "하나님의 지혜와 권능이 무한하시니 실수와 영락이 없다"는 것이고, 둘째로는 "그 권고는 예정의 방책이니 반드시 이루실 것"이라는 것이다.[189]

여섯째 대지에서 레이놀즈는 "하나님께서 동물들을 다스리사 당신의 이루시는 방법"에 대해 서술하는데, 이는 "동물의 성질과 행동에 적당"하게 하신다는 것이다.[190] 왜냐하면 창조와 섭리(권고)가 하나님의 한 예정을 이루시는 두 방책이기 때문에, "동물에게 지어 주신 성질대로 권고하실 수밖에 없기" 때문이다. 레이놀즈는 "경력과 소견의 증거"도 제시하는데, "내 자유대로 행하나 하나님이 다스리시는 것"이나 "선지자와 사도들이 성경을 기록할 때 각각 성품과 유무식대로 썼으나 성신에 감동하여 실수 없이 하나님의 말씀을 기록하신 것" 등을 열거한다.[191] 그러고 나서 부자간의 예에 빗대어 다음과 같은 설명을 제시해 주기도 한다.

> 부모가 자식의 성질과 행동에 적당한 방법을 쓰면 부모의 뜻을 이루게 하면서도 자식의 자유를 어기지 아니하거든 하물며 무한하신 하나님이 지으신 자녀의 성질과 행동을 거스리지 아니하시며 당신의 경영을 정녕히 이루시지 못하리오.[192]

(3) 섭리의 방법과 범위

일곱 번째 대지에서 레이놀즈는 하나님의 섭리하시는 방법에 대해 다루는데, 그는 하나님의 권고하시는 두 가지 방법으로 "예사로운 원인과 법칙을 쓰는" 것과 "특별한 일에 대하여는 하나님이 예사로운 법칙과 원인을 내어놓으시고 바로 권능을 베푸실 때도 있다"라고 말한다. 후자는 다음 장에서 다

189 이눌서, 『신학 공과』, 71. 레이놀즈는 성경적 증거들로 욥 23:13; 시 33:11; 애 2:17 등을 제시해 주기도 한다.

190 이눌서, 『신학 공과』, 71. 동물(動物)은 사람을 제외하고도 쓰이지만, 식물과 대비적으로 쓰이면 사람도 포함하기도 하는데, 레이놀즈의 글 흐름상 여기서는 후자의 의미에서 사용하고 있다는 것을 알 수 있다.

191 이눌서, 『신학 공과』, 71-72. 레이놀즈가 적시한 성경 영감 방식은 개혁신학에서 말하는 유기적 영감(organic inspiration)론이다(박형룡, 『교의신학서론』 [서울: 은성문화사, 1964], 324-326).

192 이눌서, 『신학 공과』, 72.

루게 될 "이적과 기사"를 가리킨다.[193]

여덟 번째 대지에서는 죄인의 악행을 어떻게 섭리적으로 통치하시는가 하는 문제를 다룬다. 레이놀즈는 성경에 근거하여 "죄인의 악행까지 하나님의 권고 아래 있으니 버려두실 뿐 아니라 이미 작정하신 뜻대로 정녕히 행할 것"이라고 말하고 나서, 때로는 "죄인을 금하고 다스리시기도" 하시고, 또 때로는 "그 악행을 덜려서 유익 되게 하신다"라고 첫 요점을 제시한다.[194] 두 번째로 그는 그렇다고 해서 하나님의 섭리(권고하심)이 죄를 짓게 만들거나 하나님이 심지어 죄를 좋아하시는 것은 아니라고 적시해 주고, "오직 항상 법으로 금하시고 형벌 내리심으로 두렵게 하시며 죄인이 회개치 아니하면 필경 버려두사 죗값으로 망하게 하신다"라고 진술한다.[195]

레이놀즈는 이어지는 아홉 번째 대지에서 하나님의 권고하심의 범위를 다룬다. 그 범위에는 "물체적, 동물, 인종, 개인, 교회" 등이 있다고 소개한 후에, 차례대로 앞의 것은 뒤의 것을 위하여 섭리하신다고 하는 특이한 주장도 한다.[196]

마지막 열 번째 대지에서는 특히 사람을 권고하시는 일에 있어 "성신의 감동"을 강조해 준다. 그에 의하면 성신의 감동하시는 은혜는 두 가지인데, "보통 은혜"와 "확실히 이루시는 은혜"라고 말한다.[197] 개혁신학이 잘 개진하여 드러낸 교리 중 하나인 보통 은혜 혹은 일반 은총(common grace, *gratia communis*)을 레이놀즈는 1916년에 이미 언급하는 것을 보게 되는데,[198] 보통 은혜라는

---

193 이눌서, 『신학 공과』, 72.

194 이눌서, 『신학 공과』, 72–73. 레이놀즈는 평이하게 제시하고 있지만, 바빙크는 신학적으로 동일한 요점들을 강조해 준다(Bavinck, *Reformed Dogmatics*, 3:64–72).

195 이눌서, 『신학 공과』, 73.

196 이눌서, 『신학 공과』, 73. "이 다섯 범위가 층층으로 권고하심을 받으니, 1) 가령 물체적 세상을 동물 위하여 권고하시고, 2) 동물을 인종에게 맡겨 다스리게 하셨으니 인종을 위하여 보존하시고, 3) 인종을 다스리심은 개인으로 하여금 믿고 회개하여 입교하게 하시고, 4) 교회를 권고하사 흠 없는 영화로운 신부가 되어 성자에게 속하게 하시려고 함이라."

197 이눌서, 『신학 공과』, 73–74.

198 개혁주의 일반 은총론은 칼빈으로부터 시작해서, 카이퍼, 바빙크, 반틸과 같은 신학자들이 개진하였을 뿐만 아니라 조나단 에드워즈나 구 프린스턴 신학자들 역시도 강조했던 것이다. 일반 은총론을 개관하여 살피기 위해서는 다음의 책들을 보라: Cornelius Vantil, *Common Grace and Gospel*.정성국 역, 『개혁주의 일반 은총론』 (서울: 개혁주의신학사, 2022); Jochem Douma, *Common Grace in Kuyper, Schilder, and Calvin: Exposition, Comparison, and Evaluation* (Lucerna:

것은 "성신이 모든 사람을 권면함이니 그 악심과 악행을 얼마 감하든지 금하시는 것과 양심과 도덕심을 얼마 도와주시는 것"이라고 해설해 주고, "확실히 이루시는 은혜"라는 것에 대해서는 "이미 택정하신 자를 성신이 거듭나게 하시고 믿음과 회개를 시키시고 하나님의 자녀로 삼으시고 마음을 성결케 하시고 별세할 때 온전히 거룩하게 하시는 은혜"라고 해설해 준다.[199] 이는 소위 "특별 은혜 또는 구원하시는 은혜"(sepecial or saving grace)라고 불리는 은혜인데,[200] 레이놀즈는 이 은혜를 받은 사람에 대해 "혹 시험에 빠져 범죄함으로 성신을 근심케 하여도 성신이 별로히 회개케 하시고 점점 길러서 보존하여 끝까지 견고히 이르게 하시리라"라고 견인(perseverance)에 대해 말해 준다.[201]

이적과 기사(8장)

8장은 앞서 이미 언급되었던 이적과 기사에 대한 논의가 전개된다. 레이놀즈는 이적을 "예사로운 법칙 외에 하나님이 직접으로 베푸시는 권능"이라고 정의 내리고, 이적을 주시는 목적은 "당시의 진리를 증거하시고 그 선생은 하나님이 보내신 것을 확인"하시기 위해서라고 적시해 준다.[202]

(1) 이적의 가신성(可信性)

첫 번째 대지에서 레이놀즈는 성경의 이적이 믿을 만하다는 것을 논증해 준다. 그는 "창세하시고 천지 만물의 법칙을 세우신 자가 그 법칩의 주장이시니 어찌 마음대로 무슨 법칙을 거두어 달리 직접으로 행하실 권능"이 없겠

Crts Publications, 2017); 송인규, 『일반 은총과 문화적 산물』 (서울: 부흥과개혁사, 2012)

199 이눌서, 『신학 공과』, 74. 레이놀즈는 신경적 근거로 소요리문답 31문답을 제시하고 있는데, 이는 유효적 소명에 대한 문답이다: "Q. 31. What is effectual calling? A. Effectual calling is the work of God's Spirit, whereby, convincing us of our sin and misery, enlightening our minds in the knowledge of Christ, and renewing our wills, he doth persuade and enable us to embrace Jesus Christ, freely offered to us in the gospel."

200 박형룡, 『교의신학 구원론』 (서울: 은성문화사, 1972), 45–68.

201 이눌서, 『신학 공과』, 74.

202 이눌서, 『신학 공과』, 75.

느냐고 반문의 형태로 시작하고 나서, "무소불능하신 하나님께서는 능치 못한 일이 없느니라(마 19:26)"라는 말로 답변해 준다.[203] 또한 하나님이 계시로 주신 성경도 이적이 없다면 "공교로이 지은 이야기책으로 보거나 세상 윤리학으로만 보기가 쉬울 것"이라고 적시해 주기도 한다.[204]

이어서 레이놀즈는 성경의 이적은 믿을 수밖에 없다는 점을 설명해 준다. 그에 의하면 구약에 54회, 신약에 51회의 이적이 보고되어 있다고 하면서, 만일 이것을 다 부정하고 빼버린다면 "우리의 믿음도 헛것이오 우리가 여전히 죄 가운데 있어 소망이 없는 죽을 죄인이 되고 말 것"이라고 강조해 준다.[205] 그러고 나서 레이놀즈는 이적 중 보통 증거와 특별한 증거로 나누어서 정리해 주는데, 먼저 "성경 이적의 보통 증거"에서는, 성경의 이적들 가운데는 수천 명 앞에서 행한 이적들, 불신자라도 보고 부인하지 못한 이적, 예수님이 여러 해 동안 여러 가지로 행한 수많은 이적들, "제자들이 예수의 권능과 이름으로 행한" 이적들 등을 열거하고 나서, 이러한 이적들을 행할 때 "자기의 욕심과 권세를 위하여 행한 것이 아니라 오직 하나님께 영광을 돌리고 남을 자비하는 마음으로 행한 것"이라고 적시해 준다.[206]

레이놀즈는 성경에 기록된 수많은 이적들 가운데서도 "예수의 부활이 제일 중대한 이적"이라고 강조해 주고, 부활의 증거로서 간접적인 증거들과 직접적인 증거들을 성경 안에서 찾아 제시해 주기도 한다.[207] 특히 직접적인 증거들로 제시한 것은 "무덤에서 나온 후에 예수께서 열두 번 제자들에게 나타나 보이신" 것과 "희미하게 가만히 나타나신 것도 아니요 말씀도 하시고 같이 잡수시기도 하시고 못자국도 보이시고 당신을 만져보게 하심으로 의심없게 해" 주신 것 등이 있지만, 무엇보다도 제자들의 변화를 그 증거로 제시하

203 이눌서, 『신학 공과』, 75.

204 이눌서, 『신학 공과』, 75.

205 이눌서, 『신학 공과』, 75–76.

206 이눌서, 『신학 공과』, 76–77.

207 이눌서, 『신학 공과』, 77–81. 비교적 간단하게 교리들을 소개해 주는 공과이지만, 부활의 사실이 중요하기 때문에 레이놀즈는 이 부분을 상세하게 서술해 주고 있다. 특히 예수님의 무덤에서 시체가 나올 법한 이유들(원수가 가져갔다, 친구가 도적하여 갔다, 말씀하신 대로 살아나셨다)에 대한 설명 부분도 무척 흥미롭고 자세하게 기술되어 있다.

고 있다.

제자들의 형편과 행동이 홀연히 변하여 겁쟁이러니 담대하여지고 전에 도망하였더니 예수를 죽인 사람에게 찌르는 말로 전도하고 전에 낙심하며 대단히 슬픈 사람이러니 기쁘고 열심히 많아 욕과 핍박과 사형까지 당하여도 예수의 살아나심을 증거 아니할 수 없다 하였느니라(행 2:36–37, 46; 3:15; 4:10–33; 5:29–33). 이렇게 변한 원인은 살아나신 예수를 봄이라(행 4:13).[208]

그리고 예수의 부활을 통해 증거하신 것에 대해서는 "하나님의 아들 된 증거(롬 1:4)"라는 것과 "우리의 죄를 다 갚으신 증거(롬 4:25)"라는 것이라고 레이놀즈는 정해한다.[209]

천사와 마귀(9장)

레이놀즈의 신론은 천사와 마귀에 대한 논의로 마무리 짓게 된다.[210] 9장을 시작하면서 영적 존재를 부정하는 사두개파와 다른 극단인 동방 선도(仙道)의 입장과 달리 오로지 성경적으로 논해야 한다고 하는 "오직 성경으로"의 원칙을 천명한다.[211] "천사와 마귀가 연 있다 하며 성경의 그 이름과 사적과 자격과 차례와 직분을 가르쳤으니 성경 말씀대로만 논란할지니라."[212]

(1) 천사의 이름들

레이놀즈는 먼저 천사들의 이름들을 다루는데, 천사들의 보통 이름들(새벽별들, 거룩한 파숫군, 스랍들, 그룹들, 권세 잡은 자, 하나님의 사자들, 부리시는 이)을 나

208 이눌서, 『신학 공과』, 81.

209 이눌서, 『신학 공과』, 81.

210 바빙크의 경우는 천사론을 영적 세계의 창조에서 다루고(Bavinck, *Reformed Dogmatics*, 2:443–472), 마귀의 경우는 죄론에서 다룬다(Bavinck, *Reformed Dogmatics*, 3:145–148, 159–160, 185–190). 그러나 구례인과 죽산 박형룡의 경우 레이놀즈처럼 창조론에 이어서 논의를 개진하는 것을 보게 된다(Crane, 『조직신학(상)』, 355–374; 박형룡, 『교의신학–신론』, 389–424).

211 이눌서, 『신학 공과』, 81–82.

212 이눌서, 『신학 공과』, 82.

열해 주고, 이어서 천사의 특별한 이름들(대군이자 천사장 미가엘, 가브리엘)을 제시해 준다.[213] 뿐만 아니라 연이어서 마귀의 보통 이름들(마귀의 사자들, 사귀들, 벌하는 사자)와 마귀의 특별한 이름들(바알세붑, 무저갱의 사자, 형제를 참소하는 자, 벨리알, 너희 대적 마귀, 용, 살인한 자, 세상 임금, 공중의 권세 잡은 자, 시험하는 자, 악한 자)에 대해서도 정리해 준다.[214]

(2) 영적 존재들의 사적

레이놀즈는 두 번째 대지에서 영적 존재들의 사적에 대해서 설명해 주는데, 마귀와 사귀들은 다 "본래 선한 천사"였으니 교만한 마음을 품고 "하나님을 대적하여" 타락하게 되었다고 먼저 말해 준다.[215] 그리고 천사들의 창조 시기는 "창세전"이라고 특정하고, 천사들은 본래 "성결하고 복된 지위"를 가졌다고 말한다.[216] 레이놀즈는 하나님께서 인간의 경우처럼 시험 기간을 정하여 "공약"(公約)을 체결하셨다는 특이한 주장을 한다.[217] 그리고 마귀가 빠진 죄에 대해서는 전통적인 해석에 따라 교만한 마음(딤전 3:6; 요일 3:8)이라고 적시해 준다.[218]

(3) 천사와 마귀의 자격과 차례

세 번째 대지에서 레이놀즈는 "천사의 마귀의 자격"을 다루는데, 천사는 "인종보다 높고 능력과 권세가 많기는" 하지만, 천사 경배는 거부한다.[219] 그리고 천사와 마귀의 숫자가 "심히 많다"는 것과 "심히 빨리 다니고" "능력과

---

213 이눌서, 『신학 공과』, 82–83.

214 이눌서, 『신학 공과』, 83–84.

215 이눌서, 『신학 공과』, 84.

216 이눌서, 『신학 공과』, 84. 바빙크에 의하면 천사의 창조는 창세기 1장의 창조일의 범주 안에 있다는 것이 개혁파의 주류적인 입장이라고 한다(Bavinck, *Reformed Dogmatics,* 2:455).

217 이눌서, 『신학 공과』, 85: "이로 보건대 하나님이 천사들로 더불어 공약을 세우신 모양이라. 얼마 동안 시험하여 보시고 자유로 잘 순종하는 천사들의 마음을 굳게 작정하여 주시고 범죄한 천사들을 쫓아내사 벌을 주시기로 작정하심."

218 이눌서, 『신학 공과』, 85.

219 이눌서, 『신학 공과』, 85. 레이놀즈는 "마귀와 귀신을 위하는 것이 큰 죄(마 4:9–10)라고 적시한다.

꾀와 권세가 사람보다 나으나" 하나님의 허락하심 안에서만 움직인다는 점을 잘 적시해 준다.[220] 레이놀즈는 각 개인에게 수호천사가 있다는 주장에 대해서는 "분명히 알 수 없다"라는 입장을 표명하고, 또한 사탄의 편재성을 부정한다.[221]

또한 레이놀즈는 네 번째 대지에서 천사들 안에도 차례가 있고, 사탄과 마귀의 세계에도 계급 질서가 있음을 적시한다.[222] 레이놀즈의 제시 중에는 대군천사, 즉 천사장(archangel)이 일곱이라고 하는 언급은 그가 제시하는 성경적 근거 위에서 입증되기보다는 차라리 유대교 문헌이나 중세 로마 교회의 천사론에 가까운 것으로 보인다.[223]

(4) 직분과 행하는 일

마지막 대지에서는 천사와 마귀의 "직분과 행하는 일"에 대해 서술해 준다. 먼저 천사들은 "하나님을 모시고 찬송하며 명령을 온전히 순종하는 것", "하나님이 보내사 신자를 보호하고 인도하는 것", "신자가 죽을 때 그 영혼을 인도하여 천당에 가게 하는 것", "재앙과 형벌을 내리게 하는 것", "메시아 강생을 광고하는 것" 등을 열거해 준다.[224] 그러고 나서 마귀의 권세에 대해서는 "공기, 대풍, 지진 시킬 권세", "사람의 마음을 충동하여 악한 생각나게 하는 것", "사귀들리는 일" 등을 제시한다.[225] 또한 레이놀즈는 신자가 마귀의 권세를 이기는 방법은 "예수를 본받아 갑옷을 입어 성경 말씀으로 치고, 늘

---

220 이눌서, 『신학 공과』, 85–86.

221 이눌서, 『신학 공과』, 86. 바빙크 역시도 개인 수호 천사 교리를 거부한다: "We do not know whether an angel is assigned to every human, and even to the anti–Christ, as Thomas thought, or only to the elect nor whether only a good or a bad angel accompanies everyone."(Bavinck, *Reformed Dogmatics,* 2:467).

222 이눌서, 『신학 공과』, 87. 몇몇 성경 구절들(단 10:13; 계 8:2; 15:2–26:2)을 비교하여 대군천사 또는 천사장이 7명이라고 해석한 것은 개혁파적이라고 보기는 어렵다.

223 이눌서, 『신학 공과』, 87. 다음의 웹 자료를 참고하라: https://en.wikipedia.org/wiki/Seven_Archangels. 2023.7.22.접속.

224 이눌서, 『신학 공과』, 88. 바빙크는 천사의 섬김을 "비상한 섬김과 일상적인 섬김"(the extraordinary minstry and the ordinary ministry)으로 양분하여 서술해 준다(Bavinck, *Reformed Dogmatics,* 2:463–468).

225 이눌서, 『신학 공과』, 89.

기도하여 지키고, 굳게 대적해야 한다"라고 실천적으로 권면하기도 한다.[226] 레이놀즈는 또한 "예수께서 속죄하신 공로를 범죄한 천사들에게 베풀지 아니하신다는 것"과 "천 년 동안 마귀를 결박하였다 잠깐 놓으실 것"에 대해 적시하고, 그들이 받을 "영원한 형벌이 무섭다"라고 선언함으로 『신학 공과』를 끝맺음한다.[227]

226 이눌서, 『신학 공과』, 89,

227 이눌서, 『신학 공과』, 90. 우리는 여기서 레이놀즈의 종말론적 입장이 천년기전 재림론(premillennialism)이라는 것을 확인할 수는 있지만, 상세한 논의가 없어 세대주의적인지 아니면 역사적인 전천년설인지를 확언하기가 어렵다(이상웅, "평양장로회신학교의 종말론 전통", 227–229).

3. 레이놀즈의 인간론 -『인학 공과』 제1편

레이놀즈의『인학 공과』(1915)는 64쪽 분량으로, 인간론과 죄론 두 편으로 구성되어 있다.[228] 소책자 분량의 공과임에도 불구하고 간략한 서문이 먼저 제시되는데, 이 서문을 통해 레이놀즈는『인학 공과』에서 다룰 두 가지 내용들을 잘 요약적으로 제시해 주는 것을 보게 된다.

> 유서에 일렀으되 만물지 중에 유인이 최귀라 하였으며, 영국의 유명한 선비 봅씨의 말이 인생의 마땅한 공부는 인생이라 하였으며, 창세기 1장 27절에 하나님이 자기 형상대로 사람을 창조하셨다 하였으니 이 인학 공과는 긴요한 공부라. 인생이 하나님의 형상을 받았으나 범죄함으로 그 형상을 잃고 죄의 종이 되어 죽음을 당하였으니 죄를 자세히 공부하여야 죄인 속죄하는 범도 알고 죄를 이기고 하나님의 형상을 회복할지니라. 그럼으로 우리 공부할 것은 두 편으로 나누었[다].[229]

그러고 나서 레이놀즈는 두 편에서 다룰 내용을 각기 7주제씩 제시해 주고 있다.[230] 우리는 두 편을 양분해서 살펴볼 것이기 때문에, 여기서는 먼저 "인생"이라는 제목이 붙은 1편을 분석 고찰해 보기로 하겠다. 그는 1편에서 다룰 일곱 주제를 다음과 같이 제시해 준다.

---

228 이눌서,『인학 공과』(서울: 조선예수교장로회, 1915). 내지에 보면 영문 제목은 "Notes on Anthropology"라고 되어 있다. 1922년에도 재판이 나왔던 것으로 파악된다.

229 이눌서,『인학 공과』, 1. 후일 박형룡은 인간론을 인죄론이라는 제목으로 삼고 크게 원인, 죄인, 언약인 등으로 3분해서 다룬다(박형룡,『교의신학 인죄론』[서울: 은성문화사, 1970]).

230 이눌서,『인학 공과』, 1. 페이지 제시 없이 목차는 제시되어 있다.

1장. 시작

2장. 한 종류 됨

3장. 원질

4장. 영혼의 내력

5장. 본 지위

6장. 공약(公約)

7장. 자유

이제 레이놀즈의 인간론을 차례대로 살펴보도록 하겠다.

시작

레이놀즈는 1장에서 인간의 시작에 대해 다룬다.[231] 그는 인간의 기원에 관한 논의를 크게 네 주제로 대별하여 살핀다.

(1) 몇 해 전

레이놀즈는 "인생이 세상에 있은 지가 몇 해뇨?"라는 질문을 먼저 제시하고 나서, "불과 만년이라"는 답을 한다.[232] 그는 자신의 견해를 입증하기 위해 네 가지 방면에서 증거를 제시한다. 첫째로 사람이 사는 거주 범위(대지)가 백 년 전만 해도 적으니 3, 4천 년 전으로 거슬러 가면 더욱 적어지고, "인생의 시작까지 이르려면 만 년 못 가서 한 곳 한 시조에게 이른다"라고 주장한다.[233] 둘째 증거로는 역사적 기록을 언급하는데, 그에 의하면 가장 오래된 사기들(청국과 애굽)에 의하면 "5, 6천 년 밖에 못되고 그 말도 희미하여 믿기

231 현대적인 논의에서는 "인간의 기원"이라고 불리는 주제이다. Bavinck, *Reformed Dogmatics*, 2:511–529("Human Origins").

232 이눌서, 『인학 공과』, 2. 레이놀즈는 『신학 공과』, 63에서도 "인생을 창조하신 지가 불과 만년이라"고 말한다.

233 이눌서, 『인학 공과』, 2.

어렵다"고 단언한다. 그리고 만국 사기를 고찰해 볼 때 인간의 원거주지는 아시아라고 말하기도 한다.[234] 셋째로 언어 변화를 예로 드는데, 레이놀즈는 바벨탑으로부터 언어들이 나뉘었다고 말한다.[235] 마지막 네 번째 증거로 제시한 것은 성경의 증거이다. 그는 인류의 시작 연대를 특정하기 위하여 성경의 족보를 계산해서 제시해 준다.

> 성경 족보를 계수하여 아담부터 예수 때까지는 일백팔십 각 다른 도합 수를 잡았으나 그중 적은 연수는 3,180년이요, 큰 수는 6,980년인데, 이 큰 수와 주후 1,916년을 합하면 8,900년이니 성경의 증거를 믿으면 인생의 시작이 불과 9천 년이라.[236]

이로써 레이놀즈는『신학 공과』에서 지구의 연대를 "몇억조 년이 되었는지 알 수 없다"고 단언한 것과 달리 지구상에 인류가 창조된 연대는 만 년 정도라고 하는 보수적인 입장을 지지하고 있음을 보여 준다.[237]

인류 시작 만년설의 4가지 증거를 제시한 후에, 레이놀즈는 반대 이론들을 다루어 주기도 한다. 첫째는 지질학자들(지문학 박사들)이 제시하는 "십만 년이라 혹 수백만 년"이라는 주장과 그에 대한 증거로 제시하는 석기나 해골 등이 증거가 될 수 없다고 반박한다.[238] 둘째 인류학자들이 제기한 반론으로 "백인종, 홍인종, 흑인종의 분간을 보고 한 시조에게 났으면 여러 만 년 지나야 그 자손들이 이렇게 달라질 것"이라는 내용이나 피부색의 변화는 다른 환경에서 몇 세대만 지나도 달라질 수 있다고 반박한다.[239] 마지막 네 번째 반대 의견은 고대 기록들(애굽의 비석들이나 청국의 사기들)에 의하면 "성경에 있는 연

---

234 이눌서,『인학 공과』, 2. 바빙크 역시도 인류의 원거주지를 아시아로 보는 입장을 지지하고, 인류 역사 기록에 의하면 주후 2천 년 이전이 불확실하다는 주장을 한다(Bavinck, *Reformed Dogmatics*, 2: 520–523, 527–529.

235 이눌서,『인학 공과』, 2.

236 이눌서,『인학 공과』, 3;『신학 공과』, 63에도 동일한 내용이 소개된다.

237 이눌서,『신학 공과』, 62–63.

238 이눌서,『인학 공과』, 3.

239 이눌서,『인학 공과』, 3–4.

수보다 세상이 더 오래"라고 하는 것에 근거한 것인데, 레이놀즈는 4, 5천 년 전으로 거슬러 올라가면 "사기는 희미하여 분명히 알 수 없을" 뿐만 아니라 오랜 역사 기록도 존재하지 않는다고 반박한다. 그리고 레이놀즈는 "세상 사기보다 성경 사기는 더 똑똑하고 믿을 만하다"라고 적시한다.[240]

(2) 인생이 어떻게 시작했는가?

인간이 존재하기 시작한 때가 만 년이라고 말한 후에, 레이놀즈는 그러한 인생이 이 세상에 어떤 방식으로 존재하게 되었는가 라는 다음 주제로 넘어간다. 우선 그는 인간이 자생(自生)했다거나, 땅에서 나왔다거나 암소나 원숭이에게서 났다고 하는 불신자들의 주장에 대해 언급한 후에 그러한 의견은 다" 어리석고 허무맹랑한 말"이라고 반박한다. 그러한 주장들은 "이치와 하나님의 말씀을 거스르는 것"이며, "조물주 되신 하나님이 인생을 지어내셨다고 할 수밖에 없다"라고 적시한다.[241] 그렇다면 이 주제에 대한 성경 계시는 무엇이라고 말하는 것일까? 레이놀즈의 정리한 바를 인용해 본다.

> 성경 말씀이 분명하다(창 1:26–27; 2:7, 21–23). 이 말씀은 오묘한 일을 쉬운 말로 기록함이니 해석하면 그 흙은 이미 지어진 원질(原質)이오 그 생명의 기운은 호흡뿐 아니라 신령한 혼이라 하니(전 12:7; 히 12:9).[242]

(3) 시조를 어디서 지어두셨느냐?

하나님께서 인류의 시조를 창조하시되 에덴동산에 두셨다는 점을 바로 소개한 후에 에덴의 위치에 대해서도 "아마 아시아 서남간 페르시아 북쪽 유브

---

240 이눌서, 『인학 공과』, 4. 바빙크는 독일학자 홈멜의 주장을 다음과 같이 인용해 주는데, 레이놀즈의 견해가 무리하지 않음을 우리는 알 수 있다: "Fritz Hommel is therefore right in saying that the chronology for the first thousand years before Christ is fairly well established, sometimes down to the details; that in the second thousand years before Christ we seem to have been given only a few fixed reference points; and that in the third thousand years, that is, before 2000 B. C., everything is uncertain."(Bavinck, *Reformed Dogmatics,* 2:522).

241 이눌서, 『인학 공과』, 4.

242 이눌서, 『인학 공과』, 5.

라데 강 근원 지방인 듯하다"라고 해석한다.[243]

(4) 하나님의 인간 창조 목적

레이놀즈는 "하나님이 인생을 왜 지으셨느냐?"라는 질문을 네 번째로 제기한 후에 간단명료하게 두 가지 목적이라고 명시한다. 첫째는 "하나님의 영광을 나타내고자 하심"이고, 둘째는 "세상과 짐승들을 다스리게" 하려고 창조하셨다고 적시한다.[244]

한 종류 됨

레이놀즈의 인간론의 두 번째 주제는 "인종은 다 한 종류"라는 것인데, 이는 인류의 통일성(unity) 문제이다. 그는 헬라인도 "우리가 하나님의 내신 바"(행 17:28)라고 말하지만, 성경이 특히 하와를 "모든 산 자의 어미"라고 하거나 "각 나라 백성을 한 혈맥(血脈)으로 만드셨다"라고 말씀한다고 적시해 준다.[245] 이러한 성경적 증언에 따라 인류의 통일성을 확신하지만, 세 가지 방면에서 그 증거들을 제시해 준다.

(1) 동물학으로부터 차용한 증거

첫째는 동물학으로부터 차용한 증거이다. 레이놀즈는 동물들 가운데 한 종류라고 하려면 네 가지 형편이 비슷해야 한다고 하면서, "1) 몸의 조직, 2) 오관, 내장, 3) 각혼, 정신, 4) 생육의 법" 등을 열거한다. 그리고 나서 이러한 기준들을 인간에 적용하여 인간의 기원이 여러 종류가 아니라 한 종류라고

---

243 이눌서, 『인학 공과』, 5.

244 이눌서, 『인학 공과』, 5. 첫째 목적에 대해 밝힌 후에 그는 창 1:26; 사 43:7; 계 4:11을 제시하고 나서 소요리문답 1문답을 적시한다. "Q. 1. What is the chief end of man? A. Man's chief end is to glorify God[Ps. 86:9; Isa. 60:21; Rom. 11:36; 1 Cor. 6:20; 10:31; Rev. 4:11] and to enjoy him for ever. [Ps. 16:5–11; 144:15; Isa. 12:2; Luke 2:10; Phil. 4:4; Rev. 21:3–4]."

245 이눌서, 『인학 공과』, 5.

하는 사실을 증명해 준다.[246]

(2) 언어학적 증거

둘째는 언어학적 증거인데, 레이놀즈는 짐승에게는 언어가 없지만 인간에게는 언어가 있어서 "타국 말을 서로 배워 교통할 수 있다"라고 말한다.[247] 그는 또한 "울고 웃는 소리와 아비 어미를 부르는 말이 천하에 비슷하고", 서로 다른 언어들 간에 단어가 유사한 것들이 있다는 점을 적시하고, 또한 각국 방언이 이렇게 대동소이한 것은 바벨탑 사건(창 11:15) 때문이라고 설명한다.[248]

(3) 심리학적 증거

셋째는 심리학적 증거인데, 레이놀즈의 문장을 인용해 본다.

> 천하 인간에 오륜(五倫)과 총명과 정욕과 자유권과 양심과 결심과 원죄와 본죄와 하나님의 진리를 배울 만한 자격과 그 아들을 믿을 필요가 다 일반이니 인종이 다 한 종류된 증거라.[249]

레이놀즈는 이상의 세 가지 증거에 근거하여 인류의 원조상은 오직 아담 한 사람뿐이라는 점을 적시해 준다. 소위 오늘날 유신진화론의 발전으로 인해 복음주의 권에서도 아담 일조설(monogenism)을 부정하고 다조설(polygenism)이 압도적인 데 반해, 레이놀즈는 성경 말씀과 제 증거들(동물학적, 언어학적, 심리학적 증거들)에 근거하여 아담 일조설을 명시적으로 가르쳤다.[250]

---

246 이눌서, 『인학 공과』, 6.

247 이눌서, 『인학 공과』, 6. 미국인으로서 레이놀즈가 한국 땅에 와서 빠른 시간 안에 한국어를 배워 자유자재로 말하고 글을 쓰게 된 사실을 상기해 보길 바란다.

248 이눌서, 『인학 공과』, 7.

249 이눌서, 『인학 공과』, 7.

250 이눌서, 『인학 공과』, 7. 역사적 아담 탐구의 역사적인 개관을 위해서는 William Vandoodewaard, *The Quest for the Historical Adam: Genesis, Hermeneutics, and Human Origins*, 이용중 역, 『역사적 아담 탐구』 (서울: 부흥과개혁사, 2017)을 보고, 네 가지 주요 입장들에 대한 제시와 상호 비판

인생의 원질

인간론의 세 번째 주제로 레이놀즈가 다룬 것은 인간의 구조적 본성(the constitutional nature of man)이라고 일컬어지는 주제이다.[251] 레이놀즈는 "인생의 원질"이라는 표현을 사용했다. 먼저 그는 "천지간에 본 바탕은 두 가지밖에 없나니 1) 신령적과 2) 물체적이라"라는 말로 시작하고 나서 하나님이 창조하신 인간은 "두 원질을 겸하여 한편으로 신령적이오 한편으로 물체적이니 곧 영혼과 육체"라고 말한다.[252] 그는 물체적인 세계의 네 층으로 무생물, 식물, 동물, 그리고 인종을 나열하는데 이는 "형체도 있고, 혼도 있고, 신령한 영혼도 있는" 존재라고 설명한다.[253] 이에 대비적으로 신령적인 것도 네 층이 있다고 레이놀즈는 말하는데, 이는 "초목의 생명, 짐승의 생명과 각혼, 인종의 생명과 각혼(覺魂)과 영혼, 천사와 마귀의 신령한 생명" 등이다.[254]

이어서 레이놀즈는 "인종의 본바탕은 둘 뿐이오 셋 아니라"라는 대지를 제시한다.[255] 소위 인간론에 있어서 이분설, 삼분설, 단일설 등의 입장 가운데 삼분설(trichotomy)을 거부하고 이분설(dichotomy)가 정설이라고 보는 것이다.[256] 그는 이분설이 이치상과 성경적으로 맞다고 논증을 한다. 먼저 "이치의 증거"를 먼저 살펴보자. 우선 그는 앞선 논의에 바탕해서 "사람이라 하는 것은 한 몸이지 여러 육체가 아닌 것과 같이 또한 한 신령이지 각 혼과 영혼과 신 세 가지가 된 것이 아니다"라고 말한다.[257] 결국 인간의 구조적 본성에 대한 레이놀즈의 입장은 영혼과 몸 두 가지로 구성된 것이기에, 마음과 영혼

을 보기 위해서는 Matthew Barrett e.a., *Four Views on the Historical Adam*, 김광남 역, 『아담의 역사성 논쟁』 (서울: 새물결플러스, 2015)를 보라.

251 "The Constitutional Nature of Man"이라는 표현은 벌코프가 일찍이 쓴 표현이다(Berkhof, *Systematic Theology*, 191).

252 이눌서, 『인학 공과』, 8.

253 이눌서, 『인학 공과』, 8–9. 레이놀즈가 표현한 대로 하면 金국, 草국, 肉국, 人국 등이다.

254 이눌서, 『인학 공과』, 9.

255 이눌서, 『인학 공과』, 9.

256 벌코프(Berkhof, *Systematic Theology*, 192–194)나 죽산 박형룡도 이분설을 지지했다(박형룡, 『교의신학 인죄론』,

257 이눌서, 『인학 공과』, 9.

의 관계에 대해서도 이치적으로(합리적으로) 곰곰이 생각하지 않을 수가 없었다. 그의 설명을 읽어 보도록 하자.

> 곰곰이 생각한즉 내게 몸도 있고 마음도 있지 마음 외에 신(神)도 따로 있는가 보다 하는 생각이 잘 아니 납니다. 이 신령한 마음은 물체적에 대하면 마음이라 욕심이라 하고, 신령적인에 대하면 영혼이라 신이라 하되 실상으로 말하면 다 한 무형한 바탕뿐이라. 영혼이라 신이라 하되 한 신령한 것뿐이라.[258]

비교적 짧은 공과 형태의 교재 속에서 자신의 사유를 직접적으로 밝히는 부분이다. 두 번째로 성경의 증거를 레이놀즈는 제시하기에 이른다. 성경의 여러 구절들(창 2:7; 마 10:28; 전 12:8; 행 7:59; 빌 1:23–24 등)을 지시한 후에 "몸과 영혼 두 바탕뿐"이라고 적시한다. 그리고 또한 혼에 해당하는 네페쉬/ 프쉬케와 영에 해당하는 루아흐/ 프뉴마 등의 용어들이 성경에서 "서로 바꾸어 쓰니 피차일반"이라고 지적하기도 한다.[259] 또한 한 구절 내에 영과 혼이 같이 쓰임으로 마치 삼분설을 지지하는 것처럼 보이는 구절들도 약해를 통해 그러하지 않음을 해명해 주기도 한다.[260]

영육 이분설로 인간의 구조적 본성을 설명한 레이놀즈는 이어서 "영혼과 육신의 상관" 관계에 대해 설명을 해 준다.[261] 먼저 생리학적인 견해를 소개하는데, "생사 상관", "뇌수 오관 상관", "자행 자동 상관" 등이다.[262] 두 번째로 성경의 교훈들을 네 가지로 요약해서 제시해 준다.

> 1) 육체는 영혼의 옷이오, 쓰는 기관이오, 거하는 집이라. 또한 그리스도의 지체

---

258 이눌서, 『인학 공과』, 10.

259 이눌서, 『인학 공과』, 10. 레이놀즈는 네페스, 수게, 루아흐(아래아), 느마 등으로 표기했다.

260 이눌서, 『인학 공과』, 11. 살전 5:23; 눅 1:46–47; 히 4:12; 고전 15:44–45

261 영혼과 육신 또는 마음과 몸의 관계를 현대 학자들이 어떻게 다양하게 이해하는지는 Joel B. Green and Stuart L. Palmer (eds.), *Four Views on the Mind-Body Problem*, 윤석인 역, 『몸과 마음 어떤 관계인가』 (서울: 부흥과개혁사, 2011)을 보라.

262 이눌서, 『인학 공과』, 11–12; Berkhof, *Systematic Theology*, 194–195.

요, 성신의 전이니 그런즉 너희 몸으로 하나님을 영화롭게 하라.

2) 하나님이 아담의 육체를 창조하셨고 우리 육체를 잉태하여 나게 하시고 살게 하시고 영화롭게 하시리라

3) 영혼이 육체에 끌려갈 것이 아니오 육체를 다스릴 것이라.

4) 사람이 죽으면 두 본바탕이 갈라져 육신은 썩어져 흙이 되고 영혼은 신(神) 모양으로 지내다가 부활 날에 신령한 몸으로 더불어 심판받은 후에 정하신 곳에 영원히 있으리라.[263]

레이놀즈의 설명들은 매우 단순하지만 적어도 육체를 무시하거나 사람이 죽은 후에 영혼만 불멸한다고 하는 그리스 영육 이원론의 영향이 보이지는 않는다는 점에서 고무적이다.[264]

영혼의 내력(來歷)

레이놀즈가 인간론의 네 번째 주제로 다루는 것은 "영혼의 내력", 즉 영혼의 기원에 대한 논의이다. 이 주제에 관하여 세 가지 견해가 있다고 소개한 후에 먼저 영혼 선재설을 소개하는데, 이는 브라만교와 불교에서 가르치는 것이고 기독교 내에는 오리겐밖에 주장하는 이가 없었다고 단정적으로 말한다.[265] 두 번째 입장은 "하나님이 모태에서 지어 주신다"라는 것으로 레이놀즈는 "창조당"(영혼 창조론)이라는 표현을 쓰고 있고, "헬라교(그리스 교회)와 로마교와 예수교 선생들이 태반이나 좇는" 입장이라고 소개한다.[266] 이 입장을 지지하는 성경 구절들로 민수기 16:22; 전도서 12:7; 이사야 43:5, 57:16; 스

263 이눌서, 『인학 공과』, 12-13.

264 최홍석, 『인간론』 (서울: 개혁주의신행협회, 2005), 182-240.

265 이눌서, 『인학 공과』, 13. 영혼 선재설(the preexistence theory of soul)에 대해서는 Bavinck, *Reformed Dogmatics,* 2:579를 보라.

266 이눌서, 『인학 공과』, 13. 그러나 이 부분에서도 레이놀즈의 신학사적인 지식의 부족을 드러낸다. Bavinck에 의하면 영혼 창조론의 입장은 로마교와 개혁교회의 주류적인 입장이기는 하지만, 루터파의 경우에는 영혼유전설을 따르고 있다(Bavinck, *Reformed Dogmatics,* 2:580-587).

가랴 12:1; 히브리서 12:9 등이 제시됨을 제시한다.[267] 세 번째 입장은 "유전당"(즉, 영혼 유전론)이라 불리는 입장인데, 이는 "부모가 영혼까지 나누어 준다" 하는 입장이다.[268] 유전론 역시도 성경적인 근거 구절들을 제시하고 있고(창 1:25-28과 5:3 비교; 시 51:5; 욥 14:4; 요 3:6), 6일 창조를 통해 모든 일을 마치신 하나님께서 새로이 영혼을 창조하신다는 것은 이치에 합하지 않다거나 "원죄를 유전함과 후손에게 돌려 정죄하시는 교리"가 영혼 유전론의 이치에 부합하는 것으로 주장한다고 레이놀즈는 소개한다.[269]

영혼의 기원에 관한 세 가지 입장을 간략하게 소개한 레이놀즈 자신의 입장은 무엇일까 궁금하지 않을 수 없을 것이다. 레이놀즈는 일단 신중론을 말한다. "창조당의 말이 옳은지 유전당의 말이 옳은지 너무 신령하고 오묘하여 작정할 수 없으니 마땅히 겸비하고 조심할 것이라."[270] 그러고 나서 논증하는 내용들을 보면 그는 유전설(traducianism)이 아니라 창조론(creationism)의 입장을 택하는 것을 알 수 있다. 일단 영혼은 "베[어]내거나 나눌 수 없는 것"이라고 적시하고, 인간은 "한 종류라도 일체는 아니"라고 구별하고, 원죄의 유전 문제를 인간 영혼의 유전론에 따라 해석해야 꼭 설명이 되는 것도 아니라는 점 등을 적시한다.[271] 그러면서 어느 입장을 택하든 모든 인간은 원시조 아담과 연락이 되어 있으며, 아담이 우리의 "머리요, 대표자된 것 같이 둘째 아담 예수께서 우리 인종의 머리요, 대표자요, 대언자"시라고 하는 것이 분명하다고 선언한다.[272] 레이놀즈는 마지막 요점으로 "육신을 생육하는 법이 있는 것 같이 신령한 생육 세 가지 오묘한 일이 있다"라고 하면서, "1) 성부께서 성자를 영원히 내심, 2) 성신이 부모로 더불어 영혼을 내심, 3) 성신이 진리로 영혼

---

267 이눌서, 『인학 공과』, 13.

268 이눌서, 『인학 공과』, 14.

269 이눌서, 『인학 공과』, 14. 뿐만 아니라 "자녀의 마음과 성품이 부모를 닮는 것 보니 영혼까지 나누어 준다"는 것이 맞다는 주장도 소개한다.

270 이눌서, 『인학 공과』, 15. 심지어 아우구스티누스는 양 입장 사이에서 선택하기를 주저하였다(Berkhof, *Systematic Theology*, 200).

271 이눌서, 『인학 공과』, 15.

272 이눌서, 『인학 공과』, 15.

을 거듭 내심(거듭나게 하심-필자)" 등을 열거해 준다.[273]

시조의 지위("디위")

다섯 번째 인간론적인 주제는 시조인 아담과 하와("해와")의 창조 시 지위가 어떠하였는가 하는 문제이다. 레이놀즈는 이 주제에 관해 세 가지로 정리를 해 준다.

첫째, 첫 인류는 "장성한 상태로 창조되었다"고 그는 말한다. 즉, 두 사람은 어린아이로 창조되지 않았을 뿐 아니라, "몸이나 마음이나 부족함이 없으니 쇠잔할 까닭도 없고 병들어 죽을 염려도 없었다"라고 적시한다.[274] 성경 밖의 고대 기록을 보아도 옛 시대에 문명이 있었고, 황금시대로 기억하고 있다고 말하기도 한다.[275] 또한 아담과 하와의 본래 지위가 "문명하다 함은 총명과 양심과 하나님을 공경하는 마음이 밝다는 말"이라고 해설하기도 한다.[276] 원래 상태의 부부의 관계에 대해서는 "지위가 동등이라도 여인이 남편을 도와주는 자요 둘이 사랑으로 한 몸이 됨"이라고 말하고, 창세기 3:16에 의거하여 "여인의 해산이 극히 어렵고 남편에게 복종하게 됨"은 범죄 때문이라고 적시한다.[277] 이 기회에 "믿는 부부의 법"에 대해서도 성경적으로 정리

---

273 이눌서, 『인학 공과』, 15-16. 우리는 이 주제에 관하여 레이놀즈의 동시대 신학자였던 벌코프의 신중한 결론도 참고할 만하다고 생각한다: "It seems to us that Creationism deserves the preference, because (1) it does not encounter the insuperable philosophical difficulty with which Traducianism is burdened; (2) it avoids the Christological errors which Traducianism involves; and (3) it is most in harmony with our covenant idea. At the same time we are convinced that the creative activity of God in originating human souls must be conceived as being most closely connected with the natural process in the generation of new individuals. Creationism does not claim to be able to clear up all difficulties, but at the same time it serves as a warning against the following errors: (1) that the soul is divisible; (2) that all men are numerically of the same substance; and (3) that Christ assumed the same numerical nature which fell in Adam." (Berkhof, *Systematic Theology*, 201).

274 이눌서, 『인학 공과』, 16. 레이놀즈는 "성경 말씀을 보니 두려움과 쇠잔과 죽음이 범죄함으로 세상에 생긴 것"이라고 설명하기도 한다. 바빙크는 아우구스티누스에 따라 "Scripture clearly teaches that both physically and psychically humans were created as adults at 'an age of vigor.'" 라고 적시한다(Bavinck, *Reformed Dogmatics*, 2:537).

275 이눌서, 『인학 공과』, 17.

276 이눌서, 『인학 공과』, 17.

277 이눌서, 『인학 공과』, 17. 1898년에 게일은 당시 한국에서 "아내는 사랑받는 존재가 아니라 단지

를 해 주는데, "서로 사랑하고 피차 복종하되 남편이 머리니 아내를 양육하고 보호하며 지어미가 지아비를 경외할 것이라"(엡 5:21–31)라고 말한다.[278] 이눌서는 당시 한국에 남아 있던 관행인 축첩 제도에 대해서는 "하나님의 뜻을 거스림"이라고 비판한다.[279]

인간의 본래 지위에 대한 두 번째 요점은 "인생을 하나님의 형상대로 창조하심(창 1:26)"이라고 레이놀즈는 적시한다. 그는 "형상은 총명을 가르치고 모양은 양심을 가르친다"라고 해설한 아우구스티누스에 대하여 반대 의견을 표현했고, "두 말이 같은 뜻"이라고 말한다.[280] 그러고 나서 그는 형상과 모양의 의미가 세 가지라고 해설해 준다. 첫째는 총명이라고 말한 후에, "하나님의 신령한 형상대로 사람의 영혼을 지으셨으니 대소, 유무한, 변불변에 분간 있음 그만큼 하나님의 형상대로 되지 아니할진대 어찌 하나님을 알리오(골 3:10)"라고 말한다.[281] 두 번째 의미로 제시된 것은 "덕의(엡 2:10, 4:24)"로서 그는 "시조의 영혼이 사지백체를 하나님의 뜻대로 쓰니 배역과 싸움과 이지르짐이 없었다"라고 해설한다.[282] 레이놀즈는 이 본의가 창조 시 주어진 "선한 성품"이지 펠라기우스파/ 소키누스파("벨나기오당/ 소기노당")의 의견처럼 "불악"도 아니요, 로마교처럼 "별(別) 은혜"도 아니라고 정해해 준다.[283] 특히 로

아버지로부터 아들에게까지 가족의 한 가계를 도와주는 생명 없는 존재에 불과"하였다고 적시해 주는데, 이러한 한국의 상황이 기독교 복음이 들어오고 평양 대부흥을 거치면서 어떻게 변화하는지에 대해서는 박용규, 『평양 대부흥 운동』(서울: 생명의말씀사, 2003), 477–482을 보라.

278 이눌서, 『인학 공과』, 17–18.

279 이눌서, 『인학 공과』, 18.

280 이눌서, 『인학 공과』, 18. 형상과 모양이라는 두 단어가 상호호환될 만큼 한 뜻으로 이해하는 것은 바른 해석이지만, 아우구스티누스가 형상과 모양을 각기 구별하였다는 것은 근거가 희박해 보인다. Augustinus, *De Genesi contra Manichaeos, De Genesi ad litteram liber imperfectus,* 정승익, 『마니교도 반박 창세기 해설, 창세기 문자적 해설 미완성 작품』(왜관: 분도출판사, 2022), 164, 169, 392, 394, 403, 404 등을 보면, 형상과 모양을 구별하지 아니하고 있으며 "인간의 내밀하고 본질적인 것에 따라 정신에 따라 올바르게 이해"해야 한다고 말한다.

281 이눌서, 『인학 공과』, 18.

282 이눌서, 『인학 공과』, 18.

283 이눌서, 『인학 공과』, 19. 펠라기우스파/소키누스파의 견해("불악", indifference)와 로마 교회의 "별은혜" 즉 덧붙여진 은사, *donum speradditum*)에 대해 소개하는 부분은 레이놀즈의 논의 중 가장 신학적인 부분으로 판단된다. 이 두 파의 견해와 비판에 대해서 더 자세한 것은 Bavinck, *Reformed Dogmatics,* 2:534–554를 보라.

마 교회의 주류적인 입장에 대해서 레이놀즈는 "ㄱ) 법을 어기는 정욕도 죄요, ㄴ) 아담을 본래 선하게 지으셨고, ㄷ) 하나님의 지혜와 사랑과 거룩함과 공변되심을 부족히 여기는 말"이라고 비판해 주고, "진리의 말이 아담의 본 지위는 선하고 의롭다"라고 말한다고 적시해 준다.[284] 레이놀즈가 제시하는 형상과 모양의 세 번째 의미는 "거룩함"이다. 그는 에베소서 4:24에 있는 "진리의 거룩함으로서 지으셨다"라는 구절을 근거 구절로 삼고,[285] 그 뜻을 "진리를 알고 순종함은 거룩함인데 그 뜻은 정결함과 모든 덕을 닦는 것"이라고 풀어 준다.[286]

인간의 본래 지위에 대한 세 번째 요점으로 레이놀즈가 제시한 것은 주재권(*dominium*)에 대한 것이다. 그는 앞선 논의에 비해 요점만 간단하게 제시해 준다.

> 세상과 동물을 다스리게 하심(창 1:26–28; 시 8:5–8; 고전 15: 27; 히 2:8; 약 3:7), 예수와 함께 왕이 되어(계 1:6) 보좌에 앉을 것이라(계 3:21). 그런즉 사람만 못한 것을 위함이 얼마나 어리석다 하리오.[287]

레이놀즈는 본 지위에 대한 논의를 결론지으면서도 다시 한번 펠라기우스파의 이론인 "아담의 영혼이 본래 불선(不善) 불악(不惡)"이라고 하거나 죽음을 자연적이라고 보는 두 교훈이 "온교회 교훈"을 거스르는 입장임을 적시하고 "선악이 행위에만 있는 것이 아니요 심사(心思)에도 있다"라고 정해한다.[288]

---

284 이눌서, 『인학 공과』, 19.

285 엡 4:24의 NA28의 본문은 다음과 같다: "καὶ ἐνδύσασθαι τὸν καινὸν ἄνθρωπον τὸν κατὰ θεὸν κτισθέντα ἐν δικαιοσύνῃ καὶ ὁσιότητι τῆς ἀληθείας."

286 이눌서, 『인학 공과』, 20.

287 이눌서, 『인학 공과』, 20. 레이놀즈나 개혁주의 형상론에 있어 주재권도 간과할 수 없는 한 가지 요소임을 인정할 수 있으나 전적으로 형상=주재권으로 이해하는 소키누스파나 리처드 미들튼의 견해에 동의하기는 어렵다(Richard Middleton, *Liberating Image,* 성기문 역, 『해방의 형상』 [서울: SFC, 2010]).

288 이눌서, 『인학 공과』, 20. 레이놀즈는 이어서 다음과 같은 주장을 하기도 한다: "또 심사의 선악이 그 심사를 타고난 것인지 배운 것인지 하나님이 지으신 것인지 자취한 것인지 상관없이 선하면 선하고 악하면 악하다 하느리라"(20).

공약(公約)

레이놀즈는 여섯 번째 주제로 "공약"을 다룬다. 공약이라는 말은 신학적으로 낯선 말이지만, 그가 병기한 대로 "행약"(행위 언약) 또는 "생명 언약"이라는 표현은 우리들에게도 익숙한 신학 용어들일 것이다.[289] 1915년 선교 초기에 이눌서 혹은 레이놀즈는 피선교지에서 언약신학에 대해 소개를 하고 있음을 여기서 확인할 수 있다. 사실 성경을 언약이라고 하는 주제로 관통할 수 있는데, 이러한 언약을 신학적으로 제대로 다루고 발전시킨 신학 전통은 개혁파 전통이다.[290] 개혁신학자들 다수는 성경의 언약을 크게 세 개의 언약으로 나누어서 말하는데, 영원 전 삼위 간의 구속 언약 혹은 구원 협약(*foedus redemptionis sive pactum salutis*), 아담과 맺으신 행위 언약(*foedus operum*), 그리고 은혜 언약(*foedus gratiae*) 등이다.[291]

레이놀즈는 공약 또는 행위 언약에 대해 여섯 가지 대지로 나누어서 해설해 주고 있다. 첫째 대지에서는 아담과 맺으신 것이 약조 혹은 언약임을 해명하고 나서, 나머지 대지에서는 언약의 구성 요소들(즉, 양편, 조건, 상벌, 한정)을 각기 다루고 있다.[292]

첫째, 레이놀즈는 여러 성경 구절들(창 2:17; 3:1–19; 롬 5:12, 17, 19; 갈 3:14–18)에 근거하여 "하나님이 과연 아담으로 더불어 생명 약조를 맺으신 것"이라

---

289 이눌서, 『인학 공과』, 21.

290 서철원, 『교의신학 인간론』,

291 리폼드 신학교의 조직신학 교수인 존 페스코는 이 세 가지 언약에 대한 방대한 저술들을 계속해서 출간하고 있다. 지금까지 나온 저술로는 John V. Fesko, *The Covenant of Redemption: Origins, Development, and Reception* (Göttingen: Vandenhoeck & Ruprecht, 2015); The *Trinity and the Covenant of Redemption* (Fearn: Mentor, 2016); *The Covenant of Works: The Origins, Development, and Reception of the Doctrine* (Oxford: Oxford University Press, 2020); *Adam and the Covenant of Works* (Fearn: Mentor, 2021) 등 네 권이 있고, 불원간 은혜 언약에 대한 저술이 출간된다면 개혁주의 언약신학에 대한 가장 포괄적인 연구물이 되지 않을까 사료된다. 화란에서는 일찍이 우트레흐트의 흐라프란트 교수가 언약신학의 역사를 기술하는 작업을 출간한 바가 있다: Cornelis Graafland, *Van Calvijn tot Comrie: Oorsprong en ontwikkeling van de leer van het verbond in het Gereformeerd Protestantisme*, 6 vols. (Zeotermeer: Boekencentrum, 1992–1996)

292 이눌서, 『인학 공과』, 22. "약조라 함은 양편, 조건, 상벌, 한정 이 네 가지가 있어야 온전한 약조"라고 레이놀즈는 적시한다.

고 단언한다.[293] 레이놀즈는 "영생 얻을 방책"이 둘 있는데, "온전히 순종함"과 "예수를 믿음"이 그것이며, 후자를 새 약조(새 언약)라 부르니 전자도 약조의 성격을 가진다는 점을 적시한다.[294] 뿐만 아니라 아담과 그리스도의 대표성의 원리에 근거하여 첫 언약의 언약적 성격에 대해 비교적 상세하게 논증해 주기도 한다.

> 아담이 인종의 대표자로 첫 약조를 파하였고 예수께서 둘째 아담으로 신자의 대표자가 되어 지키시고 속죄하여 새 약조를 세우심이라. 그런즉 첫 아담으로 더불어 하신 일이 약조 아니라 하는 자는 둘째 아담 예수의 새 약조(속죄 약조)도 경히 보는 자니 우리가 마땅히 조심하여 성경과 신학 법대로 창 2:17 말씀이 과연 약조라 할지라(성경 요리문답 12와 20을 비교하시오).[295]

둘째 대지에서 레이놀즈는 언약의 구성 요소들 중 첫 번째 요소로서 언약을 맺는 "양편"에 대해 다룬다. 그에 의하면 "저편은 하나님이오, 이편은 아담이니 인종의 머리오 대표자"라고 적시한 후에, 증거들을 다음과 같이 열거한다. 아담에게 하나님이 하신 말씀은 아담 개인에게만 아니라 "후손에게도 상관된다"라는 것, "아담의 벌 당한 것도 후손에게 미친다"라는 것, 신약 구절들(롬 5:12, 14, 18)이 명시적이라는 것, "아담이 인종의 대표자가 아니라 하면 예수도 우리의 대표자"가 아니라는 소리가 되고, "대표하는 이치가 속죄

---

293 이눌서, 『인학 공과』, 21. 그에 의하면 하나님께서 "다른 명령과 허락도 약조"라 하셨고, 성경에는 모두 8개의 약조가 있다고 소개한다(에덴 약조, 아담 범죄한 후 약조, 노아 약조, 아브라함 약조, 모세 약조, 팔레스틴 약조, 다윗 약조, 신약조).

294 이눌서, 『인학 공과』, 22.

295 이눌서, 『인학 공과』, 22. 레이놀즈가 제시한 소요리문답 12문답과 20문답은 다음과 같다: "Q. 12. What special act of providence did God exercise toward man in the estate wherein he was created? A. When God had created man, he entered into a covenant of life with him, upon condition of perfect obedience; forbidding him to eat of the tree of the knowledge of good and evil, upon the pain of death(Gal. 3:12; Gen. 2:17); Q. 20. Did God leave all mankind to perish in the estate of sin and misery? A. God having, out of his mere good pleasure, from all eternity, elected some to everlasting life, did enter into a covenant of grace, to deliver them out of the estate of sin and misery, and to bring them into an estate of salvation by a Redeemer (Eph. 1:4; Rom. 3:20–22; Gal. 3:21–22).

의 터"인 것을 거부하는 것이 된다고 상술한다.[296] 뿐만 아니라 대표성의 원리가 사회, 가정, 교회 등에서 일반적으로 역사하고 있는 것을 보아도, "아담이 후손의 대표라 함이 마땅하다"라고 강변하기도 한다.[297]

셋째로 레이놀즈는 언약의 "조건"(condition)에 대해 설명해 주는데, 창세기 2:17 말씀에 근거하여 "온전히 순종하라 하심이니 선악수(善惡樹) 실과를 먹고 아니 먹는 것은 범사에 하나님의 뜻을 순종하고 아니할 표로 삼으신 것"이라고 해설해 준다.[298] 뿐만 아니라 선악과 자체를 먹는 것 자체는 선한 것도 악한 것도 아니며 죄가 된 것은 "먹지 말라 한 명령을 어기는 것이 하나님의 뜻을 거스르고 자기의 마음대로 하는 일이니 모든 죄의 근원이 되었다"고 적실하게 설명해 준다.[299] 이렇게 선악과 열매를 먹는 것을 마술적으로 해석하지 아니하고, 오히려 하나님의 뜻(명령)을 거슬린 것으로 해석하는 것은 개혁파적으로 합당한 해석이라고 할 수 있다.[300]

넷째 공약의 상벌에 대해 레이놀즈는 설명해 주는데, 그는 창세기 2:17 하반절을 적시해 준다("네가 먹는 날에는 반드시 죽으리라 하시니라"). 사실 성경 본문에는 벌에 대한 말씀은 있지만, 레이놀즈는 행위 언약과 관련되어 상과 벌을 차례대로 다루어 준다. 먼저 상에 대해서는 "생명"이라고 단언해 준다.[301] 레이놀즈에 의하면 "벌은 죽음이니 상은 죽음의 반대된 생명"이라거나 "성경

---

296 이눌서, 『인학 공과』, 22–23.

297 이눌서, 『인학 공과』, 23. 바빙크 역시도 사회에 통용되는 대표성의 원리에 대해서 당연시하고 있다(Bavinck, *Reformed Dogmatics*, 2:578–579).

298 이눌서, 『인학 공과』, 23.

299 이눌서, 『인학 공과』, 23. 레이놀즈는 "실과 따먹는 것이 불선불악한 것이라도…"라고 표현했다.

300 바빙크는 다음과 같이 첫 번째 범죄의 본질에 대해 잘 해명해 주고 있다: "The issue in Genesis is indeed whether humanity will want to develop in dependence on God, whether it will want to have dominion over the earth and seek its salvation in submission to God's commandment; or whether, violating that commandment and withdrawing from God's authority and law, it will want to stand on its own feet, go its own way, and try its own 'luck.' When humanity fell, it got what it wanted; it made itself like God, 'knowing good and evil' by its own insight and judgment. Genesis 3:22 is in dead earnest. This emancipation from God, however, did not lead and cannot lead to true happiness. For that reason, God by the probationary command forbade this drive to freedom, this thirst for independence. But humanity voluntarily and deliberately opted for its own way, thereby failing the test."(Bavinck, *Reformed Dogmatics*, 3:33).

301 이눌서, 『인학 공과』, 23.

여러 군데 보니 순종하여야 살리라 하셨다"는 점을 논거로 제시한다.[302] 뿐만 아니라 그는 생명의 본질에 대해서는 "복되고 거룩하고 몸과 혼이 영원토록 살 것"이라고 설명해 주고, 이러한 생명이 "아담의 본 성질에 적당한 것"이며, 성경에 의하면 "하나님을 알고 순종하며 사귀는 것이 생명"(요 17:3; 롬 2:7; 요일 5:20)이며, 아담이 불순종하여 잃어버린 생명은 "예수 믿음으로 얻는 영생"과 같은 것이라고 적시한다.[303]

다섯 번째 대지로 레이놀즈가 제시한 것은 공약의 "한정"에 대한 것이다. 한정이라는 것은 첫 언약이 어느 때까지 기한한 것인가 하는 문제인데, 그는 "아담이 첫 아들 나을 때까지"라는 특이한 해석을 제시해 준다.[304] 레이놀즈는 "아담이 인종의 대표로 시험을 겪어 약조를 기켰더라면 하나님이 시조의 본성을 온전히 정하여 다시 변할 수 없게 하셨을 것"이라고 말하면서, 그 유비로 타락에 동참하지 아니하고 "본 지위를 지킨 천사를 정하여" 타락할 수 없게 하신 것을 적시한다.[305] 개혁신학에서는 일반적으로 행위 언약이 한시적이었다는 점에 동의하지만, 그 기간을 아담이 첫아들을 낳을 때까지라는 식으로 한정하는 경우는 낯선 이론이다.[306]

이어지는 여섯 번째 대지에서 레이놀즈는 "공약을 어김"에 대해 다룬다. 이는 창세기 3장에 기록된 첫 타락 기사를 가리키는데, 몇 가지 요점으로 나누어 설명한다. 첫째 이 기사의 성격이 "비유도 아니오 헛된 이야기도 아니오 참된 사기"라고 밝힌다.[307] 레이놀즈는 그 증거로 이방인들의 헛된 이야기와 달리 "성경 말씀이 쉽고 명백하며 귀중한 이치가 그 속에 있다"라는 점, 창세기 기록 목적이 "사기를 기록함"에 있다는 것, "신구약에 이 말씀을 참 사기인 줄 알고 논란하고 있다"라는 점과 "이 말씀이 인종의 죄와 구속 교훈의

---

302 이눌서, 『인학 공과』, 23.

303 이눌서, 『인학 공과』, 23–24. 레이놀즈는 롬 5:21, 요일 5:11 등을 적시해 준다.

304 이눌서, 『인학 공과』, 24.

305 이눌서, 『인학 공과』, 24.

306 박형룡, 『교의신학 인죄론』, 131. 죽산은 "행위 언약에 생명의 조건으도 된 순종은 사리상 시련의 기간에 국한될 수밖에 없었다"라고 말하고, 그렇게 한정된 기간일 수밖에 없는 것은 "상벌의 시행이 시련을 종결하기 때문"이라고 말한다.

307 이눌서, 『인학 공과』, 25.

터"라는 것이다.[308] 둘째 레이놀즈는 생명나무에 대해 해석하기를 "생명이 그 실과에 있다든지 성례와 같이 신령한 은혜를 나타내는 표라든지 그 실과를 먹으면 영생한다는 말씀이라"라고 견해들을 나열한다.[309] 그리고 예수 그리스도가 나무에 달려 죽으심으로 "생명의 근원"이 되셨기 때문에 이 나무는 "그의 영자(=그림자. 필자)"라고 말하고 나서, 시조가 타락함으로 잃어버리게 된 "생명나무는 구주를 믿음으로 천당에 가서 다시 얻을 것"을 가리킨다고 해설해 주기도 한다.[310] 셋째 선악과에 대해서도 해석을 소개한 후에, 넷째 중지에서 뱀(배암, snake)에 대해 다룬다. 레이놀즈는 뱀이 "마귀를 가르치는 문법도 아니오 마귀가 뱀 형생을 이룬 것도 아니오 뱀이 마귀의 쓰는 기관"이라고 해석해 준다.[311] 다섯 번째 시조가 받은 시험에 대해 레이놀즈는 다루는데, "아담이 그 아내와 함께 당한 것"이라고 말한 후에 시험의 순서를 다음과 같이 밝힌다.

마귀가 먼저 하나님의 사랑을 의심나게 하며(창 3:1), 그다음에 거짓말로 하나님의 말씀을 의심 두게 하며(4절), 후에 욕심나게 하였으니 1) 지혜(눈 밝다), 2) 교만(하나님과 같음), 3) 탐식(먹음직하다)이라.[312]

마지막 여섯 번째 요점으로 레이놀즈는 "약조를 어긴 결과"에 대해 네 가지를 제시한다. 즉, "부끄러움, 두려움과 피하고자 함, 뱀과 시조에게 심판하여 벌 주심, 에덴동산에서 내어 쫓고 생명나무 길을 막으신 것" 등이다.[313]

---

308 이눌서, 『인학 공과』, 25. 타락 기사의 역사성 문제에 대해서는 Bavinck, *Reformed Dogmatics,* 3:36–39를 보라.

309 이눌서, 『인학 공과』, 25. 개혁신학자들은 대체로 생명나무에 대해 성례론적으로 이해한다(박형룡, 『교의신학 인죄론』, 133–135; Charles Hodge, *Systematic Theology*, 2:125).

310 이눌서, 『인학 공과』, 25.

311 이눌서, 『인학 공과』, 26.

312 이눌서, 『인학 공과』, 27. 죽산은 "시험자가 진행한 시험의 서정은 매우 교묘하여 여인을 꾀어 넘어뜨기리기에 성공할 만하였다"고 말한 후에, "의심의 종자, 불신과 교만의 야기, 정욕의 격동, 반역의 행동" 등을 말한다(박형룡, 『교의신학 인죄론』, 153–154).

313 이눌서, 『인학 공과』, 27.

자유

레이놀즈의 인간론의 논의에서 마지막 주제는 자유에 대한 것이다. 이 대지를 시작하면서 그는 이 주제와 관련하여 세 가지 입장이 있다고 먼저 밝힌다. 첫째는 "운수를 따라 부득이하여 범사가 임의 작정한 대로 되기에" 자유가 없다고 하는 입장, 둘째는 "이치와 마음과 하나님 상관없이 자유로 무엇하려면 하고 말려면 말겠다 하며 앞일은 정함이 없다"라고 주장하는 입장, 그리고 세 번째로는 "사람이 자유로 작정하기는 하나 그 작정이 자기 속마음과 성질과 뜻을 말미암음이니 남의 성질과 형편을 자세히 알면 어떻게 할 것을 정녕히 알 수" 있다고 하는 입장이다.[314] 이렇게 세 가지 가능한 입장을 소개한 후에 첫째에 대해서는 "불가불뜻"이라거나 "도덕을 거스르리는 말"이라고 평가하고, 둘째 입장에 대해서는 "이치와 하나님의 주장을 거스르는 말"이어서 "불법"이라고 적시한 후에, 세 번째 입장을 "이치와 성경에 합당한… 참 자유"라고 평가한다.[315] 이렇게 서론적인 정리를 해 준 후에, 레이놀즈는 여섯 가지 대지로 나누어 자유론을 전개한다.

(1) 자유능과 자유권의 분간

레이놀즈는 첫 번째 대지에서 "자유권"과 "자유능"을 구별 지어 설명해 준다. 그에 의하면 자유능이란 "마음을 스스로 변혁할 수 있는 능(能)"으로서 "천사와 사람을 처음 내실 때만이 능히 있더니 시험 지낸 후에 자기 힘으로는 마음을 다시 변혁할 수가 없어 능치 못한 지위가 되었다"라고 적시해 준다. 또한 자유권이라는 것은 "자기 마음의 소원대로 작정하여 힘껏 행함"이라고 해설해 준다.[316] 레이놀즈에 의하면 본 지위에서 인간은 자유능이 있었지만, 타락한 후에는 그런 능력이 제거되었다는 것이고, 타락한 이후의 인간에게

314 이눌서, 『인학 공과』, 27–28.
315 이눌서, 『인학 공과』, 28.
316 이눌서, 『인학 공과』, 28.

도 자유권, 즉 임의로 무엇을 선택할 수 있는 능력은 여전히 존재한다는 것이다.[317]

(2) 자유권과 정녕히 아는 것이 서로 틀림이 없음

두 번째 대지에서 레이놀즈는 자유권에 대해 "사람이 여러 소원 중에 힘 많은 소원을 따라 항상 작정함"이라고 다시 강조한 후에, 그 증거들을 제시해 준다. 먼저는 이것이 "모든 자유하는 자에게 합당한 교훈"이라고 말하면서, "하나님은 온전히 자유하시나 옳은 일만 하실 줄 우리가 정녕히 알고 사람은 나면서부터 자유하나 정녕히 범죄할 줄 아느니라"라고 말한다.[318] 둘째로 레이놀즈는 이것이 "성경 도리에 합당"하다고 하면서 단순히 "미리 아심, 미리 작정하심, 권고하시며 주장하심, 중생시키심" 등의 표제만 제시하고 지나간다.[319] 세 번째 레이놀즈는 "가만히 생각하면 이 교훈이 합당한 줄 스스로 깨달을 것"이라고 하면서, "자기 마음을 거스려 소원을 품치 못하리니 남의 마음을 알면 그 소원도 알 것이오, 그 소원을 알면 그 작정할 것도 정녕히 알 것"이라고 논증한다.[320] 나아가서 레이놀즈는 네 번째로 "선악이 본 성품과 소원의 관계"가 있다고 하면서 "만일 사람의 작정과 행위가 마음 가운데서 나지 아니할 것 같으면 그런 작정과 행위가 선악 상벌법에서 벗어 나게 된다"라고 주장한다.[321] 다섯 번째로 레이놀즈는 이것이 "영혼 이치에 합당하다"라고도 말한다.

아무 뜻이나 경영 없이 작정한다 하면 미친 사람이나 실혼(失魂)한 사람과 같으

---

317 이눌서, 『인학 공과』, 28–29. 그러나 레이놀즈는 타락한 후의 인간은 "작정함으로 자기 마음을 고칠 수 없다"라는 점을 거듭 강조한다. 하지만 "하나님과 천사와 마귀와 죄인과 천당에 간 성도는 다 자유하나 스스로 변혁할 수 없는 것이라"라는 문장에는 "하나님"을 빼야 맞을 것 같다(28).

318 이눌서, 『인학 공과』, 29.

319 이눌서, 『인학 공과』, 29.

320 이눌서, 『인학 공과』, 29.

321 이눌서, 『인학 공과』, 29–30. 레이놀즈는 "가령 부지중 사람을 죽인 것이 살인죄는 아니"라고 그 예를 든다.

> 리니 그런고로 자기 뜻대로 정녕히 작정할 것이오 그 작정대로 하고 못하는 여부는 자기 힘과 특별한 형편대로 될 것이니라.[322]

레이놀즈는 이어서 여섯 번째로 인과율의 방식을 적용하여 설명해 주기도 한다. 즉, "작정의 원인은 소원이오, 소원의 원인은 본 성품이라. 사람의 본(本) 성품과 형편을 자세히 알면 어떻게 작정할 것을 정녕히 알 수 있다"라고 말한다.[323] 그러고 나서 그는 두 번째 대지의 "끝말"로서 인간의 자유와 하나님의 작정 간의 관계를 다음과 같이 정리해서 적시해 준다.

> 하나님이 무소부지하시고 무소부재하시고 무소불능하심으로 사람의 속마음도 아시고 형편도 아시고 자유로 어떻게 작정하여 행할 것도 다 미리 아시고 또 사람의 자유를 어기지 아니하시며 당신이 이미 작정하신 온전한 뜻을 다 이루실 권능과 지혜가 계시니라.[324]

(3) 자유권을 새롭게 하심

레이놀즈는 타락한 인간 스스로 마음을 변화시킬 수 없지만, 성령의 역사로 말미암아 "우리 마음과 뜻을 새롭게 하시는 중생을 받은 후에 자유권으로 새 마음을 따라서 작정도 하고 성신의 권능으로 선행을 할 수도 있게 됨"(빌 2:12–13)을 바르게 강조해 주기도 한다.[325]

(4) 성경적 자유

네 번째 대지에 이르러 레이놀즈는 성경적 자유를 간명하게 요점 정리해 주는데, 첫째 범죄한 인생은 "죄의 종이오, 마귀의 자녀니 불쌍하지만", 둘째 "예수께서 속량하시고 자유하게 하실 때 성경과 진리로 우리를 거듭나게 하

---

322 이눌서, 『인학 공과』, 30.
323 이눌서, 『인학 공과』, 30.
324 이눌서, 『인학 공과』, 30.
325 이눌서, 『인학 공과』, 30.

시고, 하나님의 아들과 후사로 삼으시고, 영화로운 자유를 주시니 신자의 나중 지위는 예수와 같을 것"이라고 적시해 준다.[326]

(5) 예수 안에 자유한 자가 마땅히 행할 일들

위에서 성경적 자유를 설명한 후에, 레이놀즈는 "예수 안에 있어 자유한 자는 마땅히 행할 것"이 있다고 말한다. 그가 제시하는 요점들과 성경 구절을 병기해 보도록 하겠다.

1) 바울과 같이 하나님의 종이라 하며 자랑할 것이오(롬 1:1; 빌 1:1; 딤전 1:1).
2) 하나님 앞에서 겸비하여 우리가 무익한 종이라 할 것이오(눅 17:11)
3) 지체를 하나님께 드려 의의 병기와(롬 6:13) 순종하는 종으로 힘써 섬길 것이오(롬 6:16–18)
4) 성신의 힘으로 의의 열매를 맺을 것이오(롬 6:22; 갈 5:22)
5) 예수 주신 자유에 굳게 설 것이오(갈 5:1)
6) 맡은 교우에게 주장된 자세를 하지 말 것이오(벧전 5:3)
7) 자유로서 육체의 기회를 삼지 말고 오직 사랑함으로 서로 종이 될지니라(갈 5:13).[327]

레이놀즈는 마지막 항목으로 불신자의 자유에 대해서는 "마귀의 종"이라고 단적으로 말해 주고, 믿는 자의 경우는 "하나님의 종이오 후사라. 또 서로 사랑의 종이오 성신의 법으로 죄와 사망의 법에서 벗어난 자라"라고 적시해 준다.[328]

---

326 이눌서, 『인학 공과』, 31.

327 이눌서, 『인학 공과』, 31–32. 신자가 살아야 할 삶에 대해 이렇게 단순하게 말하고 지나가지만 후임자 구례인은 십계명 해설을 통해 성도의 삶의 기준에 대해 해설해 준다(Crane, 『조직신학 하』, 713–853). 죽산도 구례인의 전통을 따른다(박형룡, 『교의신학 인죄론』, 303–325).

328 이눌서, 『인학 공과』, 32.

4. 레이놀즈의 죄론 -『인학 공과』 제2편

앞서 살펴본 제1편의 내용은 하나님이 자기 형상대로 창조하신 원래 상태의 인간에 대한 논의라고 할 수 있다. 이제 이어지는 제2편에서는 "죄"라는 주제하에 죄 아래 있는 인간에 대해서 다룬다. 2편 죄론을 시작하면서 레이놀즈는 "도덕상 제일 어려운 문제"라고 지적한 후에, "논란하는 말이 두 가지니 1) 성경에서 난 신학의 말 2) 세상에서 난 철학의 말"이라고 소개하고서, "먼저 진리의 말씀을 배운 후에 여가 있으면 철학사가가 이 문제에 대해 논란한 그릇된 말을 대강하겠다"라고 계획을 밝힌다.[329] 구성을 보면 2편도 1편처럼 총 일곱 주제로 되어 있다.

1장. 무엇이뇨?

2장. 근원

3장. 아담의 첫 죄와 그 결과

4장. 후손에게까지 죄를 돌리심

5장. 원죄와 본죄

6장. 죄인이 스스로 할 수 없음

7장. 멸망 중 소망[330]

329 이눌서, 『인학 공과』, 32. 바빙크는 존재의 문제 다음으로 악의 기원의 문제가 가장 지성의 무거운 짐이라고 말한 바가 있다.

330 이눌서, 『인학 공과』, 1.

무엇이뇨?

죄론의 첫 주제는 "죄가 무엇이냐?"라는 주제를 다루고 있다. 레이놀즈는 앞서 밝힌 대로 먼저 "신학의 말"을 첫 대지에서 제시한다. 그는 죄가 무엇인지에 대해 소요리문답 14문답을 적시하면서 "죄는 하나님의 법에 대하여 합당한데 부족한 것이나 어그러진 것"이라고 제시한 후에 "요긴한 뜻 일곱 가지"를 제시해 준다.[331] 레이놀즈는 제법 상세하게 설명해 주는데, 차례대로 살펴보기로 하자.

첫째, 그는 양심에 대해 설명을 하는데, "일개인이 양심이 있으니 범죄함으로 죄를 자연히 아는 것"이라는 말로 시작해서, 양심의 기능에 대해 다음과 같이 상술해 준다.

> 양심은 선악을 분별할뿐더러 마땅한 뜻이 있어 선은 선인고로 마땅히 할 것이오, 악은 악인고로 마땅히 하지 말 것인 줄 알고 선악 주장하시는 재판장이 계신 줄 알아 상벌 받을 줄 알고 죄를 무서워하고 하나님을 두려워하는 마음이 각 사람에게 있음(롬 2:14–15).[332]

둘째 레이놀즈는 하나님의 법이 세 가지 방편으로 주어졌음을 밝히는데, 양심, 성경 그리고 "독생자의 순종하심으로 우리에게 법을 밝히는 모본"을 주셨다고 열거한다. 따라서 우리가 죄를 깨닫기 위해서는 "양심, 성경, 예수로 우리 사언행(思言行)을 비교하여 맞추어 보아야 한다"라고 권면한다.[333]

셋째 레이놀즈는 나라, 사회, 가정에도 법에 순종하되 "하나님의 법에 합당치 아니하면 마땅히 하나님의 법을 순종할 것"이라고 말하고, 죄란 "모두

---

331 이눌서, 『인학 공과』, 32–33. 소요리문답 14문답은 다음과 같다: "Q. What is sin? A. Sin is any want of conformity unto, or transgression of, the law of God (1 John 3:4)."

332 이눌서, 『인학 공과』, 33.

333 이눌서, 『인학 공과』, 33.

하나님께 얻은 것"(시 51:4)이라고 적시한다.[334] 즉, 레이놀즈에 의하면 이 세상에는 그리스도인들이 따라야 할 다양한 법들이 존재하지만, 그 모든 법 위에 하나님의 법이 우선권을 가진다는 것이다. 그러한 기준에 의거하여 당시 유교적인 제사 제도에 반대하고 거부하는 일이 신자들에게 요구되고 또한 순종되기도 했고, 신사 참배에 대한 반대도 후일에 가능하게 되었다.

넷째 죄가 "부족한 것이나 어그러지는 것"이라는 것을 알기 위해 레이놀즈는 히브리어와 헬라어 원어("본문말")들을 살펴야 한다고 말한다. 히브리어 와 헬라어 하말디아는 "표적을 못 맞춘"이라는 뜻이라 소개하고, 히브리어 셋임은 "배도한 자, 길 치우쳐 떠난"이라는 뜻이라 소개하고, 헬라어 파라바노는 "지경을 넘어가다, 범위를 범하다"라는 뜻이라 소개하고, 마지막으로 헬라어 아노미아는 "불법"의 의미라 소개한다.[335]

다섯째 "하나님의 법이 요구하는 것은 온전히 순종함"이라고 밝힌 후에, 레이놀즈는 그리스도의 온전한 순종과 우리에게 요구되는 온전한 순종을 다음과 같이 연결시켜서 교훈해 준다.

1) 믿는 자 대신하여 예수께서 법을 온전히 지키셨으며(롬 10:4) 죄 형벌을 대신 받으셨으니(고후 5:21) 우리가 율법에서 벗어났으나(갈 3:13; 롬 7:6; 6:14–15) 하나님께 온전히 순종할 것이오(갈 2:19).
2) 그리스도의 법을 온전히 순종할 것이라(고전 9:21; 갈 6:2). 그 법은 사랑이라 (요일 3:23).[336]

여섯째로 레이놀즈가 말하는 바는 "성품과 마음속 심사까지 하나님의 법에 합당치 않은 것도 죄"라는 것이다. 그 증거로 그는 보통 사람이 그렇게 판단하는 것과 "모든 진실히 믿는 자의 자복과 스스로 책망함(롬 7:24)"과 여러

334 이눌서, 『인학 공과』, 33.
335 이눌서, 『인학 공과』, 33–34. 1915년 레이놀즈가 표기한 바에 의하면 "해다이, 하말듸아, 셋임, 바라배노, 아노미아" 등이다.
336 이눌서, 『인학 공과』, 34.

성경 구절들이 그렇게 증거해 준다는 것이다.[337]

마지막 일곱 번째 요점으로 레이놀즈는 "스스로 나는 정욕"에 대해 다룬다. 소위 아우구스티누스가 사용한 사욕편정(*concupiscentia*)이나 바울이 사용한 에퓌뛰미아(*epithymia*)가 죄인가 아닌가 하는 문제이다. 레이놀즈는 "정욕도 하나님의 법에 대하여 합당한 데 부족한 것이나 어그러지는 것이 죄니라"라고 적시한다.[338] 레이놀즈는 "성경에서 이런 정욕을 죄"라고 하기에(롬 7:5-24), 그렇게 분명한 입장을 견지했고, 신자들 속에도 악한 생각이 잠깐 일어날 수 있음을 인정했다. 그와 같을 때 신자들은 "허락지 아니하되 그런 생각을 원통히 여기고 스스로 책망하여 예수의 피로써 씻어 주고 성신의 불로 살라버려 달라고 간절히 기도"해야 한다고 권면해 주기도 한다.[339]

이렇게 죄가 무엇인가에 대해 성경적인 논의를 한 후, 두 번째 대지에서 "철학의 논난한 그릇된 말"을 다루고자 의도하였으나 공과에는 "二大 철학의 논난한 그릇된 말"이라는 표제만 제시했을 뿐 아무런 내용을 제시하지 않고 있다.[340]

근원

(1) 하나님이 죄를 허용하신 이유

레이놀즈가 죄론의 두 번째 주제로 다룬 것은 죄의 근원 혹은 기원 문제이다. 그는 "전능하시고 지혜와 사랑이 무한하신 하나님은 어찌하여 죄가 세상에 들[어오]기를 용납하셨느뇨?"라고 질문을 제기함으로 이 주제를 다루기 시작한다.[341] 레이놀즈는 이 제기된 문제에 대한 두 가지 답변이 존재한다고

---

337 이눌서, 『인학 공과』, 34-35. 그는 요일 1:8; 롬 1:28-32; 갈 5:19-21; 약 1:4-15; 엡 4:17-19 등을 열거해 준다.

338 이눌서, 『인학 공과』, 35. 이것은 사욕편정(邪慾偏情)을 창조 시 주어진 것이기에 악하지 않다고 해설하는 로마 교회의 주류적인 입장에 반대하여 개혁파가 비판하는 입장이기도 하다(Bavinck, *Reformed Dogmatics*, 3:539-542).

339 이눌서, 『인학 공과』, 35.

340 이눌서, 『인학 공과』, 35.

341 이눌서, 『인학 공과』, 35.

말한 후에, "하나님이 죄가 세상에 들어오는 것을 금할 수 없다"라는 입장과 "들어오지 못하게 하실 수 있으나 들기를 용납함으로 더욱 아름다운 뜻을 이루려 하다"고 하는 입장이라고 소개해 준다.[342] 레이놀즈는 이 두 가지 입장 가운데 후자를 자신의 입장으로 택하여 상술한다. 하나님께서 죄를 세상에 들어오도록 허락하신 까닭은 우리가 알 수 없지만, "죄가 인종의 자유로 말미암아 들어온 것"이라는 점과 "하나님께는 죄가 털끝만큼도 없다"라는 점을 동시에 강조해 준다.[343] 레이놀즈는 하나님이 죄의 원인이거나 창조자가 아니라는 사실을 거듭 강조한다.[344]

(2) 선한 성품에서 죄가 어떻게 날 수가 있는가?

두 번째 대지에서 레이놀즈는 "둘째 큰 오묘함"이라고 표기한 후에 "어찌하여 본래 선한 성품에 죄가 날 수 있느뇨?"라는 질문을 제기한다.[345] 이는 하나님께서 선하고 정직하게 지으신 인간 본성에서 어떻게 죄가 나올 수 있느냐는 질문인데, 레이놀즈는 "그리된 것은 믿어야 쓰겠고 어떻게 그리된 것은 알 수 없다"라고 답을 한다. 그리고 알 수 없는 두 가지 이유를 제시하기를 첫째 "마음의 이치는 알 수 없고 스스로 속기 쉽다"라는 것(렘 17:9)과 둘째 "우리의 악한 성품의 근원은 아나 아담의 본 성품의 일은 우리가 지내보지 못"했기 때문(엡 4:22-24; 창 6:5)이라는 것이다.[346]

레이놀즈는 이어서 두 번째 중지에서 "알만한 것"이라는 제하에 일곱 가지 요점을 제시한다. 1) "한량없으신 하나님의 성품과 한정 있는 사람의 성품이 다르"기 때문에 신학적 논의를 할 때 조심해야 한다는 것, 2) 천상의 성도와

---

342 이눌서, 『인학 공과』, 35-36.

343 이눌서, 『인학 공과』, 36. 그는 아우구스티누스의 말을 인용하기도 하는데, "죄는 무선(無善)이 아니오 불선(不善)이라. 선의 대(對)가 악이니 선을 대적하는 죄가 있을 수밖에 없다"라는 것이다.

344 이눌서, 『인학 공과』, 36. "하나님이 만물을 창조하신 대주재시로되 죄를 지어 내지도 아니하시고 범죄하게 시키지도 아니하시는 자니라."

345 이눌서, 『인학 공과』, 36. 죽산 박형룡 역시 "성자(聖者)가 어떻게 타락하였을까?"라는 제하에 이 문제를 다룬다(박형룡, 『교의신학 인죄론』, 175-177).

346 이눌서, 『인학 공과』, 36.

천사들이 죄를 지을 수 없는 상태에 있는 것은 "자기에게 있는 것이 아니라 하나님의 정하여 주신 은혜"(벧전 1:4,5; 히 12:23; 요일 3:9) 때문이라는 것, 3) 본래의 지위를 떠난 아담과 천사가 "시험 가운데 있을 때 자유하나 정함이 없었다"라는 점, 4) 이 세상 사람들이 "스스로 온전히 착한 마음 못먹는 것은 온전히 선한 성품이 없는 연고"라는 것, 그리고 소지 5) – 7)은 죄의 근원 내지 본질로서 욕심에 대해 다루어 주고 있는데, 레이놀즈의 설명을 있는 대로 소개해 본다.

> 5) 아담의 선한 성품 가운데 선악 상관없는 욕심이 나서 실과를 따먹고자 하는 것과 지식 얻고자 하는 것이 죄가 아니라도 이 욕심이 경하여져서 하나님을 경외하는 마음을 이기고 또 사탄의 꾀임을 받아 하나님의 말씀을 순종치 아니함으로 죄에 빠졌으니 죄의 한편 근원은 사람의 욕심이라(약 1:14–15).
> 6) 이 욕심은 세 가지니(요일 2:16) 육신의 정욕과(실과 먹음직하다) 안목의 정욕(눈에 볼만하다)과 이생의 자랑이라(탐스러워 지혜를 얻게 할 만하다.
> 7) 그런즉 인종의 죄가 아담으로 말미암은 것이오(롬 5:12), 아담의 죄는 자기 욕심에서 난 것이라.[347]

이어지는 세 번째 중지에서 레이놀즈는 아담이 "마귀의 시험을 겪어 본 일이 없는고로 조심 없고 무서운 마음이 없이 마귀의 말을 곧이듣고 그에게 속은 것"이라고 말하고, 네 번째 중지에서는 사탄의 역할에 대해서 다음과 같이 설명해 준다.

> 사탄의 지혜와 꾀가 시조보다 담대히 많음으로 그 선한 마음속에서 의심과 욕심과 자유심을 발달케 하여 범죄케 하였으니 저편 죄의 근원은 마귀의 왕 사탄이라. 그런즉 죄의 아비는 마귀요(요 6:44), 어미는 개인의 욕심이라(약 1:15).[348]

---

347 이눌서, 『인학 공과』, 37–38.
348 이눌서, 『인학 공과』, 38.

죄의 근원 문제를 다룸에 있어 마지막 주제는 영적 세계에서 죄가 어떻게 기원했는가 하는 문제이다. 다섯 번째 중지에서 레이놀즈는 마귀의 마음에서 죄가 발생한 것도 "욕심" 때문이라고 적시해 주는데, 이는 "분수 밖의 더 높은 지위를 얻고자 하는 교심(驕心)"이라고 해설해 준다(사 14:12-15; 눅 10:18).[349] 이어지는 마지막 중지에서는 이와 같은 사탄의 교만한 마음, 즉 "내 마음대로 하리라 하는 것이 모든 죄의 큰 근원"인 반면에, 이와 대조적으로 예수님은 "내 뜻대로 마옵시고 오직 처분대로 하소서"라고 하는 마음을 가지셨다고 적시하고 나서, 우리도 예수님을 따라 온전한 순종의 마음을 가질 것을 권함으로 2장을 마무리 짓는다.[350]

아담의 첫 죄와 그 결과

앞서 죄의 본질(1장)과 기원(2장)에 대해 다룬 후에, 3장에서 레이놀즈가 다루는 것은 첫 시조 아담이 저지른 첫 범죄와 그 결과가 무엇인가 하는 주제이다. 3장을 시작하면서 신경적 근거로 소요리문답 16문답과 17문답을 적시한 후에,[351] 짧은 서문에서 레이놀즈는 핵심을 다음과 같이 잘 제시해 주고 있다.

> 서문. 아담의 첫 죄만 후손에게 상관있는지라. 공약 안에서 만(萬) 인종의 머리요 대표자러니 그 약조를 파한 후로부터 아담이 스스로 온 죄인이 되어 짓는 죄가 다 자기 상관뿐이라(롬 5:18).[352]

---

349 이눌서, 『인학 공과』, 38.

350 이눌서, 『인학 공과』, 38-39.

351 소요리문답 16문답과 17문답의 내용은 다음과 같다: "Q. 16. Did all mankind fall in Adam's first transgression? A. The covenant being made with Adam (Gen. 2:16-17; Jas. 2:10), not only for himself, but for his posterity; all mankind, descending from him by ordinary generation, sinned in him, and fell with him, in his first transgression (Rom. 5:12-21; 1 Cor. 15:22); Q. 17. Into what estate did the fall bring mankind? A. The fall brought mankind into an estate of sin and misery (Gen. 3:16-19, 23; Rom. 3:16; 5:12; Eph. 2:1)."

352 이눌서, 『인학 공과』, 39.

(1) 첫 죄

아담의 첫 죄만이 후손들에게 상관있다는 점을 밝힌 후에, 레이놀즈는 다시 한번 첫 죄의 성격에 대해 밝힌다. 그에 의하면 첫 죄란 "하나님이 금하신 실과를 따먹는 것"인데, 그 속에 드러나는 죄의 성격은 "의심과 불복" 두 가지라고 적시해 준다.[353] 이어서 두 가지에 대해 상세하게 설명해 주는데, 의심에 대해서는 "곧 믿지 아니함이니 하나님의 사랑과 진실하심과 권능을 믿지 아니하는 것이 큰 죄(마 13:58; 막 6:6; 히 3:12; 요 3:18: 계 11:8)"라고 해설해 주고, 이어서 불복(不服)에 대해서는 "역적이요 멸망을 자취함"이라고 해설해 준다.[354]

(2) 아담의 첫 죄와 하나님

두 번째로 제기한 질문은 "아담의 첫 죄가 하나님께 대하여 무슨 상관이 있느뇨?"라는 것이다. 레이놀즈는 만유의 주재이신 하나님과 아담이 저지른 첫 번째 범죄가 어떠한 관계가 있는지에 대해 당시로서는 다소 난해한 신학적 주제를 피하지 아니하고 분명히 설명해 주고자 시도한다. 일단 하나님께서는 원래 아담에게 "본래 선한 성품과 자유능을 주셨으며", "선행할 만하게 지으셨다"라고 적시하고, 공약(행위 언약)을 체결하시고 시조가 "시험을 겪을 동안에 사람의 자유대로 행하기로 내어 버려두신 것이 공의에 합당하였다"라고 설명한다.[355] 그렇지만 하나님께서는 "시조의 죄를 시키신 것도 아니요 좋아하신 것도 아니"라는 점도 강조한다. 하지만 아담의 범죄는 하나님의 영원하신 작정 혹은 경륜과 무관할 수가 없다는 점도 그는 외면하지 않는다. 개혁파의 죄론에서 난해한 논점이기도 한 이 문제를 레이놀즈는 어떻게 설명하고 있는지 경청해 보기로 하자.

---

353 이눌서, 『인학 공과』, 39.

354 이눌서, 『인학 공과』, 39.

355 이눌서, 『인학 공과』, 39–40. 레이놀즈는 소요리문답 13문답을 지시하는데, 그 내용은 다음과 같다: "Q. 13. Did our first parents continue in the estate wherein they were created? A. Our first parents, being left to the freedom of their own will, fell from the estate wherein they were created, by sinning against God (Gen. 3:6–8, 13; 2 Cor. 11:3)."

그러나 자기의 영원히 작정하신 거룩한 뜻을 이루시려고 대주재가 되사 아담의 자유로 범죄하기를 막지 아니하시고 그 죄를 인하여 자기 영광과 사람의 복락을 구주 예수로 말미암아 더욱 나타내심이로다.[356]

(3) 그 첫 죄의 결과

세 번째로 레이놀즈는 아담이 저지른 첫 죄의 결과에 대해 살피는데, 아담에게 미친 영향에 대해서 먼저 말해 준다. 첫 번째 결과는 아담이 "본 지위에서 떨어지게 되었다"라는 것이다. 그리하여 하나님의 진노 아래 놓이고, "자기 본성이 변하여 전혀 썩어지게" 되었다.[357] 두 번째로 아담은 공약을 어겼기 때문에 그 벌로 "영혼이 당장에 죽고, 몸이 필경에 죽고, 영혼과 몸이 둘째 사망을 받게 되었다"라고 정리해 준다.[358] 셋째로 레이놀즈가 주목하여 다룬 것은 앞서 말한 바 "자기 본성이 변하여 전혀 썩어지게 되었다"라고 하는 것이 무엇을 의미하는지에 대한 것이다. 레이놀즈가 적시한 대로 이러한 표현은 소요리문답 18문답에 있는 "the corruption of his whole nature"를 그대로 차용한 것이다. 레이놀즈는 이렇게 본성이 전적으로 썩어졌다고 하는 말이 "도무지 괴악하여졌다는 말"로 오해되지 않도록 경계해 주고 있다. 그는 다섯 가지 소지로 나누어 설명해 주고 있는데, 전적 패괴(total depravity)에 대한 오해가 현존하기도 하는 바 그의 정리를 그대로 소개해 보기로 한다.

---

356 이눌서, 『인학 공과』, 40. 이 난제에 관한 개혁파적 설명을 보기 위해서는 Bavinck, *Reformed Dogmatics*, 3:59–70). 박형룡, 『교의신학 인죄론』, 171–175 등을 보라.

357 이눌서, 『인학 공과』, 40. 레이놀즈는 소요리문답 18문답을 참고할 것을 지시하는데, 내용은 다음과 같다: "Q. 18. Wherein consists the sinfulness of that estate whereinto man fell? A. The sinfulness of that estate whereinto man fell, consists in the guilt of Adam's first sin, the want of original righteousness, and the corruption of his whole nature, which is commonly called Original Sin; together with all actual transgressions which proceed from it(Rom. 5:12, 19; 5:10–20; Eph. 2:1–3; James 1:14–15; Matt. 15:19)."

358 이눌서, 『인학 공과』, 40–41. 레이놀즈는 사람이 죄의 결과로 당하게 되는 형벌로 3중의 죽음에 대해서 말하였는데, 이는 개혁신학의 주류적인 해석에 일치한다(Bavinck, *Reformed Dogmatics*, 3:182–185). 죽산은 육체적 죽음에 대한 논의를 시작하면서 3중적 죽음에 대해서 다음과 같이 적시해 준다: "성경의 사망관은 육체적, 영적, 영원적 죽음을 포함한다. 육체적 죽음은 영혼의 신체로부터 분리요, 영적 죽음은 영혼의 하나님으로부터의 분리요(사 59:2; 롬 7:24; 엡 2:1), 영원적 죽음은 악자의 재연합한 영혼과 육체의 하나님으로부터의 추방과 최종적 고초이다(계 1:18; 20:14; 21:8)." (박형룡, 『교의신학 내세론』 [서울: 은성문화사, 1973], 51).

1) 하나님께 역적이 된지라.

2) 영혼 기르는 은혜와 하나님을 사귀는 권능을 잃은지라.

3) 영혼에 병들었도다. 후회, 두려움.

4) 이럼으로 온 마음과 몸이 쇠잔한지라. 지혜와 총명이 어두어지고 양심이 굳어지고 정욕이 분량을 넘치고 백체(百體)가 불의의 기계가 된지라.

5) 스스로 고치는 능이 없어서 점점 더 악하여질 수밖에 없다고 하는 말이라.[359]

(4) 첫 죄인을 정죄하심

네 번째 대지에서 레이놀즈는 첫 범죄 이후 하나님께서 어떻게 심판하셨는지를 다룬다. 그가 제시하는 성경 구절은 창세기 3:14–19, 22–24 등이다. 먼저는 뱀에 대한 정죄에 대해 다룬다. 사탄의 기관으로 쓰인 뱀은 "저주를 받아 죄의 더럽고 징그럽고 독한 표로 삼으셨다"라고 말한 후에, 창세기 3:15에 선포된 "첫 복음"에 주목한다.[360] 레이놀즈는 본 구절의 내용에 대해 다음과 같이 해설해 준다.

> 여자의 아들 예수께서 십자가에 죽으심이 발꿈치를 상하고 마귀의 머리를 상하심이오. 나중에 일천 년 동안 결박하여 무저갱에 갇혔다가(계 20:2–3) 유황불 구렁텅이에 던져 세세토록 괴로움을 받으리라(계 20:10).[361]

둘째 여인에게 내려진 형벌은 "자식 낳기에 괴롭게 하시고, 지아비에게 복종하게 하심"이라고 해설한 후에, 셋째 아담에게 내려진 형벌로 "땅을 저주

---

359 이눌서, 『인학 공과』, 41. 개혁주의가 말하는 전적 부패의 의미에 대해서는 Bavinck, *Reformed Dogmatics*, 3:78, 119–125를 보라.

360 창 3:15을 레이놀즈는 첫 복음이라고 칭하는데, 루터는 "원복음"(*Das Protoevangelium*)이라고 불렀고, 후크마는 "모(母)약속"(mother promise)부르기고 한다(Anthony A. Hoekema, *The Bible and the Future* [Exeter: Paternoster, 1979], 5).

361 이눌서, 『인학 공과』, 41. 앞서 『신학 공과』, 90에서 보았듯이 레이놀즈의 천년기론은 적어도 전천년설이었다는 것을 여기서도 재확인하게 된다. 댑니의 후천년설이나 함일돈나 구례인이 취하였던 무천년설을 따르지 않는다는 것은 명확하게 알 수가 있지만, 두 본문에 근거해서 그가 세대주의 전천년설에 동조했는지 아닌지는 정확하게 규명할 수가 없다.

하심, 수고, 죽어 흙으로 돌아감, 동산에 쫓으심" 등 네 가지를 말한다.[362] 레이놀즈는 창세기 3장 본문에 따라 요목을 정리해 줄 뿐 특별한 해석을 추가하지는 않는다.

후손에게까지 죄를 돌리심

죄의 본질, 기원, 첫 죄와 결과 등에 대해 다룬 후에 네 번째로 레이놀즈가 다룬 죄론의 주제는 "후손에게까지 죄를 돌리심", 즉 죄의 전가(imputatio peccati)에 대한 논의이다. 그는 서문에서 "돌리신다"에 해당하는 원어 단어들을 소개한 후에, 그 의미가 "헤아리다, 여기다, 판단하다, 정하다, 돌려 부친다" 등의 의미라고 소개해 준다. 이러한 의미에서 "의로나 죄로나 일반으로 쓰는 말"이며 신학과 성경상 "사람에게 의나 죄를 돌려부쳐서 상을 주거나 벌을 주는 뜻"이라고 해설해 준다.[363] 전가 문제는 복음을 이해하는 데 대단히 중요한 주제이나, 당시 한국인들에게는 설명하기 쉽지 않은 주제였을 텐데도 불구하고, 레이놀즈는 서문에서 단도직입적으로 "첫째 대표의 죄와 형벌을 우리에게 돌려 부치심 같이 둘째 대표자 예수의 속죄하신 공로와 복락을 우리에게 돌려 부치심"이라는 말로 이중 전가(*duplex imputatio*)에 대해서 소개해 준다.[364] 그러고 나서 죄의 전가론에 대해 네 가지 항목으로 나누어 설명해 나간다.

(1) 아담의 죄로 후손에게 돌려 부치신 까닭

첫째 주제는 하나님께서 아담의 죄를 후손에게 전가하신 이유가 무엇인가 하는 것인데, 레이놀즈는 두 가지로 답한다. 첫째, 아담이 인류의 "원뿌리"라는 것과 둘째 하나님이 아담과 맺으신 첫 언약에서 아담은 "인종의 머리요 대

362 이눌서, 『인학 공과』, 42.

363 이눌서, 『인학 공과』, 42–43.

364 이눌서, 『인학 공과』, 43. 개혁주의 전가 교리의 중요성, 의미, 그리고 역사적 고찰을 위해서는 신호섭, 『개혁주의 전가 교리』 (서울: 지평서원, 2016)을 보라.

표자"였기 때문이라는 것이다.[365]

(2) 돌려 부친 일, 즉 전가

레이놀즈는 돌려 부친 일, 즉 전가의 본질이 무엇인지에 대해 두 번째로 논의한다. 그는 먼저 부정적인 방식으로 접근하여 전가는 "그 실과 먹은 일도 아니요 (그 시조의 입이지 내 입이 아니라), 또 내 선한 성품을 빼고 아담의 더러워진 성품을 내게 억지로 돌려 부친 것도 아니라(내가 선한 성품을 본래 가지지 못하였고 오직 타고난 성품이 악하다)"라고 진술한다.[366] 그렇다면 전가의 의미가 무엇인가? 레이놀즈는 "다만 아담이 우리 뿌리요 대표자니 공약 어긴 죄로써 받을 형벌과 성품을 내가 대를 이어받을 수밖에 없다 하는 공의로운 판결"이라고 적시해 준다.[367] 그는 다시 한번 아담과 후손들의 언약적인 연대성을 강조하고, 나아가서는 아담의 죄의 우리에 대한 전가, 우리의 죄의 그리스도에 대한 전가, 그리고 그리스도의 의의 우리에 대한 전가 등을 대등한 이치라고 소개한다.

1) 우리 죄를 예수께로 돌려 부치신 뜻은 예수께서 우리 죄를 범하셨다 함도 아니요 우리 죄를 인하여 죄인이 되셨다 함도 아니라. 다만 당신이 우리 법을 어긴 자리에 들어서서 우리 받을 형벌을 대신하여 받으셨단 말이라.
2) 또 예수의 의와 공로를 믿는 자에게 돌려 부치신 뜻은 우리가 그 의를 행함도 아니요 그 공로를 이루었다 함도 아니요 내 성품이 온전히 선하여졌다 함도 아니라 다만 예수께서 내 대표자로 순종하신 의와 얻으신 공로를 여겨 돌려 부치사 나를 죄인으로 보지 아니하시고 예수의 공로를 보시사 나를 의인 된다 판결하심이라.[368]

---

365 이눌서, 『인학 공과』, 43.
366 이눌서, 『인학 공과』, 43.
367 이눌서, 『인학 공과』, 43.
368 이눌서, 『인학 공과』, 44.

(3) 전가 교리의 증거

레이놀즈는 세 번째로 전가 교리의 성경적 근거에 대해 설명해 주는데, 그가 증거로 제시한 성경 구절들로는 고린도전서 15:21–22, 45–49과 로마서 5:12–19 등이다.[369] 이상의 성경 본문을 살펴보면 아담과 그리스도가 서로 상반되는 점들이 많으나 "돌려 부치는 일에 대하여 마치 한 가지"와 같다고 레이놀즈는 해석한다. 그는 또한 예수님이 "자기 백성에게 자기 의를 돌려 부치심으로 구원하셨듯이" 아담은 "후손으로 망하게 한 것이 어찌 그의 돌려 부치심"이 아니냐고 반문한다.[370] 따라서 레이놀즈에 따르면 "아담[의] 죄를 후손에게 돌려 죄로 정하신 판결을 싫어하는 자는 예수의 공로를 돌려 믿는 자를 의로 정하시는 판결도 싫어할 수밖에 없다"라고 선언한다.[371]

(4) 후손에게 돌려 죄로 정하신 결과

죄의 전가의 결과가 무엇인가에 대해 마지막으로 설명해 주는데, 첫째 죄인이 되었기에 하나님과 교제가 끊어지고(영적 죽음), "나면서부터 성품이 썩어서 점점 악하여지고(원죄라) 여러 가지 죄를 범하게 되며(본죄라)", 타고난 부패한 본성을 스스로 고치지 못하는 지위에 이르게 되며, 마지막에는 회개하지 않으면 결국 "둘째 사망", 즉 영원한 사망에 이를 수밖에 없게 된다는 것이다.[372]

원죄와 본죄

레이놀즈는 다섯 번째 장에서 원죄와 본죄에 대해서 다루어 준다. 서문을 통해서 원죄와 본죄에 대한 개요적인 설명을 제시하여 주는데, 원죄에 대해서는 "썩은 성품을 가르치는 말인데 원죄 뜻은 두 가지니니 1) 우리 근원 된

---

369 이눌서, 『인학 공과』, 45.
370 이눌서, 『인학 공과』, 45.
371 이눌서, 『인학 공과』, 45.
372 이눌서, 『인학 공과』, 45–46.

아담에게서 유전한 악심인고로 원죄라 하고, 2) 또 이 악심이 날마다 짓는 죄의 뿌리 됨으로 원죄라 한다"라고 정리해 준다.[373] 다른 한편 본죄(本罪)에 대해서는 "본인이 짓는 죄니 사언행(思言行) 삼(三)사에 내가 잘못하는 것들"이라고 정의해 준다.[374] 두 가지를 연결시켜서도 설명해 주기를 "그런즉 원죄는 타고난 악심이오(렘 17:9), 본죄는 이 악심에서 나는 모든 죄들이라(막 7:21–23)"라고 한다.[375]

(1) 원죄의 중요한 두 교리

레이놀즈는 첫 대지에서 "원죄에 대하여 중대한 교리 두 가지"가 있다고 말한 후에, 첫째 "모든 사람이 나면서부터 하나님 대하여 전혀 썩은 마음이 있음"과 둘째 "스스로 고칠 수 없고 하나님 대하여는 능치 못한 자라"라고 말한다. 여기서 두 번째 요점은 이어지는 6장에서 다루어질 것이기 때문에 여기서는 첫 번째 문제만 다루겠다고 그는 말한다.[376]

(2) 원죄의 아홉 가지 증거

두 번째 대지에서 레이놀즈는 "모든 사람의 타고난 마음이 하나님 대하여 전혀 썩은 증거" 아홉 가지를 정리해 주는데, 간략하게 살펴보기로 하겠다.

첫째, "부자간의 유전하는 법"이라고 말한 후에, 사람이 자기 모양대로 자녀를 낳는데, "하나님에 대하여는 전혀 썩은 마음"(욥 14:4)이라고 설명한다.[377]

둘째, 세상을 보면 인간 간에는 더러 "착한 일을 하기도 하지만", 하나님께

---

373 이눌서, 『인학 공과』, 46.

374 이눌서, 『인학 공과』, 46. 본죄는 영어로 actual sins라고 한다.

375 이눌서, 『인학 공과』, 46. 바빙크에 의하면 원죄와 본죄는 각기 "기원하는 죄"(*peccatum originans*)와 "기원된 죄"(*peccatum originatum*)로 표현되기도 한다(Bavinck, *Reformed Dogmatics*, 3:101).

376 이눌서, 『인학 공과』, 47.

377 이눌서, 『인학 공과』, 47. 우리는 여기서 유전론과 다른 점을 구별해야 한다(Bavinck, *Reformed Dogmatics*, 3:110–117).

대하여 전적으로 악한 것을 보게 된다.[378]

셋째, 간난쟁이 아이라도 "성내는 것과 심술과 고집과 미움"을 드러내는 것을 보면 "잉태함으로부터 원죄 있는 증거"라고 그는 적시한다.[379]

넷째, "육신의 생각은 하나님으로 더불어 원수가 됨을 보니 원죄의 증거"라고 말한다.[380]

다섯째, 레이놀즈는 택자의 경우도 "스스로 책망하고 자복함을 보니 원죄의 뿌리가 마음에 박힌 증거"라고 말하면서, 자신이 속한 남장로교 신학자 댑니의 고백한 바 "내 속에 호랑이가 있어 하나님의 은혜 아니면 어떻게 되었을는지 알 수 없다"라는 말을 인용해 주기도 한다.[381]

여섯째, 레이놀즈는 사람이면 누구나 겪는 "병과 환난과 죽음"도 "원죄 아니면 다른 까닭"이 무엇이냐고 반문한다.[382]

일곱째, 레이놀즈는 "구주의 십자가 고난이 세상 원죄 있는 증거"라고 제시하기도 한다. 만약 다른 방식의 길이 있었다면 "하나님이 독생자를 보내지 아니하셨을 것"이고, "본죄 별로 없는" 아이라도 "예수께서 그 죄까지 담당하여 돌아가신 공로로 구원 얻는 것"을 보아 원죄가 보편적이라는 증거가 된다고 그는 해설해 준다.[383]

여덟째, 성령으로 거듭나야 한다는 성경의 가르침도 원죄의 증거라고 그는 제시하며, "할례와 세례는 구원을 얻은 표니 어린아이에게 주는 것은 원

---

378 이눌서, 『인학 공과』, 47.

379 이눌서, 『인학 공과』, 47. 그는 시 51:5; 58:3; 창 8:21 등을 제시했다. 이렇게 젖먹이들조차도 원죄를 가지고 태어남에 대해서는 아우구스티누스도 체험적으로 고백하고 있다(Augustinus, *De Confessiones*, 『고백록』을 보라).

380 이눌서, 『인학 공과』, 48.

381 이눌서, 『인학 공과』, 48. 레이놀즈는 댑니(Robert L. Dabney, 1820–1898)에 대해 "신도요론 지은 다브네 박학사"라고 소개하고 있다. 앞서 배경 편에서 보았지만 댑니는 유니온 신학교 재직 시절에 『조직신학』(*Systematic Theology*) 강의안을 출간하였었고(1871, 1878), 댑니가 유니온을 떠난 후에도 조직신학 교과서로 사용되었기에 레이놀즈 역시도 필독했을 것임에 틀림없다. 댑니의 『조직신학』을 '신도요론'이라고 소개하는 점을 주목할 만하다.

382 이눌서, 『인학 공과』, 48. 물론 레이놀즈는 신자에게는 이러한 것들이 "유익함과 특별한 사랑을 받는 표"가 된다고 언급하기를 잊지 않는다.

383 이눌서, 『인학 공과』, 49.

죄 있는 증거"라고 말하기도 한다.[384]

아홉째, 앞의 요점들에 대해서도 성경 구절들을 대체로 제시했지만, 원죄에 관련된 성경 구절들을 나열하여 주면서(창 6:5; 시 51:5; 욥 15:14–16; 렘 17:9–10; 롬 1:21–28, 32; 엡 2:3, 4:22), "성경 말씀이 분명하다"라고 확언한다.[385]

이렇게 원죄에 대한 성경적 증거 9가지를 간결하게 제시한 후에, "끝말"을 통하여 내용의 알짬과 교리의 중요성에 대해 다음과 같이 명시적으로 제시해 주기도 한다.

> 이 아홉 가지 증거를 본즉 세상 사람의 타고난 성품과 마음이 하나님께 대하여 전혀 썩어져 점점 더 악하여 가고 몸도 본죄로 쇠잔하여 가매 하나님이 내어 버리시면 몸과 영혼이 영영히 망할 수밖에 없으니 이는 곧 원죄의 결과니라. 이 교리를 분명히 깨달아 알고 튼튼히 믿어야 구원의 이치와 신도요론의 여러 교리를 옳게 배울지니라.[386]

(3) 본죄

레이놀즈는 본죄, 즉 자범죄에 대해서는 매우 간단하게 언급하게 넘어가는데, "사언행에 하나님의 법을 순종함에 부족한 것이나 어기는 것"이라고 말한다.[387]

(4) 신자의 원죄와 본죄론

레이놀즈는 신자에게 있어 원죄와 본죄의 의미가 무엇인지를 다룬다. 신자에게 "죄가 없다 하는 말이 참말도 되고 거짓말도 되나니"라고 그는 말한 후에, 신자가 "예수 믿음으로 죄를 벗었다"는 것은 "죄의 형벌을 면하게 된

---

384 이눌서, 『인학 공과』, 49.
385 이눌서, 『인학 공과』, 49.
386 이눌서, 『인학 공과』, 49–50.
387 이눌서, 『인학 공과』, 50.

것"이라고 적시해 준다.[388] 그러고 나서 다음과 같이 상술함으로 신자들이 바른 인식을 가지도록 돕는다.

1) 하나님이 내 죄를 예수께로 돌려 죽이시고 예수의 공로를 내게 돌려 나를 살려 주시며 죄 없는 의인으로 대접하시느니라(요 3:18; 롬 3:24–26; 8:1).
2) 예수의 십자가 공로가 신자의 원죄, 본죄, 믿기 전, 믿음 후, 평생의 죄를 다 속하심(롬 8:3; 히 9:26, 28).[389]

물론 레이놀즈는 신자가 이 세상에 사는 동안에 완전하게 될 수 있다고 하는 완전성화론을 주장하지 않는다. 그는 이어서 "원죄와 본죄가 종신토록 신자를 괴롭게 하고 더럽게" 한다(롬 7:24)고 지적한 후에, 신자들은 날마다 회개하여 자복하며 보혈로 정결케 되어 깨끗하게 되며, 몸과 마음을 하나님께 산 제물로 드리며 "성신의 거룩케 하시는 은혜를 받아 점점 거룩함을 이루어 가야 한다"라고 적시한다.[390] 레이놀즈는 이와 같은 점진적인 성화 과정은 지상 생애에서 계속되어야 하고, 성화의 완성인 영화는 성도가 별세할 때야 이루어짐도 잘 제시해 준다.[391]

앞서 레이놀즈는 신자에게 "죄가 없다 하는 말이 참말도 되고 거짓말도 되나니"라고 했는데, 이제 후자에 대해서는 "이 악심과 짓는 죄가 도무지 없다 함"이라고 설명해 준다.[392] 이어서 레이놀즈는 이 문제와 관련하여 "그릇된 교리가 다섯 가지"가 있다고 말한다. 그가 말하는 다섯 가지란 펠라기우스파, 예수회, 소키누스파, 웨슬리파("웨슬네문"), 재복(再福, Second Blessing을 주장

---

388 이눌서, 『인학 공과』, 50.
389 이눌서, 『인학 공과』, 50.
390 이눌서, 『인학 공과』, 50–51.
391 이눌서, 『인학 공과』, 51. 그는 계 21:27을 제시하는데, 또한 이는 소요리문답 37문답에서 잘 말해 주고 있다(Q. 37 What benefits do believers receive from Christ at death? A. The souls of believers are at their death made perfect in holiness, and do immediately pass into glory; and their bodies, being still united to Christ, do rest in their graves till the resurrection.).
392 이눌서, 『인학 공과』, 51.

하는 파) 등이다.[393] 레이놀즈는 원죄를 부정하고, 본죄도 "자유 힘으로 능히" 이길 수 있고, "언제든지 완전한 의인이 될 수 있다"라고 주장하는 펠라기우스파에 대하여는 "이 말은 성경과 심리학과 신자의 경력을 거스르는 말"이라고 일언지하에 논박해 버린다.[394] 둘째 로마 교회 중 예수회가 "세례받음으로 그때까지 지은 죄를 다 씻어 없이 하고 세례받은 후에 짓는 죄는 신부에게 자복하여 징벌당함으로", 즉 보속(satifaction)함으로 벗어날 수 있다고 가르치고, "신자의 중심에 자연히 일어나는 악한 생각과 정욕"을 죄가 아니라고 주장하는 것에 대해서도 레이놀즈는 "성경과 양심과 국법을 거스르는… 후패된 교훈"이라고 논박한다.[395] 세 번째 소키누스파("소기노")가 전적 부패나 대속을 부정하고, 예수님을 단순히 "높은 선생"으로 추앙하고, 우리가 "그의 가르치신 도덕을 잘 닦으면 그와 같은 의인이 될 수 있다"라고 가르치는 것도 "성경을 거스르고 소망을 끊어지게" 만든다고 적절하게 논박한다.[396]

우리가 주의 깊게 보아야 하는 것은 웨슬리 감리교회의 입장에 대한 레이놀즈의 설명과 비판 부분이다. 사실 1915년 당시 장감 선교부는 다양한 방면에서 연합 사업을 진행하고 있었고, 1905년 레이놀즈는 장감 구별 없는 하나의 대한예수교회를 세우자고 주창했던 사람이었기에 웨슬리파의 입장을 어떻게 다루는지를 살펴보는 것은 흥미로운 일이다. 레이놀즈는 웨슬리파의 입장이 장로교와 같은 점, 유사한 점, 그리고 틀린 점으로 나누어 설명해 준다. 우선 "아담이 범죄함으로 모든 사람이 상한 성품을 타고났다"라고 하는 것은 장로교회와 같은 부분이고, "이 썩은 성품으로만 하나님의 구원하시는 은혜를 도와드릴 수 없다" 하는 것은 비슷한 부분이나, "예수의 죽으신 공로로 이 원죄를 이기어 보통 은혜를 모든 사람에게 베푸셨으니 누구든지 자유로 믿고 회개할 능이 있다"라고 하는 점에서는 "성경을 잘못 해석하여 하

393 이눌서, 『인학 공과』, 51.
394 이눌서, 『인학 공과』, 51.
395 이눌서, 『인학 공과』, 51–52.
396 이눌서, 『인학 공과』, 52–53.

나님의 택정과 성신의 중생시키심을 덜 중대케" 만든다고 비판한다.[397] 또한 "신자의 마음에 자연히 나는 악한 생각"이나 "힘이 부족하거나 정신과 정성이 부족하여 실수 자주 하는 것"도 죄가 아니라고 하는 것은 "하나님의 중요한 법을 경히 여기고 자기 허물과 실수를 용납하는 말"이라고 비판하기도 했다.[398] 비교적 단순하고 간략한 요목과 성경 구절 제시로 되어 있는 레이놀즈의 공과이지만 가끔 신학적인 논의들을 담고 있는 부분들도 보인다. 그 가운데 하나는 웨슬리파의 완전주의(perfectionism)을 비판하는 대목이다. 레이놀즈는 "신자가 하나님의 말씀을 꼭 믿고 그 명하신 방책을 부지런히 쓰면 세상에서도 죄없이 온전히 거룩한 사람이 될 수 있다"라고 주장하면서 성경 구절들을 근거로 제시한 것에 대해서 조목조목 비판해 준다.[399] 특히 노아, 욥, 다윗 등을 "온전한 자"라고 성경이 부르는 것은 "죄 도무지 없다 하는 말씀이 아니라 진실되이 하나님을 공경하는 자"라는 의미라고 정해해 주고, 또한 성경에 기록된 그들의 죄와 허물들을 주목하게 만든다.[400]

레이놀즈가 주목한 마지막 그릇된 교리는 "재복문"의 견해인데, 이는 "제2의 축복 이론"을 당시에 이렇게 부른 것이다. 레이놀즈는 이들이 "성신 세례를 받음으로 죄를 온전히 이기어 마음이 온전히 평안하며 특별한 권능을 얻어 온전한 믿음과 사랑으로 빛 가운데 행하여 죄 도무지 없이 지낼 수 있다"라고 주장한다고 소개한다.[401] 그는 이런 주장을 하는 자들이 "흔히 성경 공부를 열심히 하고 온전히 몸과 마음을 하나님께 바친 자들"이라는 점을 칭찬하고, "오순절 후에도 제자들이 여러 번 성신의 충만함을 받아 담대히 주의 일을 하였다"는 것을 가리켜 두 번 복을 받는다거나 여러 번 복을 받는다고 한다면 틀린 것이 아니라고 유보적으로 말한다.[402] 하지만 이렇게 성령을 거

---

397 이눌서, 『인학 공과』, 53.

398 이눌서, 『인학 공과』, 53–54.

399 이눌서, 『인학 공과』, 54–55.

400 이눌서, 『인학 공과』, 55–56. 총신의 김광열 교수는 존 웨슬리 전문가로서, 웨슬리의 완전성화론에 대하여 적실한 논의와 비판을 제공해 준 바 있다(김광열, 『그리스도 안에 있는 구원과 성화』[서울: 총신대학교출판부, 2004], 110–152).

401 이눌서, 『인학 공과』, 56.

402 이눌서, 『인학 공과』, 56.

듭 받는다고 하는 것은 죄 없는 온전한 사람이 되게 하시는 데 있는 것이 아니고, "전도와 예배를 도와주시는 성신"의 사역이라고 정해해 준다.[403] 또한 "믿음과 사랑은 신자에게 주신 새계명이지마는(요일 3:23) 온전한 믿음과 온전한 사랑이 어디 있겠느냐"라고 반문하면서, "세상 떠날 때까지 신자의 합당한 기도는 둘이니 ㄱ) 주여 우리 믿음을 더하게 하소서(눅 17:5), ㄴ) 주기도문(마 6:12-13)"이라고 소개한다.[404] 그리고 성경이 교훈하는 바는 죄 없는 온전한 자를 위한 것이 아니라 "성인되어 가는 자를 권면한 말씀"이라고 적시하고, 성경에서 "온전한 자"(고전 2:6-8)라고 부르는 것은 "죄 없다는 말씀이 아니오 진실히 믿고 신령한 마음이 있어 오묘한 이치를 배울 만한 자"를 가리킨다고 해설해 준다.[405] 또한 "지나간 헌신함과 재복을 자랑"하지 말고 "날마다 때때로 몸과 마음을 바치고 성신의 인도를 순종하고 늘 그중에 거합시다"라고 권면해 주고, 그렇게 할 때 "못 박혀 죽어 가는 악심은 점점 더 죽을 것이오, 성신의 법으로 죄와 사망의 법에서 벗어나며, 하나님을 따라 의와 및 진리의 거룩함으로써 지으신 새사람을 이루어 별세하여 주를 만나 보일 때 그 성결하심과 같게 될 것"이라고 독려해 준다.[406]

이처럼 레이놀즈는 그릇된 교리들에 대해서 비교적 자세하게 소개하고 조목조목 비판을 해 줌으로써 그런 이설들에 미혹당하지 않도록 성도들을 도와주고자 했고, 무엇이 참소망인지를 명시해 주었다.[407]

403 이눌서, 『인학 공과』, 56-57.

404 이눌서, 『인학 공과』, 57. 레이놀즈가 언급한 마 6:12-13의 내용은 다음과 같다: "우리가 우리에게 죄 지은 자를 사하여 준 것 같이 우리 죄를 사하여 주시옵고 우리를 시험에 들게 하지 마시옵고 다만 악에서 구하시옵소서(나라와 권세와 영광이 아버지께 영원히 있사옵나이다 아멘)."

405 이눌서, 『인학 공과』, 57. 이어서 레이놀즈가 언급한 모세의 얼굴에 빛이 나도 자신은 몰랐던 것처럼 "빛 가운데 행하여 하나님을 사귀는 신자가 자기 얼굴을 생각지 않고 예수의 얼굴을 주목할"지라는 권면도 하고 있다.

406 이눌서, 『인학 공과』, 58. 또한 김광열, 『그리스도 안에 있는 구원과 성화』, 171-189를 보라.

407 이눌서, 『인학 공과』, 58. 레이놀즈는 5장을 마치면서 다음과 같이 결론적인 논평을 해 준다: "이것은 참소망이오 자기를 쳐 깨끗하게 할 방법이로되 다른 교훈은 스스로 속임이오 낙심나기 쉽고 원죄와 본죄를 스스로 용납하는 것이니라."

죄인이 스스로 할 수 없음

레이놀즈의 죄론의 여섯 번째 주제는 "죄인이 스스로 할 수 없음(능치 못함이라)"이다. 레이놀즈는 이 문제에 관련하여 제시된 세 가지 입장을 소개한다. "죄인이 하나님의 요구하는 것을 다 능히 행할 수 있다"라고 하는 펠라기우스파, "범죄함으로 사람의 힘이 쇠잔하였지만 선한 일과 신령한 일을 넉넉히 행할 수 있다"라고 주장하는 반펠라기우스파("반벨나기오당"), 그리고 "아담이 범죄함으로부터 사람의 타고난 마음이 전혀 썩어서 자기를 돌이켜 하나님을 찾을 수 없고 그 보시기에 선한 일을 능히 할 수 없다"라고 하는 "바울, 아우구스티누스, 칼빈과 모든 장로교회"의 입장 등이다.[408] 첫째 입장에 의하면 "성신의 중생과 거룩하게 하심이 소용이 없는 것"이 되고, 둘째 입장에 따르면 "성신의 일을 믿어도 죄인이 자유로 믿고 회개함으로 성신을 도와서 함께 구원을 이룬다"라고 주장하게 되며, 마지막 입장에 의하면 "중생이 홀로 성신의 일이니 죄인이 받기만 하고 거듭난 후에 이 새 마음의 자유로 믿고 회개하나 그것도 자기 힘으로 함이 아니오 성신의 도와주심으로 한다"라고 말하는 입장이라고 소개한다.[409] 레이놀즈는 이 세 번째 입장이 "정도"라고 적시하면서 성경 구절들(엡 2:1, 5, 10; 빌 2:12-13)과 요리문답 20문답, 30문답, 31문답 등을 근거로 제시한다.[410]

---

408 이눌서, 『인학 공과』, 58-59. 개혁신학자 바빙크 역시 죄론에서 펠라기우스주의, 반펠라기우스주의, 그리고 아우구스티누스주의 등 세 입장을 대별하여 해설해 주고, 마지막 아우구스티누스주의 혹은 칼빈주의적인 이해가 성경적임을 잘 해명해 준다(Bavinck, *Reformed Dogmatics*, 3:85-100).

409 이눌서, 『인학 공과』, 59.

410 이눌서, 『인학 공과』, 59. 소요리문답 20문답, 30문답, 그리고 31문답은 다음과 같다: "Q. 20. Did God leave all mankind to perish in the estate of sin and misery? A. God having, out of his mere good pleasure, from all eternity, elected some to everlasting life, did enter into a covenant of grace, to deliver them out of the estate of sin and misery, and to bring them into the estate of salvation, by a Redeemer; Q. 30. How doth the Spirit apply to us the redemption purchased by Christ? A. The Spirit applieth to us the redemption purchased by Christ, by working faith in us, and thereby uniting us to Christ in our effectual calling; Q. 31. What is effectual calling? A. Effectual calling is the work of God's Spirit, whereby, convincing us of our sin and misery, enlightening our minds in the knowledge of Christ, and renewing our wills, he doth persuade and enable us to embrace Jesus Christ, freely offered to us in the gospel."

(1) 죄인이 능치 못하다 함은 무슨 뜻이뇨?

레이놀즈는 죄인의 무능함이 무엇을 의미하는지를 첫 대지에서 설명하는데, 먼저 부정적으로 다루고 이어서 긍정적인 설명을 제시한다. 우선 죄인의 무능이란 "영혼의 총명이나 양심이나 자유권을 잃었다"는 것이 아니며, 또한 "선을 싫어하는 것 뿐도 아니"라고 말한다.[411] 그가 정해하는 바에 의하면 "오직 신령한 것을 분별하여 깨달을 힘이 없는고로 선을 원하는 마음과 하나님을 사랑하는 마음을 자유로 품을 수 없다"는 의미라고 말해 준다.[412] 또한 이어서 죄인도 인간적인 선을 행할 수는 있다는 점을 인정하면서도, 왜 죄인이 무능하다고 하는지에 대해서 다음과 같이 상세하게 해설해 준다.

> 그런즉 세상에 대하여 사람마다 양심도 있고 자유권도 있어 선하다 하는 일을 능히 행할 수 있으나 하나님 위하여 하는 것이 아니오 혹 명예를 얻으려든지 혹 자기 유익을 위하여 하니 속마음이 하나님 앞에 온전히 선하지 못한지라. 아무리 점잖고 착하다 하는 사람이라도 하나님 편에 마음의 눈과 귀가 어둡고 신령한 일을 도무지 할 수 없는 송장이나 다름이 없다 함이라(엡 2:1; 5:14; 롬 8:6; 6:13).[413]

이처럼 레이놀즈는 비신자가 시민적 선을 행할 수 있다는 점을 인정하면서도 그 동기가 하나님을 기쁘시게 하려는 것과 무관함을 잘 밝혀 주고 있고, 영적인 의미에서 무능하게 되었음을 잘 밝혀 주고 있다.[414]

---

411 이눌서, 『인학 공과』, 59.

412 이눌서, 『인학 공과』, 60.

413 이눌서, 『인학 공과』, 60.

414 비록 레이놀즈가 일반 은총(common grace)이라는 개혁파적 용어를 쓰지 않았지만, 이방인들의 선행은 일반 은총의 관점에서 해명될 수 있다. 그리고 하나님이 받으신 참된 선행이 무엇인지에 대해 하이델베르크 교리문답 91문답이 정의 내려 준 것을 참고할 필요가 있다: "Q. 91. But what are good works? A. Only those which proceed from a true faith, are performed according to the law of God, and to his glory; and not such as are founded on our imaginations, or the institutions of men."

(2) 죄인의 무능함의 증거

이어지는 두 번째 대지에서 레이놀즈는 죄인의 무능함을 주장하는 근거가 무엇인지를 정리해 준다. 우선 여러 성경 구절들이 그 사실을 증거한다는 점, 무능은 "원죄 교리의 결과"라고 하는 것, 성령의 중생케 하시는 은혜가 필요하다는 것, 각 사람이 "자기 힘만 가지고 마음을 고쳐 하나님이 보시기에 온전히 선한 사람 되어 보자 한즉 도무지 아니" 된다는 것을 경험적으로 안다는 점 등을 나열해 준다.[415] 레이놀즈는 또한 "성신의 책망을 받아 죄를 깨달은 사람"은 다음의 사실들을 분명하게 알게 된다고 적시해 준다.

> 1) 자기 죄로 인하여 벌을 마땅히 받을 사람이로다.
> 2) 사언행이 부족하고 더러울뿐더러 자기 속에 거하는 죄가 자기를 압제함으로 죄의 종 되었던 것을 원통히 여기고
> 3) 그 더러움을 자기가 씻어 깨끗하게 할 수도 없고 죄의 권세를 자기 힘으로 벗어날 수가 없는 줄 알아서 바울같이 외쳐 가로대 "오호라 나는 괴로운 사람이로다. 누가 나를 이 죽을 몸(원죄)에서 구원하리오"(롬 7:23-24) 하니 이는 능치 못한 증거라.[416]

레이놀즈는 마지막으로 "모든 교회의 찬미와 기도를 살펴보니 사람의 힘으로 능치 못한 문제가 제일 많다"라는 것도 증거로 제시한다.[417]

멸망 중 소망

레이놀즈가 죄론에서 마지막으로 다루는 주제는 "멸망 중 소망"이라는 제목을 가진다. 앞서 죄와 관련된 성경의 교리들을 공부함으로 "슬픔과 낙심이

---

415 이눌서, 『인학 공과』, 61.

416 이눌서, 『인학 공과』, 61. 레이놀즈가 "이 죽을 몸" 즉 "이 사망의 몸"을 원죄라고 이해하는 것은 특이한 것이다.

417 이눌서, 『인학 공과』, 61.

나기 쉽다"라고 비판하는 이들에 대하여, 레이놀즈는 오히려 다음과 같이 반박해 준다. "죄인이 전혀 썩어져서 스스로 구원치 못하고 신령한 편에 스스로 도무지 능치 못한 줄 깨달은즉 영화로운 소망이 나게 되리니 예수를 믿고 성신을 의지함이라."[418] 즉, 레이놀즈에 의하면 인간의 전적 부패와 전적 무능에 대하여 아는 것이 우리를 절망하게 하는 것이 아니라 도리어 우리에게 영광스러운 소망을 준다는 것이다. 이어서 레이놀즈는 그 소망의 내용에 대하여 세목별로 정해해 줌으로써 당시 신학도들과 신자들을 바른 방향으로 이끌어 준다.

1) 인종의 죄와 환난들이 저절로 나서 면할 수 없는 운수가 아니오 시조의 죄로 인하여 세상에 들어온 줄 알고 둘째 아담 예수를 믿음으로 구원 얻을 소망이 나며,
2) 하나님의 형상을 아주 잃어버린 것이 아니오 회복하여 성신의 중생과 교육과 거룩케 하심으로 신자가 다시 온전한 사람이 될 소망이 있으며,
3) 예수를 믿으면 끊어졌던 교통이 다시 될 것이니 예수께서 죄(의) 담을 헐고 하나님 앞으로 새 길을 열었으며,
4) 어떻게 크게 망하였으나 더욱 풍성한 구원을 받을 것이오(롬 5:20),
5) 아담이 우리 머리 되었더니 우리의 참 머리는 예수니, 예수로 말미암아 받을 은혜와 영광을 측량할 수 없는 것이오
6) 우리 힘으로 죄와 구습을 이기지 못하나 십자가 공로와 성신의 충만하심으로 성품이 점점 변하여 거룩하여지고 마귀와 원죄 본죄를 이기고 이기다가 세상 떠날 때 죄를 온전히 벗어서 천당("텬당")에 가서 다시 죄 범할 염려도 없고 구주와 같으리로다(고전 15:42–43, 49; 요일 3:2).[419]

418 이눌서, 『인학 공과』, 61–62.
419 이눌서, 『인학 공과』, 62–63.

레이놀즈는 이처럼 죄에 관한 교리들을 공부하는 이유가 인간 조건에 대한 바른 이해를 가짐으로써 헛된 곳에 소망을 두지 아니하고, 오로지 우리의 머리이신 예수 그리스도에게 소망을 두게 함이라는 사실을 잘 적시해 주었고, 또한 지상에서 점진적인 성화 과정을 통과하다가 천당에 갔을 때 비로소 죄를 짓지 않을 수 있는 자유에 이르게 될 것이라는 점도 정해해 주고 있는 것이다.[420] 레이놀즈는 죄론에 대한 성경적 정해의 결론으로 "주를 향하여 이런 소망이 있는 자마다 자기를 깨끗케 하기를 그의 깨끗하심과 같이 하느니라"는 요한일서 3:3의 말씀을 적시해 준다. 그러고 나서 부록처럼 간단하게 철학에서 말하는 그릇된 죄관을 소개해 주는데, 영육 이원론적인 페르시아 종교, 스피노자("스비노사")의 견해, 로젠크란츠("로션그란스")의 견해, "죄가 육체 속한 것이니 육체를 괴롭게 함으로 죄를 이긴다"라고 하는 로마 교회의 금욕고행주의 등을 소개해 준다.[421] 그중 특별히 현대 철학자 슐라이어마허(Friedrich Schleiermacher, 1768–1834)의 죄 이해에 대한 레이놀즈의 비판을 주목해 보기로 하자.

> 독일 슐라이어마허("덕국 슬네이어마거") 철학사의 말이 사람의 마음속에 두 가지 생각이 있으니 자기를 생각하는 것과 하나님을 생각하는 것이라. 자기 생각이 하나님 생각을 이김으로 죄가 났다 하며 구원 얻으려면 온전한 사람 예수를 본받아 하나님만 생각하여야 되겠다 하니 이는 사람 되고는 죄 없을 수 없다 함이오 죄인 속죄하는 교리를 버리고 온전한 선생 예수를 본받을 뿐이라.[422]

---

420 레이놀즈의 입장은 성경적일 뿐 아니라, 아우구스티누스가 정리해 준 인간 본성의 4중 상태론 중 영광의 상태(*status gloriae*)에 대한 해설과 일치한다. 리처드 멀러는 영광의 상태에서의 인간의 자유에 대해서 다음과 같이 간명하게 요약해 준다: "the *libertas gloriae*, or liberty of glory, a freedom proper to the fully redeemed nature of the *beati,* who, as residents of the heavenly kingdom, as in patria, are now characterized by *impotentia peccare*, inability to sin, and as *non posse peccare,* unable to sin."(Richard A. Muller, *Dictionary of Latin and Greek Theological Terms* [Grand Rapids Baker, 1989], 176).

421 이눌서, 『인학 공과』, 63–64.

422 이눌서, 『인학 공과』, 64. 1915년에 이처럼 슐라이어마허의 견해를 간략하게 소개해 주고 비판한 것은 이례적인 일이다. 1935년에 죽산 박형룡은 슐라이어마허 신학에 대해 보다 자세하게 분석하고 비판적으로 소개하는 역할을 처음 수행하게 된다(박형룡, 『기독교 근대신학 난제 선평』 [평양: 장로회신학교, 1935], 166–189).

죄론의 끝부분에서 간략하게 철학적인 죄론을 소개한 후에 레이놀즈는 "이 모든 철학의 말이 사람의 말이니 우리가 마땅히 하나님의 말씀을 신종할 지니라(행 5:29)"라고 하는 말로 『인학 공과』를 끝맺는다.

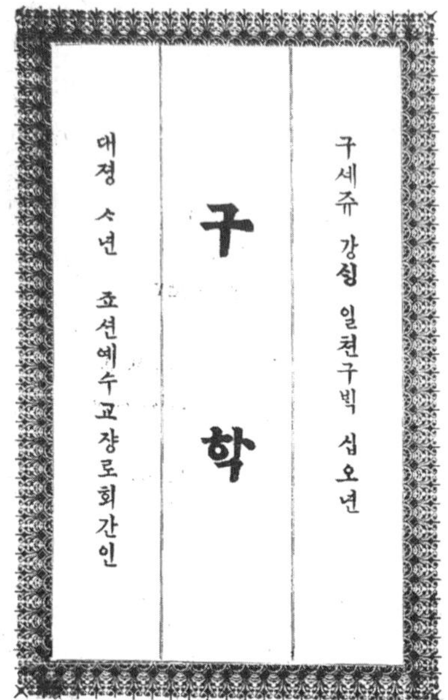
구셰쥬 강싱 일쳔구빅 십오년
구 학
대졍 ᄉᆞ년 죠션예수교쟝로회간인

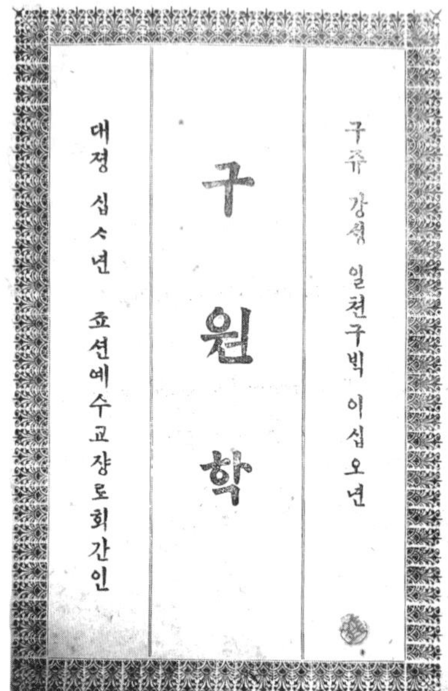
구쥬 강싱 일쳔구빅 이십오년
구원학
대졍 십ᄉᆞ년 죠션예수교쟝로회간인

1915년에 간행된 『구학 공과』와 1925년에 재출간된 『구원학』

5. 레이놀즈의 삼위일체론적인 구원론

이제 우리는 레이놀즈의 『신도요론』 공과 3부작의 마지막 책인 『구학 공과』(1915)를 분석 개관하고 평가해 보려고 한다. 구학(救學)이란 구원론을 가리킨다. 공과 내지에 보면 영문 제목을 "Notes on Soteriology"라고 적고 있고,[423] 구학이라는 제목 다음에 "(구원 공부)"라고 적고 있기도 하다.[424] 레이놀즈는 서문을 통해 구원론 공부의 중요성에 대해서 다음과 같이 서술해 준다.

> 이 공부는 하나님만큼 높고 지옥만큼 깊고 세상만큼 넓고 영생만큼 긴 공부로되 (엡 1:3–14) 먼 데 있는 것이 아니오, "그러면 무엇을 말하느냐 말씀이 네게 가까워 네 입에 있으며 네 마음에 있다 하였으니 곧 우리가 전파하는 믿음의 말씀이라"(롬 10:8). 우리 믿는 사람이 겪어 보는 일이 신령한 재미가 있고 크게 유익한 공부라.[425]

레이놀즈는 구원론 학습이 방대하고 어려운 면이 있기는 하지만, 우리 신자들이 경험적으로 알 수 있는 일에 관련되어 있고, "신령한 재미가 있고 크게 유익한 공부"라는 점을 잘 강조해 준다. 그러고 나서 레이놀즈는 자신의 구원론을 어떻게 전개할 것인지를 말해 주는데, "구원이라는 것은 삼위일체

---

423 이눌서, 『구학 공과』(경성: 야소교서회, 1915), 내지. 『구학 공과』는 총 89쪽의 분량이다. 그러나 1925년에 다시 출간된 이눌서, 『구원학』(경성: 야소교서회, 1925)은 87쪽이 되었으나, 내용을 살펴보면 조판을 새로이 하면서 약간의 분량의 차이가 났을 뿐이다. 1925년 판을 열람할 수 있도록 직접 사진 촬영을 하여 보내 주신 고신대학교 명예교수이자 백석대학교 석좌 교수이신 이상규 교수님께 이 자리를 빌려 감사를 드린다.

424 이눌서, 『구학 공과』, 1.

425 이눌서, 『구학 공과』, 1.

하나님과 사람과 및 그 사이에 중보되신 구주 각각 큰 관계 됨"을 말한다.[426] 이는 구원론을 삼위일체론적인 관점에서 개진하겠다는 의미이다. 그는 이러한 관점에서 총 네 편으로 나누어서 구원론을 공부해야 한다고 하면서, "성부, 성자, 성신, 성도(신자)"를 언급했고, 구체적으로는 다음과 같은 목차를 서두에서 제시해 준다.

1편 성부의 일 – 경영, 택정, 은약, 부르심, 의롭다 하심, 자녀로 대접하심, 영화롭게 하심
2편 성자의 일 – 일위이성(一位二性), 중보, 선지자, 제사장, 왕, 낮아지심, 높아지심
3편 성령의 일 – 책망, 중생, 보혜사, 충만, 거룩케 하심, 증거하심, 온전케 하심
4편 성도의 일 – 믿음, 회개, 선행, 성경, 성례, 기도, 구원 얻은 줄 확실히 알고 끝까지 견고할 것.[427]

이제 이하에서 우리는 레이놀즈가 제시하는 네 주제의 순서에 따라 그 내용을 논구해 보도록 하겠다.

성부의 일

제1편은 "성부의 일"에 관한 것으로 앞서 언급한 대로 "경영, 택정, 은약, 부르심, 의롭다 하심, 자녀로 대접하심, 영화롭게 하심" 등은 그 주요 내용들이다.

(1) 경영

레이놀즈가 성부의 일로 제시하는 첫 번째 요점은 경영하심에 대한 것이

426 이눌서, 『구학 공과』, 1.
427 이눌서, 『구학 공과』, 1–2.

다. 그는 "하나님의 영원한 경영 가운데 세 가지 뜻이 있다"라는 말로 시작하는데, 그 세 가지는 "목적은 자기 영광을 나타내시는" 것이고, "방책은 성자를 보내시는 것"이고, "이루심은 성신을 주심"이라는 것이다.[428]

그가 두 번째 요점으로 제시하는 것은 "바울, 아우구스티누스, 칼빈, 장로회 교리"의 9가지 대지에 대한 것이다. 우선 주목할 것은 레이놀즈는 바울, 아우구스티누스, 칼빈, 그리고 장로회가 동질의 교리적 입장을 가지고 있다는 점을 강조한 것이다.[429] 그러면 그가 정리한 대지들을 살펴보도록 하겠다.

1) 만물의 으뜸된 목적과 결국은 하나님의 영광인데 그 지혜와 공의와 사랑의 영광이니 만민에게 제일 유익 되다.
2) 창세와 권고와 구속의 경영이 자기 영광을 위함이오.
3) 인종(人種)의 머리와 대표를 삼은 아담으로 더불어 공약조하심(즉, 행위 언약을 말함).
4) 아담의 첫 죄로 후손이 죄와 환난의 지위에 빠져 어찌할 수 없음.
5) 하나님이 죄인 중에서 무수한 자를 택정하여 영생을 주시고 남은 자를 죄의 값을 받게 내버려 두심.
6) 택정하고 버리시는 까닭이 사람에게 있는 것이 아니오 오직 하나님의 선하신 뜻대로 미리 작정하심이라.
7) 택하신 자를 구원하시려고 하나님이 독생자를 주사 속죄하심으로 구원을 정녕히 얻게 하심.
8) 성신이 보통(普通)으로 모든 사람을 권면하시되 확실히 부르시고 구원하시는 권능은 다만 택하신 자에게만 베푸시는 것이라.
9) 이 택정하사 속죄하신 모든 자를 정녕히 인도하사 진리를 깨달아 알고 믿음으

---

428 이눌서, 『구학 공과』, 2.

429 우리는 칼빈주의 혹은 개혁신학이라고 할 때도 어떤 신학자 개인의 견해를 추종한다는 의미가 아니다. 오직 성경으로의 의미이다. 구 프린스턴의 찰스 하지의 경우는 아우구스티누스주의라는 명칭을 즐겨 사용하기도 했다(Hodge, *Systematic Theology*, vols. 1–3).

로 끝까지 선행하게 하시리라.[430]

이상의 9가지 요점들이 바로 바울적이면서 아우구스티누스-칼빈주의의 요점들이라는 것이다. 인간의 전적 타락, 제한 속죄, 무조건적이고 주권적인 하나님의 선택, 유효적인 소명과 저항할 수 없는 은혜, 그리고 성도의 견인 등 도르트 신경(Canons of Dort)에서 정리해 준 다섯 가지 요점(five points)의 내용들을 다 포함하고 있기도 하다.[431] 뿐만 아니라 그는 만인에게 미치는 성령의 일반 은총(common grace)과 택정된 자들에게 구원을 주시는 특별 은혜(saving and special grace)를 잘 구별해 주기도 한다. 레이놀즈는 이상의 9가지 요점들을 제시한 후에 이 모든 것을 함축적으로 요약하는 "통대지는 하나님의 주장(主掌)하심이니 우리가 구원 얻는 것은 하나님의 은혜뿐이라(엡 2:8)"라고 적시해 준다.[432] 또한 하나님의 주권적인 주장하심이 "사람의 자유를 어기지 아니" 하고, 오히려 "하나님의 주장하심과 사람의 자유가 서로 … 하나님의 지혜로 합한 것"이라는 점도 그는 강조해 준다.[433]

레이놀즈는 계속해서 "이 칼빈의 교리가 유익"하여서 "교회의 운동력"이고, "신자의 지식과 신령한 마음을 배양해 주며", "선행과 나라 독립과 도덕상 자유와 진보함의 근원"이 된다고 설명해 준다.[434] 그는 칼빈주의가 "하나님의 경영을 옳게 해석한 증거"를 제시하는 데로 나아가는데, 그가 제시한 여섯 가지 증거를 확인해 보도록 하겠다.[435]

---

430 이눌서, 『구학 공과』, 2-3.

431 레이놀즈가 신학적으로 깊은 교훈을 얻은 Robert L. Dabney, *The Five Points of Calvinism* (Richmond 1895)을 보라.

432 이눌서, 『구학 공과』, 3. 엡 2:8의 내용은 다음과 같다: "너희는 그 은혜에 의하여 믿음으로 말미암아 구원을 받았으니 이것은 너희에게서 난 것이 아니요 하나님의 선물이라."

433 이눌서, 『구학 공과』, 3.

434 이눌서, 『구학 공과』, 4. 이 공과가 출간된 시기가 1915년임을 감안할 때 칼빈의 교리가 "선행과 나라 독립과 도덕상 자유와 진보함의 근원"이 된다고 하는 레이놀즈의 언명은 매우 시의적절한 것으로 보일 뿐 아니라 충격적인 것으로 느껴진다.

435 이눌서, 『구학 공과』, 4-5.

1) 쉽고 서로 연합하여 한 경영을 이루는 교리라.

2) 인생 권고(眷顧)하시는 일에 합당한 교리라.

3) 성경 사기(史記)와 진리에 합당한 교리라.[436]

4) 개인의 회개함과 교회의 부흥– 오순절, 아우구스티누스 때, 변경 때(종교개혁 때), 웨슬리 때, 무디 때, 조선에[437]

5) 예수의 말씀(요 6:37, 39, 45, 65; 10:27–29; 17:2, 24: 마 13:11).

6) 사도의 말씀(롬 9:11; 엡 1:12; 딤후 1:9; 약 1:18; 벧전 1:2, 22; 2:8; 요일 3:1; 5:11, 18; 유 4, 24, 25).[438]

이처럼 칼빈주의 교리가 성경적으로 바른 교리라는 점을 강조한 후에, 이에 반대하는 자들이 있음을 레이놀즈는 간과하지 않는다. 우선 그는 "반대자들을 경계함"이라는 항목에서 이 교리를 반대하는 자들은 "또한 예정과 미리 아심과 죄를 용납하심과 영벌을 반대"할 수밖에 없게 되고, "하나님의 권고를 대적"하게 된다고 비판한다.[439] 뿐만 아니라 이런 반대자들의 "소견은 좁고 지혜가 부족하여 끝나기 전에 너무 성급하게 판단하는" 실수를 범하는 것이요, "하나님의 주장하심을 심히 생각하고 사람의 자유를 어기지 아니하심을 깨닫지도 못한다"고 적시한다. 레이놀즈는 이어서 이러한 반칼빈주의자들은 "바울을 반대함이오, 모든 사도와 예수의 말씀을 반대"하는 것이기 때문에 조심해야 한다고 경고를 덧붙이기도 한다.[440]

---

436 사기 항에는 "에덴동산, 홍수, 소돔과 고모라, 이스라엘 흥왕과 망함, 성자를 보내심, 성신을 주심, 성도의 전도" 등을 나열했고, 성경 진리에서는 "중생 이치, 택정하신 목적, 은혜로 구원을 얻음, 어떤 이를 택정하시고 어떤 이를 버려두심" 등을 제시해 준다(이눌서, 『구학 공과』, 4).

437 레이놀즈가 부흥의 시기를 언급하면서 웨슬리나 무디를 언급하면서 칼빈주의 부흥신학자인 조나단 에드워즈와 1차 대각성을 언급하지 않는 것은 의아스러운 일이다. 그리고 그가 조선을 언급한 것은 1907년 평양 대부흥과 그 이후 조선 교회의 부흥 성장이 세계 교회의 이목을 끌 만큼 획기적인 일이기 때문이다(이눌서, 『구학 공과』, 4).

438 이눌서, 『구학 공과』, 4–5.

439 이눌서, 『구학 공과』, 5.

440 이눌서, 『구학 공과』, 5. 여기서 우리는 레이놀즈가 칼빈주의 교리들이 성경적이라고 하는 확고부동하게 확신하고 있음을 다시 보게 된다. 바빙크가 잘 적시한 대로 역사 가운데는 아우구스티누스의 은혜의 교리를 정죄한 후에도 그 근원이 오히려 바울에게 있음을 깨달은 어느 교황은 바울마저도 정죄해 버렸다고 하는 사실을 기억할 필요가 있다(Bavinck, *Reformed Dogmatics,* 1:153–154. "In a series of bulls (1653, 1656, 1664, 1705, 1713) Jansenism, and by implication

그러고 나서 그는 반대자들의 주요 주장 네 가지를 제시하고, 비판적인 답변을 제시한다. 첫째, "하나님의 경영은 택하지 아니하신 자에게 불가하다"라고 하는 주장에 대해서는 로마서 9:19–22에 근거하여 "하나님이 주장이시오, 임자시오, 죄를 금하시는 법관이시오, 오래 참으신 심판장이시오, 죄인이 마땅히 멸할 그릇이라"는 요점들을 제시해 준다.[441] 둘째 반론은 "나를 구원하시기로 미리 작정하셨으면 내가 아무렇게 하여도 관계치 않으며", 또한 "지옥 갈 사람이면 아무리 믿어도 쓸데없겠다"라고 하는 것인데, 이에 대해서는 "하나님이 우리 쓸 방법까지 정하셨으니 믿고 회개하면 구원을 얻고 믿지 아니하면 망하는 것"이라고 적시해 준다.[442] 셋째 반론은 "하나님의 경영 가운데 아담의 범죄할 것과 후손이 범죄할 것까지 다 들었으면" 어떻게 형벌할 수 있겠느냐고 하는 것인데, 이에 대해 레이놀즈는 "양심과 계명으로 금하신 것"에 대해 "죗값을 주는 것이 마땅하다(눅 23:41; 롬 1:23)"라고 반박하고 또한 다음과 같은 답변을 제시해 준다.

> 하나님의 예정은 두 가지니 시키시는 것과 버려두시는 것이라. 선한 일은 하나님이 시키시고 도와주시는 것이오(엡 2:10), 악한 일은 죄인의 자유대로 하게 내버려두시는 것이라(롬 1:28).[443]

칼빈주의에 반대하는 네 번째 반론은 "만민이 구원을 얻고 망하는 것이 예정대로 될 수밖에 없으니 힘써 전도할 것이 없다"라고 하는 것인데, 레이놀즈는 이 반론에 대해서 다섯 가지 요점들을 들어서 반박한다.

1) 하나님이 모든 사람을 명하사 회개하라 하시고

Augustine even Paul, were condemned.").

441 이눌서, 『구학 공과』, 6.

442 이눌서, 『구학 공과』, 6. 레이놀즈는 이 두 번째 반론을 제기하는 자들을 향해 "농부가 네 말대로 하면 굶어 죽겠다"라고 재치 있는 말을 덧붙이기도 했다.

443 이눌서, 『구학 공과』, 6.

2) 예수께서 마지막 명하시기를 온 천하에 다니며 만민에게 복음을 전파하라 하시고

3) 성신과 신부(교회)의 말씀이 오라 하시니(계 22:17) 우리가 보고 들은 것을 말 아니할 수 없노라(행 4:20).

4) 또 경영은 하나님의 상관이요 방책 쓰는 것은 우리의 상관이니 구원 얻게 하는 방책은 전도라(고전 1:21)

5) 택하신 사람이 누군지 하나님 외에는 아는 이가 없고 우리에게 알게 하신 것은 누구든지 믿으면 영생을 얻으리라(요 3:16).[444]

이렇게 칼빈주의 교리의 요점들을 소개하고, 반론을 제기한 후에 레이놀즈는 마지막 요점으로 "전도인이 조심할 것"에 대해서 명시해 준다. 일단 불신자에게는 "하나님의 경영과 택정"에 대해 말해 봐야 시비만 일어나기에 말하지 말라는 것, 하지만 신자들에게는 "큰 위로와 유익"이 되기에 "성신의 도우심으로 힘써 밝히 가르치"라는 것, 그리고 자신이 선택받았는지에 대해서는 "의심치 말고 온전히 힘써 선행으로 택하심을 굳게" 할 것을 권면하여 준다.[445]

(2) 성부의 택정[446]

레이놀즈가 성부의 일로 다루고자 하는 두 번째 대지는 "택정(擇定)하심",

---

444 이눌서, 『구학 공과』, 7. 앞서 살펴보았듯이 레이놀즈가 한국에 와서 얼마나 열정적으로 선교 활동을 했는지와 1918년에 개인 전도에 대한 소책자를 번역하여 소개한 적이 있다는 사실을 기억한다면 칼빈주의 교리를 확집하면서도 전도와 선교 사명에 열중하는 것이 온당함을 실증적으로 확인할 수 있을 것이다(J. W. Mahood, *The Art of Soulwinning*, 이눌서, 이승두 공역, 『개인 전도』 [경성: 조선예수교서회, 1918]). 마훗의 역서는 연세대 도서관에 홈페이지에 접속하면 디지털 텍스트를 열람할 수 있다.

445 이눌서, 『구학 공과』, 7-8. 레이놀즈는 선택을 확인하는 근거로 의심과 같은 자기 내성(self-examination)이 아니라 "힘써 선행함으로 택하심을 굳게" 할 것을 권하면서 벧후 1:5-11과 딤후 2:29 등을 전거 구절로 제시했다. 이는 소위 칼빈주의에서 말하는 "실천적 삼단 논법"(*syllogismus practicus*)라고 할 수 있다(Muller, *Dictionary of Latin and Greek Theological Terms*, 293).

446 레이놀즈는 두 번째 대지인 "성부의 택정"을 시작하면서 "(로마인셔공부 七大二中)"을 지시하고 있으나 이 교재의 출판 여부나 서지 사항을 확인할 길이 없다.

즉 예정(豫定)하심에 관한 것이다. 첫 대지에 비해 두 번째 대지의 내용은 간결하게 전개된다. 첫째, 택정하신 때 대해 말하기를 "나기 전, 세상을 창조하시기 전, 만세 전"이라고 적시해 준다.[447] 둘째 택정하신 이유에 대해서는 "선할 줄 아시고 택하신 것 아니요, 거룩하고 흠이 없게 하시려고 그리하셨다"라고 설명해 준다. 셋째는 "주의(注意). 자기 기쁘신 뜻대로(롬 9:15; 엡 1:5)"라고 간략하게 제시되어 있다.[448] 넷째로 "경영"이라는 제하에 "자기 영광을 나타내고 우리에게 영광을 주시려고 하심"이라고 적고 있고, 다섯째는 "차례. 미리 아시고, 미리 정하시고, 부르시고, 의롭게 하시고, 영화롭게 하심(롬 8:29-30)"이라고 제시해 준다.[449] 여섯째로 "상관"이라는 제하에 레이놀즈는 "택하심이 하나님의 상관이요, 복종하고 믿는 것이 우리 상관이라(롬 9:19-21; 10:9-13)"라고 해설해 준다.[450] 이어서 네 항목에 걸쳐 레이놀즈는 택하신 자와 버림받은 자를 대조적으로 설명해 준다.

7) 택하신 사람. 유대 사람 중에서와 이방 사람 중에서 긍휼 그릇 같은 우리들이라.
8) 버려두신 사람. 마땅히 멸할 그릇 같은 자요, 믿지 아니하는 자라. 누구 누군지 하나님 외에 아는 이 없소.
9) 택하신 자와 버려두신 자들이 다 본래 한 죄덩이라(롬 9:11). 그런즉 자랑할 수 없소(롬 11:18).
10) 택하신 자는 예수를 믿음으로 의(義) 되여(필자- 이신칭의를 의미함), 하나님의 자녀되고, 영광 받음. 버려두신 자는 믿지 아니함으로 완악하여지고 진노를 받음.[451]

---

447 이눌서, 『구학 공과』, 8.
448 이눌서, 『구학 공과』, 8.
449 이눌서, 『구학 공과』, 8.
450 이눌서, 『구학 공과』, 8.
451 이눌서, 『구학 공과』, 9.

이상에서 우리가 일별한 대로 하나님의 택정하심에 대한 레이놀즈의 간단 명료한 설명들은 대체로 로마서 본문에 근거하고 있다는 것을 확인할 수 있다. 결론에서 레이놀즈는 예정론이 함축하는 바 "교회의 본분"이 무엇인지를 적시해 주는데, 그 본본이란 "전도자를 각국에 보내어(롬 10:13–15) 택하신 자들을 불러낼 것(롬 10:8–12; 마 28:19)"이라는 것이다.[452]

(3) 은약(恩約, 요리문답 20)[453]

성부께서 하신 세 번째 일은 "은약(은혜의 약조)"을 세우신 것이라고 레이놀즈는 제시한다. 서두에서 "하나님이 사람으로 더불어 세우신 큰 언약이 둘이니 공약(일할 공)과 은약(은혜의 약조)"이라고 먼저 소개하고, 전자는 『인학공과』에서 이미 논의하였음을 상기시킨다.[454] 레이놀즈는 은약을 "두 가지 형편으로 베푸신" 것이라고 말하면서, 개혁신학에서 "구속 언약"(covenant of redemption, or *pactum salutis*)과 "은혜 언약"(covenant of grace)으로 다루었던 것을 "구속의 약조"와 "구원의 약조"라는 명칭으로 소개해 준다.[455]

레이놀즈는 이처럼 은약이라는 명칭 아래 두 종류의 언약을 설명해 주고 있는데, 먼저는 "구속의 약조"(= 구속 언약)에 대해서 다루되, 언약의 네 요소들인 양편, 조건, 상벌, 그리고 한정에 따라 논의를 전개해 나간다. 첫째 구속의 약조의 양편은 "성부와 성자시니 예수는 둘째 아담으로 신자의 대표가 되사 하나님과 사람 사이에 중보 노릇하심"이라고 적시하였고, 둘째 조건에 대해서는 우리 대신에 순종하시고, 대신에 벌 받으실 것과 "중보로 신자들

452 이눌서, 『구학 공과』, 9.

453 은약이란 은혜 언약의 준말이라는 것은 그가 지시한 웨스트민스터 소요리문답 20문답을 통해서 분명하게 확인할 수 있다(Q. 20. Did God leave all mankind to perish in the estate of sin and misery? A: God having, out of his mere good pleasure, from all eternity, elected some to everlasting life, did enter into a covenant of grace, to deliver them out of the estate of sin and misery, and to bring them into an estate of salvation by a Redeemer.).

454 이눌서, 『구학 공과』, 9–10.

455 이눌서, 『구학 공과』, 10. 장로교 선교사가 한국에 입국한 지 30년이 된 1915년도에 레이놀즈는 한국 신학생들과 신자들에게 개혁주의 언약신학(행위 언약, 구속 언약, 은혜 언약)을 분명하게 적시해 주고 있다. 물론 본서 출간 이전에도 장로교 선교사들이 웨스트민스터 표준문서에 근거하여 언약신학을 때에 따라 가르쳤을 것으로 추정된다.

에게 선지자, 제사장, 왕의 노릇을 하여 구원 얻게 하실 것"이라고 설명해 준다.[456] 셋째 요건은 상벌인데, 레이놀즈는 먼저 성부께서 성자에게 주신 상(償)으로서 "몸을 예비하심, 성신을 한량없이 주심, 수고의 소망을 보고 택하신 자를 무수히 얻을 것, 영광을 주심" 등을 열거해 주고 나서, 벌(罰)이라는 소항목에서는 "성자가 구속의 약조를 어기어 시행지 아니하셨더라면 마귀에게 항복하여 같이 망하셨겠고(마 4:8-10; 계 20:10) 또 택하신 백성을 잃어버리셨겠소(요 17:12)"라고 설명해 준다. 여기서 우리는 후자(벌)에 대한 해설을 실제적으로 일어날 수 있는 것처럼 이해하기는 곤란한 일일 것이다. 그래서 레이놀즈 역시도 이렇게 설명해 놓고도 "그러나 이것이 도무지 생각 밖의 일이라"고 부연(敷衍)해 주는 것을 보게 된다.[457] 넷째 한정이라는 항목에서는 "하나님의 영원한 경영 가운데" 공약은 첫째이고 은약은 둘째라는 것을 말하고, "보내신 때로 말하면 기약이 찬 때"였으며, "스스로 낮추신 때는 세상에 계실 동안"이며, "대제사장과 만왕의 왕 노릇은 영원토록 하실 것"이라고 적시해 준다.[458]

앞서 살펴본 대로 레이놀즈는 은약을 구속의 약조와 구원의 약조라고 양분하였고, 우리는 먼저 구속의 약조, 즉 구속 언약에 대한 그의 설명을 살펴보았다. 이제 두 번째 약조인 "구원의 약조"에 대해서 살펴보기로 하겠다. "구원의 약조"를 시작하면서 그는 "중보는 예수요 보증은 성신이라(고후 1:22; 엡 1:12, 4)"라고 말한 후에, 역시 언약의 네 가지 요소를 설명해 주는 형식으로 논의를 전개해 나간다. 첫째 언약을 맺은 양 당사자에 대해서는 "하나님과 사람인데 특별히 신자들"이라고 적시해 주고, 언약의 조건은 "믿음"이라고 하면서 소요리문답 33문답을 적시해 준다.[459] 셋째 언약이 약속하는 상으

456 이눌서, 『구학 공과』, 10.
457 이눌서, 『구학 공과』, 10-11.
458 이눌서, 『구학 공과』, 11.
459 이눌서, 『구학 공과』, 11-12. 소요리문답 33문답은 이신칭의를 설명해 주고 있다(Q.33. What is justification? A. Justification is an act of God's free grace, wherein he pardoneth all our sins, and accepteth us as righteous in his sight, only for the righteousness of Christ imputed to us, and received by faith alone.).

로는 "영생"이고, 벌은 "멸망"이라고 제시하면서, 레이놀즈는 "믿음이 공로아니오 영생 받는 그릇"일 뿐이라고 명쾌하게 말해 준다.[460] 넷째 언약의 한정에 관해서는 "오늘이라 일컫는 동안, 성신이 권면하실 동안에 얼른 믿을 것이요, 너무 반대하여 훼방하였다가 영원토록 사죄하심을 얻지 못하게 될 한 명이 어디 있는지 누가 알리오"라며 안타까움을 담아 레이놀즈는 말한다.[461]

레이놀즈의 언약론에 있어 또 다른 강조점은 "은혜 베푸신 모양"을 보아 "구약과 신약" 두 가지이지만, "실상으로 한 은약(恩約)"이라고 하는 것이다.[462] 레이놀즈는 그와 같은 주장의 근거를 제시해 주는데, "언약하신 말씀이 한 뜻"이라는 것, "중보가 하나"시라는 것, "조건이 하나니 믿음"이라는 것, 상벌도 동일하여 영생과 사망이라는 것이다.[463] 그러고 나서 그는 구약의 은혜 언약의 시행(administration)을 "아담부터 아브라함까지, 아브라함부터 모세까지, 모세부터 예수 때까지" 등의 세 시기로 나누고, 신약의 은혜 언약 시행은 "예수 승천까지(사복음)"와 "성신의 시행(오순절 후로)"으로 양분해 준다.[464] 마지막으로 신구약의 유사점과 차이점을 비교하여 7가지 소항목으로 제시해 주는데, 레이놀즈가 적시한 요점들을 확인해 보도록 하겠다.

1) 구약은 한 나라(이스라엘-필자) 상관이요, 신약은 만국 상관이라.

2) 구약은 그림자요, 신약은 실상이라.

3) 구약은 율법이 많고 신약은 은혜와 진리 충만함

4) 구약에는 일체(unity-필자)가 대지요(신 6:4) 신약에는 삼위일체가 분명히 나타나심(마 28:19).

5) 구약은 임시요 신약을 예비함이요, 신약은 끝까지 감이라(마 28:20).

6) 구약은 예수 강생 전이니 마치 새벽빛과 같이 희미하나 신약은 세상의 빛 되신

460 이눌서, 『구학 공과』, 12.

461 이눌서, 『구학 공과』, 12.

462 이눌서, 『구학 공과』, 12.

463 이눌서, 『구학 공과』, 12-13. 레이놀즈는 "구약은 신약의 그림자(히 8:5; 골 2:17)"라고 적시해 주기도 한다.

464 이눌서, 『구학 공과』, 13-14.

예수께서 환하게 비취심이라.

7) 구약 사람이 오실 메시아를 바라고 의지함으로 구원을 얻었으며 신약 사람이 오신 구주를 믿고 의지함으로 구원을 얻느니라.[465]

(4) 부르심

레이놀즈가 성부의 일로 제시한 네 번째 사역은 "부르심", 즉 소명(calling)이다. 그는 네 번째 대지를 시작하면서 "성부께서 구원을 받으라고 사람을 부르시는 일"이라고 정의를 내려 주고, 또한 소명에는 두 가지 종류, 즉 "보통으로 부르심"과 "확실하게 부르심"이 있다고 밝힌다.[466] 이 두 가지 부르심인 그의 설명을 참고해 보면 개혁파 소명론에서 외적 소명(external calling)과 내적 그리고 유효적 소명(inner and effectual calling)으로 양분하여 다루는 내용과 같다는 것을 알 수 있다.[467] 레이놀즈는 첫 번째 항목에서 여러 성경 구절들을 지시하면서 보통으로 부르심, 즉 외적 소명이 성경적인 가르침임을 적시하고 나서 확실히 부르심과 보통으로 부르심에 대해 차례대로 상술해 준다. 우리도 그의 논의 순서를 따라서 그의 소명론을 확인해 보기로 하겠다.

먼저 레이놀즈는 "확실히 부르심"을 다루는데, 이 부르심은 "구원을 얻도록 부르심"이라고 명시하고 나서, "성부께서 영원한 경영대로 미리 아시고 미리 택정하신 자를 또한 확실히 부르시고 믿음을 주신다"라고 말하고, 이와 같은 부르심을 성취하시는 분은 "성신"이시라고 적시해 준다.[468] 그는 많은

---

465 이눌서, 『구학 공과』, 14–15. 신구약의 유사점과 차이점에 대한 칼빈의 논의와 비교해 보라(Calvin, *Institutes*, 2:10–11).

466 이눌서, 『구학 공과』, 15.

467 개혁주의 소명론에 관해서는 Bavinck, *Reformed Dogmatics*, 4:33–44; 박형룡, 『교의신학 구원론』, 11–151; 강웅산, 『성경신학적 조직신학 구원론』 (용인: 목양, 2018), 151–175 등을 보라.

468 이눌서, 『구학 공과』, 15. 레이놀즈는 유효적 소명이 성령의 사역이라는 사실을 적시하면서 소요리문답 30문답과 31문답을 지시하고 있다. 30문답과 31문답의 내용은 다음과 같다: "Q. 30. How doth the Spirit apply to us the redemption purchased by Christ? A. The Spirit applieth to us the redemption purchased by Christ, by working faith in us, and thereby uniting us to Christ in our effectual calling; Q. 31. What is effectual calling? Effectual calling is the work of God's Spirit, whereby convincing us of our sin and misery, enlightening our minds in the knowledge of Christ, and renewing our wills, he doth persuade and enable us to embrace Jesus Christ, freely offered to us in the gospel."

성경 구절들을 적시한 후에 이 여러 말씀에 근거하여 부르신다는 것은 "되게 하신다, 이루게 하신다, 받게 하신다"라는 의미라고 정해해 준다.[469] 레이놀즈는 이러한 성경적인 의미들을 고려할 때 두 가지 긴요한 생각을 도출할 수 있다고 주장하는데, 첫째는 "되게 하시는 이는 하나님뿐이시오 사람이 아니"라는 것, 둘째는 "방법을 쓰시든지 마시든지 되게 하시는 권능이 방법에 있는 것이 아니요 성신의 권능이니 임의대로 하신다"라는 것이다.[470]

레이놀즈는 이어서 "보통으로 부르심"(마 22:1-14)에 대해 해설을 해 주는데, 이 부르심이 무엇인가에 대해서 "구원의 방책을 전파함, 그 방책대로 행하는 자를 구원하시겠다 허락하심, 구원의 은혜를 받으라고 명하시고 권면하며 청하심, 영벌을 면하고 영복[을] 받기 위하여 마땅히 믿고 회개할 까닭"이라고 나열해 준다.[471] 그리고 "보통으로 부르는 자"에 대해서는 "삼위일체, 전도자, 성경, 전도지"라고 말하고, 이어서 "도를 들은 사람을 하나님이 권면하는 방책은 셋이니 양심, 인자하심, 환난" 등이라고 소개해 준다.[472] 사실 많은 경우 레이놀즈의 공과는 요점들과 성경 구절만 지시하는 형식이기 때문에, 때로 직접 강의를 듣지 않은 우리로서는 이해하기 어려운 부분들을 만나곤 한다. 레이놀즈는 이러한 보통 소명은 "천하만민 누구든지" 주어지는 것이라고 적시하고, 이런 부르심과 "미리 택정하신 교훈이 서로 틀림이 없다"는 점을 밝히는 데로 나아간다. 이런 부분은 좀 더 상세하고 신학적인 논의의 성격을 가지는 부분인데, 그가 제시하는 네 가지의 내용을 조목별로 살펴보기로 하자.

1) 구원의 방책은 모든 사람에게 합당하다.

2) 구주의 공로가 사람에게 넉넉하다.

3) 믿기만 하면 모든 사람이 구원을 얻으리라.

---

469 이눌서, 『구학 공과』, 16.
470 이눌서, 『구학 공과』, 16.
471 이눌서, 『구학 공과』, 16.
472 이눌서, 『구학 공과』, 17.

> 4) 도를 듣는 사람이 자기가 마땅히 믿을 것인 줄 아느니라.
>
> 5) 택정하심은 하나님의 은혜요 전도하고 믿는 것은 사람이 마땅히 할 본분이라.[473]

레이놀즈는 하나님께서 "모든 사람을 구원하지 아니하실 터이면 어찌하여 모든 사람을 부르시느냐"라고 하는 중요한 질문을 제기하고, 이에 대한 몇 가지 해설을 검토해 준다. 첫째는 펠라기우스("벨나기오")의 주장인데, "하나님이 사람의 자유를 이길 수 없어서 전도를 시키고 권면하나 사람의 작정대로 성신의 감동함은 그저 한 사람이 다른 사람을 감동함과 같다"라고 하는 것이다. 이러한 자율적인 견해에 대해 레이놀즈는 가차 없이 "성경을 거스른다(단 4:35; 빌 2:13)"라고 반박한다.[474] 둘째로 그가 다룬 것은 루터교의 견해로서 "하나님이 말씀이 활발하여 죽은 영혼들을 영락없이 살릴 터인데 하나님이 모든 사람을 구원하시려고 부르시나 어떤 사람이 마다고 반대하니 구원을 받지 아니하고 어떤 사람이 순히 복종함으로 구원을 받는다"고 하는 견해이다.[475] 레이놀즈는 이와 같은 루터교의 입장에 대해서도 다음과 같이 반박을 해 준다.

> 우리 대답이 1) 하나님의 말씀은 성신없이 살리는 권능이 없다(고전 2:4; 3:7), 2) 하나님의 미리 작정하신 것을 사람이 못되게 막을 수 있다는 말이니 그런즉 하나님이 무한하신 하나님이 아니라, 3) 한 사람이 구원을 얻고 한 사람이 못 얻는 것은 그 사람에게 있다는 말이니 성경을 거스르는 말이라(롬 9:15,16; 고전 1:30).[476]

---

473 이눌서, 『구학 공과』, 17.

474 이눌서, 『구학 공과』, 17-18.

475 이눌서, 『구학 공과』, 18. 레이놀즈의 공과 속에 루터나 루터에 대한 언급이 희소한데, 여기서 루터 교회의 입장을 적절하게 논급하고 있다.

476 이눌서, 『구학 공과』, 18. 레이놀즈가 정해하였듯이 루터파는 말씀을 통하여(*per verbum*)라는 입장을 취하고, 개혁파는 말씀과 함께(*cum verbum*)의 입장을 취한다. "말씀과 성령"(The Word and the Holy Spirit)에 대한 개혁주의적인 논의는 Bavinck, *Reformed Dogmatics*, 4:456-460; 최홍석, "말씀과 성령", 「신학지남」 57/4 (1990): 116-130등을 보라.

앞서 본 대로 펠라기우스와 루터파의 견해를 적절하게 논박한 후에, 레이놀즈는 보통으로 부르시는 까닭에 대한 "장로회 대답"으로 다음의 세 가지를 제시해 줌으로써 하나님의 소명 사역에 관한 논의를 마친다.

1) 명령하여 믿고 회개할 본분을 알게 하심이오

2) 택정하신 자를 불러 내시는 방책이오

3) 믿지 아니하는 자의 못된 마음과 죄악을 나타내심이라(요 3:18–19).[477]

(5) 의롭다 하심

레이놀즈가 성부의 하시는 일로 제시한 다섯 번째 사항은 "의롭다 하심"이다.[478] 그는 먼저 이 교리의 중요성에 대해서 밝히는 것으로 시작하는데, 첫째는 "갱정한 교회에 터"가 된다는 것이고, 둘째는 "고금 죄인들의 묻는 말을 대답하는 말씀"(욥 25:4,6; 롬 3:21, 26)이라는 것이다.[479]

이어서 레이놀즈는 "말뜻"이라는 제하에, 용어(term) 설명을 한다. 그에 의하면 칭의에 해당하는 용어가 "의롭다 하심, 옳다 하심, 의있게 하심" 등 다

---

477 이눌서, 『구학 공과』, 19.

478 이눌서, 『구학 공과』, 19–25. 레이놀즈는 제목 옆에 로마인서 공부 4편과 요리문답 33번을 지시하고 있다. 웨스트민스터 소요리문답 33문답은 칭의에 대한 문답으로 내용은 다음과 같다: "Q. 33. What is justification? A. Justification is an act of God's free grace, wherein He pardoneth all our sins, and accepteth us as righteous in His sight, only for the righteousness of Christ imputed to us, and received by faith alone."

479 이눌서, 『구학 공과』, 19. 갱정 교회는 개신교회를 가리킨다. 필자는 이전에 개신교 신학자들이 이신칭의론의 중요성을 어떻게 강조했는지를 다음과 같이 정리해 본 적이 있다: "이신칭의론(*iustificatio per fidem*, Justification by Faith)은 삼위일체론, 기독론 등과 더불어 기독교 3대 교리를 구성한다고 할 만큼 대단히 중요한 교리이다(서철원, 『신학서론』 [서울: 총신대학교출판부, 2000], 65–73). 혹은 이신칭의 복음을 재발견한 종교개혁자 마르틴 루터에 의하면 이신칭의 교리는 교회가 그것과 더불어 일어서고 넘어지기까지 하는 조항(*articulus ecclesiae stantis et cadentis*)에 속한다(Paul Althaus, *Die Theologie Martin Luthers,* 7. Aufl. [Gütersloh: Gütersloher Verlag, 1994], 195). 칼빈은 이신칭의 교리가 "종교를 좌우하는 요점"이며, "우리의 구원을 세울 기초이며", 그리고 "하나님을 향해 경건을 세우기 위한 기초"라고 그 중요성을 해명하였다(Calvin, *Institues,* 3.11.1). 개혁주의 신학 전통에 서 있는 조나단 에드워즈 역시 1734년 노샘프턴 부흥의 촉매제가 되었던 "이신칭의" 강론 속에서 이 교리의 중요성을 다음과 같이 강조하였다. '이것은(이신칭의 교리를 말함) 하나님께서 주신 모든 계시의 중심 내용이요, 그 모든 계시가 증거하는 모든 신비의 중심 내용이며, 본성의 빛을 초월하여 특별히 계시에 속하는 모든 위대한 교리들의 중심 내용이다'(Edwards, "Justification by Faith Alone," *WJE* 19:239)."(이상웅, 『조나단 에드워즈의 성령론』 [서울: 솔로몬, 2020], 259–260).

양한 용어로 번역할 수 있으나, 다 부족하기 때문에 "말 하나 지어 봅시다"라고 제안한 후에 "정의하심(롬 4:3, 5, 11, 22)"이라고 소개하고, "정죄"와는 반대되는 말이라고 소개한다.[480] 또한 칭의 혹은 정의에는 두 가지 뜻이 있다고 하면서 "우리 모든 죄를 사하여 주시(엡 1:7)"는 것과 "우리를 의 있는 것 같이 받으심(문답; 고후 5:21)"이라고 밝힌다.[481] 레이놀즈는 좀더 심층적으로 들어가서 이 정의하심의 요소는 "사죄하심"만 가리키지 않는다고 적시해 주는데, 이는 사죄(forgiveness)라는 것은 "법의 요구를 풀고 법 밖에 행하는 것"이요, "왕의 권세로 하는 것"이며, "법 없이 그저 나라 유익이나 죄인의 사정을 보아서 하는 것"이고, "형벌만 면하여 주고 상급과 대접이 없는 것"이기 때문이라는 것이다.[482] 하지만 정의(칭의)는 "법의 요구를 준행하신 공로를 의지하야 법 안으로 하는 것"이오, 왕의 은혜가 아니라 "법관의 판결"이며, "보혈로 값을 받아 법을 구비하신 것"이고, 예수님의 공로로 "죄인이 형벌 면할뿐더러 그 모든 이익과 영광을 받는 것이 마땅하다 하심"이기 때문이라고 레이놀즈는 해명해 준다.[483]

세 번째로 레이놀즈가 제시하는 것은 "정의하시는 까닭"에 대한 것이다. 그는 단적으로 정의 혹은 칭의하시는 이유는 "우리에게 부쳐 주신 그리스도의 의로 말미암아 됨"이지, "우리 선행으로 말미암아 된 것이 아니"라고 말해 준다.[484] 이러한 짧고 명쾌한 선언에 이어 네 가지 항목으로 나누어 그는 설명을 해 주는데, 함께 보도록 하겠다.

1) 하나님이 보시기에 선행을 하는 자가 없음(롬 3:9–12; 욥 4:17, 19; 롬 8:8)

---

480 이눌서, 『구학 공과』, 19–20. 定義의 사전적인 의미는 "어떤 말이나 사물의 뜻을 명백히 밝혀 규정함. 또는 그 뜻"이지만, 레이놀즈가 이 한자를 차용할 때는 '의롭게 정한다'의 의미로 쓴 듯하다.

481 이눌서, 『구학 공과』, 20.

482 이눌서, 『구학 공과』, 20.

483 이눌서, 『구학 공과』, 20. 레이놀즈는 사죄와 정의(칭의)에 대한 차이를 해명한 후에 "사죄는 의 없이 죄를 풀어 주는 것이오, 정의는 예수의 의를 우리에게 부치사 의인으로 대접하시는 것"이라고 적시해 준다.

484 이눌서, 『구학 공과』, 20.

2) 선행은 정의의 결과요 까닭이 아니라(롬 6:22; 롬 3:20; 갈 5:22; 엡 1:4; 2:19; 골 1:10)

3) 예수의 순종과 고난이 법을 이루심이니 곧 우리 의가 되심(롬 5:18-19; 10:4; 빌 3:9; 고후 5:21)

4) 우리 죄를 예수께 돌려 정죄하신 것 같이 예수의 의를 우리에게 돌려 정의하신 것이라(사 53:6, 12; 갈 3:13; 히 9:28; 벧전 2:24: 롬 4:4-8).[485]

이처럼 레이놀즈는 개혁주의적인 칭의론의 핵심들을 잘 간파하여 선교지에서 가르쳤던 것이다. 앞서 『인학 공과』에서도 그가 잘 강조하였듯이 인간의 전적 타락과 전적 무능력 때문에 스스로 구원받을 수 없고, 오로지 예수 그리스도의 의를 전가하심으로 죄인들이 구원받을 수 있다고 하는 사실을 칭의론에서 바르게 강조해 주고 있다.

네 번째 항목에서 레이놀즈는 "정의하심을 받을 방책"에 대해서 다루는데, 그의 답은 간단명료하게 "믿을 뿐이라(33 문답 끝에; 갈 2:16; 롬 4:9; 행 16:31)"고 답변해 준다.[486] 이처럼 레이놀즈는 개신교 진리인 "이신칭의"(justification by faith)에 대한 확고한 믿음을 표방하고 있는데, "믿음으로"가 무슨 의미인지에 대해 좀 더 세밀하게 해설해 준다. 먼저는 "이 믿음은 방책뿐이요 까닭이 아니라"고 적시한 후에, 그 증거로 다음의 네 가지를 제시해 준다.

1) 분명한 까닭은 예수의 순종과 고난이라.

2) 예수를 믿는 것은 내게 공로가 아니니요 그저 예수의 공로를 의지하는 것뿐이라

3) 성경 문법에 분별이 있으니 "믿음으로" 하였지 "믿는고로" 아니한지라. 믿음이 기계나 그릇이나 손 모양이라(롬 5:1; 갈 2:16)

4) 이 믿음도 우리에게서 난 것 아니요 하나님 선물이라(엡 2:7-8; 행 10:44).[487]

---

485 이눌서, 『구학 공과』, 21.

486 이눌서, 『구학 공과』, 21. 소요리문답 33문답 끝에라는 것은 "and received by faith alone"을 의미한다.

487 이눌서, 『구학 공과』, 21-22. 믿음을 "빈손"(empty hands)에 비유하는 것은 아우구스티누스 이

이렇게 "오직 믿음으로만"(sola fide)을 강조하고 해명한 후에, 레이놀즈는 칭의하는 믿음이라고 하는 것은 "홀로 믿음뿐이로되 홀로 있는 믿음은 죽은 믿음이니 산 믿음은 사랑으로 행하는 믿음(약 2:14, 17, 24, 26; 갈 5:22)"이라고 하는 중요한 사실을 덧붙여 준다.[488]

뿐만 아니라 오직 믿음으로만 정의 혹은 칭의하시는 근거는 "예수의 순종과 고난이 정의하신 자의 죗값을 다 갚으시고 성부의 공의를 만족히 보응하셨기" 때문이라는 요점을 다시 한번 더 강조하고, 이에 대해 해명해 준다. 레이놀즈는 "성부께서 그 공의나 택정하신 자나, 독생자나 셋 중에 하나를 버리실 수밖에 없는데 독생자를 버리심으로 자기 공의와 자비하심을 지극히 나타내셨다"고 말하고, 공의는 "죗값을 온전히 독생자에게 받으심"으로 만족하시고, 죄인에게는 "속죄를 허락"해 주시고, 독생자를 보내 주시며, "값없이 우리에게 구원을 주실" 뿐 아니라 영광을 주심으로 자비하심을 나타내셨다고 설명해 준다.[489]

다음으로 레이놀즈는 "정의하신 때"를 다루는데, 그는 삼위일체의 관점에서 이 시기 문제를 설명한다. 우선 "성부의 작정은 창세전"이고, 성자께서 "속죄하신 때는 기약이 찬 때"이며, 성령께서 중생하게 하시는 동시에 "정의하심을 받으니, 곧 개인이 진실히 믿을 동시(同時)"라고 그는 말한다.[490] 하나님께 칭의받는 자는 부르심 받은 자들이고, 또한 "이미 택정하신 자들"(롬 8:30)이라는 점, 칭의받은 자는 "그 지위에서 떨어져 구원을 잃어버릴 수 없다"(요 10:28; 히 10:14)라고 말함으로 견인의 교리에 대해서 명시적으로 말해 준다.[491] 그러나 신자여도 죄를 지을 때 "하나님의 징계를 받을" 수 있으며, "얼마 동안 아버지와 교통함이 끊어져 어두운 가운데 행하였다가 성신의 권면을 순히 받아 회개하고 자복하여 믿음을 새롭게" 될 수 있음을 그는 적시

래 개혁주의자들이 일반적으로 사용하는 표현이다.

488 이눌서, 『구학 공과』, 22.

489 이눌서, 『구학 공과』, 22-23.

490 이눌서, 『구학 공과』, 23. 칭의의 시기가 언제인지에 관련해서 창세전 작정 속에서, 그리스도의 속죄 사역에서, 개인이 믿을 때, 최후 심판 때 등으로 나누어 설명하곤 한다.

491 이눌서, 『구학 공과』, 24.

해 준다.[492] 또한 심지어 칭의받은 자들도 고난을 당할 때가 있는데, "죄의 형벌"이 아니라 "아버지의 징계하심"으로서, "허물을 고치고 신덕(信德)을 기르도록" 허락하시는 경우라고 설명해 준다.[493] 레이놀즈는 이와 같이 하나님의 칭의 하심에 대해 상술한 후에, 마지막으로 구약과 신약에 잇어 칭의의 길은 다른 것이 아니라 "마치 한 가지라(갈 3:9, 13–14; 롬 4:6, 9, 22–24; 히 13:8)"라는 말로 칭의론을 맺는다.[494]

(6) 자녀로 대접하심

레이놀즈가 구원에 있어 성부의 일로 제시하는 마지막 여섯 번째 내용은 "자녀로 대접하심", 즉 입양(adoption)이다. 그는 양자 됨을 칭의와 같이 다루는 신학자들도 있지만, 따로 고찰하는 것도 "해롭지 않다"라고 논평한다.[495] 그리고 양자 됨에 대하여 "값없이 주신 귀한 은혜"이며, "정의하신 자를 하나님의 자녀로 삼으사(갈 4:5; 엡 1:5) 길러 주시고 모든 특별 은혜 받을 권리를 주시는 것"(요 1:12; 롬 8:17)이라고 그 함축된 바를 설명해 준다.[496]

레이놀즈는 이어서 구원 서정(*ordo salutis*)의 측면에서 논의를 전개하는데, 우선 예수와 연합한 신자들은 "하나님의 법에 대하여 상관이 변화하는" 칭의를 받고, 또한 "속에 있는 신령한 성품이 변화하게" 되는 중생 곧 하나님의 자녀 됨을 경험하게 된다고 말해 준다.[497] 좀 더 논의를 확장해서 구원의 순서를 다음과 같이 설명해 준다.

1) 중생한 즉 믿고

---

492 이눌서, 『구학 공과』, 24.

493 이눌서, 『구학 공과』, 24.

494 이눌서, 『구학 공과』, 25.

495 이눌서, 『구학 공과』, 25. 레이놀즈는 "자녀로 대접하심"을 시작하면서 신경적 근거로 소요리문답 34문답을 지시하는데, 그 내용은 다음과 같다: "Q. 34. What is adoption? A. Adoption is an act of God's free grace, whereby we are received into the number, and have a right to all the privileges of the sons of God."

496 이눌서, 『구학 공과』, 25.

497 이눌서, 『구학 공과』, 25.

2) 믿은 즉 정하심을 받고

3) 정의하신 즉 자녀로 삼으시고

4) 자녀를 기르시고 자라게 하시며 점점 완전케 하는 것이 거룩하게 하심이라.[498]

이러한 설명을 고려할 때, 레이놀즈가 생각한 구원 서정은 중생, 신앙, 정의(칭의), 양자 됨, 성화 등으로 구성됨을 확인할 수 있다.[499]

이어서 레이놀즈는 하나님의 자녀가 된 신자들이 누리게 되는 "특별히 받을 은혜"에 대해서 여러 가지 항목으로 정리해 주는데, 주로 요목들을 제시하고 근거 성경 구절들을 제시하는 형태로 적시해 주고 있다. 여덟 항목을 나열하는 것이 많기는 하지만, 레이놀즈의 공과 서술 방식을 이해하기 위해서도 전체를 옮겨 적어 보도록 하겠다.

1) 아버지의 성품을 얻고(벧후 1:4; 요 1:13; 약 1:18; 요일 5:18)

2) 아버지의 형상을 새롭게 얻고(골 3:10; 롬 8:29; 고후 3:18)

3) 아버지의 이름을 받고(요일 3:1; 계 2:17; 3:12)

4) 아버지의 특별한 사랑을 받고(요 17:23; 롬 5:5–8)

5) 그 아들의 신을 우리 마음 가운데 보내사(갈 4:6) 자녀의 마음 되게 하심. 순종(벧전 1:14; 요이 6), 죄와 사망 두려움을 벗은 마음(롬 8:15–21; 갈 5:1; 히 2:15), 담대함과 왕족의 위엄(히 10:19, 22; 벧전 2:9; 4:14)

6) 보호하시고 위로하시고 돌아보심(시 125:2; 사 66:13; 눅 12:27–32; 요 14:18; 고전 3:21–23; 고후 1:4)

7) 아버지에 징계를 받고(시 51:11–12; 히 12:5–11)

8) 아버지의 후사가 되고(롬 8:17; 약 2:5; 벧전 1:4; 3:7), 몸까지 속량하여(롬

498 이눌서, 『구학 공과』, 25.

499 죽산의 경우는 소명, 중생, 회개, 신앙, 칭의, 수양, 성화, 견인, 영화 9단계를 제시하면서 "성경은 이렇게 (…) 9연쇄(連鎖)를 하나의 황금 사슬로 하여 구원 서정을 제시한다"라고 말해 준다(박형룡, 『교의신학 구원론』, 31–35).

8:23) 예수의 영화로우신 몸과 같게 하시리라(빌 3:21).[500]

(7) 영화롭게 하심(롬 8:30; 요리문답 37-38)

레이놀즈가 성부의 구원 사역에 대하여 마지막으로 서술하는 것은 "영화롭게 하심"이다.[501] 그는 신자가 영화롭게 되는 것에 대해 간단명료하게 정리해 주는데, 4중의 시점으로 정리를 해 준다.

첫째, 신자들은 "이 세상에서도 영화롭게" 된다(요 17:22). 그 구체적인 내용으로는 우리가 "하나님의 자녀가 되고", "모든 신자를 연합하여 하나가 되게 하심"으로(요 17:22), 같이 "환난받음이고(엡 3:13; 고후 4:17), 예수의 이름을 인하야 핍박 당함으로(마 5:11; 벧전 4:13-14; 행 5:41)" 그렇게 하시며, "성신의 권능으로 변화하여 점점 더 영화롭게 하심(엡 3:16-19; 고후 3:18)"으로 그렇게 하신다.[502]

둘째, 하나님께서는 신자들이 "죽을 때 영화롭게 하신다"라고 그는 말한다. 죽은 후에 영화롭게 된 신자들은 "하나님의 영광을 바라보며", 영혼은 "온전케 되며, 영광 가운데로 들어가게 된다."[503]

셋째, 하나님이 영화롭게 하심은 "부활 때" 이루어지는데, 레이놀즈에 의하면 우리 몸이 그리스도의 부활체처럼 영광스럽게 되며, "우리 마음도 예수

---

500 이눌서, 『구학 공과』, 26-27. 성경적이고 개혁주의적인 양자론에 대한 종합적인 논의는 David B. Garner, *Sons in the Son: The Riches and Reach of Adoption in Christ* (Phillipsburg: P&R, 2017); 강웅산, 『구원론』, 327-355 등을 보라.

501 이눌서, 『구학 공과』, 27-28. 레이놀즈는 롬 8:30과 소요리문답 37-38문답을 근거로 제시하고 있다. 롬 8:30의 NA28판 본문은 "οὓς δὲ προώρισεν, τούτους καὶ ἐκάλεσεν· καὶ οὓς ἐκάλεσεν, τούτους καὶ ἐδικαίωσεν· οὓς δὲ ἐδικαίωσεν, τούτους καὶ ἐδόξασεν." 으로서, 주목할 것은 영화롭게 되었다(ἐδόξασεν)고 부정과거 시제로 표현되어 있다는 점이다. 또한 웨스트민스터 소요리문답 37문답과 38문답의 내용은 다음과 같다: "Q. 37. What benefits do believers receive from Christ at death? A. The souls of believers are at their death made perfect in holiness, and do immediately pass into glory; and their bodies, being still united to Christ, do rest in their graves till the resurrection; Q. 38. What benefits do believers receive from Christ at the resurrection? A. At the resurrection, believers being raised up in glory, shall be openly acknowledged and acquitted in the day of judgment, and made perfectly blessed in the full enjoying of God to all eternity." 롬 8:30에 대한 바빙크의 해설은 Bavinck, *Reformed Dogmatics,* 4:269-270를 보라.

502 이눌서, 『구학 공과』, 27.

503 이눌서, 『구학 공과』, 27.

의 마음과 같게" 된다고 말한다.[504] 신자들의 영화롭게 됨의 마지막 단계는 "심판 날"에 이루어지는데, 하나님께서는 신자들을 "밝히 안다 하시고(마 25:23; 10:32), 죄 없다 하시고(계 20:15), 상을 주시고(계 22:12; 마 25:21, 34), 영원토록 복락을 누리게 하실" 것이라(살전 4:17; 계 21:7; 22:3-5)고 요목을 적시해 준다.[505]

성자(聖子)의 일

레이놀즈의 구원론의 두 번째 편은 "성자의 일"이라는 제목이 붙어 있고, 이 부분에서는 구원론을 기독론적으로 접근하고 있다. 그의 기독론적 논의의 주요 주제들은 "일위이성, 중보, 선지자, 제사장, 왕, 낮아지심, 높아지심" 등 총 8대지로 구성되어 있다.[506] 그가 제시한 순서대로 내용을 검토해 보기로 하자.

(1) 일위이성(히 2:14-18)

레이놀즈 기독론의 첫 대지는 예수 그리스도의 위격에 대한 것으로 "일위위성"(一位二性)이라는 제목이 붙어 있다. 이는 한 위격이시면서 두 본성을 가지고 있으시다고 하는 보편 교회의 위격론이다. 레이놀즈는 이러한 근간이 되는 교리를 "예수께서 참하나님이시라(삼위일체 증거)(요 1:1)"라는 명제와 "예수께서 참사람이시라(요 1:14)"는 두 명제로 먼저 적시해 준다.[507] 그리스도의 신성에 대해서는 삼위일체론에서 다루었기에, 바로 인성에 대한 설명으로 넘어가서 상술해 주는데, 첫째는 예수 그리스도의 "몸은 인류의 몸이라

---

504 이눌서, 『구학 공과』, 28.

505 이눌서, 『구학 공과』, 28.

506 이눌서, 『구학 공과』, 28-49. 레이놀즈의 후임자가 된 존 크레인의 경우도 기독론을 구원론(1-교리)으로 배정하여, 구원론(2-경험)과 구별짓고 있다. 크레인은 기독론을 총 11개 장으로 나누어 논의하고 있는데, 주제들로는 "인생의 정죄됨과 은혜의 약속, 은혜의 약속, 메시아, 은혜의 약속과 중보, 중보의 직무 혹은 중보의 사업, 그리스도의 제사장 직분, 그리스도의 제사의 성질, 그리스도의 제사의 목적, 대속의 목적, 그리스도의 낮아지심과 높아지심과 간구, 제사장인 그리스도" 등이다(Crane, 『조직신학(하)』, 11-330).

507 이눌서, 『구학 공과』, 28.

(딤전 2:5; 마 8:20)"라고 말한 후에, 그가 "먹고 마시며 자라고(눅 2:52) 자고, 깨고, 곤히 기도하고, 쉬기도" 하셨으며, "못 박혀 죽으시고 장사하였다가 삼일 만에 살아나시고 만진 바 되시고 제자 앞에 잡수셨고 몸으로 승천하셨다"(눅 24:36-43, 50, 51)라고 해설해 준다.[508] 뿐만 아니라 그리스도의 영혼도 "인류의 영혼이라"고 명시한 후에, 그의 지혜가 점점 자라 가고(눅 2:52), "사랑하시고 분하시고 동고동락하시며 슬퍼하시고 기도하시고 눈물 흘리셨다"(요 11:5, 33-35; 마 28:36-46)라고 해설해 준다.[509] 세 번째로 레이놀즈는 이와 같은 인성에 대한 강조와 해설에 이어 그리스도의 인성이 어떻게 해서 취하셨는가에 대해서도 해설하기를 "예수의 인성이 예사로운 부부법으로 난 것이 아니오 성신의 권능으로 동정녀 마리아에게 이적을 행하사 지어내이신 인성"이라고 말해 준다.[510]

레이놀즈가 이어서 제시하는 셋째 요점(中旨)은 그리스도의 위격 논의에 있어서 대단히 중요한 주제로서 그리스도의 무죄성(sinlessness)에 관한 것이다.[511] 레이놀즈는 "참사람이로되 죄는 도무지 없으시니라(히 4:15)"라는 명제를 제시한 후에, 이 주제에 관한 다양한 성경적 증거들을 제시해 준다. "예수의 증거(요 8:46), 베드로의 증거(벧전 2:22-24), 요한의 증거(요일 3:5), 바울의 증거(고후 5:21; 히 7:26), 야고보의 증거(약 1:13), 천사의 증거(눅 1:35), 무수한 성도의 증거(계 15:3-4), 원수의 증거-빌라도와 헤롯왕(눅 23:14-15), 백부장(눅 23:47), 성부의 증거(마 3:17)."[512]

레이놀즈는 그리스도의 인성과 무죄성에 대해 해설한 후에, 이어서 두 본

508 이눌서, 『구학 공과』, 28-29.

509 이눌서, 『구학 공과』, 29.

510 이눌서, 『구학 공과』, 29. 레이놀즈는 "하와의 씨(창 3:15), 다윗의 씨(롬 1:3), 여인에게로 나신 자(갈 4:4), 수태하여 난 아들(눅 1:21; 2:5-7; 마 1:18-25)" 등의 성경적 근거들을 제시해 준다.

511 예수의 무죄성에 관한 개혁파의 논의는 문병호, 『기독론』 (서울: 생명의말씀사, 2016), 671-684; G. C. Berkouwer, *The Person of Christ* (Grand Rapids: Eerdmans, 1954), 236-267 등을 보라.

512 이눌서, 『구학 공과』, 29-30. 이와 같은 다양한 성경 구절들을 지시한 후에, 레이놀즈는 "반대자 레난(르낭-필자)과 고금 다른 믿지 않는 사람들이 예수를 극히 칭찬"한다는 간략한 논평도 달았다.

성을 가지시되 한 분(일위)이시라고 하는 점을 네 번째 요점(中旨)에서 강조해 준다. "성자는 참하나님, 참사람이로되 둘이 아니오, 일위뿐이시라"라고 언명한 후에 증거들을 제시해 준다. 중요한 부분이므로 그의 말을 그대로 인용해 보기로 한다.

1) 사복음에 기록한 말씀이나 행적에 한 번도 예수가 두 분 모양으로 하신 것이 없고
2) 대명사는 한 사람에게 합당한 것이오, 두 사람의 대명사가 아니라(가령 내가 나를 하셨지 우리가, 우리를 자기만 가르치실 때 쓰지 아니하셧나니라)
3) 혹 이름은 신성에 합당하되 일은 인성으로 하는 곳도 있고(행 20:28; 고전 2:8)
4) 이름은 인성에 합당하되 일은 신성으로 하는 곳도 있고(요 3:23; 6:62)
5) 혹 한 구절에 신성과 인성에 합당한 일까지 말씀하신 것도 있으니(골 1:13–20; 히 1:3) 이 모든 증거를 보건대 성품으로는 신성, 인성 두 가지가 분명하나 실상으로는 일위뿐이시라(롬 1:3–4).[513]

다섯 번째로 레이놀즈는 영원하신 하나님의 아들이신 그리스도가 "기약이 차매 마리아에게 잉태를 받아 사람의 몸과 영혼을 자기와 연합하여 한 위를 이루신 것"(요 1:14; 8:48; 갈 4:4; 히 2:14; 빌 2:6–11)이라는 요점을 강조하는 데로 나아간다.[514] 레이놀즈는 정통 기독론에 따라 예수님의 선재성(先在性)에 대해서 분명히 말하고, 위(*persona*)가 사람이 아니라 하나님이심을 강조했고, 마리아의 몸에서 태어나시기 전에도 신성은 "무시무종" 했음을 잘 강조해 준다.[515] 뿐만 아니라 그리스도의 anyhostasis, enhypostasis와 위격적 연합(*unio personalis*) 등 주요 교리들을 잘 해명해 주었다.[516]

---

513 이눌서, 『구학 공과』, 30–31.
514 이눌서, 『구학 공과』, 31.
515 이눌서, 『구학 공과』, 31.
516 문병호, 『기독론』, 322–483.

> 그의 신성은 참위시오 그의 인성은 딴위가 아니오 신성과 연합하여 한 위뿐이라. 가령 어미태에서 내 육신이 따로 있고 영혼이 따로 있는 것이 아니라 오직 잉태하면서부터 합하야 한 사람을 이루는 것 같이 예수의 인성이(몸과 영혼) 따로 살았다가 신성과 합하는 것이 아니라 잉태함으로부터 신성으로 더불어 연합하야 성자의 위속으로 들어갔으니 일위이성이시라–오묘하도다.[517]

이처럼 일위이성의 위격적 연합에 대해 정해한 후에, 레이놀즈는 양성의 관계에 대해서 해명하는 데로 나아간다. 레이놀즈는 "분명히 다를 것이 성자의 일위 가온데 두 성픔이 섞긴 것도 아니오, 뒤숭숭한 것도 아니라 오직 신성은 신성이오 인성은 인성인대 성결하고 똑똑한 두 성픔이시니 영원토록 일위이성이시니라"고 적시해 준 후에 이 주제와 관련된 이단설 세 가지를 소개해 준다.[518] 첫째, "예수의 인성은 몸뿐이라 영혼 대신하야 신성이 드러가서 한 위를 이루셨다"라고 주장하다가 381년 콘스탄티노플 공의회 때 정죄당한 아폴리나리스(Apollonaris, "아볼니나리")이고, 둘째는 "이위이성이라하며 말하기를 신성이 예수 안에 계시기는 마치 성신이 우리 안에 계신 것갓다하야 예수의 신성을 반대"하였다가 431년 에베소 공의회에서 정죄당한 네스토리우스(Nestorius, "네스도리오")이고, 세 번째는 "일위일성이라하며 말하기를 예수의 인성이 신성 속으로 빠져들어 감이 마치 초 한 방울이 바다에 빠져들어 가는 것 같다" 함으로 451년 칼케돈 공의회에서 정죄당한 유티케스(Euthyches, "유듸게") 등이다.[519] 이렇게 초대 교회에 준동했으나 세계 공의회를 통하여 합당하게 배척당한 바 있는 세 가지 기독론적 이단설을 다룬 후에,[520] 레이놀즈는 루터의 입장도 이상하다고 지적한다. 루터에 의하면 "신성이 인성으로 더불어 교통하여 예수의 인성이(몸과 혼) 무소불능하고 무소부지하고 무소부재

517 이눌서, 『구학 공과』, 31–32.

518 이눌서, 『구학 공과』, 32.

519 이눌서, 『구학 공과』, 32–33.

520 레이놀즈가 앞서 간략하게 언급한 세 이단설과 그들을 정죄한 공의회들에 대한 상세한 해설은 김광채, 『고대교리사』 (서울: 보리상사, 2003), 442–478; 한철하, 『고대기독교사상』, 개정판 (양평: 칼빈아카데미출판부, 2023), 335–384등을 보라.

하시다 하며 그 몸이 마리아 배 속에 있을 때도 각처에 계시다"라고 말한다고 소개해 준 후에, 이런 견해는 "성경과 성찬 뜻과 인성과 이치를 거스르는 교훈"이라고 간단하게 비판해 버린다.[521] 그러고 나서 레이놀즈는 "성경과 성(聖)공회의 교리는 요리문답 21, 22에 있다"라는 언명으로 마무리 짓는다.[522]

첫 대지의 마지막 항목은 "일위이성되신 결과"에 대해 다루고 있다. 첫째는 "예수의 인성이 만물 중에 지극한 영광과 존귀를 받게(시 89:27; 골 1:18; 히 1:6)" 되셨다는 것이고, 둘째는 그리스도의 "지혜와 도덕지심이 온전케" 되심(요 2:34; 골 1:19; 히 2:10; 골 2:3; 행 10:28)이며, 마지막 세 번째 결과는 "참하나님이시오 참사람이신 예수께서 하나님과 사람 사이에 중보와 보증의 노릇을 하시기로 온전히 예비하신 것"(히 12:24; 7:22)이라고 해명해 준다.[523]

(2) 중보(요리문답 23; 딤전 2:5; 엡 2:16)[524]

성자의 일에 대한 레이놀즈의 논의의 두 번째 대지는 "중보"라는 제목을 가진다. 먼저는 중보의 자격에 대한 해명을 하는데, 사람이어야 하고(히 2:9–18), "자기 죄가 없어야" 하며(히 7:26; 4:15; 벧전 2:22), "하나님이라야" 한다는 것이다(히 10:8–14).[525] 중보자의 자격 중에 하나님이셔야 하는 이유에 대해서는 좀더 부연 설명을 해 주는데, 그의 제시한 내용을 함께 보기로 하겠다.

1) 하나님이라야 마귀의 권세를 이기고 잡힌 자를 놓아 줄 것

---

521 이눌서, 『구학 공과』, 33. 루터의 속성의 교류에 대한 개혁파적인 답변을 보기 위해서는 Berkhof, *Systematic Theology*, 326–327을 보라.

522 이눌서, 『구학 공과』, 33. 웨스트민스터 소요리문답 21문답과 22문답의 내용은 기독론에 관한 것이다: "Q. 21. Who is the redeemer of God's elect? A. The only redeemer of God's elect is the Lord Jesus Christ, who, being the eternal Son of God, became man, and so was, and continueth to be, God and man in two distinct natures, and one person, forever; Q. 22. How did Christ, being the Son of God, become man? A. Christ, the Son of God, became man, by taking to himself a true body and a reasonable soul, being conceived by the power of the Holy Ghost in the womb of the virgin Mary, and born of her, yet without sin."

523 이눌서, 『구학 공과』, 33.

524 레이놀즈가 지시한 웨스트민스터 소요리문답 23문답의 내용은 다음과 같다: "Q. 23. What offices doth Christ execute as our redeemer? A. Christ, as our redeemer, executeth the offices of a prophet, of a priest, and of a king, both in his estate of humiliation and exaltation."

525 이눌서, 『구학 공과』, 33–34.

2) 하나님이라야 단번 자기 몸을 드려 모든 죄를 속량할 것

3) 하나님이라야 영생의 근원이 되시고 부활 주장하시고 교회의 머리 되시고 만민을 심판하실 것

4) 하나님이라야 신자의 경배를 받으시리라[526]

이어지는 항목에서 레이놀즈는 그리스도께서 이상에서 설명한 세 가지 자격을 다 갖추셨기에 "온전한 중보"가 되시며, 그리스도께서 중보자로 행하실 때 "신인으로 행하신다"는 것을 적시해 주고, 나아가서는 "중보 직분은 성부께서 성자에게 맡기신 것"(히 5:4–10; 요 4:34; 5:30; 7:16; 10:18; 12:49; 14:24)이라는 점을 밝힌다.[527] 삼위일체론에서도 해명했듯이 성부와 성자께서는 "동등"이시지만, "직분 위임과 행함에 대하야는 분등(分等)이 있서 성자는 성부의 보내심을 받고 명하신 일을 하고 돌아가서 직고하신다"라고 레이놀즈는 해명해 준다. 한편 이 중보 직분을 억지로 떠맡으시는 것이 아니라, "성자께서 중보 직분을 즐겨 맡으신 것"이라는 점도 레이놀즈는 적시해 준다. 그의 해명하는 바에 따르면, "권세는 동등이시니 억지로 맡길 수 없는 것:이고, "억지로 맡기셨더면 그 순종과 고난이 우리에게 효험이 못 될 것"이며, "성자가 즐겨 허락[하]지 아니하였더면 신자의 죄를 예수께 돌려 애매히 죽이는 것이

526 이눌서, 『구학 공과』, 34. 루이스 벌코프는 중보자 자격 요건으로 왜 하나님이시자 인간이셔야 하는지에 대해 모두 해설해 주고 있다"3. The Necessity of the Two Natures in Christ. In the present day many consider Jesus as a mere man, and do not recognize the necessity of the two natures in Christ. But if Christ is not both man and God, He cannot be our Mediator. He had to be one of the human race, in order to be able to represent sinners in His redemptive work. It was necessary that He should assume human nature, not only with all its essential properties of body and soul, but also with all the infirmities to which it is liable after the fall. Only such a truly human Mediator, who had experimental knowledge of the woes of mankind and rose superior to all temptations, could enter sympathetically into all the experiences, the trials, and the temptations of man, Heb. 2:17, 18; 4:15–5:2, and be a perfect human example for His followers, Matt. 11:29; Mark 10:39; John 13:13–15; Phil. 2:5–8; Heb. 12:2–4; 1 Pet. 2:21. At the same time He had to be a sinless man, for one who had forfeited His own life surely could not atone for others, Heb. 7:26. Moreover, it was necessary that He should be very God, in order that He might bring a perfect sacrifice of infinite value, might bear the wrath of God redemptively, that is, so as to deliver others from the curse of the law, and might be able to apply the fruits of His redemptive work, Ps. 49:7–10; 130:3."(L. Berkhof, *Manual of Christian Doctrine* [Grand Rapids: Eerdmans, 1933], 183–184).

527 이눌서, 『구학 공과』, 34–35.

공변되지 못한 일이 되고 말 것"이라는 것이다.[528]

레이놀즈는 신인 양성을 가지신 중보자 되신 그리스도에 대해 해명한 후에, 이러한 중보자 직분을 맡으신 이유는 "무한하신 사랑" 때문(요 3:16; 엡 3:18–19; 5:2; 요일 4:10; 롬 5:8)이라고 적시해 준다. 그리고 중보 사역의 목적은 "화목을 시키고 우리로 하여금 하나님을 즐거워하게 하심"에 있다고 하면서 로마서 5:10–11과 소요리문답 1문답을 지시한다.[529] 그리고 마지막 항목에서 레이놀즈는 중보자가 행하시는 세 가지 직분(*munus triplex*)을 소개하는데, 그것은 "선지자, 제사장, 왕"이다.[530]

(3) 선지자(요리문답 24; 눅 24:19)[531]

일이위성과 중보자에 대해 정해한 후에, 레이놀즈는 그리스도의 3중직에 대해 차례대로 설명해 나간다. 세 번째 대지에서 그는 선지자 직분에 대해서 먼저 다루어 준다. 먼저 그는 첫 번째 항목에서 "선지자 직분의 뜻"을 해명해 준다. 그에 의하면 선지자란 "보통으로 말하면 대언자니 남을 대신하여 말하는 사람"을 의미한다. 따라서 성경에 등장하는 선지자는 "하나님께 말씀을 묵시로 받아 가지고 백성에게 하나님의 이름으로 전파하는 사람"(신 18:18–19)을 의미한다고 레이놀즈는 소개한다.[532] 그는 선지자와 교사의 차이도 해명해 주는데, "교사는 성경 말씀을 해석하여 하나님의 이름으로 가르치는 사람"을 말하고, 선지자는 "묵시가 온대 하나님께 직접으로 말씀을 받아 전하

528 이눌서, 『구학 공과』, 35.

529 이눌서, 『구학 공과』, 35. 웨스트민스터 소요리문답 1문답의 내용은 다음과 같다. "Q. 1. What is the chief end of man? A. Man's chief end is to glorify God, and to enjoy him forever." 레이놀즈는 이 가운데 "to enjoy him forever"을 가리키고 있는데, 존 파이퍼의 기독교 희락주의에 의하면 1문답의 답의 두 주제는 서로 다른 것이 아니라 일치한다고 바르게 정해해 준다(풀러 신학교의 리처드 마우는 이점에서 파이퍼가 잘못했다고 비판한 바가 있다. John Piper, *Desiring God*, 박대영 역, 『하나님을 기뻐하라』 (서울: 생명의말씀사, 2021), 33–34. 자세한 논의는 박찬호, "존 파이퍼의 '기독교 희락주의': 웨스트민스터 소요리문답 1번과 관련하여", 「개혁논총」 14 (2010): 217–218을 보라.

530 이눌서, 『구학 공과』, 35.

531 웨스트민스터 소요리문답 24문답의 내용은 다음과 같다. "Q. 24. How doth Christ execute the office of a prophet? A. Christ executeth the office of a prophet, in revealing to us, by his word and Spirit, the will of God for our salvation."

532 이눌서, 『구학 공과』, 36.

는 사람"을 가리킨다고 말한다.[533] 또한 앞으로 일어날 일을 미리 말하는 것(foretelling)도 물론 선지자 직분에 속하는 것이지만, 성경의 원래 뜻하는 바는 "하나님께 직접으로 말씀을 받아 백성에게 전파하는 직분"을 가리킨다고도 정해한다.[534] 이와 같이 선지자 직분에 대해 해명한 후에, 레이놀즈가 내리는 결론은 "이로 보건대 예수께서 참선지자시니(요 14:24; 8:26; 7:16-17:40) 모세가 미리 말한 선지자시니라(요 5:46; 행 7:37)"라는 것이다.[535]

예수께서 참선지자이심을 확인해 준 후에, 레이놀즈는 구체적으로 예수님께서 선지자 직분을 어떻게 수행하셨는지를 네 가지로 정리해 준다. 우리는 그의 말들을 그대로 살펴보기로 하겠다.

1) 영생하신 말씀으로 하나님을 나타내시는 하나님이시라(요 1:1), 세상의 빛이오, 생명이시라(요 1:4, 9), 지혜와 지식에 보배로운 근원이시라(골 2:3).
2) 구약에 여호와로 나타나서 가르치시고 성신으로 감화시키사 하나님의 말씀을 기록하게 하심
3) 강생하사 친히 하나님의 뜻과 도를 가르치심
4) 승천하신 후로 더 밝히샤 진리를 깨달아 알고 점점 구원을 온전히 받게 하시느니라[536]

(4) 제사장(요리문답 25; 히 7:20-28)

레이놀즈의 삼중직에 대한 해설 중에 제사장에 대한 해설이 가장 방대하다.[537] 먼저는 "예수는 참으로 대제사장이시라"라는 것을 설명함으로 시작하는데, 그리스도는 "인간에서 취한 자"이시며, "사람을 위하야 세운 자"이시며

---

533 이눌서, 『구학 공과』, 36.
534 이눌서, 『구학 공과』, 36.
535 이눌서, 『구학 공과』, 36.
536 이눌서, 『구학 공과』, 37. 레이놀즈는 자신의 방식대로 이렇게 요목만 제시하고 있지만, 자세한 해설은 Berkhof, *Systematic Theology*, 356-360을 보라.
537 이눌서, 『구학 공과』, 37-43; 그의 후임자인 구례인의 경우도 제사장 직분에 방대한 분량을 할애하는 것을 보게 된다(Crane, 『조직신학(하)』, 137-245).

(히 5:5–6), "하나님께 속한 일을 맡아 속죄제를 드리신 자"이시며(히 7:26–27), "우리를 위하여 늘 간구하시는"(히 7:25) 분이시라는 것이다.[538] 레이놀즈는 히브리서 3:1이 "분명한 말씀"이라고 하면서, 깊이 생각해 볼 때 다음과 같은 특성을 가지신다는 점을 밝혀 주기도 한다.

1) 예수는 성자시니 특별히 존중하신 대제사장이시오
2) 하나님의 맹세로 세우신 자요(히 7:21)
3) 멜기세덱처럼 왕과 제사장을 겸하신 자요(히 7:1)
4) 멜기세덱처럼 선후 없으신 자요(히 7:3)
5) 제물이 귀중하니 단번 드리신 것이오(히 7:27; 9:11, 12, 26)
6) 영원토록 신자 위하야 간구하시는 자요(히 7:25)
7) 한 나라뿐 아니라 천하 각국 신자를 위하신 자라[539]

두 번째 항목에서 레이놀즈는 예수 그리스도의 제사장직의 유일성(惟一性)을 천명해 준다. 그는 "예수 외 제사장이 없느니라(딤전 2:5–6)"라고 선언한 후에, 구약의 제사장 제도는 예수님의 "그림자"일 뿐이며, 신약에 제시된 직분들 중에 제사장이 없다고 하는 것(엡 4:11)을 지적하고 나서, 로마 교회에서 신부(father)를 제사장(priest, 사제)이라 부르는 것은 "거짓 것이요, 성경과 이치와 양심을 거스르는 교훈"이라고 바르게 비판해 주기도 한다.[540]

이어지는 세 번째 항목에서 레이놀즈는 신경적인 근거로 제시한 소요리문답 25문답에 근거하여 대제사장의 직무의 내용을 네 가지로 정리해 주는데, "자기를 제물로 드리시는 것", "하나님의 공의의 요구를 만족하게 하시는

538 이눌서, 『구학 공과』, 37–38.

539 이눌서, 『구학 공과』, 38.

540 이눌서, 『구학 공과』, 38. 1915년 레이놀즈는 로마 가톨릭교회라는 표현을 사용하지 않고, 로마 교회라고 바로 적시해 준다. 이런 표기 방식은 개신교회가 보편 혹은 공교회(*ecclesia catholica*)라고 하는 개혁파의 입장을 반영한 것이라고 볼 수 있다. 개혁파의 보편성에 대한 논의는 Bavinck, *Reformed Dogmatics*, 4:282–284을 보라. 20세기 개신교와 로마 교회의 보편성에 대한 논의들을 포함한 광범위한 논의를 위해서는 G. C. Berkouwer, *Church* (Grand Rapids: Eerdmans, 1976), 103–198을 보라.

것", "우리를 하나님으로 더불어 화친하게 하시는 것", 그리고 "우리를 위하야 항상 기도하시는 것" 등을 들고 있다.[541] 간단하게 이렇게 말한 후에, 레이놀즈는 "하나씩 들고 자세히 봅세다"라는 말을 한 후에 네 가지 사항을 차례대로 상술하는 데로 나아간다.[542]

첫째 사역은 "자기를 제물로 드리신 것"이다(히 8:3; 9:11–14). 레이놀즈는 예수께서 제사장이시자 겸하여 제물도 되신 것을 적시하고, 그리스도가 자기를 드리신 것은 "순종(히 5:8–9)"과 "피 흘리심(히 10:7–10; 9:22)" 두 가지라고 말한다.[543] 그리고 부언하기를 그리스도의 보혈이 "세상에 제일 귀하고 보배로운 것"이라고 말한 후에, 그 이유로서 "독생자의 피니 제일 귀하고", "조물주의 피니 지은 만물보다 귀하며", "한 영혼이 온 세상보다 귀하니 무수한 영혼을 사신 피값이 한량없다"(마 16:26; 고전 6:20)라고 정해해 준다.[544]

제사장으로서 그리스도께서 행하신 두 번째 사역은 "하나님의 공의의 요구를 만족하게 하신 것"(히 9:26)이다. 레이놀즈는 요구된 공의의 내용을 먼저 설명해 주는데, 이는 "우리 중보가 우리 죄의 형벌을 받으심"이고, "첫 아담이 공약도 어긴 것을 둘째 아담이 온전히 지켜야 그 공로로 우리에게 상 주실" 수 있다는 것이다. 전자는 십자가상의 고난을 가리키고, 후자는 "아들로서 온전히 순종하심"(히 5:8–9; 갈 3:1–3; 벧전 3:18; 요일 2:2; 마 20:28; 딤전 2:6)을 가리키는 것으로 그는 해설해 준다.[545] 예수님께 인성으로 잠시 고난을 받으신 것이라도 "그 위는 성자시오 하나님이시기" 때문에 "그 공로와 고난이 모든 죄인의 영원한 지옥 형벌과 상당한 것"(요일 2:2; 요 3:16)이라고 레이놀즈는 설명하고, 또한 "속죄하실 뿐더러 예수의 순종으로 영원한 기업을 사셔 우리에게 주셨다"(엡 1:11–13; 롬 8:15–17; 갈 1:1; 3:13–14; 4:4–5; 엡 5:25–27; 딤전 2:5–6; 계 1:5–6;

---

541 이눌서, 『구학 공과』, 39. 웨스트민스터 소요리문답 25문답의 내용은 다음과 같다: "Q. 25. How doth Christ execute the office of a priest? A. Christ executeth the office of a priest, in his once offering up of himself a sacrifice to satisfy divine justice, and reconcile us to God; and in making continual intercession for us."

542 이눌서, 『구학 공과』, 39.

543 이눌서, 『구학 공과』, 39.

544 이눌서, 『구학 공과』, 39.

545 이눌서, 『구학 공과』, 39–40.

5:9–10; 벧전 1:4–5)라고 정해해 주기도 한다.[546] 레이놀즈는 이렇게 해명한 후에 "세 가지 긴한 뜻"을 적시해 주는데, 같이 주목해 보도록 하겠다.

1) 예수 죽으신 목적은 우리로 구원을 얻을 수 있게만 하신 것이 아니라 구원을 온전히 이루사 천당 복락을 정녕히 받도록 은혜를 베프시는 거시오
2) 대신하신 사람은 특별히 미리 아시고 미리 택정하신 신자들이라
3) 그런즉 구원 얻지 못하고 기업을 잇지 못하는 자는 본래 위하여 죽으신 자가 아니라[547]

그리스도의 대제사장적 사역으로 적시된 세 번째는 "우리를 하나님으로 더불어 화친(和親)하게 하심(롬 5:11; 고후 5:18–19; 히 2:17)"이다. 먼저 "하나님의 마음은 죄인을 민망히 여기시고 사랑하셨으나 그 죄로 인하여 은혜 베풀 길이 막혔였지만", 예수께서 "죽으심으로 휘장을 찢으시고 자기 몸으로 길을 열어 주셨다"라고 레이놀즈는 적시한다.[548] 뿐만 아니라 완악해져 있던 죄인의 마음도 예수님께서 "새 마음을 주사 하나님을 사랑하게 하시고 화친하게 하셨다"라는 점도 잘 해명해 준다.[549] 레이놀즈는 또한 제사를 통해 "하나님의 마음을 변하게" 만든 것이 아니라, "공의의 요구를 만족케 하여 성부의 이미 사랑하시는 마음대로 은혜를 베푸실 자리 되게 하신 것"(요일 4:10)이라는 점을 정확하게 명시해 주기도 한다. 하나님의 사랑이 주도권을 가지고 있음을 잘 적시해 주는 통찰인 것이다. 그리고 인간 스스로 자기 마음도 바꿀 수 없는 상태에 있지만, "또 죄인의 자리와 마음까지 변하여 하나님 앞으로 갈 길도 여시고 갈 마음도 나게 하시는 제사가 됨"도 잘 설명해 준다.[550]

레이놀즈가 소요리문답 25문답에 근거하여 대제사장의 직무로 언급한 네

546 이눌서, 『구학 공과』, 40.
547 이눌서, 『구학 공과』, 40–41. 이러한 설명 속에서 레이놀즈는 다시 한번 칼빈주의 예정론에 대한 분명한 확신을 보여 준다.
548 이눌서, 『구학 공과』, 41.
549 이눌서, 『구학 공과』, 41.
550 이눌서, 『구학 공과』, 41–42.

가지 중 마지막 직무에 해당하는 것은 바로 그리스도께서 "우리를 위하여 항상 기도하신다는 것"(히 7:24–25)이다. 레이놀즈는 그리스도께서 "우리를 위하여 하나님 앞에 나타나시고(히 9:24), 우리를 위하여 하나님으로 더불어 말씀하시고(히 7:25; 롬 8:34)" 우리를 위하여 기도하고 계시는 "우리 대언자시오(요일 2:1) 보혜사(요 14:16)"라고 설명한 후에,[551] 성부와 동등이신 성자께서 우리를 위하여 대제사장 기도를 하시고 있다는 의미를 네 가지로 설명해 준다.

1) 성부 앞에 다섯 상처를 보이시며 그 공로로 우리의 죄를 사하여 달라시고 성신과 모든 은사를 주시라 하심(요 17:11; 14:16; 17:17)
2) 마귀의 송사와 십계명의 정죄를 면하게 하심(롬 8:34; 요 17:15)
3) 자기를 우리 보증으로 세워 자기에게 속하신 자를 순종하며 충실하리라 장담하심(히 9:14–15, 28)
4) 우리 몸과 기도와 섬기는 모든 일을 자기 보혈로 뿌려 정결케 하사 하나님이 기쁘시게 받으실 만하게 하심이라(롬 12:1; 히 10:14; 12:28; 벧전 1:2; 계 8:3–4).[552]

레이놀즈는 그리스도께서 "누구를 위하여" 하시는지에 대해 이어서 설명해 주는데, 그는 이중적인 답변해 준다. 첫째는 "보통으로 말하면 모든 사람을 위하여 기도하시고(딤전 2:1–6) 죽이는 원수를 위하여 기도하셨다(눅 23:34)"라는 것을 말하고, 두 번째로 "대제사장으로 다만 신자를 위하여 기도하셨다"라는 것(요 17:9, 20)을 적시해 준다.[553] 그리고 마지막으로는 대제사장적 기도의 효력에 대해서 말하는데, 레이놀즈는 "성부께서 우리 대제사장의 기도를 항상 들으시느니라(요 11:41–42)"라고 간단명료하게 말한다.[554]

---

551 이눌서, 『구학 공과』, 42.
552 이눌서, 『구학 공과』, 42–43.
553 이눌서, 『구학 공과』, 43.
554 이눌서, 『구학 공과』, 43.

(5) 왕의 직분(요리문답 26; 요 18:36–37)[555]

레이놀즈는 삼중직 가운데 왕직(kingship)에 대해 마지막으로 다룬다. 먼저 그는 예수께서 "참으로 왕"이시라는 것을 언급한 후에, 다양한 성경 구절들을 증거로 제시해 준다. 구약에서는 "민 24:17; 사 9:6–7; 시 2:6–8; 시 45; 72; 110; 단 7:13–14; 미 5:2; 슥 9:9" 등이고, 신약의 경우는 "눅 1:31–33; 마 3:2; 25:34; 28:18; 막 1:15; 눅 19:39; 요 19:14; 엡 1:20–22; 딤전 1:17; 6:15; 벧후 1:11; 유 24; 계 1:5, 17" 등이다.[556] 공과 내지 노트 수준으로 만든 교재이기에, 성경 구절만 나열했어도 수업 시간이나 학습 시에 구절들을 다 찾아서 확인하도록 의도했을 것으로 보인다.[557]

두 번째로 레이놀즈는 그리스도의 "중보 왕위"가 두 가지라는 것을 밝히는데, 이는 "천지의 왕위"와 "교회의 왕위"를 가리킨다. 그는 먼저 천지의 왕위에 대해 설명하는데, 먼저 "천지 만물을 맡아 다스리는 왕위(마 28:18; 고전 15:27; 히 2:8; 빌 2:9–10)"라고 정의해 준다. 그러고 나서 그리스도의 왕권의 내용을 다음과 같이 요목들을 제시해 준다.

1) 권고하심으로 만물과 만국 만민과 일개인을 다스리심
2) 천사를 부리사 구원 얻을 후사를 위하여 섬기라고 보내심이오(히 1:14)
3) 권세와 악한 신들을 금지하시고 나중에 멸망시키실 것(엡 6:12; 요 16:33; 살후 1:7–9; 계 20:10)
4) 천지("텬디") 왕위 때는 모든 원수를 그 발 아래 둘 때까지라(고전 15:24–28).[558]

---

555 레이놀즈가 왕직을 시작하면서 지시한 웨스트민스터 소요리문답 26문답의 내용은 다음과 같다: "Q. 26. How doth Christ execute the office of a king? A. Christ executeth the office of a king, in subduing us to himself, in ruling and defending us, and in restraining and conquering all his and our enemies."

556 이눌서, 『구학 공과』, 43.

557 후임자 구례인은 그리스도의 왕직에 대해서 상세하게 논의했다(Crane, 『조직신학(하)』, 279–330). 279쪽에 제목을 "제11장 제사장이신 그리스도"는 오타이고, 내용상 "제12장 왕이신 그리스도"로 수정되어야 한다.

558 이눌서, 『구학 공과』, 44.

한편 “교회의 왕위”에 대해서는 “보이고 보이지 아니하는 교회를 다스리시는” 이중적 왕위라고 정의를 내려 주고 나서, 레이놀즈는 가시적 교회에 관련해서는 “세상에 사는 모든 교우와 자녀를 다스리시는 것”인데, 이는 신령적 성격을 가짐으로 도덕적 문제에만 관련이 있고, “교우의 생명과 몸 자유와 재물과 세상일을 교회가 아는 체(“아른톄”) 못한다”(눅 12:14; 요 18:36; 요 6:15)고 정해해 준다.[559] 또한 “천하만국 모든 교회의 머리는 예수”시기 때문에, 그리스도인들은 “서로 사랑하고 주 안에 연락하여 단체를 이루어야 한다”고 강조하면서도, “지금 교회 조직한 모양이 임시 조직이니 재림하실 때 변하여 영원하고 영화로운 모양”이 될 것이라고 설명해 주기도 한다.[560] 뿐만 아니라 교회 내 정치의 특징은 “민주지(之)국도 아니오 교황지국도 아니라 오직 예수께서 홀로 다스리시는 왕이시라는 점”을 강조해 준다.[561]

그리스도는 이렇게 가시적인 교회의 왕이실 뿐 아니라 비가시적 교회(invisible church)도 다스리시는 왕이시라는 것을 레이놀즈는 적시해 준다. 그에 의하면 비가시적 교회는 “천지간에 진실히 믿는 자”라고 정의된다. 그러고 나서 그는 네 가지 요목으로 비가시적 교회 내에 다스리심에 대해 설명해 준다.

1) 믿는 개인의 왕이시니 복종케 하시고 다스려 보호하심.
2) 보이지 아니하는 나라에 입적하는 필요는 중생이니(요 3:3, 5), 곧 돌이켜 어린 아이 같이 되는 것이오(마 18:3) 보혈로 씻어 깨끗하게 하시고 정의하시고 거룩케 하시는 일이라(고전 6:9–11; 갈 5:19, 20).
3) 이 나라 법은 믿음과 회개와 사랑과 지체를 드림과 몸으로 산제사를 드림과 사언행에 예수를 본받을 것과 서로 사랑함이라.
4) 이 보이지 아니하는 나라는 영원토록 있느니라.[562]

559 이눌서, 『구학 공과』, 44–45.
560 이눌서, 『구학 공과』, 45.
561 이눌서, 『구학 공과』, 45.
562 이눌서, 『구학 공과』, 45.

레이놀즈가 세 번째로 다룬 것은 "영광의 나라(마 25:31–34)"에 대한 것이다. 이 주제에 관련하여 그는 간략한 요목들만 제시해 주고 있다. 우선 그 나라 백성은 "창세전에 택정하신 자(마 25:34)"라는 것, "영광은, 왕이 되어 예수의 보좌에 같이 앉을 것(계 2:26; 3:21; 벧전 5:4)"인데, 세부적으로 말해서 성도의 마음은 "예수와 같이"(요일 3:2)되고, 성도의 몸은 "변화하여 예수의 영화로운 몸과 같게(고전 15:50–52)" 될 것이라고 적시해 준다.[563] 레이놀즈에 의하면 성도가 영광의 왕국에 참여하게 되는 것은 "심판으로부터 영원까지(계 22:3–5; 벧전 5:10)"이고, 장소는 "새 하늘과 새 땅이니(계 21:1–5) 분명히 아직 알 수 없으나 하나님이 함께 계실 곳"이라고 말해 준다.[564]

(6) 낮아지심(요리문답 23, 27; 빌 2:6–8)[565]

레이놀즈가 구원 사역에 있어 성자의 일로 포함시킨 여섯 번째 주제는 그리스도의 낮아지심(humiliatio Christi)에 대한 교리이다. 그리스도의 비하 교리에 대한 개혁주의적인 해설은 상당히 방대한 편이지만,[566] 레이놀즈는 구원론의 범주 안에 그리스도의 낮아지심을 다루기에 매우 간략하게 소개하고 지나간다. 첫째는 "천한 데에 나셨다"라는 것으로, 창조주께서 "지으신 여인에게 나시고(눅 1:35; 갈 4:4), 영광을 내어놓으시고 종의 형상을 취하시며(빌 2:7; 요 17:5; 마 10:45), 무한하신 신성이 이 한정있는 인성으로 더불어 연합(요 1:14; 요일 1:1)"하셨다는 것이다.[567] 둘째의 비하 신분은 "법 아래 나셔서 온전히 복종

---

563 이눌서, 『구학 공과』, 46. 레이놀즈는 성도가 그리스도의 보좌에 같이 앉아 다스리며 영광을 누리는 시기를 전천년설적으로 보았을 뿐이고, 무천년설에서처럼(선교사들 가운데는 함일돈이나 구례인처럼) 현재의 영광으로 이해하지 않는다.

564 이눌서, 『구학 공과』, 46.

565 웨스트민스터 소요리문답 23문답은 앞서 인용한 바가 있고, 27문답의 내용은 다음과 같다: "Q. 27. Wherein did Christ's humiliation consist? A. Christ's humiliation consisted in his being born, and that in a low condition, made under the law, undergoing the miseries of this life, the wrath of God, and the cursed death of the cross; in being buried, and continuing under the power of death for a time."

566 그리스도의 비하에 대한 개혁주의적 논의는 Bavinck, *Reformed Dogmatics*, 3:323–417; 박형룡, 『교의신학 기독론』, 132–185; 서철원, 『조직신학 기독론』, 131–222; 문병호, 『기독론』, 835–898 등을 보라.

567 이눌서, 『구학 공과』, 46–47.

하셨다(갈 4:4-5)"라는 것인데, 세 가지 요점을 다음과 같이 제시해 준다.

1) 법 내이신 자가 법 아래 나심은 우리를 속량하려 하심이라.
2) 우리 대표로 지키심(마 3:15; 롬 8:3-4).
3) 우리를 위하여 법을 순종하심으로 의인이 되게 하시고(롬 5:19) 기업을 잇게 하심(딛 3:5-7; 벧전 1:4).[568]

그러고 나서 레이놀즈는 비하의 나머지 신분을 간단하게 요목만 제시하고 지나가는데, 다섯 요목들도 그의 글대로 인용해 보겠다.

3) 이 세상의 환난을 받으시고(사 53:3-5; 히 12:2-3),
4) 하나님의 진노하심을 받으시고(눅 22:44; 마 27:46; 사 53:6, 10; 고후 5:21)
5) 십자가에 저주한 사망을 당하시고(빌 2:8; 갈 3:13)
6) 묻치시어(사 53:9; 요 19:40-42; 고전 15:4)
7) 사망의 권세 아래 얼마 동안 거하심(마 27:63; 행 2:24, 27, 31).[569]

(7) 높아지심(요리문답 28)[570]

레이놀즈가 성자의 일로 다룬 마지막 주제는 그리스도의 승귀(*exaltatio Christi*)에 대한 것이다. 앞서 살펴본 비하의 경우처럼, 승귀에 대한 레이놀즈의 논의도 간략하다.[571] 레이놀즈는 승귀를 네 단계로 나누어 제시해 준다.[572]

---

568 이눌서, 『구학 공과』, 47.

569 이눌서, 『구학 공과』, 47.

570 웨스트민스터 소요리문답 28문답의 내용은 비하에 대한 것이다: "Q. 28. Wherein consisteth Christ's exaltation? A. Christ's exaltation consisteth in his rising again from the dead on the third day, in ascending up into heaven, in sitting at the right hand81 of God the Father, and in coming to judge the world at the last day."

571 그리스도의 승귀에 대한 개혁주의적 논의는 Bavinck, *Reformed Dogmatics*, 3:418-482; 박형룡, 『교의신학 기독론』, 186-230; 서철원, 『조직신학 기독론』, 224-246; 문병호, 『기독론』, 898-951 등을 보라.

572 그리스도의 승귀에 대한 레이놀즈의 설명은 간단명료한데, 주로 사도신경의 요목을 따른 것으로 보인다.

첫째는 "사흘 만에 다시 살아나심(마 28:6; 고전 15:4)"인데, 부활의 증거에 대해서는 "구약의 예언(시 16:10; 행 2:27, 31), 예수 그리스도의 예언(마 20:19; 요 10:18), 열한 제자의 증거(행 1:3), 오백여 명의 증거(고전 15:6), 바울의 증거(고전 15:8; 갈 1:12; 행 9:3-18), 사도의 이적으로 증거함(히 2:4), 성신의 증거(행 5:32)" 등을 나열해 주고, 또한 "안식일을 칠일에서 첫날로 바꾸심"에 대해서 제시해 준다.[573] 이렇게 부활의 증거에 대해 제시한 후에, 레이놀즈는 이어서 "부활의 요긴함"에 대해 다음과 같이 요목들을 제시해 준다.

1) 신구약 예언과 허락을 응할 빙거요
2) 하나님의 아들 되신 증거요(요 2:19; 10:17; 롬 1:4)
3) 중보의 직분 다 행하였다 하심(롬 6:25)
4) 우리를 정의(칭의-필자)하신 표요(롬 4:35)
5) 다시 살으신 즉 우리의 대언자가 되심(롬 8:34; 요일 2:1-2)
6) 우리도 다시 사라날 소망이오(요 14:19; 벧전 1:3-5; 고전 15:21-22; 롬 8:11; 빌 3:21).[574]

레이놀즈는 이어서 높아지심의 두 번째 단계로 하늘에 올라가심(행 1:9-12)에 대해 소개해 준다. 그렇게 승천하심으로 원수들을 이기시고 은사들을 나누어 주시며(엡 4:8), 중보의 일을 마치시게 되며(요 14:2-3; 히 6:20), "천지를 그 영광으로 충만하게" 채우신다(엡 4:10)고 설명해 준다.[575] 승천에 이어지는 세 번째 단계는 하나님 보좌 우편에 앉으심(시 16:11; 110:1; 단 7:13-14; 마 26:64; 롬 8:34; 엡 1:20, 22; 빌 2:9-11; 골 3:1; 히 1:3, 4, 13; 2:9; 10:12; 벧전 3:22; 계 5:6)인데, 승천과 우편 재위를 통하여 그리스도는 "우리 있을 곳을 예비하시며(요 14:2), 우리 위하여 기도하신다"라고 간략하게 설명해 준다.[576] 그리

---

573 이눌서, 『구학 공과』, 48.
574 이눌서, 『구학 공과』, 48-49.
575 이눌서, 『구학 공과』, 49.
576 이눌서, 『구학 공과』, 49.

고 마지막 단계는 "마지막 날에 세상을 심판하러 오시리라(행 17:31; 요 5:22, 27; 행 1:11)"는 것이다. 레이놀즈는 이 재림과 심판에 대해 상술하지 않고, "이 교리는 말세학 속한 것이니 여기서 말만 하고 그치노라"라고 말하며 끝낼 뿐이다.[577]

성신의 일[578]

레이놀즈의 구원론은 성부의 일, 성자의 일에 이어 성신의 일을 다루는 데로 나아간다. 그는 서문에서 성신의 일하시는 범위가 "만물과 마음" 두 가지라고 소개하고 나서, 만물에 대한 성령의 사역은 "창조와 권고하시는 일"이고, 마음에 대한 사역은 "신령한 은혜를 베푸시는 것"이라고 해설해 준다.[579] 앞서도 살펴본 적이 있지만 레이놀즈는 개혁파 장로교회 신학에 따라 은혜를 "보통 은혜"와 "구원을 이루시는 은혜"로 양분한다.[580] 그가 이제 구원학에서 다루고자 하는 것은 바로 "구원을 이루시는 은혜"라고 제한하면서도, 첫 대지에서는 먼저 보통 은혜를 다루는 것을 볼 수 있다.

(1) 보통 은혜

1915년이라는 시점에서 레이놀즈 선교사가 보통 은혜(common grace)라는 용어를 사용하고 있고, 그 교리를 한국 교회에 소개한 것은 실로 놀라운 일이다.[581] 물론 이후에 박형룡 박사 때 이르러 소개된 만큼 풍성한 내용은 아니지만, 그는 보통 은혜의 증거, 내용, 한계 등에 대해서 간략하게 소개해

577 이눌서, 『구학 공과』, 49. 그러나 레이놀즈는 신도요론 공과– 말세학을 집필하지 않음으로, 그의 종말론에 대한 체계적인 이해를 도모하기 어렵게 되었다.

578 이눌서의 『구학 공과』에 나타나는 성령론은 정원경 박사에 의해서 분석 소개되기도 했으니 참고하기를 바란다(정원경, "평양신학교 성령론 연구 [1910–1931], 171–200).

579 이눌서, 『구학 공과』, 50.

580 이눌서, 『구학 공과』, 50. 레이놀즈는 성령론이 다루어지는 곳으로 삼위일체론과 "성신 공부"가 있기에, 여기서는 구원학에 관계된 교리만 다루겠다고 제한한다.

581 H. Kuiper, *Calvin on Common Grace* (Goes: Oosterbaan en Le Cointre, 1928) 부록.

주고 있다.[582] 먼저 "보통 은혜를 모든 사람에게 베푸시는 증거"에 대해서 그는 다루는데, 그것은 성경적 증거와 경력상 증거이다. 성경적 증거로는 "홍수 전에 권면하시나 듣지 아니하나 버리신" 것, "이스라엘 사람이 성신을 거스림(행 7:51; 시 78:40, 41; 사 63:10)", 이방인들인 구스 내시나 고넬료에게도 보통 은혜 베푸신 것 등을 열거할 뿐 아니라, 성경 난해 구절(히 6:4–6)에 등장하는 "배교한 자는 성신의 보통 은혜만 받았던 자"로 해설해 주기도 한다.[583] 두 번째 증거는 "경력 증거"인데, 환난의 때 "모든 사람이 하나님을 부른다"라는 점, 양심, "부흥회마다 성신의 책망과 권면을 받아도 거스르는 자"가 있다는 점 등을 예로 든다. 레이놀즈는 또한 "잠시 믿음과 회개는 성신의 보통 은혜"라고 적시해 주기도 한다.[584]

증거에 이어 두 번째로 레이놀즈가 다룬 것은 "성신이 보통 은혜를 베푸시는 결과가 긴중"(緊重)하다는 것이다. 그에 의하면 보통 은혜 혹은 일반 은총을 베푸시기에 다음과 같은 일들이 가능하다고 적시해 준다.

1) 사회상 모든 덕행과 규모와 단정과 진보함이니 성신이 세상에서 떠나가면 지옥과 같으리라.
2) 하나님을 경외함과 도덕지심이 각국에 있음
3) 세상을 책망하여 죄와 의와 심판을 깨닫게 함으로(요 16:8) 후회하고 개과하여 겉으로 예법을 지키고 예배당에 잘 다니다가 세상에 빠져나감(마 13:20, 21).[585]

이어서 레이놀즈는 좀 더 심층적인 논의로 들어가는데, 우선 "성신의 일은 오묘하고 은밀하니(요 3:8) 말하기 어려우나 성경 말씀을 자세히 보건대 몇 가지 분간이 있다"라는 말로 시작을 한다. 첫째 보통 은혜의 한계에 대해 말하

582 죽산의 일반 은총 혹은 보통 은혜에 대한 논의는 박형룡, 『교의신학 구원론』, 69–96을 보라.
583 이눌서, 『구학 공과』, 50.
584 이눌서, 『구학 공과』, 51.
585 이눌서, 『구학 공과』, 51.

기를 "마음을 권면할 뿐이오 구원을 이루시는 은혜는 거듭나게 하심"이라는 것이다.[586] 둘째 보통 은혜는 "진리로써 베푸심"이지만, "구원을 이루시는 은혜는 진리로 하시나 혹 진리 모르는 어린아이 죽을 때 그 영혼을 거룩케 하여 천당에 올리심"이라고 레이놀즈는 말해 준다.[587] 셋째로 보통 은혜로 사람의 마음이 "죄를 원통히 여기고 기쁨 마음을 얻으나 세상에 속한 것이오 신령한 뿌리가 박히지 아니함으로 쉬 말라 버리지만", 구원을 이루시는 은혜를 받는 신자의 경우는 "하나님께로서 난 자요(요 1:13) 신령한 믿음으로 예수께서 그 마음에 거하시니 사랑 가운데서 뿌리가 박히고 터가 굳어져서 점점 충만하게"(엡 3:17-19) 된다고 대비를 시켜 설명해 준다.[588] 넷째로 레이놀즈는 보통 은혜는 저항할 수 있지만(resistible), 구원을 이루시는 특별 은혜는 "막을 수 없다"고 적시해 준다.[589] 레이놀즈는 따라서 개인이나 교회나 할 것 없이 가장 무서운 재앙이 성령이 떠나시는 것이라고 합당하게 경고해 준다.

> 그런즉 개인이나 교회나 백성이나 제일 무서운 재앙이 성신을 거두시는 것이라. 이런 재앙이 성신을 반대함과 함부러 범죄함과 특별히 훼방함으로 당한 것이니 무서울진저(마 12:32; 롬 1:18, 24, 28; 히 6:4-8).[590]

(2) 중생(요리문답 31)

레이놀즈는 보통 은혜에 이어 본격적으로 구원을 이루시는 은혜를 다루기 시작하는데, 먼저 논의하는 것은 성령의 중생케 하시는 은혜이다. 첫째 요점으로 "중생은 구원을 이루시는 은혜니 곧 하나님의 지극히 크신 권능"이라고

---

586 이눌서, 『구학 공과』, 51.

587 이눌서, 『구학 공과』, 52. 여기서 레이놀즈는 말씀을 은혜의 방편으로 한 간접적 중생과 말씀 없이 성령이 직접적인 중생(immediate regeneration)에 대해 공히 인정하고 있다. 이점에 대한 개혁파적 해설은 Herman Bavinck, *Saved by Grace,* 이스데반 역, 『바빙크의 중생론』 (서울: CLC, 2022)를 보라.

588 이눌서, 『구학 공과』, 51.

589 이눌서, 『구학 공과』, 52. "불가항력적 은혜"(irresistible grace)는 도르트 신경의 한 조항이다. 이 조항의 의미에 관해서는 이상웅, "도르트 신경(Canonons of Dort)이 말하는 '불가항력적 은혜'(irresistible grace)", 이상웅, 『칼빈과 화란 개혁주의』 (서울: 솔로몬, 2023), 140-145를 보라.

590 이눌서, 『구학 공과』, 52.

적시해 준다. 중생의 이치는 "오묘하여 알 수 없으나 그 결과를 중생한 줄 알 수 있다"라고 말하고, "권면뿐 아니오 새 생명을 주심"이라고 정해해 준다.[591] 그리고 중생은 성령께서 "직접으로 거듭나게 하시니 신령한 이적"이라고 말한다.[592] 또한 중생은 인간이 막거나 기여를 할 수 있는 것도 아니다.[593] 레이놀즈는 중생이 "순식간"에 일어난다는 점을 적시해 주고, 선행과 중생의 관계에 대해서는 "선행으로 됨이 아니오 중생함으로 선행"하게 된다고 정해해 준다.[594] 또한 중생과 돌이킴(회심)의 관계에 대해서는 전자는 "성신의 이적"이나 후자는 "사람이 곧 행할 본분"(살전 1:9)이라고 말해 준다.[595]

이처럼 중생의 요의를 해명한 후에, 레이놀즈는 이어서 "중생하여야 구원 얻을 증거"를 제시하는 데로 나아간다. 그는 영적 어두움 속에 있고, 영적 생명이 끊어졌고, 죄와 마귀의 종으로 있는 "죄의 지위"에 있는 죄인은 "능히 자기 마음과 지위를 변화시킬 수 있는 능력"이 없기 때문에 "구원의 지위"로 나아갈 수가 없다고 설명해 준다. 그가 말하는 구원의 지위란 "마음 눈이 밝고, 신령한 지식이 있고, 마음이 연하고, 새 생명을 얻고, 영생이 있고, 의의 종이오, 죄와 사망의 법에서 벗어난 자"를 의미하기에, 이러한 변화는 오로지 성령에 의하여 거듭나야 가능해진다고 논증한다.[596]

이어서 레이놀즈는 좀 더 깊은 주제로 들어가서 말하기를 "중생한 자는 다만 미리 택하신 자뿐"이라고 진술한다.[597] 이와 같은 칼빈주의적인 관점을 분명하게 주장하면서도, 또한 "중생은 사람의 자유를 어긴 것이 아니"라는 균형을 잡아 준다. 인간의 자유와 성령의 주권적인 역사의 관계에 대해 그는 다음과 같이 설명해 준다.

---

591 이눌서, 『구학 공과』, 52–53.
592 이눌서, 『구학 공과』, 53.
593 이눌서, 『구학 공과』, 53: "중생을 막을 수 없고 스스로 도울 수 없는 일이라."
594 이눌서, 『구학 공과』, 53.
595 이눌서, 『구학 공과』, 53.
596 이눌서, 『구학 공과』, 53–54.
597 이눌서, 『구학 공과』, 54.

> 성신이 새 마음을 넣어 주심이니 신자가 곧 그 새 마음으로 말미암아 믿고 회개하고 순종하고 사랑하고 모든 선한 일을 경영하고 행하느니라(빌 2:13; 겔 36:26). 성신이 내 안에서 감동하시는 구원을 내가 받고 그로 이룰 것이니라(빌 2:12).[598]

뿐만 아니라 자유란 "마음에서 소원이 자연히 나는데 여러 소원 중에 항상 강한 소원대로 자연히 작정하는 것"이라고 정의해 주고, 신자의 자유, 즉 선택의 자유에 대해서 다음과 같이 자세하게 해명해 주기도 한다.

> 신자의 자유는 거듭난 마음에서 성결한 소원이 자연히 나는데 이 선한 소원과 옛 마음에서 나는 악한 소원 중에 제일 강한 소원대로 자연히 작정하나니 마귀의 시험을 허락하여 욕심에 끌리면 범죄하고(약 1:14-15), 성신의 인도를 순종하면 시험을 이기고 선한 대로 작정하리니(갈 5:16, 25) 그 작정대로 이루는 것이 내 힘이 아니오 성신으로 힘으로 되느니라(시 110:3; 빌 2:13; 롬 8:5, 14).[599]

이처럼 레이놀즈가 말하는 그리스도인의 자유라는 것은 자율주의적인 의미의 자유를 말하는 것이 아니고, 성령이 주시는 자유요, 진리 안에서 자유인 것이다. 그는 또한 그리스도인이 자유롭게 될 때 역설적으로 "하나님의 종"이 되고 "사랑함으로 서로 종노릇"하게 된다고 말해 주기도 한다.[600]

다음 항목에서 레이놀즈가 다루는 것은 "중생의 선후(先後)"라는 제목이 붙어 있다. 중생 전에는 성령께서 보통 은혜로 역사하시어 "진리를 알고 반대하든지 허락하든지 책망을 받아 죄를 깨달아 마음이 두렵기도 하고 불평하기도 하며 혹 죽을 애를 써서 통곡하며 기도하는 일이 먼저 일어난다"라고 그는 적

---

598 이눌서, 『구학 공과』, 54. 이는 성령의 중생케 하시는 측면에서는 인간은 수동적이지만, 그 후에 혹은 동시에 회심(회개와 믿음)의 차원에서는 인간의 반응적 측면이 있음을 말하는 개혁주의적 관점을 따른 것이다(박형룡, 『교의신학 구원론』, 193-269).

599 이눌서, 『구학 공과』, 55.

600 이눌서, 『구학 공과』, 55. 개혁주의적인 자유론에 간단한 해설은 Anthony A. Hoekema, *Created in God's Image* (Grand Rapids: Eerdmans, 1986), 227-243을 보라.

시한다.[601] 그다음에 성령께서 역사하시면 "순식간에 거듭나게 하여 중생의 씻음으로 뜻을 새롭게 하시는" 일이 일어나고, 그렇게 되면 "즉시 돌이켜 예수를 내 구주로 믿고 사랑하며 죄를 자복하여 사유하심을 얻어 다시 죄를 용납하여 짓지 아니하게 된다"라고 그는 말한다. 그렇게 중생한 후에는 "갓난아이같이 젖 같은 쉬운 교리로부터 질긴 고기 같은 오묘한 이치까지 성경을 배워 자라며 성신의 인도를 받는 자녀로 점점 변화하여 거룩하여지고 주의 형상을 이루어 온전한 구원을 누리게 된다"고 레이놀즈는 상술해 준다.[602]

레이놀즈는 중생이 성령의 주권적인 역사라는 사실과 말씀이라는 방편을 사용하는 것을 또한 적절하게 잘 강조해 준다. "하나님의 말씀이니 성신이 가지고 우리 마음을 거듭나게 하시느니라"든지 "중생 전에 진리로 예비하시고 중생 후에 진리로 기르시나 거듭나게 하실 때는 성신이 직접으로 이적을 행하시는 모양"이라고 그는 말해 준다.[603] 앞서도 언급한 적이 있지만, 레이놀즈는 어린 시절에 죽은 아이들이나 "반정신 타고난 사람들"의 경우에는 성령께서 방편 없이 "직접으로 중생을 시켜 천당에 가게 하시는 줄로 믿는다"라고 고백한다.[604] 중생은 "하나님의 상관"이지만, 우리 인간들이 할 본분은 "전도"라는 점도 레이놀즈는 잘 강조해 준다.[605]

(3) 보혜사

레이놀즈는 세 번째 대지에서 중생 다음의 구원 서정을 다루지 아니하고, "보혜사"에 대하여 다룬다. 먼저 그는 헬라어 성경에서 보혜사에 해당하는 단어("바라글네도"라 표기하였으니 헬라어 원어로는 παράκλητος이다–필자)의 어의를 "곁에 불려 와서 돕는 자"라고 소개하고, 성신이 보혜사로 불린다는 점을 먼저 적시한다.[606]

601 이눌서, 『구학 공과』, 56.
602 이눌서, 『구학 공과』, 56.
603 이눌서, 『구학 공과』, 57.
604 이눌서, 『구학 공과』, 57.
605 이눌서, 『구학 공과』, 57.
606 이눌서, 『구학 공과』, 57.

레이놀즈는 이어지는 "보혜사를 보내심" 항목에서 "성자께서 구하심으로 성부께서 보혜사를 보내셨다"는 것, "성부께서 성자의 이름으로 보혜사를 보내"셨다는 것, "성자께서 성부께로부터 보혜사를 보내는 것", 약속하신 대로 승천 후 10일 만에 보내셨다는 것을 지적해 준다.[607] 그러고 나서 레이놀즈는 보혜사이신 성령께서 "신자와 같이 영원토록 계시고 신자 속에 계신다"(요 14:16, 17)라는 점을 강조해 준다. 구약에서도 성령은 세상에 운행하셨고, "택하신 자를 거듭나게" 하셨지만, "보혜사로 불신자에게 계시지"는 아니하였다고 말한다.[608]

그렇다면 보혜사의 직분에 대하여 레이놀즈는 어떻게 정리해 주었을까를 보도록 하자. 그는 많은 세목으로 나누어 설명해 준다. 첫째, 진리의 신으로서 "예수께서 가르치신 진리를 보혜사가 더욱 가르쳐 깨닫게 하시고 기억나게 하시며, 모든 진리 가운데로 신자를 인도해" 주신다는 점을 먼저 제시한다.[609] 둘째, 보혜사는 "예수를 증거하시고", 셋째 "예수를 영화롭게 하신다"는 점을 잘 적시해 준다. 레이놀즈는 보혜사께서 "예수의 것을 가지고 신자에게 일러주심으로 예수를 영화롭게 하시는 분"이시기에, "신자가 성신을 충만히 받았노라 하며 예수를 잊어버리고 성신만 귀히 여기고 자랑하면 보혜사의 뜻을 모르고 스스로 속이는 것"이라고 정해해 주기도 한다.[610] 다섯째 이하의 요점들은 간단간단하게 제시되었기 때문에 그의 제시한 바를 직접 보도록 하겠다.

4) 보혜사가 신자의 마음을 살피사 죄를 깨닫게 하시고 책망하심

5) 보혜사가 신자의 연약함을 도우시고, 무언의 탄식으로 우리를 위하여 기도하

---

607 이눌서, 『구학 공과』, 58.

608 이눌서, 『구학 공과』, 58.

609 이눌서, 『구학 공과』, 58.

610 이눌서, 『구학 공과』, 59. 이와 같은 기독론적 중심성의 강조는 성경적일 뿐 아니라 조나단 에드워즈의 강조점과도 일맥상통한다(Jonathan Edwards, *The Distinguishing Marks,* WJE 4 [London and New Haven: Yale University Press, 1972], 249-250; 노병기 역, 『성령의 역사 분별 방법』 [서울: 부흥과개혁사, 2004]).

심

6) 보혜사가 권능을 주사 예수의 증인으로 전도하게 하심

7) 보혜사가 각 신자에게 은사를 주사 직분을 맡기심

8) 보혜사가 우리 마음으로 더불어 증거하여 하나님의 자녀가 됨을 알게 하심

9) 보혜사가 우리를 놓아 죄와 사망의 법에서 벗어나게 하심

10) 보혜사가 우리를 변화하여 예수의 형상을 이루게 하심

11) 보혜사가 우리를 거룩하게 하사 점점 순종하게 하심

12) 별세할 때 우리를 온전하게 하사 예수와 같게 하시리라[611]

레이놀즈는 이처럼 성경에서 보혜사의 직무에 관련된 구절들을 추출하여 요목으로 만들어 제시해 주고 있다. 이어서 그는 예수님께서 제사장이시면서 동시에 제물이 되신 것처럼 보혜사도 "겸하여 증인도 되시고 인친 증서도 되신다"(엡 1:13, 14; 4:30)라는 점을 말해 주기도 한다. 그러고 나서 레이놀즈는 보혜사 성령을 받은 신자들은 주의하여 "성령을 근심시키지 말고, 소멸치 말" 것을 경계해 준다.[612] 신자들은 자신의 "몸이 성신의 성전이오, 쓰시는 그릇"임을 알고 "마땅히 성결"을 추구하는 것이 마땅하다고 적시해 준다.[613]

(4) 충만(엡 5:18).

중생과 보혜사에 대한 대지 다음으로 이어지는 주제는 성령의 충만에 대한 것이다. 레이놀즈는 먼저 "성신의 충만은 오순절 전에도 있었다"라고 언급해 준다. 그는 브살렐, 세례 요한, 엘리사벳, 사가랴, 예수 그리스도 등을 예로 든다.[614] 그러고 나서 바로 신약 성경이 말하는 성령 충만에 관련하여 정리해 준다. 먼저는 "성신을 처음 받는 때"에 대해서는 "진실히 믿는 때"(행 19:2)라고 명시해 준다. 따라서 그에 의하면 "진실히 믿는 사람이면 성신을 이

611 이눌서, 『구학 공과』, 59-60.
612 이눌서, 『구학 공과』, 60.
613 이눌서, 『구학 공과』, 60.
614 이눌서, 『구학 공과』, 61.

미 받은 자"이며, "사람 편에서 말하면 성신을 처음 받는 방책은 믿음과 회개"라고 진술한다.[615]

레이놀즈는 "성신의 충만을 받을 방책"에 대해 좀더 상술해 주는데, 단적으로 "자기를 하나님께 온전히 바침"으로 "의뢰와 순종" 두 가지 요소라고 말해 준다.[616] 의뢰란 성령에 대한 약속을 믿고, "내 힘과 재주를 믿지 말고 성신의 권능만 의뢰"하는 것이오, 순종이란 자신을 "의의 병기요 종으로, 사랑하는 신부로, 예수를 본받아 산제사로 매일 항상 드릴 것"을 의미한다고 설명해 준다.[617] 레이놀즈는 이어서 "성신의 충만"은 반복적임을 역설해 준다. 그는 신자들이 "지난 충만을 족하게 여기지 말며 의지하지 말고 오직 새로이 충만하심을 구해야 한다"라고 권면하고, "그릇이 깨끗하고 비어야 성신의 충만함을 담을 것"이라고 비유적으로 권면하기도 한다.[618]

그렇다면 왜 성령의 충만함이 신자들에게 필요한 것일까? 레이놀즈는 성령의 충만함을 주시는 목적은 "권능을 받아 예수를 위하여 증거하게 하심이니 전도할 때와 교회 일을 볼 때 특별히 나타심"이라고 적시해 준다.[619] 그러나 단순히 사역적인 측면에서만 강조하지 아니하고, "신자가 항상 주 안에서 교통함이 끊어지지 말아야 성신이 충만히 계시리"는 주의를 주기도 한다.[620] 이어서 레이놀즈는 우리가 계속해서 성령의 충만함을 유지하는 비결에 대해 누가복음 11:13과 요한일서 3:22에 근거하여 "믿음과 사랑"이라는 점을 강조해 준다. 뿐만 아니라 믿음과 사랑이 구체적으로 무엇을 의미하는지를 성경적으로 해명을 해 주기도 한다. 먼저 믿음에 대한 그의 설명을 보도록 하자.

> 이 믿음은 처음 믿음이 아니요, 내 마음에 계신 구주와 사귀는 것이오, 보좌에 앉으신 구주를 바라봄이오, 포도나무에 가지가 있는 것 같이 주 안에 있어 교통함

---

615 이눌서, 『구학 공과』, 61.
616 이눌서, 『구학 공과』, 61.
617 이눌서, 『구학 공과』, 61–62.
618 이눌서, 『구학 공과』, 62.
619 이눌서, 『구학 공과』, 62.
620 이눌서, 『구학 공과』, 62–63.

으로 그 생명이 내 생명이 되는 믿음이요, 서로 연합하여 하나가 되게 하는 믿음이다.[621]

그리고 바로 이어지는 사랑에 대한 레이놀즈의 설명을 보도록 하겠다.

이 사랑은 고전 13장(의) 사랑이요 성신이 우리 마음에 부어 주신 하나님의 사랑이오, 아버지와 예수의 사랑과 같은 사랑이요 말과 혀에 있는 사랑이 아니오 행함과 진실함으로 사랑하는 것이니라.[622]

(5) 거룩하게 하심(요리문답 35; 살전 4:3)[623]

성령의 일에 대한 레이놀즈의 논의의 다섯 번째 대지는 "거룩하게 하심", 즉 성화(聖化)에 대한 것이다. 레이놀즈는 먼저 성경 본문에 의하면 이 주제와 관련하여 세 가지 뜻이 있다고 하는데, 그것은 "거룩하다 함, 거룩히 세워 하나님께 드림, 거룩하여지게 함" 등이라고 적시해 준다.[624] 첫째로 "이미 성경한 것을 거룩하다고 나타내시는" 것들로 "하나님의 이름, 여호와, 예수" 등을 언급해 주고, 둘째로 "거룩히 세워 하나님께 받친" 것들로 "안식일, 장자, 백성, 교회, 제사장과 제물과 제단과 기구, 성전(헌당 예식), 남편, 예물" 등을 나열해 주고, 마지막으로 "아음과 몸을 성결케 함"에 대해 말하는 여러 성경 구절들(히 9:14-15; 13:12; 고전 6:11; 살전 5:23)을 소개해 준다.[625] 레이놀즈는 이렇게 세 가지 의미를 설명한 후에, "구원 공부에 특별히 이 셋째 뜻을 공부"해야 한다고 적시해 주고, 둘째와 셋째 의미를 분간하지 못하여 "금생에 온전히 성결할 수 있다"라고 하는 완전주의(perfectionism)에 대해 경계를 한다.[626]

---

621 이눌서, 『구학 공과』, 63.
622 이눌서, 『구학 공과』, 63.
623 웨스트민스터 소요리문답 35문답의 내용은 성화에 대한 것이다: "Q. 35. What is sanctification? A. Sanctification is the work of God's free grace, whereby we are renewed in the whole man after the image of God, and are enabled more and more to die unto sin, and live unto righteousness."
624 이눌서, 『구학 공과』, 63.
625 이눌서, 『구학 공과』, 64.
626 이눌서, 『구학 공과』, 64.

이어서 그는 거룩하게 하심 또는 성화(sanctification)에 대한 본격적인 논의로 들어가서 먼저 성화의 주체가 누구이신지에 대해서 다루어 주는데, 그는 "성부(요 17:17; 유 1), 성자(엡 5:26, 27), 성신(살후 2:13) – 특별한 직분"이라고 답해 준다.[627] 성경에 의하면 성화의 주체는 삼위일체 세 분 모두에게 해당하는데, 특별히 성신에게 맡겨진 "특별한 직분"이라는 점을 그는 잘 강조해 주고 있는 것이다.[628] 이어서 레이놀즈는 앞서 다룬 정의(칭의)와 성화의 구별에 대해 다루어 주는데 이는 흔히 구원론에서 논구되고 토론되는 주제이다.[629] 레이놀즈는 세 가지 항목으로 칭의와 성화의 관계를 설명해 주고 있는데, 그의 말 그대로 인용하여 살펴보도록 하겠다.

1) 정의는 죄인의 자리를 바꾸는 것이요, 성결은 신자의 마음을 변화하심이라(고후 5:21; 롬 12:2).
2) 정의는 하나님이 순식간에 판결하시는 일이요, 성경은 평생토록 점점되어 가는 성신의 용력이라(롬 4:5; 고후 3:8).
3) 정의는 하나님의 작정뿐이요, 성결은 성신의 감동과 새 마음의 힘씀을 합동하여 이루는 것이라(롬 3:24; 엡 3:16; 4:22–32; 벧후 1:3–11).[630]

그러고 나서 레이놀즈는 성화의 방책(방편)을 성령과 신자의 입장에서 나누어 정해해 준다. 우선 성신 편에서 보자면 "성결케 하시는 방책은 셋"인데, 이는 "예수의 피를 뿌림으로, 진리로, 징계로" 등이다.[631] 그리고 성도 편에서도 그 방책이 셋이라고 소개하는데, 말씀, 성례, 기도라고 적시해 준다. 첫째, 말씀을 "묵상하고, 순종하고, 전도하는 것", 둘째 성례를 "진실한 마음과

627 이눌서, 『구학 공과』, 64.
628 이 점에서도 이눌서의 성령 이해는 에드워즈와 일치한다(이상웅, 『조나단 에드워즈의 성령론』, 267–312).
629 칭의와 성화에 관한 개혁주의적인 정리는 이순홍, 『칭의와 성화: 역사적 개혁주의 관점에서의 칭의와 성화의 관계』 (서울: CLC, 2010). 본서는 저자 이순홍 박사의 총신대학교 철학 박사 논문(2009)을 수정 보완하여 출간한 것이다.
630 이눌서, 『구학 공과』, 65.
631 이눌서, 『구학 공과』, 65.

성신의 감동과 구주와 교통하는 마음으로 참예하는 것", 셋째 기도를 "신령과 진리로 하고 쉬지 말고 예수를 본받아 할 것"이라고 간략하게 소개해 준다.[632] 이와 같은 은혜의 방편에 대한 강조는 웨스트민스터 표준문서의 전통에 따른 것이다.[633]

이어지는 항목에서 레이놀즈는 성화의 두 가지 구성 요소를 적시해 주는데, 그것은 바로 "옛 마음을 못 박아 죽이는 것"과 "중생하는 마음을 기르시는 것"이다.[634] 소위 이것은 개혁파 신학에서 죄 죽임(mortification)과 소생케 하심(vivification)에 대한 강조와 일치하는 내용이다. 레이놀즈는 또한 중생자 안에도 "새 마음과 옛 마음이 서로 싸움"이 있다는 점을 잊지 않고 강조해 주기도 한다. 그는 "성신의 인도를 받아 행하면 죄를 것"이지만, "미혹하여 욕심에 끌리면 죄와 사망의 법에 다시 얽히게 된다"라고 적시해 준다. 그러면서 "로마서 7장에 살지 말고 8장에 삽시다"라는 흥미로운 권면을 제시하기도 한다.[635]

레이놀즈는 성화의 영역에 대해서도 다루어 주는데, "마음으로부터 행위까지 성결할 것"을 바르게 적시해 준다. "선악의 근원이 속마음"이니 마음이 성결해져야 하고, "혀를 제어할 사람이 없으니 마음속에 먼저 우러난 지혜를 받아 입도 성결"하게 되어야 하며, "구주와 연합함으로" 참된 선행을 행하는 데로 나아가야 한다고 그는 해설해 준다.[636] 그러고 나서 다시 한번 "온 마음과 몸의 사지백체를 성결케 할 것"에 대해 적시해 준다.[637] 성화에 대한 마지막 요점으로 제시한 것은 성화의 완성, 즉 영화가 언제 이루어지는가 하는

---

632 이눌서, 『구학 공과』, 66. 레이놀즈는 웨스트민스터 소요리문답 88문답을 지시해 주는데, 그 내용은 은혜의 방편에 관한 것이다: "Q. 88. What are the outward means whereby Christ communicateth to us the benefits of redemption? A. The outward and ordinary means whereby Christ communicateth to us the benefits of redemption are, his ordinances, especially the word, sacraments, and prayer; all of which are made effectual to the elect for salvation."

633 바빙크는 말씀과 성례 두 가지를 은혜의 방편으로 받지만(Bavinck, *Reformed Dogmatics*, 4:441–585), 웨스트민스터 표준문서의 전통을 따르는 이들은 기도를 추가하여 다룬다(박형룡, 『교의신학 교회론』, 367–387).

634 이눌서, 『구학 공과』, 66.

635 이눌서, 『구학 공과』, 66.

636 이눌서, 『구학 공과』, 66–67.

637 이눌서, 『구학 공과』, 67.

주제이다. 레이놀즈는 "점점 성결하여 가다가 예수를 만나 보일 때 온전히 거룩할 것"(요일 3:2)이라고 바르게 강조하고 나서, "이 소망이 있는 자마다 스스로 성결케 할 것"(요일 3:3)이라고 적시해 준다.[638]

(6) 증거하심

레이놀즈는 성령의 거룩하게 하시는 사역에 이어 증거하시는 사역에 대해 다룬다. 다른 대지에 비하자면 이 대지의 내용은 한쪽 정도의 분량으로 매우 적은 편이다. 먼저는 성부도 증거하시고, 성자도 증거하시지만, 성신께서 "성경으로(히 10:15; 벧후 1:20, 21), 선지자의 입으로(행 20:23), 전도자의 입으로(고전 2:3, 13; 행 14:1), 신자의 마음속에(롬 8:16; 고전 2:10)" 증거하신다고 소개한다.[639] 이어서 레이놀즈는 증거하시는 내용들을 성경에 근거하여 다음과 같이 요목을 제시해 준다.

1) 성경이 하나님의 말씀이라(벧후 1:21).
2) 예수 도가 진리라(요 15:26; 16:13).
3) 예수께서 하나님의 아들이라(롬 1:4; 요일 5:8).
4) 사도의 증거와 전도가 참된 것이라(행 14:3).
5) 우리가 하나님의 자녀라(롬 8:16).

레이놀즈는 이와 같은 증거를 받아야만 우리가 "구원을 얻고 예수의 증인이 될 수 있다"(요일 5:9-12; 행 1:8)라고 적시함으로 증거하심에 대한 논의를 끝마친다.[640]

---

638 이눌서, 『구학 공과』, 67.
639 이눌서, 『구학 공과』, 67-68.
640 이눌서, 『구학 공과』, 68.

(7) 온전케 하심(요리문답 82, 37, 38)[641]

레이놀즈가 성령의 일로 다루는 마지막 일곱 번째 주제는 "온전케 하심"이다. 첫째 항목에서 그는 신자는 마땅히 온전해야 할 이유를 소개함으로 시작하는데, 이는 "예수의 명령이오, 우리의 소원이오, 우리의 기도요 우리의 결국이라"고 말한다.[642] 그러고 나서 이 주제와 관하여 두 가지 주요한 해석이 있다고 말하는데, 하나는 "신자가 생전에 온전할 수 있다"라고 주장하는 펠라기우스파, 로마 교회, 감리교와 성결교 등이 있고, 다른 편에는 "생전에 점점 온전하여지다가 죽을 때라야 온전케 하신다"라고 믿는 입장이다.[643] 이 두 가지 입장 가운데 어느 것이 옳은지를 알기 위해서 레이놀즈가 제시하는 기준은 "성경과 신자의 경력(경험)" 두 가지이다.[644] 그는 먼저 성경적 증거를 살펴보는데, 먼저는 "하나님의 사랑, 일, 법, 성자" 등을 온전하다 할 때는 "부족함이 조금도 없이 참 온전하신 것"을 의미한다고 소개하고,[645] 신자를 온전하다고 할 때의 뜻은 여러 가지 의미로 쓰인다고 하면서 그 성경적 용례들을 다음과 같이 열거해 준다.

1) 마음이 순전하고 행위 정직하다 – 노아, 아브라함, 욥, 다윗, 부자(마 19:21).
2) 하나님을 본받아 선대하라 하심(마 5:48)
3) 예수의 온전하신 의를 힘입음(골 1:28; 고전 1:30).
4) 서로 사랑하고 연합하여 단체를 이룸(요 17:23; 고후 13:11).

---

641 이눌서, 『구학 공과』, 68. 레이놀즈가 지시하기만 한 소요리문답 82문답, 37–38문답의 내용은 다음과 같다: "Q. 82. Is any man able perfectly to keep the commandments of God? A. No mere man, since the fall, is able, in this life, perfectly to keep the commandments of God; but doth daily break them, in thought, word, and deed; Q. 37. What benefits do believers receive from Christ at death? A. The souls of believers are, at their death, made perfect in holiness, and do immediately pass into glory; and their bodies, being still united to Christ, do rest in their graves until the resurrection; Q. 38. What benefits do believers receive from Christ at the resurrection? A. At the resurrection, believers, being raised up to glory, shall be openly acknowledged and acquitted in the day of judgment, and made perfectly blessed in the full enjoying of God to all eternity."

642 이눌서, 『구학 공과』, 69.

643 이눌서, 『구학 공과』, 69.

644 이눌서, 『구학 공과』, 69.

645 이눌서, 『구학 공과』, 69.

5) 깨닫는 신령한 정신이 있는 사람(고전 2:6; 빌 3:15); 장성한 뜻이라(눅 8:14; 고후 13:9; 히 6:1). 더 오묘한 교리를 배운자는 말이라.[646]

레이놀즈는 이러한 성경 구절들을 살펴서 "참온전함은 하나님께만 있고 사람의 온전함은 죄가 아주 없다는 말씀"은 아니라고 결론을 내린다.[647] 예수님 외에는 무죄한(sinless) 분이 없음을 적시하고, 또한 정욕(*concupiscentia*)이라도 "하나님의 법에 대하여 합당한데 부족한 것이나 어그러지는 것이 죄가 된다"라는 입장을 분명히 밝히기도 한다.[648] 이어서 레이놀즈는 신자들의 경력 혹은 경험의 증거를 살펴 우리가 자책할 때마다 "속마음이 완악하고 둔하고 약하고 열심히 없다"고 자복하는 것, 장감 교파를 불문하고 기도와 찬송할 때는 "죄를 자복하며 마음을 정결케 하여 달라고" 구한다는 것, 성경의 유명한 성인이라도 "온전히 성결하다" 할 자가 없었다는 점, "스스로 성결하다고 스스로 속였다가 범죄함으로 낙심하게 될가 염려하라"라는 경고 구절이 있다는 점(고전 10:12) 등을 증거로 제시하고, 마지막으로는 "제일 성결한 자는 자기를 생각지 아니하고 겸손하다"라고 적시해 준다.[649]

레이놀즈는 이어서 "생전에 무죄히 온전할 수 없다 하면 낙심이 나리라"라고 주장하는 감리교 입장에 대하여 "진실히 믿는 마음이 죄를 미워하여 용납지 아니하고, 더욱 조심하여 죄를 이기고 성결케 하시는 은혜로 항상 진보하여 변화할 때 예수만 목도함으로 자기를 생각지 아니한다"라고 답변을 하기도 한다.[650] 당시 한국 선교 현장은 장감 연합 사업이 다양하게 진행되고 있었기에, 라이놀즈는 신학적인 차이는 밝히면서도 "서로 폄론하지 말고, 서로 사랑함으로 온전할" 것을 권면해 준다.[651] 그리고 그는 결론적으로는 "성결치 않은 자는 주를 보지 못하리니 마땅히 거룩함을 좇아야 한다"라는 당위성을

646 이눌서, 『구학 공과』, 70.
647 이눌서, 『구학 공과』, 70.
648 이눌서, 『구학 공과』, 71.
649 이눌서, 『구학 공과』, 71.
650 이눌서, 『구학 공과』, 72.
651 이눌서, 『구학 공과』, 72.

강조하면서도, “점점 하나님의 성결을 더 이루다가 별세할 때 무죄한 온전함을 받으리로다(히 12:10; 요일 3:2; 계 21:3–7: 22:3–5)”라고 적시해 준다.[652]

성도의 일

앞서 우리는 레이놀즈의 구원론이 삼위일체론적 관점에서 전개되어 있음을 살펴보았다. 성부의 일, 성자의 일, 성령의 일을 차례대로 다룬 후에, 레이놀즈는 특이하게도 마지막 4편에서는 성도의 일에 대해서도 다룬다. “성도의 일”의 대지는 총 7개인데, “믿음, 회개, 선행, 성경, 성례, 기도, 구원 얻은 줄 확실히 알고 끝까지 견고할 것” 등이다.[653] 이것들 가운데 네 주제(믿음, 회개, 선행, 견인)는 오늘날 구원론 속에서 일반적으로 다루어지는 주제들이고, “성경, 성례 기도” 등은 오늘날 조직신학 편제로 한다면 교회론 중 은혜의 방편에 속한다고 할 것이다.[654] 레이놀즈는 아무런 서문 없이 바로 첫 번째 대지인 믿음을 다루기 때문에, 우리도 믿음부터 살피기 시작해서 마지막 견인의 내용까지 고찰해 보도록 하겠다.

믿음(요리문답 86; 히 10:39; 엡 2:8)[655]

레이놀즈가 성도의 일로 논의한 첫 번째 대지는 믿음이다. 먼저 그는 믿음이 “구원 얻는 은혜”라고 선언하고, 또한 이 믿음을 “성령이 이루시는 것”이라는 점을 강조해 준다.[656] 불신자의 경우 “마귀가 사람의 정신을 혼미케 하여 신령한 것을 깨닫지 못하게 함으로 성신이 새 마음을 주셔야 깨달아 믿을 것”이기 때문이라고 설명한 후에, 레이놀즈는 다시 한번 믿음은 “하나님의 선물(엡

---

652 이눌서, 『구학 공과』, 72.

653 이눌서, 『구학 공과』, 1, 73–89.

654 앞서도 언급했지만 바빙크는 은혜의 방편으로 말씀과 성례 두 가지를 취하고, 죽산 박형룡은 웨스트민스터 표준문서에 준하여 기도를 세 번째 방편으로 수용한다.

655 웨스트민스터 소요리문답 86문답은 그리스도를 믿음에 대한 간략한 해설을 담고 있다: “Q. 86. What is faith in Jesus Christ? A. Faith in Jesus Christ is a saving grace, whereby we receive and rest upon him alone for salvation, as he is offered to us in the gospel.”

656 이눌서, 『구학 공과』, 73.

2:8; 요 6:44, 45)"이라고 적시해 주기도 한다.[657] 그러고 나서 믿음을 일으키시는 데 사용하는 "기계는 성경 말씀"이라고 말하고, 믿음을 강건케 하는 방도는 "기도와 성례와 예배와 전도와 환난 핍박 참음"이라고 제시해 준다.[658]

레이놀즈는 또한 "구원 얻는 믿음"의 두 요소에 주목을 하는데, 이는 "받음과 의지함"이다. 먼저 받음(receiving)에 대해서는 "성경에 보여 주신 예수를 받는 것이니 하나님의 증거를 받아 참되다 함이오, 성신의 증거를 받음이오, 예수를 내 죄를 속하신 구주로 대접하는 것이라"라고 해설해 준다.[659] 그리고 의지한다(trusting)는 것에 대해서는 "예수 십자가 공로만 의지함"이라고 적시해 준다.[660] 또한 그는 신자의 믿음이 "더하다가 덜하다가 점점 강하여져서 세상과 정욕과 마귀를 이기게 된다"라고 정리해 주고, 믿음이 장성하여 "아는 데까지 이를 수 있다"(골 2:2; 히 10:22; 딤후 3:2; 요일 5:13)라고 선언함으로 믿음에 대한 논의를 끝마친다.[661]

회개 (요리문답 87)[662]

레이놀즈가 성도의 일로 제시한 두 번째 내용은 회개(repentance)이다. 레이놀즈는 회개에 대해 몇 가지 중요한 성경적인 요점들을 열거해 주는데, 첫째는 회개는 "구원 얻는 은혜"라는 것이고, 세례 요한, 예수님, 사도들 등의 예들을 통해 확인되듯이 "전도의 중대한 문제"라고 그는 말한다.[663] 레이놀즈는 회개의 양면성을 적시해 주기도 하는데, 이는 "사람의 마땅한 본분"(행 17:30)

---

657 이눌서, 『구학 공과』, 73.

658 이눌서, 『구학 공과』, 73. 레이놀즈는 기계(機械)라는 단어를 가끔 사용하는데, 사전적인 의미는 "동력을 사용하여 작업을 수행하는 도구를 통틀어" 말하는 것인데, 여기서 쓰일 때는 도구, 방도, 방편 등의 의미로 이해하면 될 것이다.

659 이눌서, 『구학 공과』, 73.

660 이눌서, 『구학 공과』, 74.

661 이눌서, 『구학 공과』, 74.

662 소요리문답 87문답은 회개에 대해 설명하는 내용을 담고 있다: "Q. 87. What is repentance unto life? A. Repentance unto life is a saving grace, whereby a sinner, out of a true sense of his sin, and apprehension of the mercy of God in Christ, doth, with grief and hatred of his sin, turn from it unto God, with full purpose of, and endeavor after, new obedience."

663 이눌서, 『구학 공과』, 74.

이면서, 또한 "하나님의 은혜"(행 5:30; 11:18; 딤후 2:25)라는 것이다.[664] 또한 레이놀즈는 왜 회개를 해야하는지 그 까닭을 별도로 다루어 주는데, "자기 죄를 깨닫고, 하나님의 긍휼을 깨닫는 것"이라고 밝힌다.[665] 죄를 깨닫는 것에 대해 세 가지 요목을 제시하는 바를 보기로 하자.

1) 하나님의 공의 대하여 형벌을 마땅히 받을 것(시 51:4, 9; 롬 3:19)
2) 하나님의 성결에 대하여 자기 더러운 것(시 51:5, 7, 10)
3) 하나님의 권세 대하여 자기 능치 못함(시 51:11; 109:21, 22; 롬 8:3)[666]

그리고 "예수 안에서 하나님의 긍휼을 깨달음"에 대해서는 "마음이 찔려 하나님의 진노를 두려워함으로 예수께 피하여 가는 것"과 "하나님이 독생자를 보내신 사랑을 생각함으로 무한히 감사하는 마음이 다시 회귀하는 것"이라고 적시해 준다.[667]

그리고 나서야 "회개하는 것이 무엇인지"를 따져 묻는다. 첫째로 회개의 의미는 "죄를 미워하고 자기 죄를 원통히 여기는 것"이요, 둘째 "죄를 버리고 하나님께로 돌아옴"이며, 셋째 "작정하고 힘써서 새로 하나님의 뜻을 순종함"을 의미한다고 정리해 준다.[668] 이어서 "회개와 돌이킴"을 비교하면서 "거진 같으나"라고 말한 후에, 그러나 차이가 있다고 말해 준다. 회개는 "특별히 죄를 떠남"이고, 돌이킴 또는 회심(conversion)은 "하나님을 향함"을 의미한다는 것, 돌이킴은 "처음 일"이고, 회개는 "날마다 할 것"이라는 차이가 있다고 레이놀즈는 적시해 준다.[669] 또한 참된 회개와 거짓된 회개가 있다고 레이놀즈는 적시

---

664 이눌서, 『구학 공과』, 74.
665 이눌서, 『구학 공과』, 75.
666 이눌서, 『구학 공과』, 75.
667 이눌서, 『구학 공과』, 75.
668 이눌서, 『구학 공과』, 75–76.
669 76. 회개는 매일의 할 일이라는 강조는 마르틴 루터의 95개 조항 가운데 첫 조항에서도 강조된 것이다(Martin Luther, *95 Theses,* art.1: "When our Lord and Master Jesus Christ said, Repent" (Mt 4:17), he willed the entire life of believers to be one of repentance." https://www.luther.de/en/95thesen.html. 2023.03.03. 접속).

해 주기도 하는데, 참된 회개는 "하나님의 뜻에 합당하고, 중생에서 나서 영생에 이르는 일"(고후 7:10)이고, 거짓된 회개는 "후회뿐이오 낙심에서 나서 사망에 이르는 일"이라고 그는 해설해 준다.[670]

레이놀즈는 회개의 공로성과 필요성에 대해서도 적절하게 논의해 주는데, 먼저 회개의 공로성(meritoriousness)에 대해서는 단호하게 거부하는 입장을 표명한다. 그에 의하면 회개는 "속죄하는 공로도 아니오 사죄하게 하는 까닭도 아니라 다만 십자가 공로를 의지하여 사죄하심을 받는 손[일] 뿐이라"고 적시해 준다.[671] 회개조차도 "하나님이 주시는 은혜"이고, 하나님께서 죄를 용서하시는 까닭은 "예수께서 하나님의 공의의 요구를 만족케 수응"하셨기 때문이라고 상술해 주기도 한다.[672] 이렇게 공로성을 강력하게 부정한 후에, 레이놀즈는 이어서 "그러나 회개는 필요한 일이니 죄인이 회개치 아니하면 구원[을] 얻지 못하느니라"고 선언한다.[673] 그리고 네 가지 요점으로 그 필요성에 대하여 상술해 주는데, 우리도 그가 제시해 주는 내용을 살펴보기로 하자.

1) 회개치 아니한 죄인을 사하시면 그 죄악을 허락하며 그 마음을 굳어지게 하며 다른 사람으로 범죄하여도 관계치 않게 하시겠으니 어찌 그리할 수 있으리요
2) 회개 없는 믿음이 거짓 믿음이니 그런즉 믿음으로 정의하심을 못 받으리라(약 2:14; 롬 3:24).
3) 예수께서 죄인을 불러내 회개시키러 왔노라 하시고(눅 5:32), 또 그 이름의 뜻이 자기 백성을 저희 죄에서 구원하시리라 하니(마 1:21) 어찌 회개치 않고 구원을 얻으리오(롬 6:1, 2, 11, 12).
4) 회개는 하나님의 은혜로되 사람의 마땅한 본분이라.[674]

---

670 이눌서, 『구학 공과』, 76. 레이놀즈는 참회개의 예로서 베드로를 들고, 거짓 회개의 실례로서 가롯 유다를 든다.

671 이눌서, 『구학 공과』, 77.

672 이눌서, 『구학 공과』, 77. 레이놀즈는 "하나님의 구원하시는 은혜를 받는 두 손이 믿음과 회개라"고 부언하였다.

673 이눌서, 『구학 공과』, 77.

674 이눌서, 『구학 공과』, 77–78.

마지막으로 레이놀즈가 다루는 것은 회개의 실천적인 주제들로서, 먼저는 "회개할 죄는 사언행 모든 죄"이기에 "떼어놓고 보통으로 자복할 뿐 아니라 낱낱이 들어서 자복하고 고칠 수 있는 대로 고쳐야 참회개"라고 강조해 주고, 마지막으로는 "자복은 하나님만 아시는 죄를 하나님께만 자복하고, 형제를 해롭게 하였으면 그 형제에게 자복하고 갚을 것이오, 교회를 욕되게 하였으면 당회와 교회 앞에 자복할 것"이라고 상술해 준다.[675]

선행

레이놀즈가 성도의 일로 소개하는 세 번째 항목은 선행(good works)이다. 먼저 그는 "선행이라 함은 두 가지 필요한 뜻"이 있다고 말한 후에, 첫째 "하나님이 명령하신 일"이어야 하며 둘째 "마음속에 믿음과 사랑으로 말미암아야" 한다고 적시해 준다.[676] 두 번째 요목에서는 "선행의 소용과 결과"를 정리해 주는데, 총 여섯 가지 요목 하나하나를 우리는 눈여겨볼 필요가 있다고 생각된다.

1) 하나님의 은혜를 고맙게 여기는 증거요(요 14:15, 23), 성신의 아름다운 열매니 하나님의 교훈을 빛나게 함(딛 2:10).
2) 성도의 선행으로 하나님께 영광 돌리게 됨(마 5:16; 벧전 2:12).
3) 선행을 행습함으로 은혜에 장성하니(딤전 4:8), 구원 얻은 확실한 증거가 됨(벧후 1:10–11; 3:18).
4) 형제의 덕을 세움(살전 2:7; 딤전 4:12; 벧전 5:13)
5) 악인의 훼방을 막음(벧전 2:15)

---

675 이눌서, 『구학 공과』, 78. 1907년 평양 대부흥 시에 후자의 권면대로 회개 자복 운동이 전개되었다는 것은 역사적으로 널리 알려진 사실이다(박용규, 『평양 대부흥 운동』 [서울: 생명의말씀사, 2000], 6장–9장).

676 이눌서, 『구학 공과』, 78. 레이놀즈는 선행에 관한 대지에서 소요리문답을 일체 언급하지 않는데, 선행에 대한 하이델베르크 교리문답 91문답의 유명한 정의를 참고할 필요가 있다고 사료된다: "Heidelberg Catechism, Q. 91. But what are good works? A. Only those which proceed from a true faith, are performed according to the law of God, and to his glory; and not such as are founded on our imaginations, or the institutions of men." 바빙크는 이 문답을 중시하여 문자적으로 사용한다(Bavinck, *Reformed Dogmatics*, 4:258–260).

> 6) 하나님이 이미 경영하신 가운데 성도의 선행이 들었으니 그 선행이 구원에 속한 것이라(엡 2:10; 계 21:27).[677]

레이놀즈는 이처럼 선행의 중요성에 대해 여러 가지로 잘 정리해 주었고, 또 이어서 선행을 할 능력이 "자기에게로 나지 아니하고 오직 하나님께로 받아야 한다"라는 점도 잘 적시해 주기도 한다.[678] 그러나 하나님께 능력을 받거나 성령의 감동을 받는다고 해서 우두커니 기다려야 하는 것이 아니고, "힘써 부지런히 선행하여 성신이 이루게 하실 것"(눅 11:9–12; 약 1:22, 23; 빌 2:12, 13)이라고 균형을 잡아 주기도 한다.[679] 뿐만 아니라 레이놀즈는 우리가 선행을 한다고 해도 그것은 "마땅히 할 일 외에 더 행할 수 없을뿐더러 할 것까지는 미치지 못한다"(눅 17:10; 마 22:37–40)라는 점도 강조해 준다.[680]

선행에 대한 마지막 두 논의 주제는 선행과 상급의 관계 문제와 불신자의 선행을 어떻게 볼 것인가 하는 문제이다. 첫 번째 주제에 관련해서 레이놀즈는 "선행이 부족하고 부정하나 예수의 이름으로 행하면 하나님이 기뻐 받으시고 상급을 주시마고 허락하셨다"(골 3:17; 마 16:27; 고전 3:8; 고후 4:17)라고 적시해 준 후에 부가적으로 다음의 설명을 제시해 준다.

> 선한 일 때문에 상 받을 것이 아니오 선한 일대로 받으리라. 순종하는 은혜 많을수록 상 주시는 은혜가 많을 것이오, 이 세상에서 성도들이 은혜를 받아 쓰는 대로 천당에 가서 더 받을 만한 그릇이 되리라(막 4:24, 25; 마 25:34–30). 우리 구원이 하나님 은혜뿐이라.[681]

그리고 두 번째 주제는 "믿지 않은 자의 선행"을 어떻게 볼 것인가 하는

---

677 이눌서, 『구학 공과』, 79.
678 이눌서, 『구학 공과』, 79.
679 이눌서, 『구학 공과』, 79.
680 이눌서, 『구학 공과』, 79.
681 이눌서, 『구학 공과』, 80.

문제로서, 레이놀즈는 "사람에게 칭찬을 받으나 하나님 보시기에 선치 못하다"라고 즉답을 해 주고 나서, 그 이유에 대해서는 "믿음으로 말미암지 아니" 하고, "하나님의 영광 아니오 자기 영광"을 위하여 행하기 때문이라고 밝힌다.[682]

성경 (소요리문답 85, 88-90)

성도의 일로 제시한 네 번째 대지는 성경인데, 레이놀즈는 소요리문답 85, 88, 89, 90문답 등을 지시한다. 앞서도 말했듯이 성경 혹은 하나님의 말씀에 관한 이 대지는 은혜의 방편에 대한 논의와 관련된 것이다.[683] 시작하는 서문에서 레이놀즈는 다음과 같이 이 사실을 명시해 주고 있다. "속죄하신 은혜를 성도에게 베푸시는 방법은 특별히 세 가지 있으니 하나님의 말씀과 성례와 기도라. 4, 5, 6 대지에 하나씩 들고 잠간 생각해 봅시다."[684]

성경에 대한 대지는 총 3항목으로 구성하고 있는데, 첫째 항목에서 레이놀즈는 "성신이 지으신 말씀인고로(딤후 3:16), 성신의 인도와 가르치심을 얻어야 성경을 보고 듣고 배움으로 구원을 얻을 것"이라고 적시해 준다.[685]

---

682 이눌서, 『구학 공과』, 80.

683 우리는 레이놀즈가 지시한 소요리문답 85, 88, 89, 90문답의 내용을 보아서도 이 점을 분명하게 확인할 수 있다. 분량이 많기는 하지만 네 개의 문답 내용을 먼저 확인해 보기로 하자: "Q. 85. What doth God require of us, that we may escape his wrath and curse, due to us for sin? A. To escape the wrath and curse of God, due to us for sin, God requireth of us faith in Jesus Christ, repentance unto life, with the diligent use of all the outward means whereby Christ communicateth to us the benefits of redemption; Q. 88. What are the outward and ordinary means whereby Christ communicateth to us the benefits of redemption? A. The outward and ordinary means whereby Christ communicateth to us the benefits of redemption are, his ordinances, especially the Word, Sacraments, and prayer; all which are made effectual to the elect for salvation; Q. 89. How is the Word made effectual to salvation? A. The Spirit of God maketh the reading, but especially the preaching, of the Word, an effectual means of convincing and converting sinners, and of building them up in holiness and comfort through faith unto salvation; Q. 90. How is the Word to be read and heard, that it may become effectual to salvation? A. That the Word may become effectual to salvation, we must attend thereunto with diligence, preparation, and prayer; receive it with faith and love, lay it up in our hearts, and practice it in our lives."

684 이눌서, 『구학 공과』, 80. 은혜의 방편으로서 하나님의 말씀(성경)에 대한 개혁주의적인 상세한 논의는 이승구, "은혜의 방도로서의 하나님의 말씀", 「성경과신학」 80 (2016): 73-102를 보라.

685 이눌서, 『구학 공과』, 81. 레이놀즈는 구체적으로 "죄인으로 깨달아 회개케 하심, 믿음으로 구원을 얻게 하심, 성도의 덕을 세우심" 등을 제시해 준다.

두 번째 항목에서는 "성도가 성경을 무엇으로 쓸 것인가"에 대해 설명해 준다. 그에 의하면 성경은 "영혼의 양식으로, 위로받고 줄 말씀으로, 직분을 온전케 예비할 가음으로, 성신의 검으로, 마귀를 이길 병기로, 반대자의 말과 마음을 깨트리는 방망이" 등으로 사용해야 한다고 열거해 준다.[686]

그리고 세 번째 항목에서는 "성도가 어떻게 마땅히 힘써야 유익할 것"인지 실천적인 문제를 다루어 준다. 레이놀즈는 총 여섯 개의 요점들을 권면식으로 제시해 주는데, "부지런히 보고 들을 것, 마음과 책과 시간과 종용할 곳을 예비할 것, 기도하고 보고 보면서 기도할 것, 묵상하되 믿음으로 볼 것, 마음에 둘 것, 그대로 힘써 행할 것" 등이다.[687] 레이놀즈가 언급했듯이 이러한 권면의 내용들은 소요리문답 90문답을 그대로 옮겨 적은 것이다.[688]

성례(요리문답 91-97)

레이놀즈는 성도의 일 다섯 번째 대지에서 성례를 다룬다. 먼저 그는 "성례의 효능"에 대해서 설명해 주는데, "그 성례에 있는 것도 아니오 베푸는 자의 자격에 달린 것도 아니오 다만 믿음으로 받는 자의 마음속에 성신이 계셔서 그 성례로서 신령한 은혜를 베푸시는 데에 있다"라고 적시해 준다.[689] 이러한 레이놀즈의 해설은 이른바 성례의 효력에 관하여 오도하는 사효적 입장(*ex opere operato*)과 인효적 견해(*ex opere operantis*)를 다 거부한 것이고, 그 내용은 소요리문답 91문답이 내용을 거의 옮겨 놓은 것이다.[690] 이어서 신약의 성례의 숫자가 두 가지라는 점을 적시하고, 곧바로 세례와 성찬이라고 밝힌다.[691]

---

686 이눌서, 『구학 공과』, 81–82.

687 이눌서, 『구학 공과』, 82.

688 *Westminster Shorter Catechism,* Q. 90. How is the Word to be read and heard, that it may become effectual to salvation? A. That the Word may become effectual to salvation, we must attend thereunto with diligence, preparation, and prayer; receive it with faith and love, lay it up in our hearts, and practice it in our lives.

689 이눌서, 『구학 공과』, 82.

690 *Westminster Shorter Catechism*, Q. 91. How do the sacraments become effectual means of salvation? A. The sacraments become effectual means of salvation, not from any virtue in them, or in him that doth administer them; but only by the blessing of Christ, and the working of his Spirit in them that by faith receive them.

691 이눌서, 『구학 공과』, 82. 소요리문답 93문답을 따른 것이다: "Q. 93. Which are the sacraments

그리고 성례의 두 가지 구성 요소로서 "밖으로 나타나는 표(물, 떡, 포도즙)"와 "속으로 베푸시는 신령한 은혜"가 있음을 적시해 주고 나서, 세례와 성찬에 대해 다음과 같이 설명해 준다. 먼저 세례에 대해서는 "세례의 신령한 은혜는 1) 성신이 마음을 깨끗게 씻음, 2) 성신이 마음에 거하심으로 예수와 연합하여 중생과 정의와 성결케 하심가 영광 받을 것 인쳐 증거하는 표"라고 해명해 준다.[692] 그리고 성찬에 대해서는 다음과 같이 설명해 준다.

> 성찬의 신령한 은혜는 1) 십자가에 못 박히신 몸과 흘리신 피 공로를 기념하며 2) 예수를 믿음으로 받아 내 영혼의 양식으로 삼아 새 생명과 함을 얻어 교통함으로 그 구속의 풍성한 은혜를 받는 기회라.[693]

이어서 레이놀즈는 신학적으로 중요하고 논란이 있는 주제를 다루는데, 이는 "이 보이는 표와 신령한 은혜가 상합한 것", 즉 성례적 연합(*unio sacramentalis*)의 문제에 대해 다룬다. 이 주제에 대한 그의 해명은 다음과 같다.

> 그 은혜에 합당한 말씀을 혹 그 표에 부쳐 말하는 문법이 있느니라. 가령 행 22:16에 죄 씻는 것은 신령한 은혜라도 세례를 받아 죄를 씻으라 하니 문법은 보이지 아니하는 은혜 대신으로 보이는 표를 말씀함이라. 로마 교인이 이 문법을 깨닫지 못하여 말하기를 세례받음으로 죄를 씻고 구원을 얻는다 하더라.[694]

---

of the New Testament? A. The sacraments of the New Testament are baptism and the Lord's supper."

692 이눌서, 『구학 공과』, 83. 레이놀즈의 세례에 대한 설명은 소요리문답 94문답의 내용과 다소 다르다: "Q. 94. What is baptism? A. Baptism is a sacrament, wherein the washing with water in the name of the Father, and of the Son, and of the Holy Ghost, doth signify and seal our ingrafting into Christ, and partaking of the benefits of the covenant of grace, and our engagement to be the Lord's."

693 이눌서, 『구학 공과』, 83. 레이놀즈의 성찬에 대한 설명은 소요리문답 96문답의 내용과 다소 다르다: "Q. 96. What is the Lord's supper? A. The Lord's supper is a sacrament, wherein, by giving and receiving bread and wine according to Christ's appointment, his death is showed forth; and the worthy receivers are, not after a corporal and carnal manner, but by faith, made partakers of his body and blood, with all his benefits, to their spiritual nourishment and growth in grace."

694 이눌서, 『구학 공과』, 83. 레이놀즈가 비판하는 로마 교회의 입장을 세례 중생론이라고 하는데,

레이놀즈는 성례의 참된 목적에 대해서도 세 가지로 설명해 주는데, 첫째 "예수의 구원하시는 은혜를 표시하고자 함"이고, 둘째 "구원 약조를 인쳐 증거하시고자 함"이며, 셋째 "구원 약조의 효력을 성도에게 전하여 부치고자 하심"이라고 한다.[695] 그리고 앞서 말하는 목적을 "이루고 못 이루는 것은 1) 성신의 주장하시는 뜻과 권능대로 되고, 믿는 성도의 간절한 믿음대로 됨이라"고 적시해 주기도 한다.[696] 레이놀즈는 인침에 대한 설명으로 성례에 대한 대지를 마무리하는데, 그는 인침에 대해 "성도가 하나님의 것이라 하며 하나님께 드릴 것을 드리겠다 맹세함이오, 교회에 입교한 증거니 교인과 외인 사이에 분간 세우는 표"라고 설명해 주고 나서, "세례와 성찬 각각 공부할 시간이 없어 못 하니 요리문답 보라"라는 말로 끝을 맺는다.[697]

기도(요리문답 98-107)[698]

레이놀즈가 성도의 일로 다룬 여섯 번째 대지는 기도에 대한 것이다. 먼저 그는 기도의 세 가지 종류를 소개해 주는데, "사(私)기도, 가(家)기도, 공(公)기도"이다.[699] 둘째로 그는 우리의 모든 기도는 "예수의 이름으로 드릴 것"이라고 강조만 한다.[700] 셋째 "기도하는 말씀이 여러 가지"라고 말한 후에, 구체적

아우구스티누스도 이 입장에 서 있으나, 개혁파는 이러한 견해를 단호하게 거부한다.

695 이눌서, 『구학 공과』, 84. 소요리문답 92문답의 내용과 레이놀즈의 설명을 비교해 보라: "Q. 92. What is a sacrament? A. A sacrament is an holy ordinance instituted by Christ; wherein, by sensible signs, Christ, and the benefits of the new covenant, are represented, sealed, and applied to believers."

696 이눌서, 『구학 공과』, 84. 레이놀즈는 이처럼 로마 교회의 성례주의(sacramentalism)를 철저하게 경계하고, 성령의 역사와 신자의 믿음을 강조해 준다. 세례와 성찬의 참여 자격에 대해 말하는 소요리문답 95문답과 97문답도 보라: "Q. 95. To whom is baptism to be administered? A. Baptism is not to be administered to any that are out of the visible church, till they profess their faith in Christ, and obedience to him; but the infants of such as are members of the visible church are to be baptized; Q. 97. What is required to the worthy receiving of the Lord's supper? A. It is required of them that would worthily partake of the Lord's supper, that they examine themselves of their knowledge to discern the Lord's body, of their faith to feed upon him, of their repentance, love, and new obedience; lest, coming unworthily, they eat and drink judgment to themselves."

697 이눌서, 『구학 공과』, 84.

698 웨스트민스터 소요리문답 98–107문답에는 주기도에 대한 해설이 담겨있다.

699 이눌서, 『구학 공과』, 84.

700 이눌서, 『구학 공과』, 84. 레이놀즈가 지시만 한 소요리문답 98문답에 보면 기도를 다음과 같이

인 예들을 들기를 "영광을 돌림, 감사함, 자복함, 사랑하여 달람(사랑하여 달라고 요청하는 기도-필자), 여러 가지 구하는 것, 관원 위하여 간구함, 남[을] 위하여 간구함" 등을 말한다.[701]

레이놀즈는 우리가 기도할 때 "하나님의 뜻에 합당한 것을 구해야 한다"라는 점을 강조한다. 먼저는 "하나님의 지혜와 경영과 주장하심을 복종"해야 하고, 둘째는 "이미 경영하신 가운데 우리 기도까지 들었으니 기도로 받을 것을 하나님이 우리 기도를 기다리사 주실 것"(겔 36:27)이라고 설명해 준다. 그리고 또한 우리가 "기도하여도 못 얻는 까닭"에 대해서도 그는 설명해 주는데, 이는 우리가 잘못 구하기 때문이고, "믿음이 부족"해서이고, "마음속에 악한 생각[을] 두기" 때문이며, "교만"하기 때문인데, 또한 "잘 기도하여도 하나님의 뜻에 합당치 않은 일이면 안" 주신다고 적시해 준다.[702] 반면에 "하나님의 뜻에 합당한 기도"가 무엇인가에 대해서도 설명해 주는데, 이는 "예수의 이름으로 하는 기도"이고, "주 안에 있고 주의 말씀이 있는 자의 기도"이며, "의로운 자의 간구"이며, "그 계명을 지키고 기뻐하시는 일 하는 자의 기도"이고 "성신에 감동한 기도"라고 설명해 준다.[703]

레이놀즈는 소요리문답 98-107문답이 기도의 모범인 주기도문에 대한 해설인 것을 알지만 주기도에 대한 언급을 하지는 않는다. 대신에 그는 우리 기도의 "모본과 선생"은 예수님이라고 말하고, 구체적으로 그리스도가 보여준 기도의 본을 소개해 준다.

1) 원수를 위하여 기도하심 (마 5:44; 눅 23:24).

2) 조용한 곳에("죵용□□□데에", 마 6:6; 눅 5:16)

3) 항상 기도하심(눅 18:1)

설명해 주고 있다: "Q. 98. What is prayer? A. Prayer is an offering up of our desires unto God, for things agreeable to his will, in the name of Christ, with confession of our sins, and thankful acknowledgment of his mercies."

701 이눌서, 『구학 공과』, 84.

702 이눌서, 『구학 공과』, 85.

703 이눌서, 『구학 공과』, 85-86.

4) 밤새도록 (마 14:23, 25), 밤중에(눅 22:44), 새벽에(막 1:35).

5) 신자를 위하여 기도하심(요 17장).

6) 피땀나도록 간구하심(눅 22:44)

자기 뜻을 아버지의 뜻에 복종케 하심(눅 22:42).[704]

기도에 관한 항목을 레이놀즈는 마무리하면서 "이대로 기도하면 분명히 얻을 것 한 가지 있으니 하나님의 평강이라(빌 4:6, 7)"라는 말로 끝을 맺는다.[705]

구원 얻은 줄 확실히 알고 끝까지 견고할 것[706]

"성도의 일"에 관한 레이놀즈의 논의는 "구원 얻은 줄 알고 끝까지 견고하라"는 내용으로 끝이 난다. 먼저 그는 이 확신에 대한 참과 거짓 확신이 있음을 지적함으로 시작하는데, 네 가지 구별법에 대해서 말해 준다.

1) 참 아는 것은 겸손케 함이오, 거짓 아는 것은 교만케 함이라(고전 15:10; 갈 6:14).

2) 참 아는 것은 더 부지런히 성결을 행습할 것이오, 거짓 아는 것은 게으르고 허물을 용납하는 것이라(시 51:12, 13).

3) 참 아는 것은 스스로 살펴보며 성신이 살펴보시기를 구하고 거짓 아는 것은 외모만 생각하고 거짓 착한 체함이라(시 1편; 139:23, 24; 눅 11:39, 43, 44).

4) 참 아는 것은 하나님을 더욱 사귀고자 하여 스스로 깨끗하게 하고, 거짓 아는

---

704 이눌서, 『구학 공과』, 86.

705 이눌서, 『구학 공과』, 86. 빌 4:7–8은 다음과 같다: "아무것도 염려하지 말고 다만 모든 일에 기도와 간구로, 너희 구할 것을 감사함으로 하나님께 아뢰라. 그리하면 모든 지각에 뛰어난 하나님의 평강이 그리스도 예수 안에서 너희 마음과 생각을 지키시리라." 구태여 기도에 관한 항목을 하나님이 주시는 평강으로 끝내는 데는 1915년의 한국민이 처한 시대적인 정황도 작용하고 있을 것이다.

706 이눌서, 『구학 공과』, 87–89에 제시된 논의를 16년이 지나 1931년에 가옥명의 『성령론』(평양: 장로회신학교, 1931), 94–98에 레이놀즈는 재수록하는 것을 보게 된다.

것은 아무렇게 하여도 관계치 않다 하여 더러운 일하기 쉬우니라.[707]

이처럼 구원의 확신에 대한 참과 거짓을 분별하는 기준을 제시한 후에, 레이놀즈는 "구원 얻은 줄 확실히 아는 터", 즉 근거에 대해서 말해 주는 데로 나아간다. 그에 의하면 "하나님의 허락하신 말씀이 진실되고, 마음속에 구원의 은혜와 덕이 있으며, 성신이 우리 마음으로 더불어 증거하신다"라고 적시해 준다.[708] 레이놀즈는 또한 "이 세상에서도 성도가 구원 얻은 줄 확실히 알 수 있다"는 점을 분명히 강조하는데, 이는 로마 교회를 비롯하여 구원의 확신을 가질 수 없다는 입장에 대한 반박이다. 레이놀즈에 의하면 "성경 말씀이 분명하고, 이렇게 알라고 명하시고 있고, 성경에 그렇게 아는 이 있다"라고 말한다.[709] 뿐만 아니라 "갱정한 자와 증인과 금세 깊히 믿는 자가 의심 없이 구원 얻은 줄 확실히 아는 자가 있고", 나아가서는 "성신이 우리 기업 받을 문서 같으니 문서를 가진 사람이 기업 이을 것을 확실히 알 것이라(엡 1:13, 14; 4:35; 고후 1:22; 5:5)"라고 적시해 주기도 한다.[710]

하지만 레이놀즈는 이러한 구원의 확신을 가진 성도도 있고, 그렇지 못한 성도도 있다는 점을 잘 인식하고 있다. 뿐만 아니라 "이 은혜를 얼마 동안 잃어버릴 수도 있다"라고 말한다.[711] 그러고 나서 성도라면 마땅히 "이 확실히 아는 은혜를 얻도록 힘써 구해야" 하고, "또 잃었으면 힘써 다시 얻을지니라"라고 권면하기도 한다.[712] 그리고 이러한 확신을 누리고 있는가와 상관없이 "중생하고 정의를 받은 자니 구원을 잃을 수 없고 끝까지 이를 것"이라고 성도의 견인(the perseverance of saints)에 대해 말해 주기도 한다.[713] 레이놀즈는 이러한 성도의 견인 여부가 "성도의 자유에 있는 것"이 아니라 "오직 미리 택정

707 이눌서, 『구학 공과』, 87.
708 이눌서, 『구학 공과』, 87–88.
709 이눌서, 『구학 공과』, 88.
710 이눌서, 『구학 공과』, 88.
711 이눌서, 『구학 공과』, 88.
712 이눌서, 『구학 공과』, 88.
713 이눌서, 『구학 공과』, 89.

하신 약속(딤후 2:18, 19), 영원한 구속의 약조(렘 32:40), 구주의 공로와 간구하심(히 7:25), 항상 거하시는 성신의 보호하심(요 14:16, 17)" 등에 있다고 적시해 준다.[714] 그럼에도 불구하고 이러한 견인의 확신 때문에 신자 편의 부주의함이나 방종이 용납되는 것이 아니라는 점을 레이놀즈도 잘 알고 있기에, "그러나 늘 조심하여 구원을 이루는 방도를 부지런히 씀으로 끝까지 견고할지니 그리하면 한 가지로 그리스도를 얻은 자로 나타나리라(히 3:12-14)"라는 경계의 말로 견인론을 끝맺는다.[715]

714 이눌서, 『구학 공과』, 89. 레이놀즈의 견해를 성도의 견인에 대해 상술해 주고 있는 *Canons of Dort,* Head V를 보되, 특히 art. 8과 비교해 보라: "Article 8. The Certainty of This Preservation. So it is not by their own merits or strength but by God's undeserved mercy that they neither forfeit faith and grace totally nor remain in their downfalls to the end and are lost. With respect to themselves this not only easily could happen, but also undoubtedly would happen; but with respect to God it cannot possibly happen. God's plan cannot be changed; God's promise cannot fail; the calling according to God's purpose cannot be revoked; the merit of Christ as well as his interceding and preserving cannot be nullified; and the sealing of the Holy Spirit can neither be invalidated nor wiped out."

715 이눌서, 『구학 공과』, 89. *Canons of Dort,* Head V, art. 12와 13이 이 점에서도 상세하게 기술해 주고 있다: "Article 12. This Assurance as an Incentive to Godliness. This assurance of perseverance, however, so far from making true believers proud and carnally self-assured, is rather the true root of humility, of childlike respect, of genuine godliness, of endurance in every conflict, of fervent prayers, of steadfastness in crossbearing and in confessing the truth, and of well-founded joy in God. Reflecting on this benefit provides an incentive to a serious and continual practice of thanksgiving and good works, as is evident from the testimonies of Scripture and the examples of the saints; Article 13. Assurance No Inducement to Carelessness. Neither does the renewed confidence of perseverance produce immorality or lack of concern for godliness in those put back on their feet after a fall, but it produces a much greater concern to observe carefully the ways which the Lord prepared in advance. They observe these ways in order that by walking in them they may maintain the assurance of their perseverance, lest, by their abuse of God's fatherly goodness, the face of the gracious God (for the godly, looking upon that face is sweeter than life, but its withdrawal is more bitter than death) turn away from them again, with the result that they fall into greater anguish of spirit."

6. 소결론

이상에서 우리는 레이놀즈 선교사가 1915–16년 어간에 간행한 『신학 공과』, 『인학 공과』, 『구학 공과』 등의 내용을 개관적으로 살펴보았다. 당시 레이놀즈는 'Systematic Theology'를 '조직신학'이나 '교의학'이라고 부르지 아니하고, 중국에서의 관례를 따라 『신도요론』(神道要論)이라고 불렀고, 위에서 살펴본 세 공과는 소위 신도요론의 일부분인 셈이다.[716] 그보다 앞서 이미 프린스턴 출신의 중국 선교사였던 사위루(Sheffield)의 『神道要論』(1908)이 출간되어 있었기 때문에, 레이놀즈는 그 선례를 따른 것 같다. 다만 아쉬운 것은 그가 신도요론 중 교회론이나 내세론을 출간하지 않았다는 것이다.[717] 이렇게 준비된 공과들은 1922년과 1925년에도 새로운 조판을 한 후 재간행되기도 했고, 기독교 서적이 휘귀하던 당시 시점에서 신학교와 교회들에서 많이 활용된 것으로 보인다. 따라서 레이놀즈의 신학 사상을 규명하는 일뿐 아니라 평양장로회신학교의 조직신학 전통 내지 초기 한국 장로교회의 조직신학 전통 탐구라는 관점에서도 앞서 수행한 것과 같은 레이놀즈의 세 공과에 대한 분석 개관 작업이 필수적으로 요청된다고 할 것이다.[718]

다만 의구심이 드는 것은 그가 왜 나머지 공과들도 집필하지 않았는가 하

716 오늘날 중국에서는 Systematic Theology를 더 이상 '신도요론'이라 부르지 아니하고, '계통신학'(系統神學)라고 부른다.

717 앞서 살펴본 대로 레이놀즈가 생각하는 신도요론의 구성은 모두 여섯 개의 파트로 구성된다고 생각했다: "1. 신학(神學, 성경론과 신론), 2. 인학(人學, 인간론), 3. 윤리학(倫理學, 기독교윤리), 4. 구학(救學, 기독론과 구원론), 5. 말세학(末世學, 종말론), 6. 교회학(教會學, 교회론)."(이눌서, 『신학 공과』, 2).

718 레이놀즈의 세 공과의 내용에 대해 이전 학자들도 간결한 형태로 소개한 바가 있다: 조용호, "미 남장로교 선교사 윌리엄 D.레이놀즈의 생애와 신학 연구", 148–153; 송현강, 『윌리엄 레이놀즈의 한국 선교』, 159–161.

는 것이다. 1906년 이래 레이놀즈는 평양장로회신학교의 신도, 즉 조직신학 담당 교수였기에, 다른 공과도 필요했을 것이기에 그런 의문은 더욱더 강렬하게 든다. 어찌되었든지 간에 앞에서 분석 개관해 본『신학 공과』에서 레이놀즈의 성경관과 신론(하나님의 존재와 사역론)을 살펴보았고,『인학 공과』에서는 원래 상태의 인간에 대한 논의와 죄론을 살펴보았고, 마지막『구학 공과』에서는 레이놀즈의 삼위일체론적 구원론을 확인할 수 있었다. 그는 구원을 말할 때, 성부께서 하신 일, 성자께서 하신 일, 성령께서 하신 일이라는 관점에서 구원 경륜(*oeconomia salutis*)을 접근했고, 마지막에는 성도들에게 요청되는 내용들을 제시하였다. 레이놀즈가 한 권의 공과에서 이런 방식으로 접근하다 보니,『구학 공과』라는 이름하에 기독론, 성령론, 구원론 등이 포괄될 뿐 아니라 심지어 은혜의 방편(*media gratiae*)에 대한 논의까지 포괄적으로 다루어지게 되었다.

1908년 중국 상해에서 출간된 사위루 선교사의『神道要論』은 한 권으로 묶어진 책 속에서 조직신학의 여러 주제들을 포괄적으로 다루되, 비교적 상술하고 논의하는 방식을 취한 것과는 달리, 레이놀즈는 다 합쳐도 300쪽이 되지 않는 세 공과를 통해 성경론, 신론, 인죄론, 기독론, 구원론, 은혜의 방편론 등을 제시하고 있다. 그러나 그 형식에 있어서는 마치 오늘날 교리 공부 교재를 위해 만들어진 소책자들처럼 요점들 중심으로 저술되어 있기에, 우리는 당시 평양장로회신학교의 조직신학 교육의 내용뿐 아니라 그 수준도 짐작해 볼 수 있을 것 같다. 레이놀즈는 신학적인 논증이나 교리사적인 논의를 거의 제시한 적이 없고, 해당 주제의 요목들을 제시하고 성경 구절들을 제시하거나 때때로 소요리문답 해당 항목을 지시함으로 찾아가면서 공부하도록 구성하고 있기 때문에, 평양장로회신학교 교육 수준에 대한 논란이 가능했을 수도 있다. 하지만 그런 형태를 갖춘 공과들이기에 일반 신자들이나 직분자들의 교리 교육을 위한 교재로도 잘 활용될 수 있는 장점은 있었을 것이다.

공과(工課)라는 표현에서도 알 수 있듯이 세 공과는 레이놀즈 자신이 유니온 신학교에서 직접 배우고 읽었을 로버트 댑니의 『조직신학』(*Systematic Theology*)나 찰스 하지의 『조직신학』(*Systematic Theology*, 3vols., 1872–1873) 같은 전문적인 신학 교과서로 의도된 서적은 아니라는 것을 알 수 있다. 그가 공과들을 출간했던 1915–1916년 어간은 한국 선교 30, 31주년이고 평양신학교 설립 후 14, 15년이 되던 무렵이었음을 감안해야 한다. 레이놀즈는 신학생들뿐만 아니라 바른 성경적 교리 교육이 필요한 한국 교회 직분자들이나 일반 신자들을 염두에 두고 본 공과를 출간했던 것이다. 비교를 위해 유사한 수준의 교리 교육 교재를 찾아본다면 루이스 벌코프의 『개혁파 신학 편람』(*Manual of Reformed Doctrine*, 1933)이나[719] 헤르만 바빙크 『기독교 교육 편람』(*Handleiding bij het onderwijs in den Chriselijken godsdienst*, 1913) 등을 제시할 수 있다.[720]

신학교(Seminary) 수준에 맞는 전문적인 신학 교재로서 조직신학 교본은 그의 후임인 구례인 선교사나 그의 동료였던 박형룡 박사 때 출간될 것이지만,[721] 레이놀즈는 한국 선교 초기 상황에서 성경적인 교리의 요목들을 간단명료하게 잘 정리하여 신학 교육뿐 아니라 교계 지도자들의 교리 교육에도 기여하였다는 역사적 사실을 부인해서는 안 될 것이다. 또한 우리가 앞의 제2부(II)에서 살펴본 대로 한국에서의 선교 사역이 개척 선교와 성경 전서 번역에 매우 집중된 사역이었다는 점을 감안할 때 조직신학 교재 집필에 전념할 수 있는 여력이 많지 않았을 것이라고 공감적으로 생각해 볼 수도 있을 것이다.

---

719 Louis Berkhof, *Manual of Reformed Doctrine* (Grand Rapids: Eerdmans, 1933).

720 Herman Bavinck, *Handleiding bij het onderwijs in den Chriselijken godsdienst* (Kampen: Kok, 1913). 영역본도 최근에 출간되었다: *Guidebook for Instruction in the Christian Religion,* trans. Gregory Parker jr and Cameron Clausing (Peabody: Hendrikson, 2022). 다함에서 『기독교 교육 안내서』로 역간 예정.

721 John C. Crane, Systematic Theology, 3 vols. (Gulfport: Specialized Printing, 1953–1963); 김규당 역, 『조직신학(상),(하)』(서울: 대한예수교장로회총회종교교육부, 1954–1956), 상권에 신론 수록됨; 박형룡. 『교의신학 신론』. 서울: 은성문화사, 1967.

제4부
레이놀즈가 번역 감수한 가옥명의 『조직신학』(1931)

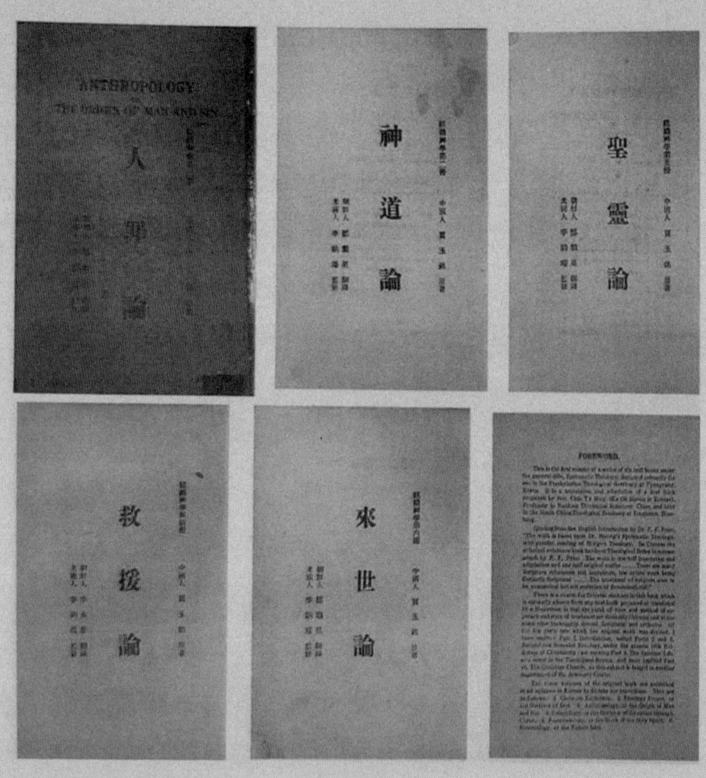

1

1 1931년 평양장로회신학교에서 번역 출간된 가옥명의『조직신학』(전 6권) 전집은 구매 가능성도 희박하지만, 모두 소장하고 있는 도서관도 없다시피하다. 2023년 8월 중순 코베이 옥션에 소개된 개인 소장자의 소장본 카탈로그에서 위의 이미지는 가지고 왔음을 밝힌다. 수십억 원대에 달하는 소장 자료들(초기 한국 교회 관련 자료들)을 일괄 매각하기에 평양장로회신학교 교재들만 분할 구입할 수가 없었던 것이 무척 유감스러운 일이었다.

1. 레이놀즈가 번역 감수한 가옥명의 『신도학』(神道學)

우리는 앞서 레이놀즈 선교사가 1915-1916 어간에 저술 출간한 세 편의 신도요론 공과들을 차례대로 그리고 비교적 세밀하게 살펴보았다. 지금까지 연구 문헌들에서 이 공과들이 언급되거나 일부분 논구되기도 했지만, 전체적으로 개관 분석하는 일은 처음으로 이루어진 일이기에 21세기의 독자들에게 그 내용을 충실하게 소개하고자 하는 의도에서 그러한 방식을 택했던 것이다. 이는 한국 장로교회 역사 가운데 최초의 조직신학 교본에 대한 분석이라는 측면에서 그 의의가 깊다고 생각된다. 이제 이어서 레이놀즈의 직접적인 저술은 아니지만, 1931년에 번역 감수하여 출간한 뒤에 자신의 교과서로 사용했던 중국인 신학자 가옥명(賈玉銘, Jia Yuming, 1880-1964)의 조직신학을 역시 상세하게 살펴보고자 한다.[2]

가옥명(Jia Yuming)의 생애와 『신도학』(1921)

가옥명의 생애

먼저 가옥명의 생애를 간략하게 살펴보기로 하겠다.[3] 그는 1880년 산동성

2 가옥명(賈玉銘)의 영어식 표기를 레이놀즈 시대에는 치아유밍(Chia Yu Ming)이라고 했으나, 지금은 지아유밍(Jia Yuming)으로 표기한다.

3 Hing Hung Otto Lui, "Development of Chinese Church Leaders—A Study of Relational Leadership in Contemporary Chinese Churches."(Ph. D. diss., Fuller Theological Seminary, 2011), 302. 그의 생애에 대해 자세한 내용은 Chi-Yeum Lam, "The Paradoxical Co-existence of Submissiveness and Subversiveness in the Theology of Yu-ming Jia"(M. Phil., University of Birmingham, 2010), 24-41; 朴美慶, "賈玉銘牧師的生平與神學思想에 관한 硏究"(석사 학위, 총신대학교, 2002), 24-29; 문춘권, "중국 신학자 가옥명의 조직신학 사상 연구" (석사 학위 논문, 장로회신학대학교 대학원,

에서 출생했고, "1898년 3월 미국 장로회 선교사인 칼빈 월슨 마티어(狄考文, Calvin Wilson Mateer, 1835–1920) 박사가 등주부(登州府, 今蓬萊)에 창립한 등주문회관(鄧州文會館, Tengchow College)에 입학하여 1901년 졸업했다. 또한 1904년 장로회 신학반(神學班)을 졸업했다."[4] 곧바로 목사 임직을 받은 후에 목회를 하던 중에, 1907년에 이르러 해이스(Watson M. Hayes, 1857–1944) 박사가 산동에 설립한 위현여자신학교(濰縣女子神學校)에서 가르치게 되고, 1916년부터는 금릉신학원(金陵神學院, Nanjing Jinling Seminary)에서 교수하기 시작하고, 여기서 재직하는 동안 그는 『신도학』(총 10편으로 구성)을 저술 출간하게 된다.[5] 이후 1929년 미국 웨스트민스터 칼리지(Westminster College, Fulton, Missouri)는 가옥명에게 명예 신학 박사 학위를 수여했다. 1930년에는 남경 진링여신학교 원장이 되었으나, 1936년에는 남경에 영성원(the Spiritual Institute)을 설립했다. 1948년에는 암스테르담에서 열린 ICCC 회의에 참석하고 부회장이 되었고, 1954년에는 삼자애국교회 부주석이 되었으며, 1964년 84세에 소천했다.

가옥명의 『신도학』

(1) 『신도학』 출간 경위, 구성

가옥명은 『신도학』 외에도 수많은 저술들(성경강해 포함)과 시집들을 출간했지만,[6] 그의 조직신학적 주저는 『신도학』이라고 할 수 있다. 1921년에 처음 간행된 후에 2차 대전이 끝나기 전까지 6쇄나 인쇄될 만큼 교리 교과서로 인기를 누렸다.[7] 1949년에 이르러 가옥명은 다시금 수정판을 출간하게 되는데 이때의 문체는 "문언문판(文言文版)에서 백화문판(白話文版)"로 바꾸어서 일반

2012), 5–10; 모영보, "개혁주의 관점에서 본 가옥명의 종말론"(신학 석사. 총신대학교. 2019), 7–11등을 보라.

4 모영보, "개혁주의 관점에서 본 가옥명의 종말론", 9.

5 賈玉銘, 『神道學』, 三冊(南京: 榮光報社, 1921).

6 가옥명의 중국어 저작 목록은 모영보, "개혁주의 관점에서 본 가옥명의 종말론", 96–99를 보라.

7 賈玉銘, 『神道學』(上), 自序部分(1949年8月).

인들이 읽기 쉽게 만들어 주었다.[8] 비록 가옥명은 1964년에 상해에서 소천했지만, 그의 주저는 1994년에 이르러 대만에서 재출간되어 현대 중국 신자들에게도 읽히고 있다.[9]

가옥명은 『신도학』을 총 10권으로 구성을 했다. (상)권에 총론(1권), 자연신학(2권), 계시신학(3권)을 수록하고, (중)권에 신론 편(4권), 원인 편(5권)을 수록하고, (하)권에 구은 편(救恩編, 6권), 영공 편(靈功編, 7권), 영명 생활(靈命生活, 8권), (부편, 附編)에 내세 편(9권)과 입교 편(立教編, 10권)을 수록했다.[10] 그가 왜 『신도학』(神道學)을 집필하고 출간하게 되었는지에 대해서는 저자 서문에서 다음과 같이 밝히고 있다.

> 중국 기독교회(教會)가 건립을 준비 중이고 기지가 아직 튼튼하지 않은 시기여서 신학의 공헌이 시급하다. 또 숙계 이래 사조가 성행하여 종교를 배척한다는 이론과 학설은 날로 새로운 것이 되어가는데, 나의 기독교 순수의 진리를 적시에 감추어 버리고, 그 근원을 추적하여, 중국 교회에 소개되기 전에 어찌 그리스도께서 나의 중화에 빛을 내시는 것을 바랄 수 있겠는가 억만 어둠의 그늘에 갇힌 동포를 촛불로 비추시리로다.[11]

(2) 『신도학』의 주 자료들

또 한 가지 짚고 넘어가야 할 사항은 가옥명이 『신도학』을 집필하면서 순수 창작품으로 쓴 것인가 하는 것이다. 『신도학』 초판(1921) 앞부분에 실었던

---

8 모영보, "개혁주의 관점에서 본 가옥명의 종말론", 21–22.

9 賈玉銘, 『神道學(上), (中), (下), (附篇)』 (賈玉銘全集 8–11)(臺北: 橄欖基金會. 1994; 2판– 1996–1998). 필자에게는 1996–1998년에 출간된 제2판을 가지고 있는데, 이 판본을 제공해 준 제자 모영보 목사에게 이 자리를 빌어 감사한다.

10 賈玉銘, 『神道學(上), (中), (下), (附篇)』 (賈玉銘全集 8–11) 제2판 (臺北: 橄欖基金會, 1996–1998). 중국어 원본을 구성하고 있는 10권의 내용을 간략하게 개관하기 위해서는 모영보, "개혁주의 관점에서 본 가옥명의 종말론", 23–34를 보라.

11 賈玉銘, 『神道學(上)』, 自序: "際茲中國基督教會, 醞釀建設, 基址尚未奠定堅固之秋, 神學的貢獻上不容緩.且以叔季以来, 思潮方盛, 排斥宗教之理論學說, 日益新歧, 不有及時將我基督教純粹之真理, 追本窮源, 闡發推譯, 以介紹於 中國教會之前, 何以期望基督救道於我中華大放光明, 以燭照億萬幽囚於黑暗陰翳中之同胞耶! " 본문에 인용한 번역문은 모영보, "개혁주의 관점에서 본 가옥명의 종말론", 20에서 가져온 것이다.

프라이스 선교사의 서문에 의하면 "본서는 하지의 신학과 더불어 스트롱 박사의 조직신학을 기초로 한 것이다. 중국어로 된 주요 참고서는 P. F. 프라이스의 등사판 신학 노트였기에", "저서의 절반은 번역과 각색이고 절반은 독창적인 자료"라고 하는 사실이다.[12] 따라서 우리는 가옥명의 신학적인 정체성과 뿌리를 이해하기 위해서 이 세 사람의 신학적 경향을 잠시 살펴볼 필요가 있다.

1) 어거스터스 홉킨스 스트롱(Augustus Hopkins Strong, 1836-1921)의 『조직신학』

먼저 주 자료는 어거스터스 홉킨스 스트롱(Augustus Hopkins Strong, 1836-1921)의 『조직신학』(*Systematic Theology*, 1906–1907)이었다는 것을 주목해야 한다.[13] 스트롱은 침례교 목회자, 신학자, 그리고 신학교 학장이었다. 홉킨스는 뉴욕 로체스터에서 출생했고, 예일대를 졸업한 후(1857) 그의 부친과 삼촌이 설립에 기여했던 로체스터 신학교(Rochester Theological Seminary, 후에 Colgate Rochester Crozer Divinity School로 개칭)에서 신학을 공부했다. 1861년에 졸업한 후에, 목회자가 되어 1872년까지 목회를 했고, 동년에 로체스터 신학교 교장으로 취임하게 된다. 그 후 교장과 조직신학 교수로 40년간 사역한 후인 1912년에 은퇴를 하고서 1921년에 소천한다.[14] 그의 교장 재임 기간 동안 로체스터 신학교는 일취월장하게 되었고, 그의 명성은 여러 학교로부터 명예박사 학위를 수여하도록 했다. 그의 교장 재임 기간 동안에 월터 라우쉔부쉬와 같은 자유주의 신학자들이 교수로 영입되었고, 스트롱은 그들을 제지하거나 간섭하지 않았다고 한다.

---

12 Reynolds, "Foreword." : "The work is based upon Dr. Strong's *Systematic Theology*, with parallel reading of Hodge's *Theology*. In Chinese the principal reference book has been Theological Notes in mimeograph by P. F. Price. The work is one half translation and adaption and one half original matter…"

13 August H. Strong, *Systematic Theology. A Compendium,* 3 vols. (Philadelphia: Griffith and Rowland, 1907–1909/ Old Tappan: Fleming H. Revell Co., 1979).

14 Steven R. Pointer, "August H. Strong", in Walter A. Elwell (ed.), *Handbook of Evangelical Theologians* (Grand Rapids: Baker, 1993), 1–11.

스트롱은 많은 저술들을 출간했지만, 가장 널리 알려지고 많이 사용된 교과서는 1886년에 처음 출간한 『조직신학』이었다.[15] 도합 1,100쪽이 넘는 이 교본은 1903년에 7판이 나왔고, 1908년에는 수정 증보판이 출간되었다.[16] 침례교 계열 신학교에서 많이 사용되기도 해서 그런지 죽산 박형룡 역시도 1927년에 귀국하면서 이 책을 소장하여 돌아왔고, 1935년 『근대신학난제선평』에서부터 활용을 하기 시작하여 그의 주저인 『교의신학』 전집(1964–1973) 곳곳에서 인용하고 있는 것을 보게 된다.[17] 그렇다면 스트롱의 신학적인 경향은 어떠하였을까? 일단 보수적인 장로교 신학자 로버트 레이먼드는 스트롱의 신학 경향에 대해 "온화한 칼빈주의와 침례교 관점"(a moderate Calvinistic and Baptist Perspective)이라고 단평해 준다.[18] 서철원 박사는 "스트롱은 개혁신학의 전통에 서 있다"는 점을 인정하면서도, "침례교도이므로 정통 개혁신학에서 이탈하고, 또 유신화론자이다"라고 평가했다. 그는 죽산 박형룡의 신학 가운데 스트롱의 "영아 구원론"이 수용되었음을 비판적으로 지적하기도 한다.[19] 한편 트리니티 대학의 역사학 교수였던 스티븐 포인터(Steven Pointer)는 19세기 말 20세기 초반 근본주의와 근대주의의 논쟁이라는 역사적 배경 속에서 스트롱의 신학적인 지위와 경향, 그리고 찬반의 문제를 잘 정리해 주었

---

15 웨인 그루뎀은 본서에 대해 "This text was widely used in Baptist circles for most of the twentieth century, until it was largely prepaced by Millard Erickson's Christian' Theology(1983–1985)"라고 소개하고 있다(Wayne Grudem, *Systematic Theology,* second ed. [London: IVP, 2020], 1494).

16 Rochester Theological Seminary General Catalogue 1850 to 1920 (Rochester: K. R. Andrews Printing Co., 1920), 31(https://archive.org/details/bub_gb_bttJAAAAMAAJ/ page/n5/mode/2up. 2023.7.28.접속).

17 박형룡, 『교의신학- 신론』, 384; 『교의신학- 구원론』, 143–151 등을 보라. 죽산은 남침례교 신학교에서 멀린스의 지도하에 변증학을 공부하면서 당시 침례교 조직신학의 교본이었던 스트롱의 교본을 처음 접하게 되었을 것으로 보인다. 죽산은 『교의신학- 서론』(1964) 머리말에서 자신의 조직신학이 루이스 벌코프와 도립을 같이한다는 것을 명시하고, "하지, 워필드, 댑니, 쉐드, 스미스, 카이퍼, 바빙크, 보스 등 최근 개혁파 대표적 신학자들의 정통적인 신앙 사조가 움직이고 있다"라고 밝힐 때 온화한 칼빈주의자인 스트롱을 포함시키지는 않는다.

18 Robert L. Reymond, *A New Systematic Theology of the Christian Faith,* second and rev. edition (Nashville: Thomas Nelson, 2002), 1141.

19 서철원, "박형룡 박사의 조직신학", 박용규 편, 『죽산 박형룡 박사의 생애와 사상』 (서울: 총신대학교출판부, 1996), 446–447. 서철원 박사는 "다만 아쉬운 점이 있다면 박형룡 박사가 신학 함에 있어서 개혁신학의 전체 틀에 맞지 않은 것들을 취한 경우들도 있다"라고 아쉬움을 표하면서, 그 근원에 스트롱도 한몫하고 있음을 지적하고 있다. 필자는 죽산과 스트롱의 신학적 관계 문제는 보다 더 전문적으로 논구되어야 할 주제라고 생각된다.

는데, 한편으로 스트롱은 성경을 신적인 계시로 확고하게 믿었으면서도, "윤리적 일원론, 유신진화론, 성경 비평학, 역사 의식에 대한 근대주의자들의 견해" 등을 수용하였다는 점을 적시해 준다.[20] 이외에도 스트롱이 "일종의 포용주의"(a form of inclusivism)도 표방하였음을 지적할 수도 있다.[21] 윤원준 교수는 스트롱의 신학에 대해 "한편으로는 기독교의 정통성을 유지하려고 시도했고, 또 한편으로는 모더니티의 물결과 조류를 수용하려고 시도하였다"라고 적시해 주고 있다.[22]

2) 하지의 신학(Hodge's Theology)

가옥명이 『신도학』을 집필함에 있어 스트롱의 교본과 더불어 평행적으로 참고한 신학 저술은 하지의 신학(Hodge's Theology)이다. 이종성과 최윤배는 하지 부자 중에 찰스 하지(Charles Hodge, 1797–1878)의 주저인 『조직신학』(전 3권, 1872–1873)을 가리키는 것으로 본다.[23] 찰스 하지는 뉴저지 칼리지를 졸업하

20 Pointer, "August H. Strong", 11: "His adoption of ethical monism, ready acceptance of theistic evolution and biblical criticsim, and attraction to the modernist view of historical consciousness clearly distanced him from many of his conservative contemporaries. Yet his faithful championing of orthodox doctrine and his persistent confession of the Bible as divine revelation positioned him on the evangelical side of the divide."

21 Strong, *Systematic Theology*, 3:842–843. 그의 포용주의에 의하면, 비기독교적인 종교 신봉자들도 성경에 계시된 한 분의 참된 하나님을 믿었다는 주장이며, 이러한 신앙을 "그리스도에 대한 암묵적인 신앙"(an implicit faith in Christ)이라고 보았다. 이와 같이 온화하고 개방적인 신학을 추구했던 스트롱의 저술을 가옥명이 사용하고 있기 때문에, 주현규는 가옥명의 신학을 개방적인 성향의 복음주의 또는 넓은 의미에서의 개혁주의라고 규명하였다(주규현, "가옥명의 복음주의 신학 연구: 그의 신론 형성 과정을 중심으로" [철학 박사, 계명대학교, 2022]).

22 윤원준, "A. H. Strong의 신학에 관한 고찰", 「복음과 실천」 45 (2010): 180. 그리고 이어서 스트롱의 신학이 가지는 세 가지 주요 특징을 잘 정리해 주고 있다: "스트롱의 신학의 경향은 세 가지의 중요한 특성을 가진다. 첫 번째 특성은 그의 보수적 성향에서 나온 것이다. 그는 전통적인 기독교 신학에서 가르침인 그리스도의 신성, 동정녀 탄생, 성경적 기적들의 역사적 실재성, 대속적 속죄, 그리고 성경의 영감과 권위 등을 수호했다. 이러한 주장들을 고수하는 자신을 보수적이고 정통신학의 전통 속에 속한 신학자라고 생각하였다. 두 번째 특성은 개혁주의적 전통에 속한 것이다. 신의 주권, 원죄와 죄의 전가, 무조건적 선택, 제한 속죄, 그리고 은혜의 유효성에 대한 주장들은 그의 신학을 칼빈주의적 전통에 속하게 만든다. 세 번째 특성은 근대적(modern)인 모습이다. 한편으로는 시대성과 자유주의에 대한 관대함, 그리고 또 한편으로 보수신학과 정통성을 추구하던 스트롱은 그의 신학을 당 시대를 반영하는 그만의 독특한 성격을 가진 모습으로 만들어 낸다."(180–181). 또한 Timothy George and David S. Dockery (eds.), *Baptist Theologians*, 침례교신학 연구소 역, 『침례교 신학자들(상)』(대전: 침신대학교출판부, 2008), 457–484에 수록된 Kurt A. Richardson의 "아우구스투스 홉킨스 스트롱"도 보라.

23 최윤배, "중국인 가옥명(賈玉銘; Chia Yu Ming, 1879–1964)의 성령론 연구: 구원론을 중심으로", 「한국개혁신학」 39 (2013): 130.

고(1815), 프린스턴 신학교에 진학하여 아치발드 알렉산더의 신학 교육을 받은 후에(1816–19), 국내 선교 사역을 거쳐 1820년 모교의 전임 강사로 교수 사역을 시작해서, 1826년에는 교수로 승진하고 나서 1878년 소천할 때까지 60년에 가까운 긴 시간을 프린스턴 신학교 교수로 재직했다.[24] 하지의 『조직신학』 3부작은 그의 생애 만년인 1872–1873 어간에 출간되었기 때문에, 반세기가 넘는 신학 교육의 집대성이라고 할 수 있다.[25] 널리 알려진 대로 하지 부자가 정립한 구 프린스턴 신학(Old Princeton Theology)의 특징은 성경의 영감과 무오에 대한 철저한 신앙과 변호, 학문으로서 신학의 지위, 변증학을 교의학 앞서 강조하는 것, 웨스트민스터 표준문서에 담긴 개혁주의 장로교회 정통 신앙과 신학에 대한 확집 등의 특징을 가지고 있다.[26] 찰스 하지는 프린스턴의 조직신학 교재로서 오랫동안 17세기 정통주의 신학자 프란체스코 투레티니(Francesco Turrettini, 1623–1687)의 『변증신학강요』(*Institutio Theologia Elencticae*) 라틴어 원전을 사용했었고, 스트롱처럼 새로운 시대사조에 발맞추어 개작을 하는 쪽보다는 한평생 앞서 적시한 구 프린스턴 신학 전통을 수호하기 위해 헌신했다.[27] 이점에서는 죽산 박형룡 역시도 동일한 신학적 마인드를 가졌고, 하지의 『조직신학』을 광범위하게 활용하기도 했다.[28] 가옥명 역시도 스트롱의 『조직신학』과 하지의 『조직신학』을 평행적으로 읽으면서 자신의 『신도

---

24 찰스 하지의 생애에 관해서는 David Calhoun, *Princeton Seminary*, 2 vols. (Edinburgh: Banner of Truth, 1994, 1996), 1:103–124, 435–436; 2:55–62; W. Andrew Hoffecker, *Charles Hodge: The Prince of Princeton* (Philippsburg: P&R, 2011); Paul C. Gutjahr, *Charles Hodge: Guardian of American Orthodoxy* (Oxford e.a. : Oxford Uiniversity Press, 2011) 등을 보라.

25 Charles Hodge, *Systematic Theology*, 3 vols. (New York: Scribner's Sons, 1987–1873).의 경우 국내에서는 1권만 번역되어 있고(『조직신학1』, 김귀탁 역 [파주: 크리스찬다이제스트, 2002]), 아들인 A. A. Hodge의 *Outline of Theology* (1878)은 『하지 조직신학』, 고영민 역, 총 4권 (서울: 기독교문사, 1981)으로 완역되어 있다.

26 마크 놀은 "성경에 대한 헌신, 종교적 체험에 대한 관심, 미국적 경험에 대한 민감성, 장로교 신앙고백의 완전 수용, 17세기 개혁신학적 특징들, 그리고 스코틀랜드 상식철학" 등을 구 프린스턴 신학의 특징들로 제시하고 있다(Mark A. Noll, *Princeton Theology*, 13, 15–43; 이상웅, 『박형룡 신학과 개혁신학 탐구』, 57 재인용).

27 그래서 역사학자인 굿트야르는 찰스 하지의 생애를 "미국 정통주의의 수호자"라고 명명했다(Paul C. Gutjahr, *Charles Hodge: Guardian of American Orthodoxy* [Oxford e.a. : Oxford Uiniversity Press, 2011]). 교의학자로서 하지를 규명하고자 시도한 예는 Ralph John Danhof, *Charles Hodge as a Dogmatician* (Goes: Oosterbaan & Le Cointre, 1929)이다.

28 이상웅, "박형룡과 찰스 하지의 신학적인 관계", 『박형룡 신학과 개혁신학 탐구』, 266–305.

학』을 집필했다.

3) 필립 프랜시스 프라이스(Philip Francis Price)의 등사본 교재

가옥명이 등사본으로 참조한 세 번째 인물은 필립 프랜시스 프라이스(Philip Francis Price, 畢來思, 1864–1954)이다. 그는 레이놀즈보다 조금 앞선 시기에 햄든 시드니 칼리지(1882–1884)와 버지니아 유니온 신학교(1886–1889)를 졸업하고, 남장로교 선교사로 중국에 가서 50년 이상을 사역했던 사람이다. 특히 그는 1912–1941년 어간에는 가옥명도 교수로 재직한 바 있는 남경 신학교(Nanking Theological Seminary)의 조직신학 교수로 사역했었다.[29] 유니온 신학교 100주년 기념 자료집에 의하면 프라이스는 중국어로 된『위대한 진리를 향한 짧은 발걸음들』(*Short Steps to Great Truths*, 2 vols.)을 저술했다고 하는데, 이것이 가옥명이『신도학』저술 작업에 참고한 자료이었을 개연성이 높아 보인다.[30] 우리로서는 이런 자료를 직접적으로 확인할 길이 요원하기 때문에 그 신학적 성향을 정확하게 말하기는 어려움이 있다. 하지만 프라이스의 배경이 미국 남장로교회와 유니온 신학교였다는 점을 고려하거나,『신도학』서문에서 강조된 평가 기준("많은 성서 참조와 인용이 있으며 전체 작업은 분명히 성경적이다… 주제들의 취급은 복음주의적이지만 분파적이거나 교단적이지 않은 것을 목표로 하고 있다.")에 근거할 때,[31] 그의 신학적 경향도 어느 정도 짐작해 볼 수는 있을 것이라고 사료된다.

---

29 https://www.marshallfoundation.org/wp-content/uploads/2014/06/Price_P_Frank.pdf. (2023.7.24. 접속).

30 Moore and Scherer (eds.), Centennial General Catalogue of the Trustees, Officers, Professors and Alumni of Union Theological Seminary in Virginia, 1807–1907, 129. 프라이스의 저술은 국내에서 소장하고 있는 곳은 없는 것으로 파악되며, 다만 하바드 대학 옌칭 도서관에 "Price, P. F. You qian ru shen = Short steps to great truths. Vol 3: First steps in the faith. 18th ed. rev. Hankow: Religious Tract Society, 1948, pp.4+132"가 검색된다(https://hollisarchives.lib.harvard.edu/repositories/25/archival_objects/1801164. 2023.7.28 접속). 1948년 판인데 18판이라고 하니 중국에서 상당히 인기를 누린 교리 공부 교재였음을 알 수 있다.

31 Reynolds, "Foreword." : "The treatment of subjects aims to be evangelical but not sectarian or denomonational."

『신도학』을 통해 드러나는 가옥명의 신학적 특징들

그렇다면『신도학』을 통해 드러나는 그의 신학적인 특징이 무엇일까? 그의 신학은 후일 레이놀즈가 채용하여 교과서로 삼을 만큼 장로교적이고 개혁파적이었을까? 아니면 레이놀즈가 선별적으로 취사선택할 수밖에 없는 다른 요소들을 가지고 있었던 것은 아닐까? 국내에서는 레이놀즈에 대한 석박사 논문 수준의 연구가 7편 존재한다.[32] 국내에서 나온 첫 연구물은 (아마도 중국 조선족 유학생으로 보이는) 박미경이 중국어로 쓴 2002년 선교학 석사 논문이다. 박미경은 중국어로 가옥명의 배경과 신학 사상의 요점들을 제시한 후에 결론적으로 그의 신학을 "중국 보수 신학학의 특징들"을 보여 준다고 논평하면서, 그 주요 특징으로 "예수 그리스도의 福音, 十字架와 復活을 中心으로 하는 基督神學; 聖經에 뿌리를 둔 啓示神學; 예수 그리스도께서 약속된 永生을 중요시하는 生命神學; 生命을 經驗하는 實驗神學, 그리고 教會神學"이라고 정리해 준다.[33] 다소 길기는 하지만 박미경이 가옥명의 신학의 핵심들을 구체적으로 요약해 주는 내용을 주목해 볼 필요가 있다고 생각한다.

> 賈玉銘은 救援論에 입각한 基督神學을 말하고 있다. 즉 基督論은 救援論이고 救援論은 基督論이다. 예수 그리스도는 創造主이고 救贖者이다. 信仰과 神學의 磐石은 다른 데에 있지 않고 오직 聖經의 啓示에 있다. 즉 自下而上적인 것이 아니라 自上而下적인 啓示신학이다. 聖靈의 照明하에 啓示의 聖經解釋에 있어서 賈玉銘은 以耶穌基督爲聖經的中心, 聖經의 要旨, 以經解經, 靈意解經, 寓意解經

32 박사 논문이 2편이고, 석사 논문이 5편이다. 공표 연대순으로 서지 사항을 정리하면 다음과 같다: 朴美慶, "賈玉銘牧師的生平與神學思想에 관한 研究"(석사 학위, 총신대학교, 2002- 중국어로 쓴 논문); 김영석, "한국 장로교회 개혁주의 신학의 연속성과 불연속성 연구: 가옥명의 기독교증험론을 중심으로"(석사 학위, 계명대학교 대학원, 2010); 안치범, "가옥명(賈玉銘, Chia Yu ming)의 신학 사상이 평양신학교에 미친 영향에 관한 연구" (박사 학위 논문, 안양대학교 대학원, 2011); 유광진, "가옥명의『성령론』연구"(석사 논문, 안양대학교 신학대학원, 2011); 문춘권, "중국 신학자 가옥명의 조직신학 사상 연구" (석사 학위 논문, 장로회신학대학교 대학원, 2012); 모영보, "개혁주의 관점에서 본 가옥명의 종말론"(신학 석사. 총신대학교. 2019); 주규현, "가옥명의 복음주의 신학 연구: 그의 신론 형성 과정을 중심으로" (철학 박사, 계명대학교, 2022).

33 朴美慶, "賈玉銘牧師的生平與神學思想에 관한 研究", 73.

과 應用을 强調하는 同時에 聖靈의 照明을 强調한다. 賈玉銘은 歷史에 根據하는 것보다 聖靈에 根據한 聖經의 眞理를 말한다. 그가 祈禱를 많이 한다는 認定을 받았기 때문에 有可能될 것이다. 예수 그리스도의 啓示와 진리 말씀에 根據한 生命神學을 말하지 않으면 안 된다. 內在적인 生命은 外在적으로 自然스럽게 흘러나온다. 內在적인 生命이 없으면 外在의 모든 것이 無意味한 것이다. 예수 그리스도를 계시하는 성경은 진리의 성령에 의해서 경험하게 되어야 하고 그리스도의 장성한 (분량만큼) 성장하는 것을 기독인의 최상 목표로 삼고 있다. 이런 생명을 지닌 교회의 공동체에서는 생명의 실재를 강조하는 동시에 생명력이 있는 조직체를 같이 강조하고 있다.[34]

최초로 가옥명에 대한 박사 논문을 쓴 안치범은 "가옥명의 계시론, 기독론, 구원론, 성령론, 교회론, 실천을 유기적으로 보면, 그의 신학은 개혁주의 신학의 전통 선상에 서 있는 것을 볼 수 있다"라고 평가했고, "이 기초가 지금의 한국의 장로교회의 개혁주의 신학뿐만 아니라, 한국 장로교 신학교의 조직신학의 근간을 이루는 중요한 역할을 한 것"이라고 긍정적으로 평가해 주고 있다.[35] 중국 한족으로서 필자에게 석사 논문 지도를 받은 바 있는 모영보는 가옥명의 신학적 특징들을 분석하면서, "중국 본토적 요소"와 "서구 신학적 요소" 등으로 분석해 주었다. 서구적인 영향으로는 긍정적인 측면과 부정적인 측면들이 혼합되어 있는데, 긍정적으로는 그의 신학 사상이 개혁주의적 요소를 가지고 있다는 점이고, 부정적으로는 "퀘이커 파(貴格會, Quaker)의

34 朴美慶, "賈玉銘牧師的生平與神學思想에 관한 硏究", 73. 문춘권 역시도 가옥명에 대해 긍정적으로 평가한다: "가옥명은 20세기 1920년대에 나타난 기독교회 신학자들과 함께 복된 복음의 말씀을 널리 진하면서 그 시기의 시대적 상황에서 그리스도인들을 사랑하는 마음으로 중국기독교회의 신학 사상 형성에 있어서 아주 견고한 조석이 되도록 일생을 모두 바친 하나님의 사람이다"(문춘권, "중국 신학자 가옥명의 조직신학 사상 연구", 88-90. 인용은 88).

35 안치범, "가옥명(賈玉銘, Chia Yu ming)의 신학 사상이 평양신학교에 미친 영향에 관한 연구", 148-149. 구체적으로는 "특히 계시관에 있어 성경에 대한 태도와 해석이 분명 하게 서 있음을 보았다. 성경을 통해 하나님의 존재를 사람에게 계시하였다고 말하고 있듯이 개혁주의 계시관과 성경론에 정확이 서 있음을 보았다. 또한 삼위일체에 있어 확고히 어거스틴의 삼위일체를 근거한 토대 위에 있다 할 수 있다. 다시 한번 강조하면 가옥명은 '아래서부터 위로'가 아니라 '위로부터 아래로'이며, 성령의 조명을 밝힘으로써 명확하게 개혁주의 신학의 선을 긋고 있다. 또한 구원의 서정을 통한 성화를 강조함으로 성도가 나아갈 길을 명확히 제시하고 있다"라고 말해 준다.

영향"과 플리머스 형제단의 세대주의가 그것이다.[36] 가옥명의 개혁주의적 특징에 대해서 모영보는 다음과 같이 정리해 준다.

> 가옥명은 신학 함에 있어서 항상 '그리스도와의 연합', '구원의 서정', '하나님 형상의 회복' 등을 중요시하였다. 그의 '그리스도 중심'의 신학적 중심은 분명히 개혁주의적 정신에 속한 것이다. 역사적으로 보면 가옥명의 신학은 칼빈주의와 밀접한 관계가 있다. 그 신학의 전승은 주로 장로교 프린스턴 신학교였다.[37]

가옥명의 성령론을 집중 분석하면서 그의 성령론이 오순절주의/성결교에 가깝다고 하는 기존의 비판에 대해서 반박하고 있는 유명진 역시도 가옥명은 주로 스트롱과 하지의 책을 자료로 삼았기 때문에 내용적으로도 유사성을 가진다고 말하고,[38] 심지어는 가옥명이 "영세(靈洗)"라고 한 것을 중생과 구별되는 성령 세례로 오해하는 것에 대해 오히려 성령 충만의 의미로 쓴 것임을 적시해 주었고,[39] 결론적으로는 다음과 같이 말한다.

> 그러므로 우리는 가옥명의 『성령론』을 자세히 연구함을 통해서 한국 초기의 장로교에서 배웠던 성령론과 성령 세례의 내용이 후기의 박형룡과 박윤선의 의해서 바뀐 것이 아니라 그 내용에 있어서 또 의미에 있어서 차이가 없음을 알 수 있었다.[40]

이처럼 가옥명의 신학을 보수주의 내지 개혁주의로 특징짓는 해석에 어느 정도 동의하면서도 좀더 넓게 복음주의자로 이해하려고 하는 해석을 하는

---

36 모영보, "개혁주의 관점에서 본 가옥명의 종말론", 12–19. 논문 제목에서 알 수가 있듯이 모영보의 논문은 가옥명의 종말론이 세대주의 전천년설이라고 하는 점을 원문에 근거해서 밝히고, 개혁주의 종말론의 관점에서 비판한 논문이다.

37 모영보, "개혁주의 관점에서 본 가옥명의 종말론", 12.

38 유광진, "가옥명의 『성령론』 연구", 63–64.

39 유광진, "가옥명의 『성령론』 연구", 51–62.

40 유광진, "가옥명의 『성령론』 연구", 65.

학자들도 있다. 최윤배 교수는 가옥명의 『성령론』을 논구한 학술 소논문에서 다음과 같은 결론을 제시하고 있다.

> 가옥명의 성령신학은 어떤 점에서는 예정론 수용 등 개혁신학 장로교회 신학을 공유하고 어떤 점에서는 성령 세례 이해 등 부흥 운동 신학, 침례교 감리교 순복음교회 등을 공유함으로써 개혁파 정통주의 신학의 골격을 대체로 유지하면서도 복음주의 신학이라는 보다 넓은 틀을 갖고 있는 신학이다 개혁파 정통주의신학이 일반적으로 보여 주는 성령의 약화를 가옥명은 충분히 보충해 주고 있고 부흥운동주의자들이 일반적으로 거부하는 예정론을 가옥명은 하이퍼-칼빈주의(hyper-Calvinism)를 피하면서 온건한 예정론을 주장한다 그 결과 그의 성령론 저서는 한국 기독교 개신교 내에서 초교파적으로 무난하게 사용될 수 있는 신학교재로 판단된다.[41]

또한 주규현은 2022년에 통과된 자신의 박사 논문에서 복음주의 신학이라는 관점에서 가옥명의 『신도론』에 담긴 신론을 논구하고 나서, 논문의 최종 결론을 다음과 같이 제시하고 있다.

> 결론적으로 가옥명은 신도론에 활용된 그의 성경 지식과 신학적 기반이 된 스트롱의 신학 지식, 그리고 자신이 가지고 있었던 동양의 철학적 지식을 통해서 근본주의 신학을 추구하기보다는 오히려 개혁주의 정통신학의 입장은 유지하면서 복음이 전파되는 시대상과 각 지역의 사회상에 따라 복음화의 효율성을 높이고자 한 복음주의 신학을 지향하고 있었다.[42]

주규현은 가옥명의 『신도학』이 "특정 교단의 교리에 국한되지 않고 여러

41 최윤배, "중국인 가옥명(賈玉銘; Chia Yu Ming, 1879-1964)의 성령론 연구", 156. 또한 중국인 신학자 송은 가옥명을 케직 신학자로 평가한다(Baiyu A. Song, "Jia Yuming (1880-1964)- A Chinese Keswick Theologian", *Journal of Global Christianity* 4/1 [2018]: 68-83).

42 주규현, "가옥명의 복음주의 신학 연구: 그의 신론 형성 과정을 중심으로", 125.

교단에서 함께 공유할 수 있는 복음주의적 신학"을 제시해 주고 있다고 평가해 주면서, 특히 그의 신론을 담은 『신도론』과 스트롱의 신론을 비교함을 통해서 자신의 그러한 논지를 입증해 보이고자 시도했다. 그가 주장하는 몇 가지 요점을 본다면 가옥명은 "삼위일체론에서 성서 비평을 활용"한다는 점, 스트롱처럼 유신진화론에 열려 있다는 점, 또한 "스트롱의 영향으로 가옥명은 구 프린스턴의 근본주의 신학이 만인구원론을 부정하는 것과는 다르게 구원의 대상의 폭을 넓게 이해하였다"는 점, 동양적인 용어들을 차용하여 신론을 전개하였다는 것 등이다.[43] 이러한 주현규의 해석적 판단에 의하면 가옥명은 보수주의적이거나 정통 개혁주의자라고 볼 수 없고, 바르트적인 구원관에 가까운 "넓은 의미에서의 복음주의"라고 할 수밖에 없게 된다. 특히 가옥명이 스트롱을 따라 유신진화론을 취함으로 역사적 아담의 실재성이나 아담의 죄의 전가와 같은 성경 근본진리들조차도 의심을 표현했다고 이해하는 것은 가옥명의 원전 속에서 분명하게 확인해 보아야 할 비판이라고 사료된다.[44]

이처럼 가옥명의 신학적 특징이나 경향에 대한 해석은 학자들에 따라 의견이 분분하고, 때로는 그의 입장을 현대신학에 친화적이게 만드는 경우도 있다는 것을 알 수 있다. 따라서 우리는 이러한 가옥명의 조직신학 교재를 면밀히 살펴서 그의 신학의 정체성과 실체를 선명하게 파악해야 할 필요성을 느끼게 된다. 그렇게 하는 것이 곧 가옥명의 신학뿐 아니라 레이놀즈의 신학과 평양장로회신학교의 조직신학 전통 이해에 관련되기 때문이다.[45]

---

43 주규현, "가옥명의 복음주의 신학 연구", 124–125.

44 주규현, "가옥명의 복음주의 신학 연구", 124–125: "가옥명은 스트롱의 신학에 근거해서 진화의 과정을 창조의 틀 안에서 이해하는 유신진화론적 입장을 취하였다. 이것은 오늘날 구약 창세기의 창조 기사가 진화의 과정임을 알리는 것으로 첫 사람 아담의 실재성에 대해 의심을 품고 있는 현대신학 사상의 이해에 도움을 주는 것이라 할 수 있다. 이런 입장은 창조론을 아담의 원죄와 타락 그리고 그리스도의 구원으로 이어지는 폐쇄적인 근본주의적 입장과 다른 것으로 미래지향적인 종말론적 창조론에 대한 이해를 가능하게 하였다."(주규현의 자세한 논의는 85–104를 보라). 분명한 사실은 『신도학』을 『조직신학』으로 역간하여 교재로 사용하고 있던 레이놀즈는 "진화론을 부인하는 제사실", 「신학지남」 16/5 (1934.9): 47–50에서 진화론을 강력하게 비판하면서 거부하였다는 사실이다.

45 모영보는 "그의 신학 사상에 대한 이해와 연구는 중국 교회의 신학과 한국 교회 초기 신학교 조직신학과 초기 목회자들의 사상에 있어서 중요한 의미"가 있다는 점을 잘 인식하고 있다(모영보,

레이놀즈(이눌서)가 번역 감수하여 출간한 가옥명의 『조직신학』

레이놀즈는 십수 년 동안 자신의 신도요론 공과책을 교재로 사용하다가, 1931년에 이르러 한국인 이영태와 정재면 목사 등으로 하여금 가옥명의 『신도학』(1921)을 한국어로 번역하게 한 후에 자신이 직접 감수(oversight) 작업을 하여 출간을 했고, 자신의 강의 교재로 사용하기에 이른다.[46] 평양장로회신학교 명의로 1931년 5–7월 사이에 6책으로 출간된 가옥명의 『조직신학』의 서지 사항을을 도표로 먼저 살펴보도록 하겠다

책명	번역자	쪽수	출간 일시
기독교 증험론(신학서론)	이영태 역	117	1931. 5.29.
신도론(신론)	정재면 역	104	1931. 6.28
인죄론	정재면 역	90	1931. 6.15
구원론(기독론)	이영태 역	105	1931. 7.23
성령론	정재면 역	106	1931. 7.30
내세론	정재면 역	104	1931. 6.27

레이놀즈는 감수자 서문(Foreword)을 통해 가옥명의 『신도학』 전체를 완역 소개하는 것이 아니라는 점을 밝힌다.[47] 원서의 제1권 총론을 생략해 버렸고, 자연신학(2권)과 계시신학(3권)을 묶어서 『기독교증험론』으로, 신론 편(4권)을 『신도론』, 원인 편(5권)을 『인죄론』으로, 구은 편(救恩編, 6권)을 『구원론』으

"개혁주의 관점에서 본 가옥명의 종말론", 12).

46 1915–1916년에 간행한 레이놀즈의 신도요론 3부작은 언문으로 되어 있으나, 가옥명의 『신도학』을 역간한 『조직신학』 전집은 국학문으로 되어 있다. 당시에는 영어보다 한문이나 중국 문서를 읽는 일이 쉬운 식자층들이 많았기 때문에 국한문으로 번역한 듯하고, 때로 이해하기 어려운 용어들도 많이 만나게 된다. 초기 한국 교회의 한문 문서와 번역에 관한 주제에 관한 광범위한 학술적인 논의는 옥성득, 『한국기독교형성사』(서울: 새물결플러스, 2020), 515–606을 보라.

47 W. D. Reynolds, "Foreword", in 가옥명, 『기독교 증험론』(평양: 장로회신학교, 1931), 페이지 없음.

로, 영공 편(靈功編, 7권)을 『성령론』으로 역간하고, 이미 「신학지남」을 통해 완역한 바 있는 영명 생활(靈命生活, 8권)은 생략하고, 내세 편(9권)은 『내세론』으로 역간했다.[48] 또한 가옥명의 원서 10권에 있는 입교 편(立教編)은 실천적 교회론을 담고 있는데, 이것은 다른" 분과에서 가르쳐지고 있기 때문"에 생략해 버렸다고 레이놀즈는 밝히기도 한다.[49] 레이놀즈는 번역자 남경에 유학했던 정재면이 대륙에서 일어난 전쟁을 피하여 귀국하면서 중국어 원서를 가지고 왔다는 점도 밝히는데, 두 사람의 번역자에 대해서도 확인해 볼 필요가 있다. 우선 원서를 가지고 왔고, 총 4권을 완역해 낸 정재면 목사(1884–1962)는 가옥명이 가르치던 금릉신학교에서 재학하다가(1925–1927) 귀국하여 평양장로회신학교에서 1년 더 공부한 후에 24회로 졸업하여 목사가 된 사람이었다.[50] 그리고 두 권을 번역한 이영태 씨는 평양 숭실전문 출신이자, 토마스 선교사를 죽인 병졸의 후손이었으며, 레이놀즈를 도와 개역 번역 작업에도 동참했을 뿐만 아니라, 최근에 밝혀진 바에 의하면 1980년대 북한의 〈공동번역성서 평양교정본〉 작업에도 참여했었다고 한다.[51]

레이놀즈의 감수자 서문을 통해 확인되는 또 다른 사실은 1931년에 책이 인쇄본으로 나오기 전에도 이미 등사본으로 만들어 신학교 교재로 사용되었다고 하는 사실이다.[52] 그리고 레이놀즈가 가옥명의 『신도학』 가운데 6책만 완역하여 출간한 중요한 이유를 1931년에 간행된 『장로회신학교 요람』에서 확인할 수 있다. 그 이유는 당시 레이놀즈가 신학교에서 맡았던 교과목들과

---

48 Reynolds, "Foreword." 가옥명의 "영명 생활"은 「신학지남」 12/3 (1930.5): 25–29; 12/4 (1930.7): 23–28; 12/5(1930.9): 22–26; 12/6 (1930.11): 15–16; 13/4 (1931.7): 8–12; 13/5 (1931.9): 12–17 등에 연속해서 기고되었다.

49 Reynolds, "Foreword."

50 https://m.pckworld.com/article.php?aid=8065215744. 2023.7.24.접속.https://encykorea. aks.ac.kr/ Article/E0076713. (2023.7.24.접속): "1925년부터 2년간 중국의 남경 금릉(金陵)대학 신학부에서 공부하였으며, 평양신학교에서 1년간 더 공부한 뒤 목사 안수를 받았다. 1928년부터 용정 은진중학교 교목으로 활동하다가, 1930년부터는 함경북도 청진과 원산에서 종교 활동을 통한 민족 운동에 매진하였다. 광복 후 독립촉성기독교 중앙협의회에 참여하고 『기독공보』 사장으로 활동했다. 말년에는 중앙교회에서 목회자로서 활동하다가 1962년 서울에서 별세하였다."

51 https://koreanchristianity.tistory.com/85(2023.7.24.접속). 성서공회 전 총무였던 민영진 박사의 증언을 토대로 옥성득 씨가 포스팅한 내용이다. 또한 2023.3.24.에 개최된 이눌서 선교사 세미나에서 민영진 박사의 발제를 통해서 다시 확인한 내용이기도 하다.

52 Reynolds, "Foreword."

연관성이 있다. 1931년 요람에 공지된 커리큘럼 중 조직신학 교과목만 뽑아서 보면 아래와 같다.[53]

	1학기	2학기	3학기
1학년	기독교 증험론(서론)	신도론(신론)	도덕학
2학년	인죄론	구원론(기독론)	신경
3학년	성령론(구원론)	말세론	

이제 가옥명과 『신도학』의 성격에 대해 레이놀즈가 어떻게 소개하는지를 잠시 주목해 살펴보도록 하겠다. 레이놀즈는 1931년 5월에 쓴 한국어 서문에서는 저자 가옥명에 대해 다음과 같이 소개해 준다.

> 씨(氏)는 지식이 풍부할 뿐 아니라 신앙이 특히 견실하고 경건함으로 일반 중국 선교사로부터 칭예를 성(盛)히 받는 목사요 또 교중으로부터 신망이 두터운 중국 교계 중진 중의 일인이라. 과반(過般) 남경 신학교 재임 시에 씨는 특히 중국 교계를 위하여 감(感)한 바 있어 상시한 제명사의 명저를 번역 혹 참조하여 일서를 이루니 이것이 곧 우리가 번역하는 씨의 명저 신도학이라. 동란으로 인하여 남경신학이 폐쇄됨으로 산동 지방 텅선 신학교에 분임(奔任)하여 교편을 잡은 이래 의연(依然) 성서를 강해하며 또한 그 축적한 학문과 지식을 경주하여 저서에 몰두하신다. 씨는 또한 중국예수장로교파 대회의 회장으로 활동한 일이 있으며 그의 간곡직절한 열변은 청중으로 하여금 저희들의 죄악을 회개하고 자복케 하고야 만다 하니 씨는 실로 필재(筆才)와 언재(言才)가 구전(俱全)한 중국 교계의 충복이오 사도라 하리로다.[54]

53 『장로교회 신학교 요람』(평양: 장로회신학교, 1931), 9–12.

54 Reynolds, "서문", in 가옥명, 『기독교 증험론』(평양: 장로회신학교, 1931), 페이지 없음. 레이놀즈는 가옥명, 『신도론』 앞에 실은 "Foreword"에서는 가옥명의 설교를 직접 들은 적이 있는 평양신학교 재학생 장인택의 증언을 다음과 같이 소개해 주고 있다: "He says that Prof. Chia spoke with great earnestness and directness, so that each hearer felt the message was intended for him, and was moved to confess his sins and repent." 또한 국한문 서문에서는 "우리가 그의 저서 중에

이렇게 저자에 대해 비교적 자세하게 찬하를 한 후에, 이어서 레이놀즈는 본서를 번역하여 소개하는 일이 무가치한 일이 아니라 여러모로 유익하다는 점을 밝힌다.

> 특히 신학교 교과서용으로 출간케 됨을 기뻐하는 동시에 교역자로부터 일반 평신도까지 물론 하고 본서로 말미암아 신앙에 다대(多大)한 유익이 있을 것을 예기(豫期)함은 대개 본서가 전권(全卷)을 통하여 기독교의 기초적 도리를 구명(究明)하였이라.[55]

이처럼 레이놀즈는 6권으로 발간하는 『조직신학』(『신도학』)이 기본적으로는 신학교 교재로 쓸 것이지만(이미 등사본으로 써 왔기도 하고), 일반 신자들이 기독교의 기초적 도리를 공부하기에 유익한 교재임을 적시해 준다. 레이놀즈는 또한 한국 독자들을 위한 서문에서 이 책은 A. H. 스트롱과 A. A. 하지의 교본을 근간으로 삼고, 남경 신학교 교수 선교사였던 P. F. 프라이스의 강의안을 참고하여 편술한 것이라고 소개한다.[56] 1931년 2월에 영어로 쓴 감수자 서문에 보면, 한글 서문과 달리 프라이스 교수가 『신도학』 앞에 영어로 쓴 서문에서 인용해 주고 있다.[57]

> 본서는 하지의 신학과 더불어 스트롱 박사의 조직신학을 기초로 한 것이다. 중국어로 된 주요 참고서는 P. F. 프라이스의 등사판 신학 노트였습니다. 저서의 절반은 번역과 각색이고 절반은 독창적인 자료이다. … 많은 성서 참조와 인용이 있으며 전체 작업은 분명히 성경적이다. … 주제들의 취급은 복음주의적이지만 분

서 경겅한 태도로 성경을 해석한 것만 묵찰(默察)하여도 그의 어떠한 인물됨과 신앙의 견확(堅確)함을 가히 알지라"라고 쓰고 있다.

55 Reynolds, "서문."

56 Reynolds, "서문."

57 필자가 가지고 있는 1994년(2판-1996-1998) 대만 판에는 프라이스 교수의 영어 서문은 없다. 아마도 1921년 첫 판에 수록되어 있었던 것으로 보인다.

파적이거나 교단적이지 않은 것을 목표로 하고 있다.[58]

마지막으로 한 가지 더 살펴볼 것은 레이놀즈는 가옥명의 『신도학』의 번역본 감수만 한 것이 아니라, 일종의 편집 작업도 진행했었다고 하는 점이다. 앞서 밝힌 대로 그는 『신도학』 전체를 번역하게 한 것이 아니라 일부는 빼고 번역했고, 어떤 곳에서는 본인의 글을 추가하여 실기도 했다.[59] 또한 가옥명이 1921년에 사용한 중국어의 난해한 용어들은 당시 조선에서 통용되고 이해되는 한문 단어들로 바꾸는 노력도 기울였고, 각 장에는 각 장에서 다루어지는 내용을 한눈에 파악하도록 각기 촬요(撮要)를 레이놀즈가 제시하고 있다.[60]

---

58 Reynolds, "Foreword." : "The work is based upon Dr. Strong's Systematic Theology, with parallel reading of Hodge's Theology. In Chinese the principal reference book has been Theological Notes in mimeograph by P. F. Price. The work is one half translation and adaption and one half original matter··· There are many Scipture references and quotation, the entire work being distinctly Scriptural··· The treatment of subjects aims to be evangelical but not sectarian or denomonational."

59 가옥명, 『인죄론』 제1장 천사와 마귀에 대한 논의는 레이놀즈의 『신학 공과』에서 옮겨 적었고, 5장 끝에 수록한 "죄인이 불능함"(86–87)은 레이놀즈의 『인학 공과』에서 가져온 것이다. 가옥명의 『성령론』에는 총 세 개 장(6장, 8장, 10장)을 레이놀즈 자신의 글을 추가하고 있다.

60 Reynolds, "例言", 가옥명, 『기독교증험론』, 1. 1930년대 한국 신학생들이 이해할 수 있는 한문들을 사용하여 국한문 혼용으로 번역했다고 밝히지만, 21세기 한국인들로서는 이해하기 어려운 한자 용어들이 빈번히 등장하고 있다.

2. 가옥명의 『기독교 증험론』

이제 우리는 레이놀즈가 정재면 목사와 이영태를 통해 번역하게 하고, 자신이 직접 감수하여 출간한 가옥명의 『조직신학』의 내용을 분석하고 평가하는 일을 진행하고자 하는데, 먼저 가옥명의 『기독교 증험론』을 살펴보고자 한다. 레이놀즈는 『神道學』 원서의 첫 권(총론)을 생략하고,[61] 2권 자연신학과 3권 계시신학을 묶어서 『기독교 증험론』이라고 명명했다.[62] 그리고 총 9개 장으로 구성했는데, 먼저 각 장 명을 보고 세부적으로 개관하도록 하겠다.

61 레이놀즈가 번역하지 아니한 제1권 총론에는 1장 도언, 2장 신학적 범위, 그리고 3장 신학(神學)여(與)종교(宗教) 등의 내용이 담겨 있다. 賈玉銘, 『神道學(上)』, 7–66을 보라.

62 Reynolds, "例言", in 가옥명, 『기독교 증험론』, 페이지 없음.

63 가옥명, 『기독교 증험론』, 목차(페이지 없음).

신의 존재하신 증거

1장에는 하나님이 존재하신다는 증거들을 약론하여 제시하고 있다. 가옥명이 제시하는 신 존재 증거란 다섯 가지이다. 첫째는 "우주의 유래로써 증함"인데, 가옥명은 무신론적 진화론이 주장하는 자연 발생이나 우연 변화에서 우주가 기원한 것도 아니며, 시작도 없는 순환도 아니며, 히브리서 11:3이 증언하는 대로 "전능하신 하나님이 본원(本原)"이시라고 논증해 준다.[64] 둘째는 "만물의 묘합(妙合)으로써 증하는 것"인데, 가옥명은 "만물의 기묘함을 본즉 모두 교묘(巧妙)하여 헤아리기가 불가하고 오직 사람으로 경탄"하게 만든다고 하면서 시각, 청각과 같은 인체나 다른 동물들의 기관들을 들어서 창조주의 경영임을 밝히고, "만물의 상응함"이나 "우주의 기체(機體)" 등의 제하에 많은 설명들을 제시해 준다.[65] 셋째 증거로 제시하는 것은 "만물이 의뢰(依賴)함"이다. 가옥명은 "만물은 반드시 신력(神力)을 의뢰하여 지지"될 뿐 아니라, "신공(神工)을 기다려 계속 된다"는 점을 설명한다.[66] 가옥명이 제시하는 네 번째 신 존재 증거는 "인류의 심령"에 근거한 것이다. 그는 인간이 가지고 있는 시비지심(是非之心), 도덕성, 양심 등을 근거로 제시하고, 또한 인류는 누구나 "신을 아는 양지(良知)"를 가지고 있다거나 신앙심을 가지고 있다는 것 등을 제시했다.[67] 그가 제시하는 마지막 다섯 번째 증거는 "현연(顯然)한

---

64 가옥명, 『기독교 증험론』, 2–5. 가옥명은 무신론적 진화론으로는 "만물의 래원을 해석치 못할지니 이런 학설로써는 결코 무생명자가 어떻게 유생명자 됨을 증명할 수 없다"라고 반박해 준다. 이는 세포로부터 위대한 동물에 이르기까지 "그 기묘함이 무궁"하기 때문이다(5).

65 가옥명, 『기독교 증험론』, 5–8.

66 가옥명, 『기독교 증험론』, 8–9. 가옥명은 세 번째 증거를 제시하면서 서두에 유신진화론에 대해 긍정적으로(혹은 비평 없이) 소개해 주는 것을 보게 된다: "과학계 중에 유신진화론을 주지하는 자들이 오직 하나님이 우주와 대본(大本) 되심을 믿을 뿐 아니라 또한 만물이 하나님께로 말미암아 유지되며 구획됨을 아나니 만일 그렇지 않다면 만물이 또한 결코 금일의 현상을 얻지 못하였을 것이니라." 앞서 논급한 대로 주규현은 자신의 박사 논문인 "가옥명의 복음주의 신학 연구", 124–125에서 "가옥명은 스트롱의 신학에 근거해서 진화의 과정을 창조의 틀 안에서 이해하는 유신진화론적 입장을 취하였다"라고 평가하였다.

67 가옥명, 『기독교 증험론』, 9–11. 가옥명은 다양한 세계 종교들을 언급한 후에 이 모든 종교가 "이 신앙심으로부터 오지 않음이 없나니라. 비록 사람의 신앙이 편오(偏誤)함이 많이 있으나 그러나 이 신앙의 실제, 즉 사람의 천성과 아(我)의 본질이 모두 우주 진재(眞宰)를 묵인하는 징명(徵明)"이라고 평가한다(11).

영력(靈歷)"을 들어 증거함이다. 영력이라는 것은 영적인 경험을 말하는데, 가옥명은 "세계 인류는 어느 나라 민족 됨을 말할 것이 없이 모두 신인교감의 지언(至言)"이 있다고 말한 후에 다양한 경험들을 열거해 준다.[68]

신의 유일함

"신의 유일함"이라는 제목의 2장을 시작하면서 가옥명은 1장에서 다룬 신 존재 증거들이 유익하나, 모든 사람들에게 믿음에 이르게 할 만큼 증거의 기능을 하지는 못한다는 한계를 인정하면서 시작한다.[69] 그러하기에 각종 철학적인 신 관념들이 제시되었고, 종교마다 신 이념들이 각기 다르게 제시되었음을 설명해 준다. 먼저는 "각종 철론(哲論)의 억설"이라는 제하에 유물론(materialism), 유심론(spiritualism), 만유신론(범신론, pantheism), "미가지론"(= 불가지론, agnosticism), 그리고 "천연론설(天演論說, 필자–naturalism)" 등을 비판적으로 소개해 주고,[70] 이어서 각종 종교의 신 관념으로 바라문교의 "혼연일신설", 페르시아 종교의 "이원설", 군신설(群神說), 동양적인 "천지음양이기설(天地陰陽理氣說)" 등을 비판적으로 소개해 준다.[71] 가옥명은 모든 종교의 기원이 "모두 인류의 유구한 신 공경하는 천성으로 말미암았다"는 점을 적시하면서, 이러한 천성이 같은데도 왜 신 관념에 차이가 있고 다양한지에 대해서는 "신을 아는 원지는 각기 환경, 교육, 풍속, 풍화(風化) 등의 부동함을 인하여 크게" 달라지기 때문이라고 해설해 준다.[72]

이처럼 철학적 신 관념들이나 종교적 신 관념들이 "진리로 더불어 부합치 아니 할뿐더러 더욱 과학과 물리에 징(徵)하여 보아도 또한 오류됨이 많다"라

68 가옥명, 『기독교 증험론』, 11–12.

69 가옥명, 『기독교 증험론』, 12–13. 개혁신학자 바빙크 역시 여러 신 존재 증명을 소개한 후에, 증명이 아니라 증거(*testimonia*)의 기능을 가질 뿐이며, 특히 신자들에게 유익한 측면들을 잘 적시해 준다(Bavinck, *Reformed Dogmatics*, 2:72–91).

70 가옥명, 『기독교 증험론』, 13–20.

71 가옥명, 『기독교 증험론』, 20–24.

72 가옥명, 『기독교 증험론』, 20–21.

고 비판한 후에, 마지막으로 "유일 진재(眞宰)의 증거"를 제시하고자 한다. 가옥명은 일월성신의 운행을 예로 들어 "일위진재에서 근원한 중앙집권의 명징"이라고 주장하고("우주의 협화로 증거"), 둘째로는 만사 만물 가운데 일정한 공리와 이치가 작용함을 들어 한 분 하나님의 재치(宰治)로 말미암음을 말하고("만물의 공리로 증함"), 세 번째로는 만물에 "조물주의 권능이 광대함과 무소불능함과 무소불리(無所不理)과 무소불포함"이 드러남에 근거하여 일신의 존재를 증거하고자 하고("신의 권능으로 증함"), 네 번째로는 측량할 수 없는 우주의 무량무한함을 만드신 홀로 존재하시는 무량무한하신 하나님을 증거할 수 있다고 말하고("신의 무량[無量]으로 증함"), 마지막으로 "고교(古教)로 증함" 등의 증거를 제시해 준다.[73]

가옥명은 결론 부분에서 이상의 논의를 바탕으로 "이 천연(天然)신도(神道)는 비록 물류에 나타나지 않음이 없고 없는 곳이 없다"는 점을 인정하면서도, 인간의 지력으로는 깊이 통찰하거나 설명하기 어려워서 여러 가지 그릇된 이론에 이르게 된다는 점을 적시해 주고, 하나님을 아는 지식에 이르는 바른길을 다음과 같이 적시해 준다. "그러므로 신도(神道)를 연구할 적에 우리의 신 공경하는 천성과 신도를 발전하는 지식에 근본할지라."[74]

신의 소저(昭著)[75]

3장에서 가옥명은 "우주 만물을 관찰하여도 또한 족히 하나님께서 어떻게 소저됨을 더욱 징(徵)하다"고 하면서, 두 방면에서 논의를 전개한다(정면으로 논하기와 반면으로 논하기). 첫째 "정면(正面)으로 말하면"이라는 제하에, 하나

73 가옥명, 『기독교 증험론』, 25–27. 마지막 "고교의 증거"에서 가옥명은 흥미로운 주장들을 한다. 즉, 일신교가 퇴화됨으로 다신교로 퇴하하고, 다신교가 진화하여 일신교가 되었다는 주장과 중국 고서에서 신을 상제(上帝)라 칭한 것은 "유심(有心)유지(有志)하신 주재에 속함으로 더 유대교에서 칭하는 하나님으르 더불어 암합(暗合)되나니 대개 먼 옛적 사람이 오히려 신도의 진의를 잃지 않은 족증(足證)"이라고 하는 논평이다(27).

74 가옥명, 『기독교 증험론』, 27.

75 소저(昭著)라는 중국어는 형용사로 "obvious, clear, evident" 등의 의미를 가진다(https://en.wiktionary.org/wiki/%E6%98%AD%E8%91%97. 2023.7.27. 접속).

님은 모든 생명체와 생령을 창조하신 분이기에 "영활(靈活)하신" 분이시며,[76] "비단 생령만 될 뿐 아니라 또한 성위(成位)되신 영"이시고,[77] 우주 만물의 섭리를 살필 때 "권능이 막대하신 분"이시며,[78] "지혜가 가득한 진재(眞宰)"이시며,[79] "하나님의 작위(作爲)와 계획은 본성의 자동함으로 말미"암으시고,[80] "무진(無盡)의 자비"를 사람을 위해 베푸시는 분이시며,[81] 또한 "천법(天法)을 집행하시며 대공(大公)을 잡으신" 공의로우신 분이시고,[82] "성선(聖善)하신 분"이시며,[83] "유일한 진재(眞宰)"이시며,[84] "자유(自有)하며 영존하는 진재"이시며,[85] 시간 공간과 대비적으로 "무한무량하신 분"이시며,[86] 높이 거하실 뿐 아니라 미약한 우리에게 가까이 계시며 "밀절(密切)히 관계하시는" 진재이시라고 논증한다.[87] 가옥명이 이렇게 적시하는 12가지 하나님의 성품은 모두 하나님이 지으신 우주 만물을 살피고, 인간을 살필 때 소저(명백)한 것이라고 생각하는 바이다.[88]

---

76 가옥명, 『기독교 증험론』, 28.

77 가옥명, 『기독교 증험론』, 28-29.

78 가옥명, 『기독교 증험론』, 29.

79 가옥명, 『기독교 증험론』, 29-30. 지혜로우신 하나님에 대해 논의를 마치면서 가옥명은 다음과 같이 진술한다: "대개 우리가 만물을 관찰하고 그중에 지광(至廣)지심(至深)한 의도와 지대(至大)지묘(至妙)한 지혜가 있음을 깊이 알게 되면 부득불 지혜가 가득한 진재의 존재함을 인(認)치 아니할 수 없을 것이라"(30).

80 가옥명, 『기독교 증험론』, 30. 가옥명은 곳곳에서 동양의 비인격적 이기(理氣)설에 대해 비판적으로 언급하고 있다.

81 가옥명, 『기독교 증험론』, 30-31. 가옥명은 하나님께서 지으신 세상 가운데 인간을 위해 베푸신 무궁무진한 자비를 강조해 주고, 사람의 천성에도 자애와 측은지심(惻隱之心)을 주셨음을 적시해 준다.

82 가옥명, 『기독교 증험론』, 31. 가옥명은 인간의 양심이 타락하지 아니하였으면 하나님이 주신 공의에 맞게 시시비비를 가리고 선악을 분별할 수 있었을 것이라고 부연한다.

83 가옥명, 『기독교 증험론』, 31-32. 사람도 죄악에 빠지기 전 "처음 지음받은 처음엔 그 받은 바 천성이 실로 지극히 성선하여 가히 하나님의 대표가 되었을지라"라고 가옥명은 바르게 말해 준다(32).

84 가옥명, 『기독교 증험론』, 32.

85 가옥명, 『기독교 증험론』, 32.

86 가옥명, 『기독교 증험론』, 32. 가옥명은 당시 발전된 천문학적 지식을 따라 우주 공간을 측량하기 어려울 만큼 무한하다는 점을 적시하면서, 그러한 공간을 지으신 하나님의 무한무량하심의 증거로 삼는다.

87 가옥명, 『기독교 증험론』, 32-33.

88 가옥명, 『기독교 증험론』, 33-34에서 가옥명은 앞선 논의들을 압축해서 요약해 준다. 그리고 가옥명은 "개벽(開闢) 이래로 하나님이 사람에게 보이지 않았으나 그 지으신 물(物)로써 가히 알지니… 실로 세인이 암매(暗昧)하여 보지 못함을 가히 개탄하리로다"라고 탄식하기도 한다.

두 번째로 가옥명은 "반면(反面)으로 말하면"이라는 제하에, "우주만상을 널리 본다면 진실로 하나님이 어떻게 소저(昭著)됨을 볼 것"임에도 불구하고 인간의 우매함으로 인하여 다양한 종교들은 "신도(神道)에 대한 결함"을 제시하여 왔다는 것을 다루고자 한다. 그는 세계 각종교들이 가진 교리적 결함들로 "하나님의 품덕(品德)에 대한 관념이 그릇됨", "신인 교통에 대한 관념이 그릇됨", "죄악에 대한 관념이 그릇됨", "제죄(除罪)에 대한 관념이 그릇됨", "영생에 대한 관념이 그릇됨"을 설술해 준다.[89] 인간의 종교들의 결함과 오점들을 적시한 후에, 가옥명은 "만일 계시의 신도가 없다면 우리가 또한 마침내 망양흥탄(望洋興嘆)할 뿐이오, 종내 신도의 구경(究竟)을 밝힘이 없을 것"이라고 끝맺는다.[90]

계시의 요략(要略)

가옥명의 『기독교 증험론』의 4장은 "계시의 요략"이라는 제목을 가지고 있다. 중국어 원문에 의하면 앞의 1–3장은 "천연신학(天然神學)"이라는 제목의 제2권을 번역한 것이고, 이제 시작되는 4장 이하는 제3권 "계시신학(啓示神學)"의 번역임을 알 수 있다.[91] 가옥명이 말하는 천연신학이라는 것은 자연신학(theologia naturalis)을 의미한다. 그러한 천연신학에 의해서도 하나님의 존재하심은 명백하지만, "대저 천도는 오묘하고 신학은 심원함으로 사람의 안광과 식견을 가지고 그 원위(原委)를 궁구할 수 없다"라고 가옥명은 적시한 후에, 성령의 인도하심과 성경이 필요하다고 말한다.[92] 4장에서 가옥명은 네 가지 주제를 다룬다. 계시의 필유(必有), 계시의 의의(意義), 계시의 방법(方法), 계시의 긴요(緊要) 등.

---

89 가옥명, 『기독교 증험론』, 34–38.

90 가옥명, 『기독교 증험론』, 39. 망양흥탄(望洋興嘆)이라는 중국어 문구는 "to lament one's littleness in face of something vast and great; to feel powerless in face of a great task"의 의미이다(https://en.wiktionary.org/wiki/%E6%9C%9B%E6%B4%8B%E8%88%88%E6%AD%8E. 2023.7.28.접속).

91 賈玉銘, 『神道學(上)』, 71–136(券二. 天然神學), 137–252(券三. 啓示神學).

92 가옥명, 『기독교 증험론』, 39.

첫째, 계시의 필유에서 가옥명은 계시가 왜 필요한지를 밝힌다. 우선은 인간 방면에서 말하기를 사람의 이성의 한계 때문이고, 나아가서 사람은 죄에 빠져 있기에 진리를 깨닫지 못한다는 점, 각 종교의 구원의 도를 볼 때 자력 구원의 길은 없다는 것, 세계사를 보더라도 "어느 시대나 종족 됨을 물론 하고 신을 아는 지식에 암매하고 도덕에 결함" 됨을 보여 주기 때문에 계시가 필요하다고 설명해 준다.[93] 그러고 나서 "신방면(神方面)으로부터" 설명해 주는데, 비록 인간이 죄에 빠지고 미혹되었다고 하더라도 "우리를 사랑하시는 하나님은 자기의 자애(慈愛)와 덕성과 의지(意旨)와 율례와 구원과 및 여러 가지 영에 속한 요도(要道)와 진리를 일일이 사람에게 현시할 밖에 없다"라고 설명해 준다.[94]

둘째로 계시의 의의에서는 계시(啓示)가 무엇인지 설명은 먼저 해 준다.

> 계시라 함은 즉 하나님의 영이 옛적 성현들을 감동하여 하나님의 신성하고 오묘한 의지(意旨)를 밝힘요, 성현들이 신령을 의빙(依憑)하여 발언하며 영감으로 말미암아 저술한 것을 성경이라 하나니(…).[95]

가옥명은 그리스도의 신인 양성처럼 성경도 "신의 성서요 영감으로 말미암은 성령의 말씀"이면서 각 저자의 인간적인 차이점들을 드러내 준다고 말해 준다. 소위 이는 유기적 영감설(organic inspiration)에 관한 설명인 셈이다.[96] 가옥명은 계시의 3종류(묵시, 현시, 묵감[黙感])를 소개하고 "이러한 3종의 계시로써 기술하여 두신 목적은 사람의 뜻을 용납지 않고 그 아름다운 뜻을 영원

---

93 가옥명, 『기독교 증험론』, 40. 이처럼 가옥명은 인간이 빠져든 죄성이 인식 기능에도 영향을 미친 것을 적시해 주고 있으며, 인간의 이성만으로는 "삼위일체의 묘의(妙義), 속죄의 구은(救恩), 영생의 경상(景狀)" 등을 깨닫지 못한다고 밝힌다.

94 가옥명, 『기독교 증험론』, 41.

95 가옥명, 『기독교 증험론』, 42.

96 가옥명, 『기독교 증험론』, 42. "이는 즉 계시가 신인 쌍방의 일이 됨이니 비록 영감으로 말미암아 신언을 발하며 신지(神旨)를 전하나 또한 계시를 받는 자의 심령과 才智도 영어 화함이 되어 극히 활발하게 신지神旨)를 봉승(奉承)하며 영의 소용이 되어 성령의 순수기(順手器)가 됨으로 그 발하는 말이 진실로 신언이 됨이라."

히 유전케 하려 하셨다"고 적시해 준다.[97]

셋째로 가옥명은 하나님께서 계시하시는 방식에 대해서는 "사람의 방언"을 통해, "형상을 이루어 사람에게 나타나시는" 신현의 방식으로, "이몽(異夢)"을 통해, "비몽사몽으로", "성령의 감동으로" 하시고, 종내에는 그리스도의 성육신을 통해서 하신다고 여섯 가지로 설명해 준다.[98] 하나님은 구약 선지자들과 신약 성도들에게 이러한 계시의 방식의 하나님의 뜻을 알려 주셨다고 가옥명은 강조하고, 그 계시하시는 방식은 "사람의 정황에 맞게 적합하도록 임기응변(臨機應變)하셨다"라고 설명한다.[99]

네 번째로 가옥명은 계시의 긴요(緊要)함에 대해서 말해 주는데, "영생영사에 유관하며 우리 신령을 위하여 가장 필요한 것"이 계시라고 강조하고, 그 가치와 계시의 유익에 대한 성경적인 교훈을 여러 가지로 요약 제시해 주고, 계시의 말씀을 어떻게 다루어야 하는지 훈면(訓勉), 즉 훈계의 말도 해 준다.[100]

> 그러므로 우리는 성경을 잠심(潛心) 연구하여 그 중의 진리를 추구함이 마땅하니라. 만일 그렇지 않으면 무엇으로써 생명을 얻으며 무엇으로써 하나님을 인식하며 무엇으로써 그리스도에게 귀의(歸依)하며 무엇으로써 천로(天路)의 지남침(指南針)을 삼으며 무엇으로써 평생의 표준을 삼으리오.[101]

계시의 증거

가옥명은 『기독교 증험론』 5장에서는 계시의 증거를 일곱 가지 대지로 제시해 주고 있다. 그는 서두에서 계시를 나일강에 빗대어 하나님의 성산에서

97 가옥명, 『기독교 증험론』, 42-43.

98 가옥명, 『기독교 증험론』, 43-45. 가옥명은 그리스도의 도성인신에 대해 "신의 영광이 나타남이오, 신 본체의 진상이 나타남이니 신으로 더불어 동생(同生), 동재(同在), 동영(同永)한 태초의 도"라고 설명한다.

99 가옥명, 『기독교 증험론』, 46.

100 가옥명, 『기독교 증험론』, 46-48.

101 가옥명, 『기독교 증험론』, 48.

먼저는 히브리 민족에게 주어지고, 그리고 만국 만민을 살리는 생명의 하수라고 설명해 준다. 그리고 나서 "그러면 하나님께서 과연 어떻게 진리로써 사람에게 계시하였으며 또 계시가 과연 있다면 필경 무슨 증거가 있느뇨?"라고 질문을 제기한다.[102] 첫째로 그가 제시한 것은 예수님의 증언으로서, 예수님의 말씀 가운데 확인되는 다양한 구약 인용과 사용에 대해 예시하면서 "예수께서 구약 말씀은 곧 신의 계시하신 도(道) 됨을 명인(明認)"한 것이라고 적시해 준다.[103] 또한 예수님은 구약의 여러 사실들을 인용하시면서 허탄한 이야기가 아니라 사실임을 증거해 주셨다고도 말한다. 신약에 관련해서도 성령의 계시 사역을 예고하신 대로, 오순절 성령 강림 이후 제자들의 복음 전도와 성경 기록을 보면 성취되고 있는 것을 확인할 수 있다고 적시해 준다.[104]

둘째 증거는 "저자 개인의 증거"인데, 먼저는 예수님이 자신이 하신 말씀의 근원이 하나님의 말씀임을 자증하신 것이나, 구약 모든 선지자와 사도들이 자신들이 전하는 말씀이 인간 저자의 말이 아니라 하나님의 말씀을 대언하는 것임을 자증한 것들을 일목요연하게 제시해 준다.[105] 특히 레위기에만 해도 "여호와께서 모세를 부르시고 그에게 말씀하여 이르시되"라는 어구가 36회나 기록된 것을 언급하면서 다음과 같이 언명하기도 한다.

> 이런 어구를 읽는 자–어찌 신전에 공경치 않으며 받들어 하나님의 주신 성언(聖言)이 아니라 하리요! 청컨대 상주(上主)의 말씀을 삼가 듣고 준행(遵行)하여 만홀히 여기지 말지라.[106]

셋째로, 가옥명은 성경의 예언들이 성취된 것을 들어 계시의 신언(神言)됨의 증거로 제시한다. 그는 "우리가 가진 성경은 신으로 말미암은 묵시(默示)

---

102 가옥명, 『기독교 증험론』, 49.
103 가옥명, 『기독교 증험론』, 50–51.
104 가옥명, 『기독교 증험론』, 51–52.
105 가옥명, 『기독교 증험론』, 53.
106 가옥명, 『기독교 증험론』, 53.

니 그 양호한 증거는 즉 예언"이라는 말로 시작해서, 예언의 정의를 내리고, 예언과 남보다 탁월한 안목을 가지고 미래를 내다보는 것과의 차이를 설명해 주고 나서, 구약의 이스라엘과 열국에 대한 예언들뿐 아니라 그리스도에 대한 다양한 예언들을 나열해 주고, 신약의 여러 예언들도 열거해 준다.[107] 이렇게 예언을 주시고 성취하게 하심을 통해 "하나님의 신지(神知. 신적 지식-필자)가 시간에 한제됨이 없고 왕고래금(往古來今)에 모두 영원한 현재뿐이므로, 만세 초부터 만세 종까지 만사 만물이 그의 목전에 소저(昭著)됨을 알게" 하신다고 예언의 목적을 적시해 주기도 한다.[108] 가옥명은 이러한 예언 하나로써도 계시의 충분한 증거가 된다고 확신하는 것을 보게 된다.

넷째 증거는 성경에 기록된 신적(神蹟. 신적 이적-필자)들인데, 가옥명은 신적들은 성경의 신언(神言)됨을 증거하는 "철증(鐵症)"이라고 강조해 준다. 그는 신적(miracles)의 특징을 설명하고, 또한 반대 의견과 그릇된 설명들을 반박하고, 여러 신적의 예들을 열거하여 증거를 삼는다. 그 가운데서 가옥명이 특히 강조한 것은 "그리스도의 품격(즉, 위격-필자)과 그 부활"이다.[109] 이 두 가지 중요한 신적들이 믿을 만한 증거를 가지고 있기에, 나머지 신적들을 못 믿을 이유가 없다고 강하게 말하는 가옥명은 이어서 예수님과 사도들을 통해 신적을 주시는 이유는 그들이 증거하는 말씀이 하나님의 말씀임을 증거하기 위한 것이라고 적시해 준다.[110]

가옥명이 제시하는 다섯 번째 증거는 "성경의 시종(始終)이 일관(一貫)"하다는 것이다. 인간 저자들의 서책들과 달리 성경은 여러 시대에 걸쳐, 여러 종류의 저자들이 기록했음에도 불구하고 모순되거나 불합함이 없이 시종일관하다는 것을 말하고, 그 이유로 "성경 각 권이 영감(靈感)과 천계(天啓)로 말미

107 가옥명, 『기독교 증험론』, 54-56.

108 가옥명, 『기독교 증험론』, 56-57. "이로 말하면 성경의 예언은 이미 이렇듯 많고 분명하니 대개 예언의 일단(一端)으로써도 또한 족히 성경이 계시로 말미암았음을 증할지라"(57).

109 가옥명, 『기독교 증험론』, 57-59.

110 가옥명, 『기독교 증험론』, 59. "질언(質言)하면 성경의 신적(神蹟)은 즉 하나님이 그 진리를 위하여 인친 인증(印證)이니라." 질언이라는 한자의 뜻은 "참된 사실을 들어 딱 잘라 말함"의 의미이다.

암아 신이 주신 성언(聖言)이 됨"이라고 설명해 준다.[111] 가옥명은 "만약 성경을 일러 성령의 대저작(大著作)이 아니라 하면 또한 마침내 그 내력을 해석치 못하게 된다"라고 확언하기도 한다.[112]

여섯 번째 증거는 "성경의 오묘(奧妙)"함이다. 고대 희랍 철학자나 공자 등의 세상 가르침과 달리 성경에서 가르치는 바는 "모두 적확하고 상명한 진리뿐"이기에, 비록 무학자라고 하더라도 "성령의 감통(感通)함과 묵우(默祐)함이 있다면" 이해할 수 있다고 가옥명은 말한다.[113]

마지막 일곱 번째 증거로 제시된 것은 "성경의 능력으로 증함"이다. 성경 말씀의 "영활하며 유력한 말씀"이기에 사람을 거듭나게 하고, 거룩한 사람이 되게 하는 등 변화를 줄 수 있다고 가옥명은 설명해 준다.[114]

계시의 각설(各說)과 실제

가옥명은 『기독교 증험론』 6장에서 그릇된 계시관들을 비판적으로 소개하고, 계시의 실제(實際)를 제시하는 데로 나아간다. 먼저 그는 계시에 대한 억설(臆說)들을 정리하여 준다. 첫째는 "도덕성과 진리가 인천성(人天性)의 발전과 양지의 계오(啓悟)에 근원하였다"라고 주장하는 "양지발전설(The Intuition Theory),"[115] 둘째는 성경 계시는 "성도의 받은 보통 감동이 그 마음을 개발시켜 성경의 진리를 영오(領悟)함"과 다르지 않다고 주장하는 "보통계발설(The Illumination Theory),"[116] 셋째는 "성령이 저작자의 마음을 감동하여 그 소서(所書)로 하여금 진리에 적합케 하되 다만 겨우 의의(意義)만 감동하고 언사(言辭)는 계시함이 아니라"라고 주장하거나 달리는 "도덕과 진리의 범위"에만 영감

111 가옥명, 『기독교 증험론』, 60.

112 가옥명, 『기독교 증험론』, 61. 가옥명은 구약과 신약의 관계에 대해서도 잘 설명해 주는데, "구약을 읽을수록 반드시 신약의 의지를 더욱 알 것이오, 신약을 상고하면 또한 반드시 구약의 오묘함을 더욱 밝힐지라"고 말한다(61).

113 가옥명, 『기독교 증험론』, 61.

114 가옥명, 『기독교 증험론』, 62.

115 가옥명, 『기독교 증험론』, 63–65.

116 가옥명, 『기독교 증험론』, 65–66.

되었을 뿐이라고 주장하는 "묵감의의설(The Dynamical Theory)" 등을 비판적으로 다룬 후에,[117] 가옥명은 "겸시문자의의설(兼示文字意義說, The Verbal Theory. 필자- 축자적 영감설)"를 정론으로 소개하고 해명해 준다. 디모데후서 3:16–17이 말씀하는 대로 성경은 문자와 의의(義意) 모두 영감이 되어 일체 오류가 없다고 하는 사실을 가옥명은 명시적으로 강조해 준다.[118]

계시관을 다룬 후에, 가옥명은 "계시의 실제"를 세 방면에서 다루어 준다. 첫째는 "사람(人) 방면"으로라는 제하에 그는 앞서 다루었던 그릇된 계시관을 반복하여 설명한다. 즉, 성경 저자의 영지(직관)가 발전하여 된 것도 아니고, 보통 묵감을 받음으로 말미암은 것도 아니고, 문자는 아니지만 의의(義意)만 감동받은 것도 아니고, 반은 신적이고 반은 인적인 의견인 것도 아니라고 부정적인 형식으로 재진술해 준다.[119]

두 번째로 "하나님(神) 방면"으로라는 제하에 가옥명은 하나님께서 계시를 하시는 방식을 "직접 계시"하시기도 하시고, "은연(隱然)한 감통(感通)"의 방식을 취하시기도 하시며, 또한 저자의 경험과 상식을 차용(借用)하시기도 하신다고 설명해 준다.[120] 이러한 설명 중에 가옥명은 하나님이 인간의 정도에 맞추어 일상 언어로 말씀하신다거나, 유오(有誤)한 인간 저자를 사용하시어 무오(無誤)한 말씀을 전달하신다는 점 등에 대해 적시해 주고 있다.[121]

세 번째로는 "신인쌍방(神人雙方)으로 말하면"이라는 제하에 하나님께서 계시를 주실 때 인간 저자에게 속한 "심재(心材), 재학(才學), 경력 등"을 차용하시어 사용하시는 "묘공(妙工)" 또는 "묘합(妙合)"에 대해 해설해 주고,[122] 그

---

117 가옥명, 『기독교 증험론』, 66–68.

118 가옥명, 『기독교 증험론』, 68–70. 가옥명은 사본이 아니라 "성경 원문이 영의 감동으로 말미암았으므로 조금도 오류가 없다"라고 적시한다(69).

119 가옥명, 『기독교 증험론』, 70–71. 물론 영감이 임하면 인간이 기계나 목석처럼 되는 것이 아니라 모든 영적 기능이 밝아지고 강해진다는 점을 가옥명은 적시해 주기도 한다(71).

120 가옥명, 『기독교 증험론』, 71–73.

121 인간의 수준에 맞추어 말씀하신다는 것은 개혁주의 신학자들에 의해 "하나님의 맞추어 주심"(*accomodatio Dei*)라고 일컬어져 왔다.

122 가옥명, 『기독교 증험론』, 73–74. 이러한 가옥명의 설명은 전통적인 개혁주의 영감관이 말하는 유기적 영감설(organic inspiration)에 부합하는 내용들이다. 개혁주의 유기적 영감설은 Bavinck, *Reformed Dogmatics*, 1:431–439을 보라.

적의(適宜)에 대해 말해 준다. 비록 유기적 영감설이라는 전문 용어를 사용하지는 않았지만, 가옥명은 개혁주의가 표방하는 유기적 영감론의 내용을 자신의 방식으로 잘 설명해 주는 것을 확인하게 된다. 6장의 논의를 "종언(終言)"하는 다음의 문장들에서도 그러한 가옥명의 견해가 선명하게 제시되고 있다.

> 소위(所謂)의 계시는 이에 성령이 성경 저자들을 권고하며 묵연(默然)히 감통하여 그의 깨닫지 못함을 열어 깨닫게 하며 그의 밝히지 못함을 인도하여 밝혀 주며 그의 결(缺)한 바를 보충하며 그들의 그릇된 바를 바르게 함으로써 혹 증(增) 혹 감(減)케 하며 혹 사(舍) 혹 취(取)하게 하였느니라. 그러므로 사서자가 모두 각각 그 재화를 진(盡)하였다고 할지라도 또한 신이 허락하고 인도하고 권고하고 묵윤(默允)하고 또 사람이 자지(自知)할 수 없는 바를 알게 하며 사람이 자위(自爲)할 수 없는 바를 이루게 하심이니 어찌 그 소서(所書)가 신의 명시(命示)와 영의 감통함으로 말미암지 않았다 하리오![123]

성경이 정경됨

가옥명은 성경이 하나님의 영감된 계시의 말씀으로 정확 무오함을 앞서 증거한 후에, 이제 7장에서는 성경의 정경(正經)된 증거를 내증과 외증으로 나누어 제시해 준다. 먼저는 내증을 제시하는데, 가옥명은 성경 내에 제시된 절기와 인물, "저자가 자기 민족의 죄를 은휘(隱諱)치 않은 것", "성경의 문법", "성경 저자의 자격", 성경이 모든 사람의 영적 수요에 적합함, 성경의 말씀들이 서로 "은합(隱合)"된다는 것 등을 들고 나서, "대저 신도(神道)의 거(據, 증거-필자)는 신도 이외에 있지 않고 신도 중에 있다"라고 적시해 준다.[124]

123 가옥명, 『기독교 증험론』, 75.

124 가옥명, 『기독교 증험론』, 76-79. 가옥명은 "우리가 대강이라도 성경의 대의(大意)를 알면 문득 그 분명한 증거를 얻음으로 자연(自然)히 이 서(書)가 진실무위(眞實無僞)함을 믿을 수 있다"라고 토로한다(79).

가옥명은 성경의 외증들도 많다고 언급한 후에, 먼저 "유대인의 중시함", "발견된 고적(古蹟)", 사마리아 오경과 유대인 오경의 내용 일치, 고대의 다양한 제례나 이야기 등을 성경과 비교함, 유대 역사가 요세푸스의 기록, 성경의 원본의 권수와 현재 우리가 가진 성경의 권수가 같음, 70인 역문(Septuagint), 예수님과 사도들의 구약의 영감 인정 등을 구약에 대한 외증으로 제시한다.[125] 이어서 신약의 외증을 다루는데, 가옥명은 초기 신약 목록들과 현재 신약의 목록이 대체로 일치하는 것, 교부들의 기록, 로마 역사 기록, 시리아 역본(즉, Targum), 이슬람교의 꾸란에 언급된 내용들 등을 그 외증으로 열거해 준다.[126]

성경의 정경 됨의 내증과 외증을 제시한 후, 가옥명은 "저자 가빙(可憑)의 증거"를 다룬다. 그는 신약 저자에 대한 초기 여러 교부들의 증거로부터 시작해서, 심지어 이단 마르시온의 신약 목록 포함하여 다양한 증거들을 나열한 후에, 397년 카르타고("카다게") 공의회에서 결정된 신약 정경 목록은 현재 우리가 가진 27권과 다름이 없다고 결론짓는다.[127] 이어서 구약 저자에 관해 다루면서, 근대에 제기된 오경에 대한 비평학적인 견해들(그라프까지)과 이사야와 다니엘에 대한 비평적인 입장들을 잘 소개한 후에,[128] 전통적인 오경의 모세 저작설에 대해 예수님과 사도들의 증언을 들어 입증하고, 성경 자체의 내용을 들어 저자들의 영감받음과 무오함을 천명한다.[129] 가옥명은 "성경의 진 가치는 사서자(寫書者)가 확실히 성령의 감동으로 말미암아 하나님의 진리를 표현함에 있고, 저작자가 누구됨을 밝힘에 있지 아니하다"라고도 말한

125 가옥명, 『기독교 증험론』, 79–81.

126 가옥명, 『기독교 증험론』, 81–83. 특히 가옥명이 이슬람 꾸란의 기록들이 신약의 내용들과 부합함을 제시하는 것을 주목해 볼 필요가 있다: "회회교조 모함멧씨가 … 예수의 언행을 감시치 않을 수 없다 하고 예수의 모친이 동정녀 마리아 됨을 명언하고 또 예수를 칭하여 진신(眞神)의 도라 하고 또 그의 사후 부활과 세례 요한의 일까지 말하였나니 그 논한 바가 또한 성경 말씀으로 더불어 상합하느니라."(83). 이슬람교의 예수 그리스도의 신성 부인과 삼위일체 곡해에 대해서는 이상웅, 『박형룡 신학과 개혁신학 탐구』, 639–644를 보라(동서 626–655에 수록된 필자의 논문은 "개혁주의적 관점에서 본 이슬람교의 신관"에 대한 연구이다).

127 가옥명, 『기독교 증험론』, 83–85.

128 가옥명, 『기독교 증험론』, 86–88.

129 가옥명, 『기독교 증험론』, 88–91.

다.[130] 가옥명은 A. H. 스트롱의 신학 교본에서 많은 내용을 가져와 활용하고 있음에도 불구하고, 성경관에 있어서는 미국 구학파의 영감과 무오설을 그대로 수용하고 있음을 보여 준다.[131]

성경 품평설(品評說)을 변박함

이어지는 8장에서는 "고고학가와 사학가와 과학가 등이 성경에 대하여" 제기한 품평들에 대해 가옥명은 정리해 준다. 그는 성경의 문제점들을 제기하고, 비판하는 품평들이 결과적으로 성경의 권위를 흔들 수 없다는 점을 명시하면서, 그 구체적인 것들이 무엇인지 열두 가지나 "약거(略擧)"해 준다.

첫째 품평은 기록한 성경의 사실 가운데 확실치 않은 것이 있다고 하는 것으로, 홍수 기사의 부정확함을 들어 비평하는 이들에게 가옥명은 홍수의 목표하는 바가 인간의 죄를 씻음에 있기 때문에 지역적인 홍수 사건이었다고 답하고, 아브라함이 이삭을 제사드리려고 한 것은 인신공양(人身供養)의 문제가 아니라 부활 신앙에 기초한 것이었다고 답을 하면서 반박해 준다.[132]

둘째 품평은 "과학으로 더불어 충돌됨이 있다"라는 것으로, 예컨대 창세기 1장의 날이나 여호수아가 해와 달이 멈춘 사건 등과 같은 것을 들어 성경을 비판하는 것이다. 이에 대해 가옥명은 성경과 기독교가 "충돌하지 않는다"라는 것을 자신 있게 말하고, 도리어 성경이 "과학의 연원(淵源)"이 된다고 답해 준다. 창세기 1장의 날은 "6태양일이 아니오 6대시기"라고 답을 하고, 여호수아의 기도 응답으로 해[와] 달이 멈추었다고 하는 표현도 허구가 아니라 "보통한 언어"로 신적 이적을 표현한 것이라고 답을 한다.[133]

---

130 가옥명, 『기독교 증험론』, 91.

131 김영석, "한국 장로교회 개혁주의 신학의 연속성과 불연속성 연구: 가옥명의 기독교 증험론을 중심으로" (신학 석사, 계명대학교 대학원, 2010)에서 개진된 논의와 평가를 보라.

132 가옥명, 『기독교 증험론』, 92–93.

133 가옥명, 『기독교 증험론』, 93–95. 죽산 박형룡 역시도 1931년에 완성하고 제출한 박사 논문에서 기독교와 과학이 충돌되는 것이 아니라, 과학에서 끌어낸 반기독교적 추론들이 문제라는 것을 변증학적으로 제시한 바가 있다(Hyung Nong Park, "Anti-Christian Inferences from the Natural Science" [Ph. D. diss., Southern Theological Baptist Seminary, 1933]).

셋째 비방하는 반대는 성경의 연록(年錄)에 오류가 있다고 하는 주장인데, 이는 고대 역사 기록과 성경 기록 간에 상충되거나 모순되는 것들을 근거로 제기되는 주장이다. 이에 대해 가옥명은 특이하게도 "성경 소재(所載)의 모든 일을 만약 연록대로 하였다면 문란하며 전도됨이 유필(有必)할지니 대개 성경의 기사는 매양 연록을 따라 하지 않고 특이한 기법을 써 그 기술의 목적을 달하였다"라고 답변을 한다.[134]

넷째 성경 각 권의 기록 사이에 차이가 있는 것을 들어 성경의 영감성을 비판하는 이들이 있는데, 특히 구약 본문과 신약에서의 인용의 차이나 사무엘서와 역대기 간의 동일한 사건을 두고 숫자가 틀리거나 내용이 다른 경우들을 가옥명은 주목하고 일단 성경 사본을 베껴 쓴 이들의 오류가 있을 수 있다는 점을 적시한다. 그리고 때로 각 저자에 따라 표현 양식이 다르가는 점을 말하면서 "어찌 각 권의 소재가 차별됨이 있다고 망령되이 성경을 성신으로 말미암은 계시가 아니라 하리오"라고 반문한다.[135]

다섯째 비평의 근거는 성경의 기록 가운데 "도덕으로 더불어 불합(不合)"한 내용들인데, 가옥명은 여러 비판 거리들을 열거하고 일일이 답변해 준다. 아브라함, 야곱, 다윗 같은 인물의 죄와 허물을 은휘치 않고 기록하게 하신 것은 도덕적으로 인정하는 것이 아니라 그들의 약함과 허물을 보여 주기 위해서라고 해석을 해 주기도 하고, 가나안 민족 진멸에 대해서는 하나님이 악이 관영하여 심판하신 것이며 후일 자기 백성들에게 내리신 심판이 더 크다는 점을 적시해 주기도 한다.[136]

여섯 번째 비평적인 반론은 신약에서 구약을 인용할 때 "간혹 부동(不同)하다"는 것인데, 가옥명은 그 원인이 신약 저자들이 70인경에서 인용하는 경우들이 있음을 지적하고, 또한 신약의 인용이 달라 보여도 불합한 것이 아니라 "구약의 진의를 발명(發明)"하는 것이라고 답변하기도 한다.[137]

134 가옥명, 『기독교 증험론』, 95–96.
135 가옥명, 『기독교 증험론』, 96–97.
136 가옥명, 『기독교 증험론』, 97–99.
137 가옥명, 『기독교 증험론』, 100.

일곱 번째 품평의 내용은 성경 예언에 오류가 있다고 하는 것으로, 이에 대해 가옥명은 구약의 예언 가운데도 이중적인 성취를 의도한 것들이 있고, 예수님의 감람산 강화도 3중의 성취를 의도하고 있는 것이어서 오류처럼 보일 뿐이라고 답을 한다.[138]

여덟째 제기된 비평은 몇몇 성경은 영감되지 않았다고 하는 주장이다. 가옥명은 기본적으로 66권의 영감과 무오를 확집하여 가르친 사람이기에, 이 비판에 대해서도 조목조목 답을 한다. 야고보가 말하는 선행의 경우는 바울이 이신칭의를 말할 때 그 믿음과 같은 것이라고 해설하고, 야고보의 선행은 "신심이 있는 선행"이라는 것, 아가서의 경우 부부의 천연적 사랑이나 육욕적인 사랑으로 이해하면서 영감성을 부인한 이들에 대해서는 아가서는 그리스도와 성도의 사랑의 교제를 가리킨다고 답을 한다.[139]

아홉째 비평의 소재는 욥기, 잠언, 전도서, 요나서 같은 성경은 영감된 것이 아니라 인간의 경험을 담은 서책이거나 비유적인 것이라고 하는 것인데, 가옥명은 이에 대해서도 반박한다.특히 욥과 요나의 경우는 신약에서 실존인물로 인정하고 있는 것을 볼 때 그 기록을 믿을 수 있다고 답변한다.[140]

열째 반론은 성경책의 표제에 나오는 이름을 가진 필자가 손수 쓴 것이 아니라고 하는 것인데, 대표적으로 모세오경 편집설과 제1, 2이사야설 등을 가옥명은 언급한다. 그는 신명기 34장을 제외한 나머지 오경 본문들은 모세가 쓴 것이고, 이사야서는 40년에 걸쳐 썼기 때문에 한 저자여도 문체상 차이가 있을 수 있다는 점을 적시해 준다. 또 다니엘서의 주전 2세기 사후 저작설에 대해서도 신약의 증거에 입각하여 주전 6세기 다니엘이 쓴 예언서라고 반박한다.[141]

열한째로 열거하는 비평은 바울이 주님의 말씀과 자기의 소견을 구분한 고린도전서 7장 같은 본문으로, 바울이 말하는 개인의 사견은 영감되지 않았

---

138 가옥명, 『기독교 증험론』, 100-101.

139 가옥명, 『기독교 증험론』, 101-102.

140 가옥명, 『기독교 증험론』, 102-103.

141 가옥명, 『기독교 증험론』, 103-104.

다고 함에 대해서 가옥명은 그렇지 않다고 반박한다.[142]

열두째 비판 거리는 성경 저자들의 "재화(才華)와 학식"이 각기 다르게 표출되는 것을 볼 때 성경은 영감된 것이 아니라 옛 성현들의 글처럼 인간 작품이라고 하는 것인데, 가옥명은 이미 앞서서 자세하게 설명을 하였기에 간략하게 반박을 한다.[143]

성경의 특색

앞서 성경의 영감에 대해 제기된 열두 가지 반론을 논파한 후에, 9장에서 가옥명은 "성경의 공력과 감력과 효과가 세계와 교회와 인심에 표현되며 성공"한 것을 들어서 성경의 오류없음을 설명하는 데로 나아간다. 그가 제시하는 성경의 특색은 일곱 가지이다.

첫째로 가옥명은 성경은 "우리 신앙의 유일한 준칙(準則)"이라고 말한다. 그는 옛 성현의 글도 준칙이 될 수 없고, 천주교가 주장하는 바 교황의 교령, 회칙 등도 준칙이 될 수 없고, 오로지 영감된 성경만이 "무상(無上)의 준칙"이라고 강조해서 말한다.[144]

> 질언(質言)하면 우리의 성경은 이에 계시로 말미암았음으로 무릇 도의 혹시(或是) 혹비(或非)와 진리 혹 거짓의 문제든지 혹 하나님 혹 인간에 관한 문제든지 혹 금생이나 혹내생에 유관한 문제를 말할 것이 없이 모두 성경으로써 결단치 못할 것이 없나니(…).[145]

성경의 두 번째 특징은 "우리 위인(爲人) 되는 무상의 표준"이라고 가옥명은 제시한다. 성현의 책들로 위인 됨의 표준을 이룰 수 없으나, 성경을 표준

142 가옥명, 『기독교 증험론』, 105.
143 가옥명, 『기독교 증험론』, 105-106.
144 가옥명, 『기독교 증험론』, 107-108.
145 가옥명, 『기독교 증험론』, 108-109.

삼을 때 완전한 자가 되고, 그리스도를 닮은 자가 될 수 있음을 적시한다. 가옥명은 성경을 표준 삼고 매일 같이 공부하는 자는 "그 풍성과 인격이 현연(顯然)하지 않은 자"를 보지 못했다고 강변하기도 한다.[146]

셋째 특색은 성경에는 활발한 생명과 능력이 있다고 하는 것이다. 가옥명은 말씀의 능력에 대해 언급하는 여러 구절들(히 4:12; 벧전 1:23; 요 6:63)을 소개한 후에, 성경 말씀은 박해를 받으나 마침내는 로마 제국도 복음화하여 로마교의 근거지가 되게 했고, 섬에 사는 야만 식인종들도 복음이 변화시키고, 오대양 육대주 어디에 살든지 성경은 활발하게 역사하여 변화시키는 힘이 있다고 열거한다.[147]

가옥명이 제시하는 성경의 특색 혹은 공력의 네 번째 특색은 성경이 개인이나 사회를 변화시키는 아름다운 열매들을 많이 산출한다는 것이다. 개인의 경우 "가장 고결하며 특출한 인격"을 산출하고, 사회의 온갖 악습과 부정부패를 일소하면서 미풍양속을 만들고, 약한 자들을 돌보는 여러 실천적인 기관들이 생겨나게 하는 등 많은 변화들이 성경이 전파됨으로 가능해졌다는 점을 상세하게 예증해 주고 다음과 같이 결론짓는다.

> 총(總)히 말하면 백 년 이래로 세계가 진화의 시대를 이룬 그 소이(所以)는 태서의 도가 널리 전파됨이니 소위 세계와 진(眞)문화와 인군(人群)의 진(眞) 행복은 성경으로 말미암아 산출치 아니함이 어디 있는가?[148]

다섯 번째 특색은 성경이 구원의 책이라는 것인데, 가옥명은 성경의 목적은 "오직 하나님께서 그 구은(求恩)을 표현하여 구세의 은공(恩功)을 이룸에 있을 뿐"이라고 적시한다. 물론 우리를 구원하시는 분은 예수님이시지만, 성경

---

146 가옥명, 『기독교 증험론』, 109.

147 가옥명, 『기독교 증험론』, 110–111. 가옥명은 심지어는 이 암흑의 세계가 장차 성경의 능력에 의해 기독교 낙토가 될 것이라는 기대를 표현하기도 하는데, 일견 이는 성령의 역사에 의한 복음화로 황금시대가 올 것을 기대하던 후천년설의 입장인 듯 보인다. 그러나 『내세론』에서 명시하듯 그의 천년기론은 세대주의 전천년설이었다.

148 가옥명, 『기독교 증험론』, 112–113.

은 그 예수님을 증거해 주는 책이기 때문이다.[149]

가옥명은 성경이 교회에 주신 값진 유산이라는 것을 여섯째 특색으로, 성경의 불가사의의 신묘막측한 특색들이 있음을 마지막으로 제시하고 나서 『기독교 증험론』을 끝맺는다.[150]

이상에서 우리는 가옥명의 성경관에 대한 논의를 살펴보았다. 장로교 신학을 공부했고, 스트롱만 아니라 하지의 책과 장로교 선교사였던 프라이스의 책을 토대로 『기독교 증험론』을 저술한 만큼 그의 성경관은 상당히 보수적인 색채를 가진다. 특히 축자적 영감설과 유기적 영감설을 확집한다는 점에서 그러했다. 레이놀즈를 비롯하여 초기 한국 장로교 선교사들은 대체로 구학파에 속한 보수적인 장로교인들로서 성경 영감과 무오에 대한 신앙이 확고부동했기 때문에, 가옥명의 보수적인 성경관은 호의적으로 여겨졌을 것이다. 비판적인 논평을 제시한다면, 가옥명이 현대 과학에 경도되어 있다 보니, 창세기 1장의 날(yom)을 시대 이론으로 해석하여 비평에 답변을 하는 것은 그의 특이점이자 우리가 동의하기 어려운 점이라는 것이다. 그러나 레이놀즈 역시도 앞서 본 대로 우주의 창조에 관해서는 억조 년을 말하기도 하기에, 가옥명의 이런 해설도 문제로 여겨지지 않았었을 수도 있다. 하지만 후대에 신학하는 우리들 입장에서는 과학적인 논의를 성경 본문 이해에 끌어들여서 읽은(eisgesis) 것이라고 비판할 수밖에 없다.

---

149 가옥명, 『기독교 증험론』, 113-114. 가옥명은 성경이 구은의 책임을 강조하면서 총 4단계로 시대를 구분해 주기도 한다.

150 가옥명, 『기독교 증험론』, 114-116.

3. 가옥명의 『신도론』 - 가옥명의 신론

레이놀즈가 번역 감수한 가옥명의 『조직신학』 제2권은 『신도론(神道論)』이라는 제목을 가지고 있다. 내지에 있는 영문 제목을 보면 "신론"(Theology Proper or the Doctrine of God)에 대한 논의인 것을 알 수 있다.[151] 감수자 서문을 보면, 레이놀즈는 『신도론』 역시도 자신의 방식대로 다소 편집 작업이 가해진 것임을 알 수 있다.[152] 우선 『신도학』 원서 1장에 있던 "경신지원(敬神之源)"을 『신도론』 1장으로 옮겨 번역하였는데, 이에 대해서 레이놀즈는 "증험론의 항(項)수를 축소하는 익(益)이 있을뿐더러 신도론에 속함이 더욱 당연하다고 추정"했기 때문이라고 밝힌다.[153] 이러한 장의 위치 이동 사항은 한 가지가 더 있으니, 천사와 마귀에 대한 논의인 "영계의 사공(事功)"을 『인죄론』 초두로 옮긴 것이다.[154] 이렇게 조정을 한 후에 역간된 『신도론』의 목차는 다음과 같다.

제1장 경신지원(敬神之源)

제2장 신의 성(性)

제3장 신의 덕(德)

제4장 삼위일체

제5장 신의 공작(工作)[155]

---

151 가옥명, 『신도론』 (평양: 장로회신학교, 1931), 내지(페이지 매김 없음).

152 가옥명, 『신도론』, 앞부분에 레이놀즈의 영어 서문(Foreword)과 국한문 서문이 수록되어 있다.

153 Reynolds, "서문." "경신지원"은 원서에서 賈玉銘, 『神道學(上)』, 73–86에 수록되어 있고, 본격적인 신론은 賈玉銘, 『神道學(中)』에 있다.

154 Reynolds, "서문."

155 가옥명, 『신도론』, 목차(페이지 매김 없음).

레이놀즈는 감수자 서문에서 본서의 주요 내용과 특징에 대해서도 명시해 준다. 가옥명의 『신도론』은 "신도(神道)에 대하여 신의 성덕과 공사 등을 논구한 것"이며, 본서는 "합리적, 학구적, 성경주의적 태도로써 과학의 미망을 배격하고 우주를 창조하신 제일 진재(眞宰)가 엄연히 존재함과 그 신능(神能)신덕(神德)을 모두 상론하고 우주 만유가 또한 모두 신의 재치하에 있음을 명증하였다"라고 레이놀즈는 평가해 준다.[156]

경신지원(敬神之源)

이제 『신도론』의 내용을 차례대로 살펴보고자 하는데, 1장은 "경신지원"이라는 제목을 가지고 있다. 가옥명은 먼저 기독교 신관이 어떠한지를 요약적으로 제시한 후에, 신도에 대한 연구는 인간의 이성을 의지하면 안되고, "하나님이 계시하신 성경으로써 신도를 연구하는 의거(依據)를 삼아야" 한다는 점을 바르게 강조해 준다.[157]

가옥명은 우주 만물 중에도 하나님에 대한 계시가 드러나고 있고, "만국만대가 경신지심을 공유"하고 있어 그 형태상과 내용상의 차이가 있을지라도 신을 섬긴다는 측면에서는 같다는 점을 적시하고, 이러한 경신(敬神)함의 기원이 무엇이냐고 묻는다.[158] 이와 같은 질문에 대하여 가옥명은 두 가지의 해석을 제시하는데, 첫째는 그릇된 해석이고 둘째는 자신의 해석이다.

그릇된 기원설

첫째 그는 "사이비비설(似而非非說)"이라는 제하에 경신지원 혹은 종교의

156 Reynolds, "서문." 역본을 준비하면서 번역은 정재면 목사가 했지만, 역문을 수정하고 출판하준비를 위해 수고한 이는 숭실전문 출신의 이영태 임을 들어 감사하기도 했다.

157 가옥명, 『신도론』, 2. 가옥명이 정리한 기독교 신관의 요약은 다음과 같다: "대저 하나님은 이에 영이여서 신묘막측하며 그 도가 현묘(玄妙)하여 알기 어렵나니 무한무량하시며 무시무종하시며 전지전능하시며 전선전의(全善全義)하시며 자재영유하시며 순수유일하시며 만미(萬美)가 안에 가득하며 만덕이 밖으로 흐르며 자성(自誠)자족하시며 은택이 무진하시며 신호기신(神乎基神)하여 불가사의하신 자시라"(1–2).

158 가옥명, 『신도론』, 2.

기원에 대해 제시된 여러 그릇된 이론을 검토한다. 그가 제시하는 사이비설로는 조상들의 유전에서 기원했다는 입장, 만사 만물을 관찰하고 감상(感想)적으로 기원한다는 설, 열력(閱歷, "여러 가지 일을 겪어 지내 옴"의 뜻–필자)에 따라 후대에 생겨났다는 설, 이성에서 기원했다는 설 등으로 가옥명은 일일이 논박한다.[159] 인류는 처음부터 다신론이 아니라 일신론을 가지고 있었다는 점, 이성은 지식의 확장을 하게 하나 종교의 본원이 될 수는 없다는 점 등을 강조한다.[160] 뿐만 아니라 밖으로부터 오는 계시가 종교의 본원(경신지원)이라는 주장에 대해서도 가옥명은 예리하게 반박한다. 그는 "하나님께 대한 우리의 적확 또 청진(淸眞)한 신앙과 및 도중의 순수하고 고상한 지식이 모두 계시신학으로 유래됨"을 분명히 인정하면서도, 종교 혹은 경신지심의 근원은 "내구(內具)한 영명(靈明)으로 말미암은 것"이기 때문이라고 그 이유를 적시한다.[161] 심지어 성경을 모르는 야만인들이나 소통이 불가능한 장애자들에게서도 경신지심을 발견할 수 있는 것을 볼 때 외래적 계시가 근원이 아니라 본성의 문제라는 것을 강조하는 것이다.[162]

올바른 설명

이어서 가옥명은 경신지원 혹은 종교의 기원에 대한 합당한 설명을 제시하는 데로 나아간다. 먼저 그는 경신지심은 "천성에 근원한다"라고 적시하고, 인심(人心), 각 종교, 무신파 등의 관점에서 증험을 제시한다. 가옥명은 경신지심의 근원은 "사람의 천성에 근본"을 둔다든지 혹은 "사람의 영각(靈覺)과 신 공경하는 천성(天性)에 본(本)"한 것이라고 강조한다. 심지어는 의식적인 무신론자들조차도 위급한 때는 신을 찾는 것도 그 천성에 경신지심이

159 가옥명, 『신도론』, 2–6.

160 가옥명, 『신도론』, 5–6. 가옥명은 관찰과 이성적 추론이 종교의 근원이 될 수가 없으나, "이성으로 말미암아 가히 신의 실유(實有)함을 증명함은 사실"이라고 말한다.

161 가옥명, 『신도론』, 6–7. 가옥명의 자세한 설명을 인용하자면 "하나님께 대한 우리의 지식은 실로 영지, 영각, 영목, 영명으로 말미암아 얻는 것이오, 이성의 우열에나 이성을 정용(正用)함에" 있지 않다(6).

162 가옥명, 『신도론』, 7.

있기 때문이라고 일갈하기도 한다.[163]

경신지심(종교)의 근원은 또한 "원지(原知)"로 말미암는다고 가옥명은 말하고, 원지의 의미를 먼저 설명한다. 그에 의하면 원지는 "무릇 배우지 않고 아는 것"을 말하고, "그 지능하는 것을 양지(良知)"라고 구별된다.[164] 이는 "계오함이 있기 전에 이미 심령 중에 인쳤다"는 의미도 아니고, "초생 시에 곧 현연(顯然)하게 안다"는 것도 아니고, "열력(閱歷)과 사오(思悟)를 말미암지 않고 자현(自顯)한다"는 것도 아니라고 한다. 오히려 "사람의 경력과 사오를 능케 하는 원인이 되며 일체 지식의 본원"이 되는 것을 말한다고 해명한다.[165] 이어서 가옥명은 이러한 양지의 세 가지 특징을 적시하는데, 세상 사람들이 모두 공유한 지식이라는 것, 사람의 필유하는 바요, 다른 원리들보다 앞서 있으며 "자유(自有)의 원리"라고 하는 것 등이다. 가옥명은 원지의 보편성, 필유성, 그리고 독립성을 상세하게 설명을 해 준다.[166] 이러한 원지를 통해 사람은 신 지식을 어느 정도 가질 수 있고 어떤 형태든지 종교심을 가지게 된다고 그는 해설한다. 물론 그도 아담의 타락 이후 인류가 빠진 인식론적인 문제점들을 잘 인식하고 있다는 것은 불문가지이다.[167] 다만 가옥명이 원지와 양지라는 구별을 통하여 경신지심(혹은 종교)의 기원을 설명하는 내용을 보면, 개혁주의 신학자들의 "선천적 신 지식과 획득된 신 지식"(cognitio Dei insita et aquisita)에 대한 논의와 맥을 같이 함을 알 수 있다.[168]

신의 성(性, 본성의 속성)

가옥명은 2장에서 신의 속성을 다루는데, 먼저 신이 무엇인가에 대해 정의하거나 설명을 하기가 어렵다는 점을 적시한다. 그러한 이유는 무엇보다

163 가옥명, 『신도론』, 7–9.
164 가옥명, 『신도론』, 9.
165 가옥명, 『신도론』, 10.
166 가옥명, 『신도론』, 11–16.
167 가옥명, 『신도론』, 15–16.
168 자세한 논의는 Bavinck, *Reformed Dogmatics*, 2:53–91를 보라.

유한한 인간의 지력 탓이라는 점을 인정한다. 그는 웨스트민스터 소요리문답 4문답(언급하지는 않았지만)을 인용하면서, "이 어구로써 신의 불변하는 칭위(稱謂)를 정하게 되었나니 이 간괄(簡括)된 말이 상주(上主)의 신 되시는 소이(所以)를 넉넉히 표시하였다"라고 소개한다.[169] 그리고 가옥명은 "이 시대에 있어 신성을 이해함에 반드시 의자(依藉)할 방법"이 다섯 가지가 있다고 하면서 해설해 준다. 첫째 방법은 하나님의 형상으로 지음 받은 인간이기에 "인성으로 반조(反照)"하는 방법으로, 그 내용상 탁월함의 방법(*via eminentiae*)을 말하고 있다.[170] 둘째 방법은 우주 만물을 실험하면 "능히 영원한 능력과 영원성을 볼 수 있다"는 것이다. 셋째 방법은 "신성의 사진(寫眞)"이자 "진절(眞切) 무오한 확증"인 성경을 의거하는 것인데, 이는 "가장 미묘(美妙)"하다고 한다. 넷째는 하나님의 본체의 형상이신 그리스도를 살피는 것이다. 다섯째는 성신의 가르치심을 받는 것이다.[171]

가옥명은 신속성론을 크게 두 가지 부류로 나눈다. 2장에서 다루는 것은 "본체의 속성"이라고 부르고, 3장에서 다루는 것은 "시비(是非)의 속성" 또는 "신의 덕(德)"이라고 부른다.[172] 이제 우리는 2장에서 그가 개진한 "본체의 속성" 8가지를 간략하게 개관하기로 한다.

영존하신 영

가옥명은 첫 속성으로 하나님께서 "영존하신 영"이시라는 것을 제시한다. 먼저는 영의 의미를 "육체가 아니며 물질도 아니오 또한 원질도 아니"시라고 하는 의미라고 해설해 준다. 영이시기에 인간의 감각 기관에 의해 감지될 수

169 가옥명, 『신도론』, 18. 앞서 본 대로 레이놀즈도 소요리문답 4문답을 중시하여 자신의 신속성론의 골자로 삼았다(이눌서, 『신학 공과』, 26). 소요리문답 4문에 대한 답은 다음과 같다: "God is a Spirit, infinte, eternal, and unchangeable, in his being, wisdom, power, holiness, justice goodness, and truth."

170 가옥명, 『신도론』, 19.

171 가옥명, 『신도론』, 19.

172 가옥명, 『신도론』, 19. 개혁주의 진영의 신속성론에서는 비공유적 속성(*attributa incommunicabilia*)과 공유적 속성(*attributa communicabilia*)으로 양분하여 다루는 것이 대세이다. 대표적인 예로 Bavinck, *Reformed Dogmatics*, 2:148–255를 보라.

있는 존재도 아니시라는 것이다.[173] 하지만 성경에는 하나님이 이목구비를 가지고 계신 것처럼 표현하지 않느냐는 반문에 대해서는 "모두 세인의 보통하는 말을 빌려 신의 거동하심을 표현한 소이"라고 설명하고, 그렇게 하심으로 "신이 세인을 어여쁘게 여겨 능히 깨다를 수 있는 바로써 말씀하신" 것이라고 적시해 준다.[174] 또한 육체가 없는 영이시나 하나님은 "육신을 입고 있는 우리로 하여금 깨닫게 쉽게" 하시기 위해 사람의 모양으로 나타나셨으며, 하나님의 아들 그리스도가 육체를 입으시기까지 하셨다는 점도 강조하여 말해 준다.[175]

가옥명은 하나님이 영이시기에 두 가지 속성을 가지신다고 소개한다. 첫째는 "무지무각한 이기(理氣)"가 아니시고, "살으시고 참되신 하나님"이시며 "우주 간에 일체 생명의 본원(本源)"이시라는 것이다.[176] 둘째 의미는 하나님은 신격을 가지신 분이시라는 것이다. 인간도 짐승과 달리 인격을 가지고 있지만, 하나님의 신격은 제한이 없는 "완전한 인격"이시라고 가옥명은 적시해 준다.[177]

하나님의 영성(spirituality)에 대한 세 번째 논의는 "어떻게 신이 생존하는 영인 줄 아는가"하는 증거 문제이다. 가옥명은 모든 인간의 마음에 하나님을 두려워하는 마음이 있다는 것, 만물의 관찰을 통해서 알 수 있고, "세계 역사를 고찰하여 보면 인간의 국권을 장악한 일위 우주 진재(眞宰)가 존재함"을 알 수 있으며, 성경의 증거를 통해 명확하게 알 수 있다고 설명해 준다.[178]

자유(自有)와 영유(永有)

가옥명이 두 번째로 제시하는 본성의 속성은 자유하시며 영유하시는 분이

---

173 가옥명, 『신도론』, 20.

174 가옥명, 『신도론』, 20. 바빙크는 이러한 내용을 신인동형론(anthropomorphism)이라는 용어로 해설해 준다(Bavinck, *Reformed Dogmatics*, 2:99–105).

175 가옥명, 『신도론』, 21.

176 가옥명, 『신도론』, 21–22.

177 가옥명, 『신도론』, 22.

178 가옥명, 『신도론』, 22–23.

시라는 것인데, 이 속성의 "묘리(妙理)"를 인간의 이성으로 파악하기 어려우므로 "오직 성경으로써 근거를 삼을" 것을 강조하면서 시작한다.[179] 그의 논의는 자유와 영유 두 가지로 나누어 개진된다.

첫째 하나님의 자유(自有)하심에 대해 세 가지 측면에서 접근한다. 지어진 만물은 "근본이 없는 살아 계신 영에서 비롯"되었으며, 무본하다는 것은 자유함을 가지신 분이시라는 이치적인 접근, 성경 출애굽기 3:14(스스로 계신 분)의 증언, 그리고 만물과의 관계에서 설명을 한다.[180] 마지막 항목에 대한 그의 설명을 인용해 보겠다.

> 대개 반드시 생활과 행동이 자유로워서 외물(外物)의 도움을 받지 않으며 외력의 한제(限制)를 받지 아니하며 참 빙자할 것도 없고 또 의뢰할 것도 없어야 비로소 만물의 본원이 되며 만물의 소귀(所歸)가 될 것이라. 하나님은 이미 그러하신 신이시라.[181]

둘째 가옥명은 자유 혹은 자존성에 이어 영유, 즉 영원성에 대해 설명을 한다. 그는 영유(永有)의 의미를 "신의 생존하심은 시간의 한제가 없으며 또한 시간의 계산도 없음으로 무시무종하여 시간으로 더불어 병진(竝進)하지 아니하다"라고 정의내린다.[182] 사람은 과거, 현재, 미래의 계기가 있지만, 하나님은 인간과 판이하시므로 "창세전부터 말세에 이르기까지 소위 선후와 신구(新舊)의 분별이 없음을 인하여 영원히 자재(自在)"하신다고 적시해 준다. 그는 또한 하나님의 자존성과 영존성의 성경적 근거로 출애굽기 3:14을 드는데, "원문에 이르기를 '나는 영존하는 나로다'"라고 말한다.[183]

---

179 가옥명, 『신도론』, 23.
180 가옥명, 『신도론』, 23-24.
181 가옥명, 『신도론』, 24.
182 가옥명, 『신도론』, 24.
183 가옥명, 『신도론』, 25.

무한(無限)무량(無量)

본성적 속성의 세 번째 속성은 무한무량이다. 가옥명은 시간적 방면에서 하나님은 "무시무종함으로 시간을 한제할 수 있으나 시간에게 한제되지 아니" 하시며, 그분에게는 "영원한 현재"가 있다고 말한다.[184] 이는 시간의 관점에서 하나님의 무한성(infinity)인 영원성에 대한 해명이다. 둘째, 하나님은 공간의 관점에서도 "광대하고 한량(限量) 됨이 없으시고", 오히려 공간을 창조하신 분이시라는 점에서 무한무량하시다고 그는 적시한다.[185] 셋째, 하나님은 도덕적으로도 무한무량하시다고 가옥명은 말하면서, "신의 지혜, 능력, 진실, 인애, 성결, 공의는 만유를 관통하며 우주에 충만하여 싸지 못할 것이 없고 또 들어가지 못할 것도 없다"라고 해설해 준다.[186]

무소불능(無所不能)

가옥명이 네 번째로 제시하는 본성의 속성은 하나님의 무소불능하심, 즉 전능하심(*omipotentia*)이다. 그는 하나님의 무소불능하심을 "신의 완전함"에서나 만드신 피조물을 관찰함을 통해서나 하나님이 전능하시다고 명시적으로 말하는 성경 말씀을 통해서 분명하게 알 수 있다고 먼저 말한다.[187] 그렇다면 하나님은 그 권능을 어떻게 베푸시는가? 가옥명은 두 가지 방법으로 베푸신다고 말하는데, 첫째는 "신이 권능을 행할 때 당하여 아무 빙자할 바가 없이 행함이니 만유를 조화하여서 인심을 묵감케 함이나 기능(奇能)과 신적으로 행사하는" 것이오, 둘째는 "만사 만물 간에 운행하는 정리(定理)와 공례(公例)를 빌어 그 권능을 펴는 것"을 말한다.[188]

---

184 가옥명, 『신도론』, 25–26.

185 가옥명, 『신도론』, 26. 공간의 관점에서 하나님의 무한성은 광대성(*immensitas*)과 편재성(*omnipresentia*)으로 말해진다

186 가옥명, 『신도론』, 26. 도덕적 속성에 있어 하나님의 무한하심에 대한 가옥명의 설명은 앞서 언급한 소요리문답 4문답의 내용을 반영하고 있다: "God is a Spirit, infinte, eternal, and unchangeable, in his being, wisdom, power, holiness, justice goodness, and truth."

187 가옥명, 『신도론』, 26–27. 가옥명은 하나님의 무소불능하심이 나타남에 있어서 "최대(最大)한 기능(奇能)"은 예수 그리스도가 성육신하신 것이라고 적시해 준다.

188 가옥명, 『신도론』, 28.

가옥명은 대체로 신학적인 논쟁이나 신학사적인 논의 제시를 잘하지 않는 편이지만, 전능성 교의의 역사를 보면 유명론자들의 절대적 능력(potentia absoluta) 주장이 있었다. 하나님의 전능성은 말 그대로 무엇이든지 하실 수 있는 능력의 의미에서 절대적이라는 것이다.[189] 하지만 개혁주의 입장에서나 성경을 중시하는 입장에서는 이러한 절대적인 능력 이론을 수용할 수는 없는 일인데, 가옥명 역시도 하나님이 "그 권능을 베푸는 한(限)이 있음"을 적시해 준다. 그는 하나님의 무소불능하심에는 제한이 없으나, 그 능력을 사용하심에는 한제(限制)가 있다고 말한 후에, 구체적인 예를 들어 준다. 첫째, "정리(定理)를 어기지 아니하심", 둘째 "그 본성을 어기지 아니하심", 셋째 "신의 모든 덕이 또한 편벽된 바 없음", 넷째 "신의 전능하심이, 즉 자기로 제한함에 능함" 등이다.[190]

무소부재(無所不在)

가옥명이 제시하는 다섯 번째 하나님의 본성적 덕성은 무소부재하심이다. 먼저는 무소부재의 성경적 근거들을 제시하는 것으로 시작하는데, 하나님이 "천지의 충만하시다", "우주에 충만하신다", "만유를 통치하신다", "인심(人心)에 계신다 함", "사람의 기도를 들으신다 함"을 말하는 구절들을 열거해 준다.[191] 이어서 무소부재에 대한 미흡한 설명들을 논파한 후에, 가옥명은 하나님이 특별한 장소(성막, 성전, 성지, 교회, 신천신지 등)에 나타나셨다는 성경의 기록들을 언급하면서 이는 "그 성지(聖旨)대로 여기에 나타나며 저기에 나타

189 Bavinck, *Reformed Dogmatics,* 2:247. "Entirely in keeping with their doctrine of the will and freedom of God, the nominalists defined the omnipotence of God not only as his power to do whatever he wills, but also as his power to will anything. Differentiating between God's "absolute" and his "ordained" power, they judged that in accordance with the former God could also sin, err, suffer, die, become a stone or an animal, change bread into the body of Christ, do contradictory things, undo the past, make false what was true and true what was false, and so forth. According to his absolute power, therefore, God is pure arbitrariness, absolute potency without any content, which is nothing but can become anything."

190 가옥명, 『신도론』, 28–29. 가옥명은 "자기로 제한함에 능하신" 예로 죄를 당장에 멸하지 아니하고 허용하시는 이유를 인간의 자유와 연관지어 설명한다.

191 가옥명, 『신도론』, 29.

남을 말하는 것"이라고 설명한다.[192]

가옥명은 하나님의 무소부재의 요의에 대해서 마지막으로 논의하는데, 우선 다른 피조물은 무소부재함이 없다는 점을 명시하고, 하나님이 영이시기에 무소부재하시다고 하는 주장에 대해 특히 주목한다. 그는 하나님이 무소부재하신 것은 "영이 됨으로 인함이 아니라 더욱 신이 무한무량한 영이 됨으로 만유 위에 뛰어 나시고 만물의 중(中)을 관(貫)하여 그 지능과 권력이 역시 천지간에 충색(充塞. 가득채우다, 충만하다는 뜻–필자) 됨"이라고 답변해 준다.[193] 그리고 마지막으로 하나님의 무소부재하심이 주는 신령한 유익들을 나열해 준다.[194]

무소부지(無所不知)

가옥명은 하나님의 무소부지, 즉 전지(*omniscientia*)를 여섯 번째 본성적 속성으로 제시해 준다. 먼저는 하나님의 무소부지하심을 어떻게 설명할 것인지에 대해 말해 주는데, 하나님은 만사를 창조하셨기에 전지하시고, 완전하신 하나님이시기에 전지하시다고 논증해 준 후에, 이어서 무소부지에 대해 선포하고 있는 여러 성경 구절들을 제시하고, 하나님의 심판대 앞에서 모든 것이 감추임 없이 드러나게 될 것(히 4:13)을 적시해 준다.[195]

이어서 가옥명은 "하나님의 지(知)가 무엇으로 말미암았느뇨"라는 문제에 관해서 인간의 지식하는 방식과 달리 "본래의 양지(良知)임으로 배우지 않고 알며 해 보지 않고 이루시는 것"이라고 답변한다.[196] 뿐만 아니라 신의 지(知)는 "어떤 이법으로 추론할 것도 없으며 또 무슨 사물로써 증명할 것도 없고" "자연히 아심이오 아무 빙자(憑藉)할 것이 없다"라고 덧붙인다.[197] 또한 하나

192 가옥명, 『신도론』, 30.
193 가옥명, 『신도론』, 31.
194 가옥명, 『신도론』, 31.
195 가옥명, 『신도론』, 31–32.
196 가옥명, 『신도론』, 32.
197 가옥명, 『신도론』, 32. 자연히는 본성적으로로 바꿀 수 있다.

님의 지식은 시간과 공간에 매이지 않는다는 점도 적시해 준다.[198]

그렇다면 하나님의 지식의 내용 혹은 대상은 무엇일까? 가옥명은 단순히 항목들을 나열해 준다(레이놀즈의 공과의 특징적인 방식과 유사하게). 하나님은 자기를 아시고, "무생기한 만물을 아시고, 유생기한 만물을 아시고, 인간의 작사(作事)를 아시고, 인심의 은휘(隱諱)한 것을 아시고, 세인의 결핍함을 아시고, 셈한 사물을 아시고, 지나간 일과 장차 될 일을 아시고, 사람의 자유로 행하는 일을 아시고, 사람이 장차 범할 죄를 아시고, 이룰 일과 이루지 못할 일을 아신다"라고 가옥명은 열거해 준다.[199]

하나님의 지식은 우리 인간이 헤아리기 어렵다는 점을 강조한 후에, 이어서 가옥명은 하나님의 예지(豫知, *praescientia*)에 대한 다양한 이론들을 소개해 준다. 그는 예지에 대해 "사람의 자유에 유애(有碍)하다"는 입장, "다만 그 일의 당연한 것만 아신다"는 입장, "그 일의 요지(要旨)만 아신다"는 견해, "다만 이룰 큰일만 아신다"라고 하는 견해 등을 소개하고 나서 전부 거부한 후에 다음과 같이 결론짓는다. "대개 신은 그 일의 세미(細微)함과 그 절목(節目)에 대하여 세밀히 연구할 필요가 없이 무소부지하시느니라."[200]

하나님의 전지하심에 대한 가옥명의 논의는 이러한 교리가 사람에게 무슨 관계가 있느냐 하는 문제로 끝을 맺는데, 그에 의하면 "악인에게 무소부지하신 하나님은 두려움의 대상이오, 신자에게는 큰 위로가 된다"라고 적시해 준다.[201]

영영 불변(永永不變)

네 번째 본성적 속성으로 가옥명이 제시하는 것은 하나님의 불변성(*immutabilitas*)이다. 그는 불변성에 대해 "그 영성과 영질(靈質)과 그의 모든 속

---

198 가옥명, 『신도론』, 32–33.
199 가옥명, 『신도론』, 33.
200 가옥명, 『신도론』, 34–35.
201 가옥명, 『신도론』, 35–36.

성까지 한결같이 변경함이 없다"라고 먼저 정의를 내려 준다.[202] 하나님은 완전하시고 완전무결하시기에 개선될 여지도 퇴보할 여지도 없는 분이라는 점, 하나님은 또한 무소부지하시고 "천지간 역세(歷世)와 역대의 만사에 대하여 그 영구(永久) 불역(不易)한 권세와 의지"를 가지고 있으시기에 변경하지 않으신다는 것을 적시해 준다.[203] 가옥명은 성경에서 하나님의 후회하심이나 뜻을 돌이키심을 말하는 여러 본문들에 대해 이는 "인간의 통상으로 사용하는 말을 의자(依藉)하여" 표현한 것이오, 변경은 인간 편에 있지 하나님께 있지 아니하다고 바르게 설명해 준다.[204] 또한 하나님은 "영생하신 자"이시므로 "영영 변경함이 없으시다"라고 논거를 제시하기도 한다.

가옥명은 신적 속성들을 설명하고, 반론들을 논파하기도 하지만, 때로는 각 속성이 우리 신자들에게 주는 유익 혹은 교리의 실천적 용도(*usus practicus*)가 무엇인지를 언급해 주기도 한다. 하나님의 영영 불변하시는 불변성 교리가 주는 유익에 대해서도 다음과 같이 그는 적시해 준다.

> 오직 그가 영영 불역(不易)됨이 없으므로 능히 우리의 산성이 되며 의뢰할 반석이 되나니 대개 그의 우리를 권애(眷愛)하는 심정은 영영 불변하는 것이오 그의 은혜로운 허락도 영영 불변하며 그의 성실하심도 영영 불변함이라 … 우리의 영생은 단순히 일위로 영유(永有)하시며 영영 불변하신 신(神)을 신뢰하여 귀의(歸依)함이라.[205]

순일무분(純一無分)

가옥명이 신적 본성의 속성으로 다룬 마지막 속성인 "순일무분"은 유일성(*unitas*) 교리와 같은 내용을 가진다.

---

202 가옥명, 『신도론』, 36.

203 가옥명, 『신도론』, 36.

204 가옥명, 『신도론』, 36–37. 가옥명의 열거하는 바에 의하면 심지어 성자 하나님이 도성인신하신 것을 들어 신의 변역(變易)하심이라고 주장하는 이들도 있다고 하나, 이는 하나님의 예정하신 바를 기약이 이르매 성취하신 것이므로 변역함이 아니라고 응수한다(38).

205 가옥명, 『신도론』, 37–38.

상주(上主)가 이미 무한무량한 영이시니 순연히 일(一)이어 이(二)가 아니라 그 영성과 영질은 모두 지극히 순전하여 짝이 없고 유일함으로 분할 수 없나니 그러므로 상주 외에는 가히 신이라고 칭위(稱謂)할 이가 다시 없느니라.[206]

가옥명은 하나님의 유일성에 대해 말하는 여러 성경 구절들(신 6:4; 사 44:6; 요 17:3; 고전 8:4; 딤전 1:17)을 근거로 제시해 준다.[207] 이와 같은 가옥명의 설명은 신적 존재의 유일성을 말하기는 하나, 같이 다루어져야 할 단순성(*simplicitas*)에 대한 설명은 부재하다.[208]

신의 덕(德, 혹 시비[是非]의 속성)

앞서 2장에서 본성적 속성(혹은 "신 본체의 속성")을 다룬 후에, 3장에서 가옥명은 "신의 덕 혹은 시비의 속성"에 대해 설명해 준다. 그가 이 범주에 포함시켜 다룬 속성들은 자동(自動), 성결, 공의, 인애, 진실 등 총 5가지 속성이다.[209] 서론에서 그가 도입하는 구절을 먼저 살펴보도록 하겠다.

대개 상주(上主)의 신성(神性)은 순미(純美)하고 온전하며 그 신덕(神德)이 또한 구비치 못함이 없음이라. 그 자비와 성선(聖善)이 내온(內蘊– 안으로 쌓다는 뜻. 필자)하면 덕성(德性)이 되고 그것이 외현(外現)하면 덕행(德行)이 되나니 이런 것을 일러 우리가 덕(德)이라 하느니라.[210]

---

206 가옥명, 『신도론』, 39.

207 가옥명, 『신도론』, 39–40.

208 Bavinck, *Reformed Dogmatics,* 2:170. "The last of the incommunicable attributes is God's oneness, differentiated into the unity of singularity and the unity of simplicity. By the first we mean that there is but one divine being, that in virtue of the nature of that being God cannot be more than one being and, consequently, that all other beings exist only from him, through him, and to him. Hence, this attribute teaches God's absolute oneness and uniqueness, his exclusive numerical oneness, in distinction from his simplicity, which denotes his inner or qualitative oneness."

209 가옥명, 『신도론』, 40–41(레이놀즈가 만든 촬요 부분).

210 가옥명, 『신도론』, 41–42.

자동(自動)

가옥명이 첫 번째로 다루는 덕은 하나님의 자동인데, 이 말의 의미하는 바는 "신이 만사를 시행할 때 반드시 그 본성의 자동으로 말미암나니(범사를 자기의 뜻대로 행함) …, 즉 신이 자주(自主)하는 뜻이 있다 함"이라고 초두에 해명해 준다.[211] 성경의 표현대로 하자면 가옥명이 여기서 다루고자 하는 덕은 "그 마음의 원대로 행하시는 자"(엡 1:11)시라는 것이다.

그는 하나님께서 "활발하신 영이시니 그 사념과 행작(行作)에 일정한 의지가 있다"라는 것과 하나님은 어떤 외력이나 세력에 의해 강박을 받거나 방해받지 아니하신다는 것, 인간에게 주신 자유로운 의지를 보고, 성경의 명언(明言)들을 참고할 때 하나님의 자유로운 의지하심을 알 수 있다고 예거한다.[212]

가옥명은 또한 하나님의 의지에 어떤 분별이 있느냐는 질문을 던지고 몇 가지 구별을 소개해 준다. 먼저는 "만물의 성패"를 기준할 때, "전주(專注)하는 의지와 임빙(任憑)하는 의지"가 있다고 말한다. 전자는 구속이나 선택과 같이 반드시 이루시도록 하는 의지이고, 후자는 "일의 결과가 어떻게 될 것을 밝히 알면서 오히려 그 자유에 맡겨 두시는" 의지를 말한다.[213] 둘째로는 "일의 은현(隱顯. 숨기고 나타남-필자)"의 관점에서 "현지(顯志. 나타난 뜻-필자)와 은지(隱志. 감추인 뜻-필자)"를 구분해서 말한다. 전자는 하나님의 드러난 의지(뜻)으로 "사람이 마땅히 받을 바요 또 사람의 마땅히 지킬 바"를 가리키고, 후자는 은밀한 하나님의 뜻을 의미한다.[214] 세 번째 구별은 일이 있기 전의 의지("사전의 의지")와 "사후의 의지"로 구별하는 것이다. 가옥명은 후자의 견해에 대해 비판적이다.[215]

---

211 가옥명, 『신도론』, 42. 자동이라는 표현을 썼지만, 의미하려는 바는 "자주(自主)하시는 의지"를 말한다.

212 가옥명, 『신도론』, 42-43.

213 가옥명, 『신도론』, 43.

214 가옥명, 『신도론』, 43-44.

215 가옥명, 『신도론』, 44. "사후의 의지"가 무엇인지 그리고 그에 대한 가옥명의 비평이 무엇인지를 전문 인용한다: "즉 일이 지나고 지경이 옮김으로 신의 원지(原志)가 또한 따라서 경역(更易)된다 함이니 마치 아담이 범죄한 후에 신이 곧 그의 형벌 받을 것을 정하였다 함과 같으니라. 과연 이 말과 같다면 기독(基督)이 십자가에 죽으심도 또한 반드시 예지치 못하였을 것이오 아담의 범죄한 여부도 미리 기필(期必)치 못하였을 것이오 유다가 주를 팔 여부도 예기치 못하였을

하나님의 자유로운 의지에 대한 가옥명의 마지막 논의는 "신의 의지가 경역(更易)될 수 있는가?" 하는 문제인데, 레이놀즈는 하나님의 의지의 불변성을 강변해 준다. 우선 하나님의 의지는 자유롭기 때문에 "자연히 외력(外力)이나 외인(外因)을 위하여 강박되거나 경역됨이 없기" 때문이고, 또한 하나님이 정하신 의지는 "이미 아름답고 선하여 완전무결하나니 자연히 경역됨"이 없기 때문이다.[216]

성결(聖潔)

가옥명이 제시하는 두 번째 신의 덕은 성결(*sanctitas*)이다. 그는 성결이 "기독교의 종지(宗旨)"로서 사람으로 하여금 "성결케 함"을 목적으로 한다고 명시하고, 그러한 성결함이 완전하신 하나님께 근본을 두고 있다고 적시한다.[217] 하나님의 성결은 성도를 구원하고 정결케 하시는 데에 나타나고, 심판에서도 성결하심이 계시된다고 설명해 준다.[218]

그는 먼저 성결의 의미를 설명해 주기를 "신의 구유(具有)한 바 성결하신 본성을 칭함이니 그는 순선무악하여 조금이라도 티가 없으시고", 또한 "선을 좋아하고 악을 미워하는 의지"를 말하며, "그의 성덕이 무한무량하며 불가사의함"을 의미하며, 하나님의 "모든 덕성이 조화됨으로 말미암아 이룬 것이며 또한 모든 덕성의 본원이 되는 것"이라고 정리해 준다.[219]

가옥명은 이어서 성결의 증거를 제시하는데, 첫째는 사람의 영혼에 있는 "시비(是非)와 선악을 분별할 양심"이 주신 하나님이 성결하지 아니하실 수 없고, 둘째는 반포된 율법이 신의 성결을 표현하고 있으며, 셋째는 성경의 여러 명백한 구절들(시 99:9; 신 25:16; 욥 4:17; 15:15; 시 12:3; 27:4; 45:7)이 하나님

것이니 이런 논조는 성경 말씀으로 더불어 충돌됨이 없지 아니할 것이로라 하노라(계 13:8; 행 1:16)."

216 가옥명, 『신도론』, 44–45.

217 가옥명, 『신도론』, 45.

218 가옥명, 『신도론』, 46.

219 가옥명, 『신도론』, 46–47.

의 성결하심에 대해 증거해 주고 있다는 것을 꼽는다.[220]

가옥명은 "관계"라는 제하에 "하나님의 성결하심은 즉 세인의 도덕적 근본"이 된다는 점을 말하고, 도덕을 숭상하는 이유에 대한 다양한 설명들이 있으나 근본적인 답이 되지 못한다고 비판한다. 그는 도덕의 근본은 "외래의 능력", 즉 부모, 정부, 공중의 능력도 아니고, 심지어는 "신의 능력도 아니"라고 소극적으로 말한다. 그는 정부는 하나님이 세우신 바니 "서민 된 자 모두 그 명령에 대하여 순종함이 당연하나 만일 정부가 율법으로써 그 직권을 남용하면 그 인민은 또한 결코 그 고유한 천량(天良)을 어기어 비법적(非法的) 행동에 응하여 행하면" 안 된다고 말을 한다.[221] 그리고 도덕의 근원이 "신의 능력"도 아니라는 것은 하나님께서 법을 지키라고 권면하시나 "권력으로 강박치 아니하신다"고 설명한다.[222] 가옥명은 또한 도덕의 근본은 이익에 있지도 아니하다고 말한 후에, "대개 이익을 위하여 도덕을 숭상함은 결코 진(眞) 도덕이 아니"기 때문이라고 적시해 준다.[223] 그렇다면 도덕은 어디에서 근원하는 것일까? 가옥명은 도덕의 근원을 양심과 진리에서 찾고, 결과적으로는 그 근원이 하나님의 성결하심에 있다는 점을 강조해 준다.[224]

> 총언하면 우리의 도덕의 근본은 권력에나 이익에 있지 아니하고 오직 우리의 양심과 진리를 준거할 뿐이오 또 이 양심과 진리는 이미 성결하신 신에 본원(本源)하였나니 어찌 신이 우리의 도덕의 근본이 되지 아니한다고 감히 이르리오.[225]

---

220 가옥명, 『신도론』, 47.

221 가옥명, 『신도론』, 48. 물론 짧은 지면에서 가옥명은 시민불복종(civil disobedience)에 대해 구체적으로 말하지는 않는다. 칼빈과 개혁주의 시민불복종에 대한 논의는 이상웅, "존 칼빈과 칼빈주의자들의 저항 신학", 『칼빈과 화란개혁주의』 (서울: 솔로몬, 2023), 94–139를 보라.

222 가옥명, 『신도론』, 49.

223 가옥명, 『신도론』, 49.

224 가옥명, 『신도론』, 50.

225 가옥명, 『신도론』, 50. 가옥명의 성결 혹은 거룩에 대한 논의는 간단하나, 바빙크의 정밀하고 제세한 논의를 참고하라(Bavinck, *Reformed Dogmatics,* 2:216–221).

공의(公義)

세 번째로 다루어지는 신의 덕은 바로 공의이다. 가옥명은 "신의 존심(存心)함과 용의(用意)함과 행사하심이 지리(至理)에 합치 못함이 없으며 또한 그의 순전한 성결로 더불어 융합(融合)되어 나누이지 못함"을 의라고 해설한다. 즉, 그에 의하면 하나님의 의는 성결함과 합치되는 것이다.[226] 가옥명은 이어서 하나님의 형상을 따라 지음 받은 인간 안에 공의에 대한 본성이 있다는 점, 계명이 공의로우신 하나님께로 말미암았다는 점, 치리와 상벌 등에서 하나님의 공의가 소저(昭著) 됨을 열거하며 설명해 준다.[227]

가옥명은 또한 "의형(義刑, 의로운 형벌–필자)의 원인"에 대해 길게 논의를 제시하고 있는데, 먼저는 그가 합당치 않다고 여긴 이론들을 비판적으로 약술해 준다. 즉, 의롭게 형벌함이 사람을 "회개케 하기 위함"이라거나, "천선(遷善)"케 하려 함이라거나 하나님의 의로운 율법을 단지 보존하기 위함이라거나, 단지 "신의 공의를 나타내"기 위함이라는 등의 이론이다.[228] 그의 설명을 찬찬히 읽어 보면 그럴 법 해 보이는 이런 설명들이 왜 충분하지 않은지를 알 수 있다. 예컨대 마지막에 언급한 하나님의 공의에 대한 그의 설명을 보도록 하자.

> 대개 형벌을 사용함은 진실로 그 의로움을 나타내기에 넉넉하나 그렇치마는 형벌을 사용하는 소이(所以, 까닭–필자)를 생각하면 인애하신 주님이 오직 그의 의로우심을 나타내기 위하여 행함만 아닐 것이라.[229]

물론 가옥명도 앞서 언급한 이론들이 "일부의 진리는 나타낼 수 있음"을 인정하면서도 "수두(首頭)의 원인"은 되지 못한다고 단서를 단다. 그러면서 그는 "죄형을 가함은 실로 신이 악을 미워하는 원성(原性)과 본심으로 말미암

226 가옥명, 『신도론』, 51.
227 가옥명, 『신도론』, 51–52.
228 가옥명, 『신도론』, 52–53.
229 가옥명, 『신도론』, 53.

은" 것이라고 풀이해 준다.[230]

마지막으로 가옥명이 주목한 것은 "공의의 특행(特行)"인 그리스도에 십자가에 대한 것이다. 그는 상선벌악하는 것이나 "존심(存心)하여 행함으로 지리(至理)에 합함"도 의라고 하지만, 그것들은 "보통한 의행"이라고 말한다. 그렇다면 그리스도의 십자가는 어떤 의미에서 특행이 되는 것일까? 가옥명은 네 가지로 답을 해 주는데, 첫째 십자가는 "은혜 중의 의"가 되고, 둘째 십자가는 "의 중의 의"가 되며, 셋째 십자가는 "신의 막대한 의요, 무궁한 의"가 되고, 넷째 십자가는 "만인에게 공평한 의"가 되기 때문이는 것이다.[231]

인애(仁愛)

네 번째 신의 덕은 인애인데, 가옥명은 앞서 말한 거룩함이나 의와 인애(혹은 사랑)의 유관함을 해명하는 것으로 논의를 시작했다.

> 대개 신의 사랑은 그의 거룩함으로 더불어 유관(有關)하고 또 그의 의로 더불어 상속(相屬. 서로 속하였다는 뜻—필자)되었나니 소위 거룩하다 함은 의를 즐거워하는 지의(志意)를 말함이오, 사랑이라 함은 선을 즐거워하는 정(情)을 이름인 것이라. 의는 사랑의 몸이오 사랑은 의의 소용(所用)이 되나니, 거룩지 못하면 사랑의 참뜻을 나타내기 부족할 것이오, 의롭지 못하면 사랑의 특행을 보기 부족할 것이라.[232]

가옥명은 먼저 사랑의 표현(表顯)에 대해 정리를 해 주는데, 영원 전부터 삼위 간에 하나님의 사랑의 교제가 있었음을 적시해 주고, 또한 그 사랑은 모든 영들과 세인들뿐 아니라 만물에 베풀어졌다고 설명해 준다.[233]

"사랑의 특수(特殊)"라는 소제목 아래 가옥명은 사랑의 종류 네 쌍을 구별

---

230 가옥명, 『신도론』, 54.

231 가옥명, 『신도론』, 54–55. 가옥명이 "십자가는 만인에게 공평한 의가 됨"이라는 소제목 아래 "신의 의는 또한 만인을 의롭다 함을 얻게 함이니…"라고 말한 것은 그가 포용주의적 사고를 가진 것은 아닌지 오해가 될 법도 하다.

232 가옥명, 『신도론』, 55.

233 가옥명, 『신도론』, 55–56.

지어 설명해 준다. 첫째는 "공애와 특애"인데, 그의 설명을 보면 공애(公愛)는 악한 자나 선한 자에게 베푸시는 하나님의 일반 은혜(common grace)를 가리키고, 특애(特愛)라는 것은 신자들에게만 베푸시는 특별 은혜를 의미하고 있다.[234] 둘째 짝은 "유한애와 무한애"로서 신자에 대한 하나님의 사랑이 무한하고 측량할 수 없는 것이나 "진리의 범위를 넘을 수 없다"라고 해설해 준다. 셋째는 "은애(隱愛)와 현애(顯愛)"의 짝으로서, 하나님의 사랑은 분명하게 나타나기도 하고, 때로 우환이나 장애들 가운데 감추어져 나타나기도 한다는 것을 말한다. 마지막 네 번째는 "연애(戀愛)와 불연애(不戀愛)"인데, 그는 후자를 성경에서 하나님께서 "각방 민족이 그 사랑함과 미워하는 것은 매양 사람의 선악으로 인하여 전이된다"고 설명한다.[235]

가옥명은 하나님의 사랑에 대한 해설을 마무리하면서 특이하게도 감탄에 젖어서 끝을 맺는다.

> 크다 신의 사랑이여! 비록 천사의 말로도 결코 신의 사랑을 발표할 수 없을 것이오 일만 입이라도 다 찬송할 수 없을 것이로다. 무릇 신을 친밀히 교제하는 자-어찌 그 깊은 사랑에 감화되지 아니하며 더욱 책려(策勵, 채찍질하여 격려한다는 뜻-필자)되지 않으리오. 이것은 어떤 협박이나 억압으로 됨이 아니오, 유연(油然)하게 발하는 자애의 심정으로 됨이니라.[236]

진실(眞實)

가옥명이 제시한 마지막 신의 덕성은 진실이다. 그는 "나는 여호와다"라고 하신 말씀이 "나는 진실하다"라는 것을 포함한 말이라고 해석하고,[237] 두 가지 방면에서 진실에 대해 다루어 준다. 첫째 가옥명은 "신은 무엇이 진실하뇨?"라는 질문을 던지고 나서 네 가지 답을 준다. 하나님의 성질이 진실하

---

234 가옥명, 『신도론』, 56.
235 가옥명, 『신도론』, 57.
236 가옥명, 『신도론』, 58.
237 가옥명, 『신도론』, 58-59.

고, 그 "이율(理律)이 진실"하고, 진실하신 하나님의 입에서 나온 "그 말씀이 진실"하며, 또한 "그 구법(救法, 구원하는 법-필자)이 진실"하다는 것이다. 다시 말해서 하나님의 성품이 진실하시기에, 만물 가운데도 그의 진실하심에 근거한 정리(定理)가 존재하는 것이며, 그의 입에서 나온 말씀과 약속이 진실하고 믿을만 하며, 구원의 법이 진실하고 불변하다는 것이다.[238]

하나님의 진실에 관련하여 가옥명이 두 번째 제기한 질문은 "신의 진실함을 인하여 사람이 얻을 바 복리는 어떠하뇨?"라는 것이다. 그가 제시한 답은 간추려 보면, 우리들이 "진실한 천성(天性)을 얻게 되며", 진실하신 하나님을 믿고 신뢰하며 평안을 얻을 수가 있고, 또한 "기도하는 효력(效力)을 얻는다"라는 것이다.[239]

이상에서 살펴본 것과 같이 가옥명은 신의 본성적 속성(2장)과 신의 덕(3장)에 대해 논의하되 성경 중심으로 해설해 주었다. 속성론에 관한 논의를 마치면서 가옥명은 다시 한번 인간의 지혜로 이러한 지식에 이를 수가 없음을 강조한다.

> 총(總)히 말하면 신의 성덕(聖德)은 지고지심(至高至深)함으로 결코 세인(世人)의 유한한 지혜로는 헤아려 알 수 없나니 혹이 가르되 "인간으로써 신을 헤아려 알고자 함은 마치 어리석은 동물이 일기(一己)의 지혜를 의지하여서 인간의 작위(作爲)를 심리함과 무이(無異, 조금도 다를 것이 없음-필자)하다" 하니라.[240]

삼위일체(三位一體)

가옥명의 『신도론』 제4장은 삼위일체론이다. 그는 "신은 일체(一體)시나 삼위(三位)로 분(分)할지니, 즉 성부, 성자, 성령이시라"고 하는 이 교리가 "지극

---

238 가옥명, 『신도론』, 59-60.
239 가옥명, 『신도론』, 60-61.
240 가옥명, 『신도론』, 61.

히 오묘한 요도(要道)"이기에, 인간의 지식만으로 혹은 "물리적 고구(考究)"에 의해서도 깨달을 수가 없다는 점을 명시하고 시작한다.[241] 그래서 그는 이 중요한 교리를 다룰 때 "오직 성경으로"(*Sola Scriptura*) 원칙을 지켜야 한다는 점을 강조하기도 한다.[242] 그는 구체적인 논의를 개진하기 전에 먼저 성경이 이 교리에 대해 말하고 있는 줄거리를 다음과 같이 먼저 독자들에게 제시해 준다.

> 성경이 이 문제를 가져 양 방면으로 논급하되 첫째 신은 독일무이(獨一無二)하다 하였고, 둘째 기독과 성령은 신으로 더불어 삼일(三一)되는 묘체가 된다 하였느니라. 이 두 가지 논조가 혹 서로 충돌되는 듯하나 그러나 삼(三)이 일(一)이 되며 일이 삼이 되는 요리를 자세히 살펴보든지 또한 신자의 심령 중에 삼일신(三一神)의 영감을 받음을 보면 마땅히 독신(篤信)하여 의심하지 아니할지니라.[243]

이어서 가옥명은 여섯 가지 소제목으로 나누어 삼위일체론을 개진해 나간다.

성경이 어떻게 신이 3위 됨을 증명하였느뇨?

첫 번째 논의의 제목은 하나님의 3위 되심에 대한 성경적인 증명이다. 삼위일체론은 한 분 하나님 안에 위격적 구별이 있음과 그 세 분은 각각 동등한 하나님이시라고 하는 것을 해명하는 것이 하나의 중요한 과제이다. 가옥명은 이 중요한 도리에 대해 구약에서도 "그 단서의 대개"는 보였다고 말한다. 그가 제시하는 증거로는 하나님이라는 명칭이 복수 위격을 가르치는 수많은 구절들, 우리라는 대명사 사용(창 1:26), 그리스도의 선영(先影)과 직위에 대한 구절 등이다.[244]

---

241 가옥명, 『신도론』, 62–63.
242 가옥명, 『신도론』, 63: "우리가 이 도를 영오(領悟)하려면 오직 성경의 훈시(訓示)를 신뢰할 것밖에 없나니⋯."
243 가옥명, 『신도론』, 63.
244 가옥명, 『신도론』, 63–64.

가옥명은 이어서 신약의 증거들을 제시해 준다. 성부에 대해 신이라고 분명히 언급할 뿐 아니라, 그리스도에 대해서도 신이라 명시하고 있다는 것을 적시하고, 후자의 증거로 "그가 하나님과 함께 계셨다"거나 그를 일컬어 하나님이라고 칭하는 구절들(요일 5:20; 롬 9:5 등), 그에게 신의 속성들(생명의 근원, 자존하심, 영영 불변, 진리, 인애, 성결, 영생, 무소부재, 무소부지, 무소불능 등)을 돌리고, 신적 사역(창조, 구속, 심판 등)을 하신다고 하는 구절들, 하나님과 동등한 숭배를 받으신 것, 하나님과 동등 내지 일체라고 하는 구절들(빌 2:6; 요 10:30 등), 그를 하나님의 아들이라고 칭하는 구절들 등을 열거해 준다.[245] 그와 같이 성령도 또한 성부, 성자처럼 위격이심을 증거하는 여러 증거들과 신성에 대한 여러 증거들을 가옥명은 나열해 준다.[246]

삼위가 어떻게 하여 일체(一體)가 되었느뇨?

삼위일체론의 두 번째 주요한 문제는 세 분 하나님이 한 분 되심 혹은 일체되심에 대한 것이다. 가옥명은 논의를 시작하면서 "대개 성부, 성자, 성령에 대하여 분하면 3위가 되고 합하면 일체가 되나니"라고 요의를 말하는데, 분(分)하다, 합(合)하다는 한자 사용은 석연치 않은 느낌을 줄 수 있다.[247] 그는 성경에서 하나님은 "독일무이하시다"라고 선언하는 여러 구절들을 제시하고, 아버지와 자신이 하나라고 하시는 예수님의 여러 증언들을 나열하고, 세 분 사이에 서로 관계된 것으로 언급하는 구절들을 증거로 제시해 준다.[248] 일반적으로 개혁주의 삼위일체론이라면 니케아 콘스탄티노플 신경(325/381)에 따라 "동일 본질"(homoousia)에 대한 논의를 통하여 일체되심을 해명할 터이나, 가옥명은 동일 본질에 대해서는 전혀 언급하지 아니하고 앞서 제시한 방

245 가옥명, 『신도론』, 64–66.

246 가옥명, 『신도론』, 66–68. 성령 역시도 위격적인 하나님이심에 대해 "신의 명칭, 신의 속성, 신적 사역" 등에 관련한 구절들을 제시해 준다.

247 가옥명, 『신도론』, 69.

248 가옥명, 『신도론』, 69–70. 가옥명은 중국에서 시작된 삼위일체(三位一體)라고 하는 용어를 자의(字意)에 매이면 안 된다고 적절하게 논평해 준다. "그러므로 위체(位體) 2자에 매이지 아니한 후에야 비로소 이 삼일(三一)의 도에 대하여 즈음이 각오(覺悟)함이 있을 것이라"(70).

식으로 한 분되심을 해명하였다.

삼위일체의 신이 차별 있는 여부

가옥명은 앞서 삼위와 일체에 대해 논급한 후에, 이제 삼위일체 사이에 어떤 차별 혹은 우열이 있는지에 대한 질문을 다룬다. 그는 서두부터 곧바로 "대개 삼위일체의 신은 그의 영(榮), 능(能), 권(權), 위(位) 등에 대하여 본래 분별함이 없는 것이오 따라서 대소선후를 말할 것이 없다"라고 단언한다.[249] 그리고 이어서 세부적으로 말하기를 "시간상으로 선후의 분간 없이" 세 분 하나님 모두 영원하시며, "신능으로 논하여도 대소의 분별이 없다"는 것과 "직위로 말하여도 존비(尊卑)의 구별이 없음"을 해설해 준다.[250] 가옥명은 삼위가 하시는 사역이 다르게 말해져도 "그 실상인즉 동체(同體), 동령(同靈), 동원(同原), 동성(同性)이므로 당초부터 존비(尊卑)귀천(貴賤)의 별(別)이 없다"라고 적시해 주었고, 결론적으로는 "일체(一體)의 요의를 능히 깨달을 수 있다면 삼위 동존(同尊)의 이치에 대하여도 자연히 해석하기 어렵지 아니할 것"이라고 토로한다.[251]

삼위일체의 도리가 얼마나 오묘하뇨?

흔히 삼위일체 교리는 신비이지만 모순이 아니라는 말을 하는데,[252] 가옥명 역시 삼위일체론이 "오묘한 중에 오묘하며 신기하고 또 신령하여 진실로 어떤 것이라고 말로 할 수 없다"라고 고백한다.[253] 그리고 구체적으로는 우선 이 교리를 "사리로 통유(通諭, 깨우침에 통달하다는 뜻–필자)"할 수 없다고 하면

---

249 가옥명, 『신도론』, 70. 가옥명도 잘 알고 있었던 웨스트민스터 신앙고백 2장 3항에는 다음과 같이 고백되고 있다: " In the unity of the Godhead there be three persons, of one substance, power, and eternity; God the Father, God the Son, and God the Holy Ghost."

250 가옥명, 『신도론』, 70–71. 가옥명은 "아버지께서 나보다 크심이라"는 구절이나 "그날과 그때는… 아들도 알지 못하되 오직 아버지만 아신다"라는 구절의 의미는 성육신하신 그리스도의 신분에서 이해해야 한다고 적시해 준다.

251 가옥명, 『신도론』, 71.

252 박형룡, 『교의신학 신론』,

253 가옥명, 『신도론』, 71.

서, 삼위일체의 비유와 흔적으로 제시될 만한 것들로는 교리를 확연하게 표시할 수도 없을뿐더러 오히려 오해케 할 수 있다고도 적시해 준다.[254] 그뿐만 아니라 삼위일체 교리는 오묘해서 인간의 "지력으로 능히 깨달을 바"가 아니기에 "성경의 명훈(明訓)을 의뢰할 뿐"이라고 적시하고, 세 번째로는 이 교리는 "과학으로 능히 해석할 바", 즉 과학적으로 실증할 수 있는 것이 아니라 성경에 의지하고 "성도의 경력(經歷)으로 보면" 알 수 있을 뿐이라고 해명해 준다.[255] 비록 삼위일체 교리가 인간 지혜나 과학적으로 이해 불가하지만, 성도가 성경에 의지할 때 확신할 수 있다고 하는 점을 그는 거듭거듭 강조하였다. "진언(進言)하면 무릇 우리 진실한 성도가 삼위일체의 도리에 대하여 말로 형유(形喩)할 수 없으나 심령 중에는 진실된 영력(靈曆)이 확유(確有)함을 거듭 말하노라."[256]

삼일(三一) 도리에 대하여 어떤 류설(謬說)이 있느뇨?

다섯 번째로 가옥명이 논급하는 것은 삼위일체론과 관련하여 어떠한 이단사설이 있었는지에 대한 검토이다. 가옥명이 논급한 삼위일체 이설은 총 네 종류이다. 첫째 양태론을 말한 사벨리우스주의, 둘째 성부는 무시무종하시나 성자는 영원 전에 어느 시점에 지음 받아 하나님의 조력자였다는 아리우스주의, 셋째 예수의 신성을 부인하는 소키누스주의("소기노당"), 넷째 예수는 인간이었으나 구원의 공을 이룬 후에 "아버지와 합일되었다"라는 주장을 하는 사람들 등이다.[257] 사실 삼위일체론에 대한 가옥명의 논의 자체도 정치(精緻)한 신학적 논의가 아니었듯이, 이단설에 대한 소개 역시도 교리사적으로 풍성한 논의를 제시한 것은 아니고 주요 이단들의 요점들만 알려 주는 데 그

254 가옥명, 『신도론』, 71–72. 소위 삼위일체의 흔적(*vestigia Trinitatis*)에 대한 자세한 논의와 그 한계에 대한 적절한 논의는 Bavinck, *Reformed Dogmatics*, 2:322–329를 보라.

255 가옥명, 『신도론』, 72.

256 가옥명, 『신도론』, 73.

257 가옥명, 『신도론』, 73–74. 초대 교회 삼위일체론의 형성 과정과 다양한 이단설들에 대한 학술적인 논의를 담은 차영배, 『개혁교의학 (II/1) 삼위일체론』 (서울: 총신대학출판부, 1982)를 보라. 은사 차영배 교수는 원래 계획했던 삼위일체론 2권과 3권 출간을 완수하지 못하고 소천했다.

친다.

삼일(三一)도리가 어떤 묘용(妙用. 신묘한 작용 또는 불가사의한 효능의 뜻–필자)이 있느뇨?

가옥명은 삼위일체론의 마지막 주제로 이 교리의 묘용이 무엇인지를 설명하는 것을 택했다. 바빙크가 삼위일체론의 가치에 대해 논의한 것처럼 혹은 교리의 실천적 의미가 무엇인지에 대한 논의와 같은 맥락이라고 할 것이다.[258] 가옥명은 삼위일체론의 묘용에 대해 다섯 가지를 든다. 첫째, 이 교리는 "신도(神道)에 가장 요긴한 관건이 된다"는 것이다. 그는 "삼일의 도리는 참으로 신도 중의 신도이며 진리의 연원(淵源)이 되고 구은(救恩)의 기초가 되며 동시에 우리 신앙의 귀의(歸依)"라고 강조하는가 하면, 또한 기독교가 기독교 되게 하는 근본임을 다음과 같이 강조해 준다.

> 대개 이 도는 참으로 근본적 요리(要理)인 것이니 만일 이 도를 폐제(廢除)한다면 기독교로써 어떻게 종교가 된다 하리오. 고로 이 도가 신도의 관건이 되나니 만일 이 도를 깊이 이해함이 있다면 신도상 일체 요리는 실로 자해(自解)될 것이오 그렇지 아니한즉 미혹에 빠져 영원히 관통(貫通)할 날을 보지 못할 것이라.[259]

둘째, 삼위일체 교리의 묘용은 "신의 무진(無盡)한 복락"이라고 가옥명은 제시한다. 이는 삼위일체 하나님의 영원한 사랑의 교통에 대한 언급이며, 사람도 하나님의 형상을 따라 지음받았기에 "교제하는 천성"이 있다고 적시해 준다.[260] 영원하신 하나님은 홀로 고독하게 계시는 신이 아니라 삼위로 계신 하나님이시며, 삼위 간에는 "무한무량한 사랑"의 교제가 이루어졌음을 요한복음 17:5, 24을 통해서 알 수 있다고 가옥명은 설명해 준다.[261]

---

258 Bavinck, *Reformed Dogmatics*, 2:329–334.
259 가옥명, 『신도론』, 74–75.
260 가옥명, 『신도론』, 75.
261 가옥명, 『신도론』, 75.

셋째 "이 도는 참으로 신이 신되는 소이(所以)가 됨." 앞서 말한 대로 성경적 하나님은 "삼위를 갖추었으므로 무시무종한 교제와 애정이 있나니 이가 즉 신이 신되는 소이"라고 가옥명은 다시 적시한 후에, 그러한 사랑이 있음으로 만유도 지으시고 사람도 지으셨음을 해설해 준다.

> 그 사랑이 있음으로 만유가 있게 되었고 또 인생을 조성하여 자녀를 삼으셨음이라. 신의 진정(眞情)이 이러한즉 그의 교제하는 법은 자연히 명백케 될지니 대개 신성(神性)은 결코 헛된 의념(意念)이나 유한한 기력(氣力)이 아님을 기억할지라.[262]

넷째로 삼위일체의 도리는 "구도(救道) 성공의 원인"이 된다고 가옥명은 제시한다. 이는 인간의 구원을 성취하시기 위해서는 성부 하나님뿐 아니라 중보자이신 성자와 신적 능력을 베푸시는 성령도 있어야 한다는 것을 말함이다.[263]

다섯째 묘용으로 제시한 것은 "이 도는 실로 신인 교통의 묘연(妙緣)"이라는 것이다. 하나님과 인간 사이의 천양지차가 있어서 스스로는 하나님과 교제할 수가 없었는데, "신의 아들이 강생하심으로써 신의 본체가 나타났고 다시 성령이 임함으로 신의 작위(作爲)가 소저(昭著)되었으며" 그 결과 신인이 다시금 화목하고 교제할 수 있게 되었다고 가옥명은 해설해 준다.[264]

신의 공작(工作)

가옥명의 『신도론』의 마지막 장인 5장은 이제 "신의 공작"에 대한 해설을 제시해 준다. 앞서 2–4장은 하나님의 존재(the Being of God)에 대한 논의였다

262 가옥명, 『신도론』, 76.
263 가옥명, 『신도론』, 76.
264 가옥명, 『신도론』, 76.

면, 5장은 하나님의 사역(the Work of God)에 대한 논의를 담은 것이다.[265] 번역 감수자 레이놀즈가 장 초두에 부가한 촬요(撮要. 요점을 골라 취하는 것-필자)에 의하면 가옥명이 신의 공작(사역)으로 다룬 주제는 세 가지로서 "신의 설계(設計)하신 원지(原旨)", "창조의 공작", 그리고 "재치(宰治)하시는 일" 등이다.[266] 이 세 가지는 각기 개혁주의자들이 하나님의 사역론에서 다루곤 하는 작정과 예정, 창조, 그리고 섭리 등에 해당한다. 세 주제는 서로 연관되어 있기도 한데, 이제 가옥명이 이 사역들을 어떻게 해명하였는지 차례대로 살펴보기로 하겠다.

신의 설계(設計)하신 원지(原旨)

가옥명은 우주 삼라만상의 존재와 그 운행을 언급하여 우연으로 설명될 수 없다는 점을 명언한다. 오히려 "우주 간에 확실히 일위(一位)진재(眞宰)가 만유를 재치함으로 질서가 정연함을 승인할" 수밖에 없다고 적시한다.[267] 그리고 우주 만물, 천사, 그리고 인간의 창조와 통치하시기 전에 "신의 의지중에 일찍부터 있어 설계되었다"라고 가옥명은 설명한다.[268] 그는 "신의 설계" 혹은 작정에 대해 이치, 만물의 증거를 들고 나서, 이 교리에 대해 적시하는 여러 성경 구절들을 증거로 제시해 준다.[269] 가옥명은 개혁주의 작정과 예정에 대한 논의를 살짝 언급만 할 뿐 깊이 다루지 않고 지나가서, 바로 이어 "신이 이미 예정하신 뜻이 있다면 인생의 자유는 어떻게 해석할까"라는 난제를 다룬다. 그는 자유를 배제시키는 하나님의 예정만 강조하는 극단과 하나님의 예정을 배제하고 인간의 자유만 높이려는 양극단을 논박하고 나서 "인류의 일체 자유(로운) 동작이 신의 의지중에 있지 아니함이 없다"는 것을 성경적

265 바빙크와 달리 벌코프와 죽산 박형룡은 신론을 하나님의 존재와 사역 두 편으로 크게 대별해서 논의를 개진했다 Berkhof, *Systematic Theology*와 박형룡, 『교의신학 신론』을 보라.

266 가옥명, 『신도론』, 77-78.

267 가옥명, 『신도론』, 78.

268 가옥명, 『신도론』, 79.

269 가옥명, 『신도론』, 79-81.

입장으로 제시한다.[270]

창(創)의 공작

앞서 말한 "신의 거룩한 마음에 예정하신 정지(正旨)"를 실현하시는 첫 사역이 창조의 사역이다. 구상과 계획이 먼저 존재하고, 실제 건축이 진행되는 것과 유사한 이치라고 거듭 가옥명은 해명한다.[271] 그는 "신의 창조하심은 이미 없는 가운데서 있는 것을 내시는" 무에서의 창조(*creatio ex nihilo*, 히 11:3)임을 초두에 명시하고, 인간의 학식이나 과학에 의지하지 말고 "독신(篤信)하기 넉넉한 바 오직 성경의 증언"에 의존할 것을 다시금 천명해 준다.[272]

서론적인 논의에 이어 본격적인 논의에 들어간 가옥명은 첫째로 "성경에 창조를 어떻게 논하느뇨?"라는 질문을 다룬다. 우선 만사 만물의 기원에 관한 세 가지 견해를 소개하는데, 고대 창조 기사들, 과학적인 견해들, 그리고 "신의 계시" 등이다.[273] 앞의 두 가지 입장을 논박한 후에 가옥명은 "만유의 내력에 대하여 … 신은 … 부모가 자녀에게 대함과 같이 간당(簡當, '단순하게' 라는 뜻–필자)하고 명백한 말로 상절(詳切, '상세하다'는 뜻–필자)하게 기르쳐 주셨기" 때문에 우리가 성경을 고찰해야 한다고 강조해 준다.[274] 그는 창조에 대하여 명료하게 말해 주는 여러 성경 구절들을 나열해 주고 난 후에 "우리가 과연 믿는 마음을 갖추었으면 천지가 신의 지으신 바임을 확실히 알지라(히 11:3)"라고 단언한다.[275] 그리고 이어서 "창조의 계설(界說)"을 정리해 주는데, 창조는 무에서 유를 만드신 것이며, 하나님이 자유로이 행한 일이시며, 유무형의 모든 만물을 창조하신 것이며, 삼위일체 하나님이 창조자이시며, 창조

270 가옥명, 『신도론』, 81–82.

271 가옥명, 『신도론』, 83.

272 가옥명, 『신도론』, 83.

273 가옥명, 『신도론』, 83–84. 가옥명은 고대의 창조 기사들 중에 특히 1872년에 발견된 바벨론 창고 기사가 성경의 창조 기사와 유사점이 많기는 하지만, 후자가 전자에서 비롯된 것이라고 하는 주장을 논박한다. 소위 19세기에 서구에 등장했던 범바벨론주의에 대한 가옥명의 반박이다(Herman Bavinck, *The Philosophy of Revelation*, eds. Cory Brock and Nathaniel G. Sutanto [Peabody: Hendrikson, 2018], 17–18을 보라).

274 가옥명, 『신도론』, 85.

275 가옥명, 『신도론』, 85.

의 목적은 하나님의 영광에 있다고 말한다. 다만 이어서 그가 말하는 창세기 1:1과 1:3 사이에 격차를 두고 회복 이론(restitution theory)을 제시한다는 것이 우리의 비판할 문제로 지적되어야 한다.

> 우리의 세계는 반드시 직접 창조로 된 것이 아니오 대개 창조할 때 이미 지구가 혼돈하였다 하였으니 창세기 첫 장 1절과 3절을 상고하여 보면 그 상거(相距)됨이 일대(一大)시기를 격함과 같도다. 제3절에 논한 바는 즉 우리의 거하는 세계의 시작됨이니 이 창조한 일은 실로 신이 전에 가졌던 패괴된 세계로써 일정한 이법을 따라 다시 새롭게 하여 영미(榮美)하고 완미(完美)한 세계를 이룸이니라.[276]

가옥명은 성경의 창조 기사의 또 다른 특징으로 과학적 이론과 달리 "기재(記載)가 간명"하여 유불학식 무론하고 이해할 가능성이 있음을 적시해 주고,[277] 또한 "기재가 진확(眞確)"하다는 것을 밝히 말해 준다.[278]

둘째 창세와 과학. 가옥명은 이어서 창세기 기록과 과학의 관계에 대한 문제를 다룬다. 그는 "과학의 이치를 미루어 우주의 구경(究竟)과 만물의 유래를 해석"하면서 성경의 내용과 충돌된다고 주장하는 과학자들이 있음을 인지하고 있으며, 이에 대해 과학과 성경 내용의 충돌이 없다고 답을 한다. 도리어 "물리가 발명됨에 당하여 우주의 관찰이 더욱 통일됨으로 과학과 종교가 상보상성(相補相成)되어 곧 과학이 신도를 규명하는 데 돕는 힘이 되고 있다"라고 가옥명은 주장한다.[279] 따라서 "오직 학리(學理)와 교리를 선론하는 자는 양자가 상통하는 관계를 선히 제시"한다고 확언하면서, 자신의 견해를

276 가옥명, 『신도론』, 86. 회복 이론에 대한 개혁주의적 비평을 보기 위해서는 Bavinck, *Reformed Dogmatics*, 2:492, 496–497을 보라.

277 가옥명, 『신도론』, 86–87. "오직 신은 과학적 언론으로 인간을 가르치지 않고 간당하고 명확한 언론으로 하였나니 고대에 과학이 발명되지 못한 시대에서도 사람마다 깨닫도록 하였을뿐더러 근세 과학의 원리로 더불어 또한 서로 저촉됨이 조금도 없이 하였나니 대개 신이 이와 같이 계시하였음은 각대 각국인의 그 지식이 진실로 유한함을 인함이라"(86).

278 가옥명, 『신도론』, 87–88. 가옥명은 "만물의 종류로 보면", "만물의 미관으로 보면", "만물의 배합됨으로 보면", "만물의 오묘함으로 보면", "만물의 영으로 보면" 등의 세목으로 나누어 설명해 준다.

279 가옥명, 『신도론』, 88.

세 가지로 정리하여 제시해 준다.

1) "만물의 정서(定序)"에 대해 충돌이 없다는 제하에 가옥명은 성경이 창조 순서와 과학적인 순서 간에 조화를 말한다. 이렇게 조화를 말하기 위해서 창세기 1장에서는 태양이 4일째에 지어졌다고 하는 것에 대해 그때 지어졌다는 말이 아니라, "해와 달이 구름 사이에 나타났다"는 의미라고 설명한다.[280]

2) "만물의 진화"로 말해도 피차 충돌이 없다고 가옥명은 주장한다. 그는 무신진화론과 유신진화론을 구별하고, 후자에 대해 몇몇 학자들의 견해를 소개해 준다. 그리고 그가 의지했던 A. H. 스트롱처럼 유신진화론, 즉 "의장(意匠)이 있는 진화론"을 수용하면서 성경 창조 기사와 과학 간에 충돌이 없다고 말한다.[281] 이 문제에 대한 그의 결론적인 논평을 인용해 보겠다.

> 대개 과학은 만물의 진화된 정서(定序)를 논함에 불과하고 종교는 만유의 진화된 능력을 논술한 것인즉 우리가 유신진화를 말함으로 더욱 신이 얼마나 지혜와 사랑이 풍성함을 볼 수 있고 자초지종(自初至終)으로 만유를 관하며 만유를 초월하여 만유 진화의 주동이 됨을 확지할지라. 이로 보아 과학으로써 실험의 확거(確據)를 취득할지니 그렇지 아니하면 진화의 계단을 해석할 수 없나니라.[282]

3) "창조된 기간"에 대해서도 양자 간 충돌이 없다고 가옥명은 주장한다. 이미 가옥명이 『신도학』을 출간한 1921년 무렵의 과학적 주장으로는 만물이 원질로부터 시작해서 진화 과정을 거쳐 조성되는데 "만만년", 즉 수억 년이

280 가옥명, 『신도론』, 88–89.

281 가옥명, 『신도론』, 89–90. 스트롱의 유신진화론에 대해서는 Strong, *Systematic Theology*, 2:391–397을 보라.

282 가옥명, 『신도론』, 90.

걸린다고 주장하고 있었다.[283] 반면 성경은 6일 창조를 말하고 있으니 과학적인 이론과 큰 격차가 나는데도 불구하고, 가옥명은 충돌이 없다고 하면서 창세기 1장에서 사용된 날(yom)에 대한 이해를 달리하여 설명한다. 일단 앞서도 본 적이 있지만, 그는 창세기 1:1과 1:3 사이에 큰 시간적 간격이 있다고 보는데, 1절에서 첫 창조가 있었으나 영적 세계에서 문제가 생겨 2절처럼 혼돈, 공허, 흑암이 들어오게 되었으며, 3절에서 다시금 현재의 지구를 만들어낸 것이라고 주장한다.[284] 또한 창세기 1장에서 사용된 날이라는 것은 태양일이 아니고, "6대(大)시기라 함이 의심없는 바"라고 말한다. 그리고 창세기 1장의 표현은 "당시의 사람이 신학 지식에 대하여 물론 극히 천근(淺近)하였으므로 부득불 유치원(幼稚園)식 교수법을 빌어가지고 그 정도에 맞게 가르쳐 주었"던 것이라고 말하기까지 한다.[285]

4) "이학(理學)은 혹 그릇됨이 있으나 경지(經旨. 성경의 뜻-필자)는 상신(常新)"하다고 가옥명은 말한다. 과학적인 이론들은 시대에 따라 변하기도 하지만, 성경에서 말한 바는 사람의 견해가 아니라 "온전히 신령한 계시로 말미암"은 것이어서 "연대와 시기가 많이 지나고 세사(世事)와 인물이 변천함이 있어도 성경의 도는 옛적이나 지금이나 변역함이 없이 만도(萬道)는 옛적이나 지금이나 변역함이 없이 만세토록 상신할 뿐"이라고 가옥명은 대비시킨다.[286] 유신진화론을 수용하는 가옥명이지만, 인간이 원류(猿類, 원숭이류를 말함-필자)에서 진화했다고 하는 설에 대해서는 원류와 인간 간에 "과도(過度)한 물(物)"이 화석상 증거로 발견되지 않았다고 반박한다.[287] 그는 첫 인류 창조

283 가옥명, 『신도론』, 90. 물론 최근 과학자들은 우주 나이 130억 년, 지구 나이 45억 년이라고 주장하고 있다. 가장 최근의 입장들을 대변하는 진화창조론자의 해설은 우종학, 『무신론 기자, 크리스천 과학자에게 따지다』(서울: IVP, 2014)를 보라.

284 가옥명, 『신도론』, 91.

285 가옥명, 『신도론』, 91-92. 이와같은 가옥명의 입장은 구 프린스턴 신학자들이나 카이퍼-바빙크 창조론을 따르는 개혁주의 진영에서는 수용할 수 없는 입장이다.

286 가옥명, 『신도론』, 92.

287 가옥명, 『신도론』, 92.

와 관련해서는 철저하게 성경에 근거하고자 하는 철저함을 보여 준다.[288]

셋째 창조의 목적. 가옥명은 하나님의 천지창조 목적에 대한 논의를 제시함에 있어서도 계시의존적인 자세를 표방한다. 그가 제시하는 목적은 두 가지이다. 첫째는 하나님께 영광을 돌림으로, 이것이 사적(私的)이지 않느냐는 문제에 대해서는 아니라고 반박한다. 그에 의하면 하나님의 영광이란 "실로 영광 중에서 신격을 더욱 나타냄"을 의미하는 것이기 때문이다.[289] 가옥명은 창조의 목적이 하나님의 영광 다음으로 "인간을 유익되게 함에 있다"라고 밝힌다.[290] 하나님의 영광과 인간의 유익 혹은 행복 이 두 가지를 취사선택하지 아니하고, 궁극적 목적과 종속적 목적이라는 질서 지움 하에 다 수용하는 것은 조나단 에드워즈 전통을 따름이다.[291]

재치(宰治)하시는 일

설계와 창조에 이어 가옥명이 세 번째로 제시하는 하나님의 사역은 "재치" 혹은 섭리이다. 그의 논의는 정의, 증거, 품평(비평), 관계 등 네 가지 대지로 구성되어 있다.

첫째, "정의"에서 재치하시는 일은 "보존"과 "섭리" 두 요소를 포함한다고 가옥명은 제시한다. 보존이란 "특히 훼파됨을 방지할 뿐 아니라 더욱 만물의 바탕과 힘을 보존하여서 그 공을 성취함"을 의미한다고 설명해 주고, "섭리"에 대해서는 "신이 그의 무한한 지능과 고심한 자애로써 만물이 서로 병립케 하여 그의 원유(原有)한 계획을 성취함"을 가리킨다고 정의해 준다.[292] 특히 섭리는 대소사간에 주도하게 나타나며, 개혁신학자들이 협력(*concursus*)의 요

288 가옥명, 『신도론』, 82.

289 가옥명, 『신도론』, 93.

290 가옥명, 『신도론』, 93–94.

291 Jonathan Edwards, *The End for Which God Created the World, WJE* 8 (London and New Haven: Yale University Press, 1989), 403–536에서 천지 창조 목적에 대해 합리적이고 성경적인 논의를 제시했고, 가옥명이 많이 의존한 스트롱도 에드워즈의 논의를 수용하여 Strong, *Systematic Theology*, 2:397–402에서 자세한 해설을 제시해 주고 있다.

292 가옥명, 『신도론』, 94.

소가 있음을 명시해 주기도 한다.[293]

둘째, 재치의 증거에서는 만물 중에 나타나는 "이법과 질연(秩然)한 차서가 조금도 문란함이 없음"을 통해서 창조하신 하나님께서 "그 크신 능력으로 만물 중에 운행하는 것을 자고(自古) 급금(及今)에 일시라도 멈춘 일이 없음"을 알 수 있다는 것, 역사상의 증거, 교회 중의 증거 등을 제시한다.[294] 가옥명이 마지막으로 제시하는 증거는 성경의 증거로서 그는 보통 치리와 특별 치리로 양분하여 나열해 준다. 하나님의 보통 치리에는 "우주, 만물, 금수, 각국, 인간의 생사와 화복, 사람의 쓸 것을 주심, 선인을 보호하심, 상선벌악(賞善罰惡), 사람의 기도를 응락하심" 등을 말하고,[295] 특별 치리는 선인의 경우와 악인의 경우로 양분해서 설명해 준다. 가옥명은 특히 악인을 치리하시는 하나님의 방식들을 자세히 설명해 주고 있는데, "막으심, 방임하심, 제한하심, 이용하심" 등이다.[296]

셋째, "품평(品評)"이라는 제하에 가옥명은 재치(섭리)에 반대하는 세 가지 견해를 소개하고 반박한다. 이는 피조 세계에 대해 신의 개입을 부정하는 자연신교(Deism, 이신론)의 입장, 모든 것을 운명으로 돌리고 인간의 자유가 설 여지를 부인하는 "숙명론설(Fatalism)", 그리고 대사는 섭리하시나 "세사(細事)는 재치하지 아니" 하신다는 설 등이다.[297] 그는 특히 세밀한 일을 섭리하지 않는다는 이설에 대하여 자세하게 반론을 펼치는데, 그의 답은 세 가지이다. 우선 "세사를 다스리지 아니한다면 대공(大工)을 이룰 수 없다"라는 것, 또한 그렇게 되면 하나님께 "지극한 사랑이 있다고 할 수 없으며", "기독신도의 경력(經歷. 겪어 지내온 일-필자)을 해석할 수 없게 된다"라고 반박한다.[298]

넷째 대지는 "관계"라는 제하에 하나님이 재치하시는 일들에 대하여 정

293 가옥명, 『신도론』, 95.

294 가옥명, 『신도론』, 95-96.

295 가옥명, 『신도론』, 96-98.

296 가옥명, 『신도론』, 98-99. 선인에 대한 치리의 예로서는 특히 하만과 모르드개 이야기를 언급해 주고 있다.

297 가옥명, 『신도론』, 99-100.

298 가옥명, 『신도론』, 100-101.

리해 준다. 가옥명은 "만물의 질서에 관계"하시고, "신도의 기도에 관계하시며", "주도(主徒)의 사공(事工)에 관계하신다"고 정리해 준다.[299] "주도의 사공"에 관련해서는 정숙주의와 자연주의는 논박하고, "대중지정(大中至正)한 도리"가 무엇인지 다음과 같이 해설해 준다.

> 사람이 신의 통치하에 있어서 마땅히 그 아름다운 뜻을 존봉(尊奉)하며 동시에 일기(一己)의 의지가 신의 의지로 더불어 서로 부합케 되고 그 의지가 또한 부합되는 동시에 더욱 고상케 됨이니 그리된 주도(主徒)가 어찌 순종치 아니함이 있으리오.[300]

이상에서 우리는 가옥명의 신론을 개관해 보았다. 가옥명은 오직 성경으로라는 원칙하에 난해한 신론 주제들을 해명해 주고 있으며, 대체로 건전한 해설들을 제시해 주고 있다. 그는 하나님을 아는 지식이 인간의 유한한 이성이나 경험에 의해서는 이를 수 없다는 점을 잘 적시해 주었고, 하나님의 속성들을 잘 해명해 주고 있다. 뿐만 아니라 난해한 삼위일체와 예정의 교리도 적정선에서 요점들을 해설해 주었고, 하나님의 창조와 섭리에 대해서도 요점들을 잘 소개해 주었다. 다만 중국인이기에 때로 가옥명이 사용하는 용어들은 현대 독자들에게는 오해스럽게나 혼란케 만들 수 있는 여지가 있다는 점을 지적해야겠고, 특히 물질 세계 창조와 관련하여 유신 진화론을 수용한 것이나 창세기 1장 2절 해석에 있어 회복 이론을 받아들인 것은 개혁주의적 관점에서 수용할 수 없다는 점을 밝힌다.

---

299 가옥명, 『신도론』, 101-102.
300 가옥명, 『신도론』, 103.

4. 가옥명의 『인죄론』 - 가옥명의 인간론과 죄론

레이놀즈가 번역 감수하여 역간한 가옥명의 『조직신학』 제3권은 가옥명, 『인죄론(人罪論)』이다. 제목에서 알 수 있듯이 인간론과 죄론을 그 내용으로 다룬다는 것을 가시적으로 보여 준다.[301] 레이놀즈는 감수자 서문(Foreword)에서 "그의 타락과 죄에 대한 토론은 매우 정교하고, 그의 인간론의 2/3 분량을 그 주제에 할당하고 있다"라고 적시했듯이, 가옥명의 인간론은 죄론에 대한 논의가 큰 분량을 차지하고 있다.[302] 가옥명의 『인죄론』 한역본에 있어서 주의해야 할 또 다른 사항은 원전을 번역하기만 한 것이 아니고, 레이놀즈의 판단에 따라 자신의 글을 두 곳에 추가 삽입하고 있다는 점이다. 첫째는 『인죄론』 제1장에 레이놀즈의 『신학 공과』(1916)에서 "천사와 마귀"에 대한 부분을 가져와 수록했다는 것이고,[303] 둘째는 제5장("죄악")의 마지막 9대지 "죄인이 불능함"의 내용을 레이놀즈의 자신의 『인학 공과』에서 펴와서 수록한 것 등이다.[304] 이러한 사실을 우리가 염두에 둔다면, 국한문혼 용으로 번역된 1931년 평양판 『조직신학』은 단순 번역이라기보다는 감수자 레이놀즈의 판단에 따른 삭제 작업과 추가 작업이 수행된 번역본이라는 점을 알 수 있다.

이제 가옥명의 『인죄론』의 내용 목차를 먼저 보되, 중국어 원전의 목차와 대조해서 보도록 하겠다.[305]

---

301 레이놀즈와 평양장로회신학교 동료 교수이기도 했던 죽산 박형룡은 해방 이후 자신의 조직신학 인간론을 출간할 때 동일하게 『교의신학 인죄론』(서울: 은성문화사, 1968)이라고 명명했다.

302 Reynolds, "Foreword", in 가옥명, 『인죄론』(페이지 매김 없음): "His discussion of the Fall and Sin is very elaborate, over two thirds of his Anthropology being devoted to this subject."

303 가옥명, 『인죄론』, 1–6; 이눌서, 『신학 공과』, 81–90.

304 가옥명, 『인죄론』, 86–89; 이눌서, 『인학 공과』, 58–61.

305 賈玉銘, 『神道學(中)』, 107–195.

1931년 한역본	중국어 원전(原人編)
제1장. 천사와 마귀 제2장. 인생 제3장. 원시 상태 제4장. 타락 제5장. 죄악	第一章. 槪論(개론) 第二章. 原狀(원상) 第三章. 墮落(타락) 第四章. 罪惡(죄악)

이제 가옥명의 『인죄론』의 내용을 분석 개관하는 일을 진행함에 있어 레이놀즈가 임의적으로 첨가한 1장은 이미 앞서 살펴보기도 했기에 여기서는 생략하고, 바로 2장부터 살펴보고자 한다.

인생(제2장)

원전에서 "개론"이라는 제목이 붙은 장을 레이놀즈는 "인생(人生)"이라고 장명을 바꾸고, 서론에서 인학에 대한 공부가 "신도론(神道論)과 함께 으뜸됨"을 강조함으로 시작한다.[306] 또한 인학 공부의 의거할 바에 대해서도 강조하는데, "우리의 연구도 특히 성경의 확증을 의거하며 과학가의 논법도 참조하여 인학의 요령을 학습함이 진리를 정해함에 위배(違背)가 없을 것"이라고 가옥명은 강조해서 말한다.[307] 그리고 이어서 가옥명은 여섯 개의 대지로 나누어 논의를 전개한다.

인조(人祖)의 유래

가옥명은 인간의 기원에 대한 진화론적인 설명을 거부하고, 성경에 근거

306 가옥명, 『인죄론』, 7: "그런데 우리가 인류이면서 인학의 원위(原委)도 묻지 않고 인도(人道)의 구경(究竟)도 고찰치 않으며 사람이 사람된 소이(所以), 즉 자아가 자아된 소이까지 알지 못하게 되니 이에서 더한 고민(苦悶)이 있으랴. 그래서 인류로써 마땅히 배울 바는 신도론과 함께 인학이 으뜸됨을 깊히 기억할지라."

307 가옥명, 『인죄론』, 7.

하여(창 1:26-27; 2:7) "신의 특별 창조물"이라고 적시한다.[308] 그럼에도 "성경에 신의 조인법(造人法)은 상명(詳明)치 않다"라고 지적하는데, 그에 의하면 사람과 동물이 흙으로 조성되었다고 성경은 말씀하시지만 하나님이 친수로 흙을 가지고 직접 빚어 만드신 것은 아니라고 주장한다.[309] 가옥명은 성경에 근거하여 다음과 같은 결론을 짓는다.

> 성경을 고찰하면 인류의 지음을 입은 역사의 확연한 것은 즉 사람의 체질은 흙에서 취였음과 (하나님이 흙으로써 사람을 빚음) 사람의 영성은 천부(天賦)로 말미암았음이라(신이 생기로써 사람의 코에 불어 넣으니 곧 생령[生靈]이 됨).[310]

가옥명은 이러한 성경적인 인류 기원론을 과학이 논박할 수 없다는 점을 다시 한번 강조해 주고, 종에서 다른 종으로 뛰어넘는 진화는 불가능하다는 입장을 분명히 한다. 그러하기에 우매무지한 짐승에서 "영성, 지성, 도덕, 의사가 구비한 인류로 진화"되는 일은 불가능하다는 점을 적시해 준다.[311]

인간이 생물과 구별됨

가옥명은 두 번째로 인간과 생물의 차이점들을 설명해 주는데, 우선 생물에게는 "각성(覺性)"은 있으나 "오성(悟性)"은 인간에게만 있다는 점, 동물에게는 인간에게 있는 "천량(天良)", 즉 양심이 없다는 점, 생물에게는 인간에게 있는 "도덕성"이 없다는 점, 그리고 생물은 인간에게 있는 "종교 사상" 혹은 종교심이 없다는 점 등이다.[312] 네 가지 차이점을 설명하고 난 후에, 가옥명은 다음과 같이 총정리해 준다.

---

308 가옥명, 『인죄론』, 8. 그는 인간의 진화를 적절하게 거부했지만, "천연설과 진화론 등의 학설이 가히 물류(物類)를 논할 수 있다"라고 여기서도 양보하면서 일종의 유신진화론을 용납하고 있음을 보여 준다.

309 가옥명, 『인죄론』, 8-9.

310 가옥명, 『인죄론』, 9.

311 가옥명, 『인죄론』, 9.

312 가옥명, 『인죄론』, 10-11.

이상을 종합하여 보면 인류와 생물의 차별은 천양지별(天壤之別)이 있나니 일언폐지(一言蔽之)하면 다만 영성(靈性)이 있고 없음에 좌우됨이라. 인류는 영성을 갖춘 고로 만물을 재치하며 만물의 전권을 잡았으며 또 능히 영계에 보접(普接)하여 상신(上神)의 아들이 되며 다시 지력과 이성과 도덕이 있고 그 정신과 신령한 지혜로 써 무량한 진보와 무궁한 행복을 구하나니 이로 보아 인류의 소유한 역사가 수천재에 혁혁하게 찬란한 그 최대의 원인은 영성을 소유함에 있다 하리로다.[313]

인류의 원소(元素)

세 번째 대지는 인간의 구조적 본성(consitutional nature)에 관련된 것으로서 가옥명은 "삼원소파"와 "이원소파"로 양분해서 제시하고 있다. 현대 개혁주의 신학에서 삼분설(trichotomy)과 이분설(dichotomy)로 표현하는 바와 같다.[314] 그는 먼저 삼원소설에 대해 정리해 주는데, 성경적 근거와 성경에서 영혼의 용례 그리고 인간의 자각 등에 근거하여 설명을 한 후에 종합적으로 다음과 같이 이 견해를 설명해 준다.

요컨대 삼원파의 주장은 즉 인간은 신, 혼, 영 3원소로 구성되었다 함이라. 그리하여 표면에 나타나는 형해(形骸, 사람의 몸과 뼈라는 뜻-필자)를 몸이라 하며, 지각과 욕망을 구유(具有)하여 체혼(體魂) 생활의 기초를 맡은 자를 혼이라 하고 도덕과 이성을 구유하여 영성 생활을 주장하는 자를 영이라 하나니라. 몸은 땅의 분(分)임으로 흙에 속하고 영은 하늘의 분임으로 신에게 속하고 혼은 물질과 영성 양자의 사이에 있어서 인생 생활의 묘능(妙能)이 되었나니…[315]

---

313 가옥명, 『인죄론』, 11.

314 Hoekema, *Created in God's Image*, 203–226. 벌코프를 따라 이분설과 전인성에 대한 강조를 하는 송인규 교수가 인간의 구조적 본성론에 대해 쓴 다음의 논문들은 필독할 가치가 있다: 송인규, "영혼의 탈신 상태는 가능한가?(I)", 「신학정론」 16/1 (1998): 113–136; "영혼의 탈신 상태는 가능한가?(II)", 「신학정론」 17/1 (1999): 207–228; "이분설과 영육 관계(I)", 「신학정론」 19/2 (2001): 453–475; "이분설과 영육 관계(II)", 「신학정론」 20/1 (2002): 90–117; "삼분설에 대한 비판적 고찰(I)", 「신학정론」 20/2 (2002): 425–453; "삼분설에 대한 비판적 고찰(II)", 「신학정론」 22/1 (2004): 113–153.

315 가옥명, 『인죄론』, 12.

그리고 이어서 이원소설(=이분설)에 대해 설명해 주는데, 이 입장에 의하면 인간은 "물질적 신체와 비물질적 혼"으로 구성되었다고 함이다. 가옥명은 창세기 2:7의 증거, 성경에서 영과 혼을 "혼용(混用)"하는 경우들이 있다는 점 등을 근거로 제시한다.[316] 이분설의 논의 가운데 가옥명의 특이한 언급은 "사람의 신체와 영혼이 묘합되어 일(一)이 됨을 명언함이 있다"라고 한 것이다.[317]

그렇다면 이 두 가지 입장 중에 가옥명은 어느 것을 자신의 입장으로 밝히고 있을까? 가옥명의 언급을 보면 양쪽설을 다 취하는 듯하다. "만일 보통한 자연의 설법(說法)으로 논하면" 이분설을 시인할 만하고, "신의 신기한 오묘(奧妙)로 논하면" 또한 삼분설에도 찬동할 만하다고 한다.[318]

이상과 같이 결론을 제시한 후에, 가옥명은 "주의(注意)"라는 제하에 두 가지 요점을 더 제시해 준다. 첫째는 성경의 용례에 따르면 혼과 영을 구별해야 한다는 것이요, 둘째는 "영의 무죄설"을 말하는 영지주의적 사고방식, "예수는 사람의 영이 없다"라고 하는 아폴로나리스(Apollonaris)식의 이단, "영의 멸절설" 등을 막아야 한다는 것이다.[319]

영혼의 종래(從來)

소위 인간 영혼의 유래 혹은 기원이 무엇인가에 대한 주제에 대해 가옥명

---

316 가옥명, 『인죄론』, 12–13.

317 가옥명, 『인죄론』, 13. 이는 이분설자인 루이스 벌코프가 "기능적 전체주의"(functional holism)를 말함과 유사한 입장이다(Berkhof, *Systematic Theology*, 192–196). 또한 송인규는 기능적 전체주의에 대해 "살아 있는 인간은 영육 합일의 통전적 존재이고, 영육 간에 긴밀한 상호 작용이 이루어진다"는 의미라고 해명해 준다(송인규, "이분설과 영육 관계(II)", 94–97).

318 가옥명, 『인죄론』, 13. 가옥명의 논의는 전문적이지가 못하고, 무엇이 성경적인지에 대해 취사선택하기보다는 양면성처럼 평가하고 있다. 그러나 가옥명의 영향을 받은 워치만 니(Watchman Nee, 1903–1972)의 경우에는 확고한 삼분설자가 되어 신학적인 문제점들을 가지게 된다. 워치만 니의 인간론에 대한 개혁주의적 비평은 김원철, "워치만 니의 인간론"(철학 박사, 총신대학교, 2014)을 보라.

319 가옥명, 『인죄론』, 13. 첫 번째 요점(혼과 영을 구별할 것)에 대한 가옥명의 해명은 주의해서 볼 필요가 있다고 생각된다: "혼은 사람과 동물이 공유한 바라(마 2:20; 막 3:4; 롬 11:3)하고 성성에 다시 '혼이 피 가운데 있다'(레 17:21) 함을 밝히 말하였으며, 영에 대하여는 인류만 홀로 갖춘 바로 신의 지고한 일부분과 같은 것이니 물류는 겨우 몸과 혼이 있음으로 죽을 때 몸과 혼이 함께 멸하지만, 인간은 신, 혼, 영 3자가 있음으로써 몸은 사망하나 영혼은 영존불멸하느니라."

은 네 가지 견해들을 소개해 준다. 첫째는 영혼선재설(pre-existence)이 있는데, 이는 "원래 가졌던 생명을 기억할 사람이 없고" 이 입장에 따르면 "원죄의 유래를 해석할 수" 없으므로 가옥명은 받아들이지 않는다.[320] 둘째 견해는 "인간의 영혼은 총(總)히 신의 직접 창조로 인하여 사람에게 부여"한다고 주장하는 창조설(creationism)인데, 이 입장에 따르면 부모와 자녀가 서로 "형질뿐 아니라 영성과 자질 등에 대해서도 같은 점"을 설명하기 어렵고, 죄의 근원은 하나님께 돌릴 위험이 있고, 하나님의 영혼 창조 행위를 설명하기가 어렵다는 점을 제시한다.[321] 그다음 세 번째 입장은 인간이 창조된 후에는 "신체와 영혼을 물론 하고 총히 생식의 원리를 따라 원조에게 받아가지고 세대(世代)가 면원(綿遠)할 수록 생생(生生) 불식(不息)케 되어 드디어 천하에 퍼지게 되었다"라고 주장하는 유전설(traducianism)인데, 그는 이 입장이 "생명의 번식하는 공례에 적합"하고, "신이 사람의 영을 창조한 정의(定義)에 거스림이 없다"라고 정당한 사유를 설명해 준다.[322] 마지막 네 번째 입장은 "영은 신의 줌으로 말미암고 혼은 유전으로 말미암았다는 설"이다. 이렇게 네 가지 입장을 간략하게 설명한 후에, 가옥명은 유전설의 입장을 선호함을 보여 준다.

> 이 여러 문제는 실로 우리의 지식에 초연한 바요 또 성성에도 상명히 기재되지 않았으니 차라리 우리는 자연의 공례를 따라 유전설을 찬동하며 신, 혼, 영 3자가 부모로부터 구전(具傳)됨을 승인하면서 또한 심히 오묘한 이치라고 사유할지니라.[323]

---

320 가옥명, 『인죄론』, 14.

321 가옥명, 『인죄론』, 14–15.

322 가옥명, 『인죄론』, 15–16.

323 가옥명, 『인죄론』, 16. 개혁주의 신학자들은 대체로 영혼 창조론의 입장을 택하지만, 쉐드나 호너흐와 같은 개혁신학자들은 유전설을 정론으로 받아들였다. 이 주제에 관한 포괄적인 논의를 보기 위해서는 Bavinck, *Reformed Dogmatics,* 2:580–588을 보라. 바빙크는 창조설과 유전설 양 입장은 각기 성경적 근거를 가지고 있고, 장단점을 각기 가진다고 균형 잡힌 논의를 제시해 주고 있다.

인류의 생명

다섯 번째 대지에서 가옥명은 인간의 생명을 "육체의 생명"과 "영성의 생명" 두 가지로 양분하여 설명해 준다. 먼저 육체의 생명이란 "혼을 기초로 하였다"고 설명하고 난 후에, 영성의 생명(줄여서 영명[靈命]이라 함)에 대해서 길게 설명해 준다. 그는 영명의 근원에 대해서는 창세기 2:7을 언급한 후에 "인류는 원래로 영생하는 활동으로부터 상계(上界)에 접하고 영계에 속한 생명을 받은 것"이라고 적시해 준다.[324] 또한 그는 영명과 인간의 영혼을 구별해 주는데, 영명은 혹 상실할 수 있으나 인간의 영혼은 상실하거나 멸절할 수 없다는 점에서 구별을 한다.[325] 사람이 범죄함으로 영명을 상실하였지만, "또한 성령의 공작으로 인하여 중생함을 얻을" 때 영명을 다시금 "갱생(更生)"하게 된다고 밝히고, 이 영명이란 성경의 여러 구절들(요 1:4; 요일 5:12; 갈 2:20)에 근거하여 "그리스도"이시라고 밝히 말해 준다.[326] 가옥명에 의하면 신자들이 이 영명을 받으면 "그리스도의 품성 정도"를 닮아 가다가 종내에는 "기독으로 더불어 다름없는 지경에 도달할" 것이라고 주장하기도 한다.[327]

인류의 동원(同源)

여섯 번째 대지에서 가옥명이 다루는 주제는 인간이 같은 근원에서 나왔다고 하는 교리이다.[328] 물질적 차원에서 유신진화론을 일면 수용한 가옥명이지만, 인간의 기원에 대해서는 하나님의 특별한 창조라고 적시했듯이, 인류의 동원 또는 통일성(unity)에 대해서도 성경에 근거하여 "성서에 만족이 모

324 가옥명, 『인죄론』, 16-17.

325 가옥명, 『인죄론』, 17.

326 가옥명, 『인죄론』, 17.

327 가옥명, 『인죄론』, 17-18. 가옥명의 주장은 그리스도와 연합하여 교제함을 통해 그리스도를 닮아 감에 있어서 온전한 사람을 이루어 가라는 성경 계시를 따라 이렇게 표현한 듯하다.

328 인류의 근원이 한 조상에게서 나왔는지 아니면 진화의 방식을 따라 다양한 조상에게서 나왔는지 하는 문제는 오늘날 복음주의권 안에서도 대논쟁의 상황 속에 있는데 레이놀즈와 가옥명은 아담의 원조설(monogenism)을 분명하게 천명하고, 원죄에 대해서도 명시적으로 잘 해설해 준다. 역사적 아담에 대한 복음주의권의 네 가지 주요 입장에 대해서는 Ardel B. Caneday and Matthew Barrett (eds.), *Four Views on the Historical Adam*, 김광남 역, 『아담의 역사성 논쟁』 (서울: 새물결플러스, 2015)를 보라.

두 일(一) 근원에서 난 것을 명언하여 인류가 필경 하나 됨을 증한다"라고 밝힌다.[329] 그러고 나서 가옥명은 이러한 인류의 통일성에 대해 역사, 언어, 유전 혹은 전설, 생리학, 구원의 은혜 등의 관점에서 입증해 보인다.[330] 우리는 가옥명이 마지막 근거로 제시한 "구은(救恩)으로써 증함"의 내용을 주목해 볼 필요가 있다.

> 성서에 의하면 원조 아담이 위명(違命)함으로 인하여 만상이 유죄함에 이르렀고 이같이 기독(基督)이 생을 버리심으로 인하여 구속함을 입었으니 이로 보아 인류의 범죄가 동일한 것 같이 구은도 역시 동일함이 현현(顯現. 명백하게 나타남이란 뜻–필자)하도다. 이로 인하여 만인이 일(一) 근원에서 나옴과 함께 구법(救法)도 이(二) 되지 않음을 다시 알지라(롬 5:12–19; 고전 15:21–22).[331]

원시 상태(原始狀態)

가옥명의 『인죄론』 제3장은 인류의 원시 상태에 대한 논의를 제시해 주고 있다. 이는 소위 "무흠 상태" 또는 "원래 상태"(*status integritatis*)라고 부르는 타락 이전의 원조 아담의 상태에 대한 논의이다.[332] 서론에서 가옥명은 원시 상태의 인간은 하나님의 형상을 따라 지음 받았고 "순선(純善)"했으며, 이 것이 "중생한 후의 경상(景狀)과 평행"이 된다고 설명한다. 심지어는 그리스도가

---

329 가옥명, 『인죄론』, 18.

330 가옥명, 『인죄론』, 18–19. 박형룡 역시 인류의 통일성에 대해 보다 더 다양하고 상세한 증거들을 제시해 주고 있다(박형룡, 『교의신학 인죄론』, 35–41).

331 가옥명, 『인죄론』, 19. 역사적 아담의 일조설(원조설)을 가옥명은 명시적으로 인정하고 있기 때문에, 다음과 같은 주규현의 주장은 논박될 수밖에 없다: "가옥명은 스트롱의 신학에 근거해서 진화의 과정을 창조의 틀 안에서 이해하는 유신진화론적 입장을 취하였다. 이것은 오늘날 구약 창세기의 창조 기사가 진화의 과정임을 알리는 것으로 첫 사람 아담의 실재성에 대해 의심을 품고 있는 현대신학 사상의 이해에 도움을 주는 것이라 할 수 있다. 이런 입장은 창조론을 아담의 원죄와 타락 그리고 그리스도의 구원으로 이어지는 폐쇄적인 근본주의적 입장과 다른 것으로 미래지향적인 종말론적 창조론에 대한 이해를 가능하게 하였다"(주규현, "가옥명의 복음주의 신학 연구", 124–125. 그의 자세한 논의는 85–104를 보라).

332 바빙크는 원래 상태의 인간이라는 제하에 인간의 기원, 본성(하나님의 형상), 그리고 목적(destiny)라는 세 주제를 다룬다(Bavinck, *Reformed Dogmatics,* 2:511–588).

성육신하실 때 "사람의 몸을 빌어 나타나사 사람의 형상을 이루매 즉 신의 형상이며 원인의 형상"이라고도 말해 준다.[333] 물론 인류는 죄로 인해 원시 상태의 원의를 잃어버리게 되지만, 그리스도를 통하여 다시금 "원인이 본래 가졌던 형상을 회복하게 되니 그 인애와 성결함이 온전히 하나님과 일여(一如)할 것"이라고 가옥명은 적시한다.[334] 원시 상태에 대한 그의 논의는 다섯 개의 대지로 이루어져 있다. 차례대로 개관해 보기로 하겠다.

원인의 진상(眞像)

가옥명은 원래 인간의 본질은 "신상(神像)" 됨, 즉 신의 형상 됨에 있다고 바로 진술한다. 그리고 구약에서 인간의 형체로 신현하신 예들이나 신약의 그리스도의 성육신을 들어 인간의 신체에도 하나님의 형상이 표현된다는 점을 강조한다.[335] 인간이 하나님의 형상을 따라 지음 받았다는 것은 "원인 영성의 본질"을 가리킨다고 보고, 구체적으로 "인애, 성결, 공의, 양선 등"을 열거한다.[336] 특히 인간에게 주어진 도덕성 혹은 양심이 하나님의 형상의 본진(本眞)이라고 강조하는데, 인간의 기능들이 원래는 어떻게 조화롭게 기능하는지를 다음과 같이 해설해 준다.

> 요컨대 소위 인간의 순전한 양심은 선을 좋아하고 악을 미워하는 천성이며 또 지력은 시비를 분별하고 정감(情感)은 선악에 동하는 바 되고 의지는 종위(從違. 위반)를 확정하나니 이 4자의 합동 활동이 즉 천량(天良, 양심)이라고도 하며 도덕성이라고도 하는 바 이것이 인류 본진의 표상(表像)이니라.[337]

---

333 가옥명, 『인죄론』, 20.

334 가옥명, 『인죄론』, 20.

335 가옥명, 『인죄론』, 21.

336 가옥명, 『인죄론』, 21. 그러나 다음과 같은 가옥명의 진술은 다소 이해하기가 어렵다: "만일 완전한 영혼을 구유(具有)한 자가 도덕성을 확충 또 발전한다면 참 불가사의할 경지에 도달할지니 즉 신의 진상(眞像)을 가히 볼 것이라."

337 가옥명, 『인죄론』, 22.

이처럼 가옥명이 이해하는 하나님의 형상의 본질은 인간의 도덕성 혹은 양심에 있다는 것을 알 수 있다. 또한 그는 형상의 본진(本眞)이 그리스도이심을 강조해 주기도 한다.[338]

원인의 특권

가옥명은 이어서 원래 상태의 인간에게 주어진 특권이 무엇인지에 대해 논하는데, 그가 말하는 것은 세 가지이다. 첫째, 위에 계신 하나님과의 "신성한 영교"를 나눌 수 있었다는 것. 둘째, "그 영성과 육체가 상합하여 거스림이 없었고", 육욕을 제어하며 이길 수 있었다는 것. 셋째, "생물을 통할할 특권만 있을 뿐 아니라 천연계를 독리(督理)할 특권" 등이다.[339] 물론 그는 첫 인간이 죄에 빠짐으로 이러한 특권들이 다 잃어버리게 되었다는 점을 잘 알고 있는데, 그리스도 안에서 회복의 때가 있음도 그는 적시해 준다.[340]

원인의 양기(良機, opportunity)

가옥명은 원인이 누렸던 세 가지 기회에 대해서도 설명해 주는데, 첫째는 "덕성을 연마할 기회"이다. 원래 인간은 "인격이 순선한지라. 오직 적자(赤子)의 무죄함과 일여(一如)하여 진실로 도덕적 경력과 실험이 부족하였나니 이제 결점 없이 완비되어 경도함이 없이 서기를 절원(切願)한다면 반드시 시련"을 거칠 수밖에 없었다고 설명한다.[341] 둘째는 "육신이 장생(長生)할 기회"를 가졌다는 것이다. 가옥명은 과학자들이 인간 신체가 상존할 수 없다고 말하는 바를 긍정하면서도, 하나님께서는 인간이 타락하지 않았다면 "특별

---

338 가옥명, 『인죄론』, 22: "총히 도성인신한 기독(基督)이 즉 인류의 본진됨을 표시하는 바라. 기독이 갖춘 바 인격은 즉 인류의 최고한 표준이며 완미(完美)한 모형(模型)이니 즉 인류의 본래 지음을 받았던 자격이며 또 당연한 자격이라 운위(云謂)할지로다."

339 가옥명, 『인죄론』, 23.

340 가옥명, 『인죄론』, 23. 특히 만물에 대한 통치권은 "만물이 부흥할 때를 기다려 사람과 물(物)이 다시금 서로 상합케 되면 구관(舊觀)을 회복"하게 될 것이라고 표현함으로 "만유회복"(*apokatastasis ton panton*)의 입장을 드러낸다.

341 가옥명, 『인죄론』, 24. 원래 상태의 인간의 선성에 대해 적자, 즉 갓난아이의 무죄에 비한 것은 성경적으로 받아들이기 어려운 비교이다.

한 방법을 설정하여 인간의 신체로 하여금 항상 청춘을 보유케" 하였을 것이라고 말하면서 그것이 바로 생명나무의 기능이라고 설명해 준다.[342] 그러나 타락한 후의 인간은 생명나무를 먹을 수 없게 하셨음은 "죄를 범한 불결한 육체가 장생불로(張生不老)한다면 석방(釋放)할 날이 영영 없게" 되기 때문이라고 말한다. 셋째 기회는 타락하지 않은 인류가 생육 번생했다면 계속해서 하나님의 형상을 후세대들도 가지게 되었을 것이라는 것이라고 가옥명은 말한다.[343]

원인의 복락(에덴동산)

가옥명은 원인의 복락에 대해서 7가지로 정리해 준다. 첫째 우리 몸과 달리 원인의 몸은 어떤 결함이나 고통이 없이, "완미(完美)무병(無病)" 했을 것이다. 둘째 영적 생명이 고상하고 건전하여 하나님과 "친밀한 교제가 있었으며 혹은 영계에 있는 모든 천사와 함께 계합(契合)되어" 교제하던 상태였다.[344] 셋째 "심신은 탐욕이 없이" 자신의 본위를 지키고 "안분(安分)낙업(樂業)"하였다. 넷째 우러러 하늘을 향해서나 굽어 땅을 향해서도 마음에 부끄러움이 없는 상태였다. 다섯째 만물의 영장이 되어 만물과 "융합하며 제어하고 명령"함에 조화로웠다. 여섯째 원인이 거주하던 에덴동산은 이름 뜻대로 낙원이요 천당이어서 "인간의 천성 발달을 충분히 조성할 만"하였다. 일곱 번째 남녀 관계가 "지극히 친모(親慕)"하였다.[345] 이처럼 가옥명이 이해하는 바 원래 상태의 인간의 "경상(景狀)[은] 참으로 높고 아름답다"라고 할 것이다.

품평가(品評家)의 원인에 대한 논의

가옥명은 앞서 원래 상태의 인간에 대해 서술한 후에, 비평가들의 여러 반

---

342 가옥명, 『인죄론』, 24.

343 가옥명, 『인죄론』, 25. 가옥명은 이러한 동일한 형상을 가지게 됨을 "신의 명령과 축복이 당연히 인류의 육체에 실험(實驗)되었을 것"이라고 주장한다.

344 가옥명, 『인죄론』, 25.

345 가옥명, 『인죄론』, 25–26.

론들을 비판적으로 대면한다. 그의 논의는 역사적인 측면과 종교적인 측면 양측에서 전개된다. 첫째 역사적인 측면에서는 인류가 야만적이고 유치한 수준에서 문명의 수준까지 진화되었다고 하는 주장에 대해, 역사는 오히려 "사람의 퇴화된 고거(考據)"를 보인다는 것, 옛날 유적을 살펴도 문명이 "진화한 철증(鐵證, 단단한 증거–필자)"을 제시하지 못한다는 것, 습속(習俗) 역시도 진화의 방식이라기보다는 퇴화의 증거를 보이며, 여러 나라가 가지고 있는 "황금시대"에 대한 전설들이 반대 증거를 보여 준다고 말한다.[346]

둘째로 가옥명은 종교적인 측면에서 비평가들이 제기한 반론들을 대면한다. 꽁트(Comte, "공트"라 표기했음)가 말한 종교의 진화 이론을 소개한 후에, 그는 "종교의 원리는 옛적일수록 더욱 순수"하였음이 확인되며, "순장(殉葬)의 습속"을 보면 고대인들도 영혼의 사후 존재를 믿었다는 것을 보여 준다는 것, 그리고 종교심은 "인성(人性) 분자(分子)중의 긴한 요소로써 유생(有生)함에 근거하여 갖춰진 것이오 외력으로 말미암아 발생된 바"가 아니라는 반론을 제시한다.[347]

타락(墮落)

앞서도 언급했듯이, 가옥명의 인간론은 원래 상태의 인간의 대한 분량이 1/3에 못 미치고, 죄론에 대한 부분(혹은 죄 아래 있는 인간)이 2/3분량이 넘게 구성되어 있다. 4장에서 가옥명은 먼저 원조상의 첫 범죄(타락) 사건에 집중하여 논의를 전개한다. 서론에서 그는 영적 세계에서의 타락이 먼저 있었음과 창세기 3장에 근거하여 "극히 고상"하였던 원인의 상태에서 인간 조상의 타락이 있었음을 알 수 있다고 적시한 후에,[348] 원조상의 타락의 역사적 사실성, 인조 타락의 원인, 원조의 타락한 죄안(罪案), 원조 타락의 결과 등 네 대

346 가옥명, 『인죄론』, 26–28. 여기서도 가옥명은 "인류 역사의 진화라는 것은 겨우 물질과 학리(學理)"에 제한된 것임을 분명히 함으로써, 유신진화론자임을 드러낸다(28).

347 가옥명, 『인죄론』, 28–30.

348 가옥명, 『인죄론』, 31.

지로 논의를 개진한다.

원조의 타락의 역사성

가옥명은 창세기 3장이 역사적인 기록이며, 원조상 아담과 하와의 역사성을 문자적으로 믿으며, 그들의 타락에 대해서도 역사적 사실로 받아들인다. 하지만 이에 대한 반론들이 20세기 초반 그의 시대에도 존재했기에, 몇 가지 증거를 제시함을 통해서 반박한다.[349] 그에 의하면 창세기 3장은 "사전(史傳)의 일부분"이고, "본처의 경의(經義)는 역사적 의의에 벗어남이 호리라도 없으며", 신약의 저자들이 역사적인 사실로 언급하고 있으며, 기록한 내용이 "당연한 정형에 적합"할 뿐 아니라, "우리의 의식에 자못 합하며", "이러한 시유(試誘, 시험하여 유혹함-필자)가 죄와 환난의 시작됨을 넉넉히 증명"해 준다는 것이다.[350]

인조(人祖) 타락의 원인

가옥명은 이어서 첫 범죄의 원인이 어디에 있는지를 논의한다. 그는 먼저 타락의 원인이 하나님에게 있지 않다고 말한다. 선악과를 먹지 말라는 금령을 하나님이 제정했으니 하나님께 타락된 원인이 있다고 하는 주장에 대하여, 선악과 금령은 "주께서 인간의 덕성을 수령코저 하는 묘술(妙術)"이었으며 만약 원조가 "튼튼한 뜻으로 굳게 지켰더면 그 덕성과 영성의 진보" 됨이 있었을 것이라고 논박한다.[351] 그리고 하나님께서 원조로 하여금 사탄의 시험을 받게 허락하신 것도 타락의 원인은 아니라고 답변한다.[352]

---

349 가옥명은 창세기 3장의 기록의 역사성을 믿지 않는 이들이 있다고 언급할 뿐 구체적인 예들을 들지는 않는다. 21세기 들어서 게놈 지도의 완성 이래 최근 복음주의 신학자들(특히 구약학자들) 가운데도 아담의 역사성을 부인하거나 달리 해설하려고 하는 여러 종류의 시도들이 제기되고 있다.

350 가옥명, 『인죄론』, 32–33. 죽산도 "역사성의 증명"이라는 항목에서 "역사적 문맥, 역사적 기풍, 죄와 악령의 연락(連絡), 구속에 대조, 초인생적 능력에 의한 사실, 시조의 동산에 거주" 등의 증거들을 제시해 준다(박형룡, 『교의신학 인죄론』, 155–156).

351 가옥명, 『인죄론』, 33–34.

352 가옥명, 『인죄론』, 34. 가옥명은 시험이 타락의 원인 자체가 아니라는 점과 만약 시험을 받아 타락한 것이 아니라면 마귀의 조건과 같이 되어 "생명을 얻을 소망이 영영 없을 것"이라고 답변한

가옥명은 타락의 원인은 바로 원조 자신에게 있었다고 적시해 준다. 부정적으로는 인간이 무지하거나 무능해서 타락한 것이 아니라는 점을 말하고, 인간의 타락은 하나님의 말씀을 불신한 것에서 일어나고, "사욕(私慾)에서 기인"했으며, "자고(自高) 함으로 말미암은 것"이라고 설명해 준다.[353] 그의 질언(質言, 참된 사실을 들어 딱 잘라 하는 말-필자)을 보기로 하자.

질언하면 소위 시기, 사욕, 고오(高傲) 등은 진실로 죄에 빠짐에 극대한 원인이며 또 이 원인은 사람에게 있고 신에게 있지 아니함을 확지할 것이라. 대개 인간은 별별하기에 무지하지 아니하며 또한 제승하기에 무력하지 아니하니라. 그럼으로 원조의 타락됨은 의지의 자유를 인하여 위법 취죄(取罪) 함이 아니랴(롬 5:14).[354]

마지막으로 가옥명은 타락의 원인은 사탄과 관계된다는 점을 밝힌다. 성경이 말하는 대로 사탄이 뱀의 형체를 빌어 시험을 했으며, 사탄이 시험할 때의 수속(手續)은 먼저 하와에게 다가와 유혹을 하되 욕심을 불러일으키고, 그 결과 죄를 짓도록 만들었다고 그 과정을 설명해 준다.[355]

원조의 타락된 죄안(罪案, 범죄 사실을 적은 기록)

가옥명은 세 번째 대지에서 타락의 과정을 먼저 해설해 주는데, 먼저는 하나님의 뜻을 의심하고, 대신에 마귀를 가볍게 믿었으며, 교만한 마음을 품어 마귀의 죄에 동참하고, 나아가서는 금령을 깨트리고 위법하게 되었다고 적시해 준다.[356] 둘째 범죄한 원조를 찾아오셔서 곧바로 심판하지 아니하시고 회개할 기회를 주시고 죄에 대한 심문을 하셨다는 것을 설명해 주고, 셋째로는 판결하심에 있어 세미한 죄를 가지고 너무 엄혹하게 판결하시지 않았느

다.

353 가옥명, 『인죄론』, 34-35.

354 가옥명, 『인죄론』, 35.

355 가옥명, 『인죄론』, 35-36. 뱀이 하와를 처음 유혹의 대상으로 택한 것에 대해서 "대개 여자는 마음이 약함으로 가볍게 믿기 쉬워 그 궤휼에 빠진" 것이라고 하는 가옥명의 설명은 타락 전 하와의 원래 상태에 대한 오해를 불러일으킬 수 있다고 생각한다.

356 가옥명, 『인죄론』, 36-37.

냐는 질문에 답변하여 "계명이 세미할수록 존명(尊命)의 정신을 시험"하는 바가 되며, "밝히 알고도 짐짓 범함은 율법을 희롱한 허물을 면키 어렵다"는 것이며, "오직 성선(聖善)할수록 양심을 거스린 죄가 더욱 중하다"는 것과 "위명(違命)의 행위는 정지(定志)의 부패함을 드러"내는 것이라고 반박한다.[357]

원조 타락의 결과

원조의 타락의 결과에 대한 가옥명의 논의는 세 가지 방향에서 개진된다. 첫째는 "인류계"에 죄가 미친 결과로서 먼저는 영적 생명의 단절을 말하고, 이어서 육체적 사망도 시작된 것을 언급하고, 뿐만 아니라 "죄욕의 노예"가 된 것을 적시해 준다.[358] 뿐만 아니라 "죄를 자손에게 미치게 되었다"라고 하면서, "원조 아담의 자손이 승계하여 만세 만대를 전하는 대로 그 유전한 악성과 원죄를 받지 아니할 수 없게 되었느니라(롬 5:18–19)"라고 간략하게 설명해 준다.[359] 둘째는 하나님께 대하여서는 모든 것이 선하게 지으신 세상에 인간의 타락으로 죄가 들어오게 됨에 따라 "그 심령 중에 영영 안식할 시일이 없고, 따라서 인세(人世)백무(白務)를 구정(救正)하며 호리(護理)함에 대하여서도 또한 공작을 개시케 되었다"라고 진술한다.[360] 이는 인간의 타락 후 바로 하나님께서 원시 복음(*Protoevangelium*, 창 3:15)을 말씀하시고, 구속 사역을 시작하셨음을 적시한 표현이라고 할 수 있다.[361] 마지막 네 번째 가옥명이 언급하는 죄의 결과는 "자연계"에 미친 영향이다. 그는 인간의 타락의 결과로 자연계도 큰 영향을 받았으며, 다양한 재앙이 발생하게 되었다는 점을 나열한 후에, "슬프다. 죄얼(罪孽)의 영향을 어찌 가히 말로 하리오"라고 탄식한다.[362]

---

357 가옥명, 『인죄론』, 37–38.

358 가옥명, 『인죄론』, 39.

359 가옥명, 『인죄론』, 39.

360 가옥명, 『인죄론』, 39–40.

361 가옥명은 또한 인간의 타락은 영적 세계의 구성원들인 천사들에게도 영향을 미친다고 말한다. 그가 의지하는 바 성구들은 히 1:14와 눅 15:10 등이다(40).

362 가옥명, 『인죄론』, 40.

죄악(罪惡)

가옥명의 인죄론 제5장이자 마지막 장은 "죄악"이라는 제하에, (전체 89쪽 중에) 50쪽에 달하는 방대한 분량으로 전개된다. 서론에서 가옥명은 "인세에 가장 기막히는 일은 죄의 능력과 패괴"라고 말한 후에, 원조와 모든 인류가 연결되어 있어서 "원조의 타락한 영향과 죄얼의 결과도 또한 받지 아니할 수 없을 바"라고 적시해 준다.[363] 그는 이러한 논의의 주제가 "신학상 극히 긴요한 문제"라고 강조한 후에, 여덟 가지 대지로 나누어 논의를 개진한다: 1) 하나님의 율법, 2) 죄의 개요, 3) 사람의 원죄, 4) 사람의 본죄(本罪), 5) 죄의 보편(普遍), 6) 죄와 죄인, 7) 죄의 결과(結果), 8) 시비(是非)를 분별치 못하는 자의 죄.[364]

하나님의 율법

가옥명은 죄악에 대한 논의를 하나님의 율법에 대한 첫 대지로 시작한다.[365] 두 주제의 연관성과 율법의 중요성에 대한 서론적 언급을 먼저 살펴보면 다음과 같다.

> 인간의 죄악을 논술(論述)하려면 우선 신의 율법과 그 법률의 성질을 논함이 가히니 대개 신이 인간을 창조하여 질서가 정연한 세계에 거생(居生)케 함에 만일 법률의 시행함이 없다면 곧 사람의 조악을 정할 수 없을지니라.[366]

이어지는 가옥명의 논의는 네 부분으로 구성되어 있다.

---

363 가옥명, 『인죄론』, 44.

364 가옥명, 『인죄론』, 41–43(레이놀즈가 만든 촬요). 레이놀즈는 마지막 9대지를 덧붙이는데("죄인이 불능함") 이는 레이놀즈의 『인학 공과』에서 해당 내용을 옮겨 놓은 것이기 때문에 논의에서 제외하기로 하겠다.

365 가옥명이 죄악에 대한 논의를 율법으로 시작하는 방식은 후일 구레인과 죽산 박형룡도 취하고 있는 방식이다(Crane, 『조직신학(상)』, 707–853; 박형룡, 『인죄론』, 303–325).

366 가옥명, 『인죄론』, 44.

1) 그는 “율법의 표시(表示)”라는 제하에, 율법은 입법자이신 하나님의 의지(意志)를 보여 주는 동시에 법을 집행하시는 분의 권력도 보여 주고, 나아가서는 법을 지켜야 하는 자에게 “법률을 복종할 필요와 책임의 정도의 어떠함과 법을 지키면 상을 받고 법을 어기면 형(刑)을 당함을 표시”해 준다고 설명해 준다.[367]

2) 가옥명이 논의하는 것은 “율법의 분류”로서, 그는 세 가지로 세분해서 설명해 준다. 첫째는 “과학적 법률 혹 자연계 법률 또 물질계 법률”이라고 것이다. 이는 하나님께서 창조하신 우주 만물들이 하나님의 정하신 법칙에 따라 운행됨을 말하며, 이러한 법도 하나님의 의지에 따라 제정된 것이어서 하나님의 어떠하심을 엿볼 수 있게 만든다고 가옥명은 적시해 준다.[368] 두 번째 법은 “도덕적 율법(혹 시비의 법)”으로, 가옥명은 하나님의 형상을 따라 지어진 인간 심중에 주어진 양심의 법, 하나님이 돌판에 직접 새겨 주셨던 십계명, 구약에 기록된 모든 성문법들을 이 두 번째 범주에 포함시킨다.[369] 그에 의하면 모든 이성적인 피조물은 이 도덕법을 준수할 의무 아래 있으며, 선과 악의 기준도 이 법에 따른 것임을 적시한다. 뿐만 아니라 이 법을 오로지 그리스도만이 완전히 지키심으로 의를 이루셨다고 말해 준다.[370] 마지막 세 번째 종류의 법은 “자유의 율법”(혹 영에 속한 율법이라, 혹 기독의 율법이라 함)으로서, 자력으로 율법을 온전히 지킬 수 없는 자들이 그리스도에게 가게 되면 성취하게 되는 법이라고 가옥명은 설명해 준다.[371] 그는 산상설교에서 말씀하시는 외면뿐 아니라 내면의 거룩함을 요구하는 바를 그리스도인들은 순종하되, 자녀가 부모를 사랑하고 효하듯이 애정함으로 순종해야 할 것을 예시하

367 가옥명, 『인죄론』, 44–45.

368 가옥명, 『인죄론』, 45–46.

369 가옥명, 『인죄론』, 46–47.

370 가옥명, 『인죄론』, 47.

371 가옥명, 『인죄론』, 48. 율법을 스스로 지킬 수 없는 자연인과 영에 속하여 자유한 율법을 순종할 수 있는 그리스도인 사이의 대조를 로마서 7장과 8장을 근거로 하여 제시한다(49). 이러한 해설에 의한다면, 가옥명은 “곤고한 나”(롬 7:14–25)의 정체를 비중생자로 이해하고 있는 셈인데, 아우구스티누스적인 전통은 중생자로 이해한다(Bavinck, *Reformed Dogmatics,* 3:81–82).

기도 한다.[372]

3) 가옥명은 "율법의 특성"에 대해 정리해 주는데, 하나님의 의지 표현이므로 영원존속할 것이며, "만세 만대와 만국 만족을 위하여 세운 것"이므로 공보적(公普的) 특성을 가지며, 한 분 하나님에게서 나온 것이니 유일한 특성이 있으며, 부정적인 금령만 아니라 적극적인 조항도 포함하고 있으며, 외면적인 것뿐 아니라 내면적인 변화를 목표로 하는 "정진적(精進的) 특성"이 있으며, "심령에 관한 특성"도 있다고 서술해 준다.[373]

4) 가옥명은 이어서 "율법과 은혜"에 대해서도 논의한다. 그는 율법이 하나님의 의지 표현으로 "그 자체의 성결, 공의, 양선, 권능 등이 발표되었으나 신의 인애와 은자(恩慈)와 즐거이 도우시는 진상"을 표시하지는 못한다고 말하고,[374] 그러나 은혜가 율법을 폐하는 것이 아니라 완전케 한다고 말한다. 부연하여 은혜는 "또한 최고한 법률"이라고 정의하면서, 다만 그리스도인들이 "하나님의 후사와 깊은 사랑"을 경험하며 순복하게 되는 그리스도의 법이라고 말한다.[375] 뿐만 아니라 가옥명에 의하면 "은혜는 율법을 초승(超勝)"하는 것이라고 하면서, 율법과 은혜의 차이를 여러 가지 대구적인 표현으로 열거해 준다.[376] 그리고 결론적으로 다음과 같은 말로 끝을 맺는다.

> 총(總)히 말하면 한갓 율법의 공(功)만을 믿을 뿐으로는 길히 완전한 지보(地步)에 달하여 영생을 취할 수 없고 오직 기독의 공을 힘입어야 가장 완비한 은사(恩赦)

---

372 가옥명, 『인죄론』, 49–50. 마 5장에 기록된 그리스도의 요구인 "왼뺨, 겉옷, 십리 같은 것은 과연 기독 율법의 특색이며 또 신도의 특행인 것"이며, 이렇게 행함이 바리새인과 사두개인의 의보다 초월한 의라고 말한다(49).

373 가옥명, 『인죄론』, 50–51. 구약의 "정치와 규례와 법식"은 폐지된 것이 아니라 "그 내용과 정신은 기독 율법 안에 포괄되었으므로 만세를 지나도 없어지지 아니한다"라고 가옥명은 설명해 주기도 한다.

374 가옥명, 『인죄론』, 51.

375 가옥명, 『인죄론』, 51.

376 가옥명, 『인죄론』, 52.

를 비로소 얻으며 영미한 영명을 가히 얻을지니라.[377]

죄의 개요

가옥명은 율법에 대한 논의에 이어서 죄에 대한 상론으로 들어간다. 이러한 순서가 중요한 이유에 대해서 먼저 밝히는데, "신의 성결한 율법은 인간의 죄를 형론(衡論)할 유일의 준칙(準則)"이기 때문이라고 적시한다.[378]

1) 그는 먼저 "총론"이라는 제하에, "대개 사람의 언어와 행위와 존심(存心)이 신의 성결한 법률에 위배"됨이 죄라고 정의 내려 준다.[379] 따라서 죄라는 것은 "영혜(靈慧)와 이성이 있고 또 의지가 자유로운 사람"에게만 해당되는 것이며, 사람의 외행만 아니라 내심(內心)으로 짓는 죄도 죄에 해당한다고 정리해 준다.[380]

2) 가옥명은 "죄의 구별"을 세 가지로 제시하는데, 이는 행위의 죄, 언어의 죄, 그리고 심령의 죄이다. 앞의 두 가지 죄에 대해서는 간략하게 해설한 후에, 그는 심령의 죄에 대해 상술하기 시작한다.[381] 그는 "사람의 심성 중에 욕념(欲念)이 신의 율법에 불합한 자를 모두 죄"라고 단언을 내리면서, 세 가지 방향에서 증거를 제시해 준다. 그는 먼저 성경에서 관련된 구절들을 나열해 주는데, 특히 "인심은 만악의 본원(本源)" 됨을 말해 주는 구절들이나, 인간의 마음 자체가 악하다고 말하는 구절 등을 열거해 준다.[382] 또한 그는 "중인(衆人)의 공견(公見)"을 증거로 제시하는데, 개인적으로 자기 마음을 성찰할 때 부끄러워할 만한 "죄념과 사욕"을 깨닫게 되며, 여러 통상적인 속언들에

377 가옥명, 『인죄론』, 52.
378 가옥명, 『인죄론』, 52.
379 가옥명, 『인죄론』, 52.
380 가옥명, 『인죄론』, 53.
381 가옥명, 『인죄론』, 53-54.
382 가옥명, 『인죄론』, 54-55. 가옥명은 악한 마음이 악한 행동의 어머니가 되며, 마음의 회개가 중요하지 외식적인 회개는 더욱 악한 죄라고 비판한다.

도 이 사실을 증거하고 있고, 법정에서도 우발적인 죄와 고의적인 죄질을 구별하는 것 등을 증거로 제시한다.[383] 그가 심령의 죄에 대해 제시한 마지막 증거는 "신도의 경력(經歷)"인데, 성경에서나 교회사 가운데 위대한 인물들의 예를 열거한다. 가옥명은 신자가 하나님과 더욱 교제하고 가까워질수록 자신의 "언어와 행동에 표시된 것뿐 아니라 어떤 때는 은미(隱微)한 죄욕이 의념(疑念) 중에 가장 깊히 잠재하였음을 발견하게 된다"라고 적시해 준다.[384]

3) 가옥명이 다룬 주제는 "죄에 빠진 원인"이 어디에 있는가 하는 것이다. 가옥명은 창세기 3장에서도 이미 서로 책임 전가했던 바대로, 죄의 원인에 대해서도 그릇된 설명들이 존재한다고 하면서, 먼저 "죄는 육체에 기원한다"라는 이론에 대해 비판적으로 다룬다. 가옥명은 이 입장이 옳다면, 육체를 지으신 하나님께 죄의 책임을 돌리게 되기에 잘못이고, 성경은 죄를 육체적인 면뿐 아니라 영적인 방면에서도 다루기에 편협한 입장이고, 여러 가지 면에서 상식적인 이치도 그스르는 것이며, 성경의 말씀과도 위배된다고 반박을 한다.[385] 가옥명은 죄의 원인에 두 번째 그릇된 입장으로 죄를 인간의 유약함에 돌리는 이론을 제시한다. 이 입장에 의하면 죄는 "심상한 질병"에 불과하다고 하는 입장인데, 가옥명은 이러한 이론은 우리가 악인들 중의 차이 등을 고려하고, 죄가 자유로운 의지적 결단에 의해서도 자행되는 것을 고려한다면 부당함을 알 수가 있고, 질병이라면 벌을 주는 것도 잘못이라는 논리가 되고, 심지어는 그런 인간을 지으신 하나님께 죄의 책임이 돌아가게 만드는 "훼방하는 언론"이라고 반박해 버린다.[386] 이처럼 두 가지의 그릇된 이론을 논파한 후에, 가옥명이 취하는 정설은 "죄는 사욕(私慾)에서 발하는 것"이라고 하는 것이다. 인간의 모든 죄악의 본원이 되고, 근원이 되는 것은 바로 자

383 가옥명, 『인죄론』, 55–56.

384 가옥명, 『인죄론』, 56–57.

385 가옥명, 『인죄론』, 57–59. 비판적 반론 중에 바울이 사용한 육체(*sarx*)의 의미가 "사람의 신체를 지칭함이 아니라 바로 신생함을 입지 못할 육욕을 가리키는 것"이라는 해설도 제시해 준다.

386 가옥명, 『인죄론』, 59–60.

기를 “무상의 표적을 만들고 심지어 신에게 마땅히 돌아갈 영광을 빼앗아 자기의 앞에 돌리기”까지 하는 데 있다고 그는 지적한다.[387] 하나님을 사랑함이 “도덕의 총귀(總歸)”가 되듯이, “사기(私己)는 만악의 진상”이 된다거나, 원조의 죄안을 보더라도 “사심이 유혹의 발단”이 되었다거나, “탕자의 죄상”을 살펴도 아버지의 존영을 생각하지 아니하고 자기 사리사욕을 좇은 죄라는 것을 열거한다.[388] 반대로 예수님께서는 아버지의 뜻을 행하기 위하여 기꺼이 일신을 버리시기까지 하심으로 우리가 본받아야 할 거룩한 모범이 되신다고도 가옥명은 적시해 준다.[389]

사람의 원죄

가옥명은 세 번째 대지에서 원죄(原罪, Original Sin)에 대해 다루는데, 그의 출발점은 “인류의 소유한 죄성은 과연 어느 곳으로 좇아 왔는가?”라는 것이다.[390] 이 중차대한 문제에 대해 많은 이론들이 분분하기 때문에, 그는 “이 문제는 결코 이론으로 천명(闡明)되거나 단정(斷定)될 수 없고 오직 성서에 보인 바에 의하여” 논의해야 한다고 딱 잘라 말한다. 그는 “우리의 죄성의 근원은 아담이 명을 어김으로 유래”되었으며, “그 후손이 계승을 따라 모두 원조에게 상속(相續)되었고, 또한 죄악의 그루(株)가 연함으로 원죄가 있게 되었다”고 먼저 적시해 준다.[391] 이어지는 가옥명의 원죄론은 세 가지 소주제로 나누어진다.

1) 원죄는 무엇인가에 대해 “원죄는 즉 원죄가 명을 어기고 금과를 따먹은 죄인데, 그것이 우리에게까지 미친 바” 된 것이라고 정의를 내려 준다.[392] 이어서 그는 원조가 받은 죄에 대한 형벌과 죄성이 후손들에게까지 미치게 되

387 가옥명, 『인죄론』, 61.
388 가옥명, 『인죄론』, 61-62.
389 가옥명, 『인죄론』, 63.
390 가옥명, 『인죄론』, 63.
391 가옥명, 『인죄론』, 63.
392 가옥명, 『인죄론』, 63.

었다고 양분하여 설명한다.[393] 특히 죄성에 대해서는 "원죄가 인간의 성질을 변작(變作)함으로 신법(神法)을 복종치 않게 되고 선을 좇을 수 없게" 되었으며, 이러한 죄성은 "보편성을 가졌음으로 인류로서는 누구나 면제(免除)할 수 없게 되었다"라고 명시적으로 말한다. 인류에게 보편적으로 미쳐진 죄성에 대한 가옥명의 상세한 설명을 인용해 본다.

> 인생으로 하여금 오성을 혼미케 하며(롬 1:12; 엡 4:18; 고후 3:18) 의지를 편오케 하며(롬 8:7), 정욕을 부패케 하여(갈 5:7; 엡 2:3) 그 신체로 불의의 병기로 죄욕의 도구를 이루며 따라서 병고와 우통(憂痛)의 소모품(消耗品)을 지을 뿐이니라.[394]

2) 가옥명은 이 원죄가 어떻게 후손에게까지 누급(累及)되었는지에 대한 세 가지 설명들을 다루어 준다. 첫째 이론은 "유전설"로서 원죄를 유전적인 것으로 보는 입장인데, 이런 주장을 하는 이들의 근거는 생리학이나 우리의 경험 관찰하는 바와 부합되고, 성경에도 지지하는 구절들(창 5:3: 시 51:5; 롬 5;12; 요 3:6)이 있다고 하는 것이다.[395] 가옥명은 이 유전설을 취한 신학자들이 많고, 이치에 합한 것 같으나 난점(難點)이 있음도 지적하는데, 이 설에 따르면 원죄의 일부, 즉 죄성의 유전에 대해서만 설명이 된다는 것과 또한 그런 방식으로 죄성을 본래부터 가지고 태어난다면 책임을 묻기가 어려워진다는 것 등이다.[396]

두 번째 이론은 가옥명이 "동체설(혹 어거스틴의 해설이라 함)"이라고 명명한 것으로, 현대에는 실재론적 이론(realistic theory)이라고 부르는 견해이다.[397] 가옥명에 의하면 이 이론도 많은 이들의 지지를 받은 이론으로서, "아담의 원

393 가옥명, 『인죄론』, 63–64.

394 가옥명, 『인죄론』, 64. 가옥명은 중국어 원서에도 消磨品(소마품)이라는 한자를 쓰고 있는데, (賈玉銘, 『神道學 (下)』, 172), 소모품과 거의 같은 의미로 보인다. 消磨歲月이 "별로 하는 일이 없이 세월만 보냄"의 의미로 뜻 새겨진다(https://ko.ichacha.net/korean/%E6%B6%88%E7%A3%A8%E5%B2%81%E6%9C%88.html. 2023.8.18.접속).

395 가옥명, 『인죄론』, 64–65.

396 가옥명, 『인죄론』, 65–66.

397 Berkhof, *Systematic Theology*, 242.

죄가 우리의 몸 위에 돌아옴은 아담이 범죄 당시에 있어 만대 만세의 인류가 원죄의 몸 가운데 쌓여 있었던 고로 신명(神命)을 동일하게 위배함이 되었고 금과도 같이 먹음이 되었다"라고 주장하는 입장이라고 소개한다.[398] 이 동체설의 근거로 제시되는 바는 성경의 증언(롬 5:12; 히 7:10)과 사리 등이라고 소개한 후에, 가옥명은 이 입장도 역시 해석하기 어려운 난점들을 가지고 있다고 지적한다. 그가 적시한 두 가지 반론은 이 입장에 따르면 모든 선조의 죄들이 후손들에게 다 물려주게 된다는 것이니 불합리하고, 또한 중생한 자라도 중생한 자녀를 낳는 것은 아니라는 것이다.[399]

마지막 세 번째 견해는 "대표설"인데, 가옥명의 설명은 다음과 같다.

> 우리가 아담의 범죄함을 고찰하면 신이 아담을 세워 만세의 대표에 당케 하시고 만세 인류를 대신하여 시유(試誘)를 받게 함이라. 또 신이 아담으로부터 세운 생명의 약조 특히 아담 일신상에만 유관할 뿐 아니라 또한 만대 후손까지 그중에 포괄되었다.[400]

가옥명은 이어서 이 대표설을 지지하는 근거로 "아담이 예수의 예표 됨을 확연히 표현"해 주며, "능히 만인이 모두 죄에 걸리는 원리를 발표"한다는 점을 제시해 준다.[401] 그렇다면 가옥명은 세 가지 견해 중 어떤 입장을 정론이라고 생각하였을까? 그는 논의를 끝내면서 "성경을 상찰(詳察)하며 또 정리(情理)에 비추어 보면 이 세 이론 중에도 오직 대표설이 신의 무궁한 구은(救恩)을 표현하기에 가장 적절하다"라고 밝힌다.[402]

---

398 가옥명, 『인죄론』, 66.

399 가옥명, 『인죄론』, 66–67.

400 가옥명, 『인죄론』, 67.

401 가옥명, 『인죄론』, 67–68.

402 가옥명, 『인죄론』, 69. 레이놀즈 역시 1915년에 이 입장을 정설로 인정한 바 있다(이눌서, 『인학공과』, 43).

3) 원죄를 부인하는 언론(言論). 앞서 정설을 소개한 후에, 가옥명은 원죄에 대해 그릇된 입장들을 소개하고 비판해 준다. 먼저 "성선설(혹 펠니듸오파설)"을 소개해 주는데, 이 입장은 펠리기우스파의 입장으로 인간은 아담의 죄와 관계없이 태어날 때 선한 본성을 받고 태어난다는 것이고, 악하게 되든 선하게 되든 개인적인 선택에 달렸다고 하는 입장이다. 그러나 이러한 입장은 모든 인간을 유죄하다고 선언하는 성경에 배치되며, 실제 사실에도 부합하지 아니하며, 그리스도의 구원의 은혜를 불필요하게 만드는 자력 구원설이 된다고 그는 비판해 준다.[403]

두 번째 입장은 "성탁설(性濁說, 혹 아미카오파 주후 1600)"이라고 칭한 것인데, 이는 아르미니우스주의 입장을 가리킨다. 가옥명은 "아담의 범죄는 그 심성이 변화하여 혼탁케 됨으로 인하여 그 후예의 심성도 역시 그렇게 되었다"고 보고, 이런 심성을 정죄할 수는 없으며, 다만 실제로 죄를 짓게 되어야 정죄 가능하다고 하는 입장이라고 소개한다. 하지만 이러한 입장은 성경에 부합하지 않으며, 유아의 사망하는 원인은 해석하기 어렵게 하고, 마음의 죄악은 유죄하다고 말할 수도 없게 만든다고 적실하게 논박해 준다.[404]

세 번째 견해는 "원성(原性)이 삭탈(削奪)되었다는 설"로서, 이는 인간의 본성이 삭탈된 원래 본성을 가졌기에 죄에 걸리게 된 것이라고 하는 해설이고, 후손들에 대해서는 간접적으로만 영향을 미친 것이라고 하는 입장이다. 가옥명은 이러한 해설에 의하면 인간은 죄에 대하여 책임질 의무가 없게 되며, 죄에 대해 명시적으로 말하는 성경의 여러 장절들과 부합하지 않는다고 논박한다.[405]

마지막 네 번째 견해는 죄를 죄라 여기지 않는 것으로, 인간에는 원래 죄성이 있으므로 그것을 정죄할 수는 없고, 다만 "의지의 자유로서 이미 아는 법률을 완연히 위범함"의 경우만 정죄가 가능하다고 말하는 입장이다. 하지

---

403 가옥명, 『인죄론』, 69–70.
404 가옥명, 『인죄론』, 70–71.
405 가옥명, 『인죄론』, 71–72.

만 이러한 입장 역시도 성경적으로 합당치 않는 해석일 뿐이다.[406]

사람의 본죄(本罪)

네 번째 대지는 사람의 본죄, 즉 자범죄(actual sin)에 대한 논의를 담고 있다. 가옥명은 본죄가 무엇을 의미하는가에 대해 "본인 자신의 범한 죄니 인간의 사상, 욕망, 의지, 언어 등을 말할 것이 없이 무릇 신의 거룩한 뜻에 부합(不合)한 것" 모두라고 정의해 준다.[407]

1) **죄의 발단.** 본죄의 발단(發端)에 대해 가옥명은 인간의 원죄로 말미암아 인간의 심중 깊은 곳에 악성(惡性)이 존재하기 때문이라고 설명해 준다. 선한 생각이 나더라도 그보다 더 강력한 "부패한 성정"이 그것을 이기기 때문에 선념을 이룰 수 없게 된다고 적시해 준다.[408]

2) **죄행(罪行).** 무엇이 죄행인지에 대해 가옥명은 "신의 금한 바를 행하는 것, 신의 명한 바를 행치 않는 것, 믿음으로 행치 않는 것, 암약(暗弱)한 양심으로 행하는 것, 영향이 타인에게 미치는 것" 등 다섯 가지로 정리해 준다.[409]

3) **죄의 만연(蔓延)**이라는 제하에 가옥명은 "뜻 없이 범하는 죄", 즉 과실죄와 "분명히 일면서 짐짓 범하는 죄"를 구별하고, 또한 "성령을 훼방하는 죄"와 "사행(死行)의 죄(히 9:14)"를 설명해 준다.[410] 특히 용서받을 수 없는 죄로 불리는 성령훼방죄에 대해서는 "특히 밝히 알면서 짐짓 범한 것뿐 아니라 완연하게 시비를 전도하여 가지고 선악을 혼동"하는 죄라고 설명해 준다.[411]

---

406 가옥명, 『인죄론』, 72-73.
407 가옥명, 『인죄론』, 73.
408 가옥명, 『인죄론』, 73.
409 가옥명, 『인죄론』, 74.
410 가옥명, 『인죄론』, 74-75.
411 가옥명, 『인죄론』, 75. 이 난해한 주제에 대한 개혁주의적 해설은 Bavinck, *Reformed Dogmatics*, 3:155-157를 보라.

4) **죄의 경중**(輕重). 가옥명은 소위 중한 죄와 경한 죄를 구별해 주는데, "악심과 죄행", "부지(不知)와 명지(明知)", 즉 알지 못하고 있는 죄와 밝히 알면서 짓는 죄, 우발적인 범죄와 거듭 죄를 짓고 회개하지 않는 경우, 외적인 요인에 의해 부득이하게 죄를 짓는 경우와 자유롭게 죄를 짓는 경우, 직분자와 평교인, 유약한 경우와 강장한 경우, 순복하는 자와 완강하게 회개를 거부하는 자, 죄에 대해 각성하는 자와 뉘우칠 줄 모르는 자 등의 예를 들면서 전자보다 후자의 경우들이 죄가 무겁다고 판단한다.[412]

5) **죄의 보편**(普遍). 가옥명은 "죄악이 세간에 충만하며 인심에 충색(充塞. 가득 차다, 충만하다는 뜻–필자)되었다"는 점을 다시 설명해 주는데, 첫째 "악성을 구유치 않은 사람이 없으며", 둘째 "죄악에 빠지지 아니할 사람도 없다"는 점을 여러 가지로 설명해 준다. 이는 성경에서 명확하게 말해 주는 바이고, 일반인들도 공통적으로 하는 말이라고 적시해 준다. 따라서 구원의 은혜가 아니라면 인간 누구에게도 소망이 없음을 밝혀 준다.[413]

6) **죄와 죄인**. 가옥명은 병과 병자를 구분하듯, 죄와 죄인도 구별해야 한다고 말한다. 병은 미워하고 병자는 사랑하여 치유해 주듯, 하나님께서도 죄인의 죄는 미워하시나 죄인은 사랑하신다고 해명해 준다.[414] 심지어는 죄에 대한 징책이나 벌을 주시는 것도 죄를 미워하시면서 죄인을 "인애의 근본된 심정"으로 대하시는 하나님을 드러내 준다고 말하고, 하나님은 죄를 멸하시고 사람을 구원하신다고도 말한다.[415]

---

412 가옥명, 『인죄론』, 76–77.

413 가옥명, 『인죄론』, 77–79.

414 가옥명, 『인죄론』, 79.

415 가옥명, 『인죄론』, 80. 가옥명은 또한 다음과 같이 설명한다: "그런데 신은 유죄한 사람으로 결코 영생에 들어감을 불허(不許)할 것이니 반드시 그 사람의 죄과(罪過)를 도말하고(사 43:23) 다시 죄오(罪汚)가 이미 없어지면 그 앞에서 능히 칭의, 성성(成聖)함으로 영생을 받게 될 것이라."(81).

7) 죄의 결과(結果). 가옥명은 죄의 결과를 세 가지로 나누어 약술해 준다. 첫째 결과는 사람의 영적인 능력의 약화로서 "죄얼(罪孽)의 심령과 유관함이 극히 밀접함으로 특히 영력만 삭탈(削奪)될 뿐 아니라 좇아서 지력이 박약하여지고 정의(情意)가 분란하며 심지가 견고치 않으며 성격이 비루하며 천량(양심)이 혼멸하는 등의 기현상이 드러날 것"이라고 해설해 준다.[416] 둘째로 고해(苦海)라고 불리듯이 많은 우고(憂苦)도 겪게 됨이요, 셋째로 영적 죽음, 신체의 죽음, 영원한 죽음 등 3중의 죽음을 경험하게 되었다고 정리해 준다.[417]

8) 시비(是非)를 분별치 못하는 자의 죄. 이는 유아와 백치(白癡)의 경우를 말함으로, 스스로 옳고 그름과 죄에 대해 알지 못할 뿐 아니라 영적 지혜가 없는 이들의 경우이다. 이 두 가지 경우의 사람들도 스스로 구원받을 수 없고 "성신이 직접 감통(感通)함으로 기독의 공로를 가지고 중생"시켜 주셔야만 영생에 들어갈 수 있게 된다고 말해 준다.[418]

이상에서 우리는 가옥명의 인죄론을 세밀하게 분석 개관해 보았다. 인간에 대한 논의보다 죄에 대한 논의가 방대한 방식으로 논의를 전개했다는 것은 특이한 점이었다. 그리고 가옥명은 인간론에 있어 유신진화론자들과 달리 역사적 아담과 그의 원조상설을 분명하게 인정하고 논의를 전개한다. 이는 인간의 기원과 인간의 통일성 논의에서 정확하게 반영되고 있고, 또한 원죄가 어떻게 모든 후손들에게 미치는가 하는 주제에서도 적용되고 있다. 그는 아담과 후손들의 관계를 언약적 대표설로 이해하고, 죄의 전가 교리를 분명하게 가르친다. 다만 죄책(guilt)과 오염 혹은 패괴(pollution) 양자를 선명하

---

416 가옥명, 『인죄론』, 81.

417 가옥명, 『인죄론』, 82-83. 가옥명은 물질 세계에 관해서는 유신진화를 수용하는 입장이나 인간의 창조와 타락에 대해서는 성경적 교훈에 따라 가르치듯이, 죄의 결과로 인간에게 사망이 왔음도 명시한다. 또한 죽음의 본질이 분리에 있음도 적시해 준다.

418 가옥명, 『인죄론』, 84-86. 여기까지가 가옥명의 인죄론 논의인데, 레이놀즈는 번역 감수하면서 "죄인이 불능함"이라는 자신의 글을 덧붙힌다(86-89). 우리는 앞서 『인학 공과』에서 이미 살펴 보았기에 여기서는 다루지 않기로 하겠다.

게 적시해 주지 않은 단점을 가지고 있다. 또한 영혼의 내력(기원)에 대해서는 창조론을 거부하고 유전설을 취하는 것도 주류적인 개신교회(와 로마 교회)의 견해에서 벗어난 것이라고 평가할 수 있을 것이다.

5. 가옥명의『구원론』- 가옥명의 기독론

레이놀즈가 번역 감수하여 출간한 가옥명의 조직신학 네 번째 책은『구원론』(*Soteriology or the Plan of Salvation*)이다. 특이한 것은 구원론의 이름하에 구원의 적용 사역을 다루는 것이 아니라, 기독론을 다루고 있다는 것이다.[419] 가옥명은 총 6개의 장으로 구성하고 있는데, 1장 구법(救法)의 유래, 2장 기독의 품위, 3장 예수의 낮아지심과 다시 높아지심, 4장 예수의 직무, 5장 속죄의 요의, 6장 구원의 범위 등이다.[420] 이처럼 가옥명의『구원론』은 그리스도의 위격과 사역(특히 속죄)에 대한 논의를 담고 있다. 레이놀즈는 본서에 담긴 가옥명의 기독론에 논의들은 "철저하게 성경적이고 정통적"이라고 서문에서 논평해 준다.[421] 이제 우리는 가옥명이 제시하는 그리스도의 위격과 사역에 대한 논의를 면밀하게 살펴보도록 하겠다.

구법(救法)의 유래

1장에서 구원의 법이 어디로부터 유래했는지에 대해 먼저 논의를 하는데, 앞서『인죄론』에서 개진한 대로 죄에 빠진 인간은 스스로 자기를 구원할 수도 그 방법을 찾을 수도 없기에, "신의 특여하시는 은사가 없다면 인류가 마침내 구원함을 얻을 생로(生路)를 찾을" 수 없게 된다는 것은 자명한 이치이다.[422]

419 賈玉銘.『神道學(下)』, 目錄에 의하면 중국어의 원제목은 "救恩編", 즉 "구원의 은혜 편"이다.

420 가옥명,『구원론』, 이영태 역 (평양: 장로회신학교, 1931), 목차(페이지 매김 없음).

421 가옥명,『구원론』, Foreword(페이지 매김 없음): "It is needless to add that this discussion of the Person and Offices of Christ our Divien Savior is thoroughly Scriptural and orthodox."

422 가옥명,『구원론』, 2,

구법(救法)은 인류에게로 말미암지 아니함

가옥명은 먼저 인류 스스로 자신을 구원할 수 있는 능력이나 인지(人智)가 없음을 적시해 주고, 그럼에도 사람이 구원의 대상이 될 만한 이유가 무엇인지에 대해서 해설해 준다. 그에 의하면 인간은 하나님의 형상대로 지음받았으며, "신의 자녀들"이고, "신의 보배"이기 때문이라고 구원 얻을 가치가 있다고 설명한다.[423]

구법(救法)은 신의 성덕(性德)에서 본원(本源) 됨

가옥명은 인간의 자력 구원이 불가능하다는 점을 명시한 후에, 구원은 오로지 하나님의 본유하신 성덕(性德)에서 기원한다는 점을 강조해 준다.[424] 그는 세부적으로 들어가서 구원의 길이 하나님의 사랑, 의, 성결, 지혜, 그리고 대능(大能)에서 기원했음을 세세하게 밝힌다.[425] 하나님의 성품 간에 충돌이나 부조화 없이 구원의 길을 마련하기 위해 그리스도를 통하여 속죄하는 방법을 정하셨다고 해설하기도 한다. 또한 성경에서 하나님을 구주라고 부르는 구절들을 나열하고, 예수라는 이름의 뜻은 "여호와가 우리의 구주되신다"는 뜻이라고 적시하기도 한다.[426]

구법(救法)은 신의 예지(預旨)

하나님의 신적 의지는 만유를 포함하기 때문에, 구법도 하나님의 예지(미리 정하신 뜻 혹은 작정)에 있다는 점을 가옥명은 이어서 강조해 준다. 먼저는 "구세(救世)의 예지"라는 제하에, 성부와 성자가 구원을 위해 영원 전에 미리 "은약(恩約)을 세우셨고", 구원의 은혜에 관해 성경에서 여러 가지로 예언하셨으며, 그리스도로 말미암아 구원하실 것을 예정하시고, 미리 예선하셨

423 가옥명, 『구원론』, 2-4.

424 가옥명, 『구원론』, 4. 가옥명은 "과연 상주(上主)의 본성을 준하여 본다면 결코 죄인을 위하여 일조(一條)의 생문(生門)을 열지 아니할 수 없나니라"라고 확언하기까지 한다.

425 가옥명, 『구원론』, 4-6.

426 가옥명, 『구원론』, 6.

다고 설명해 준다.[427] 가옥명은 하나님의 영원한 예정은 "신의 자유로운 뜻대로 정하신 것"이라는 점을 강조하면서도, 선택과 유기와 같은 주제는 오묘해서 학자들마다 의견이 다르다고 말한다.[428] 둘째 그리스도께서 구주로 세상에 강생하기로 작정하신 것은 이러한 강생을 통해서 하나님의 "성덕(聖德)과 본상(本像)"을 세상에 드러내시고, 생명의 말씀으로 강생하시어 "신도(神道)의 정미(精微)"함을 보여 주시고, 나아가서 인류가 원래는 존귀하다는 점을 드러내시기 위해서라고 설명해 준다.[429] 뿐만 아니라 그리스도의 강생하심을 통해 "신인간의 오비(奧祕)함을 나타내시려는" 뜻도 있음을 말해 준다.[430]

구법(救法)은 역사상 예비(豫備)를 의뢰(依賴)함

세상을 구원하기로 하신 은혜로운 뜻을 정하신 하나님께서는 아담의 타락 이후 곧바로 구속하시지 아니하고, 수천 년의 준비 기간을 가지셨음을 가옥명은 적시해 준다.

첫째는 세계적인 관점에서의 준비인데, 인류로 죄성을 깊히 경험하도록 하시고, 스스로 구원받지 못함을 알게 하시며, 근절되지 않는 종교심에서 나온 세계 각 종교를 통해 결국에는 그리스도를 통해서만 하나님께 돌아갈 수 있음을 준비하셨다고 설명한다.[431]

두 번째 방면의 준비는 유대인들을 대상으로 한 것인데, 아브라함으로부터 시작해서 그들을 선민으로 구별하여 여러 가지의 진리로 가르치셨다는 것이다. 하나님이 가르쳐 주신 "훈시의 요도(要道)"에는 "신의 독일무이(獨一無二)함과 전능함과 성결함, 세인의 죄욕과 비오(卑汚)와 유약, 구원의 희망" 등이고, "훈시의 방법"으로는 언약, 율법, 제사 제도와 절기, 구원의 은혜에 관

---

427 가옥명, 『구원론』, 6–7.
428 가옥명, 『구원론』, 7–8.
429 가옥명, 『구원론』, 8–9.
430 가옥명, 『구원론』, 9.
431 가옥명, 『구원론』, 9–11. "총(總)히 말하면 세계의 각 종교는 모두 인심을 예비하여 가지고 기독에게 귀의(歸依)함에 소관 됨"이라는 가옥명의 말은 다소 타종교의 기능에 대하여 오해를 불러일으킨다.

한 각종 예언과 약속, 신정정치 등을 사용하셨다고 가옥명은 정리해 준다.[432]

세 번째 준비는 "특별한 예비"라고 부르는 것으로 소위 복음의 예비(*praeparatio evangelii*)라고 불리는 내용들이다. 즉, 구주가 강생하기 전에 로마의 정치, 헬라의 문학, 그리고 유대의 종교 등 3자가 융성했고, 복음이 전파될 언어와 통로들이 준비되었다는 내용이다.[433]

구법(救法)이 예수의 이력(履歷)에서 성공됨

하나님의 성덕(聖德)에서 연원한 구법의 궁극적 기초는 "예수의 사공(事功)과 이력(履歷)"에 있다고 가옥명은 밝힌다.[434] 구체적으로는 구법의 성공은 그리스도의 생을 통하여 율법을 온전히 준수하심, 죽으심, 장사되심, 부활하심, 승천하심과 재림하심에 있다고 설명해 준다. 가옥명은 그리스도의 우리를 위한 대속의 죽으심의 중요성을 명시하기도 하고, 그리스도의 우편 재위 까닭에 "신도의 생명이 기독으로 더불어 신의 비밀스러운 곳에 감추어 있다"고 말하는가 하면, 그리스도의 재림이 아직 임하지 않았다고 하여도 "재림의 성공만은 벌써 성도의 심령 중에 실현"되었다고 말하기도 한다.[435] 가옥명은 결론적으로 다음과 같이 천명한다.

> 종언(綜言)하면 사방을 풍동(風動)케 하는 감력(感力)이 무변광대(無邊廣大)하여 구은(救恩)의 세력이 온 지구를 둘러 진행하는 중이며 그 유일한 기초는 기독 일신의 이력에 오직 있나니 참으로 기독은 즉 구은(救恩)이며 따라서 구은(救恩) 또한 기독이니라.[436]

---

432 가옥명, 『구원론』, 11-12.
433 가옥명, 『구원론』, 12-13.
434 가옥명, 『구원론』, 13.
435 가옥명, 『구원론』, 13-14.
436 가옥명, 『구원론』, 14.

기독의 품위(品位)

“참으로 기독은 즉 구은(救恩)이며 따라서 구은(救恩) 또한 기독이니라”라는 가옥명의 강조에 따라, 가옥명의 구원론은 그리스도 중심적이다. 다시 말해서 오늘날의 조직신학 편제로 하면 그의 구원론은 곧 기독론이다. 그는 2장에서 본격적으로 그리스도의 품위(위격, person)에 대해 논의를 개진한다. 그리스도가 참신이자 참인간으로 신인간의 참된 중보자 되심을 서론에서 강조한 후에, 구체적으로 그리스도의 일위 이성에 대한 논의를 개진한다.

예수 품위에 대한 평론(評論)

가옥명은 먼저 그리스도의 위격에 관련된 여섯 가지 이단설을 간략하게 제시하고, 마지막으로 정통파의 학설을 제시해 준다.

(1) **그리스도의 위격에 대한 여섯 이단들.** 가옥명은 인성만 인정한 에비온파, 신성만 인정하고 성육신을 가현설로 본 도케티즘(Docetism), 아리우스주의, 그리스도의 인적 영혼을 부정하고 로고스가 대체하였다고 한 아폴로나리스, 이성의 위격적 연합을 부인한 네스토리우스주의, 양성이 융합하여 제3의 다른 성이 되었다고 한 유티케스주의 등의 이단설을 제시하고, 그 후 역사 가운데 다른 이단들이 일어났지만 이 여섯 범주 안에서 이해될 수 있다고 적시해 준다.[437] 또한 여섯 가지 이단들을 3가지 유형으로 대별하여 해설해 주는 것을 통해 가옥명의 예리한 분별력을 보여 주기도 한다.

> 다시 이런 논법을 상고하면 가히 3단으로 개괄할지니라. 제일은 신인 이성의 실재 여부요, 제2는 신인 이성의 완비(完備)한 여부요, 제3은 신인 이성이 과연 화합(和合)한 여부니 1, 2파는 양성의 실재를 부인하였고, 3, 4양파는 양성의 완비

---

437 가옥명, 『구원론』, 16-18.

를 논박하였고 5, 6파는 곧 양성의 화합을 반대하였나니라.[438]

(2) **정통파의 학설.** 가옥명은 초대 교회 이단설들에 대항하여 451년에 세계회의가 열려 신인 양성에 대한 정통파의 입장이 확립된 사실을 밝힌다.[439] 가옥명은 칼케돈 공의회의 결정 사항으로 "기독은 일위 안에 신인 이성을 겸유하였고 또 양성이 각각 완비하였서 일위의 신(身)에 합하였으나 실로 특별한 신생(新生)을 이룸이 아님으로 기독의 품위를 분론함이 불가하고 그 성을 섞어 말함이 불가한 것"이라는 내용을 소개해 주고, 나아가서 네 가지의 주요 결정 사항을 다음과 같이 소개해 준다.

1. 이 양성이 서로 섞이었다거나 서로 화(和)하였다고도 하지 말 것
2. 이 양성의 일성이 혹 갱역(更易) 됨이 있다고도 하지 말 것
3. 이 양성이 혹 시종에 분리함이 있다고도 하지 말 것
4. 이 양성이 서로 친(親)치 아니함이 있거나 서로 의빙(依憑)치 아니 함이 있다고도 하지 말 것 등이다.[440]

---

438 가옥명, 『구원론』, 18.

439 가옥명, 『구원론』, 18. 콘스탄티노플 회의라고 한 것은 가옥명의 착오이다. 451년 회의는 칼케돈 회의이다.

440 가옥명, 『구원론』, 19. 가옥명의 표현들은 다소 이해하기 어려운 면을 가진다. 칼케돈 신경의 현대적 역문 중 해당 부분을 옮겨 적으면 "한 분이시요 동일하신 그리스도요, 아들이시며, 주님이시요, 독생하신 자는 양성(兩性)에 있어서 혼돈되지 않고, 변하지 않고, 나누어지지 않고, 분리되지 않음을 인정받으며, 성품의 구별이 연합으로 인해 결코 없어지지 않고, 오히려 각 성품의 특성이 보존되고, 하나의 인격과 하나의 실재로 작용한다. 그는 두 인격으로 갈라지거나 나누어지지 않고, 한 분이시고 동일하신 아들이시고, 하나님 말씀이시며, 독생자이신 주 예수 그리스도이시다"이다(그리스어 원문: "*ἕνα καὶ τὸν αὐτὸν Χριστόν, υἱόν, κύριον, μονογενῆ, ἐκ δύο φύσεων [ἐν δύο φύσεσιν], ἀ-συγχύτως, ἀτρέπτως, ἀδιαιρέτως, ἀχωρίστως γνωριζόμενον· οὐδαμοῦ τῆς τῶν φύσεων δια-φορᾶς ἀνῃρημένης διὰ τὴν ἕνωσιν, σωζομένης δὲ μᾶλλον τῆς ἰδιότητος ἑκατέρας φύσεως καὶ εἰς ἓν πρόσωπον καὶ μίαν ὑπὸστασιν συντρεχούσης, οὐκ εἰς δύο πρόσωπα μεριζόμενον ἢ διαιρούμενον, ἀλλ' ἕνα καὶ τὸν αὐτὸν υἱὸν καὶ μονογενῆ, θεὸν λόγον, κύριον Ἰησοῦν.*" 칼케돈 신경의 신학적인 분석에 대해서는 문병호, 『기독론-중보자 그리스도의 인격과 사역』, 190 -200을 보라.

기독 이성(二性)의 정해

가옥명은 이어서 그리스도의 양성에 대한 정해를 제시하는데, 먼저는 인성을 논하고, 이어서 신성에 대해 논한다.

(1) 기독의 인성

그리스도의 인성에 대해 먼저는 "진실로 인성이 있으셨다"는 점에 대해 설명한다. 성경 여러 곳에서 그리스도는 자신이 사람이심을 발표하신 것, 예수께서도 사람의 몸, 혼, 영 등 셋을 모두 가지고 계셨다는 점, "모든 성(性)의 발동함이 사람으로 더불어 다름이 없으셨다"는 것, 점점 자라 성인됨에 이르려 자연의 정례를 따르셨다는 점, 수난을 당하시고 죽으심이 상인(常人)과 다름이 없으셨다는 점 등을 열거해 준다.[441] 둘째로 가옥명은 그리스도의 인성은 "완전한 인성"이었다는 점을 강조하여 설명해 준다. 그리스도의 동정녀 탄생을 명시적으로 인정하고, 원죄가 없으실 뿐 아니라 본죄(자범죄)도 없으셨다는 것을 적시해 주고, 이어서 "그는 인성이 도로 말미암아 현저(顯著. 나타나고 분명해짐–필자)"해 졌고, "그의 진성(眞性)은 종자와 같음"으로 새로운 인류에게 새로운 생명의 원조가 되실 수 있었다고 말해 준다.[442]

(2) 그리스도의 신성

그리스도의 신성에 관해서는 이미 삼위일체론에서 다룬 적이 있었기에 가옥명은 간략하게 핵심되는 요소들만 제시해 준다. 즉, 그리스도는 자신의 신성에 대해 분명히 알고 계셨으며, 다양한 방식으로 신성과 신적 능력을 드러내셨다는 것 등을 그는 적시해 준다.[443] 가옥명은 그리스도가 신성만 가지시거나 인성만 가지셨다고 한다면 "우리의 믿는 바 기독"이 아니라고 분명히 말하기도 한다. 성경적 그리스도는 참하나님이시자 참 인간(*Vere Deus et vere*

441 가옥명, 『구원론』, 19–20.
442 가옥명, 『구원론』, 20–22.
443 가옥명, 『구원론』, 22–23.

homo)이신 분이심을 명시적으로 고백한다.[444]

(3) 가옥명은 이어서 신성과 인성 양성이 "기독 일신(一身)에서 합동(合同)됨"을 설명한다. 신인 양성은 서로 혼동될 수 없는 "성덕과 능력"을 가졌으나, 그리스도는 위격적으로는 두 위격이 아니라 한 위격이시라는 점을 가옥명은 설명한다. 소위 신학자들이 위격적 연합(*unio personalis*)이라고 칭하는 주제이다.[445] 그는 이 연합(합동)에 대해 다음과 같은 설명을 제시해 준다.

> 이것은 실로 오묘(奧妙)한 것이니라. 대개 신인 이성이 이미 기독 일신에 합일되었은즉 즉 일의(一意), 일지(一志), 일위(一位), 일기(一己)가 구유(具有)되도록 되었으며 따라서 그 일기 내에는 실로 신성과 인성이 구유되었음으로 신인의 기독이 되셨나니 참으로 지극히 묘한 이치(理致)로다.[446]

가옥명은 양성 연합의 증거들로 성경에서 그리스도의 위격을 지칭할 때 단수형을 사용한 점, "모든 덕과 능력이 기독 일신"에 돌려지는 것, 그리스도께서 이루신 사공(事功, 신인간의 중보와 화해자 되심), 신자들의 공통된 견해 등을 제시해 준다.[447] 그리고 이 연합 교리가 "매우 긴요(緊要)함"에 대해서도 설명해 주는데, 이 신인 양성의 연합 교리는 성경에서 밝히 말해지고 있으며 또한 "다른 요도(要道)와 상관"된다고 제시해 준다.[448] 또한 이 교리는 "극히 오묘"하다는 점을 그는 강조하여 설명해 주는데, "오묘한 중에도 더욱 오묘함으로 참 불가사의(不可思議)함을 가히 측량할 수 없다"라고 말한다. 오묘한 특성으로는 양성이 어떻게 능히 일위에 연합될 수 있는지, 만일 예수가 신성이 없었다면 어찌 그 인성이 성위(成位)될 수 있는지, 그리스도가 지상에 계실

---

444 가옥명, 『구원론』, 23.

445 그리스도의 신인 양성의 위격적 연합에 관한 개혁신학적 논의는 Bavinck, *Reformed Dogmatics*, 3:298–303; 문병호, 『기독론』, 322–483 등을 보라.

446 가옥명, 『구원론』, 23.

447 가옥명, 『구원론』, 24–25.

448 가옥명, 『구원론』, 25.

때 신인 양성이 어떠한 관계를 있었을까, 승천하신 후에는 인성으로 더불어 또한 어떠한 관계가 있는지, 어떤 비유의 말로도 해명할 수 없다는 점 등에 대해 가옥명은 해명해 준다.[449]

(4) 양성 합일의 원리(原理)

가옥명은 그리스도의 신인 양성의 연합의 원리에 대해 설명해 주는데, 원래 사람은 하나님의 형상을 따라 지음을 받아서 이성과 영성이 하나님과 닮았기에 능히 "신성과 인성이 일위에 합하는 것"이 가능하다는 것, "신덕(神德)이 인간 영혼의 수구(需求. 요구하는 것–필자)를 공급하기에 적당하여 합일"될 수 있다는 점 등을 열거한다.[450]

(5) 일위(一位)의 요의(要義)

그리스도의 신인 양성의 위격적 연합에 관하여 논의함에 있어 가옥명은 또 한 가지 중요한 요점을 적시해 준다. 도성인신하실 때 그리스도는 "성위치 못한 인성을 취하여 상합됨이오, 이미 성위된 인성으로 더불어 상합됨이 아니"라는 것이다.[451] 소위 신학사에서 "비위격(anhypostasis)과 내위격(enhypostasis)"의 주제를 간략한 형태이지만, 가옥명은 논급해 주는 것이다.[452]

(6) 양성 연합의 결과 인성은 어떻게 되었는가?

가옥명은 신인 양성 연합의 결과로 인성에 어떤 변화나 은복(隱伏, 몸을 엎드려 숨음–필자)됨이 없다는 것(유티케스파에 반하여), "그의 인성은 그의 신성을 표

---

449 가옥명, 『구원론』, 26–28. 가옥명은 인간의 심신의 연합이나 삼위일체 교리 등으로도 신인 양성의 위격적 연합 교리를 해명할 수 없다는 점을 밝히 말한다.

450 가옥명, 『구원론』, 28–29.

451 가옥명, 『구원론』, 29.

452 비위격과 내위격에 대한 상세한 논의는 문병호, 『기독론』, 395–406을 보라. 자유 대학교 신조학 교수로 있다가 은퇴한 브람 판 드 베이끄의 박사 논문 역시도 이 주제에 관한 것이었다: Bram van de Beek, *De menselijke persoon van Christus: Een onderzoek aangaande de gedachte van de anhypostasie van de menselijke natuur van Christus* (Nijkerk: Callenbach, 1980).

현하는 바”가 되고, “신성과 인성이 오히려 각자 존재한다”라고 설명해 준다.[453]

(7) 양성 연합의 결과 신성은 어떻게 되었는가?

가옥명은 양성 연합의 결과 신성은 “인성을 수납”하시고, “인성이 신성을 한제(限制)함이 있다”라고 말한다. 양성 연합의 결과로 신성이 제한된다는 것이 무슨 의미인지 그는 다음과 같은 설명을 제시해 준다.

> 신의 원성(原性)은 참으로 무소부지하시며 또 무소불능하지마는 다만 기독이 인성을 이미 갖추었으므로 혹시 인성의 한제를 입으며 혹은 굴억(屈抑, 억누름–필자)을 달게 받으며 또한 그 지식과 덕능이 인성의 점진하는 이치를 따라 발전되었느니라(눅 2:52).[454]

(8) 양성 연합의 필요

가옥명은 우리의 중보자 그리스도가 왜 신인 양성을 다 갖추신 분이어야 하는지에 대해 마지막으로 해명해 준다. 이는 “신인 양편에 개재(介在)하여 양방에 교통함으로 쌍방의 관계를 원활(圓滑)하게 함이 현유(顯有)”하다고 적시한 후에, 다음과 같은 해설도 제시해 준다.

> 그 인성으로 말하면 스스로 사람을 대신하여 율법을 지키시고 사람을 위하여 속죄하셨으며, 그 신성으로 논하면 그 속죄하신 공능(功能)이 실로 무량한 가치가 있나니 이러므로 이성(二性) 상합(相合)이 얼마나 필요함을 절감하리로다.[455]

---

453 가옥명, 『구원론』, 29–30.
454 가옥명, 『구원론』, 30.
455 가옥명, 『구원론』, 31.

예수의 양성이 상관됨

가옥명은 이어서 예수의 양성이 어떻게 상관되는지에 집중한다. 그는 그리스도는 영원한 말씀이므로 선과 후과 없으심을 적시하고, 하나님 아버지와 동등한 존귀를 가지신다는 점을 적시하며, 인성과 상합됨에 대하여서는 다음과 같이 논할 수 있다고 본다.

(1) 잉육 시(孕育時)

정통 교리에 의하면 그리스도 양성은 서로 혼합함이 없이 서로 용합(容合)된다고 말하는데, 그리스도는 "성모에게 잉태됨이 영감으로" 말미암으셨으나 "실로 측량할 수 없는 초자연적 묘능(妙能)"이어서 "신성이 임육(姙育)되었다 함이 해석하기 어려운 일"이라고 밝힌다.[456] 가옥명은 그리스도의 동정녀 탄생(virgin birth)을 부인하는 이들에 대하여, "신의 신기한 작위(作爲)이며 구도의 비롯한 기초임을 알지 못함" 때문이라고 논박하기도 한다.[457]

(2) 출세 시(出世時)

그리스도가 유년 시로부터 장성함의 과정에서 "덕능(德能)이 장육"되고, "책임을 각오(覺悟, 도리를 깨달음-필자)함"이 있었으며, 또한 시험을 당하시되 무죄하셨으며, "그 심중에 악한 싹이 조금도 없었으므로 시작부터 끝까지 그 본성의 정(正)함을 잃지 아니" 하였었다고 적시해 준다.[458]

(3) 승천 시

그리스도는 승천하실 때 부활하신 몸으로 승천하시고, 하나님의 보좌 우편에 좌정하셨다고 가옥명은 적시해 준다. 그는 창세전의 영광을 회복하시

---

456 가옥명, 『구원론』, 32-33.

457 가옥명, 『구원론』, 33-34.

458 가옥명, 『구원론』, 34-35. 시험당하심과 무죄하심에 대한 해명은 매우 정통적이나, 덕능이 장육하고, 책임을 각오하다는 항목의 설명은 다소 불분명하다. 그리스도께서 우리와 동일한 인성을 지니신 것과 무죄성에 대한 정해는 문병호, 『기독론』, 663-684을 보라.

어, "인류를 높이 들어 우주의 성좌에 같이 올리시며 만왕의 왕의 존영을 같이 누림"을 가능하게 하셨다고도 말해 준다.[459] 하나님 보좌 우편에 재위하시되, 영으로는 "교회 중에 우거(寓居)하시며 같이 천국을 건설"하시고 있다고 말해 주면서도, "신국(神國)이 임하는 시대"는 현세가 아니라 재림의 때로 한정하는 세대주의적 종말론을 드러낸다.[460]

(4) 재림 시

그리스도가 재림하실 때도 신인 양성으로 오실 것이라고 명시하고, 그때 그리스도는 "천국의 군왕"이되시며, "심판의 주"가 되실 것이라고 설명해 준다. 가옥명에 의하면 신인 양성을 가지셨기에 심판의 주가 되시기에 적합하다고 해명된다.[461] 신인 양성의 상관됨에 대한 가옥명의 간략한 해설은 다음과 같은 질언(質言, 참된 사실을 들어 딱 잘라 말함-필자)으로 끝을 맺는다.

> 질언하면 우리 주 예수는 확실히 신자(神子)시며 인자(人子)시니 저는 완전한 신성이 있고 또 완전한 인성이 있는 전신(全神)전인(全人)이며 진신진인인 기독이라. 그러나 그 신인 이성은 서로 혼합하지도 않고 또한 서로 화합(和合)하지도 아니하며 또 혹시 서로 불친(不親)하든지 서로 의빙(依憑. 어떤 힘을 빌려 의지함-필자)하지 아니[치 못]하나니 비록 이성을 구유(具有)하였으나 오히려 일위에 속하였으며, 일의(一意), 일지(一志), 일도(一道)로 되었나니 이 역시 도성인신하신 기독의 부진(不盡)무궁한 오묘인 것이라.[462]

---

459 가옥명, 『구원론』, 35.

460 가옥명, 『구원론』, 35. 가옥명, 『내세론』, 27-103에 예수 그리스도의 재림, 천년왕국, 부활, 심판, 영원 세계에 대한 해설이 제시된다.

461 가옥명, 『구원론』, 35-36.

462 가옥명, 『구원론』, 36.

예수의 낮아지심과 다시 높아지심

그리스도의 신인 양성에 대한 교리를 다룬 후에, 가옥명은 이어서 그리스도의 두 신분에 대한 논의로 넘어간다. 그리스도의 낮아지심과 다시 높아지심, 즉 비하(*humiliatio*)와 승귀(*exaltatio*) 양면에 대한 논의를 순서대로 다룬다.

기독의 낮아지심

가옥명은 그리스도의 비하에 대한 찬가 부분(빌 2:6–8)을 인용하고 난 후에, 허기(虛己)의 제 오류들, 정해, 역정(歷程), 의난(疑難), 묘의(妙義) 등의 대지로 나누어 해설해 준다.

(1) 예수 허기함의 제오설(諸誤說)

가옥명은 비하 혹은 허기에 대한 여러 오류설들을 먼저 소개해 준다. 영이 나뉘어 일부는 하늘에, 일부는 땅에 내려왔다는 설, 신령 은복(隱伏, 몸을 엎드려 숨음–필자)을 말하는 설, 신령을 사전에 수렴했다는 설, 신성을 잠시 포기하고 신덕(神德)만 구유했다는 설, 신덕을 다 가지셨으나 세간에 다 시전(施展)하지는 못했다는 설, 전생(前生)을 완전히 끊고 별화(別化)하였다는 설 등에 대해 비판적인 소개를 해 준 후에 모두가 다 성경에 부합하지 않는다고 물리친다.[463]

(2) 예수 허기의 정해

가옥명은 제오류설들을 비판적으로 소개하고 논박한 후에, 허기(비하)의 정해를 제시한다. 그는 다섯 가지 요점으로 정해를 제시한다. 즉, 그리스도께서 "모든 신덕과 신성을 버리지" 아니하셨으나 "고유하던 존영을 버리시고", "원래 갖추었던 신의 형상(形狀, 물건의 생긴 모양이나 형태라는 뜻–필자)"을 버리시고, 종의 형체를 취하시었으며, "성령의 계도(啓導)를 순종"하셨으며,

---

463 가옥명, 『구원론』, 39–41.

하나님이 맡기신 "사명을 승순(承順, 웃어른의 명을 잘 좇음-필자)"하셨다는 것이다.[464]

(3) 예수 허기함의 역정(歷程)

가옥명은 이어서 그리스도의 비하의 단계를 10가지 항목으로 간략하게 정리해 준다.[465] "얼마 동안 원래 갖추었던 신적 영광, 신상과 하늘의 풍부하심까지 다 내려놓으시고", 처녀의 몸에서 태어나시고, 보통 사람의 성장 법칙에 따라 "점점 진보하시고", 성령의 지도하심을 따라 "종의 형상을 분명하게 취하시고", "시험과 간고(艱苦)를 다 겪으시고", 사람의 죄를 대신 지고 "하나님의 진노하심을 받으시며", 십자가 위에서 죽으시고, 무덤에 장사 되어 사망의 권세 아래 있으시고, "친히 음부에 내려가 다시 더 내려갈 지보(地步, 자기가 처해 있는 지위나 입장-필자)가 없으셨다"는 것이다.[466] 가옥명은 동정녀 탄생을 믿을 뿐 아니라, 인간 보통 생육법을 좇지 않은 수태여서 원죄와 무관한 점 등을 잘 강조해 주었지만, 점진적 발육에 대한 설명에서 "자연히 인성의 제한됨을 받드시 받았을 것이니 12세를 당하여 비로소 하나님의 아들 되심을 깨달음이 현저(顯著)하였다(눅 2:49)"라는 해명은 부정확하다고 판단된다.

(4) 예수 허기함의 의난(疑難)

비하에 관한 네 번째 대지는 의문시되는 문제점들 몇 가지를 들어 해설을 시도하는 것이다. 첫째 그리스도께서 원래 가지셨던 "만유를 관할하며 만물을 호리(護理)"하던 직무도 내려놓으셨는가 라는 질문에 성경 구절들(히 1:3; 골 1:17)에 근거하여 가옥명은 아니라고 답한다. 둘째 하나님의 아들이 성육

---

464 가옥명, 『구원론』, 41-42.

465 죽산 박형룡은 비하의 단계를 수법(守法), 수난, 사망, 장사, 지옥 등으로 대별하여 다루었다(박형룡, 『교의신학 기독론』, 132-185).

466 가옥명, 『구원론』, 42-43. 가옥명은 그리스도의 지옥강하(*descensus ad inferos*)에 대해서는 언급만 하고 설명을 하지는 않는다. 이 주제에 관한 개혁주의적 정해는 문병호, 『기독론』, 884-898를 보라.

신하심으로 삼위일체 안에 "분체(分體) 됨"이 있는가 라는 질문에 대하여 아니라고 역시 답한다. 셋째 그가 지상에 계실 때 영적으로는 하늘에도 계셨는가 라는 질문을 던진 후에 그러하다고 답변해 준다.[467] 사실 가옥명은 '엑스트라 칼비니스티쿰(*extra calvinisticum*)'이라는 전문 용어를 언급하지 않고 있지만, 이 마지막 문제는 루터파와 개혁파 간의 논쟁에서 매우 중요한 사안 중 하나였다.[468] 가옥명은 다만 단순히 다음과 같이 설명해 준다.

> 총(總)히 말하면 신의 원도(元道)가 비록 강세(降世)하여 인생이 되었으나 도리어 그대로 우주에 충만(充滿)되어 있나니 대개 도라는 것은 실로 무소부재 무소불포(無所不包)함으로 만유의 위를 초월(超越)하기도 하고 만유의 중(中)을 관통(貫通)하기도 하여 비록 세상에 있는 동시에 하늘에도 있으며 비록 사람이 되나 동시에 신이 되기도 하며….[469]

(5) 예수 허기함의 묘의(妙義)

그리스도의 비하에 대한 가옥명의 논의의 마지막 대지는 "허기함이 없다면"이라는 부정적인 형태로 몇 가지 의미를 설명하는 것으로 구성된다. 그에 의하면 만약 비하(허기)가 없다면, 하나님의 풍성한 덕을 드러내어 알림(表彰)이 불가능하고, 또한 하나님의 도의 오묘함을 드러내지 못하며, 그가 비하의 신분을 경험하지 아니하셨다면 인간을 체휼하거나 동정하기 불능하시며, 또한 "인자(人子)의 전덕(全德)을 완성할 수 없었을 것"이며, 무엇보다 속죄의 구속의 은혜를 성공하지 못했을 것이며, 하나님과 인간 사이의 중보되기에도 부

---

467 가옥명, 『구원론』, 43–44.

468 이 교리는 칼빈에 의해 개진되었을 뿐 아니라 아우구스티누스를 비롯한 여러 교부들에게서 이미 나타나는 교리이다(E. David Willis, *Calvin's Catholic Christology: The Function of the So-called Extra Calvinisticum in Calvin's Theology* [Leiden: Brill, 1966], 26–60). 멀러는 *extra calvinisticum*에 대해 다음과 같이 정의해 준다: "The Reformed argued that the Word is fully united to but never totally contained within the human nature and therefore, even in incarnation, is to be conceived of as beyond or outside of (*extra*) the human nature."(Muller, *Dictionary of Latin and Greek Theological Terms*, 116. 전체 설명은 116–117을 보라).

469 가옥명, 『구원론』, 44.

족하셨을 것이라고 해설해 준다.[470] 다소 오해스러운 것은 "인자의 전덕(全德)을 완성할 수 없었을 것"이라는 점인데, 이는 히브리서 5:8("그가 아들이시면서도 받으신 고난으로 순종함을 배워서")에 대한 가옥명 식의 해석이다. 그리고 그의 강조점은 그리스도의 비하의 신분으로 말미암아 구원의 은혜를 완성하셨다는 점에 있다는 것으로, 부정적인 방식으로 제시한 그의 해설을 보기로 하자.

> 가사(假使, 가령-필자) 예수께서 허기하여 사람이 되지 않았다면 제1은 인간을 대신하여 법률을 지킬 수 없었을 것이오(갈 4:4) 제2는 죄를 멸할 수 없었을 것이오(롬 8:4), 제3은 사망의 권세를 제할 수 없었을 것이오(히 2:14), 제4는 인간으로 원존(原尊. 원래의 존귀함-필자)을 회복할 수 없었을지니(히 2:10) 이런 종류에 속한 구원의 은혜는 다 예수의 허기하신 공력으로 말미암았나니 만일 예수의 굴기(屈己), 사기(捨己), 무기(無己)하심이 없었다면 이 속죄의 구원의 법을 어떻게 성공하리오.[471]

기독의 다시 높아지심

가옥명은 그리스도의 비하의 신분을 다룬 후에, 승귀의 상태에 대한 논의로 진행한다.

(1) 다시 높아짐의 정의

첫 대지에서 다시 높아짐의 정의를 세 가지로 해설해 주는데, 첫째는 원래 가지고 계셨던 영광을 회복하셨으며(요 17:5), 둘째 "신성이 그 인성에 충만"하심으로 "인생의 제한을 받을 것이 없게 되었으며", 셋째 "선천적 본(本) 영광만 회복"하시는 것이 아니라 "신인이 완성되는 날이 되었나니 고로 인생을 구원할 수 있는 중보 됨을 감당하시고 이제 새로운 지위에 거하시며, 새로운 임무에 당하여 새로운 권세를 장악하시고 신천지에서 새로운 정사(政事)를

470 가옥명, 『구원론』, 45-46.
471 가옥명, 『구원론』, 46.

행하시게 되었다"라고 해설해 준다.[472]

(2) 다시 높아짐의 실행(實行)

가옥명의 승귀에 대한 논의는 세부적으로 부활과 승천 두 단계로 진행된다. 첫째, 부활하심(*resurrectio*)에 대하여 논의를 진행하면서, 먼저는 성경적 증거들을 제시해 준다. 구약의 예언과 예수 그리스도의 미리 알리심 등을 소개하고, 이어서 증거들로는 부활 후 열 차례나 다양한 기회에 나타나사 자신의 부활을 알리신 것, 원수들이 놀래어 두려워한 사실, 그리고 무엇보다도 부활하신 주님을 만나기 전의 제자들의 상태와 만난 후의 제자의 상태가 완전히 돌변한 점, 그리고 사도행전에 기록된 "교회의 진행됨" 등을 제시해 준다.[473] 이어서 가옥명은 부활에 대한 잘못된 견해로서 제자들의 집단 환영설을 언급하고, 논박해 준다.[474] 그리스도의 부활에 대한 마지막 항목은 "부활의 긴요(緊要)"로서, 가옥명은 "이 부활의 도리는 참으로 우리 주님의 구원하실 대도(大道)와 또 우리 신앙에 대하여 극히 긴요한 것"이라고 말한 후에 몇 가지 요점을 제시해 준다. 그에 의하면 부활의 교리는 "구원의 도리의 관건"이 되며, 또한 "신앙의 기초가 되며", 장차 우리 그리스도인들이 부활에 참여하게 될 것에 대한 증거가 되며, "복음의 특색(特色)"이 된다는 것이다.[475]

부활하신 그리스도의 승귀의 둘째 단계는 "영화롭게 승천하심"이다. 가옥명은 그리스도께서 하늘로 올라가시고, 하늘에서 환영을 받으셨으며, 하나님의 우편에 앉으셨다고 해설해 준다. 하나님 우편에 재위하시면서 그리스도는 "천지의 모든 권세를 장악하시고, 교회의 공무(工務)를 통어(統御. 거느려서 제어함-필자)"하시고 계심을 말하고, 후자의 사역에 대해서는 "교회의 머리

472 가옥명, 『구원론』, 48-49.

473 가옥명, 『구원론』, 49-51.

474 가옥명, 『구원론』, 51-52.

475 가옥명, 『구원론』, 52-53. 마지막 항목에 대한 가옥명의 해설은 다음과 같다: "대개 복음이 복음 되는 소이(所以)는 바로 기독도가 부활함이 있음으니 실로 기독의 부활은 즉 신도가 죽음에서 부생(復生, 부활-필자)될 것을 인증하는 소이가 되며, 따라서 기독이 처음 익은 과실이 됨이라(고전 15:230. 만일 우리가 기독을 신앙함이 다만 금생뿐이면 모든 사람 가운데 우리가 가장 가련한 자가 될지니라."

가 되어 교회의 사공(事工)을 섭리"하시며, 대제사장으로서 하나님 앞에서 백성을 대표하시고, 성도들이 거할 처소를 예비하고 계신다고 세부적으로 해설해 준다.[476] 그리스도의 승귀에 대한 논의를 마치면서 가옥명은 "주의(注意)"라는 표기 아래, 승귀하신 그리스도가 교회와 신자들 가운데 내주 동행하신다고 하시는데, 신성만으로 함께하시는지 신인 양성으로 함께하시는지에 대해 논의를 제시한다. 그의 답변에 의하면 "그 신인 양성이 우리 신도로 더불어 같이 있을지니 대개 예수의 신인 양성의 연합됨이 이미 영구적 연합이며, 또 허락하신 바 '내가 너로 더불어 같이 있다' 할 때 '내'는 당연히 신인 양성인 '내'를 포괄한 말"이라고 한다.[477]

예수의 직무(職務)

제4장에 이르러 가옥명은 그리스도의 삼중직(*munus triplex*)에 대한 논의로 넘어간다. 초두에 그가 언급했듯이 "어떤 신학자의 말이 예수가 참 우리의 구주인즉 적어도 선지, 제사장, 군왕 등 3직을 겸임함이 당연하다"라고 한 말에 대해 가옥명도 옳다고 생각한다.[478] 가옥명은 특히 고린도전서 1:30의 구절을 삼중직과 연관하여 적실한 근거 구절이 된다고 생각한다. "기독이 우리의 지혜가 된다 함은 즉 선지 됨을 의미함이오, 또 기독이 우리의 공의와 성결이 된다 함은 제사장을 의미함이오, 기독이 우리의 구속이 된다 함은 즉 군왕을 의미"한다고 그는 해설해 준다. 그러고 나서 삼중직에 대한 서론적인 논의를 다음과 같은 요약으로 마무리 짓는다.

---

476 가옥명, 『구원론』, 53–54. 문병호는 승귀의 양상이라는 제하에 "부활(*resurrectio*), 승천(*asensio*), 재위(*sessio*), 재림(*parousia*)" 등으로 세분화하여 상술해 주고 있다(문병호, 『기독론』, 898 –951).

477 가옥명, 『구원론』, 54.

478 서철원에 의하면 그리스도의 3중직에 대한 논의는 초대 교회로부터 시작되었으나, 그리스도론적 중심 주제가 된 것은 종교개혁기에 이르러서였다. 특히 칼빈은 *Institutes* 2.15에서 "산발적인 교리를 통일하고 확정하여 개혁파 그리스도론의 중요한 요소로 발전시켰다"라고 한 바 기여가 크다고 할 것이다(서철원, 『그리스도론』 [서울: 쿰란, 2018], 249). 삼중직에 관한 포괄적인 정해는 박형룡, 『교의신학 기독론』, 233–302; 문병호, 『기독론』, 784–815 등을 보라.

이와 같이 기독은 이미 선지가 되심으로 우리를 구하사 죄와 무지함에서 벗어나게 하며, 또 제사장이 되심으로 우리를 구하사 죄벌(罪罰)을 면케 하시며, 또 군왕이 되심으로 우리를 구하사 죄의 권세를 벗어나게 하시나니 선지, 제사장, 군왕 등 삼직을 겸섭(兼攝, 본디 맡은 직무 외에 다른 직무를 아울러 맡으심-필자)하신 기독은 참으로 죄인을 위하여 전능하신 구자 되기에 부끄러움이 없는 것이라.[479]

선지가 되심

가옥명은 삼중직에 대한 논의를 선지직으로부터 시작하는데, 먼저 선지의 실제가 되신다는 것과 선지의 이력이 있으심에 대한 논의로 구성을 한다.

(1) 기독이 선지의 실제가 되심

그는 선지자의 직책은 "신을 대표하여 회중을 훈시"하는 것이라고 언명한 후에, 구약의 여러 선지자들이 모두 "기독이 우리의 선지 됨을 표현하기에 전력(專力)하였다"라고 적시해 준다.[480] 그러고 나서 먼저는 선지의 의의(意義)에 대해 다음과 같이 적실하게 해설해 준다.

원문을 상고하면 선지라 함은 즉 말을 전한다는 의미니 대개 선지의 직분은 특히 미래사만 예언할 뿐 아니라 다시 신의 성지(聖旨)를 회중에게 전달함으로 신인 양간(兩間)에 교통하는 매개가 됨이라.[481]

가옥명은 이처럼 의의를 해명해 주고 나서, 이어서 선지자의 직무가 무엇인지를 설명해 주는데, 그에 의하면 선지자는 "교훈하고, 예언하며, 신적 이적을 행함" 등이라고 한다. 이러한 세 직무를 그리스도께서도 모두 수행하셨음을 가옥명은 증거해 주는데, 마태복음 5-7장은 교훈하심에 대해, 24-25

479 가옥명, 『구원론』, 56.
480 가옥명, 『구원론』, 56.
481 가옥명, 『구원론』, 57.

장은 미래를 예언하심에 대해, 그리고 8–9장에서는 신적 이적들을 행하심을 보여 준다고 적시해 준다.[482]

(2) 기독의 선지의 이력(履歷)이 있음

선지직에 대한 두 번째 주제는 그리스도께서 선지자 직무를 출생 전, 강세 시, 승천 후 3단계로 어떻게 실행하셨는가에 대한 해명이다. 가옥명에 의하면 그리스도는 출생 전에도 하나님의 원도(原道, 로고스–필자)이시기 때문에 유대인과 이방인들에게 빛이셨다고 명시한다. 소위 초대 교부들 시대에 논의되기 시작한 이방의 빛(*lumen gentiles*)으로서 로고스이신 그리스도의 사역에 대한 해설을 가옥명도 따르고 있는 것이다. 그의 해설을 살펴보기로 하자.

> 질언(質言)하면 무릇 온 인류의 소유한 일체 과학이나 철리(哲理)나 모든 도덕 방면에 유관한 교훈들은 총(總)히 이 원도로 좇아 나오지 않음이 없으며 또 하나라도 기독으로써 대원(大原)을 삼지 않음이 없나니 대개 기독은 중광(衆光)의 근원이 됨이라.[483]

뿐만 아니라 이 세상에 성육신하시어 계시는 동안 그리스도는 선지직을 수행했으나, 다른 어떤 선지자들과 달리 그 지혜와 능력이 내재적이었다고 가옥명은 강조해서 말한다. “대개 기독은 즉 신도(神道)이며 신도는 즉 기독이 됨이라”라고 단적으로 그는 말해 준다.[484] 그리고 그리스도가 승천하신 후에도, 지상의 교회가 진리를 선포하는 기구가 되도록 역사하시며, 하늘에 신도에 대해서도 선지의 직무를 수행하시되 “영광 중에서 신도에게 성부를 나타내시며 밝히 가르쳐 이를 것”이라고 해명해 준다.[485]

---

482 가옥명, 『구원론』, 57.
483 가옥명, 『구원론』, 58.
484 가옥명, 『구원론』, 58.
485 가옥명, 『구원론』, 58–59.

제사장이 되심

가옥명은 두 번째 직무로 제사장 직무에 대해서 논의를 진행하면서, 선지직이 하나님의 대표자로서 백성들에게 하나님의 뜻을 전하는 것과 달리 제사장의 역할은 인간의 대표로서 하나님 앞에 서는 직무임을 적시하고, 제사 직무의 두 가지 주요 요소로 헌제(獻祭, 제사를 드리는 것-필자)와 대도(代禱)로 양분해서 설명해 준다.[486]

(1) 헌제(獻祭)

그리스도께서 제사를 드리신 사역에 대해 가옥명은 다섯 가지 항목으로 나누어 논의를 한다. 첫째 주제는 "성경이 어떻게 속죄의 도리를 논하였느냐?"라고 하는 것이다. 이에 대해 가옥명은 "속죄의 공은 실로 하나님의 두터운 사랑을 표현함"에 있으며, 또한 "세인의 죄권(罪權)을 탈제(脫除)함"에도 있다고 설명하고, 사람을 대신하여 구약의 율법을 다 지키시고, 사람을 대신하여 죄형(罪刑)을 당해 주셨고, 그 결과 "신인간의 평화를 완전(完全)"하게 하셨다고 해명해 준다.[487]

둘째 주제는 "성경이 어떻게 헌제의 의를 밝혔느뇨?" 하는 것이다. 우선 헌제를 "경애의 지성과 감사의 성의를 표현"하는 것뿐이라는 생각은 성경적으로 그릇된 것이라고 비판하고 나서, 제례(祭禮)는 "헌제자가 자신의 죄를 스스로 깨닫고 불안케 됨으로 죄형이 얼마나 깊으며 하나님의 진노가 얼만 중함을 깊이 깨닫고 특히 생축으로서 자신을 대표하여 죽여서 헌제함으로 죄형을 담당하고 하나님의 노를 그치게 하는 뜻을 표시하는 바"라고 설명을 해 준다.[488] 구체적으로 그리스도에게 적용해서 "속죄"와 "대신하는 의"가 있

---

486 가옥명, 『구원론』, 59.

487 가옥명, 『구원론』, 59-61. 가옥명은 마지막에 제시한 평화의 완성이 속죄의 요의임을 강조하면서 다음과 같이 설명해 주기도 한다: "고로 성서에 기독이 생명을 버리사 대인 속죄하심을 누누이 말하였으며… 또한 신의 노하심을 삭제(削除)키 위하여 기독이 희생하심으로 만회제(挽回祭)를 드리셨느니라"(61).

488 가옥명, 『구원론』, 61.

다고 해명하기도 한다.[489] 이처럼 가옥명은 동물의 헌제를 통해 예표된 바는 죄인을 위하여 그리스도가 대속적 속죄의 죽음을 죽으실 것을 가리키는 것이라는 정통적 해석을 수용하는 것을 보여 준다.

셋째로 가옥명은 "헌제의 규례(規例)"에 대해 논의를 펼친다. 그는 구약에서 제사를 드릴 때 헌제자가 자기가 기르던 생축으로 제사하되 머리에 안수하고 죽여서 피를 제단에 뿌리는 규례를 설명하고, 아사셀 염소에 대해서도 설명하면서 헌제자와 제물의 동일시와 대속의 의미를 해설해 준다. 그는 그리스도가 일신상(一身上)에 제사장이자 제물이었다고 하는 점도 강조해 준다.[490]

넷째 주제는 "제물의 유별(類別, 종류에 따라 나누어 구별하는 것-필자)"로서, 레위기에 소개된 6대 제사를 세 가지 그룹으로 분류하여 설명하고 있는 부분이다. 가옥명은 "기제"(棄除, 버리고 제함-필자)와 관련 있는 것은 속죄제와 속건제를 들고, 공헌(供獻)함과 유관한 것으로는 번제와 분파제(위임제)를 들고, 마지막으로 봉사함에 관련된 것은 소제와 평안제(화목제)를 들어 설명해 준다.[491] 그러한 설명 후에, 그는 제사를 드림에도 순서가 있다고 하면서 다음과 같은 해설을 제시해 준다.

> 먼저는 공헌에 유관(有關)한 제(祭)를 드려 먼저 일기(一己)를 주께 바칠 것이오 그다음은 기제(棄除)함에 유관한 제를 드려 이미 주께 받친 몸을 반드시 기제할 것이니 만일 그렇치 않으면 주의 가납(嘉納, 받치는 물건을 기쁘게 받음-필자)함을 입을 수 없을 것이라. 내종(乃終, 나중-필자)에는 봉사함에 유관한 제를 드릴지니 이미 주께 돌아왔은즉 주를 봉사할 것이며 오직 주의 사랑스럽고 기쁨이 되어서 즉 일신(一身)으로 봉사함에 정성을 더하여 은밀한 교통을 깊히 누릴지라.[492]

---

489 가옥명, 『구원론』, 61-62.
490 가옥명, 『구원론』, 62-63.
491 가옥명, 『구원론』, 63.
492 가옥명, 『구원론』, 64.

다섯째로 가옥명은 "제례의 실증(實證)"이라는 제하에 그리스도의 제사장직과 제사의 성취에 대해 해설해 준다. 먼저 "제사직이 그리스도의 몸에서 실험함" 항목에서는 그리스도는 하나님의 특별한 소명에 의해 제사장이 된 것이며, "참으로 완비한 자이며, 참으로 성결한 자이며, 하나님 가장 가까운 자이며, 하나님이 미리 선택한 자"이심에 대해 적시해 준다.[493] 그리고 이어서 가옥명은 "제례가 그리스도의 몸에서 성공(成功) 됨"이라는 제하에 구약의 각종 제사들, 즉 번제, 소제, 평안제(화목제), 속죄제, 속건제 등이 그리스도의 구속 사역에서 어떻게 성취되었는지를 해명해 준다.[494]

(2) 기독이 사람을 위하여 대도(代禱)하심

그리스도의 제사 직무는 속죄하심과 대도하심으로 구성된다고 이미 앞서 가옥명은 제시한 바가 있다. 그는 대도에 대한 일반적 설명을 하면서, 모세와 대비적으로 설명해 주기도 한다.[495] 첫째 소항목에서 대도의 대상이 누군가를 말해 주는데, 그리스도가 중인(衆人)을 위하여 기도한다는 것을 주의해서 다루어야 한다고 말하면서도, 신자들을 위하여 특별히 기도하신다고 하는 점은 성경의 여러 증거들을 가지고 강하게 주장한다.[496]

둘째 항목에서 가옥명은 그리스도가 어떤 때 대도하시는지에 대해 다루는데, 먼저는 세상에 계실 때 대도하셨고, 또한 하늘에 계시는 현재에도 지상에 있는 교회를 위해 대도하시고, 후에 신자들이 하늘로 끌어올려진 후에도 그들을 위해 영원히 대도하실 것이라고 말한다.[497]

셋째로 가옥명은 "그리스도의 간접적(間接的) 대도"라는 주제를 다루는데, 성령의 대도하심과 성도의 대도함으로 양분해서 다룬다. 성경에 의하면 성령께서도 우리를 대신하여 기도하신다고 하는데, 가옥명은 이러한 성령의

493 가옥명, 『구원론』, 64.
494 가옥명, 『구원론』, 64-66.
495 가옥명, 『구원론』, 66.
496 가옥명, 『구원론』, 66-67.
497 가옥명, 『구원론』, 67-68. 신자들이 하늘로 끌어올려진다(휴거)는 것은 가옥명이 세대주의 전천년설을 취하고 있기 때문이다.

대도하심이 그리스도의 대도하심과 "서로 연관되고 서로 협조가 됨으로 비록 나누면 둘이 되나 합하면 그대로 하나가 되나니 실로 성령의 대도는 즉 예수께서 신령한 몸을 빌려 간접으로 대도하는 것"이라고 해설해 준다.[498] 여기서 멈추지 아니하고 그는 성도가 골방에서 기도할 때 삼위일체 하나님이 기도에 반응하신다고 적시해 주기도 한다.

> 지극히 거룩하신 삼위일체 하나님이 반드시 같이 있을지니 성부는 우리의 기도를 굽어 허락(許諾)하시고 성자는 우리의 구하는 바 원인(原因)을 아버지 앞에 대신 상달(上達)하시고 또한 성신은 우리의 마음 가운데 거하여 교훈하시며 또 위하여 대신 구하시나니라.[499]

가옥명은 성도 역시도 "대제사장인 그리스도와 더불어 상합(相合)하여 하나가 되었은즉 성도는 즉 기독 안에 있어 대도하는 사람을 이룬다"고 해설해 준다.[500]

군왕(君王)이 되심

그리스도의 삼중직에 대한 가옥명의 마지막 논의는 왕직(Kingship)에 대한 논의이다. 그는 서론에서 그리스도는 세상이 창조되기 이전에 이미 우주의 왕이셨으며, 승귀하신 후에는 "당신의 권능으로 악마를 제승하고 다시 세계의 왕이 되셨다"라고 말한다.[501] 승천하신 그리스도는 "우주의 보좌에 앉으사 천지의 모든 권(權)을 장악하시고 하나님을 영화롭게 하며 사람을 구원함으로써 하나님의 거룩한 뜻과 목적을 완성하신다"라고 말한 후에, 가옥명은 그리스도의 왕직을 천지 만물의 관점에서, 지상 교회의 관점에서, 그리고 하늘에 있는 영적 왕국의 관점에서, 재림 후의 하나님의 나라 관점에서 차례대로

---

498 가옥명, 『구원론』, 68.
499 가옥명, 『구원론』, 68.
500 가옥명, 『구원론』, 68–69.
501 가옥명, 『구원론』, 69.

해설해 준다.[502] 그의 왕직에 대한 해설 속에서도 우리는 그가 뿌리박고 있는 세대주의를 감지해 낼 수 있다. 왕직에 대한 길지 않은 해설은 다음과 같은 총언(總言)으로 끝을 맺는다.

> 총(總)히 말하면 기독이 군왕의 직을 맡으시은 확실히 우리에게 극대한 관계가 있음이니 우리가 만일 기독으로 군왕을 삼지 않으면 또한 기독으로서 우리의 선지와 제사장으로 알아 받을 수 없을 것이오, 진실로 기독을 우리의 선지와 제사장으로 안다면 또한 범사에 반드시 순복(順服)하여 기독을 우리 마음 안에 접납(接納)하여 우리의 주로서 받들어 섬기며 왕으로 높여 나의 몸과 영을 통치케 함이 참으로 당연한 바이로다.[503]

속죄(贖罪)의 요의(要義)

가옥명의 『구원론』 제5장은 속죄론을 논구한다. 속죄 사역은 그리스도의 제사장 직분과 관련된 것이지만, 그 교리가 중요하고 다루어야 할 내용이 풍부하기 때문에 별도로 떼 내어 논의하는 것이 신학자들의 관례이다.[504] 가옥명 역시 삼중직에 대한 논의를 먼저 한 후에, 속죄론을 별도로 다루는 전통을 따른다. 먼저 서론에 신인 양성을 가지신 그리스도의 속죄의 성격이 "대신 속죄", 즉 대속(代贖)에 있음을 적시해 주는데, "그는 사람이 되심으로 능히 인간을 위하여 죄책을 지시고 또한 신이 되심으로 능히 인간을 위하여 죄벌을 담당하셨다"라고 말해 준다.[505] 가옥명은 이어서 논의를 세 부분으로 나

---

502 가옥명, 『구원론』, 69–71.

503 가옥명, 『구원론』, 71.

504 Bavinck, *Reformed Dogmatics,* 3:447–475; 박형룡, 『교의신학 기독론』, 305–420; 문병호, 『기독론』, 955–1057 등을 보라. 그러나 루이스 벌코프는 삼중직을 다루는 중 제사장 직분에서 속죄론을 다룬다(Berkhof, *Systematic Theology*, 367–383).

505 가옥명, 『구원론』, 73–74. 이어지는 그의 진술도 중요하기에 인용해 보기로 하겠다: "이렇게 예수의 받으신 고난은 즉 상주(上主)께서 자애(慈愛)롭게 주신 속죄의 대속(代贖)인 것이라. 고로 예수의 속죄한 대속에 대하여 특히 신의 공의와 율법이 보전됨[이] 있을 뿐만 아니라 즉 신의 은자(恩慈)하심이 또한 소소(昭昭. 매우 밝다, 매우 분명하다–필자)함을 알지니라"(74).

누어 개진하는데, 속죄의 이론, 속죄의 정해, 속죄의 범위(範圍) 등의 세 대지이다.

속죄의 이론

가옥명은 우선 속죄에 대한 다양한 억설들을 소개하고 논박하는 일로 논의를 시작한다. 그가 제시하는 억설들은 네 가지인데, 소키누스의 모범설, 부쉬넬의 도덕감화설, 그로티우스의 정치설, 그리고 안셀무스의 배상설 등이다. 차례대로 그의 정리한 바와 비판한 내용을 간략하게 살펴보기로 하겠다.

(1) 소키누스(Socinus, 1539-1604)의 모범설

가옥명은 첫 번째로 소키누스의 억설을 소개하고, 비판한다. 우선 소키누스의 그릇된 이론이 무엇인지를 정리해 주는데, 인간의 죄에 대하여 질병 정도로 보고, 사람의 마음의 변화만으로 해결되는 것으로 본다는 것, 그리스도의 죽음은 모범(模範)은 될지언정 속죄의 죽음이 아니라는 것, "소위 속죄의 도리는 실로 기독교의 미신(迷信)"이라고 하는 주장 등이다.[506]

가옥명은 소키누스의 입장이 어떤 오류를 가지고 있는지를 비판적으로 제시하는데, 우선 이 견해는 도리에 위배된다고 비판한다. 율법에 대한 이해, 선에 대한 이해, 하나님이 죄를 벌하시는 이유 등에 대한 견해가 도리상 맞지 않다고 비판한다.[507] 또한 가옥명은 이 견해가 성경의 교훈과 위배된다고 비판하는데, 즉 하나님의 죄를 벌하시는 것은 "하나님의 성결과 공의로운 원성품을 인함"이기 때문에 대속함이 없다면 사유(赦宥)함이 없다는 성경의 진리와 위배된다는 것이다.[508] 또한 그는 소키누스의 견해에 의하면 그리스도

---

506 가옥명, 『구원론』, 74-75. 가옥명에 의하면 소키누스는 "신약의 헌제와 속죄제 등의 언어는 역시 고대에 통용되던 명사를 빌려 씀에 불과하다"고 주장한 것으로 소개되기도 한다(75). 이 부분에서도 그가 많이 의지했던 스트롱의 해설이 반향되고 있다(Strong, *Systematic Theology*, 729; 박형룡, 『교의신학 기독론』, 378-379).

507 가옥명, 『구원론』, 75-76.

508 가옥명, 『구원론』, 76.

는 단지 모범으로 제시될 뿐이요, 사람은 각자 마음을 돌이키고 자기의 행실을 선하게 가짐으로 구원받을 수 있다고 하는 그릇된 구원관을 제시한다고 비판한다.[509] 가옥명은 소키누스가 "예수의 희생(犧牲)되심을 상세히 설명하지 못한다"고 비판하면서, 다음과 같이 결론을 지어준다.

> 요컨대 예수의 십자가는 참으로 만인의 대표(代表)로써 만인의 중죄(重罪)를 몸소 지시고 사람들을 위하여 죽음의 맛을 보심이니 진실로 사람의 모범(模範)이라 할 수 있으나 다만 모범만 된다고 논한다면 다시 독자로 하여금 의난(疑難)을 가지게 할 뿐이니라.[510]

(2) 호레이스 부쉬넬(Horace Bushnell, 1802-1872)의 도덕감력설

가옥명이 속죄론의 억설로 예시한 두 번째 입장은 19세기 미국의 신학자인 부쉬넬의 도덕감화설이다. 부쉬넬의 주장하는 바에 의하면 그리스도의 죽으심은 곧 "신의 사랑을 드러내시기" 위한 것이요, 그의 고난받으심은 "자연에서 나온" 것이라 주장하며, 또한 그리스도의 죽음이 미치는 공효(功效)는 대속이 아니라 "사람을 감화(感化)하여 회개(悔改)"하게 하는 도덕적 감화일 뿐이라고 한다.[511] 가옥명은 일면 부쉬넬의 주장 가운데 진리의 일면이 있다는 것을 긍정해 주면서도, 근본에 있어 이 입장은 그리스도의 대속의 도리를 반대하는 입장이라고 논박해 준다.[512] 하지만 도덕적 감화를 직접 받지 못하는 이방인, 유아 등의 구원은 불가능하지 않냐는 비판적 논의는 그가 다른 구원의 방식이 있을 수도 있는 것처럼 오해될 수 있게 말하고 있는 대목이다.[513]

---

509 가옥명, 『구원론』, 76-77.

510 가옥명, 『구원론』, 77.

511 가옥명, 『구원론』, 77-78.

512 가옥명, 『구원론』, 78.

513 가옥명, 『구원론』, 78-79. 이방 가운데 비추는 로고스의 빛을 말하는 점은 그렇게 오해를 할 만하나, 유아의 구원에 있어 "그리스도로 말미암아 구원함을 입는다는 진리"라고 적시하는 것을 볼 수 있다. 부쉬넬을 포함한 도덕감화설에 대한 개혁주의적 비판은 박형룡, 『교의신학 기독론』, 373-378을 보라.

(3) 그로티우스(Grotius, 1583-1645)의 정치설

가옥명은 네덜란드 법률가이자 신학자였던 그로티우스가 그리스도께서 죽으신 이유를 "하나님이 그 율법을 보호하기 위함"이라거나, "하나님이 정치 관념이 있음으로 반드시 그 율법을 보존하고 유지하며 존중"하시고자 하신다는 주장을 했다고 먼저 소개해 준다.[514] 이어지는 비판에서는 그로티우스가 "율법의 요지(要旨)를 오해"하였으며, "죄얼(罪孼)의 정의(正義)"도 오해했으며, 그리스도께서 받으신 의로운 형벌도 오해했으며, 또한 "그리스도의 고난받은 효과를 오해"하였다고 논박해 준다.[515]

(4) 안셀무스(Anselmus, 1033-1109)의 배상설(賠償說)

가옥명이 논의한 네 번째 이설은 스콜라 초기 신학자인 안셀무스의 배상설이다. 그에 의하면 안셀무스는 인간의 죄는 하나님의 "존위(尊威)를 범"함으로 의로우신 하나님은 죄인에게 형벌을 내리셔야 하나, "신의 인애(仁愛)로 논하면 사람의 죄를 사유(赦宥)하심을 심히 원하시기에", 이러한 성품간의 충돌(衝突)에 대면하여 그리스도께서 신인 양성을 입고 죄에 대한 중가(重價)를 지불하심으로, 죄벌(罪罰)은 그리스도가 당하시고 죄인에게는 용서의 은혜가 임하게 되었다고 해설해 준다.[516] 그리고 그리스도가 당하신 고통은 "죄인들의 받을 형벌의 분량을 배상"하되, 하나님의 예정하신 자들만을 위하시고, 또한 사탄이 아니라 하나님께만 배상을 하는 것이라고 안셀무스가 주장한 것으로 소개해 준다.[517] 이어서 가옥명은 안셀무스의 견해에 대한 반론을 제기해 주는데, 일단 일면 진리에 부합하는 점을 긍정해 주면서도 "순정(純正)무오"하지는 않다고 말한다. 그의 비판점들로는 우선 안셀무스가 "신의 외표(外表)에 관한 존위(尊威)에만 주의하였고 신의 심성(心性)이 성결함에 대하여는 만홀(漫忽)히 여겼다"라고 하는 점, 또한 그가 그리스도의 다른 사역은

---

514 가옥명, 『구원론』, 79.

515 가옥명, 『구원론』, 79-80. 또한 문병호, 『기독론』, 1050-1052을 보라.

516 가옥명, 『구원론』, 81.

517 가옥명, 『구원론』, 81.

소홀히 다루고 죽음에만 집중한 점, "사람의 외인(外因)에만 치중하고 사람의 내공(內功)은 경시"하였다는 점 등이다.[518]

속죄의 정해

속죄론의 네 가지 이설을 비판적으로 소개한 후에, 가옥명은 속죄론에 대해 정해(正解)를 개진해 나간다. 먼저 서론에서 그는 속죄란 그리스도가 우리가 응당 받아야 할 죄에 대한 대가를 지불하시기 위하여 대속하신 것이라고 말하면서, "오직 기독이 사람의 중보가 됨으로 우리가 그의 죽음을 의자(依藉)하여 다시 신으로 더불어 화목함을 얻게 되었다"라고 적시해 준다.[519] 이어지는 세부적인 논의는 여섯 항목으로 구성되어 전개된다.

(1) 속죄의 의의(意義)

가옥명이 첫 번째로 논의한 것은 속죄의 의의에 대한 것이다. 먼저 "속죄란 무슨 뜻인가?"라는 질문을 하고, 성경의 여러 가지 속(贖), 대속(代贖) 등의 용례들을 소개하고, 이러한 표현이 그리스도의 사역에 적용되어서 "예수께서 사람의 범죄에 대하여 이미 해당한 대가(代價)를 내었음으로 죄형(罪刑)을 면하기 가능함을 표시"하게 되었다고 적시해 준다.[520] 두 번째로 "예수가 사람을 어디서 속(贖)하여 냈는가?"라는 질문에 대해서는 네 가지로 답해 준다. 즉, "중생시키심으로 죄악에서 나와 성성(成聖)하게 하며, 부활시키심으로 사망에서 나오게 하며, 사탄을 제승(制勝)하심으로 마귀의 권세에서 벗어나게 하며, 율법을 지키시고 그 요구를 만족히 하심으로 죄오(罪汚)를 소제(消除, 제거하다는 뜻—필자)하고 신의 의로운 진노를 만회(挽回, 바로잡아 돌이킴의 의미—필

518 가옥명, 『구원론』, 82. 마지막 비판점에 대한 가옥명의 해설은 다음과 같다: "구주의 속가(贖價)가 구원함을 입은 사람에게 돌아옴에 대하여 논함을 보면, 겨우 종종(種種)한 외인에 유관함을 말하였고 진실로 신도가 어떻게 예수의 구원의 은혜를 받음에 관하여는 논급(論及)치 못하였으며 또한 주께서 신도로 더불어 연합함에 대하여 확절(確切)한(정확한이라는 뜻—필자) 관계와 그 외 종종한 내공 등에 곤하여는 언급함이 없나니라."

519 가옥명, 『구원론』, 82–83.

520 가옥명, 『구원론』, 83.

자)"하셨다는 것이다.[521]

가옥명은 이어서 "누가 속가(贖價)를 받았는가?"라는 질문을 제기하고 나서, 사탄 배상설을 비판해 줄 뿐 아니라, 속가(贖價)를 하나님께 내었다고 하는 입장도 "더욱 부당한 말"이라고 물리친다.[522] 속가를 누구에게 지불한 것인지에 대한 가옥명의 결론적인 답변은 다음과 같다.

> 그런고로 소위 속가(贖價)라 함은 즉 예수께서 사람을 구원하기 위하여 받은 고난이니 신의 의로운 진노를 만회(挽回)하고 율법의 의를 성전(成全)하고 또 사람의 죄형을 담당하기 족하며 더욱 신의 성결과 인애에 대하여 손상(損傷)됨이 호무(毫無)하니라.[523]

(2) 속죄의 원리(原理)

가옥명의 속죄론 정해의 두 번째 대지는 속죄의 원리에 대한 것인데, 그는 두 가지 항목으로 나누어 논의를 개진한다. 첫째 그는 "하나님의 율법은 폐제(廢除)될 수 없다"라는 말로 시작한다. 하나님은 죄인을 영영히 사랑하시나, 율법은 "하나님의 공의와 성결"에 기초한 것이므로 "폐지되거나 변경됨"이 불가능하다고 적시한 후에, 그에 대한 세 가지 논거를 제시한다. 우선 율법은 폐해지는 것이 아니라 완전케 되는 것이라거나 그리스도가 율법을 완성키 위해 오셨다고 한 말씀들을 제시하고, 율법을 어기면서 죄인을 용서하지 않으신다는 말씀 등을 제시한다.[524]

두 번째로 "사람의 죄를 대신(代身)하는 조건이 있다"는 제하에, 가옥명은 비록 하나님께서 율법을 어기시면서 용서하실 수는 없지만, "대신할 자가 있

---

521 가옥명, 『구원론』, 83.

522 가옥명, 『구원론』, 84. 가옥명은 주창자들을 언급하지 않았지만, 이레나이우스로부터 여러 교부들이 주장했던 "사탄 배상설"(ransom-to- Satan theory)을 단호히 물리친다. 이 이론에 대한 자세한 소개와 비판은 문명호, 『기독론』, 1032-1036을 보라.

523 가옥명, 『구원론』, 84.

524 가옥명, 『구원론』, 84-85. 가옥명은 그리스도께서 이 땅 위에 오셔서 행하신 구속의 사역의 주요 부분 중 하나가 "율법을 지키심"(守法)에 있음을 잘 적시해 주기도 한다(85).

어 역시 하나님의 진노를 풀면 또한 사람의 죄를 사함에 불가함이 없다"라고 적시해 준다. 그는 이에 대한 증거로 성경에서 "헌제의 예"나 그리스도가 죄인을 대신 혹은 대속한다고 하는 구절들을 제시하고, "예수가 죄인으로 더불어 지위를 교환하며 보결(補缺)한다"라고 한 구절과 그리스도께서 우리의 죄를 담당하신다는 구절, 하나님의 의로운 진노를 만회(挽回)하심에 대한 구절 등을 제시한다.[525]

(3) 속죄의 요소(要素)

속죄의 요소에 대한 해설은 두 가지로 나누어지는데, 첫째는 "속죄가 죄형에 상당"하다는 것이다. 가옥명은 그리스도께서 "그 수고하심과 지극함과 심지어 십자가에서 죽으시고 음부까지 내려가셨음이니 이것은 반드시 속죄가 죄형으로 더불어 상당하고 할 것"이라고 정해해 준다.[526] 둘째 요소는 "의행(義行)과 율법이 상당"하다는 것으로, 아담과 맺으신 하나님의 원언약이 폐지된 것이 아니기 때문에 그리스도께서 인간 대신에 율법을 다 지키심으로 "율법의 의를 진행(盡行)"하심으로 새로운 언약을 세우실 수 있게 되었다고 그는 설명해 준다.[527] 이러한 두 요소에 대한 해설을 읽어 보면 우리는 오늘날 폭풍의 눈처럼 논란의 중심에 있는 그리스도의 온전한 순종, 즉 수동적 순종과 능동적 순종(*oboedientia passiva et activa*)에 대한 논의와 내용적으로 같다는 것을 알 수 있다.[528]

---

525 가옥명, 『구원론』, 85–86. 가옥명은 그리스도께서 담당 혹은 담부(擔負)하신 것은 우리의 죄형(罪刑)이지, 죄성(罪性)이 아니라고 명시한다. 왜냐하면 "대개 죄성을 제하는 일은 성령의 힘으로 될 것"이기 때문이라고 바르게 말해 준다(86).

526 가옥명, 『구원론』, 86–87.

527 가옥명, 『구원론』, 87. 행위 언약의 영구성에 대한 아르미니우스주의 입장과 개혁파적 입장에 관해서는 이상웅, 『박형룡 신학과 개혁신학 탐구』, 337–340를 보라.

528 정승원, "박형룡의 능동적 순종", 「신학지남」 89/2 (2022): 349–381. 문병호는 "*oboedientia passiva et activa*"를 "당하신 순종과 행하신 순종"이라는 역어로 대체하고 이 교리에 대해 긍정적으로 변호한다(문병호, 『기독론』, 837–898).

(4) 속죄의 적의(適宜)[529]

가옥명의 속죄론 정해의 네 번째 대지는 속죄론 혹은 대속론이 알맞고 마땅하다는 점에 대한 것이다. 그는 대속설은 "죄얼, 형벌, 사람의 의지, 신의 사랑, 신의 의" 등 어떤 것과도 "충돌됨이 없을 뿐만 아니라 더욱 정통(精通. 어떤 사물에 깊고 자세히 통합–필자)되며 이순(理順)된다"고 적시하고, 또한 정통적 대속론 안에는 앞서 논박한 네 가지의 편협한 속죄 이론들이 가지는 진리적 측면이 모두 포괄될 수 있다고 논증해 주고, 구약의 제사 제도나 신약의 속죄의 이치를 해석하는 일에 적정하고, 그리스도의 고난의 깊은 의미를 잘 해명해 준다고 논증해 준다.[530]

(5) 대속의 명증(明證)[531]

속죄론 정해의 다섯 번째 대지는 대속의 진리가 명백한 증거를 가지고 있다는 것이다. 가옥명은 먼저 인간사 가운데 보편적으로 대속의 이치가 적용되고 있다는 사실을 나열해 주고, 성경 속의 여러 예들을 들어 준 후에 "성경의 요지를 가히 말로 한다면, 즉 속죄의 구법(救法)"이라고 명언한다.[532] 또한 종을 대속하는 일이나 남을 대신하여 벌을 받는 일 등을 들어 그리스도께서 대속하신 것이 "매양 인생사에서 또한 종종(種種) 표현됨이 있음"을 명증해 준다.[533]

(6) 속죄의 평의(評議)

이상에서 속죄론을 정해해 준 후에, 가옥명은 속죄론에 대해 제기된 세 가지 반론을 소개하고 논박해 준다. 첫째 속죄론이 "하나님의 거룩한 덕에 관계"하여 문제를 일으킨다는 반론에 대해서는 하나님의 은혜와 의의 성품 등

529 사전적 의미로 적의(適宜)는 "무엇이 어떤 일에 알맞고 마땅하다"라는 의미이다.

530 가옥명, 『구원론』, 87–88.

531 명증(明證)의 사전적 의미는 "명백하게 증명함. 또는 명백한 증거" 또는 "간접적인 추리에 의하지 않고, 직관적으로 진리임을 인지할 수 있는 일"을 의미한다.

532 가옥명, 『구원론』, 88–89.

533 가옥명, 『구원론』, 89–90.

이 모두 "협합(協合)하고 병행(並行)되어 편발(偏發)할 수 없다"라고 논박해 준다.[534] 둘째 속죄설이 사죄설과 충돌된다는 주장에 대해서는 서로 충돌이 없다고 답변해 주고, 셋째 "속죄의 도리가 하나님의 공의에 방애(妨碍)된다"라는 반론에 대해서는 그리스도가 억지로 대리 속죄하신 것이 아니라 "감심(甘心)에서 나온" 대리 속죄를 하셨다고 변박해 준다.[535] 우리가 이상의 정해와 반론에 대한 답변을 읽어 보면, 가옥명의 대속 속죄론이 매우 정통적이라는 점을 확인할 수 있을 뿐만 아니라, 그가 그리스도의 대속하신 속죄의 사랑에 대해 감사하는 마음이 깊음을 느낄 수 있게 된다.[536]

속죄의 범위(範圍)

속죄의 이설들과 정해를 제시한 후에, 가옥명은 이어서 속죄의 범위(extent)에 대한 논의를 개진한다. 그는 두 항목으로 나누어 논의를 전개한다.

(1) 첫째는 "예수가 어떤 사람을 대신하여 속죄하였는가"라는 질문을 던진 후에, 우선 "예수는 실로 중인(衆人)의 구주" 되신다고 말한다. 그 이유로 그리스도가 지불하신 속가(贖價)는 중인을 구원하기에 충분하며, 속죄가 중인에게 관계있음을 말하는 성경 구절들이 있으며, 속가로 인하여 "세인이 관용함을 얻으며", 또한 "만인이 하나님께 가까이하려 함에 장애된 것을 제하시며", "세인을 감화시킬 절대한 능력"을 가지고 계시며, 이 속가(贖價)로 인하여 "세계가 무량한 행복"을 누리게 되었다고 열거해 준다.[537]

이상에서 요약적으로 제시한 내용에 의하면 가옥명은 보편 속죄론과 보편 구원론을 제시하는 것처럼 오해할 가능성이 생긴다. 하지만 그는 단호히 그

---

534 가옥명, 『구원론』, 90-91.

535 가옥명, 『구원론』, 91.

536 가옥명, 『구원론』, 91. 가옥명은 평의를 마치면서 다음과 같이 끝을 맺는다: "진언(進言)하면 기독이 인류로 더불어 일체의 상관됨이 있음으로 사람을 위하여 죄를 담당하시고 죄벌(罪罰)을 받으심이 의심 없도다." 비정통적인 속죄 이론들에 대한 방대한 논의를 보기 위해서는 박형룡, 『교의신학 기독론』, 369-401을 보라.

537 가옥명, 『구원론』, 92-93.

러한 입장을 거부한다. 그는 예수 그리스도가 신자의 구주 되신다고 하는 요점을 제시하면서, 하나님께서 미리 예정하신 자만이 믿음에 이르게 된다는 점을 명시적으로 밝힌다.

> 진언(進言)하면 성경에 이 신심(信心)도 역시 신의 주신 바라 하였으며 또한 현연하게 구원함을 입은 사람은 예선(豫選)으로 말미암지 않음이 없나니 이 예선한 자로 논하여도 즉 예수께서 대속한 만인 대중인 것이라.[538]

(2) 속죄의 범위와 관련된 두 번째 항목은 "어찌하여 만인에게 포도(布道. 선포의 의미-필자)할 것인가?"라는 질문을 다룬다. 즉, 앞서 말한 대로 이미 일정한 범위의 택한 사람이 있다면, 굳이 만인에게 복음을 선포할 이유가 무엇이 있느냐는 반론을 다루는 것이다. 가옥명은 이에 대해 긍정적으로 답변해 주는데, 첫째는 "예수의 공(功)은 만인을 대속하기[에] 넉넉하기 때문"이고, 둘째는 "예수의 공은 만인에게 모두 적의(適宜)하기 때문"이며, 셋째 "예수의 공은 또 무릇 믿는 자들 다 구원하시기 때문"이며, 네 번째로 "예수의 공은 양방(兩方)에 효력이 있기 때문"이라고 한다.[539] 사실 앞에서도 우리가 개혁주의적 속죄론과 다소 다른 점을 가옥명의 설명에서 포착하였거니와, 이 부분에서도 우리는 그가 가지고 있던 복음주의적 열정과 포괄성을 주의해야 한다고 생각된다. 다음의 해명을 주목해 보라.

> 우리는 마땅히 만인을 권하여 기독에게로 귀의(歸依)케 할 것이오 또 만인을 권하여 주께로 귀의케 함이 역시 하나님의 원하는 바니 비록 윤망(淪亡, 사전적 의미는 몹시 괴롭힌다는 뜻-필자)할 무리들이 마음이 굳어져 회개하기 어렵고 믿기 어렵

538 가옥명, 『구원론』, 94. 물론 가옥명에 의하면 하나님의 원하시는 바는 만인의 구원이시나, 사람이 믿지 않는 것을 어찌하겠느냐고 표현하는 것을 보면, 만인 구원설자가 아님에도 불구하고 충분히 개혁파적인 예정론의 관점을 가지지 못한 것을 보여 준다.

539 가옥명, 『구원론』, 94-95. 개혁주의 제한 속죄론(limited atonement)에 있어서 그리스도의 보혈의 공로가 제한적이라고 하는 것이 아니라, 그리스도가 구원받지 못할 자들을 위해서도 헛되어 죽으시고 피 흘리신 것이 아니라 오직 택자들을 염두에 두고 속죄하셨음을 의미하는 것이다(박형룡, 『교의신학 기독론』, 402-420).

다 할지라도 간절하게 전도함이 역시 우리의 본분(本分)임을 기억할지니라.[540]

그럼에도 불구하고 가옥명은 그리스도의 속죄의 은혜에 대한 감격을 표현함 속에 속죄론을 마무리 짓는 것을 보게 된다.

총(總)히 말하면 예수의 속죄하신 도는 참으로 지극히 기묘(奇妙)하며 그 속죄의 은혜는 가장 깊고 넓어서 우리의 뇌(腦)로 연구에 연구를 가한다 할지라도 그 구경(究竟)을 이해할 수 없으며 우리가 심신을 다하여도 그 만일(萬一)을 보상(報償)키 부족하느니라. 그러나 우리가 요행(僥倖) 하나님의 사랑의 바다 중에서 헤엄치며 놀게 됨을 얻어 몸으로 예수의 속죄하신 후사(厚賜)를 은혜스럽게 받게 됨이 그 얼마나 한 은혜인가! 참으로 감격됨이 무궁하도다![541]

구원의 범위(範圍)

가옥명의 『구원론』의 마지막 장인 제6장은 "구원의 범위"에 대한 논의가 개진된다. 서론에서는 그리스도의 구원의 효과를 선생 되고 우리의 모범이 되는 것으로 말하는 이들에 반하여, 가옥명은 "우리의 구주시며 또 우리의 생명"이신 그리스도가 주시는 "은사나 이룬 공효(功效)"가 그렇게 제한적(制限的)이 아니라고 반박한다.[542] 이어서 그는 다섯 대지로 나누어 논의를 전개한다.

구원은 신도에 대하여 영육 양 방면에 유관함

가옥명이 구원의 범위에 관하여 첫 번째로 개진한 주제는 구원이 영육을

---

540 가옥명, 『구원론』, 95. 또한 그가 긍정적으로 인용한 다음의 인용구를 주목해 보라: "신이 예정함이 믿음으로 어떤 사람이 예정의 반열에 있지 않으나 그 사람이 참으로 회개하여 주를 신앙한다면 당연히 구원함을 얻을 것이오, 설사 예정된 사람 중에라도 마음이 굳어 깨닫지 못하는 자는 또한 반드시 구원함을 얻을 수 없을 것이라." 이것이 가옥명의 입장이라면, 하나님의 예정이 주권적이고 유효적인 것이 아니라 사람의 믿음이라는 조건에 의해서 제한된다고 주장하는 것이므로 개혁주의적으로 용납할 수 없는 입장이다.

541 가옥명, 『구원론』, 96.

542 가옥명, 『구원론』, 96-97.

포함한 구원이라는 것이다. 이는 다르게 표현하자면 전인의 구원(the salvation of whole person)이라고 할 수 있을 것이다. 그는 육체에 관한 것과 영에 관한 것으로 논의 순서를 정한다. 먼저 육체의 구원에 관해서는 "육체의 질고(疾苦)"에서의 구원, "육체의 노예 됨에서"의 구원, "육체의 위험에서 벗어남, 육체의 사망에서 벗어남, 육체의 구태(舊態)에서 벗어남" 등의 소항목으로 나누어 설명해 준다.[543] 가옥명의 견해 중에는 성도도 육체의 병고에 시달릴 수 있기는 하나 믿음으로 고침받는다는 신유 사상이 강하게 개진되고 있고, 육체 방면이라고 했지만 다루는 내용들을 보면 어떤 것들은 몸(body)에 관한 것이라기보다는 타락한 본성을 지칭하는 육체(바울의 용어로 sarx)에 관한 것들이 포함되어 있다.

둘째로 영의 방면에 관해서는 소극적인 면과 적극적인 면 양면으로 나누어 가옥명이 해명하는 것을 보게 된다. 소극적으로 말해서 구원은 하나님의 진노에서 벗어나는 것이고, 사탄의 흉악하고 잔인함에서 벗어남이요, "죄얼(罪孽)의 권세에서 벗어남"이요, "율법의 속박(束縛)에서 벗어남"이며, "죄악의 결과"에서도 벗어나는 것이라고 열거한다.[544] 다른 한편 적극적인 면에서는 단적으로 "인생이 원만(圓滿)한 복원(復原, 본디 그대로 회복함–필자)을 얻음"이라고 그는 표현한다. 세부적으로는 "중생, 칭의, 성성(成聖), 하나님과 더불어 다시 화평하게 됨" 등이라고 소개한 후에, 이어지는 『성령론』에서 상세하게 다룰 것임을 적시해 준다.[545]

신도가 구원함을 입는 시간적 순서(時序)

두 번째 대지에서 가옥명은 신자의 구원을 3시제로 나누어 설명해 준다. 그가 쓴 시서(時序)라는 표현이 의미하는 바는 시제의 의미이다. 첫 번째는 "이미 얻은 구원"이다. 그는 대속함을 받은 신자는 죄얼의 저주를 벗어

543 가옥명, 『구원론』, 97–98.
544 가옥명, 『구원론』, 98–99.
545 가옥명, 『구원론』, 99–100.

나 참자유인이 되었으며, 새로운 생명과 자녀의 신분을 얻었으며, 완전하지는 않으나 구원의 은혜를 이미 입은 자들은 영원히 "윤망(淪亡, 망하여 없어짐-필자)함에 이르지 않게 된다"라고 해설해 준다. 이 점에서 그는 성도의 견인(perseverance of saints)을 믿는다는 것을 알 수 있다.[546]

두 번째로 가옥명은 "현재 얻는 구원"에 대해서도 해명해 주는데, 이미 중생하고 열납함을 이미 얻은 신자들은 "시시로 하나님과 교제하는 친밀한 벗이 되어 점점 성성(成聖)되며, 기독과 같은 형상으로 화함으로 그 형상이 날마다 개변(改變)하여지고 천당 길을 향하여 날로 진보할 것이며, 신력(信力)은 날로 더하여지고 영성은 날로 높아져서 풍성한 생명"을 누리게 된다고 한다.[547] 뿐만 아니라 신자들은 다음과 같은 구원의 은혜를 얻게 된다고 적시해 준다.

> 진실로 성령의 신생함을 이미 얻었으면 또한 성령의 충만함과 권능을 얻어 영미(英美)한 성성(成聖)의 지보(地步, 지위 혹은 위치-필자)까지 도달함으로 점점 하늘에 있는 아버지의 완전함과 같을지니(마 5:48) 이 소위 신도가 이런 시기를 당하는 것은 바로 얻는 구원인 것이라.[548]

세 번째로 가옥명은 "창차 얻을 구원"에 대해서 말해 준다. 가옥명이 말하는 구원의 세 번째 시순은 장래에 얻을 구원에 대한 것이다. 이는 장차 죽음에서 부활한 후에 얻게 될 구원의 완성을 말하는데, 각자 행한 대로 상을 받고, 면류관을 쓰게 되는 날이요, "천상의 기업을 받음과 더욱 주의 영광을 분유(分有)함이나 혹 신체가 속량(贖良)함을 입어서 하나님의 아들로 나타나게

546 가옥명, 『구원론』, 100. 물론 그는 회개하고 성령의 보통한 감동을 받은 자들 가운데 참신자가 아닌 경우가 있을 수 있다는 점을 직시하면서도, 다만 "대속도 이미 얻었으며, 또 열납함도 이미 입은 사람이면 영영 반도이폐(半途而廢. 중간에 폐하여짐)함에 이르지 않을 것"이라는 점을 강조해 준다.

547 가옥명, 『구원론』, 100-101.

548 가옥명, 『구원론』, 101.

될 것"이라고 설명해 준다.[549] 하지만 이 땅 위에 사는 동안에 누릴 수 있는 은혜는 아니기에, "오직 신앙으로써 요망(遙望, 먼 곳을 바라보다는 뜻-필자)하며 기망(期望, 일이 이루어지기를 바람-필자)함으로 내종(乃終)에는 소망을 성취할지라"라는 말로 구원의 시서(時序)에 대한 논의를 마친다.[550]

득구(得救)한 자의 생명

구원의 범위에 관한 세 번째 대지는 구원받은 자가 누리는 생명(生命)에 관한 것이다. 가옥명은 신자가 누리는 생명을 새로운 생명, 영적 생명, 영성 생명 등으로 부른다고 소개한 후에, 영적 생명(줄여서 영명이라 함)에 관한 구절로 갈라디아 2:20을 주목한다. 그리스도가 심령에 객으로 계신 것이 아니라, "우리의 심령 내에서 형상을 이루기를 원하시나니, 즉 기독은 신의 선한 종자(種子)가 됨이라(요일 3:9)"라고 말하고, 이 땅 위에서 그리스도를 닮음에 완전할 수는 없다고 하더라도, 그러한 푯대를 향하여 남은 삶을 살도록 우리를 부르시고 계시며, 결국 "신도의 영명적 종극(宗極)"은 "나의 산 것은 그리스도"라 함에 있다고 소개한다.[551] 그리고 이 종극적 표현에 대하여 다음과 같은 해설을 말해 준다.

> 대개 이것은 나의 산 것이 기독과 같다 함도 아니오, 나의 산 것이 기독을 위한다 함도 아니라 나의 산 것이 즉 기독이라 함이라. 즉, 환언(換言)하면 기독은 즉 나이며 나는 즉 기독이라 함이니 나와 기독이 실로 서로 연속(聯屬)되며 서로 화합되어 일(一)이나 이(二)이며 이이나 일이 되면 즉 기독인이라 칭하기에 또한 불가함이 없을지니라.[552]

549 가옥명, 『구원론』, 101.
550 가옥명, 『구원론』, 101.
551 가옥명, 『구원론』, 101-103.
552 가옥명, 『구원론』, 103. 우리는 갈 2:20에 대한 가옥명의 이러한 해석이 과연 바울적이며, 개혁파적인지를 따져 물어야 할 것이다.

만물의 취속(取贖)

구원의 범위에 관한 네 번째 주제는 만물과 관련되어 있는데, 가옥명은 인간을 제외한 만물이 선하다는 점을 강조하고, 그러한 만물이 허무에 굴복하고 탄식하며 괴로워하게 된 것은 원조의 죄의 영향이라고 적시해 준다.[553] 하지만 만물도 그리스도의 취속을 힘입어 다시 회복되고 갱신될 날이 올 것에 대해 성경이 "넉넉히 말하였다"라고 하면서 이사야 11:6–9, 65:25 등을 지시한다.[554] 가옥명은 다음과 같이 만물의 패괴함에 이르게 된 원인과 다시 회복될 원인에 대해 대조하여 말해 주기도 한다.

> 대개 만물이 원조(元祖)의 범죄함을 인하여 실패되었으니 다른 날에 반드시 기독이 취속(取贖)함을 인하여 놓임을 얻어 자주(自主)케 되리니 그때는 어느 때이뇨? 즉, 성경에 기록된 바 "만물의 부흥할 때라" 함이 당연할지라.[555]

이상과 같은 해설을 볼 때 가옥명은 루터파나 전통적 세대주의자들이 세계파괴설(*annihilatio mundi*)을 주장한 것과 달리 만물갱신설(*apokatasis ton panton*) 입장을 취하고 있음을 알 수 있다.[556]

신국의 임격(臨格)[557]

구원의 범위에 관한 다섯 번째 대지는 하나님의 나라가 임하심에 대한 것이다. 이는 최종적인 구원의 완성이 임하는 때이자, 하나님의 나라가 임하는 때이다. 그날이 오면 하나님의 뜻이 하늘에서처럼 땅에서도 이루어질 것이며, "기독의 구세(救世)하는 공능(功能)은 완전히 소저(昭著)될 것이며 하나님의 인지(仁智)스러운 묘지(妙旨)는 이에서 밝히 나타날 것이며, 지얼은 다 없

553 가옥명, 『구원론』, 103.
554 가옥명, 『구원론』, 104.
555 가옥명, 『구원론』, 104.
556 가옥명, 『내세론』, 87, 94–95에 자세한 해설이 나온다.
557 임격이라는 표현은 19세기 중국 성경에서 "당신의 나라가 임하옵시며"를 爾國臨格(이국님격)이라고 번역한 것에서 연유한다(https://ko.wikipedia.org/wiki/주기도문. 2023.9.9.접속).

어지고, 죄과(罪過)는 사면되어 영원한 의가 또한 나타날 것"이라고 가옥명은 해설해 준다. 가옥명의 『구원론』의 대미는 구원의 범위가 포괄적이라는 것, 즉 총체적 구속(total redemption. 모든 인간이 구원받는다는 보편구원론의 의미가 아니다)이 될 것임을 적시하는 것으로 맺어진다.

> 총(總)히 말하면 예수 그리스도의 구원은 실로 풍부(豐富)하고도 기묘(奇妙)하며 고원(高遠)하고도 심후(深厚)함으로 참 말로 할 수 없으며 측량하기도 불가하나니 한갓 우리의 금세 구원에만 유관(有關)할 뿐 아니라 또한 우리 내세 구원에도 유관하며 진실로 인류의 구원에만 유관할 뿐 아니라 또 만물의 구원에도 유관하며 무릇 만물이 아담의 영향으로써 받았던 손실(損失)을 총히 그리스도의 구공(救功)으로 인하야 회복(回復)될지니 크고 기이하다! 예수 그리스도의 구원인저![558]

이상에서 우리는 가옥명의 기독론(그리스도의 위격과 사역)을 세밀하게 고찰해 보았다. 상세한 논의는 아니지만, 그는 보편 교회의 위격론의 주요 내용들을 명시적으로 소개하였으며, 그리스도의 비하와 승귀, 그리스도의 삼중직, 그리스도의 속죄 사역에 대해서도 바르게 해설해 주었음을 확인하게 되었다. 뿐만 아니라 그는 그리스도의 대속에 대한 진리를 분명하게 받아들이고 있고, 그에 대한 개인적 감격도 크다는 것을 보면서 복음에 대한 열정도 느낄 수가 있었다. 또한 그리스도의 구원하심이 인간의 영혼과 육체뿐 아니라 만물의 갱신에 이르기까지 미친다는 점에서 벨직 신앙고백서 37조에서 순교자 귀도 드 브레(Guido de Brès)가 명시적으로 사용한 "총체적 구속"(total redemption)에 대해서 일찍이 설파했음을 확인하게 된다. 물론 그의 구령애의 열정이 지나쳐서 개혁주의적인 예정론에 철저하지 못한 면모도 때때로 나타나는 것도 확인하게 되었다.

558 가옥명, 『구원론』, 104.

6. 가옥명의 『성령론』 - 가옥명의 구원론

레이놀즈가 번역 감수한 가옥명의 『조직신학』 제5책은 『성령론』이라는 제목이 붙어 있다. 내지에 있는 영어 제목을 보면 "성령론 또는 구원에 있어서 성령의 사역"(Pneumatology or the Work of the Holy Spirit in Salvation)이라고 되어 있다.[559] 오늘날에도 구원론(Soteriology)은 성령께서 개인 속에 구원을 적용하시는 사역이기에 성령론 혹은 성령의 사역론이라고 불리기도 한다. 번역된 가옥명의 『성령론』과 『神道學(下)』 원서를 대조해 보면,[560] 구성상의 차이가 있음을 확인하게 된다. 이는 레이놀즈가 번역 감수뿐 아니라 편집 작업을 추가했기 때문이다. 원서와 번역서의 차이를 간명하게 보기 위해 도표로 제시해 보겠다.

한역본	중국어 원본
1장. 성령의 직무	第一章. 聖靈的職務.
2장. 선소(選召)	第二章. 論先昭之功.
3장. 중생과 반정(反正)	第三章. 信心.
4장. 신심(信心)	第四章. 重生(3장과 4장 순서 바뀜)
5장. 회개	第五章. 悔改
6장. 기독과 연합함	없음(레이놀즈 글 추가)
7장. 칭의	第六章. 稱義.
8장. 의자(義子) 됨	없음(레이놀즈 글 추가)

559 가옥명, 『성령론』, 내지(페이지 매김 없음).

560 賈玉銘, 『神道學(下)』, 113–255. "券七. 靈功編." 이어지는 "券八. 靈命 生活"(257–340)은 『조직신학』 전집에 넣지 않고, 레이놀즈가 「신학지남」 12/3 (1930.5): 25–29; 12/4 (1930.7): 23–28; 12/5(1930.9): 22–26; 12/6 (1930.11): 15–16; 13/4 (1931.7): 8–12; 13/5 (1931.9): 12–17 등에 연속해서 기고하였다.

9장. 성성(聖成)	第七章. 聖成.
10장. 확지(確知)와 견인(堅忍)의 은혜	없음
11장. 영세(靈洗)	第八章. 靈洗.
	第九章. 得勝.

위의 도표에서 확인 가능하듯이 원서는 9장으로 구성되어 있고, 한역본은 11장으로 구성이 되어 있다. 레이놀즈는 중국어 원본의 3장과 4장을 한역본에서는 순서를 바뀌어 놓았고,[561] 레이놀즈 자신의 글들인 "기독과 연합함", "의자 됨", "확지와 견인의 은혜" 등을 추가로 삽입했다. 게다가 원서 9장에 있는 득승(得勝)이 번역서에는 누락되어 있기도 하다. 이런 사정을 고려해 보면, 번역 감수자로서 레이놀즈의 손길이 가장 많이 미친 로치(loci)가 바로 이 『성령론』이라는 점을 우리는 알 수 있다. 그리고 아울러 국내에서는 그간에 가옥명의 『성령론』에 대한 연구가 최윤배 교수와 정원경 박사에 의해서 제시되었다는 점도 특기할 만하다.[562] 이제 그의 논의의 차례대로 내용을 분석 개관하면서 평가해 보도록 하겠다.

성령의 직무

가옥명의 『성령론』 첫 장은 "성령의 직무"에 대한 논의로 시작된다. 먼저 서론에서 앞서 다룬 구원론의 주 내용이었던 그리스도의 구속 사역과 성령의 사역을 다루는 성령론의 관계를 정리해 주고, "이것을 시순으로 논하면 기독의 구속이 먼저 있었고 후에 비로소 성령의 공능(功能)이 따라서 현유(顯有)하였다"라고 적시해 준다.[563] 가옥명은 이어서 총 다섯 대지로 나누어 직무

561 레이놀즈는 감수자 서문에서 "논리적으로 중생이 신심의 선(先)에 있음이 당연"하다고 생각하기에 3장과 4장을 전위(轉位)하였다고 밝힌다(가옥명, 『성령론』, 서문 (페이지 매김 없음).

562 최윤배, "중국인 가옥명(賈玉銘; Chia Yu Ming, 1879–1964)의 성령론 연구: 구원론을 중심으로", 「한국개혁신학」 39 (2013): 124–159; 정원경, "평양신학교 성령론 연구 (1910–1931)." 171–280.

563 가옥명, 『성령론』, 2.

에 대해 다루는데, 성령의 성위(成位), 사업(事業), 표상(表像), 성경에 논한 성령의 공작이 점차 소저(昭著)됨, 성령의 특현(特顯)한 시대 등이다.[564]

성령의 성위(成位)

첫 번째 대지는 성령의 위격성(personality)에 대한 논의이다. 성령의 사역을 논하기 전에 성령의 신적 위격성을 먼저 다루는 것이 순리적이라고 할 것이다. 가옥명은 세 가지 항목으로 위격성을 다룬다.

(1) 하나님의 분위(分位)가 되심

성령께서는 "하나님으로 더불어 분위가 일체이신 신이시다"라고 가옥명은 진술하는데, 분위라는 한자어 사용은 다소 난해하게 느껴진다. 그의 의도하는 바는 이어지는 해명에서 알 수 있는데, 그는 "성령은 확실히 신의 분위인 것이며 신으로 더불어 동권(同權)이며, 동체(動體)며, 동등(同等)이 되나니 또한 일(一)이나 이(二)이며, 이(二)이나 일(一)이 될 뿐이니라"라고 해설해 준다.[565]

가옥명은 성령의 신적 위격성에 관하여 네 가지 세부적인 설명을 제시해 주는데, 첫째는 성경에서 성령을 바람이나 기운에 비유한 것을 근거로 "성령은 대개 하나님의 생명"이라 불린다는 것, 둘째는 성령을 하나님의 영이라고 부르기도 한다는 것, 셋째 하나님의 능력으로 칭하는 성구들이 있다는 것, 넷째는 성령은 감동을 통해 인간에게 이성과 양심을 바르게 작용(作用)하게 하신다는 것 등이다. 하지만 이러한 표현들이 성령이 하나님이심을 부인하는 형태로 말해지는 것을 단호히 거부하면서, 성령께서 "하나님으로 더불어 다름없나니 대개 성령의 신능(神能)이나 성덕(性德), 감통(感通), 권능(權能)이 모두 하나님이 하나님 되는 소이(所以)를 표현함에 있다"라고 적시해 준다.[566]

---

564 가옥명, 『성령론』, 1-2(촬요).
565 가옥명, 『성령론』, 2.
566 가옥명, 『성령론』, 3-4.

(2) 그리스도의 대표가 되심

두 번째 항목에서 가옥명은 성령께서는 "그리스도의 대표가 되신다"라고 하는 성경적 사실을 설명해 준다. 성자가 성부의 대표로서 성부의 맡기신 일을 수행하셨듯이, 성령은 그리스도를 대표하여 이 땅 위에 오셔서 사명을 성취하셨다는 것이다. 첫째 성경의 여러 구절들에 의거하여 가옥명은 성령께서 "성자의 이름으로 보냄을 받은 분"이시라는 것을 설명하고, 둘째 성령은 "성령의 대표가 되시어 예수의 시작하신 일을 완성"(完成)하시는 사역을 하신다라고 적시해 준다.[567]

(3) 신도의 보혜사(保惠師)가 되심

가옥명은 성령이 위격적인 존재로서 신자들의 보혜사가 되신다는 점도 말해 주는데, 그는 이 표현이 요한복음에만(요 14:16, 20; 15:26; 16:7; 요일 2:1) 등장한다는 점을 잘 말해 준다.[568] 또한 그리스도께서 원(原) 보혜사이셨으나, 승천하신 후에 성령께서 보혜사로 내림하셔서 영원토록 성도들과 함께 하시면서 "때와 일을 따라 무량한 도움을 얻게 하신다"라고 간략하게 해설해 준다.[569]

성령의 사업(事業)

성령의 위격성에 대한 해설에 이어 가옥명은 성령의 하시는 일에 대해 세 가지로 설명을 해 준다. 첫째는 구약의 선지자들과 신약의 사도들을 감동하여 진리를 깨닫게 하시는 일을 하심으로 별명이 "진리의 영"이라고 불리신다는 것을 말하고, 둘째는 성령께서는 그리스도의 구속의 모든 단계에서 함께 하셨을 뿐 아니라 승천하신 후에는 그리스도를 영화롭게 하는 사역을 하

---

567 가옥명, 『성령론』, 4.

568 가옥명, 『성령론』, 5.

569 가옥명, 『성령론』, 5. 보혜사(保惠師)에 대한 가옥명의 해설은 매우 짧은 편인데, 이 주제에 관한 개혁신학자의 비교적 자세한 해설은 얀 페인호프 교수의 암스테르담 자유 대학교 교수 취임연설문을 보라: Jan Veenhof, *De parakleet: enige beschouwingen over de parakleet-belofte in het evangelie van Johannes en haar theologische betekenis* (Kampen: Kok, 1974).

신다는 것을 또한 말하고, 세 번째는 성도들을 "성전(成全, 완전하게 하신다는 의미-필자)"케 하시는 사역을 하신다는 것을 말해 준다.[570]

특히 '성도를 온전하게 하심'에 대한 해설이 다소 길기 때문에 좀 더 자세하게 살펴보기로 하겠다. 가옥명은 그리스도와 성령이 신자를 구원하심에 떼려야 뗄 수 없는 관계를 가지고 계심을 다시 한번 강조한 후에, 성령의 성도를 완전케 하시는 사역을 하심에 있어 두 가지 소항목으로 나누어 설명을 해 준다.[571] 첫 번째 질문은 "이루신 은공(恩功)이 어떠하뇨?"인데, 이에 대한 가옥명의 해설은 요약적으로 제시하기에는 어려움이 있어서 전문을 소개해 보기로 하겠다.

> 성경을 상고(詳考)하면 매양(每樣) 성령이 사람으로 더불어 서로 다투며(창 6:3) 사람에게 지혜를 주며(욥 32:8) 사람을 감동하며 사람을 도와주며 사람을 가르치며 사람을 가르쳐 진리를 밝히며 사람을 예수에게 돌아오게 하며 사람을 위하여 대도(代禱)하며 사람을 위하여 근심을 담당하며 무릇 사람의 회개나 중생과 칭의와 성성(成聖) 등 모든 요도(要道)가 성령의 은공(恩功)으로 더불어 관계되지 않음이 하나도 없나니라.[572]

성도를 완전케 하시는 성령의 사역과 관련되어 두 번째 항목으로 다룬 것은 "소용하는 방법은 어떠하뇨?"라고 하는 것이다. 이 질문에 대해 그는 "성령이 항상 신도와 같이 있으며(with), 성령이 신도 심중(心中)에 거하며(in), 성령이 신도를 옷 입 듯하며(upon, 혹 성령을 옷 입듯 함)"라고 답해 준다.[573] 이렇게 세 요점을 제시한 후에, 가옥명은 다음과 같이 구체적으로 해설해 준다.

---

570 가옥명, 『성령론』, 5-6.

571 가옥명, 『성령론』, 6. 그리스도와 성령에 대한 예표적인 내용들을 여러 가지로 제시하면서, 그의 예표론 혹은 모형론(typology)이 지나친 감도 느껴진다.

572 가옥명, 『성령론』, 6. 따라서 개혁파 구원론에서는 그리스도가 성취하신 구속의 은혜를 개개인 신자에게 적용하는 사역이 전적으로 성령의 역사라고 하는 점을 강조하기에 소홀히 하지 않는다(박형룡, 『교의신학 구원론』, 23-25; 강웅산, 『성경신학적 조직신학 구원론』, 18-19).

573 가옥명, 『성령론』, 7.

이상에 말한 바 성령이 우리로 더불어 같이 있다 함은 성령이 조사(助師)가 된다 함이오, 성령이 우리 마음에 있다 함은 우리가 성령의 전(殿)이 된다 함이요, 또 성령을 옷 입 듯한다 함은 즉 지성(至誠)이 중(中)에 있으면 자연히 밖에 나타남을 말함이니라.[574]

성령의 표상(表像)

세 번째 대지에서 가옥명은 성령을 가리키는 성경적인 표상들을 간략하게 다루어 준다. 그는 총 7개의 표상을 소개해 주는데, 기름, 물, 바람, 불, 비둘기("비닭이"라 표기), 인(印), 볼모(보증) 등이다.[575] 이에 대한 해설은 매우 간략한 편이며, 마지막에 언급한 인과 볼모 두 가지의 의미만 소개해 보도록 하겠다. 인에 대해서는 "증명하는 뜻이니 우리가 확실히 신에게 속함을 표징함"이라고 해설해 주고, 볼모(보증)에 대해서는 "빙거(憑據)하는 뜻이니 신이 사람에게 성령을 주심은, 즉 사람에게 볼모를 주어 유업을 장차 이을 증거가 되게 함을 의미"한다고 적시해 준다.[576]

성경에 논한 성령의 공작(工作)이 점점 소저(昭著) 됨

네 번째 대지에서 가옥명은 구약과 신약 시대에 성령의 역사가 어떻게 점점 더 밝게 드러나게 되는지를 정리해 준다.

(1) 먼저 구약 시대에 대해서는 "삼위일체의 신에 대한 지식이 비록 원만치 못"하였다고 하더라도 "성령의 일을 논급함에 당하여 명료치 않음이 없었다"라고 적시해 준다.[577] 특히 영감을 통해 사람에게 재능을 주시거나, "성령이 사람이 건성(虔誠, 지성)함과 공의와 순종과 회개와 기도 등 사(事)에 대하여 크

574 가옥명, 『성령론』, 7.
575 가옥명, 『성령론』, 7.
576 가옥명, 『성령론』, 7. 개혁신학에서 이 두 바울적인 용어에 대해서 어떻게 설명하는지는 Hoekema, *The Bible and the Future*, 61–63을 보라.
577 가옥명, 『성령론』, 8.

게 관계"되신 것을 말해 주고 있으며, 장래에 성령이 대중에게 부어지실 것에 대한 예언들이 있다고 해설해 준다.[578]

⑵ 신약 시대. 신약 시대에 대한 해설에 있어서는 네 가지 항목으로 나누어 다루는데, 첫째 세례 요한이 그리스도께서 장차 성령으로 세례 주실 자임을 예고한 것을 말하고, 둘째 예수님께서 밝히 전해 주신 교훈들로 "성령이 자신에게 임한다 함, 사귀를 쫓아냄에 영능(靈能)을 의지한다 함, 성령의 임함은 즉 그리스도 자신의 임함이라 함, 중생은 성령의 하는 일로 말미암음이라 함, 말씀하신 바가 즉 영적인 말이라 함, 영감으로 말미암아 도리를 밝힌다 함, 성령을 비방한 죄는 용서함을 얻을 수 없다 함" 등의 요목을 간략하게 제시해 준다.[579] 셋째 가옥명은 사도행전을 "성령의 복음"이라고 부르면서, "이 글의 소재(所載)가 성령의 감력(感力)과 행사(行事) 아님이 없다"라고 강조해 준다.[580] 마지막 네 번째 항목에서는 바울 서신의 성령론을 요약적으로 다루어 주는데, 가옥명에 의하면 바울은 성령의 위격성에 대하여 명언했으며, 성령을 그리스도의 영이라고 기능적(機能的)으로 동일시(同一視)하여 말하였고, 성령께서 "각종 은사의 원인이 되시며", "신도가 성성(成聖)함에 원유(原由, 원인과 이유-필자)"가 되신다고 말해진다는 것이다.[581] 가옥명은 바울 서신이 "성령의 도리와 성령의 일함에 대하여 소론함이 극히 상명(詳明)되었으므로" 장황하게 논의할 필요가 없다고 말하기도 한다.[582]

---

578 가옥명, 『성령론』, 8.

579 가옥명, 『성령론』, 8-9.

580 가옥명, 『성령론』, 9.

581 가옥명, 『성령론』, 9. 마지막 항목에 대한 그의 해설을 주목해 볼 필요가 있다: "신도의 영성 생명이 날마다 점점 고상하여서 성성하는 지보(地步)까지 달케 됨은 즉 성령의 은공(恩功)이라(살전 1:6; 롬 8:2-14; 고전 2:12-16; 엡 3:16; 딤후 1:14)." 성성(成聖)에 대한 자세한 논의는 9장 성성(成聖)에서 보게 될 것이다.

582 가옥명, 『성령론』, 10. 가옥명의 논의 형태는 매우 간단명료한 스타일이기 때문에 이렇게 말하지만, 사실 바울의 성령론은 방대한 논의들이 이루어지고 있는 연구 분야라고 할 수 있다. 단적인 예로 다음의 문헌들을 보라: 김정주, 『바울의 성령 이해』 (서울: CLC, 1997); Gordon Fee, *God's Empowering Presence*, 박규태 역, 『성령 : 하나님의 능력 주시는 임재- 바울 서신의 성령론 성령론(상),(하)』 (서울: 새물결플러스, 2013). 물론 고든 피는 은사 갱신 운동을 지지하는 입장임을 감안하고 읽어야 한다.

성령의 특현(特顯)한 시대

제1장의 마지막 대지는 '성령이 특별히 나타나신 시대' 또는 '성령 시대'라는 주제이다. 가옥명은 구속사를 성부 시대, 성자 시대, 성령 시대 등 3시기로 나누어 보는 견해를 수용했다는 것을 볼 수 있는데, 그는 성령 시대를 그리스도의 승천으로부터 그리스도의 두 번째 재림 때까지의 시대라고 말한다.[583] 특히 그는 성령 시대의 시작을 오순절이라고 지목하는데, 아우구스티누스가 오순절을 일컬어 "성령의 생신(生辰)"이라고 부른 것을 긍정적으로 인용하기도 한다. 또한 성령 시대에 성령이 특별히 하시는 일은 그리스도께서 하신 일을 완성하는 데 있다고 적시해 준다. 이 성령 시대에 대한 가옥명의 요약적인 설명을 직접 보도록 하겠다.

> 질언(質言)하면 금일 시대는, 즉 성령의 은공과 영명과 성결한 사업과 덕의(德義)상 또는 교회의 건설, 확장, 진보 등 여러 가지 일에 대하여 총(總)히 비밀한 관계가 있나니 우리는 성은(聖恩)의 후사(厚賜)를 결(缺)함이 불가(不可)하니라.[584]

선소(選召) – 선택과 소명

2장에서 가옥명은 "선소(選召)"라는 단계로 나아간다. 이 단어는 선택과 소명이라는 두 단어를 합성한 것으로, 가옥명의 논의를 보면 총 7개 대지 중 1대지와 2대지는 소명에 대한 것이고, 나머지 다섯 개 대지는 모두 예정과 관련된 주제들을 다루고 있다.[585] 우선 서론에서 가옥명은 사람의 심령 가운데 "하나님의 구원하시는 아름다운 뜻을 완전하게 하며 하나님의 생명을 가져 그리스도로 말미암아 세인(世人)에게 부여함으로 사람의 심령 내에 특이한

---

583 가옥명, 『성령론』, 10. 여기서 가옥명이 그냥 재림이라고 말하지 아니하고 "두 번째 재림"이라는 표현을 쓴 것은 세대주의자들이 공중 강림과 지상 재림을 구분하여 이중의 재림설을 주장하는 바를 그도 따르기 때문이다.

584 가옥명, 『성령론』, 10–11.

585 가옥명, 『성령론』, 11–12(촬요).

개화(改化)를 받게" 하는 것이 성령의 사역이라고 다시 한번 적시해 주고, 그러한 성령의 사역이 "일정한 질서가 있으며", 그 시작이 바로 선소(選召)라고 명시해 준다.[586]

보편 선소(普遍 選召)

가옥명은 구원으로 사람을 부르시는 성령의 소명을 보편적인 소명과 특별한 소명으로 양분해서 논의한다. 첫 번째로 보편 선소, 즉 보편적 소명에 대해서는 하나님께서는 원래 만인이 구원받기를 원하신다는 구절들과 "만인이 동일하게 득구(得求)할 기회를 주신다"라는 요점을 제시하고, 마지막으로는 "성부와 성자로 말미암아 보낸 성령"의 일하심을 들어서 증명을 해나간다.[587] 우리는 성령의 사역에 관한 가옥명의 해설을 특히 주목해서 볼 필요가 있다.

> 성부와 성자로 말미암아 보낸 성령이 중인(衆人)의 마음에 임하사 일하나니 "죄와 의와 심판으로써 사람으로 하여금 자책(自責)케 한다"(요 16:8–11)하였고, 무릇 자기(自棄)하는 자라도 성령이 그 마음에서 일하며(행 8:13) 성령의 임함이 마치 무용(無用)한 토지에도 일광(日光)이 비치고 시우(時雨)의 윤택함을 얻음과 같으니라(히 6:1–8). 고로 성경 전부가 역시 성령의 인중(人衆) 귀주(歸主)하는 특별한 방법 아닌 것이 없나니 대개 복음을 들음이 진실로 어렵지 않음이라(사 55:1; 계 3:18).[588]

586 가옥명, 『성령론』, 12. "일정한 질서가 있나니 그 일을 시작함이 즉 선소하는 일"이라는 가옥명의 표현 속에는 개혁파에서 구원의 서정 내지 순서(*ordo salutis*)라고 칭하는 것과 같은 내용이다. 개혁파 구원의 서정론 논의는 박형룡, 『교의신학 구원론』, 26–44; 김광열, 『그리스도 안에 있는 구원과 성화』, 15–27, 36–38; 강웅산, 『성경신학적 조직신학 구원론』, 19–41 등을 보고, 비판적인 논의는 G. C. Berkouwer, *Faith and Justification*, trans. Lewis B. Smedes (Grand Rapids: Eerdmans, 1954), 25–38을 보라.

587 가옥명, 『성령론』, 12–14. "성부와 성자로 말미암아 보낸 성령"이라는 표현은 신학적인 용어로 *filioque*의 내용을 담아 낸 것으로 보인다. 물론 가옥명은 그 용어를 언급한 적은 없다. 필리오꾸에 교리에 대한 정해는 문병호, 『기독론』, 132–133, 158–159, 168–172 등을 보라.

588 가옥명, 『성령론』, 13–14. 가옥명의 보편 선소(외적 소명)에 대한 논의는 간단하게 개진되었다. 죽산은 "우리 신앙의 조상들은 효과가 있고 없음을 표준으로 하여 두 가지 소명을 구별하였다"라고 말한 후에, 외적 소명에 대한 논의(박형룡, 『교의신학 구원론』, 121–131)를 먼저 제시하고 나서, 이어서 내적 소명 또는 유효적 소명에 대한 논의를 개진한다(박형룡, 『교의신학 구원론』, 131–143).

특별 선소(소요리문답 31)[589]

보편 선소에 이어 특별 선소에 대한 논의를 개진하면서, 가옥명은 타락한 후에 하나님께서 마련하신 구원의 방법은 그리스도 안에서 택하신 자들에게 영생을 주시는 방법이라고 적시한다. 그리고 구체적으로 하나님은 "정당한 권세로써 지음을 받은 자를 대우"하시며, 하나님의 빼내심이 아니면 능히 구원 얻을 자나 거룩함을 완성할 자가 없으며, "자기 백성을 선소함은 만고 이전의 예지(豫旨)로 말미암은" 것이며, "이 선소는 하나님의 아름다운 뜻으로 밀미암고 하나님의 편애함"과 관련이 없는 것이며, 하나님의 선민은 모두 "자기 아들에게 특별히 주신 사람"이며, 선택된 사람은 "그 이름이 생명책에 기록"되었으며, 이렇게 선택된 자만이 "그 득구함을 완성"하게 된다고 요점들을 제시해 준다.[590] 결국 이러한 해설들은 유효적 소명보다는 선택에 대한 해설로 이해될 수 있다. 앞서 본 보편 선소의 설명 속에서는 만인의 구원을 향한 하나님의 열의를 크게 강조한 반면, 특별 선소에 관련하여 설명하면서는 영원하신 하나님의 주권적인 선택에 대한 강조를 하고 있는 것을 우리는 보게 된다.

하나님의 예지(豫旨)와 사람의 자유

보편 선소와 특별 선소에 대한 논의에 이어, 가옥명은 하나님의 예지와 사람이 가지고 있는 자유의 관계에 대해서 다룬다. 그는 하나님께는 "자주(自主)하시는 통치"가 있고, 사람에게는 하나님의 형상을 따라 지음받았기 때문에 "자유하는 권리"가 있는데, 양자의 관계가 어떻게 되는가에 대해 규명하고자 한다. 먼저는 성경에 의하면 양자를 다 밝히 말하고 있다고 하는 것이

589 가옥명은 특이하게도 "특별 선소", 즉 "내적 소명"에 대한 논의를 시작하면서 웨스트민스터 소교리문답 31문답을 지시만 하고 있는데, 31문답의 내용은 유효적 소명에 대한 것이다: "Q. 31. What is effectual calling? A. Effectual calling is the work of God's Spirit, whereby convincing us of our sin and misery, enlightening our minds in the knowledge of Christ, and renewing our wills, he doth persuade and enable us to embrace Jesus Christ, freely offered to us in the gospel."

590 가옥명, 『성령론』, 14–15.

다.[591] 하나님이 인간의 의지에 매이지 아니하고 주권적으로 일하시는 분이시지만, 인간에게 강박하거나 위력으로 대하시지 않는다고 적시해 준다.[592] 또한 성경의 여러 구절들은 예지와 자유에 대하여 함께 말하는 구절들도 있다는 것이다(빌 2:12-13).[593] 셋째로 가옥명에 의하면 철학적으로는 양자를 조화시키지 못한다고 하면서, 예정론을 말하는 칼빈주의와 인간의 자유를 말하는 아르미니우스주의를 대조시킨다. 그리고 그 결과 가옥명에 의하면 "칼빈파의 죄인을 권화(勸化)하는 말을 들으면 들으며, 또 알미니안파의 신을 향하여 기도하는 말을 들어보면 필경은 양편이 서로 합치되고 충돌이 전혀 없다"라고 한다.[594] 마지막 요점은 인간의 뜻을 정하는 것이나 행위는 하나님의 예지의 범위를 벗어날 수가 없다고 하는 점을 가옥명은 강조한다.[595]

예선(豫選)과 공의가 적합(適合)함

가옥명은 하나님께서 미리 선택하심과 사람의 자유가 어김이 없다는 점을 말해 준다. 그 근거는 하나님의 형상을 따라 지음 받은 인간이기에 자유가 주어진 것이고, 그 자유의지를 하나님도 침범하지 않으시기 때문이라는 것이다. 그에 의하면 "무릇 하나님의 구원을 신뢰하는 자는 누구든지 가히 얻게 된다"고 한다.[596] 또한 그는 이 선택이 "하나님의 예지와 합한다"라고 하면서, 심지어는 "선후의 차별이 없다"라고 하면서 로마서 8:29과 베드로전서 1:2 등을 제시해 준다.[597]

---

591 가옥명, 『성령론』, 15-16.

592 가옥명, 『성령론』, 16.

593 가옥명, 『성령론』, 16.

594 가옥명, 『성령론』, 17. 사실 이러한 가옥명의 평가는 지나치게 획일적인 평가로 보여 지며, 그가 복음주의적인 견지에 서 있음을 보여 주는 대목이기도 하다.

595 가옥명, 『성령론』, 18. 이런 식의 강조에는 가옥명이 장로교 신학 체계에 가까움을 보여 주는 대목이다.

596 가옥명, 『성령론』, 18.

597 가옥명, 『성령론』, 18-19. 예지와 예정을 동시적인 일로 보는 가옥명은 입장은 예지에 의한 예정론을 말하는 아르미니우스주의의 입장과는 달리 개혁파에 가까운 입장이라고 보인다.

하나님의 예정은 확실함

(1) 예정은 성경적으로 확실한 교리임

가옥명은 예정의 도리가 성경에 분명하게 계시된 진리임을 적시해 준다. 또한 선택의 대상으로서 천사, 이스라엘, 교회, 개개인 등에 대한 언급이 있다는 것을 밝히고, 선택된 사람들은 그 이름이 생명책에 기록되었으며, 구원을 얻은 자들은 자신이 "피택됨을 스스로 안다"라고 해설해 준다.[598]

(2) 반(反)예정론 논박

가옥명은 이어서 예정 도리에 대한 반대론을 다루는데, 몇 가지 반론을 제시하면서 이에 대해 반박을 한다. 첫째, 하나님의 예정이나 선택을 전제적(專制的)이거나 자의적(恣意的)인 성격을 가지는 것이어서 불공평 내지 불의하다고 하는 반론에 대해 하나님의 성품이 그렇지 않음을 들어 반박한다.

둘째 그렇게 예정이 진리라면 전도는 할 필요가 없지 않느냐는 반론도 있다고 소개한다. 후자에 대해 하나님께서는 여러 종류의 "심상한 방법을 이용"하신다고 답해 준다.[599] 그리고 가옥명에 의하면 "하나님의 예선은 쌍방 작용이 확실하게 있기에" 하나님이 모두를 구원하시고자 원하시더라도 "만일 세인이 회개하는 마음이 없으면 한갓 득구(得救)함을 바라나 가히 얻지 못할지라"라고 주장한다.[600]

셋째 반론은 예정론이 맞다면 신자가 영적으로 수련할 필요가 없지 않는가 하는 것인데, 가옥명은 이에 대해 오히려 실천적 삼단논법(syllogismus practicus)의 방식으로 논박한다. 즉, 하나님의 예정은 거룩하게 하거나, 선한 열매를 맺게 하는 등의 목적을 가진 것인데, 그러한 삶을 추구하지 않는 사

---

598 가옥명, 『성령론』, 19.

599 가옥명, 『성령론』, 20.

600 가옥명, 『성령론』, 21. 예정, 예선, 예지 등과 인간의 자유간의 관계를 논하는 가옥명의 논의들을 보면, 그가 확고한 예정론자라기보다는 인간의 자유가 상당한 변수(變數)의 역할을 하는 것처럼 계속해서 말하는 것을 보게 된다.

람은 자신이 예정되지 않은 자라는 증거라고 논박한 것이다.[601]

넷째 반론은 선택의 교리와 만인을 구원하고자 하는 하나님의 원래 뜻 사이에 충돌이 있다는 반론인데, 가옥명은 이에 대해 성경은 두 진리를 다 말하고 있다는 점을 인정하면서도 "개인의 죄얼(罪孽)로 인해 멸망"하는 자들이 생긴다고 답을 한다.[602] 가옥명은 여러 가지 난제들에도 불구하고 하나님께서 "진선(盡善)진미(盡美)치 아니함이 없고 또한 무소불능한 신"이심을 강조해 주고, 우리의 지적 능력의 제한 때문에 오묘한 도리를 다 깨달을 수 없으나 "하나님 앞에 무릎을 꿇고 기도"할 것을 권유한다.[603]

예정의 도(道)가 신자에게 유익함

가옥명은 예정론이 선민에게 실천적으로 유익한 교리("실행할 작용과 효력이 있다")라고 말하면서, 교리의 실천적인 용도(*usus practicus*)를 다음과 같이 설명한다.[604] 먼저는 이 교리가 선민으로 하여금 겸손하게 한다는 점이다. 그는 "우리의 당한 처지(處地)와 이룬 사공(事功)은 신의 은조(恩助)로 말미암지 아니함이 일무(一無)하다"고 적시해 주고, 또한 로마서 9–11장을 적시해 주면서, "하나님의 신묘한 작위를 찬송"하는 것이 마땅하다고 말한다.[605]

두 번째 유익은 "신자에게 태안(泰安, 태평하여 안락함–필자)함"을 준다고 가옥명은 말한다. 이는 우리의 구원의 우리의 연약한 능력이나 유약한 의지에 근거한 것이 아니라, "하나님의 크신 능과 영구한 권애(眷愛, 보살펴 사랑함–필자)와 그 부진(不盡)한 은총으로 말미암기" 때문이라는 것이다. 이 부분에서 가옥명은 구원의 확신에 대해 인정하기를 주저하지 않는다.[606]

세 번째로 예정의 도리는 "신자를 촉진하여 고결한 지보(地步)에 달하게 한

---

601 가옥명, 『성령론』, 21–22.

602 가옥명, 『성령론』, 22.

603 가옥명, 『성령론』, 23.

604 가옥명, 『성령론』, 23. 바빙크 역시 교리의 실천적인 용도 내지 의미를 늘 추구했다. 예컨대 난해한 삼위일체론에서조차도 교리의 중요성과 실천적 의미를 정리함으로 논의를 마친다(Bavinck, *Reformed Dogmatics*, 2:329–334).

605 가옥명, 『성령론』, 23–24.

606 가옥명, 『성령론』, 24.

다"라고 가옥명은 말한다. 만일 "우주의 대주재께서 선민(選民)하신 중의 일인이 됨을 얻었다"는 것을 안다면, 우리들은 "숭고하고 장엄하며 성선(聖善)도 고상(高尙)하여야 참 이 신분과 상응(相應)"케 될 것이라고 적시해 준다.[607]

예선과 몽소(蒙召, 불리어졌음을 의미-필자)의 상속(相續)됨

가옥명은 미리 선택하심과 몽소, 즉 부름받음의 관계를 설명해 준다. 먼저는 부름받은 자는 많으나 선택된 자는 적다는 논지를 제시하는데, 은혜로운 소명은 만인을 향한 일반적 부르심으로도 나타나며, 하나님의 특별한 은혜에서 비롯된 것이요, 하나님의 지성(至誠)에서 비롯된 것이라고 해설해 준다.[608]

가옥명은 하나님께서는 예정하신 자를 반드시 특별히 부르신다라고 적시해 준다. 그는 부르심을 두 가지로 구분하는데, 외면적 부르심과 내면적 부르심이 그것이다. 전자는 개혁신학자들이 흔히 외적 부르심이라고 부르는 것으로, 가옥명은 다양한 삼라만상과 인간의 겪는 여러 가지 생로병사와 전도자의 말씀 등을 통해 외적인 부르심이 임한다고 해설해 준다.[609]

가옥명은 내적 방면의 부르심에 대해 말하는데, 이는 내적 혹은 유효적(有效的) 소명이라 부르는 것과 같은 것을 말한다.[610] 성령의 감동에 의해 죄를 깨닫게 하시거나, 양심에 각성을 주시거나, 하나님의 후한 은혜를 깨닫게 하시어 주님께로 돌아오게 하시는 소명이며, 이러한 소명이 효력이 있다는 점을 가옥명도 분명하게 적시해 준다.[611] 하지만 다음과 같은 총언(總言)은 역시나 제시된 은혜를 거절할 수 있는 인간의 자유를 지나치게 강조하고 있는 것이 아닌가 하는 우려를 하게 만든다.

---

607 가옥명, 『성령론』, 24-25.

608 가옥명, 『성령론』, 25. 가옥명은 보편적인 외소와 선택의 관계를 설명하면서 다시 한번 멸망의 사유는 인간의 불신 때문임을 강조한다.

609 가옥명, 『성령론』, 26. 외소에 대한 자세한 해설은 박형룡, 『교의신학 구원론』, 121-131을 보라.

610 가옥명, 『성령론』, 25. 강웅산 교수는 유효적 소명을 "예정의 실현"으로 해설해 준다(강웅산, 『성경신학적 조직신학 구원론』, 162-164).

611 가옥명, 『성령론』, 26-27. 그는 내적 혹은 유효적 소명에 대해, "거룩한 소명, 하늘의 소명, 영적 소명" 등의 용어로 지칭하기도 한다.

총(總)히 말하면 무릇 하나님이 부르심에 응한 자는 영생을 주거니와 무릇 하나님의 부르심을 버리는 자는 마치 하나님이 복을 내리는 토양에도 열매를 맺히지 아니하며 형극이 총생(叢生, 뭉쳐나기-필자)케 함으로 마침내 저주를 입어 불로써 불사름과 같으니라(히 6:-8).[612]

중생과 반정(反正)

가옥명은 선택과 부르심에 대한 논의에 이어, 제3장에서는 "중생과 반정"에 대해 논의를 개진해 나간다. 그는 중생의 도리가 "득구함에 유관함이 지극히 중요한 것"이라거나 "지극히 긴요하고 또한 신묘하다"라고 서론에서 강조해 주고 이어서 8가지 대지로 나누어 해설해 준다.[613]

중생은 어떤 것이뇨?

중생이 무엇인지에 대해 가옥명은 먼저 주목하여 다루는데, 그에 의하면 중생은 신자의 내면에서 일어나는 새로운 생명의 시작이지, "고상한 지보(地步)에서 거룩을 이룸[을] 칭하는 것"은 아니라고 적시해 준다.[614] 또한 중생에 대해 새로운 마음, 새로운 성품, 새로운 영, 새로운 생명 등으로 해설해 준다. 가옥명에 의하면 중생한 자는 옛 생명이 죽어 없어지는 것은 아닐지라도 "새로운 생명이 확실히 다시 살아났음으로 심정과 성질이 날마다 새롭게 되고 고상하게 되어 마침내 건전한 영적 생명을 가진 기독도로 화"하게 된다고 적시해 주기도 한다.[615]

---

612 가옥명, 『성령론』, 27.

613 가옥명, 『성령론』, 28. 가옥명은 논리적으로 볼 때 중생이 참된 신앙보다 먼저 앞서 일어나는 것이라고 적시해 준다.

614 가옥명, 『성령론』, 29.

615 가옥명, 『성령론』, 29.

중생은 어떻게 되느뇨?

두 번째 대지에서 가옥명은 중생이 어떻게 일어나는지에 대해 해명해 준다. 중생은 사람의 수양(修養)으로 되는 변화가 아니고, 하나님의 "특별한 재창조"로 되는 것임을 적시해 주고, 또한 성령의 은혜로운 공작에 의해서 되는 일이요, 그리스도와 연합함으로 되는 것이요, 하나님의 말씀(진리)의 역사로 되는 것임을 밝혀 준다.[616] 이 대지의 결론에서 핵심을 다음과 같이 잘 제시해 주기도 한다.

> 이로써 말하면 우리가 중생함은, 즉 하나님이 진리와 성령의 작위(作爲)로 말미암아 예수 안에서 이룬 은공(恩功)인 것이니 사람이 한갓 자력(自力)만 믿어 수양(修養)하면 결코 중생의 목적을 달하여 영성 생명을 구유(具有)한 사람이 될 수 없음을 잘 알지로다.[617]

중생이 어떻게 긴요(緊要)하뇨?

세 번째 대지에서 가옥명은 중생의 도리가 "사람이 득구함에 필요한 일"이라는 점을 다시 한번 강조해 준다. 그는 니고데모의 예를 들어서 자력 구원의 불가함을 명시해 주며, 하나님의 씨로 새롭게 거듭나는 것만이 거룩하게 됨의 시초(始初)에 이르게 한다는 점을 부언하여 강조해 준다.[618]

중생이 어떤 기묘(奇妙)함이 있느뇨?

가옥명은 이어서 중생의 기묘함에 대해서 해설해 주는데, 그에 의하면 중생은 순간적으로 일어나는 일이고, 중생은 또한 은밀한 일이며, 중생은 신기(神奇)한 일이며, 중생은 또한 개인이 스스로 깨닫거나 각성해서 되는 일이

---

616 가옥명, 『성령론』, 29–30. 우리의 구원은 성령께서 그리스도와 연합케 하심 안에서 가능하다는 점을 존 머리나 강웅산 교수는 바르게 강조해 주고 있다(강웅산, 『성경신학적 조직신학 구원론』, 119–146).

617 가옥명, 『성령론』, 30.

618 가옥명, 『성령론』, 30–31.

아니라 "성령의 은밀한 작용으로 말미암아" 된 일이라고 적시해 준다.[619]

중생은 어떻게 신공(神功)으로 말미암았느뇨?

가옥명은 중생의 은혜를 누림은 개인의 어떠한 의지, 수양에 근거하지도 않으며, 천성의 양선함이나 문명화된 교육에 의한 것도 아님을 적시해 준다. 왜냐하면 인간은 죄로 인하여 죽은 자들이기에, 스스로 다시 살아날 가능성이 없기 때문이다. 그는 요한복음 1:12, 베드로전서 1:3 등을 인용한 후에, 중생이라는 것은 단지 "사람의 의향(意向)과 지원(志願, 바라서 원하는 것-필자)" 만을 말하는 것이 아니라 "사람의 심성(心性)과 영적 생명(靈命)"을 가리킨다고 해설해 준다.[620] 가옥명은 사람이 영적으로 죽은 존재이기 때문에 자력 구원이 불가하다는 점을 명시적으로 잘 말해 주면서, 중생이란 "하늘로부터 좇아오는 신력(神力)이 사람의 마음에 달하여 활동함"으로 새롭게 되는 것이오, 이는 그리스도의 구속 사역에 근거한 "성령의 은공(恩功)"에 있음도 잘 적시해 준다.[621] 특히 후자에 대한 가옥명의 진술을 함께 보도록 하겠다.

> 성령이 인생을 환신(煥新, 새로 고침-필자)하는 공(功)을 의뢰하여서 죄의 몸을 제하며 중생함을 얻음이나(요 1:12; 요일 3:9) 마치 죽은 가운데서 부생(復生)하여(엡 2:5-6) 심성(心性)과 영명(靈命)으로서 확연히 갱생(更生)하고 환신함과 같으니 참 지묘(至妙)하도다(롬 12:2; 고후 5:17; 엡 4:23; 골 3:10; 딛 3:5; 벧전 1:23).[622]

잘못된 중생론

가옥명은 중생에 대한 정해를 제시한 후에, 이어서 중생에 대한 네 가지 오론들을 비판적으로 소개해 준다. 첫째는 "빌나듸오파"라고 표기한 펠라기

---

619 가옥명, 『성령론』, 31-32. 죽산은 중생의 성질에 대해 "영적 새 생명의 심어 들임과 주관적 성향의 변화, 온 사람의 홀연적 변화, 비밀하고 헤아릴 수 없는 변화"로 해명해 준다(박형룡, 『교의신학 구원론』, 158-160).

620 가옥명, 『성령론』, 32.

621 가옥명, 『성령론』, 32.

622 가옥명, 『성령론』, 33.

우스파의 입장으로 사람은 각자 스스로 뜻을 정하고 결단할 자유를 가지고 있기 때문에, "외래의 공력(功力)"을 필요로 하지 않는다는 입장이다. 이 입장에 의하면 중생도 "사람의 입지(立志)와 회개"에 의해 가능한 일이 된다. 가옥명은 이러한 입장이 비성경적일 뿐 아니라 "신도의 심리"에도 배위(背違)된다고 비판을 한다.[623]

둘째 오론(誤論)으로 소개한 것은 "아메니오파"라고 표기한 아르미니우스파의 중생관인데, 이는 인간은 죽은 것이 아니라 연약할 뿐 어느 정도의 능력을 가지고 있다고 하는 입장이다. 가옥명이 해설하는 바에 따르면, "사람이 중생을 얻는 소이(所以, 까닭—필자)는 이에 구원의 종종(種種)한 이익에 대하여 부러워하는 마음이 나게 되고 성령의 조력을 앙모함을 인하여 풍부한 구원을 획득"한다고 주장한다고 한다. 그는 이러한 입장도 성경적인 구원관과 중생관에 부합하지 않는다고 비판해 준다.[624]

셋째 오론으로 소개된 것은 "진리가 중생의 근원이 된다"라는 주장이다. 가옥명은 이들이 중생의 원인으로 성령이 아니라 "성령의 주신 바 진리"라고 강조한 것이 잘못이라고 비판한다. 물론 성경에 의하면 사람이 중생할 때 진리 또는 말씀이 도구로 사용되지만, 근원으로 말해지는 것은 아니기 때문이다.[625]

마지막 네 번째 견해는 로마 교회가 주장하는 물세례 중생론이다.[626] 아우구스티누스에게서도 나타나는 사상인 물세례 중생론은 로마 교회의 주류적

623 가옥명, 『성령론』, 33.

624 가옥명, 『성령론』, 33–34. 구원 또는 중생의 동기(動機)에 대해 가옥명은 "사기(私己)을 위함이 아니오 참신을 영화롭게 함을 위함"이라고 적시해 준다.

625 가옥명, 『성령론』, 34. 가옥명은 이런 미묘한 입장을 누가 취한 것인지를 제시하지는 않는다. 하지만 그는 진리 혹은 말씀이 중생의 원인이 아니라 도구, 혹은 그의 표현대로 이기(利器)가 된다는 점을 잘 밝혀 준다: "그 실제를 연구하면 진리가 겨우 성령을 위하여 사람을 중생케 하는 이기가 될 뿐이오, 결코 사람을 중생케 하는 력원(力原)이 되지 못하나니라."

626 가옥명은 로마 가톨릭교회(Roman Catholic Church)라는 표현을 쓰지 않고, 단순히 로마 교회라 표기한다. 바빙크 역시도 로마 교회가 보편적 또는 공교회(*eclesia catholica*)가 아니라는 점에서, 늘 로마 교회(de Roomsche kerk)라는 표현을 사용한다. 오늘날 복음주의뿐 아니라 개혁주의 진영에서도 로마 교회와 개신교회의 차별성을 부정하는 방향의 주장들이 많은데 비해, 다음의 책은 로마 교회가 가톨릭, 즉 보편 교회가 아니라고 하는 현대적인 논의를 담고 있다: Kenneth J. Collins and Jerry L. Walls, *Roman but Not Catholic: What Remains at Stake 500 Years after the Reformation* (Grand Rapids: Baker, 2017).

인 중생관이고, 가옥명이 언급한 대로 개신교회 가운데도 그런 입장을 취하는 이들이 존재한다. 이러한 물세례 중생론에 대하여 가옥명은 일면 성경적 증거가 있는 듯하지만, 성경을 자세히 고찰해 본다면 물세례란 "외형상 표기(標記)인 것이오, 세례가 반드시 중생의 공력(功力)"인 것은 아니라고 잘 반박해 준다.[627]

중생과 반정(反正)이 무슨 상관이 있느뇨?

가옥명은 이어서 중생과 반정의 관계에 대한 논의를 개진한다. 반정이란 문자적으로는 "본디 바른 상태로 돌아간다"라는 의미이지만, 가옥명이 의미하는 바는 회심(回心, conversion)과 내용상 같은 것이다. 그는 반정, 즉 회심은 중생자에게 요청되는 회개와 믿음을 가리킨다고 적시한 후에, 양자의 관계에 대해서 다음과 같이 해설해 준다.

> 중생은 성령의 작위인 동시에 반정(즉 신앙과 회개–필자)은 중생함을 입은 자가 즉각에 할 일이니 곧 구원함을 얻을 필수(必需, 반드시 있어야 한다는 뜻–필자)의 방법인 것이라(행 2:38; 16:30–31).[628]

중생이 어떤 효과가 있느뇨?

중생론에 대한 마지막 대지는 중생의 효과(效果)에 대한 것이다. 가옥명은 중생자는 "심령 중에 기이한 개변(改變)이 있을 뿐만 아니라 또한 새로운 마음과 새로운 성품과 새로운 의견"을 가지게 되며, 영적 진리에 대하여 새롭게 깨닫게 될 뿐 아니라, "심령 중에 또한 확절한 그리스도의 신 생명을 받

627 가옥명, 『성령론』, 34. 가옥명은 신약의 세례와 구약의 할례(割禮)가 부합되는 것을 인정하면서도, 이러한 외적인 의식만으로 중생의 공력을 가지는 것은 아니라는 점을 바르게 적시해 주고 있다.

628 가옥명, 『성령론』, 34–35. 죽산은 중생과 회심을 구별하여 "회심은 중생에서 심어 들인 새 성향의 최초 운행을, 즉 하나님께로 자유롭게 전향함을 의미"한다고 정의해 주고 나서, 회개와 믿음 두 요소를 적시해 준다(박형룡, 『교의신학 구원론』, 193–209). 그리스도와 연합에 근거한 구원 서정론을 제시하는 강웅산 교수는 믿음과 회개의 순서로 논의를 개진한다(강웅산, 『성경신학적 조직신학 구원론』, 213–280).

아가지게" 된다고 해설해 준다.[629] 가옥명은 비록 짧은 지면에서이지만 이러한 새로운 생명을 가진 그리스도인들에게는 로마서 7장이 묘사한 싸움이 있지만, 결국에는 "주님과 성령"이 그 심령 속에 역사하심으로 완승하게 되는 날을 보게 될 것이라는 "이미와 아직 아니"(already but not yet)의 양면을 잘 강조해 준다.[630]

신심(信心)

중생에 이어 제4장은 신심이라는 제목을 가지고 있는데, 신앙하는 마음에 대한 논의는 일반적으로 신앙(faith)이라고 부르는 구원의 단계를 의미한다.[631] 가옥명은 서론에서 하나님의 구원하시는 은혜와 신자 편에서의 믿음의 관계에 대해 서술해 주는 것으로 시작한다. 하나님께서는 "그리스도로 말미암아 무량한 후애(厚愛)로써 세인(世人)에게 임하셨다면", 신자는 "그리스도 안에서 견심(堅深)한 신앙을 가지고 하나님에게 친화(親和)함을 얻게" 된다고 그는 적시해 준다.[632] 뿐만 아니라 그에 의하면, 우리가 구원을 받는 일에 있어서 신앙이 중요함을 강조해 주고, "신심의 공능(功能)"에 대해서도 해설해 준다. 신앙의 공능이라는 표현은 다소 오해스러울 수 있기 때문에 그의 해설을 직접 보도록 하겠다.

> 실로 신심의 공능(功能)이 가장 크며 효력이 가장 기이하며 작용이 가장 묘함이라. 특히 의인만 믿음으로 인하여 생명을 얻을 뿐 아니라 즉 신도의 사공(事工)과 능력과 쾌락(快樂)한 생명도 또한 신심으로 더불어 관계되지 아니함이 하나도 없나니라. 소위 천국의 위인(偉人)이라 함은 어찌 신앙 위인이 아니라하리오.[633]

---

629 가옥명, 『성령론』, 35.

630 가옥명, 『성령론』, 35-36. 가옥명은 이러한 성도의 삶의 여정이 영적 생명(영명)이라고 부르면서, 그리스도를 닮아 감의 과정으로 이해한다.

631 가옥명, 『성령론』, 36-37. 가옥명은 신앙에 대한 논의를 7대지로 나누어 개진한다.

632 가옥명, 『성령론』, 37.

633 가옥명, 『성령론』, 37.

신심은 무엇으로 유래되느뇨?

신심 혹은 신앙에 대한 가옥명의 첫 대지는 신앙의 유래에 대한 것이다. 그는 신앙이 하나님의 기록된 말씀이나 선포된 말씀을 들음으로, 실제로 실행함으로, 하나님의 은사로, 성령의 영감으로 유래한다는 요점들을 적시해 주고 나서 다음과 같이 요약적으로 잘 정리해서 적시해 준다.

> 총(總)히 말하면 정당한 신앙은 성령으로 말미암은 은공(恩功)인 것이니 비록 우리가 도를 들음으로 감동함을 받고 감화함으로 실행하게 되며 실행함으로 진확(眞確)한 명증(明證)이 있어 신심이 자생(自生)된다 하도다. 그러나 이것이 성령의 은연(隱然)한 감조(感助)나 현연(顯然)한 공력(功力)으로 되지 아니함이 없나니 즉 소위 신심은 "하나님의 선물이라"(엡 2:8)함도 또한 신이 영감을 빌어 이 은공을 성취(成就)함을 이름이라.[634]

구원하는 신앙은 어떠하뇨?

두 번째 대지에서 가옥명은 구원하는 믿음(saving faith)의 본질을 규명하고 하는데, 부정적인 측면과 긍정적인 측면에서 논의를 개진해 준다. 우선 부정적으로는 신앙이란 단순히 성경을 믿는 신심이나, 그리스도를 지식적으로 알기만 하는 것이나, 단순히 자기 죄가 용서받았다고 믿는 것 등과는 다르다(有別하다)고 적시해 준다.[635]

가옥명은 이어서 "정면으로", 즉 긍정적인 측면에서 신앙이 무엇인가를 규명해 주는데, 그의 설명은 조금은 미묘한 느낌이 들도록 개진된다. 우선 "그리스도를 신복(信服)함"과 "그리스도를 신종(信從)함"의 요점을 긍부정적으로 설명한 후에, 구원하는 믿음은 "그리스도를 믿고 의지(依持)"하는 것이라고

---

634 가옥명, 『성령론』, 38–39. 가옥명은 고전 12:9에 언급된 믿음을 기적을 행하는 믿음(*fides miraculosa*)으로 이해하지 아니하고, 구원 얻는 믿음이 성령의 영감으로 주어진 것이는 요점의 증거로 제시한다. 이 점은 오늘날 건전한 주해의 결과라고 보기는 어려운 일이다.

635 가옥명, 『성령론』, 39–40.

명시해 준다.[636] 그는 그리스도를 신뢰(信賴)한다는 의미는 "예수님을 대접함이며(요 1:12, 예수가 자기의 구주이며 자기의 생명이 되며 자기의 죄의 몸과 죄의 욕망을 위하여 십자가에 못받힘을 확실히 깨달음이요" 또한 그리스도의 십자가에서의 죽으심의 의미가 자신을 위한 것이라는 것과 "예수의 피가 나를 위함과 예수의 사공(事工)이 역시 나를 위함인 것을 믿고 의지함"이라고 정의해 준다.[637]

성경 각 권에서 신앙을 논함이 얼마나 부동(不同)하뇨?

믿음에 대한 세 번째 대지에서 가옥명은 신앙에 대한 구약과 신약의 언급이 다른 점이 있는지를 정리해 준다. 첫째는 구약의 믿음인데, 그에 의하면 구약은 "흔히 신과 신의 응허(應許)를 믿으며 제례(祭禮)에 표시된 구원을 요망(遙望. 멀리 바라봄의 의미–필자)함"을 가리킨다고 말하면서도, 창세기 15:6에 언급된 아브라함의 믿음을 중시하여 언급한다. 그럼에도 불구하고 구약의 믿음은 "신약 때 신도의 많고 또 깊은 신앙만 같지 못하였다"라고 그 한계를 지적하기도 한다.[638]

둘째는 사복음에서 신앙을 어떻게 말하는지에 대한 것인데, 그는 공관복음보다는 요한복음에서 그리스도 믿음에 대한 풍성한 교훈이 계시되고 있다는 점을 적시해 주고, 사복음서의 신앙관은 다른 성경의 신앙관과 다르지 않다고 하면서 다음과 같이 요약해 준다.

> 사복음에 소론(小論)한 믿음은 … 심신을 기독에게 귀의케 하여 그의 구원을 신뢰하되 하나님과 같이 믿었고(요 14:1) 문도들이 예수는 신으로부터 오심을 믿었고(요 16:30) 천부와 일체가 됨으로(요 10:38; 14:10) 믿는 자는 영생을 얻는다(요

---

636 가옥명, 『성령론』, 40–41.

637 가옥명, 『성령론』, 41. 구원 얻는 믿음(saving faith)에 대한 개혁주의적 정해는 박형룡, 『교의신학 구원론』, 241–259을 보고, 믿음을 그리스도와 연합이라는 근본적 관점으로 해설하고 3가지 요소(*notitia, assensus, fiducia*)의 관점에서 해설해 주는 강웅산, 『성경신학적 조직신학 구원론』, 217–228을 보라.

638 가옥명, 『성령론』, 41.

5:24) 하였느니라.[639]

셋째로 바울의 신앙관을 설명하면서 가옥명은 당시 유대교의 행위 구원론에 대항하여 오직 믿음으로 칭의를 얻는다는 도리를 명언했다는 점을 적시해 주고, 마치 요한이 이단에 대항하여 사복음서를 썼듯이 바울은 유대인을 대하여 믿음을 변론했다고 말하기도 한다.[640]

가옥명이 네 번째로 제시하는 것은 신앙에 대한 예수님의 교훈인데, 교훈의 목적은 "인간으로 하여금 당신이 하나님을 대표하여 강세(降世)함을 믿게 함"에 있다고 설명해 준다.[641] 그러고 나서 그가 제시하는 질언(質言, 참된 사실을 들어 딱 잘라 말함-필자)에 의하면, "그리스도의 오심은 사람의 신앙이 이전보다 더욱 높고 더욱 깊어졌나니 신약에 현저한 바는 요컨대 예수의 십자가로 신앙의 총귀(總歸)가 되게 하였다"라고 말한다.[642]

신앙의 증거

네 번째 대지에서 가옥명은 "신심이 어떤 증거가 있느뇨?"라는 질문을 던지고 나서, 내증과 외증을 간략히 제시해 준다. 첫째 내증으로는 참된 신자에게는 "구원의 확증을 필히 가진다"는 데 있다고 말한다. 그는 신자가 누리는 권리로서 이 문제를 설명하는데, 구체적으로 "신의 안에 항상 거함을 알 것이오, 또한 사죄함에 평안과 칭의의 증거가 있다"라고 말해 준다.[643]

둘째 증거는 외증으로 가옥명은 특히 "활발한 신앙으로 말미암아 발표하는 바 선행"을 강조하여 말해 준다. 그에 의하면 선행이 없으면 죽은 믿음이

---

639 가옥명, 『성령론』, 42.

640 가옥명, 『성령론』, 42.

641 가옥명, 『성령론』, 42.

642 가옥명, 『성령론』, 43. 총귀(總歸)라는 단어의 의미에 대해서는 중국어 사용자들 사이에도 설왕설래가 있는 듯하다. 한 대만인이 영어로 설명해 준 내용이 설득력이 있어 보인다: "總歸 : The internet says it means eventually, but I'm not sure about this.(actually, as a Taiwanese, I seldom use this word. If I have ever used it, I use it with the phrase 總歸一句話 or 總歸來說, they both mean to make a conclusion.)"(https://ko.hinative.com/questions/17131919. 2023.9.18.접속).

643 가옥명, 『성령론』, 43.

라고 하는 야고보서의 말씀에 굳게 서 있으며, 그런 선행이 없으면 스스로 속이고 남도 속이는 일이라고 말하기도 한다. 그는 외증에 대해 구체적으로 "인애와 성선(聖善)과 공의 등 아름다운 결과가 외면에 현저(顯著)치 아니할 수 없다"라고 적시해 주기도 한다.[644]

신심이 어떤 공력이 있느뇨?

가옥명은 이어서 신심이 어떤 공력(功力)이 있는지를 해명해 주는데, 내용으로 보면 신앙심이 있어서 어떤 효력을 경험하게 되는가 그런 정도의 의미로 보면 무방할 것이다. 그는 네 가지의 공력을 말해 주는데, 첫째는 "보지 못하는 것들", 즉 하나님의 존재, 성경의 언어, 그리고 내세 문제 등과 같이 보지 못하는(비가시적인) 것들에 대하여 믿음은 신뢰하고 받아들이게 한다고 설명해 준다.[645]

두 번째 신앙의 공력으로 소개하는 것은 우리의 구원을 얻음과 관련이 있다. 요한복음 3:16을 비롯하여 여러 구절들이 믿는 자가 구원을 받는다고 선언하고 있음에 근거하여 가옥명은 "무릇 예수에게 대하여 순정한 신심이 있는 자는 모두 가히 하나님 앞에서 사유함을 얻을 것이며, 의롭다 함을 얻을 것이며, 또 하나님의 아들이 될 것이니, 즉 천국의 후사"가 된다고 적시해 준다.[646]

세 번째 신앙의 공력은 그리스도인의 "위인(爲人) 됨"에 나타난다고 그는 해명해 준다. 그리스도인의 삶은 신앙의 삶이며, 야고보가 말한 대로 "신심으로 말미암아 성공(成功)된 선행"의 열매를 맺게 된다는 점을 다시 한번 강조해 준다. 또한 그리스도인이 여러 가지 환난 고초를 피하지 아니하고, "성결, 양선, 희락, 화평 등 단연 의연(毅然)한 상태"를 유지하게 하는 것 역시 신심의 결과라고 해명한다.[647]

---

644 가옥명, 『성령론』, 43.
645 가옥명, 『성령론』, 43–44.
646 가옥명, 『성령론』, 44.
647 가옥명, 『성령론』, 45.

네 번째 신심의 공력으로 가옥명이 소개한 것은 “기도와 사공(事工)”에 대한 것이다. 그는 믿음으로 기도할 때 응답이 있음을 말씀하시는 구절들(마 20:21–22; 막 11:24)을 인용한 후에, 심지어는 “역대 이래로 신심(信心) 위인(偉人) 중에 믿음으로 성취한 바 기사(奇事)와 이적(異蹟)으로 사람의 이목을 두렵게 한 사람을 진술(盡述, 모든 것을 설명하다는 의미–필자)할 수 없다”라고 확언한다.[648] 신심의 공력에 대한 가옥명의 논의는 “기독도의 이룬 바 위대한 사업은 신심의 효력(效力)으로 되지 않음이 없나니 대개 신도의 사업은 총히 믿음으로 행하는 공작이라”라고 하는 진언(進言)으로 끝을 맺는다.[649]

신앙과 지식의 관계

여섯 번째 대지에서 가옥명은 “신(信)과 지(知)가 어떤 이동(異同, 다른 것과 같은 것)이 있느뇨?”라는 질문을 제기하고 나서, 다섯 가지 소항목으로 나누어 논의를 개진한다. 여기서 그가 다루고자 하는 논의의 내용은 결국 ‘신앙과 지식(혹은 이성)의 관계가 어떠한가?’라고 하는 중세부터 시작된 핫이슈 중 하나이지만, 가옥명은 역사적인 맥락없이 그저 이치만 설명해 줄 뿐이다.

첫째 요점으로 제시된 것은 믿음과 지식은 구별된다는 것이다. 가옥명은 신앙의 근본은 “흔히 외부의 증거로 말미암”지만, 지식의 근본은 “반드시 내면의 명확함에 관계”되어 있다고 분별해 주고, 일상에서 지식과 신앙에 의존하는 것의 차이를 열거해 준다. 예컨대 천문학자들이 지식으로 아는 바를 일반인들은 믿음으로 수용함으로 그 사실을 알게 되듯이, “종종의 현오(玄奧)한

648 가옥명, 『성령론』, 45. 이러한 확언으로 보자면, 가옥명은 비상한 은사(extraordinary gifts)의 현존을 굳게 믿은 것 같다. 가옥명과 동시대 한국 장로교회 내에도 김익두 목사의 집회에서 나타난 이적 기사 문제로 교단적인 토론거리가 되었고, 결과적으로 성령의 역사라는 점을 증명해 주는 증서를 발급하기도 했다(김익두, 『조선예수교회 이적명증』, 영인본 [서울 KIATS, 2008]). 정원경 박사의 논구한 바에 의하면 평양장로회신학교 교수진들 사이에 성령론에 관련한 논쟁들이 있었고, 레이놀즈는 당시 한국 교회 목회 현장에 적합하다고 판단되는 가옥명의 성령론을 그대로 소개하여 교재로 삼았다고 논평해 준다(정원경, “평양신학교 성령론 연구 [1910–1931]”, 205–217, 277).그러나 개혁주의 관점에서는 이적적인 은사의 중단론(cessationism)의 입장을 취하는 이들이 많이 있다(Richard B. Gaffin jr. *Perspectives on Pentecost: New Testament Teaching on the Gifts of the Holy Spirit* [Philippsburg: P&R, 1979]).

649 가옥명, 『성령론』, 45.

신도(神道)를 대하여 혹 알지 못함이 있으나 그렇다고 드러난 증거를 신납(信納)치 않을 수 없다"라고 그는 설명해 준다.[650]

둘째 항목은 신앙과 지식의 선후 관계에 대한 내용인데, 그는 지식이 믿음보다 앞선다는 견해와 믿음이 지식보다 앞선다는 견해를 각기 소개해 준다. 가옥명은 이 양자의 입장이 성경에 의해서 실증될 수 있음을 말해 준다. 사도 요한이 무덤에 들어가 보고 부활을 믿었다는 예로서 전자를 설명하고, 후자에 대해서는 "각단(各端) 주요 도리에 대하여도 역시 이같으리니 과연 믿는 바대로 실행하여 보면 전에 믿던 것이 즉금(卽今)에 아는 바와 같을지니라"라고 설명해 준다.[651]

셋째 지식은 믿음의 범위(範圍)가 아니라는 신학파의 입장에 대해서 가옥명은 비판적으로 소개해 준다. 이 입장에 의하면 "사람의 믿은 바는 응당 지식의 범위를 벗어나지 아니하"며, "모르는 바는 믿기 어렵다"라고 주장되는데, 가옥명은 "성경은 형이상(形而上)의 영적 학문(靈學)이 됨을 알지 못하는" 소치라고 반박한다.[652]

넷째 요점으로 제시된 것은 믿음과 지식은 서로 상관된다는 것이다. 가옥명은 "무릇 신도(信徒)의 믿는 바는 또한 마땅히 신도가 아는 바니 대개 확신(確信)이 없다면 깊이 알 수 없다"라고 말해 준다.

다섯째 요점에서 가옥명은 알지 못하는 것을 왜 믿는가 라는 주제를 다룬다. 가옥명에 의하면 그리스도인의 신심은 "명확한 신심"이어서 "알지 못하는 바 있으나 과연 믿음으로써 수납한다면 확신한 바는 마침내 확지(確知)하기 쉽다"는 것을 경험하게 된다고 적시해 준다.[653] 그는 신자는 "마음 가운데 내증과 영적 깨달음이 확실히 있기" 때문에 지식적으로 충분히 알지 못한다고 해도 신앙할 수 있다고 말해 주기도 한다.[654]

650 가옥명, 『성령론』, 45.

651 가옥명, 『성령론』, 46.

652 가옥명, 『성령론』, 46-47. 가옥명은 성경은 또한 "현묘(玄妙)한 신도인 것이니 신의 무궁한 오묘(奧妙)를 능히 모두 깨다를 수 있으리오"라고 말하기도 한다.

653 가옥명, 『성령론』, 47.

654 가옥명, 『성령론』, 47.

신앙 증진(增進)의 길

가옥명의 신앙론(신심론)의 마지막 대지는 "신심이 어떻게 증진하느뇨?"라는 주제를 다룬다. 그는 그리스도인이 가진 신앙은 "진확(眞確)하고 활발한 신앙"이기 때문에 아무리 "미약하더라도 마침내 반드시 건전하게 될" 뿐 아니라 증진될 수밖에 없다고 적시해 준다. 신앙의 증진을 위한 길로 하나님과 교제에 더욱 힘쓸 것과 시련 중에 인내할 것을 그는 권하기도 한다.[655]

이상에서 우리는 가옥명의 신앙에 대한 논의들을 요약적으로 살펴보았는데, 때때로 그는 구원을 이루어 감에 있어 인간의 참여분 내지 역할을 지나치게 강조하는 듯한 인상을 줄 때도 있지만, 1920년대 중국인의 용어와 세련된 신학 전문 용어를 사용하는 우리 시대의 차이에 기인하는 바가 크다고 판단된다. 신앙에 대한 논의를 마치면서도 가옥명은 다음과 같이 믿음의 은혜성을 잘 강조해 주는 것을 보게 되기 때문이다.

> 우리의 신앙은 또한 성령이 사람의 영성계에서 운용(運用)하고 성취(成就)하는 은공(恩功)이며 맺힌 바 아름다운 열매니 다시 말하면 그리스도의 도는 신앙의 도(道)이며, 기독도도 또 신도이며, 기독교의 생명은 또한 신심적(信心的) 생명이니 이 신(信)자는 참으로 구원에 큰 관계가 있는 것이라.[656]

회개(悔改)

구원 서정 중 신앙에 대한 논의 후에, 제5장에서 가옥명은 회개에 대해서 살핀다. 서론을 통해 그는 중생과 회개가 어떻게 밀접한 관계가 있는지를 해명해 주는데, 중생은 하나님이 하신 사역이지만 회개는 "죄인의 행사(行事)"라고 대조하고, 중생은 "사람의 심령 중에 받은 개화(改化)"이고 회개는 "사람

---

655 가옥명, 『성령론』, 48.

656 가옥명, 『성령론』, 48. 가옥명은 "주의"라는 표시하에 하나님을 믿으나 예수를 안 믿으려고 하는 자들이나 예수님을 믿는다고 하나 신인 양성을 다 믿지 않는 이들에 대하여 비판적으로 소개한다(48–49).

의 외행상(外行上)의 소유된 변경(變更)"이라고 구별해 준다.[657] 그리고 세례 요한, 예수님, 그리고 사도들의 메시지를 열거하면서 회개의 중요성을 말해 주고, 회개는 "득구(得救)함에 최요(最要)한 도리"라고 강조해 준다.[658]

측면에서 논하면

가옥명의 회개론의 첫 번째 대지는 "측면(側面)에서 논하면"이라는 제하에, 무엇이 회개가 아닌지 여섯 가지 그릇된 견해들을 비판적으로 다루어 준다. 첫째, 그는 회개가 "세속을 떠나" 도피자가 되는 것을 가리키는 것이 아니라고 말해 준다. 둘째, "실패를 인하여 상통(傷痛)하는 것"이 회개가 아니라고 말해 준다. 만약 "비리(非理)를 스스로 깨닫고 주를 공경할 성의(誠意)를 동함이 없으면, 혹 양심의 통책(痛責)이 도리어 주의 은혜를 망각하는 상통"이 된다고 그는 경계를 발한다.[659] 셋째, 가옥명은 회개가 "겨우 죄를 위하여 근심"하는 것도 아니라고 말한다.[660] 넷째로 비판되는 견해는 회개를 "다만 원함을 따라 뜻을 세움(立志)"라고 보는 것인데, 가옥명은 설령 뜻한 대로 실행을 한다고 해도 진정한 회개가 아니며 "표면(表面)에 불과"한 것이라고 적시해 준다. 다섯째 비판은 "오직 외적 행동을 검제(檢制)"하는 것을 회개라고 오해하는 예인데, 그는 비신자여도 "기호(嗜好)를 끊어 버리며 또 외행상의 종종(種種)한 악습을 개혁함"이 있다고 잘 비판해 준다.[661] 마지막 여섯 번째 항목은 회개를 "교규(教規)만 근수(謹守)"라고 보는 견해에 대한 비판인데, 특히 외적으로 흠이 없으나 회개가 요청되었던 바리새인의 예를 든다. 가옥명은 또한 자기 시대 교회 가운데도 "교규와 교례(教禮)를 지킴으로 교회 중의 일분자가 된 자를 가르쳐 진성(眞誠)한 신도라 함"이 있다고 경계를 발하기도 한다.[662]

---

657 가옥명, 『성령론』, 50.

658 가옥명, 『성령론』, 50.

659 가옥명, 『성령론』, 50–51.

660 가옥명, 『성령론』, 51. 신약의 용어로 하면 진정한 회개는 메타노이아(*metanoia*)인데 반해, 가옥명이 말하는 단순한 근심과 후회의 감정은 메타멜로마이(*metamelomai*)라는 동사를 사용하고 있다(박형룡, 『교의신학 구원론』, 194–196).

661 가옥명, 『성령론』, 51.

662 가옥명, 『성령론』, 51–52.

소극적 방면으로 논함

회개론의 두 번째 대지는 소극적 방면의 논의를 제시하는 것이다. 사전상 소극적(消極的)이라는 것은 "스스로 나아가거나 상황을 개선하려는 노력이 부족하고 활동적이지 못한 것"을 의미하는데, 사실 가옥명이 제시하는 여덟 가지 항목을 보면 다루어지는 내용들이 그렇게 부정적인 의미는 아니라고 판단된다.

회개의 첫 소극적인 뜻으로 제시된 것은 "죄를 안다"라는 것으로, 가옥명은 "과연 자기의 죄태(罪態)를 깊이 깨달았다면 참으로 회개의 초보(初步)를 이미 얻었다"라고 가옥명은 주장한다.[663] 둘째는 죄를 깨달음이라고 하는 것으로, 가옥명에 의하면 "진성(眞誠)한 회개는 오직 그 죄를 깊이 알 뿐 아니라 또한 그 죄가 당하기 어려움을 깨달음으로 심심(深深)하게 괴로움을 느끼는 것"이다.[664] 셋째는 죄를 미워하는 것이요, 넷째는 죄를 "간절히 통회(痛悔)함"이요, 다섯째는 "죄에 대한 대가를 갚는 것"이요, 일곱째는 죄를 이김(勝罪)이요, 마지막 여덟째는 제죄(除罪), 즉 죄를 제거함이다.[665] 회개의 소극적 요소들에 대한 가옥명의 해설을 읽어 보면 때로 동의하기 어려운 점들이 보이는데, 특히 죄에 대한 동해동상법(*lex talionis*)적인 설명, 죄를 이김과 죄를 없애버림에 대한 해설 부분에서이다.[666]

적극적 방면으로 논함

가옥명은 앞서 소개한 소극적인 내용들만으로는 온전한 회개가 아니라고 본다. 왜냐하면 죄를 제거할 뿐 아니라, 주님께로 돌아와서 "회심(回心) 전의(轉意)하여서 죄를 회개하고 주님께 돌아옴(悔罪歸主)"이 온전한 회개라고 그

663 가옥명, 『성령론』, 52.
664 가옥명, 『성령론』, 52.
665 가옥명, 『성령론』, 52–54.
666 가옥명은 케직 신학자라고 평가되기도 하는데(Baiyu A. Song, "Jia Yuming (1880–1964)– A Chinese Keswick Theologian", *Journal of Global Christianity* 4/1 [2018]: 68–83), 죄를 이기고 죄를 제거함에 대한 완전론에 가까운 해설을 보면 그러한 평가가 맞다는 생각을 하지 않을 수 없다.

는 정의해 주기 때문이다.[667] 가옥명은 이어서 온전한 회개의 구성 요소를 지정의(知情意) 측면에서 해명해 주는데, 지적으로는 "주를 알며 따라서 주의 구원의 은혜가 확실히 자기로 더불어 밀접한 관계가 있음"을 아는 것이요, 정(情)적으로는 "예수를 주로 승인"함이요, 의지적인 측면에서는 주님께로 돌아오는 것이라고 해설해 준다.[668] 이렇게 3요소를 제대로 갖춘 회개를 일컬어 "진성(眞誠)한 회개, 주를 향하는 회개, 믿음에 이르는 회개, 영영 근심 없는 회개"라고 칭할 수 있다고 그는 적시해 주기도 한다.[669]

회개와 신심의 상호관계 됨

가옥명은 진정한 회개와 신심은 "밀절한 상관"이 있다고 명시하고 나서, 우리가 전도할 때는 세례 요한, 예수님, 사도들처럼 먼저 회개하라는 요청을 해야 한다고 말해 준다.[670]

결과(結果)로 논함

가옥명의 회개론의 마지막 대지는 "회개와 결과"의 관계에 대한 것이다. 그는 "중심의 통회와 외적 행동의 개변(改變), 이 양자는 반드시 겸유(兼有)하여야 진실로 참회개"라고 적시해 주고, "무릇 진정한 회개는 반드시 선한 열매를 맺어 그 회개의 성의(誠意)를 표징(表徵)"해야 할 것을 또한 강조해 준다.[671]

---

667 가옥명, 『성령론』, 54–55.

668 가옥명, 『성령론』, 55–56.

669 가옥명, 『성령론』, 56. 죽산 역시도 회개를 3가지 요소(지, 정, 의)로 나누어 해설해 준다(박형룡, 『교의신학 구원론』, 207–209).

670 가옥명, 『성령론』, 56–57.

671 가옥명, 『성령론』, 57–58. 가옥명은 역대의 기록에 의지하여 회개와 관련된 5종의 유형을 제시해 주기도 하는데, 첫째는 회개를 알지 못하는 이들, 둘째는 뉘우치되 다 뉘우치지 않는 이들, 셋째 뉘우치나 고치지 않는 사람들, 넷째 고치되 다 고치지 않는 이들, 마지막 다섯 번째는 구원에 이르는 진실한 회개를 하는 사람 등이다(58).

기독과 연합함

제6장 "그리스도와 연합함"은 앞서 지적한 대로, 가옥명의 글이 아니라 본서를 번역 감수한 레이놀즈가 자신의 글을 삽입한 것이다. 레이놀즈는 먼저 『신도요론』 공과들에서 흔히 사용하던 예대로 소교리문답 30문답을 신경적 근거로 지시한 후에,[672] 서론에서는 우선 그리스도인이 체험하는 구원의 모든 선물들이 "그리스도 안에서" 또는 "그리스도와 연합하여" 누리게 되는 것이라고 적시해 준다. 비록 후대의 존 머리(John Murray)나 리처드 개핀(Richard B. Gaffin jr.)처럼 자세한 설명을 하지는 않는다고 해도,[673] 1931년이라는 시점에서 레이놀즈는 신자가 그리스도와 연합함(*unio mystica cum Christo*)의 중요성을 다음과 같이 잘 강조해 주고 있다.

> 신자된 소이(所以)는 신경(信經)을 승인함도 아니며 입교(入教)함도 아니며 정신적으로 성경을 믿는 것도 아니며 다만 그리스도와 연합하여 같이 죽고 같이 삶이라(롬 6:3-11). 다시 말하면 예수교의 중심적 또는 생명적 사실은 일개인이 예수와 새로이 상관(相關)됨이니 즉 그리스도와 연합한 생활을 일컬음이라.[674]

성경의 교훈

그리스도와 연합의 도리의 중요성을 바르게 강조한 후에, 레이놀즈는 첫 번째 대지에서는 관련된 여러 성경 구절들을 나열해 준다. 특히 바울의 그리스도 안에서라는 빈번한 문구 사용이나 그리스도가 우리 안에 우리가 그리스도 안에 있다고 하는 표현들 등이 강조된다. 그러고 나서 가옥명은 다음과 같은 요약을 제시해 준다.

---

672 소교리문답 30문답의 내용은 다음과 같다: "Q. How does the Spirit apply to us the redemption purchased by Christ? A. The Spirit applieth to us the redemption purchased by Christ, by working faith in us, and thereby uniting us to Christ in our effectual calling."

673 그리스도와 연합에 대한 후대 개혁신학자들의 논의는 김광열, 『그리스도 안에 있는 구원과 성화』, 28-42; 강웅산, 『성경신학적 조직신학 구원론』, 119-146 등을 보라.

674 가옥명, 『성령론』, 59.

질언(質言)하면 그리스도와 연합함으로 우리가 (1) 주와 함께 못 박혔으며 (갈 2:20), (2) 주와 함께 장사하였으며 (롬 6:4), (3) 주와 함께 살림을 받고 (엡 2:5; 골 3:1), (4) 주와 함께 고난을 받고 (롬 8:17), (5) 또 주와 함께 영광을 받을지니라.[675]

이 연합의 특의(特意)

두 번째 대지에서는 그리스도와의 연합이 가지는 여섯 가지 특징 또는 특별한 의미를 간략하게 소개해 준다. 레이놀즈에 의하면 연합은 생명적 연합이며, "그의 도덕성을 우리 심중에 발생케 하시며 그 의로 우리를 입혀 하나님 앞에 온전하고 거룩한 신자되게 하시는" 도덕적 연합이오, 성령으로 이루시는 영적인 연합이며, 그리스도와 연합한 후에도 "서로 섞인 것이 아니오. … 여전히 각각 개성을 소유한 개인"으로 남게 하는 개성적 연합이며, 이해하고 헤아리기 어려운 연합이요, 또한 영원한 연합이라고 적시해 준다.[676] 레이놀즈는 이러한 연합이 어떻게 이루어지는지는 우리가 헤아릴 수는 없지만, 사람 편에서는 그 연합의 효력을 다음과 같이 경험하게 된다고 실천적으로 해명해 주기도 한다.

> 인(人) 방면으로 경배(敬拜)와 봉사(奉事) 등은 우리가 잘 각오(覺悟)하나니 죄를 끊고 희생적으로 교역(教役)하며 감심(甘心)으로 선행(善行)하게 하시는 능력은 신이 우리 속에 계셔서 행하심이라(빌 2:12-13).[677]

연합의 결과

세 번째 대지에서 레이놀즈는 그리스도와 연합의 결과를 네 가지로 간략하게 제시해 준다. 첫째, 우리가 그리스도와 연합하면 "하나님 앞에서 우리의 관계는 그리스도의 관계와 동일"해지며, 둘째, "그리스도가 인류에게 대

675 가옥명, 『성령론』, 59-60.
676 가옥명, 『성령론』, 60-61.
677 가옥명, 『성령론』, 61.

한 관계는 우리의 관계"가 되며, 셋째, "그리스도가 죄와 사망에 대한 관계는 우리의 관계"가 되고, 마지막 넷째, "우리 경력(經歷)의 관계는 그리스도의 관계"가 되는 결과들을 낳는다고 그는 적시해 준다.[678]

칭의(稱義)

7장에서 가옥명은 칭의론을 개진해 준다. 레이놀즈가 추가한 6장을 제외하고 보면, 회개론에 이어 칭의론이 이어지는 것이다. 그는 서론에서 그리스도와 연합하여 중생하고, 회개한 사람이 "하나님 앞에서 외롭다 함을 얻는다"라고 적시해 주고 나서, 칭의 교리는 인간의 지성으로 이해하거나 측량하는 일이 힘들다는 점을 또한 밝히 말해 준다.[679] 칭의의 교리를 해석하기가 쉽지 않기 때문에, 가옥명은 다시 한번 "성경의 소술(所述)을 근거로 하여 요약"을 제시해 보겠다고 선언한다.[680] 이어지는 그의 본격적인 칭의론은 8개의 대지로 전개된다.

칭의의 계설(界說)[681]

첫 번째 대지에서 가옥명은 칭의의 정의를 설명해 준다. 우선 칭의는 "하나님의 격외(格外)의 은혜로서 우리의 모든 죄를 사유함이며 또한 우리를 열납하여 하나님 앞에서 의인이 되게 하시는 것"이라고 정의 내려 준다.[682] 그는 칭의는 말 그대로 칭의이지, 성의(成義)가 아니며, "성성(成聖)의 기초"라고

---

678 가옥명, 『성령론』, 61. 네 가지 결과 중 두 번째 항목에 대한 설명은 "가령 그리스도의 희생적 사랑과 그리스도의 목적을 우리도 가질 것"이라고 해명하고, 마지막 항목에 대해서는 "가령 우리 수고와 곤난과 시험은 모두 그리스도에게 큰 관계가 되나니 은혜 위에 은혜를 베푸심이라(요 1:16; 빌 4:13; 히 2:17-18)"고 가옥명은 설명해 준다.

679 가옥명, 『성령론』, 62-63. 가옥명의 말을 인용해 본다: "이 도리의 고묘(高妙)함은 궁측(窮側)할 수 없고 이 은혜의 심중(深重)함도 가히 말할 수 없도다. 대개 사람의 심령 중에 지심(至深)한 고민은 이 칭의의 도리를 알지 못함이오, 신의 작위(作爲) 중에 지기(至奇)한 후사(厚賜)도 또한 이 칭의의 도리에 지날 자(者) 없나니…"(63).

680 가옥명, 『성령론』, 63. 난해한 교리들을 설명하면서 때때로 가옥명은 오직 성경으로(*Sola Scriptura*) 원칙을 재천명하곤 한다.

681 계설(界說)이란 "어떤 말이나 사물의 뜻을 명백히 밝혀 규정함, 또는 그 뜻"을 가리킨다.

682 가옥명, 『성령론』, 63.

적시해 준다.[683] 또한 '칭의의 대상인 인간은 전적으로 타락한 인간인데 어떻게 의롭다 함을 얻는가?'라는 핵심적인 문제에 대하여, 가옥명은 우리가 믿음으로 그리스도와 연합함으로 "범한 모든 죄를 그리스도의 십자가에서 대속되었고 죄인이 응당 지킬 율법도 또한 그리스도가 사람을 위하여 대신 지킴"이 되기 때문에 합법적으로 가능하게 되는 것이라고 정해해 준다.[684] 이 부분에서도 가옥명은 개혁주의자들이 강조해 온 그리스도와의 연합의 진리를 어느 정도 잘 인식하고 있음을 확인하게 된다.[685] 다소 내용이 길지만, 그의 해명을 소개해 보기로 하겠다.

> 말한 바 칭의는 하나님이 도연(徒然)히[686] 사람의 모든 죄를 사하여 의롭지 않은 자를 의롭다 칭함이 아니오 율법으로 말하면 우리가 이미 그리스도로 더불어 연합하여 그리스도의 율법을 지킨 공을 승납(承納)하며 또한 그리스도의 담당한 죄형(罪刑)에 참여하였은즉 하나님이 그리스도 내에서 사람을 의롭다 함이 당연한 것이오, 또한 실제로 말하면 하나님이 사람을 의롭다 하는 소이(所以)는 진실로 사람의 행함이 율법을 완전히 함에 있지 않고, 그 사람의 위치(位置)가 과연 그리스도 내에 있음으로 인함이라.[687]

---

683 가옥명, 『성령론』, 63. 9장에서 가옥명에서 성성에 대해 다루고 있는데(80–93), 성성은 성화를 가리킨다. 칭의와 성화의 관계에 대해서는 이순홍, 『칭의와 성화 – 구원의 두 기둥』 (서울: CLC, 2010); Jae–Eun Park(박재은), *Driven by God: Active Justification and Definitive Sanctification in the Soteriology of Bavinck, Comrie, Witsius, and Kuyper* (Göttingen: Vandenhoeck und Ruprecht, 2018) 등을 보라.

684 가옥명, 『성령론』, 63.

685 그리스도와 연합의 관점에서 칭의를 말하는 것은 개혁파 칭의론의 주요 특징인데, 특히 조나단 에드워즈의 경우도 동일하다(강웅산, 『조나단 에드워즈의 칭의론』 [용인: 목양, 2017], 35–135).

686 '헛되게'라는 뜻–필자.

687 가옥명, 『성령론』, 63. 칭의의 계설 부분에서 가옥명은 또 다른 중요한 한 가지 교리를 강조해 주는데, 이는 우리의 칭의받음의 근거가 "그리스도의 의가 우리 몸에 전가(轉嫁)" 됨에 근거한다고 하는 사실이다. 전가된 의(imputed righteousness)에 근거한 칭의론은 개혁주의 칭의론의 중요한 특징이며, 오늘날 NPP나 톰 라이트의 칭의론과 근본적으로 다른 점이기도 하다. 대표적으로 조나단 에드워즈의 칭의론 속에서 전가된 의에 근거한 칭의라는 심오한 해설을 찾아볼 수 있다(강웅산, 『조나단 에드워즈의 칭의론』, 137–222).

칭의의 명증(明證)

가옥명은 두 번째 대지에서 칭의의 명증을 간단하게 제시해 준다. 첫째는 성경에서 칭의에 대해 말하는 여러 구절들(고후 5:21; 롬 3:24–25; 5:18; 6:7)을 인용하여 성경적 증거를 제시하고 나서, 두 번째로는 성경에서 의인이라 칭해진 아브라함, 아벨, 노아 등의 예를 증거로 제시하면서 "주 앞에서 또한 의롭다 함을 얻은 자도 또한 적지 않도다"라고 말한다.[688]

칭의의 요의(要意)

세 번째 대지에서 가옥명은 칭의의 도리가 가지는 요의를 다루는데, 두 가지 방향으로 논의를 개진한다. 하나는 "모든 죄를 관유(寬宥. 용서–필자)함"이고, 다른 하나는 "원래의 위치(原位)를 회복함"이다.

(1) 모든 죄를 관유 혹은 사유하심

가옥명은 용서의 복음이 성경의 주요 메시지 중 하나라는 것을 관련 구절들을 인용하여 증명해 주고, 칭의의 요소로서 죄를 용서하심에 대해 해설해 준다. 그는 사람이 의롭다 함을 얻는 것은 "죄심과 죄행이 전혀 없어"서가 아니라, 하나님께서 그리스도 안에서 용납(容納)"하시는 것을 말하는 것이며, 그리스도께서 "이미 대인(代人) 수형(受刑)하셨기 때문에 스스로 의롭게 되는 것이 아니라 "대신한 자로 인하여 얻은 바 후사(厚賜)"라고 해설해 준다.[689] 가옥명은 이러한 칭의의 은혜가 법을 가볍게 여기거나 법을 어기면서 이루어진 것이 아니라, 철저하게 율법에 준한 것이며, 우리를 대신하신 그리스도 안에 있음으로 칭의가 이루어진다는 점도 잘 적시해 준다.[690] 따라서 사람이

688 가옥명, 『성령론』, 64.

689 가옥명, 『성령론』, 65.

690 가옥명, 『성령론』, 65–66. 가옥명은 또한 이렇게 적시해 주기도 한다: "요컨대 모두 신의 특은(特恩)이며 후사뿐이라. 대개 율법의 예수의 몸에 행하였으나 은전(恩典)은 죄인의 몸에 비로소 미쳤나니라." 그는 여기서도 그리스도의 의의 전가를 잘 적용해서 설명해 주고 있다. 이신칭의론이 종교개혁의 실질적 원리(Materialprinzip)이라면, 전가(*imputatio*)는 칭의 교리의 영혼에 해당한다(신호섭, 『개혁주의 전가 교리』 [서울: 지평서원, 2016]). 이런 점에서 가옥명도 종교개혁적인 신학의 전통에 충실한 신학자였음을 알 수 있다.

의롭다 함을 얻음은 어떠한 공로와 관계가 없으며 다만 "하나님의 값없이 주시는 큰 은혜(洪恩)뿐"이라고 그는 말해 준다.[691]

(2) 원위치(原位)를 회복함

가옥명이 개진한 칭의의 요의 두 번째 요소는 죄로 인하여 잃어버렸던 원위치를 회복하게 된다는 것이다. 신자는 "그리스도의 고형(苦刑)을 인하여 제죄(除罪)"되는 것뿐 아니라, 그리스도께서 율법을 온전히 지키심으로 인한 "법을 좇은 상(償)"도 받게 되며, 하나님과 다시 화목하게 되며 원위를 회복하게 된다고 그는 해설해 준다.[692] 그는 원위 회복에 관해 해명하면서, 탕자의 비유(눅 15:22-24)를 적절하게 원용한다.[693] 가옥명은 칭의의 요의를 두 가지 요소로 나누어 설명한 후에, 다시 한번 칭의의 은혜는 인간이 전혀 보탤 수가 없는 전적인 은혜라는 점을 잘 강조해 주고, 인간과 그리스도 사이의 이중의 전가(double imputation)에 대한 강조도 분명하게 해 준다.[694]

칭의의 특은(特恩)

네 번째 대지는 칭의의 특별한 은혜에 대한 것인데, 가옥명에 의하면 그 특은이란 의자(義子) 됨을 말한다.[695] 그리스도 안에서 칭의받은 신자들은 또한 하나님의 자녀로 칭해지는데, 이는 "격식이나 관례에 벗어난 은혜(格外之恩)"라고 그는 적시해 준다.[696] 가옥명의 해설을 직접 보도록 하자.

---

691 가옥명, 『성령론』, 66.

692 가옥명, 『성령론』, 66-67.

693 가옥명, 『성령론』, 67. 탕자가 집에 돌아온 후에, 사죄만 얻은 것이 아니라 아들 됨의 지위를 회복한 것은 그리스도 안에서 신자들의 원위 회복에 대한 적절한 설명으로 사용 가능하다.

694 가옥명, 『성령론』, 67. 종교개혁적 칭의론에 있어 이중 전가론, 즉 아담의 죄의 전가로 인한 원죄와 그리스도의 의의 전가에 근거한 칭의 등은 매우 중요하고 사활이 걸린 사항이다. 가옥명은 의의 전가뿐 아니라 죄의 전가에 대해서도 선명한 입장을 가지고 있다는 점에서 종교개혁적인 신학자였다. 오늘날 N. T. 라이트 역시도 전가(imputation)에 대한 교리를 수용하지 않고 있다는 점에서 비판될 수밖에 없다(박영돈, 『톰 라이트 칭의론 다시 읽기 - 바울은 칭의에 대해 정말로 무엇을 말했는가?』 [서울: IVP, 2016], 183-194).

695 의자(義子)라는 단어는 의로운 자녀라는 의미가 아니라 의붓아들, 수양아들, 의로 맺은 아들 등의 의미이다. 따라서 이는 수양(adoption)과 관련된 용어이다.

696 가옥명, 『성령론』, 67.

[하나님께서] 이제 독생자 예수 그리스도를 인하여 의롭다 함을 얻은 자로 당신의 자녀를 삼으시며(엡 1:5; 갈 4:4–5) 또 자녀의 특권을 주며(요 1:12) 그 아들의 영적 은혜를 주시고(갈 4:6) 아버지의 권고(眷顧)와 치리(治理)함으로(시 113:13; 잠 14:26; 마 6:32) 자유와 복락을 향득(享得)하요 허락하신 후사가 되게 하며 그리스도로 더불어 사업(嗣業)을 같이 잇게 하니라(롬 8:17; 히 6:12).[697]

가옥명은 또한 칭의와 이렇게 자녀로 입양됨이 구별된다는 점도 잘 설명해 주는데, 재판관이 죄수를 무죄하다고 판결해 주어 옥에서 나오게 할 뿐 아니라 자기의 자녀로 삼는 것에 비유를 함으로써 양자의 관계를 선명하게 대조해 준다.[698]

칭의의 의난(疑難)[699]

다섯 번째 대지에서 가옥명은 칭의론에 관련해서 제기될 수 있는 두 가지 난문을 다룬다. 첫째는 "의롭다 한 자가 과연 의인인가?"라는 것인데, 이에 대해 가옥명은 칭의란 "사죄함을 인하여 죄안(罪案, 범죄 사실의 기록–필자)이 취소됨으로 죄인으로서 하나님 앞에 서서 새로운 지위를 취득하고 새로운 관계를 가지게 됨"을 말하는 것이지, 행위상 의인이 되는 것이 아니라는 점을 명시한다.[700] 종교개혁적으로 재확인된 바대로 칭의는 "사람의 의행(義行)에 있지 않고 하나님의 특은과 그리스도의 무량한 대가(代價)"에 근거한 법정적인 것임을 가옥명은 바르게 적시해 주면서, "의롭다 함은 확실히 하나님 앞에서 의인이 됨"이라고 답변해 준다.[701]

---

697 가옥명, 『성령론』, 67–68.

698 가옥명, 『성령론』, 68. 가옥명은 구원의 서정 중 수양에 관한 논의를 칭의론의 맥락에서 다루어 주었지만, 번역 감수자 레이놀즈는 불충분함을 느껴서 칭의에 이은 8장 의자(義子) 됨에서 따로 해설을 추가해 주고 있다(가옥명, 『성령론』, 76–80).

699 의난(疑難)의 사전적 의미는 "difficult, intractable" 등이다(https://en.wiktionary.org/wiki/).

700 가옥명, 『성령론』, 68.

701 가옥명, 『성령론』, 69. 종교개혁자들의 법정적 칭의관에 대해 "법적 허구"(legal fiction)라는 비판이 있으나, 그리스도의 대속과 온전한 순종에 근거하여 전가된 의가 칭의의 근거이기 때문에 법적 허구가 아니라고 하는 것이 성경적인 답변이다(강웅산, 『성경신학적 조직신학 구원론』, 296–299).

둘째 난문은 "하나님이 어찌하여 죄인을 칭하여 의롭다 하는가?" 또는 길게 풀어서 말하자면 "예수를 믿는 자가 죄행(罪行)이 있으면 이에 형벌을 가하지 않고 도리어 은사(恩赦)를 베푼다면 공도(公道)가 어디 있을까? 또 유죄한 자를 무죄하다면 공리(共理)가 어디 있을까?"라는 질문이다. 이에 대해 가옥명은 그리스도가 우리 대신에 저주를 받음으로 우리가 율법의 저주에서 속량된 것이며(갈 3:13), 생명의 신령한 법으로 우리를 해방시켜 주신 것이라는 것과 칭의와 성성(成聖), 즉 성화(聖化)를 구별할 것을 적시해 준다.[702] 가옥명은 다음의 말들로 논의를 끝맺는다.

> 새로운 생명이 있는 배종(胚種)을 가져 심중(心中)에 심으면 점차로 발육되며 장성하여 그리스도의 분량이 충만한 데 이름이니(엡 4:13), 신도가 이런 칭의의 시초에 있어 비록 성성(成聖)은 되지 못하였으나 벌써 사죄함을 받고 열납(悅納)함을 입음으로 이 의로(義路)에 오름을 얻어 의인이 되었나니라.[703]

칭의의 신심(信心)

여섯 번째 대지에서 가옥명은 칭의의 도구적 원인인 믿음에 대해 논의를 개진한다. "칭의의 신심"이라는 표현은 영어권에서 "Justifying faith"라는 문구를 번역한 듯하다. 칭의하는 믿음에 대한 그의 논의는 네 가지 항목으로 구성되어 있다.

첫째, 성경은 믿음으로 의롭다 함을 얻는다는 것을 명시적으로 증거하는 구절들이 많이 있다는 것이다. 대표적으로 아브라함과 관련된 구절들(창 15:6; 갈 3:6)을 비롯하여 하바국서 2:4, 로마서 3:25–26, 갈라디아서 3:11, 로마서 4:25, 5:18 등을 인용해 준다.[704]

---

702 가옥명, 『성령론』, 69–70. 가옥명은 칭의와 성성(成聖)은 "이종 사실"이며, 칭의는 "성성(成聖)의 시작(始作)"이라고 적시해 준다. 종교개혁자 칼빈은 칭의와 성화를 그리스도와 연합한 신자에게 주어지는 이중적 은혜(*duplex gratia*)라고 강조했다(*Institutes* 3.16.1).

703 가옥명, 『성령론』, 70.

704 가옥명, 『성령론』, 70. 칭의하는 믿음에 대한 성경적 근거들에 대한 자세한 논의는 박형룡, 『교의신학 구원론』, 292–296을 보라.

둘째, 가옥명은 "칭의는 신심으로 되는 묘의(妙意)"에 대해 해설해 주는데, "신심은 칭의됨을 위하여 반드시 긴요(緊要"하다는 점을 강조하여 말한 후에, 두 가지 소항목으로 나누어 논의를 개진한다. 우선 믿음은 칭의의 원인(原因, cause)은 아니며, 오직 "하나님의 은혜와 주님의 공(功)에 전혀 있다"라고 적시해 준다. 다만 믿음은 그러한 은혜의 공을 수납하는 도구적 원인이 될 뿐이라고 가옥명은 해설해 준다.[705] 가옥명의 논의들을 따라 읽다 보면 흥미로운 점들이 있는데, 그중 하나는 이치를 설명하기 위하여 일상의 예증들을 때때로 차용하여 독자들의 이해를 돕는다는 것인데, 지금 현안인 주제와 관련해서도 그는 의사-약-환자의 복용이라는 3요건을 들어 이해를 돕는 것을 보게 된다.

> 혹 이 관계를 병 고치는 일로 비유(譬喩)하나니 사람이 의사를 청하여 약을 씀으로 병이 온전히 나음은 확실히 세 방면에 관계됨이니, 그 일은 의사의 은혜요, 그 이(二)는 약품의 공이오, 그 삼(三)은 또한 병자의 신앙으로써 의사의 명을 따라서 약을 씀으로 말미암아 됨이니 우리의 득구(得救)는 또한 이 같으니라.[706]

가옥명은 또한 믿음으로써 우리가 그리스도와 연합하게 된다는 점을 다시금 강조해 주는데, "우리가 비록 할 수 없이 빈고(貧苦)하나 오직 믿음으로써 그리스도와 연합하면, 곧 그리스도로 더불어 동등의 지위와 신분을 취득"하게 된다고 적절한 해명을 제공해 준다.[707]

셋째, "칭의가 오직 믿음에만 있는 원인"에 대해 가옥명은 주목하는데, 우리가 칭의를 얻는 것은 우리의 어떠함, 즉 인애, 순종, 공덕(功德) 어느 것과

705 가옥명, 『성령론』, 70-71. 죽산의 지적대로 개혁주의 신앙고백서들은 대체로 신앙을 칭의의 도구적 (혹은 기구적) 원인(instrumental cause)라고 적시해 왔다(웨스트민스터 신앙고백서 11장 2항; 하이델베르크 교리문답 60문답, 61문답; 박형룡, 『교의신학 구원론』, 297).

706 가옥명, 『성령론』, 71.

707 가옥명, 『성령론』, 71. 비교적 간략한 해설 방식을 택하고 있는 교재이지만, 가옥명은 그리스도와 연합이라는 구원론의 중심적이고 근본적인 주제를 여러 곳에서 강조해 주고 있는 것은 상당히 고무적인 일이라고 사료된다. 이 중심적인 진리에 대한 성경적이고, 역사적이고, 개혁주의적인 정해는 영국 유니온 신학교 조직신학 교수로 있는 Robert Letham의 *Union with Christ: In Scripture, History, and Theology* (Philippsburg: P&R, 2011)를 보라.

도 관련이 없고 오직 믿음에 의해서 받는다고 강조해 주고, 또한 "신심이란 것은, 즉 하나님의 무한한 후사(厚賜)와 예수의 무량한 공덕을 직접으로 받음이니 아무 값없이 구원을 그저 얻는" 것이라고 적시해 준다.[708] 뿐만 아니라 믿음이 요구된다고 하더라도 그 믿음에는 아무런 공로적 의미가 없다는 점을 강조해 주면서도, 값없이 은혜로 주어진 것을 받아들이는 차원의 역행(力行)이 필요하다고 말해 주기도 한다. 후자를 설명하기 위해 그가 채용한 비유를 보기로 하자.

> 비유컨대 어떤 빈민이 금광의 증품(贈品)을 얻었는데 이는 구매(購買)함도 아니오 또 탐색(探索)함으로 말미암음도 아니니라. 그러나 광(鑛) 중의 금을 얻고자 하면 스스로 용력(用力)하여 개탐(開探)치 아니하면 공효(功效)를 얻지 못할 것이라. 우리는 반드시 역행함으로 각인이 구원을 구하는 공(功)을 성취함이 또한 이와 같으니라.[709]

칭의하는 믿음에 대한 네 번째 항목에서 가옥명은 "칭의가 신심의 강약에 대하여 구별이 없다"는 점을 정해해 준다. 그에 의하면 "신심이 연약한 교도가 비록 그 믿음은 부족하여 자기가 능히 득구할 신심은 미치지 못함이 있으나 다만 예수가 자기의 구주임을 확신하였으니 그를 신뢰함으로써 가히 득구할 사람" 된다고 설명해 준다.[710]

---

708 가옥명, 『성령론』, 71.

709 가옥명, 『성령론』, 72. 문맥상 공(功)은 공로(merit)의 의미보다는 일 믿음의 실행을 의미한다고 보아야 할 것이다. 앞서 가옥명 역시도 믿음 자체가 공로적 원인이 아니라는 점을 분명하게 밝혔기 때문이다. 현대에 이르기까지 "오직 믿음으로"(*Sola fide*)에 대한 오해와 왜곡에 관해서는 강웅산, 『성경신학적 조직신학 구원론』, 312–316을 보라.

710 가옥명, 『성령론』, 73. 자주 일상적인 비유를 활용하는 가옥명은 여기서도 다음과 같은 비유적인 해설을 덧붙이기도 한다: "혹이 믿음을 사람의 손으로 비(比)함이 있나니 소아의 손이 비록 대인의 손과 같이 크고 유력치는 못하나 능히 자신을 기를 수 있는 식물(食物)을 취하나니 대개 육체를 양육함은 식물을 취하는 손에 있지 않고 식물에 있을 기억할지니라." 교부 아우구스티누스는 믿음을 "빈손"(empty hands)에 비유하기도 한 적이 있어, 가옥명의 해설은 설득력이 있어 보인다.

칭의의 내증(內證)

가옥명은 이어서 "칭의의 내증"이라는 제하에 의롭다 함을 받은 사람을 "실제로 논하면 하나님 쪽에서만 의롭다 함이 아니라 자기 방면에서도 의롭다 함을 빙증(憑證)이 확실히 있다"라는 취지의 논의를 개진한다. 그는 세 가지 항목으로 해명해 주는데, 첫째는 칭의받은 사람은 "예수를 확실히 자신의 소유로 삼게 된다"라고 한다. 즉, 나의 구주, 나의 죄를 위해 죽으신 구주, 예수 부활 내 부활로 고백하게 되는 것을 말하며, "확실히 예수는 나의 구주시며 나의 생명이며 더욱 나의 소유가 됨으로 즉 나의 생업(生業)"이 되는 것이라고 적시해 준다.[711]

둘째, 내증은 "신자가 하나님 앞에서 확실히 의로운 성품(義性)이 있다"는 것인데, 가옥명은 중생한 그리스도인이라면 이전에 땅에 속하여 육욕을 좇던 삶을 버리고, "특이한 개변(改變)"을 거쳐 좋아하고, 뜻하고, 사랑하고, 구하던 바가 바뀌어 하늘에 속한 것들을 추구하게 된다고 해설해 준다. 만약에 중생하고 칭의를 받았다고 하면서도 여전히 "옛사람을 제승(制勝)치 못하고 죄의 욕심 중에서 생활함으로 성결한 심사나 선의(善義)한 행위를 얻지 못한다면" 그 중생과 칭의받음도 의심스러운 일이라고 경고의 발언도 서슴지 않는다.[712]

셋째, 내증은 칭의받은 신자의 마음 가운데는 죄 용서함에 근거한 참된 평강이 있다고 하는 것이라고 가옥명은 말한다. 그는 이것이야말로 "칭의의 내증에서 가장 긴요(緊要)하고 적확(的確)한 것"이라고 강조해 준다.[713] 이러한 사죄의 확신과 평안을 누림은 미신이 아니라 진실한 신자들이 "예수의 속죄하신 공을 승납(承納)"하며, 죄가 용서받았다고 하는 예수님의 말씀을 받아들이기 때문이라고 적시해 주기도 한다.[714] 다만 그의 설명 중 다소 의문이 생기는 것은 늘 자신이 죄인이라고 고백하는 사람에 대하여 가옥명이 "사죄의 평안

---

711 가옥명, 『성령론』, 73.
712 가옥명, 『성령론』, 73-74.
713 가옥명, 『성령론』, 74.
714 가옥명, 『성령론』, 74.

을 얻지 못함으로 그러함이 아니라 즉 하나님의 말씀을 덜 믿음"이라고 해석하는 것이다.[715]

칭의의 시간(時間)

가옥명의 칭의론의 마지막 대지는 "칭의의 시간"에 대한 논의이다. 그는 칭의는 "경각(頃刻)간에 된 일"이라고 적시해 주고 나서, 두 번째로 칭의의 시작은 우리가 회개하고 믿을 때이나, 하나님 편에서 말하자면 "이미 창세전에 예정과 예선(豫選)한 뜻이 있었은즉 신의 심중에는 우리가 칭의함에 대하여 혹 비롯함이 없다"고 말한다.[716] 그 근거 위에서 가옥명은 이미 칭의받은 신자는 "결코 칭의된 지위를 잃을 수 없다"라는 점도 강조해 준다.[717]

칭의론을 끝내면서 가옥명은 자신의 논의가 성경에 근거한 것이었고, 매우 중요한 교리임을 다음과 같이 총언(總言)을 제시해 준다.

> 총(總)히 말하면 주의 보혈(寶血)을 힘입어 칭의함을 얻는 도리는 오직 성경에 가장 상확(詳確, 자세하고 확실하다는 뜻–필자)하게 말할 뿐 아니라 더욱 신도의 심정에 험증(驗證)하여도 적확무오할 것이니 이 도리를 혹 반대한다면 그는 자기(自欺)하며 기인(欺人)하는 자 될지니라.[718]

---

715 가옥명, 『성령론』, 74–75. 과연 의롭다 함을 받은 신자가 한편으로 자신이 죄인 됨을 고백하는 일, 즉 루터처럼 "의인인 동시에 죄인"(*simul justus et peccator*)이라고 고백하는 것이 비성경적인 것이라고 치부해야 하는 것은 아니라고 사료된다.

716 가옥명은 영원한 경륜 속에서의 칭의에 대한 작정이나 영정(永定)등에 대해 말하는데, 이는 17세기 개혁신학자들 일부가 말한 영원칭의론과 같은 의미는 아니다. 아브라함 카이퍼도 영원칭의론을 주장했다고 하는 비판을 늘 받아왔는데, 이 문제에 관해서는 박재은, "아브라함 카이퍼와 영원으로부터의 칭의", 「갱신과 부흥」 27 (2021): 189–218을 보라.

717 가옥명, 『성령론』, 75.

718 가옥명, 『성령론』, 76.

의자(義子) 됨[719]

8장 의자 됨, 즉 자녀로 입양됨(adoption)에 대한 짧은 논의는 레이놀즈가 추가한 장이다. 이미 앞서 "칭의의 특별한 은혜"에서 가옥명은 의자 됨에 대해서 다루었음에도 불구하고 레이놀즈는 이 장을 추가한 것이다.[720] 서론을 통해 레이놀즈는 의자 됨의 은혜가 인간의 공로나 의로운 행위 때문이 아니라, 하나님의 "지극한 사랑" 때문이라고 강조해 준다.[721] 그리고 이어지는 본론에서는 세 가지 대지로 나누어 수양의 교리를 제시해 준다.[722]

의자(義子)의 의의(意義)

레이놀즈는 첫 대지에서 양자 됨의 의의를 설명해 주는데, 그는 일반 세상에서 후사가 없어 근친 중에 양자를 삼는 관습과 대비하여 하나님의 양자 삼으심을 대비하여 설명을 해 준다. 인간들이 양자 삼을 때는 "은덕(恩德)을 입고자"하는 "자기의 이욕(利慾)을 위한 것"이지만, 하나님이 인간을 양자 삼으실 때는 "자기의 지은 인생이 죄로 말미암아 영벌 받음을 원치 아니하시고 구원하여 영생의 복을 주시려 할 뿐"이라는 큰 차이가 있다는 것이다.[723]

---

719 의자란 의로운 아들이라는 의미가 아니라, "수양 아들, 의붓 아들, 의로 맺은 아들" 등의 의미이며, 가옥명이 쓸 때는 하나님에 의해 입양된 아들 혹은 자녀를 가리킨다는 점을 유념하고 읽어야 한다.

720 가옥명, 『성령론』, 67–68에 칭의의 특별한 은혜로써 의자 됨에 대한 가옥명의 논의가 제시되어 있다.

721 가옥명, 『성령론』, 76–77.

722 사실 개혁주의 진영에서도 양자의 교리(doctrine of adoption)는 크게 주목을 받지 못한 주제인데, 이미 1920, 30년대에 가옥명과 레이놀즈는 이 교리에 주목하고 있다는 것은 놀라운 일이다. 개혁주의 양자론에 대한 정해는 박형룡, 『교의신학 구원론』, 316–329; 강웅산, 『성경신학적 조직신학 구원론』, 327–355; David B. Garner, *Sons in the Son: The Riches and Reach of Adoption in Christ* (Philippsburg: P&R, 2017) 등을 보라. 벌코프를 통해 바빙크 신학을 대체로 수용한 박형룡 박사는 두 신학자와 달리 수양(양자)에 대한 논의를 별도의 장으로 다루고 있는 것이 특이한 점이다.

723 가옥명, 『성령론』, 77. Lewis Wallace, *Ben-Hur: A Tale of the Christ* (New York: Harper & Brothers Pub., 1880)의 주인공 벤허의 경우는 갤리선 노예였다가, 아리우스 장군의 목숨을 구해 주고 나서 그의 양자로 입양이 되는데, 이는 레이놀즈가 말한 근친을 양자로 삼아 상속자가 되게 한다고 한 관습과는 다른 면을 가진다. 하지만 이 소설은 기독교적인 색채를 가지고 있기 때문에, 성경적인 사상으로 채색되어 있다는 점을 기억하고 읽어야 한다.

의자 되는 방법(方法)

둘째 대지에서 우리가 하나님의 자녀가 되는 방법에 대한 논의를 제시해 주는데, 레이놀즈는 인간의 외모나 학식 등과 같은 것은 전혀 근거가 되지 않는다고 못 박고, 성경적인 근거에 의거하여 중생과 신심 두 가지 길을 적시해 준다. 또한 결론적으로 말하기를 로마법에서처럼 성경적인 가르침에 의해더라도 하나님의 자녀가 되면 "하나님의 자녀의 일체 권리를 향수(享受, 어떤 혜택을 받아 누림-필자)"하게 된다고 명시해 준다.[724]

의자(義子)의 특색과 특은(特恩)

세 번째 대지에서 레이놀즈의 하나님의 자녀된 자들의 특색과 그들이 누리는 특별한 은혜들에 대해서 해설해 준다.

(1) 특색(特色)

레이놀즈는 하나님의 자녀라면 반드시 필연적으로 가져야 하는 특색들이 있다고 말하고, 반면에 그러한 특색을 드러내지 않는다면 하나님의 자녀가 아니라고까지 강하게 말을 한다. 그렇다면 그가 말하는 하나님의 자녀 됨의 특색이 무엇인지 보도록 하자.

> 하나님의 도덕성(道德性)을 소유하며(마 5:48; 22:39) 하나님을 신뢰(信賴)하며(마 6:25-34; 눅 6:22) 하나님을 복종(服從)하며(마 12:50; 7:24) 하나님을 효칙(效則. 본받아 법으로 삼음-필자)하며(엡 5:1-2), 하나님을 사랑함이라(마 22:37; 눅 10:27).[725]

---

724 가옥명, 『성령론』, 77-78. 또한 레이놀즈는 의자 됨에 대한 논의를 마무리지으면서는 우리가 하나님의 자녀가 되는 길은 오로지 예수 그리스도 안에서만 가능하다는 점을 강조해 주기도 한다(79-80). 앞서 언급한 David B. Garner, *Sons in the Son: The Riches and Reach of Adoption in Christ* (Philippsburg: P&R, 2017)의 책 제목에서 바로 그 요점이 강조되고 있다.

725 가옥명, 『성령론』, 78.

(2) 특은(特恩)

이어서 레이놀즈는 하나님의 자녀로 입양된 자들이 누리는 특별한 은혜에 대해 다루는데, 그에 의하면 하나님은 많은 은혜와 분복을 그의 자녀들에게 나누어 주기를 좋아하시는 하나님이시라고 강조된다. 이어서 레이놀즈는 하나님이 그 의자된 자녀들에게 주시는 은혜들을 12가지 항목으로 열거해 주는데, 우리도 그가 제시한 항목들을 함께 일별해 보도록 하겠다.

5. 하나님의 자녀는 그 심중에 하나님의 신이 거하시며
6. 하나님의 신이 하나님 나라 방언을 가르치며
7. 아바라 하는 아버지("아바지")를 부르며
8. 성신이 어떻게 기도할 것을 가르치며
9. 신의 성품을 얻으며
10. 아버지 하나님의 거룩함이 그 심중에 재현(再現)되며,
11. 매일 사죄함을 받으며(이것이 무가[無價]의 은혜)
12. 모든 것을 주마고 서약하셨으며
13. 영생을 예수와 연합함으로 말미암았으며
14. 성부와 성자가 그 마[음]속에 내재하시마 언약하셨으며[726]
15. 영원한 왕국을 기업으로 받으며
16. 아버지 집에 있을 곳을 허락하였음이라.[727]

성성(成聖)

중국어 원문에 의한다면 칭의에 대한 논의 바로 다음에 가옥명은 성성(成

---

726 원문에는 '마' 다음에 '음'이 누락되어 있는데, 내용상 마음으로 채워 넣어서 읽어야 한다.

727 가옥명, 『성령론』, 79. 죽산 박형룡은 "양자의 기업"이라는 제하에 과거, 현재, 미래의 관점에서 양자 됨의 특권을 설명해 주고 있고(박형룡, 『교의신학 구원론』, 324), 강웅산 교수는 "양자 교리의 실천적 의미"라는 소제목에서 양자된 자들은 자유와 언제든지 하나님을 아버지로 부를 수 있는 특권을 가진다고 해설해 준다(강웅산, 『성경신학적 조직신학 구원론』, 352–354).

聖)에 대한 논의를 개진하지만, 레이놀즈가 그 사이에 의자(義子) 됨에 대한 자신의 해설을 삽입함으로 칭의–의자 됨–성성의 논의 순서가 되었다. 성성(成聖)이라는 단어는 "거룩하게 됨"이라는 의미로서, 오늘날 신학적 논의에서 "성화(聖化)"라고 부르는 것과 내용상 다르지 않다. 가옥명은 서론에서 회개하고 중생하고 칭의를 받은 신자는 "영성(靈性)의 생명이 나날이 건전하여 고상한 지보(地步)에 달하게" 되는 것을 성성이라고 정의내리고, 이어서는 "기독교적 인격을 가지게 되는 것"이라고 부연하기도 한다.[728] 그는 또 한 가지 중요한 구별을 해 주는데, 이는 중생과 칭의는 다 "귀주(歸主)할 경각간(頃刻間)에 되는 일"이지만 성성(成聖)은 점진성을 가진다고 하는 사실이다.[729] 이어지는 구체적인 논의는 다섯 가지 대지로 구성이 되어 있다.

성성(成聖)의 정의

첫 대지에서 가옥명은 성성(성화)의 정의를 내려 주는데, 그에 의하면 성화는 "하나님의 격외지은(格外之恩)으로 이룬 공(功)이니 하나님이 이로써 우리의 전성(全性)을 다시 새롭게 하여 능히 하나님과 같게 하며 또한 우리를 죄에서 날로 떠나게 하여 거룩과 의가 완비한 지보(地步)에 나아가게" 하시는 것이라고 정의된다.[730] 가옥명은 또한 성성이란 "죄욕을 제하여 죄악을 깨끗하게 씻어 버리게 함만 아니라 또한 하나님의 성품과 하나님의 덕과 신적 형상을 구유(具有)함으로 하나님과 같이 됨"을 말함이라고 정의해 주기도 한다.[731]

가옥명은 이어서 성성과 칭의 그리고 중생이 어떻게 구별이 되는지를 설명해 준다. 우선 전자에 대해서는 "칭의는 성성의 시초이며 성성은 실로 칭의의 종극(終極)"이라고 구별해 주고, 또한 "칭의는 예수의 대속으로 말미암

728 가옥명, 『성령론』, 81.

729 가옥명, 『성령론』, 81. 성화의 점진성에 대해 가옥명은 다음과 같이 해설해 준다: "성성은 그렇지 아니하여 참으로 신도의 새로운 생명이 점장(漸長)하고 날마다 진보(進步)되어 완전한 성역(聖域)에 드러감을 말함이니라."

730 가옥명, 『성령론』, 81.

731 가옥명, 『성령론』, 81–82. 가옥명의 언사 중에는 오해하기 쉬운 표현들이 때때로 등장하는데, 인용문에서도 마치 그가 신화(神化, *theosis*)를 주장하는 것처럼 보이나 문맥상 그런 의미가 아니라 하나님을 닮음이라는 취지에서 한 말임을 알 수 있다.

아 이룬 공이오, 성성은 예수의 작위(作爲)로 말미암아 됨이니 칭의의 비롯한 기초는 그리스도의 죽음에 있고, 성성의 완공(完工)은 그리스도의 생명에 있다"라고 해명해 주기도 한다.[732] 후자에 대해서는 "중생은 참으로 거룩하고 선한 종자를 인심(人心)에 심음이오 성성은 실로 이 종자가 나서 점점 자라남으로 마침내 영성(榮盛)한 지보(地步)에 달함"이라고 구별 지어 설명해 준다.[733]

성성(成聖)에 대한 성경 말씀(經言)

두 번째 대지에서 가옥명은 성성(성화)에 대한 성경 말씀들을 고찰하는데, 그에 의하면 성경이 주어진 목적은 "하나님의 사랑으로 연원(淵源)이 되고 구법(救法)으로 주요 주제를 지어 사람으로 성성케 함"에 있다고 말해 준다.[734] 따라서 우리가 성경을 상고하면 성성의 요의를 깨달을 수 있다고 가옥명은 적시해 주고 나서, 성경의 성화론의 요지들을 정리해 준다. 첫째는, 성성은 신공(神功)으로 된다는 것. 둘째, 성성은 "성령을 의자(依藉)하여 행하시는" 것이라는 것. 셋째, 성성은 인간 편에서도 적극적으로 참여해야 하는 측면들(즉, 은혜의 방편들을 적극적으로 활용하는 일)도 있다는 것. 넷째, 성성은 우연히 하루아침에 되는 일이 아니라는 것. 다섯째, 칭의처럼 성성도 신심(信心)으로 말미암는다는 것. 여섯째, 성성은 믿음으로 그리스도와 연합함으로 가능하다는 . 그리고 마지막 일곱째, 요지는 "성성은 신도가 금생에서 행할 일"이라고 하는 것이다.[735] 특히 마지막 요점은 성화가 지상에서 이루어지지 않고 내생에서 이루어진다고 하는 주장에 대해 가옥명이 반론으로 제시한 것인데,

---

732 가옥명, 『성령론』, 82.

733 가옥명, 『성령론』, 82–83. 가옥명은 중생자 내면에 영과 육의 갈등이 있다는 점을 말하면서, 결국은 영적 소원이 이기게 된다는 점을 말해 준다. 또한 그는 성성과 결정(潔淨)의 차이에 대해서도 해명해 준다: "진실로 주의 선민은 마땅히 결정함을 힘써 구하여 종종한 죄욕을 제기(除棄)할 뿐 아니라 혹 형식상이나 표면상의 등등(等等)한 불결(不潔)에 관하여서도 오히려 신의 품덕(品德)과 성령(性靈)을 구유할지니 언행이나 사념(思念)이 주와 같음으로 신의 즐겨하고 흠납(歆納)하는 바 되어야 비로소 성결한 자민(子民)이 될지라"(83).

734 가옥명, 『성령론』, 83.

735 가옥명, 『성령론』, 84–85. 그는 성경적 성화론의 요지를 말함에 있어서 신자가 참여해야 할 책임에 대한 부분을 강조하기도 하고, 그리스도와 연합에 근거한다는 점을 바르게 적시해 주기도 한다. 강웅산, 『성경신학적 조직신학 구원론』, 369–375, 379–386도 보라.

그의 해명하는 바를 주의해서 살펴볼 필요가 있다고 생각된다.

> 요컨대 성성의 공(功)은 신자가 그리스도 내에서 성령으로 말미암고 다시 신심을 빌어 가장 고상하고 가장 영락(榮樂)한 성경(聖境, 성지-필자)에 도달함이니 이 성경은 각 신도가 인세(人世)에 생존할 시에 응지(應至) 또 필지(必至, 장차 반드시 그렇게 됨-필자)할 지보(地步)인 것이라.[736]

성성의 차서(次序. 차례)

세 번째 대지에서 가옥명은 성성의 차례에 대한 논의를 개진하는데, 그는 칭성(稱聖), 결정(潔淨)함, 성성함 등의 3단으로 나누어 해설해 준다. 첫째 하나님의 백성이라면 누구나 하나님에 의해 구별되고, 하나님께 돌려지기에 거룩하고, 그리스도 안에 있음으로 거룩하다고 일컬음을 받는다는 의미에서 칭성의 단계를 그는 말한다.[737] 둘째 단계는 결정함을 입는 단계인데 이에 대한 가옥명의 해설을 함께 보도록 하겠다.

> 질언(質言)하면 우리가 비록 신성(新性)이 불선(不善)하고 출처(出處)가 불결(不潔)함으로 일생의 소행(所行)이 마치 오예(汚穢) 불결한 의복을 입음 같으니라. 그러나 다행(多幸)히 그리스도의 보혈을 힘입어 세제(洗除)함으로 흰 눈과 같이 됨을 얻게 되었도다.[738]

셋째 단계인 성성은 앞의 두 단계(칭성과 결정)와 달리 "신도의 정도가 고상하여서 오직 신령과 신성이 구유(具有)한 외에 또한 응유(應有)할 모든 품덕(品德)을 구비함"이라고 가옥명은 해설해 준다.[739] 그는 그리스도께서 우리의 성

736 가옥명, 『성령론』, 85.
737 가옥명, 『성령론』, 85-86.
738 가옥명, 『성령론』, 86.
739 가옥명, 『성령론』, 87. 중국어 원본에 의하면 이 셋째 항목에 대하여 "全然成聖"이라는 표현을 사용하고 있다(賈玉銘, 『神道學[下]』, 224).

성을 원하신다고 적시한 후에, 두 가지 요점으로 성성에 대한 자신의 입장을 제시해 준다. 하나는 "진리의 지식을 가르쳐서 깨끗함과 더러움이 어떠하며 거룩함과 속(俗)됨이 어떠한 것을 알게" 하시는 것이고, 다른 하나는 "대중을 위하여 대도하여서 성성할 능력이 있게 하여 성속(聖俗)과 선악을 분별할 지식이 있음으로 다시 악을 버리고 선을 행함과 욕(慾)을 누르고 죄를 이기며 또한 성결의 능력과 영력을 구비함"이라고 그는 말한다. 가옥명이 말하는 성성은 지상에서도 이루어질 수 있는 것이라는 점이 분명히 강조되는 점에서 완전주의(perfectionism)에 속한 것으로 볼 수도 있으나,[740] 정원경 박사는 가옥명의 입장은 펠라기우스나 웨슬리의 견해와는 다르다고 주장한다.[741]

성성되는 기간(期間)

네 번째 대지는 "성성되는 기간"이라는 제목을 가지고 있지만, 내용상은 영성의 성성에 이르기 위한 방법을 육체의 건강법에 비유하여 해설하고 있어 의아한 생각이 들게 한다.[742] 가옥명은 고전 공부도 무술 훈련이든 시간이

740 가옥명, 『성령론』, 87. 가옥명의 마무리 짓는 다음의 문장도 보라: "말하자면 고상하게 영에 속한 신도는 진실로 이런 초승(超勝)한 영미(英美)의 지보(地步)를 직달(直達)치 않음이 없나니라." 우리는 이점에서 가옥명을 케직 신학자로 평가한 것이나 웨슬리의 완전성화론과의 연관성을 규명할 필요가 있다고 생각된다. 가옥명을 케직 신학자로 평가한 글은 Baiyu Andrew Song, "Jia Yuming (1880–1964)-- A Chinese Keswick Theologian: A Theological Analysis of Christ-Human Theology in Jia's Total Salvation", 68–83을 보고, 웨슬리와 케직의 성화론에 관한 개혁주의적인 분석과 비판은 Kim Kwang Yul, "A Tension Between the Desire to Follow the Example of Jesus' Life and the Desire to Trust in His Redemptive Work: The Theology of John Wesley Reflected in His 'Christian Library'" (Ph. D. dissertation, Westminster Theological Seminary, 1992), 137–158; 김광열, 『그리스도 안에 있는 구원과 성화』, 110–152, 171–189 등을 보라.

741 정원경, "평양신학교 성령론 연구 (1910–1931)", 268–269. 정 박사는 가옥명의 입장은 그가 의존하고 있는 자료 중 하나인 A. G. Strong의 견해와도 다르고, "펠라기우스가 주장하는 것처럼 인간의 완전함에서 기인한 것도 아니고 웨슬리가 주장하는 것처럼 성령 세례에 의한 순간적인 성화"와 같은 것이 아니라고 말한다. 정 박사의 이어지는 평가를 주목해 볼 필요가 있다고 생각된다: "그가 이 땅에서 신자가 성성할 수 있다고 주장하는 것은 앞서 회개에 대한 그의 확실한 근거를 바탕으로 그리스도와 은혜를 바탕으로 한 성령의 능력으로 가능한 것으로 점진적으로 이루어진다고 보았다. 또한 가옥명이 성성 내지 성화되는 방법을 소상하게 열거한 점은 높이 평가할 수 있다"(269).

742 가옥명, 『성령론』, 87. 중국어 원본에 의하면 "成聖的功夫"라고 되어 있는데(賈玉銘, 『神道學[下]』, 225), 중국어 쿵푸(功夫)는 "시간, 틈"의 의미이며, 중국 사람들이 공부하는 일이 시간이 많이 걸리는 일임을 표현하는 용어이다. 그래서 시간이 많이 걸리는 무술 단련을 쿵푸라고 쓰기도 하는 것이다. 따라서 가옥명이 쓴 '쿵푸'라는 용어는 영성의 성성에 이르는 데는 시간이 걸리고, 수련이 필요하다는 것을 말하고자 하는 것이다.

많이 걸리듯이, 성성에 이르는 수련 기간도 오래 걸린다는 것을 말하고자 한 것이라는 것을 서두에서 확인할 수 있다.

> 이같이 그리스도를 첨앙(瞻仰, 우러러 사모함-필자)함으로 부지불각(不知不覺) 중에 그리스도적 형상으로 화하여(고후 3:18) 마침내 그리스도의 장성한 분량이 충만한 데까지 이름으로(엡 4:13) 그리스도의 인격을 이룰지니(빌 1:21) 우리가 이와 같은 영성(榮聖)스러운 지보(地步)에 달하고자 하면 개인 방면에서 얼마나 그 영성을 수양함이 마땅할까 함이라.[743]

가옥명은 이처럼 성성에 이르기 위한 영성 수련의 중요성을 강조한 후에, 육체의 건강법을 비유적으로 활용해서 그 방법을 해설해 준다.

(1) 의복

건강을 위해 깨끗한 의복(衣服)이 중요하듯, 영적으로 거룩한 의복을 입고 보존하는 것이 중요하다고 그는 말해 준다. 여기서 거룩한 옷이란 "그리스로 말미암아 준비된 바 예복이며 의로운 옷이니 매양 일기(一己)의 품덕을 가르쳐 말하는 것"이라고 해설해 준다.[744] 이런 의복을 더럽히게 되면 사탄의 고소를 받게 될 뿐 아니라 세인들의 모욕도 받게 되고, 나아가서는 회중 가운데 다른 이들에게도 악영향을 미치게 되므로 잘 관리해야 함을 말해 준다.

(2) 음식(飮食)

불결한 음식의 육신의 건강을 해치듯이 영적으로 불결한 양식도 영성에 해를 가한다고 부정적으로 말한 후에, 가옥명은 영적 생명의 건전을 위해서는 "영적인 우유(牛乳)와 영적인 양식"인 성경을 상고하는 것이 중요하다고 강조해 준다.

---

743 가옥명, 『성령론』, 87.
744 가옥명, 『성령론』, 88.

대개 성경의 진리는 즉 하늘로부터 내로온 만나로 우리의 영적 생명을 양육할 것이오, 특히 유물론, 신학파, 신부파 등의 괴설(怪說)과 억설(臆說)과 예어(囈語, 잠꼬대. 또는, 잠꼬대와 같은 헛소리–필자)를 방지하여 기도(岐道)에 들어감을 면케 할 것이오, 오직 날마다 양적 양식을 배불리 먹으며 시시로 생수를 마시어 그 성성의 생명이 더욱 건전 고상케 할지니라.[745]

(3) 거주(居住)

거처가 불결해도 육신이 병들기 쉽듯이, "사람의 거하는 바 지위와 처한 바 형편이 죄욕에 관한 것뿐이라면 전염되지 아니할 수 없다"라고 가옥명은 비유적으로 적시해 준다.[746] 그는 이어서 우리가 "성덕(聖德)을 보전하려면 불가불 거처에 주의"해야 한다고 말하면서도, 세상을 도피하여 수도원 생활을 하라는 의미는 아니라고 경계해 주기도 한다. 그렇다면 그가 정결한 거처로 말하고자 하는 바가 무엇일까? 그는 "출세(出世)하여서 입세(入世)되고, 입세하였다가 출세하여서 그리스도 안에 거하며 하나님의 사랑 안에서 생활함으로 이 세간(世間)이 비록 호리나(유혹하나–필자) 나에게 무슨 상관이 있으리오"라고 말해 준다.[747]

가옥명은 이와 같이 영성 수련의 방법으로 의식주를 비유적으로 활용하여 설명해 준 것인데, 그는 종언(終言)에서 요약적으로 정리해 주기도 한다.

종언(終言)하면 사람이 보건(保健) 방법을 잘하려면 거처를 삼가서 죄욕을 멀리 피하며 성서를 부지런히 읽어 영성을 양육하는 식품을 삼으며 성령의 충일(充溢)함으로 영성을 윤택(潤澤)하는 생수를 만들고 낡은 옷을 벗으며 새 옷을 갈아입어 청결을 기키면 반드시 성지(聖地)에 달할 날이 확유(確有)할지니라.[748]

---

745 가옥명, 『성령론』, 89.
746 가옥명, 『성령론』, 89.
747 가옥명, 『성령론』, 89.
748 가옥명, 『성령론』, 89–90.

성성의 편해(偏解)

성성(成聖)에 대한 마지막 대지에서 가옥명은 성성에 대한 치우친 해석 두 가지를 비판적으로 소개해 준다. 하나는 무율법주의이고, 다른 하나는 "금생에서 성성할 수 없다는 설"이다.

(1) 무율법주의

무율법주의자들에 의하면 그리스도께서 우리를 위하여 형벌 받으시고, 율법도 다 지키셨기 때문에 우리 신자들은 율법에 구속되지 아니하며 자유로이 살아도 된다고 주장한다고 가옥명은 먼저 소개한 후에, 세 가지 반론을 제기해 준다. 첫째 율법은 하나님의 본성에 근본한 것이어서 영원히 폐할 수가 없다는 점을 제시한다(마 5:17-19). 가옥명은 도덕법뿐 아니라 제의율(祭儀律), 즉 제사법도 "외표(外表)의 의문(儀文)대로 봉행치 못하나 그 실질적 영적 의미를 실행"해야 한다고 주장하기도 한다.[749] 둘째 그리스도께서 대속하신 은혜는 우리가 "욕심을 좇을 기회"를 주시기 위한 것이 아니라고 정해해 준다.[750] 셋째 신자는 그리스도의 자유한 율법 아래 살지만, "율법을 파괴함은 아니오 오히려 율법을 견고케" 해야 할 자들이라고 가옥명은 말해 준다.[751]

(2) 금생에서 성성할 수 없다는 설

우리가 앞서 살펴본 대로 가옥명은 이 세상에서 성성의 경지에 이를 수 있다는 입장을 취하였는데, 그에 반대하는 입장에 대해 자세하게 살피고 논박해 주는 것을 보게 된다. 먼저 가옥명은 이 설을 취하는 자들의 논거를 정리해 주는데, 첫째는 "사람이 과연 성성할 수 있다면 하나님의 법과 사람의 죄를 해석하기 어렵다"라고 하는 것으로, 하나님의 거룩한 본성에 근원한 율

749 가옥명, 『성령론』, 90. 제사법을 실질적으로 영적으로 지켜야 한다는 것을 말한 후에, 가옥명은 짐승의 제사 대신에 "그리스도가 희생이 되어서 시시로 하나님 앞에서 속죄제를 드림 같다"라고 해설해 준다.

750 가옥명, 『성령론』, 90.

751 가옥명, 『성령론』, 91.

법을 인간이 온전히 지킬 수 없다는 내용이다.[752] 그가 소개하는 둘째 논거는 "사람이 가히 성성할 수 있다면 성경 말씀과 서로 반대된다"라고 하는 것이다.[753]

이어지는 가옥명의 반론을 살펴보면, 우선 성경이 성성에 대해 말하는 구절들(고전 6:11; 요일 3:9)을 상기시켜 준 후에, 이어서 성성의 의의를 오해하지 말 것을 요청한다. 그는 성성을 요한복음 13:10에서 말하는 바 온몸을 씻은 것에 비할 수 있고, 그러한 몸을 씻은 자도 발을 더럽힐 수가 있으나 온 몸의 정결함에 영향을 미치지 않음과 같이 성성한 자도 실족(失足)을 할 수는 있지만 "그 성성된 본체에 대하여 무상(無傷)"하다고 설명한다.[754] 또한 가옥명은 "고상한 성도의 생활"을 증거로 제시해 주는데, 그가 실증으로 제시하는 바를 주의해서 살펴볼 필요가 있다.

> 고상(高尙)한 성도가 성부의 집에서 생활함이 지극히 자유롭고 가장 유쾌(愉快)하여 율법에게 제한(制限)되지 않고 정욕(情慾)에게 얽매이지 아니하며 비록 어떠할 때 실수(失手) 됨이 있으나 추회(追悔)하는 마음이 부(富)하여서 무한한 감사, 감모(感慕. 마음에 느끼어 사모함-필자), 열애, 순종 등의 성의(誠意)로 더불어 가치 발(發)하며 따라서 막대한 교익(教益)이 있나니….[755]

가옥명의 해설을 읽어 보면 이러한 성성에 이를 수 있다고 할 뿐 아니라, 더욱이 어린 시절에도 가능하다는 주장을 하는 것을 보게 된다.[756]

---

752 가옥명, 『성령론』, 91.

753 가옥명, 『성령론』, 91-92. 성경은 지상에 사는 동안 신자가 무죄한 상태에 이른다고 말하지 아니할 뿐 아니라, 모든 사람이 죄인이라고 선언하고 있다는 점 등을 소개해 준다.

754 가옥명, 『성령론』, 92-93.

755 가옥명, 『성령론』, 93.

756 가옥명, 『성령론』, 93. 가옥명은 어린 시절 성성에 이를 수 있다는 증거를 고전 7:14을 근거로 들지만, 이 구절은 믿는 부모로 인하여 자녀가 구별됨에 대해 말하고 있는 것이지 그가 주장하는 것과 같은 성성의 수준에 이른다는 뜻이 전혀 아니다.

확지(確知)와 견인(堅忍)의 은혜

성성에 대한 논의에 이어지는 10장 확지와 견인의 은혜 역시 레이놀즈가 추가적으로 넣은 세 장 중 마지막 장이다. 서론에서 레이놀즈는 확지(확실한 지식)와 견인의 은혜는 "상호(相互) 연쇄적(連鎖的) 관계"라고 적시해 준 후에, 이러한 은혜를 받은 자는 "참으로 용감하여 죽음을 초개와 같이 여긴다"라고 말한 후에 그 예증으로 속사도 교부인 폴리캅(Polycarp, 69–155)의 순교사화를 소개해 준다.[757] 레이놀즈는 주안에서 죽은 자들이 다 이러한 확신과 견인의 은혜를 누렸던 자들이라고 말하기도 한다.[758]

확지(確知)

먼저 확지에 대해 논의를 개진해 주는데, 레이놀즈는 먼저 확지에도 참된 확지와 거짓된 확지 두 종류가 있다는 점을 언급하고, 둘 사이의 차이점을 다음과 같이 해설해 준다.

> 참확지는 주를 믿음으로 말미암고 거짓 확지는 사탄으로 말미암아 미혹(迷惑)됨이라. 참확지는 견인(堅忍)의 은혜를 받아 영락(永樂)을 누릴 것이오 거짓 확지는 하나님의 진노함을 면하지 못하여 영벌(永罰)을 받을 것이라.[759]

(1) 참확지

레이놀즈는 참확지를 가진 자는 겸손하며, "항상 성결함을 얻고자 기원(祈願)하며 힘쓰며", 스스로 반성하며 늘 하나님께 의탁(依託)한다고 해설해 준다.[760]

---

757 가옥명, 『성령론』, 94–95.
758 가옥명, 『성령론』, 95.
759 가옥명, 『성령론』, 95.
760 가옥명, 『성령론』, 95.

(2) 거짓 확지(確知)

레이놀즈는 거짓 확지의 증거로 "교만함, 비겁함, 위선함" 등 세 가지를 간략하게 제시해 준다. 그는 또한 거짓 확지를 가진 자들은 입으로는 "하나님을 공경함 예수를 믿는다 하나 마음인즉 마귀와 교제"하는 자들이라고 비판한다.[761]

(3) 구원 얻은 줄로 확지하는 빙거(憑據)

레이놀즈가 말하고자 하는 확지는 결국 구원의 확신(the assurance of salvation)과 같은 것임을 보여 주는데, 구원의 확신의 증거로 그가 제시하는 것은 성경의 약속들, 신자의 마음속에 "구원의 은혜와 덕"이 체험되는 것, 그리고 "성령이 증거해 주심" 등이다.[762]

(4) 금세에서도 성도가 득구(得救)한 줄로 확지할 수 있음

레이놀즈는 그 증거로 성경 말씀들과 확신에 대한 명령들, 그리고 성경에서 바울, 베드로, 야고보, 요한 등이 그러한 확신을 가지고 있었다는 것, 역사 가운데 순교자들과 여러 성도들이 그런 확신들을 소유하고 의심치 않았다는 것, 성령께서 우리 기업의 보증이 되신다는 것 등을 제시해 준다.[763]

레이놀즈는 "주의(注意)"라는 표시하에 신자라도 구원의 확신을 잃고 의심에 빠질 수 있다는 점을 적시해 주면서, 잃지 않도록 조심할 것과 잃었다면 회복을 위해 기도할 것을 권면해 줌으로 확지에 대한 논의를 마친다.[764]

견인(堅忍)의 은혜

레이놀즈는 확지(確知)에 이어 견인의 은혜를 다룬다. 그에 의하면 "견인의 은혜를 받은 자는 바람이 불고 장마물이 나되 반석 위에 지은 견고한 성과

761 가옥명, 『성령론』, 96.
762 가옥명, 『성령론』, 96.
763 가옥명, 『성령론』, 96-97.
764 가옥명, 『성령론』, 97.

같아서 조금도 흔들리지 아니하며 해를 받음이 없다"라고 말하고, 또한 구원 얻은 성도는 "구원을 잃을 수 없다"라고 명시한다.[765] 이러한 견인의 은혜는 "신자 자신의 능력과 자유"에 근거한 것이 아니라는 점도 적시한 후에, 그 근거를 제시해 주기를 첫째는 "하나님의 예정하신 경영"에 있으며, 둘째는 "영원한 구속의 약조", 즉 구속 언약(the covenant of redemption or pactum salutis)에 있으며, 셋째는 "구주의 공로와 간구하심에 있음"이요, 넷째는 "보혜사 성신의 보호하심에 있다"라고 해명해 준다.[766] 확지의 경우처럼 레이놀즈는 신자들을 경계하여 "항상 조심하여 득구할 방도(方途)를 부지런히 사용하심으로 견인의 은혜를 잃지 말지니 그리하면 한 가지로 그리스도를 얻는 자가 될 것이라(히 3:12–14)"라고 말해 주기도 한다.[767]

영세(靈洗)

레이놀즈가 번역 감수한 한역본『성령론』의 마지막 11장은 영세에 대한 논의를 담고 있다. 영세(靈洗)란 '영적 세례' 혹은 '성령 세례'의 줄임말로 사용되고 있다. 서론에서 가옥명은 성령이 성도의 영적 생명(영명)에 대하여 역사하시는 두 가지 긴요한 사역은 중생과 영세라고 명시함으로 논의를 시작한다.[768] 그에 의하면 중생은 "득구의 초보(初步)"요, 영세는 "득구의 진보한 공(功)"이라고 구분되며, 그는 또한 중생한 신자여도 영세를 받지 못한 자들이 있음을 탄식한다.[769] 왜냐하면 영세를 받지 못한 신자는 "연약 무력함을 면치

---

765 가옥명,『성령론』, 97.

766 가옥명,『성령론』, 97–98. 웨스트민스터 신앙고백서 17장 2절에 의하면 "견인의 근거는 사람에게 있는 것이 아님을 분명히 하면서 (1) 예정 교리, (2) 하나님의 변치 않는 사랑, (3) 그리스도의 중보 사역, (4) 성령의 내주, (5) 은혜 언약 등에 근거하고 있다"고 설명해 주고 있다(강웅산,『성경신학적 조직신학 구원론』, 411에서 재인용). 개혁주의적 시각에서 균형 잡힌 견인 교리 해설을 보기 위해서는 박형룡,『교의신학 구원론』, 385–415; 강웅산,『성경신학적 조직신학 구원론』, 395–413; 윤석준,『견고한 확신: 도르트 신조 강해의 정석』(서울: 세움북스, 2023), 724–942 등을 보라.

767 가옥명,『성령론』, 98.

768 가옥명,『성령론』, 98.

769 가옥명,『성령론』, 98.

못하기" 때문이고, 영세는 "참신도의 응득(應得, 응당히 받아야 할 일–필자) 또 필득(必得, 반드시 얻음–필자)한 은혜이며, 또한 성령의 낙성(樂成) 또 필성(必成)될 성공(成功, 뜻을 이룸–필자)"이기 때문이라는 것이다.[770]

영세의 의의(義意)

첫 번째 대지에서 가옥명은 영세의 의의를 해설해 주는데, 그에 의하면 영세란 "성령이 이면(裡面)에 침입(浸入)되며 혹 성령이 관투(灌透, 스며들다–필자)되며 또 성령이 충만(充滿)"하게 되는 것이다.[771] 가옥명은 "보통(普通) 성령을 받"는 것과 영세를 구분하는데, 전자는 오순절 이전의 제자들과 동일한 상태라고 설명해 준다. 그때의 제자들은 "성령의 충만함을 얻지 못하고 다만 세례(洗禮)만 받은" 상태였다고 해설해 주기도 한다.[772] 하지만 영세라는 것은 "사람의 몸, 마음, 영의 전부가 성령의 침윤(浸潤, 스며들어 젖음–필자)되고 관투(灌透)되어서 신령한 심성과 덕능(德能)의 일부분을 가짐이 됨"이라고 다시 한 번 해설해 주기도 한다.[773] 우리가 가옥명의 해설을 주목해서 본다면 그가 말하는 영세는 중생과는 구별되는 것이지만, 성령 충만과는 동일시되고 있음을 확인할 수가 있을 것이다.

영세에 대한 경언(經言)

영세의 정의를 내린 후에 가옥명은 두 번째 대지에서는 영세를 말하고 있는 성경 구절들을 주목한다. 오순절 전에 제자들은 영세를 받으리라는 약속을 받았고, 오순절 때 모두 영세 혹은 성령의 충만함을 받았다고 하는 구절들을 제시하고, 또한 일곱 집사에 대해 성령 충만함을 말하고 있음을 적시해 주고, 그 외에도 구절들이 많다는 점과 영세를 언급하지 않으나 "영세의 효

---

770 가옥명, 『성령론』, 98.
771 가옥명, 『성령론』, 99.
772 가옥명, 『성령론』, 99.
773 가옥명, 『성령론』, 99.

력(效力)"을 말하는 구절들이 많이 있다는 것을 지적해 준다.[774]

영세를 베푸는 목사(牧師)

세 번째로 가옥명이 제시하는 요점은 영세를 누가 주는가 하는 것으로, 그는 예수 그리스도가 "성신으로 세례 주시는 이"라고 하는 여러 구절들(마 3:11; 막 1:8; 요 1:33)을 언급해 준 후에, 그리스도께서 두 가지 구원 사역을 하신다고 소개해 준다. 첫째는 "사람의 죄를 속(贖)함"이고, 둘째는 "성령으로 사람의 마음을 씻는 것"이다.[775] 따라서 가옥명은 이 두 가지 구원 사역 중에 전자만 받고, 후자(영세)를 받지 않으면 "겨우 구원의 반부(半部)만 얻은 것"이라고 지적할 뿐 아니라 심지어는 "영세를 받지 못한 자는 오직 얻은 구원이 온전치 못할 뿐 아니라 예수의 구공(救功)도 이루지 못함"이라고까지 말하면서 영세를 사모할 것을 권면한다.[776]

영세를 받을 필요(必要)

이어서 가옥명은 영세를 받기 위하여 어떻게 해야 하는지를 안내해 주는데, 그에 의하면 "영세를 원하는 유일한 묘법(妙法)은 기도(祈禱)"라고 적시해 준다(눅 11:13).[777] 그러고 나서 합당한 기도의 세 가지 조건을 말해 주는데, 첫째는 "성실한 마음으로" 기도하고, 둘째는 "순종하는 마음으로 구할 것"이며, 셋째는 "신뢰하는 마음으로 구할 것"이라고 나열해 준다.[778] 가옥명은 "완전히 의지하고 신탁(信託)한다면 영은(靈恩)의 충일(充溢)함과 영세를 시행함이 자연히 될" 것이라고 말해 주기도 한다.[779]

---

774 가옥명, 『성령론』, 99-100.
775 가옥명, 『성령론』, 100.
776 가옥명, 『성령론』, 101.
777 가옥명, 『성령론』, 101.
778 가옥명, 『성령론』, 101.
779 가옥명, 『성령론』, 101. 가옥명은 신자가 "몸, 마음, 성품, 영, 생각, 말, 행동을 완전히 신탁하고 앙뢰(仰賴)"하라고도 권하기도 한다.

영세를 받을 교도

다섯 번째 대지에서 가옥명이 다루는 것은 영세를 받을 수 있는 특별한 신자가 따로 있는가 하는 문제이다. 즉, 그에 의하면 "교중에 영덕(靈德)이 고상한 특별 신도"만이 영세를 구하거나 받을 수 있느냐는 것인데, 이에 대해 가옥명은 단호히 "아니오"라고 답변을 한다. 그는 "우리 교내 신도는 누구든지"이 영적 은혜를 사모하고 받을 수 있다고 확언해 준다. 그는 신약의 여러 경우를 들어 이 사실을 입증해 준다.[780]

영세의 특은(特恩)

가옥명은 그리스도의 승천과 재림 사이의 기간을 "성령 시대"라고 부르면서, 성령이 오순절에 강림하시어 "교회 중에 영원히 거하실" 뿐 아니라, "성도의 마음에도 충만하게" 계시면서 은혜를 베푸신다고 적시해 준다.[781] 가옥명에 의하면 성령 시대는 "영적 은혜가 특현(特懸)하는 시대"인데도, 구약 시대 성도처럼 시대를 거슬러 사는 이들이나, 수세만 받고 영세를 못 받았던 사마리아인들이나 성령에 대해 듣지도 받지도 못했다고 한 에베소인들 같이 살아가는 이들이 있다고 탄식을 한다.[782]

영세의 모범(模範)

일곱 번째 대지에서 가옥명은 그리스도가 성육신하시어 지상에 임하신 후에 대속의 사역을 하셨을 뿐 아니라 "만인의 모범이 되어서 성령이 비둘기('비닭이')같이 그 머리 위에 임하는" 경험을 하셨다고 해석해 준다.[783] 그 결과 그리스도는 하늘 즉, 영계(靈界)가 열리는 체험과 하나님의 음성을 듣게 되는 체험을 하셨다(마 3:16-17)라고 해설해 주면서, 이 두 가지 체험은 영세를 받

780 가옥명, 『성령론』, 102.
781 가옥명, 『성령론』, 102.
782 가옥명, 『성령론』, 102-103.
783 가옥명, 『성령론』, 103.

는 자들이 경험하는 것들이라고 말하기까지 한다.[784]

영세의 증거(證據)

가옥명의 영세론의 마지막 대지는 "영세의 증거"에 대한 것이다. 앞서 우리는 가옥명이 말하는 영세는 성령 충만과 동의어로 쓰이고 있다는 것을 본 적이 있는데, 증거에 대한 그의 해설에 있어서도 우리가 주목해야 하는 것은 "방언이 영세의 증거가 된다"고 하는 20세기 초반 오순절 운동의 강조점을 "오설(誤說)"이라고 거듭 비판한다는 것이다.[785] 그가 말하고자 하는 것은 영세의 증거가 단지 방언만 있는 것이 아니라 다양한 은사들이나 "신덕(信德)"이나 "사랑하는 마음" 등도 있다고 하는 점이다.[786] 가옥명은 "영세의 표징(表徵) 또는 성령의 결과(結果)"는 갈라디아서 5:22–23에 나열된 성령의 열매를 맺는 것이라고 적시해 주기도 하는데, 이 또한 영세의 의미가 성령 충만과 동의어로 쓰이고 있음을 보여 주는 대목이라고 할 것이다.[787]

가옥명은 영세의 증거로서 방언만 고집하는 오순절주의자들에 대하여 여러 차례 비판을 가하였고, 오히려 "영덕(靈德), 영능(靈能), 영력(靈力), 영적 열매가 표징"이라고 강조해 주고, 만약 영세받았다는 이들이 이런 표징들이 없다면 자신도 속이고 남도 속이는 것에 불과하다고 반박한다.[788] 그에 의하면 성경적으로 보나 성도의 경험으로 보나 "영세에 대하여 적확(的確)한 증거(證據)"라고 판단되는 것은 다음과 같은 내용이라고 부연 설명해 주기도 한다.

---

784 가옥명, 『성령론』, 103. 사실 이런 식의 해석은 상당히 자의적이라는 비평을 면키 어려워 보인다. 마 3장에 기록된 그리스도의 물세례 받으심과 그의 위에 성령이 임하심과 하나님의 음성이 들림 등의 사건들은 공생애를 시작하시면서 구속사적인 유일회적인 의미가 더 강조되어야 하지 모범의 성격으로만 해석하는 것은 합당한 주해(exegesis)의 결과가 아니라 본문에 들여읽기(eisgesis)로 보인다.

785 가옥명, 『성령론』, 103. 20세기 초에 시작된 오순절 운동이나, 1960–1970년대에 범교파적으로 확산된 은사 갱신 운동 등에서 방언은 성령 세례의 중요한 증거로 강조되었다. 이에 대한 개관과 개혁신학적 비판은 Anthony A. Hoekema, *What About Tongue Speaking?* (Grand Rapids: Eerdmans, 1966)를 보라. 제3의 물결과 그 극단인 신사도 운동이 횡행하고 있는 현재에도 방언은 성령 세례의 중요한 증거 중 하나처럼 강조되고 있다.

786 가옥명, 『성령론』, 103. 가옥명은 사도행전 2:42–47에 기록된 다양한 요소들도 영세의 증거로 본다.

787 가옥명, 『성령론』, 104.

788 가옥명, 『성령론』, 104.

오직 영력(靈力)을 구유(具有)하며 영덕(靈德)을 현유(顯有)하며, 영적 열매를 맺히며, 영공(靈工)을 지으며, 따라서 영계의 위대한 사업을 이루어 하나님을 영화롭게 함을 볼지니 참으로 영세에 대하여 적확한 증거가 됨이라.[789]

영세가 이렇게도 중요하기에 영세를 받지 못한다면 "특색(特色) 있는 기독도가 될 수 없으며 따라서 기독도가 가지는 고상한 영적 생명(영명)을 소유"하지 못한다거나 영적 신자라고 할 수도 없다고 가옥명은 강조하여 말하기도 하고, 따라서 이러한 영적인 은혜를 사모하여 모두가 누리게 되기를 강권하면서 영세에 대한 논의를 마무리 짓는다.[790]

이상에서 우리는 가옥명의 구원론을 함께 살펴보았다. 그의 구원론은 성령의 직무에 대한 논의로 시작했고, 이어서 선소(選召), 중생과 반정(反正, 회심), 신심(信心), 회개, 칭의, 성성(聖成), 영세(靈洗) 등의 순서로 논의가 전개되었다. 그 사이에 레이놀즈가 추가한 세 주제도 있었다는 것을 확인하였다. 가옥명의 구원론은 대체로 장로교회적인 특색을 분명히 가지고 있다고 할 수 있다. 하나님의 주권적인 은혜에 대한 강조, 성령의 역사에 대한 강조, 전가된 의에 근거한 칭의, 성화에 대한 강조, 성령 충만에 대한 강조 등에서 그 점을 분명히 확인하였다. 하지만 어떤 의미에서는 인간의 자유에 대한 여지를 크게 주는 듯한 인상을 주기도 하고, 또한 이생에서의 완전 성화(웨슬리나 케직 교훈처럼)에 대한 경향성을 가지고 있는 듯한 언명들은 우리가 수용할 수 없는 견해들이라고 할 것이다.

---

789 가옥명, 『성령론』, 104. 이러한 가옥명의 강조점들로 보아 그는 단순히 능력이나 사역 일변도의 영세(성령 세례)론을 주창한 것이 아니라, 성화와 그리스도인다운 완전한 삶에 치중하고 있음을 알 수 있다. 정원경 박사는 이런 가옥명의 영세론은 R. A. Torrey보다는 "미국의 해외 자원운동인 학생 자원 운동에서 주장하던 거룩한 삶을 추구했던 것과 같은 맥락임을 알 수"있다고 평가했고, 또한 "평양신학교에서 인식한 '중생과 성령 세례'는 초기 한국 교회 신자들이 이해했던 성령강림 시 교회 봉사뿐만 아니라 거룩한 삶이 가능하다고 인식한 것과 같은 성령론을 알 수 있다"라고 논구 결과를 제시해 준다(정원경. "평양신학교 성령론 연구(1910-1931)", 275-276). 반면에 최윤배 교수는 가옥명의 영세론이 대체로 개혁신학과 일치하면서도, 오순절주의 경향도 가지고 있다고 비판적 언급을 하고 지나간다(최윤배, "중국인 가옥명[賈玉銘; Chia Yu Ming, 1879-1964]의 성령론 연구: 구원론을 중심으로", 153-154).

790 가옥명, 『성령론』, 104-105.

그리고 레이놀즈가 번역 감수하여 신학교 교재로 사용한 가옥명의 『성령론』은 영세로 끝이 나지만, 중국어 원본에는 득승(得勝)이라는 마지막 장(9장)이 있다.[791] 하지만 레이놀즈는 번역하지 아니하고 생략해 버렸다. 더욱이 가옥명의 『성령론』과 『내세론』 사이에도 한 권 분량이 통째로 생략이 되었다는 점도 주목해야 한다. 레이놀즈는 성령론에 이어지는 영명 생활을 다루는 제8권을 전체적으로 생략해 버렸다.[792] 이미 그가 「신학지남」에 몇 차례에 걸쳐 번역 소개했기 때문이고,[793] 평양장로회신학교 조직신학 교과목에 영명 생활은 들어있지 않았기 때문으로 보인다. 우리가 앞서 살펴본 대로 가옥명은 사변적인 신학에 대한 관심은 그다지 없었던 것으로 보이며, 오히려 모영보가 잘 지적한 대로 "가옥명은 신학 함에 있어서 생명신학, 영명신학, 그리고 실천에 대한 깊은 관심을 보였다"고 할 수 있는데,[794] 가옥명은 제8권 영명 생활 1장에서는 개론적인 설명을 제시한 후에, 2장에서는 영적 생명을 양육하는 방법(靈命的長育)을 논하고, 3장에서는 영적 생명의 본질(靈命的真相)에 대해 다루고, 4장에서는 영적 생명을 통한 하나님과의 영적 교제(靈命的神交)에 대해 논의하고, 5장에서는 영적 생명과 그리스도화(靈命的基督化)에 대해 말해 주고, 마지막 장인 6장에서는 영적 생명의 결과(靈命的功果)를 다루고 있다.[795]

---

791 賈玉銘, 『神道學(下)』, 247–255. 분량은 많지 않으며, 세 장으로 구성되어 있다(一. 得勝的地位, 二. 得勝的生命, 三. 得勝的生活).

792 賈玉銘, 『神道學(下)』, 257–340((篇八 靈命生活篇).

793 가옥명의 "영명 생활"은 「신학지남」 12/3 (1930.5): 25–29; 12/4 (1930.7): 23–28; 12/5(1930.9): 22–26; 12/6 (1930.11): 15–16; 13/4 (1931.7): 8–12; 13/5 (1931.9): 12–17 등에 연속해서 기고되었다.

794 모영보, "개혁주의 관점에서 본 가옥명의 종말론", 31.

795 賈玉銘, 『神道學(下)』, 目錄; 모영보, "개혁주의 관점에서 본 가옥명의 종말론", 32.

7. 가옥명의 『내세론』 - 가옥명의 종말론[796]

이제 우리는 레이놀즈가 번역 감수하여 출간한 후에 평양장로회신학교 교재로 수년간 사용했던 가옥명의 『내세론』에 담긴 종말론의 주요 내용들을 살펴보되, 개혁주의 관점에서 고찰해 보고자 한다.[797] 우선 본서에 담긴 가옥명의 종말론 입장에 대한 레이놀즈의 평가를 보면, 그가 "솔직하게 전천년설적인 입장"(frankly Pre-millennial)이라고 지적하면서도, "후천년설의 입장과 논증들에 대해 적절한 고려가 주어졌다"라는 점도 인정했다.[798] 또한 레이놀즈의 평가에 의하면, 저자는 "신자들에게 자신의 마음속에 설득이 되도록 성경을 스스로 상고하라는 권면과 무엇이 옳고 그른지를 결정하려는 논쟁(debate)은 피할 것"을 권하고 있다고 명시하고 있다.[799] 레이놀즈는 본서의 제1장("내세의 필유함")을 전개함에 있어서 저자가 "조리가 있고 순하며 믿고 의지할 만한 중에 특히 신구약적으로 증한 것이 더욱 진귀함을 특언(特言)"한다고 밝히기도 한다.[800] 가옥명은 총 7개 장으로 논의를 개진해 주는데, 장별로 주요 내용

796 가옥명의 내세론 분석은 "중국인 신학자 가옥명(Jia Yuming, 1880–1964)의 종말론 고찰"이라는 제하에 「조직신학 연구」 45권 (2023.12): 78–117에 공표된 글임을 밝힌다.

797 가옥명, 『내세론』, 정재면 역 (평양: 장로회신학교, 1931). 내지에 소개된 영어 제목을 보면 "Eschatology or the Doctrine of Final Things"로 되어 있다(페이지 매김 없음). 그리고 본서는 총 7개장으로 구성되어 있는데, 1장 내세의 필유(必有), 2장 사망, 3장 기독의 부림(復臨), 4장 천희년(千禧年), 5장 부활, 6장 심판, 7장 영생과 영벌 등이다. 참고로 앞서 언급했던 謝衛樓, 『神道要論』(上海 : 美華書館, 1908)에는 제5권 "來世之報"라는 제하에 37. 죽음과 내세의 생명에 대해 논함, 38. 몸이 다시 사는 것에 대해 논함, 39. 예수의 재림에 대해 논함, 40. 마지막 날의 심판에 대해 논함, 41. 영원한 상과 영원한 벌 등으로 구성되어 있다. 총 300여 쪽 되는 책 중에 내세론에 관한 부분은 16쪽에 불과하기에, 1921년에 출간된 가옥명의 『내세론』에 비하면 매우 빈약하다고 할 수 있다. 한 가지 밝히고 넘어갈 것은 가옥명의 1921년 판 원서는 접근할 길이 없고, 1990년대 대만에서 출간된 다음의 판본을 참고했음을 밝힌다(賈玉銘, 『神道學[附篇]』, 賈玉銘全集 11, 2판 [臺北: 橄欖基金會, 1998]).

798 Reynolds, "Foreword."(페이지 매김 없음).

799 Reynolds, "Foreword."(페이지 매김 없음).

800 Reynolds, "서문."(페이지 매김 없음).

을 개관하고 평가하도록 하겠다.

내세의 필유(必有)

가옥명은 제1장 내세의 필유(必有)에서 우리 몸과 영혼의 이분설적인 토대 위에서 몸이 죽어도 "참된 자아 혹은 본체"인 영혼은 죽는 것이 아니라 "영원히 존재한다"는 것을 다각도로 증명하고자 한다.[801] 그가 제시하는 증거는 총 여덟 가지나 된다.

첫째 증거로 제시한 것은 물리적 증거인데, 가옥명은 우선 우리의 신체를 구성한 세포들은 7년마다 모두 바뀌지만, 영혼은 "그대로 여전하여 결코 물질을 따라 개변(改變)되거나 갱역(更易)"되지 않는다는 점을 제시한다.[802] 또한 물질은 자연계에 속하여 나누이거나 개변되기도 하지만, 영혼은 "신령계의 물(物)임으로 홀로 천연계를 초월하여 자유로 상존(常存)"한다고 적시해 주기도 한다.[803] 그리고 물질은 멸해질 수 있지만, 영혼은 하나님께서 "그 존재함을 즐겨하지 아니하여 훼파(毁破)함이 없으면" 불멸하다는 말도 가옥명은 한다.[804]

둘째로 가옥명은 생리적인 측면에서 두 가지 증거를 제시해 준다. 우선 그는 인간의 사유 활동이 뇌수와 관련이 되어 있기에 뇌수 활동이 멈추게 되면 영혼도 소멸한다고 주장하는 이들에 반대하면서 뇌수는 영혼의 사용하는 악기와 같은 것에 불과하기에 몸이 죽고 난 후에도 영혼이 소멸하지 않고 불멸한다고 논박해 준다.[805] 또한 생물학에서 세포가 죽으면 다른 세포가 생성되

---

801 가옥명의 인간의 구조적 본성에 대해서는 가옥명, 『인죄론』, 정재면 역 (평양: 장로회신학교, 1931), 11–13을 보라.

802 가옥명, 『내세론』, 2–3. 바빙크 역시도 세포가 7년 단위로 모두 바뀐다는 주장을 제시한다 (Herman Bavinck, *Reformed Dogmatics,* trans. John Vriend, 4 vols. [Grand Rapids: Baler, 2003–2008], 4:695–696)

803 가옥명, 『내세론』, 3.

804 가옥명, 『내세론』, 3. 이런 가정적 해설에는 자칫하면 영혼 소멸의 가능성이 존재할 수도 있는 것처럼 읽혀질 수 있다.

805 가옥명, 『내세론』, 4–5. 상세한 논의와 반박 후에, 가옥명은 "심령과 물질 두 세계의 소개(紹介)가 멸제(滅除)된 것을 가르쳐 두 세계가 공멸된다 하면 도리에 통치 못함이 심하다 할지로다"라

거나, 수천 년 된 종자를 심으면 생명이 싹트거나, 일반적으로 종자가 썩어 "더욱 크고 영화스러운 생명을 계속하는 것" 등도 "영생불멸하는 사진(寫眞)"이라고 가옥명은 예증하고, 요한복음 17:3의 말씀을 인용하면서 영혼은 하나님과 그리스도를 앎으로 영생, 즉 영원불멸에 이른다고 논증해 준다.[806]

셋째 증거는 "철리(哲理)로써 정(証)"하는 것으로, 가옥명은 사람이 하나님의 형상을 따라 지음받았기에 인간의 영혼 역시도 불멸하다는 논증을 제시하고, 또한 진화론에 근거하여 사람은 "사후에도 향상(向上)의 도정(道程)"이 있을 것이라고 말하기도 한다.[807]

넷째 증거로 제시한 것은 심리적인 방면에서 취한 것으로, 가옥명은 사람들은 영생 혹은 영혼 불멸에 대한 간절한 소원을 본능처럼 가지고 있다는 것, "사람의 천성은 실로 확전(擴展)하고 발달하여 가히 제한할 수 없는 용량"을 가지고 있어서 유한한 인생으로는 그 뜻을 펼칠 수 없다는 것, 사람은 누구나 임종 시에 두려워하는 마음이 있다는 것 등을 통하여 논증하고, 심지어는 19세기 말에 발전하기 시작한 심령술(spiritism)의 주장들도 소개하면서 영혼의 존재와 불멸에 대한 자신의 논증을 전개하는 데 활용하기도 한다.[808]

다섯째 "의리(義理)로써 정(証)함"에서는 인간 세상에서 상선벌악이 제대로 시행되지 않고 있는 현실에서 사람의 마음 가운데는 의인의 억울함을 풀고, 악인들이 징벌받는 날에 대한 갈망이 있고 그 갈망이 성취되기 위해서는 영혼이 내세에도 존재해야 한다는 점을 가옥명은 논증해 주고 나서, "금세는 도덕 생활하는 장소이며 내세는 영생을 누리는 지점"이기에 "성인과 현사(賢士)의 단련(鍛鍊)한 예비 공부(工夫)"에 대하여 "후일의 쾌락한 세계"가 예비되

고 끝맺는다(5).

806 가옥명, 『내세론』, 5–6.

807 가옥명, 『내세론』, 6–7. 가옥명은 그가 의지한 신학적 멘토 중 하나인 스트롱을 따라 물질계에 관한한 유신진화론(theistic evolutionism)을 취하였다(가옥명, 『신도론』, 89–90). 스트롱의 유신진화론에 대해서는 August H. Strong, *Systematic Theology. A Compendium,* 3vols. (Old Tappan: Fleming H. Revell Co., 1979), 2:391–397을 보라.

808 가옥명, 『내세론』, 7–9. 가옥명은 심령술을 긍정적 증거로 활용했지만, 죽산 박형룡은 비판적으로 다룬다(박형룡, 『교의신학 내세론』, 167–172).

어 있다고 해설해 준다.[809]

가옥명의 제시한 여섯 번째 증거는 "속리(俗理)로써 정함"인데, 일반적으로 많이 활용되는 바 고대인들의 장례 풍속에서 드러나는 보편적인 내세 신앙의 예들을 다양하게 제시해 준다.[810] 일종의 보편적 승인(*consensu gentium*)의 논증을 제시한 후에, 가옥명은 "이것이 실로 사람의 심령 중에 갖춘 바 천연(天然)의 양지(良知)와 본능"이라고 끝맺는다.[811]

이어지는 일곱 번째 증거는 주요 종교들(회회교, 인도 불교, 도교, 유교 등)의 내세관인데, 가옥명은 각 종교의 특이점들을 분별하여 설명하되 결국에는 "내세의 관념이 비단 인류(人類)만 공유할 뿐 아니라 또 각 종교의 요도(要道)가 됨을 가히 알라"고 총언(總言)해 준다.[812]

이상의 일곱 가지 증언은 일종의 합리적인 논증 내지는 일반 계시 차원의 증명이라고 할 수가 있고, 마지막 여덟 번째 제시하는 증거는 하나님의 계시인 성경 계시로써 증명하는 것이다.[813] 가옥명은 구약에서도 스올에서의 존재를 말하고 있고, 신약에 이르러서 "상명(詳明)하고 적확(的確)"한 언급이 있다고 적시해 준다.[814] 그는 영혼의 사후 존재뿐 아니라, 그리스도의 재림 후에 일어날 일들인 육체 부활, "대환난, 천희년(천년왕국– 논자)과 신국(神國)의 임함과 만물의 부흥(復興)과 맨 나중에는 장차 대심판이 있을 것과 신천신지가 있을 것"이라고 요약적으로 제시해 준다.[815]

---

809 가옥명, 『내세론』, 9–10. 때로 가옥명의 어휘들은 서양적이기보다는 동양적인 것들이 있어 주의를 기울여야 한다.

810 가옥명, 『내세론』, 10–11. 유사하지만 더욱 방대한 논의는 박형룡, 『교의신학 내세론』 (서울: 은성문화사, 1974), 87–92나 Loraine Boettner, *Immortality* (London: Pickering & Inglis, 1958), 61–64를 보라.

811 가옥명, 『내세론』, 10–11.

812 가옥명, 『내세론』, 11–12.

813 가옥명이 제시하는 류의 증거들을 죽산 박형룡은 "영생에 대한 일반 계시의 증언"이라고 부르고(박형룡, 『교의신학 내세론』, 85–106), 가옥명처럼 성경적 증거를 제시하면서 "영생에 대한 특별 계시의 증언"이라고 칭하였다(가옥명, 『교의신학 내세론』, 106–115).

814 가옥명, 『내세론』, 12.

815 가옥명, 『내세론』, 12. 재림 후에 일어날 일들을 나열하는 순서만으로도 그의 전천년설적인 입장을 드러내 준다.

죽음 사망(死亡)

가옥명은 "내세의 필유"에 이어서, 제2장에서는 사망(死亡)에 대해 다루는데, 크게 세 부분으로 논의를 전개한다. 먼저 사망의 정의를 내린 후에 사후 상태에 대해 의인과 악인으로 나누어 설명하고, 사후 상태(혹은 중간기 상태)에 대한 오류설인 수면설, 연옥설, 멸절설 등에 대해 비판적으로 서술해 준다.[816]

죽음은 어떤 것인가?

가옥명은 죽음이 무엇인지에 대한 해설로 시작하는데, 먼저는 악인의 죽음을 다룬다. 그는 악인은 이 세상에 살아도 "비록 기식(氣息)은 있지만 죽은 것과 다름이 없다"라고 말한다. 소위 죄 때문에 영적 생명이 죽었기 때문이다.[817] 또한 장차 "몸과 영이 분리(分離)"된 육체적 죽음도 경험할 수밖에 없게 되고,[818] 재림 후에는 둘째 사망 또는 영원한 사망에 이를 수밖에 없게 된다고 그는 적시해 준다. 그는 영원한 사망은 멸절을 말하는 것이 아님을 명시하고, 오히려 "다만 영혼이 구축(驅逐)되어서 하나님을 원리(遠離)함만 가르쳐 말함이 아니라, 또한 영혼과 신체가 다시 합한 후에 최종으로 만나는 화(禍)와 받는 고(苦)를 말하는 것"이라고 적시해 준다.[819]

이어서 선인의 죽음도 3중적인 것으로 가옥명은 설명해 주는데, 먼저는 그리스도와 연합한 자가 죄에 대하여, 율법에 대하여, 그리고 세상에 대하여 죽는 "옛 사람의 죽음"이 선행되고, 후에 육신적 죽음을 경험하되 원래 "저주의 일부분이지마는 신도에게는 도리어 복리(福利)로 화(化)"하여 "잠자는 것과

---

816 가옥명, 『내세론』, 13–14. 각장별로 촬요(撮要)라는 이름하에 장에서 다루는 내용을 도식화해 주는 것은 번역 감수자인 레이놀즈가 제공하는 것이다.

817 가옥명, 『내세론』, 14–15.

818 가옥명, 『내세론』, 15.

819 가옥명, 『내세론』, 15–16. 악인의 3중적 죽음에 대한 소개는 성경적으로 적실하며, 후크마 역시도 동일한 해설을 제시해 준다(Anthony A. Hoekema, *The Bible and the Future* [Exeter: Paternoster Press, 1979], 82).

같은 죽음"을 경험하게 되고, 궁극적으로는 부활의 날에 "죽지 아니하고 변화(變化)하게" 된다고 정리해 준다.[820]

사후의 선인과 악인의 경상(景狀)

두 번째 주제는 죽음과 재림 사이의 중간 상태(intermediate state)에서 선인과 악인의 경상(景狀)이 어떠한가 하는 것이다.[821] 먼저 선인의 중간 상태에 대해 다루는데, 가옥명은 구약과 신약의 성도들 간에 차이가 있다고 없다고 하는 입장, 즉 같은 곳에 간다고 하는 입장이 "교중(教中)의 보통 신앙"이라고 소개한 후에 또한 구약 성도는 음부(스올)에 가고 신약 성도는 곧바로 낙원에 간다고 구분하여 말하는 이들도 있음을 말해 준다.[822] 이어서 신자들이 중간 상태에서 누리는 지복(至福)에 대해 "과연 넘치는 낙(樂)"이라고 명시한 후에, "평안히 안식"하고, "영명(靈明)의 지식"을 누릴 것이며, "주로 더불어 함께 처하고", "하나님으로 더불어 같이 있을" 것이며, "다시 범죄 아니함"에 이를 것이며, 성도들 간에 피차 알아보게 될 것이라고 적시해 준다.[823]

가옥명은 악인의 중간 상태에 대해서는 다섯 가지 요점으로 정리를 해 준다. 악인은 "지옥(地獄)에 갇히"어 "고통만 받게 되며", "기억성과 정애(情愛)와 이성(理性)"을 가진 상태를 누리며, 다시 구원받을 기회에 대한 소망도 없으며, 장차 몸의 부활 후에 전인으로 받게 될 영원한 고통을 기다려야 하는 상태라고 적시해 준다.[824]

---

820 가옥명, 『내세론』, 16–18.

821 중간 상태에 대해 후크마는 "the state of the dead between death and the resurrection"이라고 정의해 준다(Hoekema, *The Bible and the Future,* 92).

822 가옥명, 『내세론』, 18–19.

823 가옥명, 『내세론』, 19–21. 신자의 중간 상태에 대한 가옥명의 해설은 간단간단하지만, 성경적인 자료들을 적절하게 잘 엮어가면서 감동적인 필체로 전개된다. 특히 죽음 이후의 신자들은 다시는 죄를 지을 수도 없게(*posse non peccare*) 된다고 하는 것은 아우구스티누스의 4중 상태론에 있어 영광의 상태(*status gloriae*)에 대한 해설과 부합하는 것이다(Augustinus, *Correction and Grace* XXXIII; *Enchiridion*, Ch. 118).

824 가옥명, 『내세론』, 21–22. 복음주의 신학자인 가옥명은 사후 구원의 기회(*post mortem* chance or second chance)가 없다고 확언하는데, 그는 중간 상태의 논의 전개에 있어서 눅 16:19–31의 비유 말씀을 여러 번 활용한다.

사후 경상에 대한 오설(誤說)들

세 번째 논의 주제는 사후 상태에 대한 잘못된 견해들을 소개하고 논박하는 것이다. 가옥명은 세 가지 오설들을 제시해 주는데, 첫째는 "영혼수면설"로서 사후에 영혼은 모두 잠을 자다가 부활의 날에 깨어 심판받고 영원한 상태로 들어간다는 입장이라고 소개한 후에, 성경에 따라 사람의 몸은 쉬나 영혼은 의식적인 생활을 한다고 답변해 준다.[825]

두 번째 오설은 "연옥이 있다는 설"이라고 이름하였으나, 가옥명은 로마 교회의 사후거처론을 소개하고 그중에 연옥에 대한 비판적 논의를 포함시켰다. 로마 교회는 사후에 천당, 지옥, 영아림보, 연옥으로 나누어 말한다고 그는 해설해 준 후에, 주 앞에서 완전하지도 거룩에 이르지도 못한 대다수의 신자들이 연옥에 들어가 "생전에 제하지 못한 죄를 연소(煉消)한 후에야 천계에 올라가게" 된다고 하는 해설을 소개해 준다.[826] 그렇다면 이 연옥설에 대한 가옥명의 반론이 무엇일까? 그는 연옥설을 지지할 성경적 근거가 전혀 없다는 점을 먼저 적시해 주고, "주의 일을 오론"하며, "하나님의 권세를 참월(僭越)"하는 일이며, 그리스도가 성취하신 속죄 사역을 경시하는 일이오, 사후에 구원 얻을 기회가 없는데 있다고 호도하며, 교황과 교직자들의 사리를 좇는 것이라고 반박해 준다.[827]

중간 상태에 대한 세 번째 오설은 영혼멸절설인데, 가옥명은 죽음을 "영혼의 멸몰(滅沒)"로 해석하는 것은 성경적으로 부당하다는 점을 밝혀 준다. 그는 먼저 성경에서 죽음의 의미가 무엇인지를 해설해 주고, 죽음이 멸절이 아님을 말하는 구절들을 제시해 주고, 하나님의 공의 때문에 악인이 멸절하는

---

825 가옥명, 『내세론』, 22–23. 칼빈이 처음으로 쓴 신학 논문 *Psychopannychia* 역시도 재세례파의 영혼수면론에 대한 논박이었다(Cf. 박재은, "하나님 나라의 관점으로 읽는 존 칼빈의 『영혼의 깨어있음에 관하여』(*Psychopannychia*)", 「신학지남」 84.2 [2017]: 185–216).

826 가옥명, 『내세론』, 23. 가옥명은 언급하지 않은 조상림보(*limbus patrum*)를 비롯하여 로마 교회의 사후거처론 혹은 중간기상태론에 대한 정해와 비판은 박형룡, 『교의신학 내세론』, 141–149를 보라.

827 가옥명, 『내세론』, 24–26. 그는 연옥설에 대해 반론을 제시하는 중에 이 연옥설이 이집트, 헬라, 로마에 유행하던 이 사상을 수용한 것이라고 비판하기도 한다(25).

것이 아니라 심판을 받게 된다고 적시해 준다.[828]

그리스도의 재림(3장)

가옥명은 3장에서 그리스도의 재림("基督의 復臨")에 대해 다루는데,[829] 서론에서는 재림을 영적으로 해석하는 여러 해석들을 모두 물리치고, 재림에 대해서 성경이 300여 번이나 자세하게 말하고 있다고 적시해 준다.[830] 이어지는 그의 재림론은 다섯 대지로 나누어서 논의를 개진한다.[831]

예수의 재림에 대한 명언(明言)

첫 번째 대지에서 가옥명은 재림에 대한 성경적인 증거들을 제시한다.[832] 먼저 그리스도가 친히 재림에 대해 약속하신 말씀들(계 22:20; 마 24:30-32 등)을 소개하고 나서, 승천 시 천사의 증거한 바(행 1:10-11)를 제시해 주고, 그리고 성령의 감동을 받아 성경의 여러 저자들이 재림에 관해 예언하고 약속한 바를 그는 소개해 준다.[833]

예수의 재림할 경상(景狀)

가옥명은 먼저 재림이라는 단어의 자의를 성경 속에서 해명해 주는데, "재림함", 도성인신하실 때 "나타나심", "현현(顯現)함", "주의 날" 등에 대해 말해

---

828 가옥명, 『내세론』, 26. 오늘날 복음주의자들 중에는 존 스토트와 같이 악인들의 멸절설을 주장하는 이들이 존재한다. 멸절설에 대한 자세한 비판은 박형룡, 『교의신학 내세론』, 156-162; Hoekema, *The Bible and the Future,* 266-273 등을 보라.

829 가옥명은 재림이라는 말과 부림(復臨)이라는 말을 혼용하고 있는데, 우리가 흔히 사용하는 재림(再臨)이라는 용어로 통일하여 쓰도록 하겠다.

830 가옥명, 『내세론』, 28-29. 가옥명은 뒤에 가서도 다음과 같이 강조하여 말한다: "기독의 재림하는 도는 실로 극히 중대하고 긴요한 문제임으로 성경 중에 상론되었나니, 혹이 왈 신약의 장절을 평균히 계산하여 보면 매 25절에 반드시 1절은 이 도에 대하여 밀절(密切)한 관계가 있다 하였도다"(45).

831 가옥명, 『내세론』, 26-27(撮要).

832 가옥명은 "오직 성경으로"(*Sola Scriptura*)라는 종교개혁의 형식적 원리를 항상 존중하여 신학 작업을 했다. 그의 성경은 가옥명, 『기독교 증험론』, 75-116을 보라.

833 가옥명, 『내세론』, 29-30.

준다.[834]

두 번째 항목에서 그는 초림과 재림("前後 兩次의 降臨")을 비교하여 주는데, 욕됨과 영광의 구별, 숨김과 나타남의 구별, "버림을 당함과 환영함의 구별", 대속하기 위하여 죽으심과 "그 자민으로 더불어 같이 생활하며 같이 즐거워함"의 구별, "심음과 거둠의 구별", "종 됨과 왕 됨의 구별", "비관(悲觀)과 낙관(樂觀)의 구별" 등으로 짝을 지어 해설해 준다.[835]

가옥명은 이어서 세 번째 항목에서는 승천과 재림의 동일한 점을 해설해 주는데, 그리스도는 "승천하신 대로 재림하실 것"이요, 부활체를 입고 올라가신 것처럼 부활체를 입고 재림하실 것이며, 몰래 올라가신 것이 아니라 뭇 사람이 보는 데서 올라가신 것처럼 재림하실 때도 현연(顯然)할 것이며, 감람산에서 승천하셨으니 동일한 산에 재림하실 것이라고 그는 해설해 준다.[836]

마지막 항목에서 가옥명은 예수님이 감람산상에서 전해 주신 종말론 강화(마 24–25장)를 간략하게 논급해 주는데, 이 두 장에 대해 네 가지 해석이 있음을 소개하고 나서, 자신의 입장으로는 예루살렘의 멸망, 그리스도의 재림, 세계 말일 등 3자 모두에게 적용하는 해석을 취한다.[837]

예수께서 재림하셔서 하실 일들

세 번째 대지에서 가옥명은 예수 그리스도의 재림의 목적에 대해서 다루는데, 재림의 주는 신자를 부활시키실 것이오, 교회는 성별하여 공중으로 휴거시키실 것이며, "대죄인을 멸하시며", 마태복음 6:10의 간구대로 "그리스도의 유형한 나라"를 세우실 것이요, 또한 성도들의 "구원을 완성하실 것"이

---

834 가옥명, 『내세론』, 30.

835 가옥명, 『내세론』, 31–32.

836 가옥명, 『내세론』, 32–33. 가옥명은 승천하신 그리스도의 몸이 "인령(人靈)과 인성(人性)을 구유하셨나니 재림하실 그리스도도 또한 반드시 인령과 인성이 있어 죽음에서 부활하신 영체(靈體)를 구유한 그리스도일 것"이라고 적시해 준다(33). 그러나 그가 마지막 항목에서 제시한 감람산에로의 재림이라고 하는 해설은 세대주의의 문자적 해석에 따른 것이라고 보아야 할 것이다.

837 가옥명, 『내세론』, 33–34.

라고 해설해 준다.[838] 이 대목에서 가옥명의 세대주의적 전천년설이 두드러지기 시작하는 것을 우리는 주목해야 한다.

예수께서 재림하실 시일(時日)

가옥명의 전천년설적인 입장은 재림의 시일을 논하는 네 번째 대지에서부터 더욱 명료하게 나타나는데, 우선 전천년설("天禧年前派")과 후천년설("天禧年後派") 양 입장은 성경에 근거하여 제시된 것이며, 각 교파 안에 다 존재한다는 점을 적시해 준다.[839] 그는 레이놀즈가 서문에서 적시한 대로 양 입장을 공정하게 살피고 소개하려고 노력하는데, 먼저 전천년설의 입장에 대해서는 재림 전에 적그리스도의 등장과 활동이 있어야 하고, 교회의 부패함, 각종 재난, 박해 상황, 신자가 순수하지 않음, 세계의 위난 등이 있어야 한다는 말씀들을 증거로 제시하였다. 또한 후천년설이 말하는 천년왕국은 그리스도의 왕국이 아니며, 경성하여 깨어 있으라는 경고의 말씀이나 재림 전에 "세계가 점차로 개량될 것을 명언함이 없다"라는 점 등을 들어서 천희년 전의 재림설이 맞다고 그는 주장한다.[840]

가옥명은 이어서 후천년설의 입장을 이해하는 차원에서 소개해 주는데, 이 파에 의하면 복음이 천하에 전파되고 힘을 얻으므로 "이 세상은 점차 진화하여 하나님의 나라의 기상이 이를 것"이라고 주장하며, 적그리스도와 악한 자들도 억제를 당하게 될 것이요, 영적 능력을 힘입어 복음을 보급케 되며, 악한 자나 선한 자나 단 한 번에 부활(일반 부활)한다고 주장되며, 요한계시록 20장의 천년기에 대한 말씀도 비유적으로 읽어야 한다고 주장하는 것으로 소개한다.[841]

---

838 가옥명, 『내세론』, 34-36. 구원의 완성에는 성도의 부활과 변화, 하나님의 자녀들로 나타남, 일한 대로 상을 받음(상급의 차등), 주와 같이 왕 노릇하고, 주와 더불어 동낙하게 되는 것이 포함된다.

839 가옥명, 『내세론』, 36. 가옥명은 "재림하심과 천희년을 믿지 않는 자"도 있으나, 상술하지 않겠다고 단언적으로 말하는데, 그는 칼빈을 비롯한 무천년설(Amillennialism) 역시도 주요 천년기설이라고 하는 인식이 전무했다는 것을 알 수 있다.

840 가옥명, 『내세론』, 36-39.

841 가옥명, 『내세론』, 39-41. 가옥명은 후천년설에 의하면 천년기도 문자적 천년이라고 해석할 필

양 입장을 차례대로 소개한 후에, 가옥명은 "양파(兩派)의 구별(區別)"이하는 제하에 전천년설과 후천년설의 견해가 다르고, "서로 모순되어 결코 조화할 수 없다"라고 평가해 준다. 성경에 한 번이라도 언급되어도 믿을 만하다고 주장하는 가옥명은 후천년설이 근거로 제시하는 겨자씨 비유나 누룩 비유(마 13장)에 대해서 건전한 해석(exgesis)이 아니라, 부당한 들여 읽기(eisgeis)를 행하기도 한다.[842]

이어지는 네 번째 항목에서 가옥명은 재림의 시기에 대해서는 알 수 없다는 것을 강조해 주고, 재림의 시기가 갑작스러울 것이므로 항시 깨어 있어야 한다고 경계해 준다.[843]

그리스도의 재림의 징조(徵兆)

마지막 다섯 번째 대지에서 가옥명은 그리스도가 재림하시기 전에 어떤 징조가 있을 것인지를 다루는데, 먼저는 각종 재난이 있을 것이며(자연계, 사회와 정계, 국가 등), 그리고 "만국에 복음이 전파될 것"이며, 신자들이 "성경을 떠나고 도를 배반할 것"이며, 교회가 영적으로 냉랭해지고 사랑이 식게 될 것이며, 오히려 물질 문명은 고도로 발달하게 될 것이며, 구약 수백 곳에서 예언한 대로 "유대인이 귀국(歸國)"하고 "구원을 얻을 자가 족하게" 될 것이며, "대죄인이 출현할 것"이라고 가옥명은 정리해 준다.[844] 가옥명의 논의는 세대주의 전천년설의 관점에서 개진되었으나, 그는 재림 신앙의 중요성을 거듭 강조해 주었으며, 특히 "역대 선교사가 구원의 도를 전파할 때 힘없는 원동력"이었다고 적시해 주기도 한다.[845]

요가 없고, "혹 짧든지 길든지 할 것"이라고 해석한다고 소개해 준다.

842 가옥명, 『내세론』, 42–43. 그는 겨자씨의 발육이나 반죽을 부풀케 한 누룩에 대해 교회의 표면적 성장을 말할 뿐 "교회의 본질을 잃어버림"이라고 오석(誤釋)한다. 이 비유들에 대한 건전한 해석은 강대훈, 『마태복음(상)』 (서울: 부흥과개혁사, 2019), 857–861을 보라.

843 가옥명, 『내세론』, 43. 이러한 입장은 당시 한국 교회에 많은 영향을 미쳤던 길선주가 시한부 종말론을 말한 것과 대조적인 부분이다(길선주, "말세학", in 『말세학, 말세론』 [서울: KIATS, 2010], 387–389).

844 가옥명, 『내세론』, 43–45. 동일하게 전천년설이지만, 역사적 전천년설을 취하는 죽산의 재림의 징조론을 비교해 보라(박형룡, 『교의신학 내세론』, 184–198).

845 가옥명, 『내세론』, 45.

천년왕국("千禧年")

가옥명의 전천년설은 제4장 천희년(千禧年)에서 상세하게 전개되는데, 그는 "성경 중에 천희년을 논한 요훈(要訓)이 심히 많으며", "이 요도에 대하여 료해(了解)하기 어려우면 다른 요도(要道)에 대하여 있어서도 또한 오회(誤會, 오해-논자)함을 면키 어려울 것"이라고 강조하며 논의를 시작한다.[846]

천희년의 근거

천희년 또는 천년기에 대한 가옥명의 논의는 먼저 성경적 증거 제시로 시작된다. 그는 천희년 도리가 "구원의 기초만 아니라 또한 확실한 근거"가 있다고 명언한 후에, 구약에서 메시아 왕국에 대한 예언들, "안식일, 안식주간, 안식월, 안식년, 7개 안식년의 안식년" 등이 천희년에 대한 예고 내지 예표라고 해석한다.[847] 또한 다니엘이 말한 70이레 예언(단 9:25–27)에 대한 해설이나 창조 후 6천 년 후 천년기가 있을 것에 대한 세대주의적 해석을 증거들로 제시한다.[848] 또한 신약의 증거로는 요한계시록 20:2–7에 천년왕국이 6차례나 언급된 점을 적시하고, 만물의 회복과 갱신을 말하는 구절들(롬 8:21; 행 3:21) 등을 증거 구절로 제시한다. 이러한 증거 제시 후에 가옥명은 "성경이 이 천희년 도리에 대하여 이미 상절(詳切)하게 말하였으니 다시 의실 둘 필요가 없다"라고 단언하기도 한다.[849]

천희년 전의 대사(大事)

가옥명은 성경적 근거 제지에 이어 천년왕국 전에 일어날 큰일들에 대해서 13가지를 나열해 주는데, 주의해서 보면 고전적 세대주의의 가르침을 그

---

846 가옥명, 『내세론』, 47.

847 가옥명, 『내세론』, 47–48.

848 가옥명, 『내세론』, 48. 다니엘의 70이레에 대한 세대주의적인 해석은 레이놀즈의 동료 선교사였던 윌리엄 스왈른의 해석에서도 반복되고 있다(소안론, 『다니엘서 요해』 [1938/ 서울: 대한기독교서회, 1954], 81–97).

849 가옥명, 『내세론』, 48.

대로 따르고 있음을 확인할 수 있다. 그는 천희년 전에 "이방 교회의 수가 족하게 되며", 그리스도가 공중에 강림하실 것이며, 의인은 부활하고, 신자들은 공중 강림하신 그리스도에게로 끌어올려져(携擧) 혼인 잔치를 하게 되며, 지상에서는 7년간 대환난(전 3년 반, 후 3년 반)이 있을 것이고, 그 후에 그리스도의 지상 재림("基督의 榮光이 顯現할 것")이 일어나고 그때는 유대인이 회개하고 그리스도를 환영할 것이며 "지상 만민들을 판별(判別)"하는 일과 "사탄이 매임을 당"하는 일과 대환난기에 죽은 신자들이 다시 부활하게 되고 그러고 나서야 비로소 지상에서 그리스도의 왕국이 이루어질 것이라고 해설해 준다.[850]

천년왕국의 경상(景狀)

가옥명은 천년왕국의 경상을 네 가지 방면으로 나누어 해설해 준다. 첫째는 "국정(國政) 방면"인데, 모든 나라가 공동으로 통합될 것이며, "화평의 님군"이신 그리스도의 통치하에 온 세계는 평화를 누리게 되며, 그리스도의 철장(鐵杖) 정치 아래 정치가 "창명(昌明)될 것"이라고 해설해 준다.[851]

두 번째로는 "종교 방면"인데, 가옥명은 천년기 동안에 복음이 편만하게 보급될 것이며, 신자들의 신앙이 아주 순수해질 것이며, 그리스도의 진리가 거주민의 헌법이 되고, 정치와 종교와 합일(合一)될 것이라고 해설해 준다.[852]

세 번째는 "국민 방면"에서인데, 가옥명은 천년왕국에 사는 국민들이 모든 차별이 없이 평등을 누리고, 자유를 누릴 것이며, "평안히 거하여 낙업(樂業)

---

850 가옥명, 『내세론』, 48–50. 가옥명은 세대주의자들의 공통된 기대대로 말세에 이스라엘 백성 전체가 그리스도에게 돌아올 것에 대해 확신하여 말하곤 했다(가옥명, 『기독교 증험론』, 55). 물론 마지막 세대의 유대인의 회복과 민족적 회심의 주제는 단순히 세대주의만의 특징은 아니고, 어떤 천년기설을 취하는지와 무관하게 많은 이들이 소망해 온 내용이기도 하다. 이 문제에 대한 죽산 박형룡과 다양한 학자들의 입장은 이상웅, "'그리하여 온 이스라엘이 구원을 얻으리라' – 유대인의 미래적 회복에 관한 죽산 박형룡의 입장 고찰과 신학적인 평가", 「신학지남」 84/4(2017): 153–191을 보라.

851 가옥명, 『내세론』, 51–52. 철장 정치가 주는 부정적인 뉘앙스 탓에 가옥명은 현재 상한 갈대와 같은 세상 정치에 대비하여 "그리스도의 나라는 반드시 평강과 화평이 무궁하여 공의가 영원"하다는 의미로 해설해 주기도 한다(52).

852 가옥명, 『내세론』, 52–53.

할 것"이며, 또한 "수한(壽限)이 연장(延長)"될 것이라고 설명해 준다.[853]

마지막 네 번째로는 천년기에 "세계가 취속(取贖)"되고 "만물이 부흥할 것"이라고 가옥명은 주장한다. 그는 세대주의에 만연한 세계파괴설적인 입장이 아니고, 세계갱신설의 입장을 취하고 있음을 보여 주는 대목이다. 가옥명은 그리스도가 교회만 구속하시는 것이 아니라 "세계를 위하여 중가(重價)를 부여하였음으로 세계가 다시 취속함"을 입게 될 것이라고 해설해 주고, 원래 에덴동산에서 그러했듯이 모든 동물들 세계도 야수성이 사라지고 서로 "화락하며 친모(親慕)"할 것이라고 해설해 준다.[854]

천희년에 대한 품평(品評)

천년기에 대한 가옥명의 논지의 마지막 대지는 천희년에 대한 반대론을 비판적으로 소개하는 것이다. 가옥명은 그리스도의 왕 되심을 영해하면서 지상에서 왕이 되심을 부인하는 자들("혹 천희년을 부인하는 자"), 만물이 갱신되어 부흥케 된다는 말씀도 복음의 왕성하게 되는 것으로 해석하는 이들, 그리스도의 지상 통치를 마치 성령의 영적인 공력과 복음의 효력이 부족하여 대체하는 것으로 오해하는 이들에 대해서 반박하고 자신의 입장을 변호한다. 가옥명은 앞서 언급한 대로 미국 장로교회 신학자들(하지 부자)과 어거스트 스트롱 등의 신학에 많은 영향을 받은 사람이지만, 천년기에 관해서는 그들을 전혀 따라가지 않고 비판한다.[855]

---

853 가옥명, 『내세론』, 53–54.

854 가옥명, 『내세론』, 54–55. 길선주 역시도 우주개조론적 재림론을 주창했다(길선주, "말세학", 431; 이상웅, "해방 이전 한국 장로교 목사들의 종말론", 「조직신학 연구」 37 [2021]: 104). 가옥명은 천년왕국의 景狀을 총언하여 원시조 아담이 타락하기 전의 "前景狀을 回復함"이라고 말한다(55). 이는 형식적으로 보면 구속을 "창조의 회복"(restitution of creation)으로 이해하는 개혁주의 전통과 부합하는 것으로 보인다.

855 가옥명, 『내세론』, 55–57. 윌리엄 블랙스톤(William Blackstone)이나 제임스 브룩스(James Brookes)와 동일하게 가옥명은 전천년설 입장에서 후천년설을 전면 논박해 버린다. 물론 그가 다른 면에서 충실하게 따랐던 프린스턴 신학자들이나 A. H. 스트롱을 거명하면서 비판한 적은 없다. 반면에 가옥명보다 앞서 신도요론 교본을 출간했던 사위루 선교사의 경우는 미국 장로교회 전통을 따라 후천년설을 설파했다(謝衛樓, 『神道要論』 [上海: 美華書館, 1908], 卷5. 來世之報, 10). 조형욱은 구 프린스턴 신학(1812–1929)의 종말론 전통은 단순히 후천년설로 통일된 것이 아니라, 세대주의를 경계하고 나머지 견해들을 관용하던 입장이었다고 논증해 주었다(조형욱, "구 프린스턴 신학의 종말론과 세대주의 종말론: 세대주의 전천년설에 대한 구 프린스턴

천희년(천년기)에 대한 가옥명의 논의를 살펴보면 그는 확고한 세대주의적 전천년설자였음을 알 수 있다.[856] 그는 특히 후천년설을 집중적으로 반박해 주기도 하는데, 그러면서도 천년기 문제에 대해 신중한 접근을 권하기도 한다.

> 총(總)히 말하면 우리 교중 신도가 이 천희년 도리에 대하여 매양 안광(眼光)이 부동(不同)함으로 해설이 불일(不一)하나니 성경을 읽는 신자여 만일 이 도에 관한 장절을 보면 상세하게 완색(玩索. 글이 지닌 깊은 뜻을 생각하여 찾음— 논자)하여 마땅히 각각 자기 심중에 의심 없이 작정하고(롬 14:5) 하시(何是)하비(何非)를 단안(斷案)키 위하여 토론하지 말지라.[857]

부활(復活)

가옥명은 제5장에서 육체의 부활에 대해서 논의를 개진하는데, 먼저 "이 부생(復生)의 도는 실로 기(奇) 중의 기이며 묘(妙) 중의 묘"이기에 내세 사상을 가진 다른 종교에서도 찾을 수 없다고 적시해 줌으로 논의를 시작한다.[858]

첫째 대지에서는 부활에 대한 반대론을 비판적으로 소개하는데, 이미 체질이 다 흩어지고 변했는데 사람이 원래 몸으로 다시 부활할 수 없다는 견해, 부활체가 영체(靈體)라면 서로 알아보기 불가능하다는 설, 영이 다시

신학의 경계", 「조직신학 연구」 17 [2012]: 112–133).

856 가옥명의 세대주의적 전천년설이 공표된 『내세론』을 감수하여 평양장로회신학교 교재로 사용하였기에 레이놀즈 역시도 세대주의 전천년설을 취한 것으로 단정하는 학자들도 있고(조용호, "미 남장로교 선교사 윌리엄 D. 레이놀즈의 생애와 신학 연구" [철학 박사, 연세대학교, 2007], 117–123), 세대주의자라고 확정할 수 없다고 말하는 학자들도 있다(조형욱, "구 프린스턴 신학의 종말론 연구"[철학 박사, 총신대학교, 2011], 254–271). 레이놀즈가 남긴 저술들을 통해서 확인할 수 있는 것은 적어도 그가 당시 대세였던 전천년설을 따르고 있다는 것이다(이눌서, 『신학 공과』, 89–90).

857 가옥명, 『내세론』, 57. 레이놀즈 곁에서 변증학을 가르친 바 있는 죽산 역시도 천년기에 대한 방대한 논의를 마치면서, 천년기에 대한 장로교 전통은 역사적 전천년설이라는 것을 명시하면서도, 다른 입장을 취하는 자들에 대하여 "이해와 동정으로 대하여 할 것"이라고 권면한다(박형룡, 『교의신학 내세론』, 230–278).

858 가옥명, 『내세론』, 59.

몸에 구속되는 것이 오히려 장애라고 주장하는 견해, 성경의 부활은 사실이 아니라 비유적으로 이해해야 한다는 견해 등을 소개하고 반론을 제기한다.[859] 특히 마지막 오류설에 대해서 가옥명은 성경에서 부활은 사실이라고 명언되어 있으며, 성경이 말하는 구속은 영혼만 아니라 몸의 구속까지 포함한다는 것과 몸의 부활을 부인하면 그리스도의 부활도 부인하게 된다고 논박해 준다.[860]

둘째 대지에서 가옥명은 부활에 대한 성경적 증거들을 살피는데, 구약에서도 이미 부활에 대한 소망이 발견되며 후대로 갈수록 더욱더 밝게 계시가 되었고, 이사야와 다니엘이 "이 부생(復生)의 도리에 대해 가장 선명(鮮明)하게 말하였다"라고 적시해 준다.[861] 예수님 당시의 유대인 중에도 바리새인과 일반인들이 육체 부활에 대해 믿었으며, 특히 예수 그리스도의 말씀 가운데서 부활의 사실과 도리가 명시적으로 선포되었고, 그리스도의 부활체의 현시를 통하여 "더욱 부생의 요의(要義)와 진상(眞相)을 표발(表發)하여 부생의 철증(鐵證)"이 되게 해 주셨다고 가옥명은 정리해 준다.[862] 또한 그는 사도행전과 베드로, 바울, 요한의 메시지들 역시도 부활의 중요성과 요의를 강력하게 증거하고 있으며, 특히 고린도전서 15장에서 바울은 그리스도의 부활과 신자의 부활에 대해 "상절(詳切)하게" 말하고 있다고 적시해 주기도 한다.[863]

세 번째 대지에서는 "부활의 차서(次序)"에 대해 논의하는데, 그의 세대주의적 전천년설의 입장이 또한 드러나게 되는 부분이다. 가옥명은 성도의 부활이 한꺼번에 일어나는 것이 아니라, 그리스도의 공중 강림 시에 구약 성도들, 그리스도 안에서 잠자던 자들의 부활이 먼저 있을 것이고, 대환난 후에 환난기에 믿음을 지키다가 죽은 자들의 부활이 따로 있을 것이라고 구별해

---

859 가옥명, 『내세론』, 59–61.
860 가옥명, 『내세론』, 61–63.
861 가옥명, 『내세론』, 63–64.
862 가옥명, 『내세론』, 64–65.
863 가옥명, 『내세론』, 65–66. 가옥명은 악인들도 몸으로 행한 대로 심판받아야 하기에 몸의 부활에 참여하게 됨을 바르게 적시해 주기도 한다.

서 말하면서도 세 경우를 합쳐서 "첫째 부활"이라고 부른다.[864] 천년왕국 후에 최후 심판을 앞두고 모든 악한 자들의 부활도 일어나고, 각자 몸으로 행한 대로 심판을 받게 될 것이라고 가옥명은 해설해 준다.[865] 이처럼 부활을 일반적 부활(general resurection)로 말하지 아니하고, 여러 단계로 나누는 것은 전형적인 세대주의 부활론이라고 할 수 있다.[866]

가옥명은 이어서 "부활의 형체"에 대해서 논의하는데, 선인과 악인으로 양분하여 논의를 개진한다. 의인의 부활체가 어떠할지에 대해서는 고린도전서 15:35–44을 인용해 주고, 그리스도의 부활체와 같을 것이라고 해설해 주며, 또한 "하늘에 속한 영체"를 가진 천사와 같을 것이라고도 주장한다.[867] 그리고 악인의 부활체의 경우는 지옥 생활에 적합한 몸이오, "악한 천사인 사탄과 근사"할 것이라는 주장을 하기도 한다.[868]

마지막 다섯 번째 대지에서는 다시 한번 "부활의 진의(眞義)"에 대해 다루는데, 가옥명 죽을 때 몸과 영이 분리되는데, 부활 시에 어떻게 같은 몸으로 부활하는가 하는 난제를 다시 한번 다룬다. 그는 곡식 종자와 "각물의 기체(機體)"에 비유하여 해설해 주고, 나아가서는 영혼의 중생과 몸의 부활의 공통점을 들어서, 사람의 영혼뿐 아니라 몸도 "신(神)의 거소(居所)"로 지으셨기 때문에 부활체는 이전의 몸과의 연속성이 있을 것을 적시해 준다.[869]

---

864 가옥명, 『내세론』, 67–68. 그런데 가옥명의 특이한 주장이 이 대목에서 제시되는데, 이는 예수님 부활 시 살아난 성도들(마 27:52–53)이 "결코 무덤으로 돌아올 것이 없고 당연히 성전(成全)한 영혼을 입어 그리스도로 더불어 하늘로 함께 올라갔을"것이라고 하는 해석이다. 이에 반하여 건전한 주해는 강대훈, 『마태복음(하)』 (서울: 부흥과개혁사, 2019), 627–629를 보라.

865 가옥명, 『내세론』, 69.

866 고대 신앙고백들은 단순하게 일반적 부활에 대한 고백을 하고 있고(서철원, 『종말론』 [서울: 쿰란출판사, 2018], 118), 개혁주의 전통 역시도 의인과 악인의 동시적인 부활을 주장한다(Hoekema, *The Bible and the Future*, 239–246).

867 가옥명, 『내세론』, 69–71. 가옥명은 신자들의 부활체(영체)가 "성결하고 광명(光明)한 영적 세계에 거하여 주로 더불어 영생을 같이함으로 불후(不朽)무멸(無滅)할지니 그 형체가 영성에 적용되어 환경에 마땅할 것은 자명한 이치"라고 적시하기도 한다(71).

868 가옥명, 『내세론』, 71–72. 선한 천사나 악한 천사가 영체(靈體)를 가졌다고 하는 주징은 개신교 신학의 일반적인 입장이라고 할 수는 없다.

869 가옥명, 『내세론』, 72–73. 그의 입장은 장로교 표준문서에 합치하는 입장이라고 할 수 있다(이상웅, "웨스트민스터 신앙고백서의 종말론", 「한국개혁신학」 44(2014): 161–164를 보고, 이전 몸과 부활체의 동일성을 어떻게 이해할 것인가에 대해서는 Bavinck, *Reformed Dogmatics*, 4:694–698을 보라.

심판(6장)

가옥명은 이어지는 제6장에서는 심판(審判)에 대해 다루는데, 첫째는 심판의 필요성에 대해서 논급하면서 "사람의 보응이 아직 완전하게" 주어져 있지 않고, "하나님의 공의가 완전히 드러나지" 않았으며, 예수 그리스도의 은혜와 공로가 "완전히 소저(昭著)"되지 않았기 때문이라고 해설해 준다.[870]

둘째 대지에서는 심판의 뜻이 무엇이냐는 주제를 다루는데, 심판은 이미 정해져 있으며, 심판의 징조는 사람의 기억, 양심, 습성에서 이미 나타나고 있고, 심판의 말은 이미 유효하며, 심판 때는 드러난 "언행과 동작"만 아니라 "심령적 품성에 비추어 보며 그 평생의 사언행(思言行)을 판별"할 것이라고 적시해 준다.[871]

세 번째 대지에서 가옥명은 "심판주는 어떠한 이인가?"라는 질문을 제기한다. 성경에 의하면 심판은 하나님께 속하기도 하고, 그리스도에게 위임되었다고 말해지기도 한다. 가옥명은 그리스도가 우리의 심판주 되신 연고는 "그는 완전한 인성"을 가지시고 "체휼하심에 능하고, 능히 사람의 입을 막으실 수" 있으시며, 또한 그는 "완전한 신성이 있으므로" 심판하실 때 필요한 전지함과 전능하심을 가지고 계시고, 또한 그는 "신인 양성이 있는 그리스도"시라고 적시해 준다.[872]

네 번째 대지에서는 "심판의 차서(次序)"에 대해 다루는데, 가옥명은 여기서도 자신의 세대주의 전천년설의 입장에 따라 심판을 7년 대환난 전과 대환난 후 있을 국민 심판과 이스라엘 심판 그리고 천년기 이후 있을 악인과 악한 천사의 심판 등으로 네 번의 심판이 있다고 주장하는 점이다.[873]

이어지는 다섯 번째 대지에서 가옥명은 심판의 기준에 대해 논의를 개진한다. 그는 심판의 기준으로 도덕율, 그리스도의 은혜의 법, 마음에 새겨진

---

870 가옥명, 『내세론』, 75-76.
871 가옥명, 『내세론』, 76-78.
872 가옥명, 『내세론』, 78-80.
873 가옥명, 『내세론』, 81-83.

법 등을 열거하고, 사람은 외적 행동을 중히 여기나 하나님께서는 "주의 은혜를 버리며 주의 이름을 잊으며 죄 중에 빠져서 예수를 버림을 중요하게 여기신다"라고 적시해 준다.[874]

심판에 대한 마지막 대지는 "심판의 결국"에 대한 논의인데, 가옥명은 의인, 악인, 사탄, 천지의 결국으로 나누어 해설해 준다. 마지막 "천지의 결국"에서는 세계파괴설이 아니라 만물갱신설의 입장을 표명하고 있는 것은 실로 놀라운 일이다.[875]

영생과 영벌(7장)

가옥명의 『내세론』의 마지막 7장은 최후 상태에 대한 논의로서 "영생(永生)과 영벌(永罰)"이라는 제목을 가지고 있다. 통상 게헨나(Gehenna)에서의 영원한 형벌 받음과 새 하늘과 새 땅에서의 영원한 삶을 누림으로 양분하여 해설하는 내용이다.[876] 최후 상태에 대한 가옥명의 논의는 네 대지로 구성되어 있다.

첫째 대지는 "석의(釋義)"라는 제목으로 영생과 영벌의 의미를 설명해 주고 있다. 영생은 "영존불식함"이오, "그리스도 안에 있는 생명"이며, "구원을 얻음"이오, 현재도 중생자는 누리는 생명이오, 장래에 누리게 될 영원한 복을 가리킨다고 해설해 준다. 또한 영생은 "실제적인 생명"으로써 "하나님과 모든 영으로 더불어 밀접 무간(無間)한 교제"를 누리는 것이라고 덧붙이기도 한다.[877] 반면에 영벌에 대해서는 "그리스도와 그리스도의 구원으로 더불어 무관한 것이오 또한 하나님의 나라 밖에 쫓겨나서 심문을 당하고 정죄함을 입어

874 가옥명, 『내세론』, 83–85. 가옥명은 이어서 "대개 사람이 주를 떠나며 주를 배반함은 즉 만악의 근원이 됨"이라고 적시해 주기도 한다(85).

875 가옥명, 『내세론』, 87: "대개 불사른다 함은 멸(滅)함이 아니오 실로 낡은 것을 불살라 다시 새로운 것을 준비함으로 신천신지를 화성(化成)함이니라." 또한 가옥명, 『내세론』, 94–95의 상술을 참고하고, 세계파괴설과 만물갱신설에 대한 자세한 논의는 이상웅, 『박형룡 신학과 개혁신학 탐구』(서울: 솔로몬, 2021), 551–561를 보라.

876 Hoekema, *The Bible and the Future*, 265–287.

877 가옥명, 『내세론』, 88–90.

하나님의 진노하심을 받는 것"이라고 정의해 준다.[878]

둘째 대지는 "경상(景狀)"이라는 제하에, 영생과 영벌에 대한 구체적인 해설이 주어진다. 가옥명은 영생에 대하여 "영락(永樂)한 복지에 거하면서, 성부의 은혜로운 얼굴을 보며, 주님의 사랑하는 중에서 생활하며, 무상(無上)의 영교(靈交)를 누리는 것"이요, "기묘한 신체를 얻고, 금 면류관을 쓰고, 영미(英美)한 직분을 받으며, 만족한 영락(永樂)을 향수하며, 영광스러운 기업을 받으며, 다시는 죄욕(罪慾)에 얽매이지 아니하며, 영적 재능이 원만히 발전됨"을 누리는 것이며, 또한 이 모든 복은 폐함이 없이 "영생하고 상존한다"라고 적시해 준다.[879] 가옥명은 정통적인 입장에 따라 신천신지의 문자적인 경역성(境域性), 즉 장소성을 분명히 하였고, 특히 신천신지와 새 예루살렘을 따로 구별하여 설명하지 않는다.[880] 한편 지옥(게헨나)의 경상에 대해서는 "지옥의 고통은 우리가 헤아릴 바가 아니오 … 무궁히 흑암한 곳이오, 또한 하나님의 진노와 저주 아래에 죽고자 하나 할 수 없고 살고자 하나 미칠 수 없는 곳"으로 "슬픔이 극한 곳"이라고 해설해 준다.[881]

"시간(時間)"이라는 제목을 가진 셋째 대지에서는 영원한 형벌(eternal punisment)이라고 할 때 문자적으로 끝이 없이 영원하다는 뜻이 아니라 어떤 제한이 있는 것이 아닌가 하는 의문에 대하여 다루어 주는데,[882] 가옥명의 결론은 영생이 영원한 생명이듯이 영벌(永罰) 역시도 영원한 형벌을 가리킨다고 결론 내린다.[883]

마지막 네 번째 대지에서 가옥명은 영벌에 대한 반대 이론들을 소개하고 논박하는 것을 보게 된다. 그가 소개하는 오설로는 악인도 결국에는 구원에

---

878 가옥명, 『내세론』, 90–91.

879 가옥명, 『내세론』, 91–94. 가옥명이 12가지로 나누어 기술한 것을 줄여서 소개한 것이다.

880 가옥명, 『내세론』, 91, 95. 그러나 가옥명은 신천신지가 "영생 세계의 일분자(一分子)"이고, "영생 세계는 즉 천지와 만유를 합하여 한 집 됨을 넉넉히 알지며 이 세계에 거하는 자는 가히 다른 세계에 소요(逍遙, 산책– 논자)하여 교유(交遊)를 넓힐 것"이라는 특이한 해설을 한다.

881 가옥명, 『내세론』, 96–97.

882 이 문제는 현금의 주요한 논쟁거리 중 하나에 속한다(Hoekema, *The Bible and the Future,* 270–272).

883 가옥명, 『내세론』, 97–98. 가옥명은 성경에서 영생이나 영벌이 아닌 다른 단어들을 통해서 "도리어 영원의 의의를 능히 표현"하는 여러 구절들도 있음을 적시해 준다.

이른다는 설, 악인은 결국 멸절(滅絶)된다는 설, 사후에도 구원의 기회가 있다는 주장, 이 문제에 대하여 불가불 알 수 없다고 하는 불가지설 등이다. 먼저 각 주장의 이론적 근거를 소개하고 나서, 성경적인 근거 위에서 일일이 논박해 준다.[1]

이상에서 우리는 중국인 신학자 가옥명의 『내세론』(1931)에 담긴 그의 종말론의 주요 내용들을 개관하되, 개혁주의적 관점에서 논구해 보았다. 한국 장로교회 첫 조직신학 전임 교수였던 레이놀즈가 번역 감수하여 1930년대에 평양장로회신학교에서 교재로 사용하였기 때문에, 이러한 논구 작업은 평양장로회신학교 내지 초기 한국 장로교회의 종말론의 성격을 이해하는 데 유의미한 작업이라고 사료된다. 앞서 우리는 가옥명의 『내세론』의 전개 순서를 따라 종말론 주요 주제들에 대해 그가 어떠한 해석을 제시하는지를 면밀하게 살펴보았다. 이러한 논구 과정을 통하여 우리는 가옥명의 종말론은 19세기 후반에서 20세기 초반까지 미국 복음주의권에서 광범위하게 유포된 전통적 세대주의 종말론 관점을 가지고 있음을 확인할 수 있었다. 물론 그는 그가 영향을 받았던 미국 신학자들인 하지 부자나 스트롱의 후천년설에 대해 이해하려는 노력을 기울이면서도 단호히 비판하는 것도 살펴보았다. 비록 그가 중국에 파송된 미 장로교 선교사들의 영향하에 신학 수업을 하였지만, 당시 교파와 신학교를 불문하고 광범위하게 학생 자원 운동, 나이아가라 수련회, 예언 집회 등의 영향으로 유일한 성경적 종말론으로 권위 있게 수용된 세대주의의 영향을 깊이 받았다는 것을 추정하게 만든다. 이러한 종말론은 그에게 영향을 받게 되는 워치만 니(Watchman Nee, 倪柝聲, 1903-1972)의 종말론에서도 그대로 계승된다는 것도 지적해 볼 수 있다.[2] 한편 번역 감수 작업을 하여 교재로까지 활용한 레이놀즈는 가옥명이 전천년설을 취한다는 것을 잘 알고 있었으며, 본인 자신도 전천년설자였기에 본서를 교재로 사용하는 데

1 가옥명, 『내세론』, 98-103. 박형룡, 『교의신학 내세론』, 163-167, 349-355; Hoekema, *The Bible and the Future,* 265-266, 269-270; Robert L. Reymond, *A New Systematic Theology of the Christian Faith,* rev. ed. (Nashville: Thomas Nelson, 2002), 1067-1093 등도 보라.

2 워치만 니, 『워치만 니 전집 1집 16 : 계시록 연구』(성남: 복음서원, 2015).

큰 문제를 느끼지 않았던 것으로 이해된다. 물론 아직까지 당시에는 세대주의 전천년설과 역사적 전천년설에 대한 구별은 인지되지 않고 있었던 것으로 보인다. 그리고 이러한 교재의 사용은 평양장로회신학교에서 신학 교육을 받은 한국인 목회자들(길선주, 김익두, 주기철, 손양원 등)의 종말론적인 설교나 저술들뿐 아니라 옥중 조서 속에서도 여과 없이 반영되고 있는 것을 보게 된다.

제5부

결론

1. 앞선 논의의 요약과 평가

이상에서 우리는 한국 장로교회 첫 조직신학 교수였던 윌리엄 레이놀즈(이눌서) 선교사의 생애와 조직신학을 탐구하는 여정을 함께 해 왔다. 1892년 한국에 선교사로 와서 1937년에 정년 퇴임하고 다시 미국으로 돌아가기까지 무려 45년 동안이나 레이놀즈 부부는 생을 불살라 한국 선교에 헌신했지만, 그가 쓴 원자료를 접근하기 어렵고 또한 그 시대의 책들이 언문과 국한문 혼용으로 되어 있기에 21세기 독자들이 소화하기에는 많은 어려움이 있다. 하지만 본서에서 제시하는 주요 신학 교재들의 내용 개관을 통해 그나마 쉽게 레이놀즈의 신학 사상을 접할 수 있게 되었다. 이제 본서를 마무리하면서 그 동안의 논의에 대한 요약과 평가를 제시하고, 후속 연구에 대한 제안 등을 제시해 보고자 한다.

앞선 논의의 요약과 평가

본서에서 다루었던 내용들을 요약적으로 살펴보면 제1부에서는 서론적인 여러 사항들을 다루었고, 이어지는 제2부에서는 레이놀즈의 생애와 선교 사역을 원자료들과 2차 연구 문헌들에 근거하여 재구성해 보았다. 우리는 먼저 레이놀즈의 성장 배경과 교육 과정을 살펴보았다. 남장로교회에 속한 햄든 시드니 칼리지에서 인문학 교육을 받고, 존스 홉킨스 대학교 대학원을 거쳐 버지니아 유니온 신학교에서 신학 교육을 받았는데, 구체적으로 그의 신앙과 신학 형성 과정이 어떠했는지를 최대한 확인해 보려고 노력을 경주했다. 그리고 그가 톤웰과 댑니가 정립한 남장로교 신학 교육을 이수했지만,

YMCA나 19세기 후반 북미주를 휩쓸었던 학생 자원 운동(SVM)의 영향으로 선교사가 되기로 자원하고 헌신하게 된 점도 주목해 보았다. 사실 19세기 말부터 20세기 초반 한국에 왔던 북미주의 선교사들은 대부분 이러한 시대적인 분위기 속에서 소명을 받은 이들이었다고 하는 점은 널리 알려진 바 된 사실이다. 선교사들이 가지고 있던 주요 공통점으로 성경 중심의 신앙, 복음 전도와 선교에 대한 열정, 전천년설에 대한 강한 신념, 아서 브라운이 적시한 대로 청교도적인 삶의 스타일을 대체로 추구했는데, 레이놀즈 경우도 예외는 아니었음을 우리는 확인하게 되었다.

우리가 기존에 나온 한국 선교사들의 생애를 읽어 보면 대체로 그들의 선교 사역이 오늘날의 지교회 목회자나 신학 교수의 사역처럼 단순하지 않았다는 것을 발견하게 된다. 그들은 대체로 멀티 플레이어적인 사역을 했기 때문에, 우리가 그 사역의 내용을 정리하기 수월치가 않은데 레이놀즈의 경우도 예외는 아니다. 그는 초기 정착 기간을 거친 후에, 남장로교 선교사들과 함께 전라도 개척 선교 사역에 뛰어들었고, 1895년부터는 성경 번역위원으로 발탁되어 한국을 떠나던 1937년까지 무려 42년간이나 번역 작업에 매진하게 된다. 이는 다른 사역을 겸임하면서 진행되는 일이었기 때문에, 때로는 번역 작업에만 전념하여 매달릴 때도 있었지만, 대체로 다른 사역을 하다가 여름이나 겨울 방학 기간을 이용해서 작업을 수행하기도 했다. 레이놀즈는 맡겨진 선교 지역에서 개척 선교에 열심을 내었을 뿐 아니라, 독노회, 총회, 선교사 공의회에 적극적으로 참여했고 회장을 역임하기도 했다. 또한 그가 성경 번역 작업에 집중하기 위해서 이주했던 경성(서울)에서는 담임 목사가 없는 상태의 승동교회와 연동교회 담임 목회를 맡아 수행하기도 했다. 여러 가지 일로 분주한 그였지만, 자신에게 주어지는 사역들은 마다하지 아니하고 즐거이 감당했던 것을 발견하곤 한다. 그런 와중에 레이놀즈는 1906년부터 남장로교회를 대표하여 평양장로회신학교 교수로 출강하기 시작했고, 그의 전공 여부와 관계없이 조직신학 분과 과목들을 강의하게 된다. 신학교가 1916년 전임 교수제로 바뀌게 됨에 따라 레이놀즈는 첫 조직신학 전임 교수가 되었고, 1921년에는 오늘날같이 1년 2학기제가 시행되면서부터는 평양으로 이주하여 선교사 구역에 집 짓고 살면서 신학교 사역에 전념하게 된다. 물론 주말에는 신학교 내 예배나 평양 인근 지역 순회 사역도 했고, 방학 중에는 계속되고 있던 개역 번역 작업에도 힘껏 참여했다. 또한 여러 가지로 분주하고 바빴던 그의 다중적 사역에도 불구하고 그는 기회를 떠나 책을 번역하거나 짧은 글을 번역하여 「신학지남」에 기고했고(70편 이상), 다른 이들과 더불어 『성경사전』을 편찬해 내기도 했다. 뿐만 아니라 신학교 교재로서 사용될 공과책들이나 가옥명의 『조직신학』 여섯 책을 번역 감수해 내기도 했다. 2부에서 재구성해 낸 레이놀즈의 성장 배경뿐 아니라 다중적인 선교 사역을 포괄적으로 이해해야만 이어지는 3부와 4부에서 살펴보는 신학 교재들에 대한 공감적 접근이 가능하다고 생각된다.

제3부(III)와 제4부(IV)에서는 첫 조직신학 교수인 레이놀즈가 가르쳤던 조직신학을 포괄적으로 살펴보았다. 먼저 3부에서는 레이놀즈의 공과 3부작(1915–1916)을 면밀하게 고찰하여 『신학 공과』에 나타나는 그의 성경관과 신론을 분석 개관하고, 『인학 공과』의 분석을 통해서 레이놀즈의 인간론과 죄론을 개관하며, 『구학 공과』를 면밀히 살펴서 레이놀즈의 삼위일체론적인 구원론을 개관해 보았다. 레이놀즈는 구원론을 접근하되, 1) 성부의 일, 2) 성자의 일, 3) 성령의 일, 4) 성도의 일 등으로 구성하여 삼위일체론적으로 구원론을 기술해 주었고, 성도의 참여 부분에서는 은혜의 방편에 대한 논의까지 담아내는 것을 확인하게 되었다. 레이놀즈의 공과 세 권을 합쳐도 약 300쪽에 불과하지만, 이 책들이 1910–1920년대에는 평양장로회신학교 교재로 사용되었을 뿐만 아니라, 일반 신도들 가운데도 권독되었던 교리 공부 교재들이었기에 이러한 분석 개관 작업을 통해서 우리는 선교 초기 한국 장로교회의 조직신학의 내용과 정체성을 이해하는 일이 가능하게 된다. 레이놀즈가 교회에서나 쓰일 법한 교리 공부 교재 수준의 공과들을 출간한 것을 보면서, 정치(精緻)하고 풍부한 신학적 논의를 접하곤 하는 현대 독자들은 저어기 실망감을 느끼거나 아니면 과소평가하고 지나가 버릴 수도 있다. 하지만 우

리는 1910년대라고 하는 선교 초기의 한국 상황, 특히 대학 교육을 받지 않고 신학교에 입학한 대부분의 신학생들의 수준을 염두에 두고 레이놀즈의 공과를 평가해야 할 것이라고 생각된다. 또는 다소 비판적으로 접근한다면 당시에도 이미 제기되었던 바대로 레이놀즈의 조직신학 교육의 기준이 낮아서 그 정도의 교재를 만들었던 것이라고 평가할 수도 있을지 모른다. 그리고 그가 다중적인 사역을 했는 데다가, 틈만 나면 성경 번역 사업에 전념했기에 댑니나 찰스 하지가 쓴 신학 교과서 수준의 교과서를 집필할 만한 여유를 가지지 못했을 것이라고 짐작해 볼 수도 있다. 사실 본서 속에서 필자가 그를 일컬어 "한국 장로교회의 첫 조직신학자"라고 명명하지 않고, "한국 장로교회의 첫 조직신학 교수"라는 표현을 일관되게 사용해 온 이유도 그가 집필하여 교재로 사용했던 세 공과의 성격과 수준 때문이다. 한국 선교 역사에 있어서 레이놀즈가 기여한 주요 분야는 개척 선교나 성경 번역에 있었지, 탁월하고 수준 높은 조직신학 교본을 산출한 것에 있지는 않음을 우리는 인정할 수밖에 없다. 그는 오랫동안 조직신학 교수로 재직했긴 하지만, 표준적인 교과서를 쓰는 조직신학자는 아니었다고 말할 수밖에 없다.

이어지는 제4부(IV)에서 레이놀즈의 저술은 아니지만, 그가 흔쾌히 번역 감수하여 장로회신학교 이름으로 출판한 후에 은퇴 시까지 조직신학 주교재로 사용했던 가옥명(Jia Yuming)의 『조직신학』 여섯 권의 내용을 세밀하게 살펴보았다. 사실 레이놀즈의 이름이 한국 교회사와 선교사에 약방의 감초처럼 빠지지 않고 언급되곤 하다 보니 그의 이름을 모르는 (특히 장로교) 신학도들과 목회자들이 없을 정도이다. 조금 관심을 가지고 살펴본 이들은 레이놀즈가 자신의 교재가 아니라 중국 신학자 가옥명의 『신도학』(1921)을 번역 감수하여 교재로 사용한 사실을 접할 수밖에 없었을 것이다. 실제로 1931년에 출간된 가옥명의 교본들을 가지고 정암 박윤선이나 손양원과 같은 1930년대의 장로회신학교 신학생들은 조직신학을 배우고 공부할 수밖에 없었다. 따라서 1930년대의 한국 장로교회의 신학 사상을 궁구하고자 하는 이들은 반드시 레이놀즈가 번역 감수하여 교재로 사용한 『조직신학』 여섯 책의 내용을 알아야만 할 것이다. 배경적인 논의를 제시하는 1장에서는 가옥명(Jia Yuming)의 생애와 『신도학』(1921), 『신도학』을 통해 드러나는 가옥명의 신학적 특징들, 그리고 레이놀즈(이눌서)가 어떻게 번역 감수 작업을 하고 어떤 의도를 가지고 가옥명의 『조직신학』을 편집했는지 하는 문제 등을 고찰해 보았다. 그러고 나서 2장부터 7장에 이르기까지 가옥명의 신학서론과 성경론이 담겨 있는 『기독교 증험론』, 신론을 담고 있는 『신도론』, 인간론과 죄론을 담고 있는 『인죄론』, 제목과 달리 내용상 기독론 교재인 『구원론』, 성령의 구원 적용 사역을 논한 『성령론』, 그리고 『내세론』의 내용을 세밀하게 분석 개관해 보았다.

국내에는 가옥명의 신학 사상의 일부분(예컨대 성경관, 신론, 성령론 등)을 평가하는 논구서들은 더러 나와 있지만, 본서의 4부에서 제시한 것과 같이 가옥명의 신학 사상의 전모를 분석 개관하는 작업을 수행한 경우는 없었기에 본서에서 제시하는 가옥명의 신학의 전모는 여러 가지 면에서 기여될 수 있다고 생각한다. 물론 가옥명의 신학 사상이 어떠했는지를 규명하고 숙지하는 일에만 멈추어서는 안 될 것이고, 그의 신학 사상이 과연 어떠한 경향성을 가지고 있는지를 규명하고 평가하는 작업도 필요하다고 생각되어 앞선 논의에서는 때때로 개혁신학적 관점에서 평가의 말도 덧붙여 보곤 했다. 레이놀즈는 가옥명의 신학 사상이 대체로 분파적이지 않고 성경 중심적이고, 자신이 속한 19세기 후반, 20세기 초반의 북미주 복음주의와 동질적이라는 점을 인식하면서 공감하는 차원에서 본서를 감수하여 교재로 썼던 것으로 파악된다. 오직 성경으로라는 원리가 양자가 쓴 교재 곳곳에서 두드러지게 부각되고 있고, 숙명론이나 운명론이 아닌 예정에 대한 강조와 인간의 자유에 대한 강조, 영육이원론을 반대하는 논의들, 하나님의 절대주권적 은혜에서 비롯된 인간의 구원, 선교와 복음 전도에 대한 강조, 그리스도의 위격과 속죄 사역에 대한 강조와 감격 등이 양자의 책들 속에서 또한 강하게 나타나고 있다는 점도 동질적(同質的)인 면들이다. 게다가 당시대 과학의 발달에 부응하여 세계의 창조 연대를 세대주의자들과 달리 오래된 것으로 설명하는 것이나 그런 와중에도 역사적 아담에 대해서는 강력하게 변호하는 면에서도 양자는 동일하다. 다만 가옥명이 물질 세계에 관한한 어거스트 스트롱(August G. Strong)을 따라 유신진화론을 수용하고 있는데도 불구하고, 레이놀즈는 번역 감수 작업을 통해 생략하지 아니하고 그대로 한국 신학생들에게 소개하고 있는 것은 매우 이상하게 보인다. 오늘날 유신진화론 내지 진화론적 창조론이 복음주의권을 석권하다시피 하고 도미노 현상으로 역사적 아담에 대해서마저도 부인하거나 곡해하는 것이 유행인 시점에서 이런 문제는 역사적 개혁주의를 따르는 필자와 같은 이들에게는 고개를 갸우뚱하게 하고, 왜 그랬을까 의문을 파(破)하고 싶은 마음이 들게 만든다.

본서의 제한과 후속 연구 과제

이제 윌리엄 레이놀즈에 대한 논의를 마치기 전에 본서에 담긴 논구가 가지는 한계 내지 후속 연구 과제에 대해 몇 가지 언급을 하고 싶다. 본서는 레이놀즈의 복잡다단한 생애와 선교 사역을 재구성하기 위하여 다양한 자료들을 사용했는데, 본서 2부에 필자가 재구성한 내용만으로 표준적인 전기(Authorized Biography)의 역할을 할 수 있다고 전혀 생각되지 않는다. 이미 송현강 박사의 레이놀즈 생애도 출간되어 있지만, 시리즈의 성격상 각주와 참고문헌 제시가 되어 있지 않은 탓에, 학술적인 형태의 표준적 전기 출간은 여전히 절실하게 요청된다고 생각한다. 그러한 전기를 집필하려고 하면, 레이놀즈의 글들과 관련 문헌들을 모두 섭렵할 뿐 아니라 필라델피아 장로교 역사협회에 보관된 레이놀즈 일가의 아카이브 자료들도 연구해야 할 것이라고 생각된다. 부디 바라건대 레이놀즈와 남장로교 선교사에 관심 있는 전문가들이 이 작업을 하루속히 성취해 주기를 바라 마지않는다. 필자로서는 레이놀즈의 조직신학을 소개하려는 목표로 연구를 시작한 것이기 때문에, 레이놀즈의 생애와 선교 사역을 정리하는 것은 그 기초적인 연구의 의미만 부여했던 것이다.

두 번째로, 이 연구를 기획하면서 가졌던 원래 생각으로는 레이놀즈가 「신학지남」에 기고한 70편 이상의 기고문들이나 선교 잡지들(KMF를 비롯하여)에 기고한 글들까지 모두 일별하고 논구하려고 했었지만, 본서에서는 거의 이런 자료들에 대한 검토는 담아내지를 못하고 이렇게 집필을 마무리 짓게 되었다. 레이놀즈의 신학 사상의 핵심을 이해하는 일에 있어서는 본서에 담긴 내용만으로도 충분하다고 사료되지만, 보다 더 포괄적인 이해를 바란다면 필자가 다루지 못했던 짧은 글들까지 일일이 검토하여 반영해야 시켜야 할 것이다. 이렇게 미진한 부분은 후속 연구 과제로 미루어 두고자 한다.

세 번째로, 연구를 진행하면서 필자가 우연히 조우하게 된 사위루(謝衛樓, Devello Z. Sheffield, 1841–1913)가 쓴 신도요론(『神道要論』[上海 : 美華書館, 1908])과 레이놀즈의 신학 사상을 비교해 보는 일도 가치 있고 의미 있는 일이라고 판단된다. 1916년 평양장로회신학교 요람에 의하면 사위루의 중국어책은 방학 중 필독 과제로 부과되고 있기 때문에, 레이놀즈나 다른 선교사 교수들이 사위루의 조직신학 교본을 읽었던 것으로 보인다. 레이놀즈 역시도 사위루를 본 삼아 1915–1916년에 세 공과를 출간하였기 때문에, 두 신학자의 작품을 비교 분석해 보는 것은 학술적으로 의미 있는 일이라고 생각된다. 더욱이 중국 현지에서도 구입하기 어려운 책이지만, 연세대 도서관에서 디지털화된 텍스트를 열람할 수 있도록 제공해 주고 있기 때문에 한문을 능히 읽을 수 있는 연구자라면 연구 과제로 삼아 볼 만하다고 필자는 생각한다.

네 번째로 필자는 본서가 레이놀즈와 가옥명의 저술을 분석 개관하는 작업만 주로 매진하다 보니, 두 신학자 간에 비교하는 일을 제대로 하지 않았다는 한계를 뼈저리게 느끼는데, 이러한 작업도 추후에 다시 진행될 필요가 있다고 생각한다. 평양장로회신학교에서 1901–1938년 어간 가르쳐졌던 조직신학 전통의 정체성과 실체를 분명하게 밝혀내는 작업은 여전히 진행되어야 할 과제임을 다시 한번 절감하게 된다.

다섯 번째로 레이놀즈는 1937년 6월부로 정년 퇴임을 하면서, 후임자인 구례인 선교사에게 가옥명의 저술을 영어로 번역한 사본에 그가 손수 적어

넣은 방주까지 들어 있는 교안을 넘기면서 계속해서 교재로 사용해 줄 것을 바랐지만, 구례인은 부임 초기부터 독자적인 신학 교재를 집필하겠다는 의지를 가지고 있었다. 구례인의 집필 과정은 10여 년이 지속되었고, 1950년 초반에 영어로 완성하고, 1954–1955년 어간에 한국어 번역본이 출간되게 되는데, 동일하게 남장로교 선교사들이었던 두 사람의 신학적인 공통점과 차이에 대한 연구 작업도 필요하다고 생각된다.

마지막으로 이어지는 "보록(補錄)– 해방 이후 총신의 조직신학 전통"에 관련하여 말하고자 한다. 사실 일제 강점기 시대의 조직신학 교수였던 레이놀즈에 대한 연구서인데, 왜 굳이 이런 보록을 첨부했는가에 대한 해명이 필요할 것 같다. 필자는 평양장로회신학교와 남산장로회신학교의 신학적, 역사적 연속성을 인정하기에 레이놀즈 이후 한국 장로교회 내에서 조직신학 전통이 어떻게 전개되는지에 대한 간략하지만 개관도 유의미한 일이라고 생각했다. 더욱이 죽산 박형룡은 1931년부터 레이놀즈 곁에서 변증학과 현대신학을 가르쳤고, 1937–1938년 어간에 평양에서 가르쳤던 구례인은 1954–1956년 어간 남산장로회신학교에서 다시금 가르치기도 하기 때문에, 양 학교는 연속성이 있으며, 레이놀즈와 무관하다고 할 수도 없는 일이라고 판단된다. 따라서 보록에 실린 내용은 굳이 읽지 않아도 되겠지만, 한국 장로교회의 신학적 전통에 대한 개관 작업의 연속이라는 관점에서 읽어 보기를 바란다.

보록(補錄) - 해방 이후 총신의 조직신학 전통

1938년 평양장로회신학교는 일제 당국의 신사 참배 강요에 굴복하여 무기한 휴교에 들어가게 되었고, 해방 이후에는 남북 분단이 되어 버렸기 때문에 남한에는 공식적인 신학 교육 기관이 조선신학교밖에는 없었다. 그 후 1946년에 고려신학교가 경남 지역에서 출옥 성도들 중심으로 세워지게 되고, 후에 하나의 교단이던 장로교 교회에서 분열함으로 독자적인 길을 가게 된다. 해방 이후에도 만주 동북신학교 교장으로 남아 소수의 학생들에게 강의하고 있던 죽산 박형룡은 고려신학교 측의 초대를 받고 분단된 고국의 남한 땅으로 돌아오게 된다. 그러나 죽산은 1948년에 전국적인 교회의 인정을 받는 신학교 설립을 추진하면서 서울로 올라갔고, 마침내 1948년 남산에서 장로회신학교가 개교되고, 평양장로회신학교의 복교를 선언하게 된다.[3]

평양장로회신학교의 첫 조직신학 교수였던 윌리엄 레이놀즈(이눌서) 선교사의 생애와 조직신학 사상을 정리하는 작업을 마무리하면서, 부록 또는 보록처럼 "해방 이후 총신의 조직신학 전통"에 대하여서도 개요적인 해설을 첨부하고자 한다. 이러한 보록을 사족(蛇足)처럼 불필요하다고 생각할 독자들도 있겠으나, 앞서 언급한 대로 서울에 설립된 남산장로회신학교가 그러했듯이 현재도 총신과 장신은 평양장로회신학교와 역사적인 연속성을 전면에 내세우고 있기 때문에, 해방 이후 조직신학 전통이 어떻게 이어져 왔는지를

3 총회 중진들과 죽산 박형룡이 주도하여 설립된 장로회신학교는 처음에는 조선신학교와 함께 병행했으나, 기장 측과 분열로 인해 1953년 피난지 대구에서 장로회총회신학교로 개명하게 되고, 1959년 통합과의 분열로 인해 통합 측은 장로회신학교(후에 장로회신학대학 그리고 장신대학교로 변천) 교명을 가지고, 합동(혹은 승동 측)은 총회신학교(후에 총회신학대학, 총신대학교로 변천) 교명을 가지게 된다.

간략하게라도 살펴보는 것은 의미 있는 일이라고 생각된다.[4] 다만 통합과 장신의 신학적인 전통까지 한꺼번에 정리하기에는 역부족이어서,[5] 필자가 속한 총신의 조직신학 전통만 개략적으로 제시해 보려고 한다.[6]

죽산 박형룡의 시대(1948–1972)

남산에서 장로회신학교가 다시금 개교 내지 복교할 때 첫 조직신학 교수는 죽산 박형룡 박사였다. 박 박사는 만주에서 5년간 교의신학을 가르칠 때 이미 루이스 벌코프(Louis Berkhof, 1873–1957)의 조직신학(Introduction to Systematic Theology, 1932; Systematic Theology, 1941)을 근간으로 하여 여러 장로교 신학자들의 교본들을 참고하여 조직신학 강의안을 만들었고, 남산에 세워진 장로회신학교에서도 조직신학 강의를 혼자 맡아서 했다.[7] 1950년대에 이미 등사본 형태의 강의안들을 활용했던 것으로 확인되며, 죽산은 교장으로 집무하던 기간에도 계속해서 교의신학 강의안을 증보해 나갔다. 그의 『교의신학』 교본 출간의 시도는 그의 나이 환갑이 되던 1957년에 처음 시도되어 『기독론』이 출간되었다.[8] 그러나 전후의 어려운 경제 여건과 당시 신학교의 어려운 일들과 교단 내 WCC를 둘러싼 신학 논쟁 등의 여파로 후속 작업은 바로 이어지지 못했다. 우리가 『기독론』(1957)을 살펴보면, 죽산의 초기 교의신학 강의안을 주로 루이스 벌코프가 제시한 내용을 골격으로 삼고 있고 기타

4 장신과 총신은 학교 개교일은 1901년 5월 15일로 표방하고 있고, 졸업 기수도 1907년을 제1회로 기준 삼고 산정하고 있다.

5 이런 포괄적인 관점에서 쓰인 김은수, "한국 장로교의 '조직신학' 교육과 연구 역사(1901–1980)에 대한 고찰: 평양신학교와 장로교 주요 교단 신학대학원(고신/장신/총신/한신)을 중심으로", 「성경과신학」 74 (2015): 97–135를 참고하라.

6 총신의 신학 전통에 관련되어 공표된 앞선 연구들 중에는 김길성, "『신학지남』으로 본 총신의 조직신학", 「신학지남」 74/2(2007): 274–91; 김길성, 『총신의 신학 전통』 (서울: 총신대학교출판부, 2013); 김길성, "「신학지남」 100년의 역사와 신학", 85/1 (2018): 7–61; 김광열, "총신에서의 조직신학 논의– 회고와 전망 I", 「신학지남」 317 (2013): 58–83; 김광열, "총신에서의 조직신학 논의– 회고와 전망 II", 「신학지남」 318 (2014): 26–56 등을 보라.

7 죽산이 북장로교 선교부 주선으로 해외 신학교 순방을 떠났던 1954–1955년 어간에는 구레인 선교사가 교수로 초빙되어 조직신학 강의를 했고, 『조직신학(상),(하)』 (서울: 장로회총회종교교육부, 1954– 1955)을 역간해 내기도 했다.

8 박형룡, 『기독론』 (서울: 장로회총회종교교육부, 1957).

자료들을 보완하는 수준에서 집필되었기 때문에 최종적으로 출간된 『교의신학 기독론』(1970)에 비하자면 내용도 다소 빈약하고 분량도 매우 적다는 것을 알 수 있다.[9]

1959년 합동과 통합의 분열이 있고, 1960년에 합동과 고려파의 연합이 있은 후에 죽산은 다시금 신학교 교장이 되었고, 조직신학 강의를 계속하게 된다. 이때 고신에서 온 이상근 교수(1911–2011)가 합류하여 죽산과 더불어 조직신학 강의를 하게 된다.[10] 그는 1963년 고신의 환원 때도 돌아가지 아니하고 총신에 계속 남아서 1976년 정년 퇴임할 때까지 조직신학 강의를 했다. 그는 공적으로 출판한 저술이 전무한데, 그가 남긴 강의안들을 보면 주로 루이스 벌코프의 조직신학 교본을 따라 강의를 했던 것으로 파악된다.[11] 죽산이 총신 교수로 재직하던 시기에 조직신학 교수로 동역한 또 한 사람은 그의 장남인 박아론 박사(1934년생)이다. 1953년부터 미국 유학을 떠났던 박아론 박사는 1964년에 귀국하여 강사로서 강단에 처음 섰고, 1965년에는 임시 전임 강사로, 1967년에는 전임 강사로 임용되어 1999년에 은퇴하기까지 근 35년간을 총신에서 조직신학 과목 중 변증학, 현대신학, 종말론 등을 강의하게 된다.[12] 박아론 박사는 죽산의 은퇴 후에 훨씬 더 긴 세월 교수로 재직하기 때문에 이후에 다시금 거론하도록 하겠다.

다시 죽산으로 돌아가서 보면, 1960년대의 죽산은 학문적으로 최절정의 시기를 맞이했고, 풍성한 수확의 시기를 보냈다고 할 수 있다. 1942년 만

---

9 죽산 박형룡의 조직신학 저술에 미친 벌코프와 베르까우어의 영향이 이런 점에서 중요한 관건이라고 할 수 있다. 박형룡의 신학 형성 과정에 미친 두 신학자의 영향 분석은 이상웅, 『박형룡 신학과 개혁신학 탐구』, 66–175를 보라.

10 신약학자인 정류 이상근 박사와 동명이인으로 지금까지 학계에서 주목받은 적도 없고 연구 문헌도 거의 없다시피 한 조직신학 교수 이상근에 대해서는 다음의 두 편의 논문이 있다: 김길성, “이상근 박사의 신학과 사상”, 「신학지남」 79/3 (2012): 242– 263; 이상웅, “이상근 교수(1911–2011)의 종말론 연구”, 「ACTS 신학저널」 50 (2021): 352–390. 또한 2011년 그의 소천 후에 가족들에 의해 육필 원고들과 강의안들은 총신대학교 신학대학원으로 보내져서 현재 개혁신학 연구처장실에서 보관하고 있다.

11 필자는 특히 그의 종말론 강의안을 연구하여 “이상근 교수(1911–2011)의 종말론 연구”, 「ACTS 신학저널」 50 (2021): 352–390으로 공표한 바 있다. 그는 벌코프를 따라 무천년설 입장에서 종말론을 가르쳤다.

12 김길성, “박아론 교수의 신학에 대한 고찰과 평가”, 「신학지남」 61/4 (1994): 43–54.

주에서부터 가르치기 위해 준비해 온 교의신학 7론(loci)을 집대성하여 모두 출간하게 되기 때문이다. 1964년(67세)에 『교의신학서론』이 출간되고, 1967년(70세)에 『교의신학 신론』이, 1968년(71세)에 『교의신학 인죄론』이, 1970년에 『교의신학 기독론』이, 1972년에 『교의신학 구원론』이, 은퇴 후인 1973년에 『교의신학 교회론』과 『교의신학 내세론』 등이 출간되기에 이른다.[13] 죽산의 초기 평양장로회신학교 교수 시절의 주저가 『기독교 근대신학 난제 선평』(1935, 847쪽)이었다면, 후기 박형룡 박사의 주저이자 대작(*magnus opus*)은 7권으로 된 『교의신학』 전집이라고 말할 수 있다. 죽산은 구 프린스턴의 하지 부자나 워필드, 웨스트민스터의 메이첸, 반틸, 존 머리 등의 저술들도 많이 원용하고 있지만, 루이스 벌코프를 통하여 헤르만 바빙크(Herman Bavinck, 1854–1921)의 신학을 대체로 수용했고, 후기에는 특히 헤리트 베르까우어(Gerrit C. Berkouwer, 1903–1996)의 『교의학 연구』(영역본은 총 14권)를 많이 활용함으로 방대하고 심원한 신학 체계를 정립하여 주었다. 그는 생애 말년에 쓴 마지막 논문에서 자신의 신학을 "한국형 청교도 개혁주의"라고 칭하기도 했다.[14]

죽산 박형룡 은퇴 이후의 총신의 조직신학 전통(1972–2000)

죽산 박형룡은 1948년 남산장로회신학교 시절부터 교수로 재직하기 시작하여 1972년 2월 74세의 나이에 은퇴하기까지 사반세기에 가까운 기간 동안 조직신학 교수로 재직했고, 마지막 시기에는 문교부에 의해 총회신학교가 총회신학대학이 됨으로 초대 학장직까지 수행하기도 했다. 하지만 학내 사

13 박형룡, 『교의신학서론』(서울: 은성문화사, 1964); 『교의신학 신론』(서울: 은성문화사, 1967); 『교의신학 인죄론』(서울: 은성문화사, 1968); 『교의신학 기독론』(서울: 은성문화사, 1970); 『교의신학 구원론』(서울: 은성문화사, 1972); 『교의신학 교회론』(서울: 은성문화사, 1973); 『교의신학 내세론』(서울: 은성문화사, 1973). 죽산의 문체는 국한문 혼용 시대의 것이어서 현대 독자들이 읽기에는 난해한 부분이 많기 때문에, 김길성 교수와 제자들의 수고로 현대어체로 개정하는 작업을 수행해서 2017년에 『박형룡 박사 조직신학』 전 7권(서울: 개혁주의출판사, 2017)을 출간하기도 했다.

14 박형룡, "한국 교회의 신학적 전통", 「신학지남」 174 (1976):11–22; 이상웅, "한국 장로교회의 신학적 전통에 대한 죽산 박형룡의 이해", 「조직신학 연구」 38 (2021): 28–64.

태에 대한 책임을 지고, 죽산은 1972년 2월 말에 총신에서 영구 은퇴를 하게 되고, 1978년 10월 25일에 소천하기까지 봉천동 자택의 서재에서 저작 전집 출간 준비에 전념하게 된다.[15] 한편 죽산이 총신 교수직과 학장직에 물러난 후 총신 조직신학 분과에는 앞서 언급했던 이상근 교수와 박형룡 박사의 장남이기도 한 박아론 박사가 교수로 재직하고 있었다.

(1) 박아론 교수(1965-1999)

박아론 교수는 변증학과 현대신학을 강의했고, 변증학은 죽산이 구 프린스턴의 변증학을 따른 것과 달리 자신의 스승 코넬리우스 반틸의 전제주의 변증학(presuppositional apologetics)을 취하여 가르쳤다.[16] 그는 기회가 있을 때마다 선친이 정립해 놓은 신학이 총신의 신학적 전통이라고 강조하여 말하기도 하고 여러 기회에 글로 쓰곤 했다.[17] 박아론 교수는 죽산이 퇴임한 이후에도 1999년까지 27년간을 교수직에 머물렀고, 필자도 그에게서 변증학, 현대신학, 종말론 등을 배웠었다.

(2) 신복윤 교수(1972-1980)

죽산이 학장에서 물러난 후에 제2대 학장으로 취임한 이는 성도교회 담임 목사이자, 구약학자였던 김희보 박사(1918-2003; 학장 재임은 1972-1980)였는데, 그는 죽산의 후임으로 당시 내수동교회 담임 목회 중이던 신복윤 박사

---

15 죽산의 저작 전집은 『박형룡 박사 저작 전집』 전 20권 (서울: 한국기독교교육연구원, 1977-1983). 저작 전집에는 교의신학 7권, 변증학, 험증학, 현대신학비평(상), (하), 세계견문록, 신학논문(상), (하), 전도서와 목회서신 주석, 설교집 1-3 등으로 수록되어 있다.

16 박아론 교수는 죽산처럼 변증학과 험증학을 별도로 출간했다가, 은퇴할 무렵에 한 권의 변증학으로 완성했다(박아론, 『기독교의 변증』 [서울: CLC, 1999]). 또한 그의 현대신학의 결정판은 『현대신학 연구』 (서울: CLC, 1989)로 출간되었다.

17 다음의 문헌들을 보라: 박아론, "총신의 신학 적통과 나의 신학", 「신학지남」 61/4 (1994): 15-23; "총신의 신학적 전통 -박형룡의 신학을 중심하여-", 「신학지남」 58/3 (1997): 44-68; "죽산 박형룡 박사의 생애와 신학", in 『죽산 박형룡 박사의 생애와 사상』, 박용규 편 (서울: 총신대학교 출판부, 1996): 139-157 "총신의 신학의 미래", 「신학지남」 65/4 (1998): 4-6; "총신의 신학에 대한 역사적 고찰과 미래적 전망", 「신학지남」 66/2 (1999): 7-21; 『세월 따라 신학 따라- 어느 보수신학자의 회고록』 (서울: 기독교연합신문사, 2002); 『나의 아버지 박형룡』 (서울: 대한예수교장로회, 2014).

(1926–2016)를 신임 교수로 영입했다. 비록 죽산의 지명에 의한 것은 아니지만, 죽산의 후임자가 된 셈이고, 더욱이 1950년대에 죽산의 문하에서 신학 수업을 받았을 뿐 아니라 죽산을 한평생 존경하기도 한 이가 바로 남송 신복윤 박사였다.[18] 신복윤 박사는 존 칼빈 연구에 조예가 깊었고, 한국인으로서는 최초로 칼빈 연구로 박사 학위를 취득하기도 한 칼빈학자였다. 1950년대에 벌코프의 책들을 번역 소개하였고, 총신 교수로 재직하는 동안에는 역시 벌코프의 조직신학을 근간으로 하여 조직신학 강의를 진행했다.[19] 앞서 살펴본 이상근 교수의 경우처럼 벌코프를 따라 신복윤 박사는 종말론에 있어 역사적 전천년설이 아니라 무천년설의 입장을 취하여 가르치고, 2001년에 간행된『종말론』교본에서도 무천년설에 따라 논의를 개진해 준다.[20]

(3) 차영배 교수(1976–1995)

이상근 교수가 은퇴하던 1976년에 총신 조직신학 분과에는 고신 출신의 차영배 교수(1929–2018)가 신임 교수로 부임하게 된다.[21] 차 교수는 네덜란드 캄펀 신학교(31조파 내지 해방파) 역사상 첫 유학생으로서 L. 두꺼스 (L. Doekes) 교수의 지도하에 교의신학을 공부했고, 그의 스승 정암 박윤선을 따라 바빙크 신학을 선호해서 화란어 원서로 여러 차례 통독을 하기도 했다. 귀국한 후에 한국외대 화란어과 교수로 재직하다가 총신에 부임하게 되었고, 1995년 은퇴하기까지 19년간 교수로 재직한다. 총신에 재직하는 동안 교무처장

---

18 신복윤 박사의 생애와 신학에 대한 개관을 위해서는 안명준, "신복윤의 생애와 사상",「한국개혁신학」54 (2017): 45–80; 이상웅, "남송 신복윤(1926–2016)의 종말론",「성경과신학」91 (2019): 169–205를 보라.

19 그가 1980년 합신 조직신학 교수로 가서 교수로 재직하면서 주요 조직신학 교본들이 출간된다: 신복윤,『교의학서론』(수원: 합신대학원출판부, 2002);『종말론』(서울: 개혁주의신행협회, 2001).

20 참고: 이상웅, "남송 신복윤(1926–2016)의 종말론",「성경과신학」91 (2019): 169–205.

21 차영배 교수에 관해서는 문화평, "차영배 박사의 생애와 신학", in『한국 교회를 빛낸 칼빈주의자들』, 안명준 편 (용인: 킹덤북스, 2017), 384–393; 김영한. "성령 신학자 고 차영배 교수를 추모하며",『제70회 기독교 학술원 월례포럼 자료집』(서울: 기독교학술원, 2019), 62–68; 최홍석. "죽산과 심산의 삼위일체론 비교 연구", in 김영한 외,『성령과 삼위일체: 심산 차영배 교수 미수기념논집』(용인: 킹덤북스, 2017): 394–435 등을 보라. 기념 논총도 두 번 간행된 적이 있다: 김영한 외 (편).『三位一體論과 聖靈論』(서울: 태학사, 1999);『성령과 삼위일체: 심산 차영배 교수 미수기념논집』(용인: 킹덤북스, 2017).

과 학장 등의 보직 업무도 수행했지만, 그는 주로 바빙크 신학을 예장합동과 총신에 전파하는 일에 기여했다. 차 교수는 바빙크 신학의 방법과 원리를 담은『개혁 교의학』1권을 편역해서 출간했고,[22] 자신의 개혁교의학 시리즈 첫 권으로『삼위일체론』을 출간하기도 했다.[23] 또한 그의 성령론은 전통적인 입장인 '중생=성령 세례'와 다르고, 구 프린스턴의 은사중단론과 달라서 다소 논쟁을 유발하기도 했다.[24] 하지만 1979년 비주류 측의 이탈 시에 박아론 박사가 잠시 따라가고, 1980년 합신과 분열할 때 신복윤 박사가 떠나가고 난 총신의 어려운 환경 속에서 심산 차영배 교수는 교무처장으로서 신대원 M. Div. 과정 인가를 받는 등 큰 수고를 했다.

(4) 최홍석 교수 (1985-2016)

잠시 비주류를 따라 방배동으로 갔던 박아론 교수가 돌아오고, 차영배 교수는 홀로 고군분투하던 상황에서 이미 은퇴하여 미국에서 활동 중이던 이상근 교수가 특별 초대를 받아 다시금 수년간 강단에 서게 된다. 그리고 1984년 가을에는 차영배 교수의 큰 사위이자 제자이기도 한 최홍석 교수가 네덜란드 캄펀 신학교(총회 측)에서 독토란두스 과정을 마치고 와서 강사로 가르치기 시작했고, 1985년에는 교수로 임용이 된다.[25] 최홍석 교수는 인간론을 비롯하여 교의신학 전 분야(구원론을 제외한)를 가르쳤다. 차 교수처럼 최

---

22 차영배(편역),『(H. Bavinck의) 神學의 方法과 原理: 神學序論』(서울: 총신대학출판부, 1982). 차 교수는 또한 H. Bavinck, *De algemeene grade,*『一般恩寵論: 경계해야 할 自然主義와 超自然主義』(서울: 總神大學出版部| 1979).

23 차영배,『개혁교의학(II/1) 삼위일체론(신론)』(서울: 총신대학출판부, 1982). 차 교수는 20권 이상의 시리즈물 출간을 계획한 듯하나, 이 한 권으로 끝나고 만다. 차 교수의 기여 중 하나는 총신 학생들에게 라틴어 교육에 힘쓰고, 교본들을 출간한 것이다(차영배,『라틴어 교본』[서울: 총신대학 출판부, 1979],『라틴어 강해』[서울: 풍만출판사, 1986]). 옛 수강자의 추억에 의하면 눈을 감고서도 라틴어 변화형들을 줄줄 외우곤 했다고 할 정도로 라틴어, 화란어, 독일어, 영어 등 언어적 기량이 탁월했다.

24 차영배,『성령론- 구원론 교재』(서울: 경향문화사, 1987). 비판적인 논평은 유해무, "바빙크(H. Bavinck)와 제2의 축복-차영배 교수의 바빙크 해석을 중심으로",「개혁신학과 교회」, (1992): 31-57를 보라.

25 최홍석 교수의 생애와 신학적 관심사에 대한 분석 개관을 위해서는 이상웅, "최홍석 교수의 삶과 신학 세계",「신학지남」82/3 (2015): 85-135를 보고, 최 교수의 캄펀 신학교 독토란두스 논문에 대한 분석은 박태현, "최홍석 교수의 성령론적 설교학: '선포와 성령,'"「신학지남」82/3 (2015): 137-175를 보라.

교수 역시도 바빙크를 비롯한 화란 신학에 심취하여 강의하거나 저술했다. 학생들 앞에서 늘 "하나님 앞에 선 존재"(*Coram Deo-Sein*)을 강조할 뿐 아니라, 몸소 경건과 학식의 균형의 모범을 보여 주기도 했기에 재직 시에도 많은 존경을 받았다. 저술들과 수십 편의 논문이 있지만, 최 교수의 신학적인 기여는 개혁주의 인간론 정립과 교재 출간에 있다고 평가할 수 있다.[26]

(5) 문석호 교수(1987–2007)

1987년에 미국에서 철학과 신학을 공부한 문석호 교수가 학부 신학과 교수로 부임하여 현대신학을 가르치다가, 2007년 뉴욕에서의 담임 목회를 위해 조기 은퇴를 했다.[27] 뉴욕 효신장로교회에서 담임 목회를 하다가 2022년에 퇴임을 했다.[28]

(6) 서철원 교수(1991–2007)

필자가 총신 신대원에 입학하고 난 다음 해인 1991년에 개혁신학원 교수로 재직하고 있던 서철원 교수(1942년생)가 총신 조직신학 교수로 부임하게 된다.[29] 미국 웨스트민스터 신학교에서 반틸의 지도하에 석사 논문을 쓴 후, 네덜란드 자유 대학교에서 얀 페인호프(Jan Veenhof, 1934–)교수의 지도하에 "예수 그리스도의 창조 중보자직"에 대한 박사 논문을 쓰고 나서, 귀국하여 9년간 개혁신학 연구원 교수로 재직했다.[30] 총신처럼 규모가 크지 않은 개혁

---

26 최홍석, 『인간론』 (서울: 개혁주의신행협회, 2005). 최 교수의 인간론에 관한 논의를 담은 논문 세 편이 있다: 강웅산, "최홍석 교수의 개혁주의 인간론", 「신학지남」 82/3 (2015): 43–62; 이상웅, "최홍석의 개혁주의 인간론 고찰 – 하나님 형상(*Imago Dei*)론을 중심으로", 「한국개혁신학」 52 (2016): 47–87; 이상웅, "개혁신학자 최홍석의 '인간의 구조적 본성론,'" 「개혁논총」 39 (2016): 97–125.

27 관련된 저술로는 문석호, 『철학 (상), (하)』 (서울: 총신대학교 출판부 1992), 『현대신학의 이해』 (서울: 솔로몬, 2000) 등이 있고, 교수 재직 중에 남아공 스텔렌보쉬 대학에서 박사 학위를 취득했다.

28 https://www.usaamen.net/bbs/board.php?bo_table=data&wr_id=1409. 2023.10.2.접속. http://www.newsm.com/news/articleView.html?idxno=23602. 2023.10.2.접속.

29 서철원 교수의 신학 세계에 관해서는 김길성, "서철원 박사의 신학 세계 이해", 「신학지남」 74/1 (2007): 7–25를 보라.

30 Chul Won Suh, *The Creation-Mediatorship of Jesus Christ* (Amsterdam: Rodopi, 1982). 교리사 가운데 성육신의 목적을 앙양(elevation)으로 보는 라인과 회복(restitution)으로 보는 라인으로 정리하

신학 연구원에서는 조직신학 전과목을 강의한 것으로 보이나, 총신 교수로서 2007년까지 재직하는 동안에는 주로 신학서론과 기독론을 강의했고, 여러 선택 과목들을 개설하기도 했다. 서 교수는 철학 전공자로 철학에 조예가 깊은 데다가, 여러 언어들을 정확하게 이해하는 역량을 가지고 있고, 난해한 현대신학 원서들을 강독하는 일에도 능했다.[31] 서 교수의 주저인『조직신학』전집은 은퇴 후 11년이 지난 2018년에야 완간된다.[32] 필자가 이전에 쓴 글에서 서 교수의 무천년설 종말론에 공감하면서 논평을 한 부분이 있기에 여기에 옮겨 적기로 하겠다.[33]

> 서철원 교수는 죽산에게 조직신학을 배웠으며, 웨스트민스터 신학교에 유학 가서 코넬리우스 반틸 지도하에 신학 석사 논문을 썼으며, 화란 암스테르담 자유대학교에서 "예수 그리스도의 창조 중보직"으로 박사 학위를 취득하였고, 귀국하여 개혁신학교에서 교수로 재직하다(1982–1991), 총신으로 옮겨서 조직신학을 가르쳤다. 개혁신학교에서는 조직신학 모든 과목들을 가르친 것으로 확인되지만, 총신에서는 주로 신학서론, 기독론, 현대신학 등을 교수했다. 그의 개혁신학원 재직 시절의 종말론 강의 녹취본들은 남아 있지만, 총신에서 종말론을 가르쳤다는 증거는 없다. 그럼에도 불구하고 총신에서 재직할 때 쓴 글들에서 그의 무천년기 입장은 분명하게 확인된다.
>
> 죽산의 출생 100주년을 앞두고 박용규 교수와 총신 교수들은 박형룡의 생애와 신학을 조명하는 논문 모음집을 출간했는데, 서철원은 "박형룡 박사의 조직신학"이라는 논문을 기고했다.[34] 이 논문 속에서 서철원은 죽산의 여러 가지 신학적인

고, 조직신학적, 성경신학적 평가를 담아낸 학위 논문이다.

31 신대원 시절 필자는 기독론을 수강했으며, 대학원 시절에는 바르트 강독, 라너 강독, 슐라이어마허 강독 등을 수강하였다.

32 서철원, 『조직신학』, 전 7권 (서울: 쿰란, 2018). 물론 이 전집 외에도 수많은 저술들을 출간했다. 은퇴 시까지의 논저 목록은 편집부, "서철원 교수 저서 및 발표 논문 목록", 「신학지남」 74/1 (2007): 315–319를 보라.

33 이상웅, 『박형룡 신학과 개혁신학 탐구』, 534–538. 2015년에 쓴 "해방 이후 총신에서의 종말론 교육– 천년기론을 중심으로"의 일부임을 유념하고 읽기를 바란다.

34 서철원, "박형룡 박사의 조직신학", 『죽산 박형룡 박사의 생애와 사상』, 박용규 편 (서울: 총신대학교출판부, 1996): 435–450.

기여를 평가한 후에 그에게 '신학자'라는 호칭을 부여하는 것이 합당하다고 호평했지만, 반면에 비판적 평가도 제시했다. 서철원에 의하면 죽산이 '개혁신학 전통을 떠나 신학하게 된 가장 대표적인 예는 천년기 문제'라고 지적한다. 그렇게 된 것은 죽산이 평신에서 배운 이눌서(Reynolds)의 가르침과 당시 한국 교회의 경향에 합류했기 때문이라고 한다. '전통적 개혁 신앙과 공교회의 신앙'은 무천년설이라고 보는 서철원은 죽산의 계시록 20장 해석에 대해서도 다음과 같이 비평한다.

"박 박사는 근본주의적 입장에서 계시록 20장을 문자적으로 해석했다. 계시록은 문자적으로 이해하기 어려운 책이다. 20장의 쇠사슬, 무저갱 열쇠, 사탄 결박, 천사가 그렇게 함과 천 년을 문자적으로 해석하면, 매우 곤란한 귀결에 도달한다. 그런데 문자적으로 해석을 해서 역사적 천년기를 바른 신앙으로 주장하면 뵈트너의 가르침처럼 평신도들은 다 세대론이 되고 만다."[35]

서철원은 역사적 전천년설이나 세대주의 전천년설은 거의 차이가 없다는 지론을 가지고 있다. 그가 자신의 은퇴 기념 논총에 기고한 "나의 신학"이라는 글의 말미에서 서철원은 구약의 제사 제도와 피 제사의 회복을 말하는 천년기는 그리스도의 속죄 제사를 임시적으로 만들기 때문에 '철저하게 배격'해야 할 것을 강변했다.[36] 그는 공교회의 입장이란 천년기론 자체를 배격하는 것이었음을 지금까지 언급한 두 편의 글에서 명시적으로 말한다.

죽산의 제자이자 정규오를 존경했던[37] 서철원의 무천년설에 근거한 반 천년기론은 개혁신학원 재직 시절에 행한 강의 녹취록들에서 분명하게 확인해 볼 수 있다.[38] 논자가 참고한 1989년 『종말론 강의』 녹취록은 총 12개 강좌로 되어 있는데,

---

35 서철원, "박형룡 박사의 조직신학", 447–448.

36 서철원, "나의 신학", 『성경과 개혁신학』, 서철원 박사 은퇴 기념 논총위원회 편 (서울: 쿰란출판사, 2007), 71–73.

37 서철원은 1982년에 통과된 자신의 박사 논문을 광주중앙교회 담임 목사였던 정규오 목사에게 헌정했다. 암스테르담 유학 시절 전반부에 재정적으로 지원했고, 자신의 신학 공부에 대해 정 목사가 기울여준 오랜 관심에 대해 감사를 표현했다(Suh, Chul-Won, *The Creation-Mediatorship of Jesus Christ* [Amsterdam Rodopi, 1982], Foreword).

38 서철원의 무천년설에 대해서 요약적으로 제시한 조봉근은 1983년 여름학기와 1986년의 강의안을 활용했다고 참고 문헌에 적고 있는데(조봉근, "칼빈과 한국 장로교회의 교파별 종말론에 관한 비교 연구", 307–310, 327), 논자가 참고한 것은 1989년 4–6월에 행한 『종말론 강의』의 녹취본이

그 가운데 천년기론을 다루고 있는 강좌는 네 개(7–10강좌)나 된다.[39] 종말론의 다양한 주제들 가운데 천년기 문제에 1/3을 할애한 것은 서철원이 이 주제를 중요하게 생각했다는 증거이기도 하다. 그가 신학 교수 재직 시에는 천년기설을 강력하게 비판하고 무천년설을 강변했지만, 그의 고백에 의하면 그도 원래는 '역사적 전천년설'을 강하게 믿고 가르치다가 암스테르담 유학 마지막 시기에 '무천년설'로 입장을 바꾸었다고 한다.[40] 그의 무천년기에 대한 확신은 다음의 인용에서 두드러진다.

"여기서 다시 강조해서 말씀을 드리거니와 종말론에 관한 한은 공교회가 한사코 천년기론을 배척을 하고 무천년기, 무천년이라는 말이 없지요. 왜냐하면 주님의 재림, 보편 일반 부활, 한 번의 보편 심판, 그리고 신천신지의 도입, 이러게 되어 있으니까 무천년이라는 말이 전혀 없지요. 그러나 그 종말 도식이 성경이 가르치는 종말도식이라고 성경이 가르치는 무천년 도식입니다."[41]

서철원은 콘스탄티노플 신경(381년)에 나오는 "그의 나라는 끝이 없다"는 구절을 자주 인용하면서, 임시적이고 지상적인 천년왕국에 대한 모든 이론은 맞지 않다고 주장한다.[42] 또한 그는 무천년기 도식에 따라 종말에 있을 사변들의 순서를 '재림, 일반적 부활, 한 번의 심판, 신천신지의 도입'이라고 말하곤 했다.[43]

다. 이 녹취본은 수강자에 의해서 만들어진 것으로 서양 인명이나 단어들이 정확하게 채록되지 않은 곳들이 많이 있음에도 불구하고, 서철원의 입장은 분명하게 전달되고 있다고 사료된다.

39 서철원, 『종말론 강의』, 94–160.

40 서철원, 『종말론 강의』, 143.

41 서철원, 『종말론 강의』, 128.

42 서철원, 『종말론 강의』, 97, 128. 서철원은 콘스탄티노플 회의에서뿐만 아니라 "그 이후에 모든 공의회들이 다 천년기론에 관한 한은 천년기를 배척하고 무천년을 가장 바르고 합당한 것으로 주장을 하고 믿어 오게 되었다"고 말한다(128). 그리고 서철원이 인용한 콘스탄티노플 신경의 문장의 원문은 "οὗ τῆς βασιλείας οὐκ ἔσται τέλος; cujus regni non erit finis."이다(Philip Schaff, *Creeds of Christendom,* 3vols. [New York: Harper & Brothers, 1919], 57). 또한 서철원은 "그리스도의 나라는 영원한 나라인데 천 년에 제한하는 것은 바람직하지 않다"라는 이유에서 칼빈 역시도 천년기를 반대했다고 말한다(서철원, 『종말론 강의』, 126). 이 점에 대해서는 John Calvin, *Institutes of the Christian Religion,* trans. Ford L. Battles (Philadelphia: Westminster, 1960), 3.25.5를 보라.

43 서철원, 『종말론 강의』, 20, 98, 99,111, 128, 157. 서철원은 재림과 그 이후에 일어난 일들에 대한 이러한 무천년기 도식이 '가장 바르고 확실한 교회의 신앙'이라고 주장한다(98). 이러한 서철원의 입장은 다음의 대표적인 무천년설자들의 저술에서 개진된 내용과 일치한다: Bavinck, *Gereformeerde Dogmatiek*, 4: 712–784 (#562–574); 박태현 역, 『개혁교의학 4』, 765–833; Berkhof, *Systematic Theology,* 695–734; Hoekema, *The Bible and the Future,* 109–264 등.

서철원은 한국에 온 선교사들 대부분이 '천년기론 사상'을 가지고 왔기 때문에 한국 교회에도 천년기론이 그대로 전달되어 '가장 확실하고 바른 이론'인 것처럼 지내왔다고 비판한다.[44] 그의 강의 녹취록을 읽어 보면 서철원은 무천년기론에 확고히 서 있다 보니 '역사적 전천년설'과 '세대주의 전천년설' 간에 거의 구별을 하지 않는다는 것을 확인하게 된다. 그는 '천년기론을 주창을 하면 세대론으로 가는 것이 논리적인 귀결'이라고 말했고,[45] 몇 가지 차이점 외에는 '둘 간에 별로 차이가 없는 것'으로 보인다고 말하기도 했다.[46] 그러나 그가 천년기에 대한 비판이라고 강의한 내용을 보면 대부분은 '세대주의 전천년설'에 대한 것임을 알게 된다.[47] 그는 '세대론'이 7세대를 구분하고, 왕국연기론을 주장하며, 이중 재림과 교회의 휴거를 주장하고, 7년 대환란을 말하고, 천년왕국 시 유대인 중심의 정치적 왕국 혹은 메시아 왕국이 지상에 수립된다고 주장하는 점, 제사 제도와 피 제사 회복을 주장한 것에 대해서 비판했다. 또한 교회와 유대인을 구별하여 두 백성으로 만드는 것에 대해서도 단호하게 비판한다.[48] 서철원은 이러한 천년기 사상은 성경적이라기보다는 '유대주의 사고'에서 비롯되었다고 비판한다.[49] 또한 죽산의 천년기론에 대해서도 역시 비판적으로 소개한다.[50]

그리고 서철원은 무천년기의 입장에 따라 계시록 20장도 문자적으로 해석할 것이 아니라 상징적으로 풀어야 할 것을 역설했다.[51] 사탄의 결박은 '십자가의 권세로 결박'하는 것으로, 천년기는 '그리스도의 복음이 선포되고 교회가 지상에서

---

44 서철원, 『종말론 강의』, 98.

45 서철원, 『종말론 강의』, 143.

46 서철원, 『종말론 강의』, 107. 역사적 전천년설이 7세대를 주장하지 않으며, 환난기 통과를 주장한다는 점에서 차이가 있다고 말한다.

47 서철원, 『종말론 강의』, 107-141. 조봉근, "칼빈과 한국 장로교회의 교파별 종말론에 관한 비교 연구", 308-309에 서철원의 전천년설, 후천년설에 대한 비판을 요약 소개한다.

48 서철원, 『종말론 강의』, 117, 133. 서철원은 앗수르의 혼혈 정책에 의해서 10개 지파가 끊어져 없어졌음도 명쾌하게 말한다(145-146).

49 서철원, 『종말론 강의』, 121: "천년기 세대론뿐만 아니라 천년전기도 다 유대주의 사고지 기독교 사고가 아닙니다. 왜 이와 같은 사고가 생겼느냐? 그들은 이것이 그들의 묵시 문학에서 비롯합니다."

50 서철원, 『종말론 강의』, 127. 이눌서 선교사의 영향으로 죽산이 역사적 천년기론을 가지게 되었고, 이는 '교회의 가르치는 근본 교리에 의해서 조직신학을 전개'한 것이 아니라고 한다. 이러한 비판은 앞서 언급한 서철원, "박형룡 박사의 조직신학", 447-448에서도 공표한 내용이다.

51 서철원, 『종말론 강의』, 139-153.

존속되고 그리스도의 교회를 박멸하려고 하는 일이 생기기 전까지의 사탄의 역사의 제약됨'의 기간으로, 천년 통치는 '순교자들의 영혼이 하늘나라에 가서 그리스도의 통치에 동참함'을 의미한다고 해석한다.[52] 이와 같이 서철원은 무천년을 말하되 아주 강렬한 언어로 말했으며, 천년기에 대해 지나칠 정도로 강력하게 비평한 것을 알 수 있다.

(7) 김길성 교수(1993-2014)

1993년에는 송암 김길성(1949년생) 박사가 웨스트민스터에서의 유학을 마치고 귀국하여 교수로 임용된다.[53] 죽산 박형룡의 신학을 존중하고 재직기간 내내 죽산의 신학적 노선을 굳게 지켰고, 죽산 신학을 후대에 보급하는 일에 매진했다. 또한 메이첸 전문가로서 메이첸에 관한 저술과 연구 논문들도 출간하기도 했고, 총신의 신학적 전통에 대한 관심을 지속적으로 가지고 연구한 결과 『총신의 신학적 전통』을 은퇴 직전에 간행하기도 했다.[54] 필자가 2008년에 송암 김길성 교수의 지도하에 박사 논문을 마무리하고, 2012년 가을 모교 교수로 부임하게 되었을 때 은사는 종말론 강의를 하고 있었다. 그의 종말론은 대체로 죽산의 종말론 체계를 따르고 있지만, "무천년설을 사랑하는 역사적 전천년설자"라는 표현을 즐겨 하시면서 관용적인 입장을 표방하곤 했다.[55]

(8) 김광열 교수(1993-2024)

1993년에 대학 신학과의 조직신학 전담 교수로 김광열 교수(1958년생)가 부임하였다. 김 교수는 웨스트민스터 신학교에서 존 웨슬리 연구로 박사 학위

---

52 서철원, 『종말론 강의』, 151-152.

53 송암 김길성 교수의 생애와 신학 세계에 관해서는 이상웅, "송암(松岩) 김길성 교수의 삶과 신학 세계", 「신학지남」 320 (2014): 29-61과 이상웅, "송암(松岩) 김길성박사의 생애와 신학적 관심사들: 하나님 · 성경 · 교회 중심의 신학과 삶", 「개혁논총」 30 (2014): 17-64 등을 보라.

54 김길성, 『총신의 신학적 전통』 (서울: 총신대학교출판부, 2013).

55 송암 김길성의 종말론 강의안 분석은 이상웅, 『박형룡 신학과 개혁신학 탐구』, 525-528를 보라.

를 받았으며,[56] 총신에서 가르치는 동안 특히 구원론 분야에 관심을 집중하여 강의하고, 논문도 썼으며, 마침내 2001년에는 『그리스도 안에 있는 구원과 성화』을 간행하기도 했다.[57] 2010년대에는 신대원 조직신학 교수로 가르치다가 2024년 2월부로 정년 퇴임을 하게 되는데, 신대원에서도 신학서론, 교회론, 구원론 등을 강의했다. 또한 복음 전도와 사회봉사를 동시에 추구하는 총체적복음사역연구소를 설립하여 현재까지 소장으로 사역하고 있으며, 그 신학적인 교본이라 할 『총체적 복음: 한국 교회 이웃과 함께 거듭나라』도 2010년에 출간하게 된다.[58]

(9) 이상원 교수(1998-2021)

1998년에는 네덜란드 캄펀 신학대학교(총회 측)에서 기독교 윤리를 전공하고 귀국한 이상원 교수(1955년생)가 총신대학교 신학대학원 최초의 기독교 윤리학 교수로 부임하게 된다.[59] 필자는 대학원 과정(2003-2007)에서 윤리학 분야에서 다양한 주제들(프랜시스 쉐퍼, 라인홀트 니버, 생명 윤리, 사회 윤리 등)을 배울 수 있었듯이, 이 교수의 관심은 기독교 윤리의 제분야에 걸쳐 있었다. 후기에는 C. S. 루이스에 대한 강좌나 동성애에 대한 강좌도 개설하기도 했다.[60] 이 교수는 기독교 윤리학 분야에서의 강의뿐만 아니라, 학과 형편에 따라서 조직신학의 여러 과목들을 강의하기도 했는데, 기본적으로 죽산 박형룡의 신학 체계와 바빙크의 신학 사상을 많이 활용하였다.[61]

---

56 Kim Kwang Yul, "A Tension Between the Desire to Follow the Example of Jesus' Life and the Desire to Trust in His Redemptive Work: The Theology of John Wesley Reflected in His 'Christian Library'" (Ph. D. dissertation, Westminster Theological Seminary, 1992). 송암 김길성과 동일하게 지도 교수는 D. Clair Davis교수였다.

57 김광열, 『그리스도 안에 있는 구원과 성화』 (서울: 총신대학교 출판부, 2001. 개정판-2004).

58 김광열, 『총체적 복음: 한국 교회 이웃과 함께 거듭나라』 (서울: 부흥과 개혁사, 2010). 개정판-『총체적 복음』 개정판 (군포: 도서출판 다함, 2020). 또한 『교회와 한국 사회 속에서의 개혁신학 연구- 총체적 복음의 관점으로』 (서울: HGM, 2017)도 보라.

59 이상원 교수에 대한 필자의 회상은 이상웅, "이상원 교수님을 뒤따라온 사반세기-한 회상", 『사람보다 하나님께 순종하는 것이 마땅하니라-이상원 교수 정년 퇴임 기념 논총』 (서울: 솔로몬, 2021), 84-101를 보라.

60 이상원 교수의 윤리학 분야에서의 주저는 『기독교 윤리학』 (서울: 총신대학교출판부, 2013)과 『현대사회와 윤리적인 문제들』 (서울: 대서, 2019) 등이다.

61 바빙크의 신학을 많이 활용하지만, 천년기 문제에 있어서는 죽산을 따라 역사적 전천년설을 자

21세기의 총신의 조직신학 전통(2001-현재)

21세기 들어 총신은 개교 100주년을 맞이하게 된다(2001.5.15.). 당시 조직신학과에는 서철원 교수(2007년 은퇴), 김길성 교수 (2014년 은퇴), 이상원 교수(2021년 은퇴) 등이 재직하고 있었고, 학부 신학과에는 김광열 교수가 재직하고 있었다.

(1) 강웅산 교수(2003-현재)

21세기 들어 총신 조직신학 전공 교수로 처음 부임한 이는 2003년 봄학기에 웨스트민스터 신학교에서 "조나단 에드워즈의 칭의론" 연구로 박사 학위를 받은 강웅산 교수이다.[62] 신학서론과 구원론을 집중하여 강의해 왔다. 오랫동안 구원론을 연구하고 강의한 후인 2016년에 이르러서는 구원론 교과서인 『성경신학적 조직신학 구원론를 출간하였다.[63] 책 출간 후에 필자가 「신학지남」에 기고한 간략한 서평이 있기에 여기에 다시 소개하도록 하겠다.[64]

> 총신의 조직신학과 역사에 있어서 2016년은 뜻깊은 해가 될 것이라고 생각된다. 앞서 소개한 문병호 교수의 『기독론』에 이어 강웅산 교수의 『구원론』도 출간되었기 때문이다. 저자는 미국 필라델피아 웨스트민스터 신학교(Westminster Theological Seminary)에서 목회학 석사, 신학 석사, 철학 박사 학위를 취득했다. 신학 석사와 박사 과정에서 청교도 신학의 완성자 조나단 에드워즈(Jonathan Edwards, 1703-1753)의 신학을 논구하는 학위 논문을 썼다. 석사 논문에서는 일반 은혜와 특별 은혜에 관하여 썼고, 리처드 개핀 박사(Richard B. Gaffin jr)의 지

신의 입장으로 취했다. 필자는 이상원 교수의 종말론 강의안을 분석 개관하여 "기독교 윤리학자 이상원 교수의 종말론", 「신학지남」 87/4 (2020): 103-130을 공표한 적이 있다.

62 Kevin Woongsan Kang, "Justified by Faith in Christ: Jonathan Edwards' Doctrine of Justification in Light of Union with Christ" (Ph. D. dissertation, Westminster Theological Seminary, 2003); 번역본- 강웅산, 『조나단 에드워즈의 칭의론』 (용인: 목양, 2017).

63 강웅산, 『성경신학적 조직신학 구원론』 (화성: 말씀과삶, 2016/ 용인: 목양, 2018).

64 이상웅, "서평-『성경신학적 조직신학 구원론』", 「신학지남」 83/3 (2016): 291-293.

도하에 쓴 박사 논문에서는 에드워즈의 칭의론을 분석하였다(Justified by Faith in Christ, 2003). 서평자도 학위 논문의 일부로 에드워즈의 칭의론을 논구해 본 적이 있지만(『조나단 에드워즈의 성령론』(서울: 부흥과개혁사, 2009), 249–268), 에드워즈의 칭의론은 칼빈과 종교개혁자들의 칭의론을 계승하고 있다. 저자의 이러한 학위 과정을 고려할 때 구원론 교과서를 집필할 수 있는 학자적 역량을 잘 갖추었다고 할 수 있다. 더욱이 저자가 서문에서 밝혔듯이 2004년부터 총신신대원 교수로 부임하여 10년 넘는 기간 동안 구원론을 70회 넘게 강의하는 과정을 통해 구원론 교본의 준비가 이루어졌다고 하는 사실이다.

『성경신학적 조직신학 구원론』이라는 제목 아래 영어 제목을 '그리스도 안에 있는 구원'(Salvation in Christ)이라고 부기했고, 달리는 '성경적 신학적인 조직신학: 구원론'(Biblical Theological Systematic Theology: The Doctrine of Salvation)이라고 강조하기도 했다. 이러한 표제들만 보아도 저자가 추구하는 신학 방법론이 무엇인지를 명시적으로 보여 준다. 저자 머리말에서 자신이 추구하고 있는 신학 방법론은 스승 개핀과 개핀의 영향을 받아 게할더스 보스– 존 머리 등의 성경신학적이면서 조직신학적인 전통에 속한다는 것을 밝힌다. 코넬리우스 반틸의 유신론에 입각한 성경관도 빠트리지 않고 언급한다. 흔히들 개혁주의 성경신학의 원조라고 불리는 보스도 프린스턴으로 옮기기 전 칼빈 신학교에서 교의학을 가르침으로 성경신학적이고 조직신학적인 길을 앞서 걸어갔고, 존 머리의 경우도 조직신학자였지만 성경 주해에 바탕을 둔 성경신학적인 조직신학을 추구한 것으로 유명하다. 또한 개핀 박사는 바울의 구원론을 연구하여 학위를 취득한 학자로 오랜 세월 동안 신약신학을 가르치고 나서 조직신학 교수로 전과한 사람이기 때문에 본서의 저자는 그러한 전통에 깊은 영향을 받았고, 그러한 방법론을 가지고 모든 조직신학 연구를 추구해 왔고, 그 첫 결실이 바로 이 구원론 교과서이다.

저자가 밝히는 대로 본서는 크게 봐서 두 부분으로 나누어진다. 제1부는 방법론이고, 제2부는 구원 서정론이다. 이는 다소간 차이를 보이긴 하나, 죽산 박형룡이나 루이스 벌코프의 논의 방식과 유사하다고 볼 수 있다. 1부에서 다루어진 내용들에 대해 저자의 말로 소개해 보면 다음과 같다: "제1장에서는 기존 개혁주의 전통에서 있었던 구원 서정 논의에 대한 반성을 하였고, 제2장에서는 성경을 통해 구원 서정이 구속사와 밀접한 관계에서 제시되고 있다는 점을 확인하고, 제3장에서는 그리스도의 사역(*historia salutis*)이 어떻게 성령에 의해 적용(*ordo salutis*)되는지 살펴보았고, 제4장에서는 그리스도와의 연합을 통해 구속사적 구원이 구원론적 구원이 되는 이론적 원리를 완성하였다"(머리말). 각각의 구원 서정을 세부적으로 다루는 제2부는 총 9개의 장으로 구성되어 있다: 유효한 부르심(5장), 중생(6장), 믿음(7장), 회개(8장), 칭의(9장), 양자(10장), 성화(11장), 성도의 견인(12장), 그리고 영화(13장). 이러한 논의의 순서는 믿음과 회개의 순서가 바뀐 것 외에는 예장 합동의 지로적인 신학자인 죽산 박형룡 박사의 9단계 구원 서정론과 거의 흡사하다. 바빙크나 벌코프와 달리 죽산이나 존 머리처럼 저자는 영화를 구원 서정론에 포함시키고 있는 점도 주목할 만하다. 저자는 "구원이란 그리스도와의 연합이며, 연합은 그리스도 안에 항상 머무는 삶"이라는 점을 강조한다. 칭의론에 관련하여 핫 이슈가 되고 있는 새 관점 학파에 대해서 비판적인 저자는 "새 관점 주장자들은 칭의 안에 성화의 개념을 집어넣으려고 한다"면서 "칭의는 법정적 선언적 개념이며 성화는 거룩의 관점에서 구원을 말하는 것으로 둘은 별개가 아니라 그리스도 안에 있을 때 얻게 되는 축복이며 열매들"이라고 설명했다(2016년 9월 19일 자 「기독신문」 인터뷰 기사 참고). 이는 칼빈의 '이중 은혜'(*duplex gratia*)론과 정확하게 일치하는 설명이다.

역사적으로 종말론과 더불어 구원론에 관련하여서 이단 사이비들이 창궐하였음을 감안할 때 개혁주의 관점에서 쓰인 본서의 출간을 신학생들뿐 아니라 일선 목회자들도 환영하고 진지한 독서를 할 필요가 있다고 생각한다. 특히 우리나라에는 비단 구원파뿐 아니라 잘못된 구원관을 가진 이들이 리더들이나 교인들 가운데 적지 않은 현실이기 때문에, 칼빈과 역사적 개혁주의 전통을 이어 받되 특히 보스–머리–개핀에 이르는 성경신학적이고 조직신학적인 방법론을 적극적으로 활용하여 쓴 이 구원론 교과서가 교정제와 길잡이의 구실을 해 줄 것이라고 믿어 의심치 않는다. 70여 회의 신학교 강의 준비와 피드백을 감안하여 완성된 교과서이기에 기초가 튼실할 뿐 아니라 내용이 꽉 찬 석류 열매 속과 같이 느껴지는 교과서이다. 또한 앞선 주요 교본들과 대화하면서도 저자 자신만의 글쓰기 방식이 잘 조합되어 있는 것을 독자는 확인하게 될 것이다. 죽산 박형룡의『교의신학: 구원론』(서울: 은성문화사, 1972)의 출간 이래 44년 만에 독보적인 구원론 교과서가 총신 교수에 의해서 출간된 것은 역사적인 의의도 적지 않다고 할 것이다.

(2) 문병호 교수 (2005-현재)

2003년에 부임한 강웅산 교수에 이어, 2005년에는 스코틀랜드 에든버러 대학에서 칼빈을 전공한 문병호 교수가 부임하게 된다.[65] 문 교수는 신대원 교수로 재직하면서 주로 신학서론, 교회론, 기독론을 가르쳤고, 매 학기마다 기독교강요 연구와 라틴어 문법을 선택으로 개설하여 가르친다. 문 교수의 학술적인 기여로는 칼빈의『기독교강요』초판(1536)과 최종판(1559)을 라틴어 원전에서 모두 번역하여 출간한 것이나,[66] 칼빈신학 연구서를 출간한 것도 있지만,[67] 오랜 기독론 강의 끝에 기독론 교본인『기독론: 중보자 그리스도의 인격과 사역』을 2016년에 출간한 것이다.[68] 이 교본에 대하여 필자가「신학지남」에 기고한 짧은 서평문이 있기에 여기에 역시 옮겨 소개한다.[69]

총신의 지로적인 신학자 죽산 박형룡 박사의『교의신학: 기독론』(서울: 은성문화사, 1970)이 출간된 후 30년 만에 그의 제자인 서철원 교수의『기독론』(서울: 총신대학교출판부, 2000)이 출간되었다. 강의안 분량의 책자여서 정통 기독론의 핵심과 정수가 무엇인지를 잘 보여 주는 교과서였다. 그리고 죽산의 책이 출간된 지 46년 만에 문병호 교수의 대작이 세상의 빛을 보게 되었다. 에딘버러 대학에

65 Byung-Ho Moon, *Christ the Mediator of the Law* (Milton Keynes: Paternoster, 2006/ Eugene: Wipf and Stock, 2006).

66 Ioannes Calvinis, *Institutio Christianae religionis* (1536), 문병호 역,『라틴어 직역 기독교강요』(서울: 생명의말씀사, 2009); *Institutio Christianae religionis* (1559), 문병호 역,『1559년 라틴어 최종판 직역 기독교강요』, 전 4권 (서울: 생명의말씀사, 2020).

67 문병호,『30주제로 풀어 쓴 기독교 강요 - 수정 증보판』(서울: 생명의말씀사, 2013);『칼빈신학 - 근본 성경 교리 해석』(서울: 2015).

68 문병호,『기독론: 중보자 그리스도의 인격과 사역』(서울: 생명의말씀사, 2016).

69 이상웅, "서평-『기독론: 중보자 그리스도의 인격과 사역』",「신학지남」83/3 (2016): 289-291.

서 칼빈의 기독론을 전공하여 박사 학위를 받고(박사 논문은 Christ the Mediator of the Law [Milton Keynes: Paternoster, 2006]으로 출간됨), 모교의 강단에서 10년 이상을 강의하고 연구하면서 집성한 1,230쪽의 대작이다. 바빙크의 어깨 위에 서서 G. C. 베르까워(G. C. Berkouwer)나 벤 벤츨(Ben Wentsel)의 대작들이 이어진 것처럼, 저자는 죽산과 서철원의 어깨 위에 서서 기독론 분야에서 과거의 유산을 집성하고, 그간의 신학적인 발전상을 충분히 검토하고 비판적으로 대화하는 일을 수행함으로 이러한 대작이 출간되기에 이른 것이다.

1,200쪽이 넘는 이 방대한 대작의 '관점과 주제와 체계'에 대한 개관은 저자 서문(20-31쪽)에서 상술해 주고 있다. 이 서문만 잘 읽어 보아도 문 박사가 취한 신학적인 입장과 각 장별 개요에 대한 자세하고 명확한 지식에 이를 수 있을 것이다. 전통적으로 기독론(Christology)하면 그리스도의 위격과 사역을 양분하여 다루곤 했는데, 문 박사는 자신의 기독론을 크게 6부로 구성하였다. '기독론, 올바른 방법과 신학적 논거 : 성경과 신경과 교리'라는 주제를 지닌 제1부에서는 '기독론의 대상과 주제 그리고 방법론'(1장), '성경과 기독론'(2장), '신경적 기독론'(3장)을 논구한다. 1장은 기독론의 논의를 시작하는 서론격이고, 2장에서는 기독론의 전거 구절들인 성경의 여러 구절들을 원문을 근거로 주해하고 설명하는 부분이다. 3장에서는 신앙고백들이 기독론에 대해서 어떻게 기술하고 있는지를 찬찬히 살피는 부분이다.

제2부에는 언약: 영원한 구원 협약의 역사적 성취 경륜이라는 제목하에 '언약과 그리스도'(4장)를 다룬다. '중보자 그리스도의 인격: 성육신과 신인 양성의 위격적 연합'이라는 제목의 제3부에서는 그리스도의 위격에 대해서 다룬다. '위격적 연합'(5장), '성육신론'(6장), '그리스도의 신성'(7장), '그리스도의 인성'(8장), '위격적 연합에 따른 신인 양성의 속성 교통'(9장) 등의 주제를 논구한다. 특히 9장에서 루터파의 속성교통론을 비판하고, 개혁주의적 속성교통론을 소개한다.

제4부는 '중보자 그리스도의 사역 : 구속주의 직분과 비하와 승귀의 상태'를 다루는 부분이다. 10장에서 '신인 양성의 중보자와 삼중적 직분', 즉 '선지자직'(*propheticum munus*), '제사장직'(*sacerdotale munus*) , '왕직'(*regium munus*)에 대해

서 다루었고, 11장에서는 '그리스도의 비하와 승귀'를 다룬다. 비하에 관하여 '행하신 순종(수법, 守法)과 당하신 순종(수난, 受難)'으로 나누어 기술하고, 승귀의 신분에 관하여는 '부활'(*resurrectio*), '승천'(*ascensio*), '재위'(*sessio*), 그리고 '재림'(*parousia*)을 기술한다.

'대리적 무름의 값 : 그리스도의 의의 전가 가치'라는 제목을 가진 5부에서는 속죄론을 별도로 나누어 방대하게 다루었던 죽산의 방식대로 문병호 박사의 속죄론이 전개되고 있는 부분이다. '속죄론: 대리적 무름'이라는 제하에 12장에서 다양한 속죄론을 소개하고, 개혁주의적인 이해를 기술한다.

마지막 제6부('정통적 교리의 수호: 두 신학자의 오류를 반박')에서는 두 명의 주요한 현대신학자의 기독론을 개혁주의적 관점에서 평가해 준다. 첫 번째로는 19세기 신학의 아버지인 프리드리히 슐라이어마허의 기독론을 비판적으로 논구하고 나서 '객관적 의의 전가를 부인하는 신비주의'라고 하는 평가를 내리고(13장), 두 번째로는 20세기 신학자들 가운데 가장 유명한 칼 바르트의 기독론을 살피고, 그의 기독론이 '변증법적 병행으로 정통적인 기독론과 삼위일체론을 대체'한 기독론이라고 평가를 내린다.

총신 원우들은 2학년 기독론 수업을 통해 저자 직강을 들을 수 있겠지만, 여러 목회자들과 다른 신학도들에게 본서를 강독하여야 할 이유에 대해서 저자의 다음과 같은 정리만큼 분명하게 말할 순 없을 것이다: "본서는 기독교 신학의 핵심이 되는 중보자 그리스도의 인격과 사역에 관한 교리 전반을 성경의 가르침에 충실하게 개혁신학적 관점에서 파악하고 있으므로 그리스도를 깊이 알고자 원하는 분들과 신학생들에게는 한 권의 교과서로 손색이 없을 것이고, 기독론의 지평을 확장하여 그 교회론적, 종말론적인 의의와 가치를 추구하고 그것을 성도의 삶에까지 적용하고자 하는 목회자들에게는 설교와 목양을 위한 좋은 교본이 될 것이며, 교리를 깊이 탐구하고 변증하고자 하는 신학자들에게는 기독론의 요체가 무엇이고, 그 방법론이 어떠해야 하며 어떤 왜곡된 견해들이 있는지를 파악하고 비판하는 데 유익한 길잡이가 되리라 여긴다"(30–31쪽). 역사적 개혁주의 전통에 서 있는 신학자들, 신학도들 그리고 목회자들의 정독을 권하는 바이다.

(3) 정승원 교수(2008-현재)

2008년에는 합신에서 10년간 조직신학 교수로 재직하고 있던 정승원 교수가 목회를 위해 뉴욕으로 떠나간 문석호 교수 후임으로 학부 신학과의 현대신학 교수로 부임하게 되고, 그 후 신대원 교수로 강의처 변경하여 가르치고 있다.[70] 주로 변증학과 현대신학을 강의하고 있지만, 학과 사정에 따라서 기독론과 종말론을 가르치기도 했다. 이전에 필자가 쓴 글에서 정 교수의 무천년설 종말론에 대해 논평한 글이 있기 때문에 이하에 소개하기로 하겠다.[71]

> 정승원 교수는 웨스트민스터 신학교에서 "존 콥의 기독론" 연구로 학위를 취득하고 돌아와 처음엔 합신에서 가르치다가 2008년부터 총신에서 조직신학 교수로 재직 중이다.[72] 신대원에서 변증학, 현대신학을 주력하여 가르치면서, 학과 사정상 기독론이나 종말론 등을 가르치기도 한다. 2013년도 2학기 종말론 강의계획서를 보면 그가 지정한 주교재는 헤르만 리델보스의『하나님의 나라』이다.[73] 그의 종말론 강의는 교과 개요에서 볼 수 있듯이 구속사적이고, 성경신학적인 관점에서 이루어졌다.[74] 이러한 특징은 그가 종말론과 관련하여 공표한 두 편의 논문 속에서도 선명하게 드러나고 있다.[75] 박윤선의 천년기 이해에 대해서 분석하고 비

---

70 정 교수의 웨스트민스터 박사 논문은 현대신학자 존 콥의 기독론에 대한 비판적 논의를 담고 있다: Sung Won Jung, "Christology of John B. Cobb, Jr.: Its Significance for Religious Pluralism"(Ph. D. dissertation, Westminster Theological Seminary, 1998). 번역본- 정승원,『종교다원주의 비판: 존 콥(John B. Cobb, Jr.)의 기독론』(서울: 세계밀알, 2021).

71 이상웅,『박형룡 신학과 개혁신학 탐구』, 538-540. 2015년에 공표한 "해방 이후 총신에서의 종말론 교육-천년기론을 중심으로"의 일부임을 유념해서 읽기를 바란다.

72 그의 부친 정문호 목사는 박형룡 박사 저작 전집 간행위원회 위원장으로서 20권의 저작 전집을 출간하는 일에 큰 기여를 한 사람이다(정문호,『그 십자가의 그 말씀은 나의 능력이다』[서울: CLC, 2015], 230-244, 356).

73 Herman Ridderbos, *De Komst van het koninkrijk* (Kampen: Kok, 1950); ET. *The Coming of Kingdom*, trans. H. de Jongste (Philippsburg: P&R, 1962); 오광만 역,『하나님의 나라』(서울: 솔로몬, 2008).

74 정승원은 자신의 논의를 전개하기 위해서 여러 주석들을 활용하지만, 특히 정훈택, "하나님의 나라와 천년",「신학지남」231(1992): 158-219; "기독론적 종말론: 신약의 종말론 연구",「성경과 신학」13 (1993): 119-149 등을 비중 있게 인용한다.

75 정승원, "박윤선의 '1000년' 이해에 대한 비판적 분석",「신학지남」317 (2013): 84-111; "요한계시록에 언급된 '나라' 와 '제사장' 에 대한 성경신학적 고찰",「개혁논총」30 (2014): 195-228.

판할 때도 그는 구속사적인 관점에서 전개했으며, 결론적으로 "1000년의 핵심은 바로 그리스도의 십자가와 부활의 승리"에 있으며, 독생 성자의 피로 구원받은 우리가 그의 공로에 힘입어 "그와 함께 지금부터 세세토록 왕 노릇하는 것이다"라고 명시한다.[76] 계시록의 세 구절(1:6; 5:10; 21:6)에 등장하는 '나라와 제사장'의 의미를 해명하는 논문에서도 정승원은 '성경의 구속사적 일체성을 근거로' 논의를 전개했다. 그는 구약적 배경을 살피고, 다양한 신약학자들의 논의를 참조하여 마침내 무천년기적인 결론에 이르는 것을 볼 수 있다. 다음과 같은 결론을 보더라도 정승원의 무천년기 입장은 서철원의 입장처럼 강경하지 않음을 알 수 있을 것이다:

"요한계시록 20:4-6을 어떻게 이해하며 이 구절을 근거로 어떤 천년왕국을 주장하든지 간에 그리스도의 보혈로 말미암아 성도들을 나라(왕)와 제사장으로 삼으신 것은 성경 전체에 흐르고 있는 구속사적 주제이며 오직 죽임당하신 어린양의 승리와 그를 따르는 자들의 승리가 계시록의 주제임을 부정할 수 없다. 또한 그리스도의 구속의 성취로 말미암는 결과가 최종적으로 그의 재림 후 세워질 새 하늘과 새 땅에서도 성도들이 영원토록 제사장이 되어 왕 노릇하게 될 것이다(계 21:3; 22:3, 5)."[77]

(4) 현재 재직 중인 조직신학 교수들

현재 신대원과 학부에서 조직신학을 가르치고 있는 교수들은 앞서 소개한 김광열 교수, 강웅산 교수, 문병호 교수, 정승원 교수 외에도 오랫동안 목회 현장에 있다가 2012년 9월 1일부로 조직신학 교수로 부임하여 주로 신론, 인간론과 종말론, 헤르만 바빙크, 조나단 에드워즈, 박형룡 신학 등을 가르치고 있는 필자(이상웅 교수), 케임브리지 대학에서 데이비드 포드(David Ford) 교수의 지도하에 "존 칼빈과 볼프하르트 판넨베르크의 종말론" 연구로 박사 학위를 받은 후에, 개신대학원대학교에서 교수하다가 2013년에 대학 신학과

76 정승원, "박윤선의 '1000년' 이해에 대한 비판적 분석", 110.

77 정승원, "요한계시록에 언급된 "나라" 와 "제사장" 에 대한 성경신학적 고찰", 224.

교수로 부임하여 왕성하게 대내외적으로 활동 중인 라영환 교수, 남아공에서 해석학과 신학서론적인 주제의 학위 논문을 쓰고 귀국하여 여러 신학교에서 강의한 후에 2020년에 부임하여 현재 신대원에서 기독교윤리를 가르치고 있는 윤형철 교수, 미국 칼빈 신학교에서 존 볼트(John Bolt) 교수의 지도하에 칭의와 성화의 관계에 대한 학위 논문으로 박사 학위를 받고 2021년에 부임한 박재은 교수 등이 재직하고 있다. 뿐만 아니라 담임 목회 중이면서 교수로 출강 중인 산학 협력 교수로 남양주 덕소교회 담임 목사인 문홍선 교수(2022년 부임)와 대구 성일교회 담임 목사인 최재호 교수도 재직하고 있다.

이상에서 필자는 매우 간결한 형태이긴 하지만 해방 이후 1948년 남산에서 복교된 장로회신학교의 조직신학 전통을 정리해 보았다. 매우 선별적이고, 매우 간결하여서 정작 중요한 내용들을 간과했을지도 모르겠지만, 적어도 1948년 이후 2023년 현재까지 총신의 조직신학 분과의 약사 기술 정도의 의미는 있지 않을까 싶다. 다시 일목요연하게 정리를 해 보면, 죽산 박형룡이 처음 혼자서 조직신학을 강의를 하다가, 1960년 초에 이상근 교수가 동료 교수로 부임하고, 60년대 중반에는 그의 아들 박아론 박사가 부임하여 3인 교수 체제가 되었다. 1972년 2월 죽산이 은퇴하고, 후임으로 신복윤 교수가 부임하여 1980년까지 가르치고, 1976년에는 이상근 교수의 은퇴와 더불어 차영배 교수가 부임했으며, 1985년에는 최홍석 교수가 부임하고, 1987년에 문석호 교수가 학부 신학과 현대신학 교수로 부임했고, 1991년에는 서철원 교수가 부임하고, 1993년에는 김길성 교수와 김광열 교수(학부)가 부임하고, 1998년에는 이상원 교수가 기독교윤리학 전임 교수로 부임하고, 1999년에 박아론 교수가 오랜 교수 생활을 마치고 정년 퇴임하였다. 21세기를 맞아 2003년에는 강웅산 교수가 부임하고, 2005년에는 문병호 교수가 부임하였다. 2007년에 서철원 교수가 은퇴하고, 학부에서 현대신학을 가르치다가 뉴욕에서의 담임 목회를 위해 조기 은퇴한 문석호 교수(2022년에 목회 은퇴)에 이어 2008년에는 정승원 교수가 현대신학 교수로 학부 신학과에 부임했다. 2012년에 이상웅 교수(필자)가 부임하고, 2013년에는 학부 신학과에 라영환 교수가 부임했다. 그리고 2014년에 김길성 교수가 은퇴하고, 2016년 2월에는 31년간 재직한 최홍석 교수가 은퇴했다. 2020년에 윤형철 교수, 2021년에 박재은 교수, 2022년에 문홍선 교수와 최재호 교수 등이 조직신학 교수로 부임하여 현재 가르치고 있다.

1906년 출강하기 시작하여 1916년에 조직신학 전임 교수가 되어 1937년 정년 퇴임 시까지 평양 소재 장로회신학교에서 조직신학을 가르쳤던 한국 장로교회의 첫 조직신학 교수 윌리엄 레이놀즈(이눌서) 선교사에 이어 1937–1938년 어간 존 크레인(구례인) 선교사가 2대 교수가 되었고, 1948년 서울 남산에서 다시 장로회신학교를 개교하고 평양장로회신학교의 계승을 대내외적으로 공표한 이후 지난 75여 년 성상 동안 총신의 조직신학 전통은 급변하는 현대 사조의 흐름 속에서도 레이놀즈와 죽산 박형룡이 표방했던 "오직 성경으로"(*Sola Scriptura*), "오직 은혜로"(*Sola gratia*), "오직 믿음으로"(*Sola fide*), "오직 그리스도를"(*Solus Christus*), 그리고 "오직 하나님께 영광을"(*Soli Deo Gloria*)이라는 종교개혁적 원리들과 도르트 신경에서 표현된 칼빈주의 5대 강령(TULIP)의 개혁주의 원리 위에 서서 각자의 소명과 재능과 기량을 발휘하여 역사적 개혁주의(Historic Calvinism)를 추구해 왔고, 지금도 각자 추구하고 있다. 현재 교수들의 세부 전공이 다르고, 관심사가 다양하지만, 여전히 신학적 하나 됨(theological unity)을 이루고 있는 것이 총신의 조직신학 전통이라고 할 수 있다. 앞으로 세월이 흘러가고, 문명이 발달하며, 사조가 급변한다고 하더라도, 만고불변의 기록된 계시인 성경의 토대 위에 굳게 서서 정통 개혁 신학(*theologia reformata orthodoxa*)을 계승하고, 또한 진전시키는 일에 매진하게 되기를 소망하면서 스스로 "나의 산티아고 순례길"이라 비유하여 불렀던 이 험난하고, 길고, 고독했던 본서의 집필 여정을 끝내고자 한다.

– *Laus Deo!* –

참고 문헌

1. 윌리엄 레이놀즈와 가옥명의 저술들

이눌서. 『인학 공과』. 경성: 조선야소교장로회, 1915.
_____. 『구학 공과』. 경성/평양: 야소교소회/ 야소교서원, 1915.
_____. 『신학 공과』. 경성: 조선야소교장로회, 1916.
_____. "신앙의 원리." 「신학지남」 4 (1922.1): 12-13.
_____. "진화론을 부인하는 제사실." 「신학지남」 16/5 (1934.9): 47-50.
_____. "칼빈신학과 그 감화." 「신학지남」 16/4 (1937): 49-54.
賈玉銘. 『기독교험증론』. 이영태 역. 평양: 장로회신학교, 1931.
_____. 『신도론』. 정재면 역. 평양: 장로회신학교, 1931.
_____. 『인죄론』. 정재면 역. 평양: 장로회신학교, 1931.
_____. 『구원론』. 이영태 역. 평양: 장로회신학교, 1931.
_____. 『성령론』. 정재면 역. 평양: 장로회신학교, 1931.
_____. 『내세론』. 정재면 역. 평양: 장로회신학교, 1931.
_____. 『神道學(上)』. 賈玉銘全集 8. 2판. 臺北: 橄欖基金會, 1996.
_____. 『神道學(中)』. 賈玉銘全集 9. 2판. 臺北: 橄欖基金會, 1996.
_____. 『神道學(下)』. 賈玉銘全集 10. 2판. 臺北: 橄欖基金會, 1996.
_____. 『神道學(附篇)』. 賈玉銘全集 11. 2판. 臺北: 橄欖基金會, 1998.

2. 2차 문헌들

강웅산. 『조나단 에드워즈의 칭의론』. 용인: 목양, 2017.
_____. 『성경신학적 조직신학 구원론』. 용인: 목양, 2018.
간하배. 『한국 장로교 신학 사상』. 서울: 실로암, 1991.
고찬섭 편. 『연동교회 100년사』. 서울: 연동교회, 1995.

곽안련. 『표준성경주석 마가복음』. 서울: 대한예수교장로회 총회종교교육부, 1958.
_____. 『표준성경주석 누가복음』. 서울: 대한예수교장로회 총회종교교육부, 1962.
곽안련. 밀의두. 도이명 공역. 『묵시록 주석』. 경성: 조선야소교서회, 1922.
권상덕. "레이놀즈와 깔뱅의 성서관 비교 연구." 「기독교문화연구」 15 (2010): 197–221.
_____. "레이놀즈의 구약 성서 해석에 관한 연구." 철학 박사, 한남대학교, 2011.
길진경. 『영계 길선주』. 서울: 종로서적, 1980.
김광열. 『그리스도 안에 있는 구원과 성화』. 서울: 총신대학교출판부, 2004.
_____. "총신에서의 '조직신학' 논의 : 회고와 전망 I." 「신학지남」 317 (2013): 58–83.
_____. "개혁주의 종말론의 목회적 적용." 「總神大論叢」 34 (2014): 84–125.
_____. 『총체적 복음』. 군포: 도서출판 다함, 2020.
김광채. 『고대교리사』. 서울: 보리상사, 2003.
김길성. "박형룡 박사의 내세론 연구." 『죽산 박형룡 박사의 생애와 사상』. 박용규 편. 서울: 총신대학교 출판부, 1996: 451–469.
_____. 『개혁신학과 교회』. 서울: 총신대학교출판부, 1998.
_____. "「신학지남」으로 본 총신의 조직신학." 「신학지남」 74/2(2007): 274–91.
_____. 『총신의 신학 전통』. 서울: 총신대학교출판부, 201
_____. "「신학지남」 100년의 역사와 신학." 85/1 (2018): 7–61.
김양선. 『한국기독교 해방 10년사』. 서울: 대한예수교장로회종교교육부, 1956.
김양호. 『물근원을 고쳐라: 유진 벨 선교사』. 목포: 사람이 크는 책, 2023.
김영석. "한국 장로교회 개혁주의 신학의 연속성과 불연속성 연구: 가옥명의 기독교증험론을 중심으로." 신학 석사, 계명대학교 대학원, 2010.
김원철. "워치만 니의 인간론." 철학 박사, 총신대학교, 2014.
김요나. 『총신 90년사』. 서울: 양문, 1991.
김은수, "한국 장로교의 '조직신학' 교육과 연구 역사(1901–1980)에 대한 고찰: 평양신학교와 장로교 주요교단 신학대학원(고신/장신/총신/한신)을 중심으로", 「성경과 신학」 74 (2015): 97–135.
_____. "한국 장로교 100년간의 '조직신학'의 발전 역사: 평양신학교와 5개의 주요 교단 신학대학원을 중심으로", 「장로교회와 신학」 12 (2015): 112–159.
김인수. "레널즈(W. D. Reynolds)가 한국 장로교 선교 상황의 발전과 변화에 끼친 영향 연구." 철학 박사, 호남신학대학교, 2009.
김정주. 『바울의 성령 이해』. 서울: CLC, 1997.
김지찬. "총신 구약학 형성의 토대: 신학지남 초창기 역사(1918–1940)를 중심으로." 「신학지남」 74/2 (2007): 92–135.
김진수 외. 『초기 한국 장로교회의 성립 과정 및 신학』. 서울: 한들출판사, 2010.
김철손. "묵시 문학." 「기독교사상」 15/6 (1971.6): 154–161.
김학모 편역. 『개혁주의 신앙고백』. 서울: 부흥과개혁사, 2015.

김홍만. 『초기 한국 장로교회의 청교도 신학』. 서울: 옛적길, 2003.
김희보. "죽산 박형룡 박사의 생애와 사상." 「신학지남」 247 (1996): 281–287.
『대한예수교장로회총회 총회백년사』. 전 2권. 서울: 대한예수교장로회총회, 2006.
노치준. 『일제하 한국기독교 민족 운동 연구』. 서울: 다산,
류대영. "윌리엄 레이놀즈의 남장로교 배경과 성경 번역 사업." 「한국기독교와 역사」 33 (2010): 5–34.
류대영, 옥성득, 이만열. 『대한성서공회사 II』. 서울: 대한성서공회, 1994.
마포삼열박사전기편찬위원회. 『마포삼열박사 전기』. 서울: 대한예수교장로회총회교육부, 1973.
모영보. "개혁주의 관점에서 본 가옥명의 종말론." 석사 논문. 총신대학교. 2019.
문백란. "남궁혁의 신학 사상 연구: 1930년대 신학 갈등을 중심으로." 석사 논문, 연세대학교, 2004.
문병호. 『기독론』. 서울: 생명의말씀사, 2016.
문춘권. "중국 신학자 가옥명의 조직신학 사상 연구." 신학 석사, 장로회신학대학교 대학원, 2012.
민경배. 『한국기독교회사』. 서울: 연세대학교 대학출판문화원, 2013.
朴美慶. "賈玉銘牧師的生平與神學思想에 관한 硏究." 문학 석사, 총신대학교, 2002.
박아론. 『현대신학 연구』. 서울: CLC, 1989.
_____. "총신의 신학 적통과 나의 신학." 「신학지남」 61/4 (1994): 15–23.
_____. "총신의 신학적 전통 –박형룡의 신학을 중심하여–." 「신학지남」 58/3 (1997): 44–68.
_____. "죽산 박형룡 박사의 생애와 신학." In 『죽산 박형룡 박사의 생애와 사상』. 박용규 편. 서울: 총신대학교출판부, 1996: 139–157.
_____. "총신의 신학의 미래." 「신학지남」 65/4 (1998): 4–6.
_____. "총신의 신학에 대한 역사적 고찰과 미래적 전망." 「신학지남」 66/2 (1999): 7–21.
_____. 『기독교의 변증』. 서울: CLC, 1999.
_____. 『세월 따라 신학 따라– 어느 보수신학자의 회고록』. 서울: 기독교연합신문사, 2002.
_____. 『나의 아버지 박형룡』. 서울: 대한예수교장로회, 2014.
박영돈. 『톰 라이트 칭의론 다시 읽기 – 바울은 칭의에 대해 정말로 무엇을 말했는가?』. 서울: IVP, 2016.
박용규. 『한국 장로교사상사』. 서울: 총신대학출판부, 1992.
_____. "한국 교회 종말신앙: 역사적 개관." 「성경과신학」 27 (2000): 190–222.
_____. 『평양 대부흥 운동』. 서울: 생명의말씀사, 2000.
_____. 『한국기독교회사1–3』. 서울: 한국기독교사연구소, 2004–2018.
_____. 『평양 산정현교회』. 서울: 생명의말씀사/한국 교회사연구소, 2006.
_____. 『강규찬과 평양 산정현교회』. 서울: 한국기독교사연구소, 2011.
_____. "박형룡 박사의 생애, 저술활동, 신학 사상 (1928–1960)", 「신학지남」 340 (2019): 49–

98.
박윤선.『성경과 나의 생애』. 서울: 영음사, 1992.
박응규.『가장 한국적인 미국 선교사 한부선 평전』. 서울: 그리심, 2004.
박재은. “아브라함 카이퍼와 영원으로부터의 칭의.”「갱신과 부흥」27 (2021): 189–218.
박찬호. “존 파이퍼의 ‘기독교 희락주의’: 웨스트민스터 소요리문답 1번과 관련하여.”「개혁논총」14 (2010): 195–227.
박형룡.『기독교 근대신학 난제 선평』. 평양: 장로회신학교, 1935.
_____.『기독론』. 서울: 대한예수교장로회총회종교교육부, 1957.
_____.『교의신학서론』. 서울: 은성문화사, 1964.
_____.『교의신학 신론』. 서울: 은성문화사, 1967.
_____.『교의신학 인죄론』. 서울: 은성문화사, 1968.
_____.『교의신학 기독론』. 서울: 은성문화사, 1970.
_____.『교의신학 구원론』. 서울: 은성문화사, 1972.
_____.『교의신학 교회론』. 서울: 은성문화사, 1973.
_____.『교의신학 내세론』. 서울: 은성문화사, 1973.
_____.『박형룡박사 저작 전집 XVII– 세계견문록』. 서울: 기독교교육연구원, 1988.
백낙준.『백낙준 전집1– 한국개신교사』. 서울: 연세대학교출판부, 1995.
100년사 편찬위원회 편.『전주서문교회 100년사 1893–1993』. 전주: 전주서문교회, 1999.
100년사 편찬위원회 편.『총신대학교 100년사』. 전 3권. 서울: 총신대학교출판부, 2003.
100주년기념사진첩편집위원회 편.『사진으로 본 전주서문교회 100년 1893–1993』. 전주: 전주서문교회, 1994.
서영일.『박윤선과 개혁신학 연구』. 서울: 한국기독교역사연구소, 2000.
서철원. “총신 개교 104주년에 박형룡 박사의 신학적 공헌을 생각함.”「신학지남」72/2 (2005): 4–8.
_____.『신학서론』. 서울: 쿰란, 2018.
_____.『신론』. 서울: 쿰란, 2018.
_____.『인간론』. 서울: 쿰란, 2018.
_____.『기독론』. 서울: 쿰란, 2018.
_____.『구원론』. 서울: 쿰란, 2018.
_____.『교회론』. 서울: 쿰란, 2018.
_____.『내세론』. 서울: 쿰란, 2018.
서철원 박사 은퇴 기념 논총위원회 편.『성경과 개혁신학』. 서울: 쿰란출판사, 2007.
소안론.『묵시록 공부』. 경성: 조선야소교서회, 1922.
_____.『계시록대요』. 경성: 조선야소교서회, 1936.
_____.『다니엘서요해』. 서울: 대한기독교서회, 1954.
송영애. “선교사 기록에 나타난 전주의 풍속.”「전북학연구」4 (2021): 161–198.

송인규. “영혼의 탈신 상태는 가능한가?(I).” 「신학정론」 16/1 (1998): 113–136.
_____. “영혼의 탈신 상태는 가능한가?(II).” 「신학정론」 17/1 (1999): 207–228.
_____. “이분설과 영육 관계(I).” 「신학정론」 19/2 (2001): 453–475.
_____. “이분설과 영육 관계(II).” 「신학정론」 20/1 (2002): 90–117.
_____. “삼분설에 대한 비판적 고찰(I).” 「신학정론」 20/2 (2002): 425–453.
_____. “삼분설에 대한 비판적 고찰(II).” 「신학정론」 22/1 (2004): 113–153.
_____. 『일반 은총과 문화적 산물』. 서울: 부흥과개혁사, 2012.
송현강. “레이놀즈의 목회 사역.” 「한국기독교와 역사」 33 (2010): 35–56.
_____. “19세기 내한 남장로교 여성 선교사 연구.” 「남도문화연구」 42 (2021): 137–166.
_____. 『윌리엄 레이놀즈의 한국 선교』. 서울: 한국 교회총연합, 2022.
신복윤. 『종말론』. 서울: 한국개혁주의신행협회, 2005.
「신학지남」 1–23 (1918–1940). 영인본– 서울: 신학지남사, 1989.
신호섭. 『개혁주의 전가 교리』. 서울: 지평서원, 2016.
안대희. “1893–1945년 全州西門外 敎會의 成長 過程과 民族 運動.” 문학 석사 논문, 목포대학교, 2000.
안수강. 『길선주목사의 말세론 연구』. 서울: 예영, 2008.
안치범. “가옥명(賈玉銘, Chia Yu Ming)의 신학 사상이 평양신학교에 미친 영향에 관한 연구.” 철학 박사, 안양대학교, 2012.
양낙흥. 『한국 장로교회사』. 서울: 생명의말씀사, 2008.
양전백, 함태용, 김영훈. 『조선 예수교 장로회사기(하)』. 이교남 역. 서울: 한국기독교사연구소, 2017.
양현혜. 『근대 한 일 관계사 속의 기독교』. 서울: 이화여자대학교출판부, 2009.
오주철. “한국 교회사에 나타난 전천년설의 기원과 발전과정에 대한 교리사적 이해와 연구.” 철학 박사, 계명대학고, 2008.
오지석. “평양 숭실과 소안론 (蘇安論, William L. Swallen) 선교사.” 한국기독교문화연구」 8 (2016): 159–178.
옥성득 편역. 『마포삼열 자료집』. 전 4권. 서울: 새물결플러스, 2017.
옥성득. 『한국기독교형성사』. 서울: 새물결플러스, 2020.
우종학. 『무신론 기자, 크리스천 과학자에게 따지다』. 서울: IVP, 2014.
유광진. “가옥명의 성령론 연구.” 신학 석사, 안양대학교, 2012.
유해무. 『개혁교의학: 송영으로서의 신학』. 서울: 크리스찬다이제스트, 1997.
윤경남 편저. 『좌옹 윤치호 평전』. 서울: 신앙과지성사, 2017.
윤석준. 『견고한 확신: 도르트 신조 강해의 정석』. 서울: 세움북스, 2023.
윤원준. “A. H. Strong의 신학에 관한 고찰.” 「복음과 실천」 45 (2010):179–205.
이근삼. 『기독교와 신도국가주의의 대결』. 서울: 생명의양식, 2008.
이금석. “평양신학교에 끼친 미국 장로교의 신학적 유산연구.” 신학 박사, 국제신학대학원대학교, 2015.
이동수. “초기 한국 교회의 종말론 신학.” 「유관순 연구」 19 (2014): 135–157.
이만열. 『한국기독교와 민족통일운동』. 서울: 한국기독교역사연구소, 2001.
이상규. “한국에서의 개혁주의 신학의 수용과 발전.” 「갱신과 부흥」 11 (2012): 95–114.
_____. 『해방전후 한국 장로교회의 역사와 신학』. 서울: 한국기독교역사연구소, 2015.
이상웅. “죽산 박형룡과 구례인의 천년기론에 대한 연구.” 「개혁논총」 38 (2016): 177–307.
_____. “죽산 박형룡 이후 총신 조직신학자들의 천년기론.” 「성경과 신학」 80 (2016): 103–132.
_____. “최홍석의 개혁주의 인간론 고찰 – 하나님 형상(Imago Dei)론을 중심으로”, 「한국개혁신학」 52 (2016): 47–87.
_____. “서평–『기독론: 중보자 그리스도의 인격과 사역』”, 「신학지남」 83/3 (2016): 289–291.
_____. “서평–『성경신학적 조직신학 구원론』”, 「신학지남」 83/3 (2016): 291–293.
_____. “새 하늘과 새 땅”(계 21:1–8)에 대한 개혁주의적 이해와 설교.” 「한국개혁신학」 49 (2016): 8–38.
_____. “‘그리하여 온 이스라엘이 구원을 얻으리라’– 유대인의 미래적 회복에 관한 죽산 박형룡의 입장 고찰과 신학적인 평가.” 「신학지남」 84/4 (2017): 153–191.
_____. “3. 1 운동 100주년에 즈음하여 다시 보는 박형룡박사의 초기 생애(1897–1923).” 「신학지남」 86/3 (2019) : 5–37.
_____. “박형룡박사 기념도서관 명명(命名)의 의의와 과제.” 「신학지남」 86/4 (2019): 235–259.
_____. 『조나단 에드워즈의 성령론』. 서울: 솔로몬, 2020.
_____. “구례인 (John C. Crane, 1888–1964) 선교사의 종말론 연구.” 「개혁논총」 55 (2021): 41–72.
_____. “평양장로회신학교의 종말론 전통.” 「한국개혁신학」 70 (2021): 218–264.
_____. 『박형룡신학과 개혁신학 탐구』. 수정본. 서울: 솔로몬, 2021.
_____. “이상원 교수님을 뒤따라온 사반세기–한 회상.” 『사람보다 하나님께 순종하는 것이 마땅하니라–이상원 교수 정년 퇴임 기념 논총』. 서울: 솔로몬, 2021: 84–101.
_____. 『한국 장로교회의 종말론』. 서울: 솔로몬, 2022.
_____. 『칼빈과 화란개혁주의: 칼빈에서 스킬더까지』. 서울: 솔로몬, 2023.
_____. “이눌서 선교사(William D. Reynolds, 1867–1951)의 생애와 신론 연구.” 「개혁논총」 64 (2023): 157–201.
이상원. 『기독교 윤리학』. 개정판. 서울: 총신대학교출판부, 2013.
_____. 『현대사회와 윤리적인 문제들』. 서울: 대서, 2019.
이순홍. 『칭의와 성화 – 구원의 두 기둥』. 서울: CLC, 2010.
이승구. “은혜의 방도로서의 하나님의 말씀.” 「성경과신학」 80 (2016): 73–102.

_____. "죽산과 정암의 천년 왕국 이해." 「신학정론」 38/2 (2020): 471-501.
이신열. "박윤선의 개혁주의적 종말론." 「한국개혁신학」 25 (2009): 112-130.
이은선. "한국 장로교단들의 웨스트민스터 신앙고백서와 대소요리문답의 수용." 「한국개혁신학」 51 (2016): 174-213.
이장형. "한국기독교 초기 윤리학 교과서 문헌해제 및 한국적 수용 과정 연구." 「기독교사회윤리」 18 (2009): 317-351.
이재근. "남장로교 선교사 존 크레인(John C. Crane)의 유산: 전도자 · 교육자 · 신학자." 「한국기독교와 역사」 45 (2016): 121-156.
_____. "호남 기독교의 '7인의 개척자들'(1): 미국 남장로회 윌리엄 레널즈 가문의 한국 선교." 「광신논단」 30 (2020): 113-140.
_____. "호남 기독교의 '7인의 개척자들'(2): 미국 남장로회 윌리엄 전킨 부부의 한국 선교." 「광신논단」 31 (2021): 75-104.
이호우. 『초기 내한 선교사 곽안련의 신학과 사상』. 서울: 생명의말씀사, 2010.
임희국. 『평양의 장로교회와 숭실대학』. 서울: 숭실대학교, 2017.
임희영. "초기(1893~1906) 미국 북장로교 평양 선교지부에 관한 연구." 신학 석사, 장로회신학대학교, 2020.
임춘복. 『크레인 가족의 한국 선교』. 서울: 한국 장로교출판사, 1999.
『장로교회 신학교 요람』. 평양: 장로회신학교, 1931.
전주대학교박물관. 『호남 기독교 선교초기의 발자취』. 전주: 전주대학교박물관, 2005.
정문호. 『그 십자가의 그 말씀은 나의 능력이다』. 서울: CLC, 2015.
정성구. "평양장로회신학교 교수 약전." 「신학지남」 68/2 (2001): 80-98.
정승원. "박윤선의 '1000년' 이해에 대한 비판적 분석." 「신학지남」 317 (2013): 84-111.
_____. "요한계시록에 언급된 '나라' 와 '제사장' 에 대한 성경신학적 고찰." 「개혁논총」 30 (2014): 195-228.
정원경. "평양신학교 성령론 연구 (1910-1931)." 철학 박사, 백석대학교, 2018.
_____. 『처음 읽는 평양신학교 성령론』. 서울: 그리심, 2022.
정진은. "곽안련의 승동교회 목회사역과 평양신학교 실천신학 교수사역의 연관성." 신학 석사. 안양대학교, 2019.
정태진. "박형룡의 전천년설 연구- 찰스 하지의 후천년설과의 관계를 중심으로." 철학 박사, 계명대학고, 2011.
정훈택. "하나님의 나라와 천년." 「신학지남」 231(1992): 158-219.
_____. "기독론적 종말론: 신약의 종말론 연구." 「성경과 신학」 13 (1993): 119-149
조경현. 『초기 한국 장로교 신학 사상』. 서울: 그리심, 2011.
조봉근. "칼빈과 한국 장로교회의 교파별 종말론에 관한 비교 연구 -부활과 천년왕국을 중심으로-." 「한국개혁신학」 26 (2009): 301-336.
조용호. "미 남장로교 선교사 윌리엄 D. 레이놀즈의 생애와 신학 연구." 철학 박사, 연세대학교, 2007.
조형욱. “구 프린스턴 신학의 종말론 연구.” 철학 박사, 총신대학교, 2011.
_____. “구 프린스턴 신학의 종말론과 세대주의 종말론: 세대주의 전천년설에 대한 구 프린스턴 신학의 경계.” 「조직신학 연구」 17 (2012): 112–133.
주강식. “한국 장로교회의 개혁신학에 대한 연구: 1884년부터 2000년까지를 중심으로.” 신학 박사. 고신대학교, 2014.
_____. “한국 장로교회의 개혁신학에 대한 연구: 1884년부터 2000년까지를 중심으로”, 「갱신과 부흥」 14 (2014): 92–132.
주규현. “가옥명의 복음주의 신학 연구: 그의 신론 형성 과정을 중심으로.” 철학 박사, 계명대학교, 2022.
차영배. 『삼위일체론』. 서울: 총신대학출판부, 1982.
_____. 『성령론– 구원론 교재』. 서울: 경향문화사, 1987.
차재명. 『조선 예수교 장로회사기(상)』. 이교남 역. 서울: 한국기독교사연구소, 2014.
천사무엘. “레이놀즈의 신학: 칼뱅주의와 성서관을 중심으로.” 「한국기독교와 역사」 33 (2010): 57–80.
최명훈. “한국 교회 종말론의 형성 과정에 관한 연구.” 신학 박사, 성결대학교, 2011.
최윤배. “대한예수교장로회총회 100년: 조직신학의 어제와 오늘과 내일.” 「장신논단」 44/2 (2012): 41–73.
_____. “중국인 가옥명(賈玉銘; Chia Yu Ming, 1879–1964)의 성령론 연구: 구원론을 중심으로.” 「한국개혁신학」 39 (2013): 124–159.
최홍석. “말씀과 성령.” 「신학지남」 57/4 (1990): 116–130.
_____. 『인간론』. 서울: 개혁주의신행협회, 2005.
편집부. “구례인교수를 환영함.” 「신학지남」 20/1 (1937): 74– 75.
한국기독교역사연구소. 『한국 기독교의 역사 I』. 서울: 기독교문사, 1994.
한국기독교역사연구소. 『한국 기독교의 역사 II』. 서울: 기독교문사, 1993.
한국기독교역사연구소. 『한국 기독교의 역사 III』. 서울: 한국기독교역사연구소, 2009.
한남대학교 교목실 편. 『미국 남장로교 선교사 열전』. 서울: 동연, 2016.
한철하. 『고대기독교사상』. 개정판. 양평: 칼빈아카데미출판부, 2023.
허호익. 『길선주 목사의 목회와 신학 사상』. 서울: 대한기독교서회, 2009.
황재범. “한국 장로교회의 칼빈주의 수용에 있어서의 이중적 태도”, 「갱신과 부흥」 11 (2012): 70–94.
_____. “한국 장로교회의 성서문자주의.” 「宗教研究」 71 (2013): 181–209.
『호남 기독교 선교 초기의 발자취』. 전주: 전주대학교박물관, 2005.
홍성수. “평양장로회신학교의 기독교 교육.” 「갱신과 부흥」 29 (2022): 281–306.
Ahn, Katherine Hyunjoo Lee. “Pioneer American Women Missionaries to Korea, 1884–1907.” Ph. D. Diss., *Fuller Theological Seminary*, 2004.

Augustinus. *De Genesi contra Manichaeos, De Genesi ad litteram liber imperfectus*. 정승익. 『마니교도 반박 창세기 해설, 창세기 문자적 해설 미완성 작품』. 왜관: 분도출판사, 2022.

Bavinck, Herman. *Reformed Dogmatics*. Trans. John Vriend. 4 Vols. Grand Rapids: Baler. 2003–2008.

_____. *The Philosophy of Revelation*. Eds. Cory Brock and Nathaniel G. Sutanto. Peabody: Hendrikson, 2018.

_____. *Guidebook for Instruction in the Christian Religion*. Trans. Gregory Parker jr and Cameron Clausing. Peabody: Hendrikson, 2022.

Berkhof, Louis. *Manual of Reformed Doctrines*, Grand Rapids: Eerdmans, 1933.

_____. *Systematic Theology*. Grand Rapids: Eerdmans, 1941.

Brinkley, John L. *On This Hill : A Narrative History of Hampden-Sydney College 1774-1994*. Hampden–Sydney: Hampden–Sydney College, 1994.

Brown, Arthur J. *The Mastery of the Far East*. New York: Charles Scribner's Sons, 1919. 류대영, 지철미 공역. 『극동의 지배』. 서울: 한국기독교역사연구소, 2013.

Brown, George Thompson. "History of the Korea Mission Presbyterian Church, U. S. from 1892 to 1962." Th. D. diss., *Union Theological Seminary in Virginia*, 1963.

_____. *Mission To Korea*. 천사무엘, 김균태, 오승재 공역. 『미국 남장로교 한국 선교 역사(1892–1962)– 한국 선교 이야기』. 서울: 동연, 2010.

Bull, William F. and Libby A. Bull. 『윌리엄 불 선교사 부부 편지 1: 1906~1938』. 송상훈 역. 파주: 보고사, 2023.

Calhoun, David. *Princeton Seminary*. 2 Vols. Edinburgh: Banner of Truth, 1994, 1996.

Calvin, John. I*nstitutes of the Christian Religion*. Trans. Ford L. Battles. Philadelphia: Westminster, 1960.

Caneday, Ardel B. and Matthew Barrett Eds. *Four Views on the Historical Adam*. 김광남 역. 『아담의 역사성 논쟁』. 서울: 새물결플러스, 2015.

Catalogue of the Presbyterian Theological Seminary at the Pyeng Yang, Chosen. Yokohama: Fukuin Printing Co., 1916.

Catalogue of the Presbyterian Theological Seminary at the Pyeng Yang, Korea. Pyeng Yang: Presbyterian Theological Seminary, 1923.

Chang, Dong Min. "A Theological Biography of Hyung Nong Park (1887–1978)." Ph. D. Diss. Westminster Theological Seminary, 1998.

Charles, Daryl J. Ed. *Reading Genesis 1-2: An Evangelical Conversation.* 최정호 역. 『창조 기사 논쟁 – 복음주의자들의 대화』. 서울: 새물결플러스, 2016.

Cho, Hang–Sik. *Eschatology and Ecology: Experiences of the Korean Church.* Oxford: Regnum Books, 2010.

Chun, Sung Chun. "Schism and Unity in the Protestant Churches of Korea." Ph. D. Diss. Yale University, 1955.

Clark, Allen D. *History of the Korean Church.* Seoul: Christian Literature Society of Korea, 1961.

Clark, Charles Allen. "The National Presbyterian Church of Korea as a Test of the Validity of the Nevius Principles of Missionary Method." Ph. D. Diss. University of Chicago, 1929.

Conn, Harvie M. "Studies in the Theology of the Korean Presbyterian Church: A Historical Outline." Westminster Theological Journal 29/1(1966 November.): 24–57.

______. "Studies in the Theology of the Korean Presbyterian Church: A Historical Outline." *Westminster Theological Journal* 29/2(1967 March): 136–78.

______. "Studies in the Theology of the Korean Presbyterian Church: A Historical Outline." *Westminster Theological Journal* 30/1(1967 November): 24–49.

_____. "Studies in the Theology of the Korean Presbyterian Church: A Historical Outline." *Westminster Theological Journal* 30/2(1968 March): 135–184.

Crane, John C. *Systematic Theology,* 3 Vols. Gulfport: Specialized Printing, 1953–1963. 김규당 역. 『조직신학(상), (하)』. 서울: 대한예수교장로회총회종교교육부, 1955–1956.

Dabney, Robert L. *Systematic Theology.* Edinburgh: Banner of Truth, 2002.

Danhof, Ralph John. *Charles Hodge as a Dogmatician,* Goes: Oosterbaan & Le Cointre, 1929.

Douma, Jochem. *Common Grace in Kuyper, Schilder, and Calvin: Exposition, Comparison, and Evaluation.* Lucerna: Crts Publications, 2017.

Eco, Umberto. The Name of Rose. 이윤기 역. 『장미의 이름』. 특별 합본판. 파주: 열린책들, 2022.

Edwards, Jonathan. *The Distinguishing Marks.* WJE 4. London and New Haven: Yale University Press, 1972.

Elwell, Walter A. Ed. *Handbook of Evangelical Theologians.* Grand Rapids: Baker, 1993.

Fee, Gordon. *God's Empowering Presence.* 박규태 역. 『성령: 하나님의 능력 주시는 임재– 바울 서신의 성령론 성령론(상),(하)』. 서울: 새물결플러스, 2013.

Gaffin jr., Richard B. *Perspectives on Pentecost: New Testament Teaching on the Gifts of the Holy Spirit.* Philippsburg: P&R, 1979.

George, Timoty and David S. Dockery. Eds. *Baptist Theologians.* 침례교신학 연구소 역. 『침례교 신학자들(상), (하)』. 대전: 침신대학교출판부, 2008, 2010.

Grudem, Wayne. *Systematic Theology*. Second Edition. London: IVP, 2020.

Gutjahr, Paul C. *Charles Hodge: Guardian of American Orthodoxy.* Oxford e.a. : Oxford Uiniversity Press, 2011.

Hahn, John Hong. "The Impact of Nineteenth Century American Church on the Shaping of the Foundation of the Early Korean Church and Society (1884–1935)." Ph. D. Diss. Fuller Theological Seminary, 1999.

Hodge, Charles. *Systematic Theology.* 3 Vols. New York: Scribner's, 1872–1873.

Hoekema, Anthony A. *Four Major Cults.* Grand Rapids: Eerdmans, 1963.

______. *What About Tongue Speaking?* Grand Rapids: Eerdmans, 1966.

______. *The Bible and the Future.* Exeter: Paternoster Press, 1979.

______. *Created in God's Image.* Grand Rapids: Eerdmans, 1986.

______. *Saved By Grace.* Grand Rapids: Eerdmans, 1988.

Hoffecker, W. Andrew. *Charles Hodge: The Prince of Princeton.* Philippsburg: P&R, 2011.

Holland, Tom. *Dominion.* 이종인 역. 『도미니언: 기독교는 어떻게 서양의 세계관을 지배하게 되었는가』. 서울: 책과함께, 2020.

Hwang, Jae–Buhm, "Korean Theologians' Ambivalent Responses to Calvinism." *Zeitschrift für systematische Theologie und Religionsphilosophie,* 53/4 (2011): 480–495.

Kant, Immanuel. *Kritik der praktischen Vernunft.* Hamburg: Felix Meiner, 1952.

Kim, In Soo. "Protestants and the Formation of Modern Korean Nationalism, 1885–1920: A study of the contributions of Horace Grant Underwood and Sun Chu Kil." Ph. D. Diss. Union Theological Seminary in Virginia, 1993.

Kim, Kwang Yul. "A Tension Between the Desire to Follow the Example of Jesus' Life and the Desire to Trust in His Redemptive Work: The Theology of John Wesley Reflected in His 'Christian Library.'" Ph. D. Dissertation, Westminster Theological Seminary, 1992.

Kim, Kilsung. "Dr. Hyung Nong Park's Theology of the Last Things." *Chongshin Theological Journal,* I/2 (August 1996): 72–89.

_____. "The Tradition of Chongshin Theology." *Chongshin Theological Journal,* 16/1 (2012): 31–56.

Kim Kwang Yul. "A Tension Between the Desire to Follow the Example of Jesus' Life and the Desire to Trust in His Redemptive Work: The Theology of John Wesley Reflected in His 'Christian Library.'" Ph. D. dissertation, Westminster Theological Seminary, 1992.

Kraus, C. Norman. *Dispensationalism in America: Its Rise and Development.* Richmond: John Knox Press, 1958.

Kwok, Wai–luen. "The Christ–human and Jia Yuming's Doctrine of Sanctification: A Case Study in the Confucianisation of Chinese Fundamentalist Christianity." *Studies in World Christianity,* 20/2 (2014): 145–165.

Lam, Chi–Yeum. "The Paradoxical Co–existence of Submissiveness and Subversiveness in the Theology of Yu–ming Jia." M. Phil. Thesis. University of Birmingham, 2010.

Lee, Howoo. "Charles Allen Clark (1878–1961): His Contribution to the Theological Formation of the Korean Presbyterian Church." Ph. D. Diss. Westminster Theological Seminary, 1999.

Lee, Jaekeun. "American Southern Presbyterians and the Formation of Presbyterianism in Honam, Korea, 1892–1940: Traditions, Missionary Encounters, and Transformations." Ph. D. Diss. Edinburgh University, 2013.

Lee Jong Hyeong. "Samuel Austin Moffett: His Life and Work in the Development of the Prsebyterian Church of Korea 1890–1936." Ph. D. Diss. Union Theological Seminary in Virginia, 1983.

Lee, Sangung. "'Already but Not Yet': A Study on the Background and the Inaugurated Eschatology of Anthony A. Hoekema (1913–1988)." *Chongshin Theological Journal,* 20 (Feb. 2015): 120–157.

_____. "Willem H. Velema's Doctrine of Man as the Image of God." *Chongshin Theological Journal,* 22 (Feb. 2017): 141–189.

_____. "The Individual Eschatology of Anthony A. Hoekema." *Chongshin Theological Journal,* 25 (Feb. 2020): 61–97.

Lee Seung–Joon. "The Significance of Eschatology in the Shaping of Korean Evangelical Religion, 1883–1945." Ph. D. Diss. Drew University, 1997.

Lloyd, James B. *Lives of Mississippi Authors 1817-1967.* Jackson, MS : Press of Mississippi, 1981.

Lui, Hing Hung Otto. "Development of Chinese Church Leaders—A Study of Relational Leadership in Contemporary Chinese Churches." Ph. D. diss., Fuller Theological Seminary, 2011.

Marsden, George M. *Fundamentalism and American culture :the shaping of twentieth century evangelicalism, 1870-1925.* New York : Oxford University Press, 1980.

Middleton, Richard. *Liberating Image.* 성기문 역. 『해방의 형상』. 서울: SFC, 2010.

Moore, Walter W. and Tilden Scherer Eds. *Centennial General Catalogue of the Trustees, Officers, Professors and Alumni of Union Theological Seminary in Virginia, 1807-1907. Richmond:* Whittet & Shepperson, 1908.

Muller, Richard A. *Dictionary of Latin and Greek Theological Terms.* Grand Rapids Baker, 1989.

_____. *Post-Reformation Reformed Dogmatics.* 4 Vols. Grand Rapids: Baker. 2006.

Nisbet, Anabel Major. *Day in and Day out in Korea: being some account of the mission work that has been carried on in Korea since 1892 by the Presbyterian Church in the United States.* Richmond: Presbyterian Committee of Publication, 1920.

Oak Sung–Deuk. "The Indigenization of Christianity in Korea: North American

Missionaries' Attitudes towards Korean Religions, 1884–1910." Th. D. Diss. Boston University, 2002.

Paik, Lark–June George. "The History of Protestant Missions in Korea, 1832–1910." Ph. D. Diss. Yale University, 1927.

Pak, Ungkyu. *Millennialism in the Korean Protestant Church*. Bern and New York: Peter Lang, 2005.

Paik, Lark–June George. "The History of Protestant Missions in Korea, 1832–1910." Ph. D. Diss. Yale University, 1927.

Park, Daniel Hee Seok. "Charles Allen Clark: His Life and his Contributions to the Development of the Korean Presbyterian Church." D. Miss. Diss. Reformed Theological Seminary, 1995.

Park, Hee Suk. "Korean Resistance to Shintoism and ist Legacy." Ph. D. Dissertation. Westminster Theological Seminary, 1997.

Park, Hyung–Nong. "Anti–Christian Inferences from Natural Science." Ph. D. Diss. Southern Baptist Theological Seminary, 1933.

Park, Jae–Eun. *Driven by God: Active Justification and Definitive Sanctification in the Soteriology of Bavinck, Comrie, Witsius, and Kuyper.* Göttingen: Vandenhoeck und Ruprecht, 2018.

Park, Yong Kyu. "Korean Presbyterians and Biblical Authority: the Role of Scripture in the Shaping of Korean Presbyterianism 1918–1953." Ph. D. Diss. Trinity Evangelical Divinity School, 1991.

Personal Reports of the Southern Missionaries in Korea. 19 Vols. Seoul: Archives for Korean Church History Studies, 1993.

Piper, John. *Desiring God.* 박대영 역. 『하나님을 기뻐하라』. 서울: 생명의말씀사, 2021.

Rankin, Nellie B. 『기전여학교 교장 랭킨 선교사 편지』. 송상훈 역. 파주: 보고사, 2022.

Reymond, Robert L. *A New Systematic Theology of the Christian Faith.* Second and Rev. Edition. Nashville: Thomas Nelson, 2002.

Rhodes, Harry A. *History of the Korea Mission Presbyterian Church U.S.A.* 최재건 역. 『미국 북장로교 한국 선교회사』. 서울: 연세대학교출판부, 2010.

Rochester Theological Seminary General Catalogue 1850 to 1920 (Rochester: K. R. Andrews Printing Co., 1920

Rutt, Richard. *A Biography of James Scarth Gale and a New Edition of His of the History of Korean People,* Seoul: Taewon Pub. Co., 1972.

Ryu, Dae Young. "American Protestant Missionaries in Korea, 1882–1910: A Critical Study of Missionaries and Their Involvement in Korean–American Relations and Korean Politics." Ph. D. Diss. Vanderbilt University, 1998.

Sandeen, Ernest Robert. *The Roots of Fundamentalism : British and American Millenarianism, 1800-1930.* Chicago : University of Chicago Press, 1970.

Seu, Young Il. "To Teach and to Reform: The life and times of Dr. Yune Sun Park." Ph. D. Dissertation, Westminster Theological Seminary, 1992.

Smith, Morton. Studies in Southern Presbyterian Theology. Phillipsburg: P&R, 1987.

_____. "The Southern Tradition." In David F. Wells Ed. *Reformed Theology in A merica: A History of Its Modern Development.* Grand Rapids: Baker, 1998: 187–207.

Soltau, Stanley T. *Yin Yang: Korean Voices.* Wheaton: Key Publishers, 1971.

Song, Baiyu Andrew. "Jia Yuming (1880–1964)–– A Chinese Keswick Theologian: A Theological Analysis of Christ–Human Theology in Jia's Total Salvation." *Journal of Global Christianity* 4/1 (2018): 68–83.

Song, Hee–Seop. "The Student Volunteer Movement for Foreign Missions and its Contribution to Pioneer Missions in Korea." Ph. D. Diss. Fuller Theological Seminary, 1995.

Sproul, R. C. *Truths We Confess.* 이상웅, 김찬영 공역. 『웨스트민스터 신앙고백 해설』. 전 3권. 서울: 부흥과개혁사, 2011.

Stark, Rodney William. *The Triumph of Christianity: How the Jesus Movement Became the World's Largest Religion.* 허성식 역. 『기독교 승리의 발자취 – 기독교는 어떻게 세계 최대의 종교가 되었는가?』. 서울: 새물결플러스, 2020.

Strong, August H. *Systematic Theology.* A Compendium. 3 Vols. Old Tappan: Fleming H. Revell Co., 1979 (1907).

Sweetser Jr, William B. A Copious Fountain: *A History of Union Presbyterian Seminary, 1812-2012.* Louiville: Westminster John Knox Press, 2016.

Thompson, Ernest T. *Presbyterians in the South.* 3 Vols. Richmond: John Knox Press, 1963–1973.

Underwood, Lillias H. *Underwood of Korea.* 이만열 역. 『언더우드』. 서울: IVP, 2015.

Vantil, Cornelius. *Common Grace and Gospel.* 정성국 역. 『개혁주의 일반 은총론』. 서울: 개혁주의신학사, 2022.

Veenhof, Jan. *De parakleet: enige beschouwingen over de parakleet-belofte in het evangelie van Johannes en haar theologische betekenis.* Kampen: Kok, 1974.

Wells, David F. Ed. *Reformed Theology in America: A History of Its Modern Development.* Grand Rapids: Baker, 1997.

Yang, Hyun Phyo. "The Influence of Sun–Ju Kil, Ik–Du Kim, and Young–do Yi on Protestantism in Korea." Ph. D. Diss. Southern Baptist Theological Seminary, 2003.